碳达峰 碳中和 能源系统解决方案

罗必雄 张 力 张炳成 等 编著

中国电力出版社
CHINA ELECTRIC POWER PRESS

内 容 提 要

实现碳达峰碳中和是一场广泛而深刻的系统性变革，能源电力领域是实现碳达峰碳中和目标的关键领域和主战场。本书以能源为主线，与各重点行业深入融合，依据现行政策要求和相关规范、标准等的规定，系统论述了支撑我国碳达峰碳中和的关键技术措施、综合技术方案、典型实施案例及市场运行机制，为我国实现碳达峰碳中和提出了科学的建议。

本书内容侧重于实际操作，通过技术与实践相结合，能帮助能源、工业、交通、建筑等领域从业人员快速成长为具备碳达峰、碳中和管理思维和技术能力的专业人才，帮助企业搭建以碳中和为目标的核心人才梯队，助力企业稳步绿色低碳转型。

本书可供国家及地方相关行业和产业的行政管理人员，政策及发展规划研究制定人员，相关企事业单位决策和管理人员，高等院校、科研院所工作人员参考使用。

图书在版编目（CIP）数据

碳达峰碳中和能源系统解决方案 / 罗必雄等编著. —北京：中国电力出版社，2023.3
ISBN 978-7-5198-7650-0

Ⅰ. ①碳…　Ⅱ. ①罗…　Ⅲ. ①电力工业–低碳经济–经济发展–研究–中国　Ⅳ. ①F426.61

中国国家版本馆 CIP 数据核字（2023）第 046415 号

出版发行：中国电力出版社
地　　址：北京市东城区北京站西街 19 号（邮政编码 100005）
网　　址：http://www.cepp.sgcc.com.cn
责任编辑：刘汝青（010-63412382）　赵鸣志
责任校对：黄　蓓　常燕昆　王海南
装帧设计：赵姗姗
责任印制：吴　迪

印　　刷：北京瑞禾彩色印刷有限公司
版　　次：2023 年 3 月第一版
印　　次：2023 年 3 月北京第一次印刷
开　　本：787 毫米×1092 毫米　16 开本
印　　张：33.5
字　　数：664 千字
印　　数：0001—2500 册
定　　价：268.00 元

本书编委会

本书评委会

序

二氧化碳排放力争于2030年前达到峰值，努力争取2060年前实现碳中和，是我国对世界的庄严宣示，是党中央统筹国内国际两个大局作出的重大战略决策，是贯彻新发展理念、构建新发展格局、推动高质量发展的内在要求。国家“十四五”规划纲要提出，推动能源清洁低碳安全高效利用，深入推进工业、建筑、交通等领域低碳转型。党的二十大上，习近平总书记对“双碳”工作进行了强调部署，要“积极稳妥推进碳达峰碳中和，立足我国能源资源禀赋，坚持先立后破，有计划分步骤实施碳达峰行动，深入推进能源革命，加强煤炭清洁高效利用，加快规划建设新型能源体系，积极参与应对气候变化全球治理”。从我国国情来看，实现“双碳”目标，是我国发展历史上一场前所未有的硬仗，面临着减排幅度大、转型任务重、时间窗口紧等诸多困难和挑战。

当前，全球碳排放主要来自能源发电与供热、交通运输、制造业与建筑业三个领域，分别占比43%、26%、17%。交通运输、制造业与建筑业碳排放也大部分来自用能环节，可以看出，能源活动是全球碳排放的主要来源，能源领域的低碳发展是实现碳中和必须要解决的关键问题。“双碳”目标的提出意味着中国能源和经济产业结构将迎来深刻变革，也对中长期能源产业的发展提出了新要求。我们需要打造清洁、低碳、安全、高效的能源体系，坚持节能和提效双轮驱动，持续采取降碳、脱碳、碳移除等措施，同时推动单位 GDP

能耗和碳排放下降，安全平稳地向非化石能源为主体转变，最终构建高质量的新型能源体系。

实现“双碳”目标是一项复杂的系统工程，尤其需要深度的科技创新、管理创新，以及企业的广泛参与。中国电力工程顾问集团有限公司作为全球最具规模的能源设计咨询企业，技术力量雄厚，专业配套齐全，具有丰富的工程实践经验和坚实的综合管理能力，是中国电力工程领域的“国家队”和“排头兵”。在“双碳”目标下，罗必雄董事长率领中国电力工程顾问集团有限公司全方位服务能源融合发展，以赋能低碳经济和创新低碳技术为核心，打造具有全球影响力的碳中和规划与国际科技创新中心，形成碳达峰碳中和系统解决方案，为我国应对气候变化和区域协同发展建言献策，助力经济社会发展全面绿色低碳转型，推出了《碳达峰碳中和能源系统解决方案》一书。

该书以能源为主线，与各重点行业深入融合，依据现行政策要求和相关规范、标准等的规定，系统论述了支撑我国碳达峰碳中和的关键技术措施、综合技术方案、典型实施案例及市场运行机制，为我国实现碳达峰碳中和提出了科学的建议。特别是实现碳中和，有待科技创新，为此撰写了“展望篇”。该书内容更加侧重实际操作，通过技术与实践相结合，能帮助能源、工业、交通、建筑等领域从业人员快速成长为具备碳达峰、碳中和管理思维和技术能力的专业人才，帮助企业搭建以碳中和为目标的核心人才梯队，助力企业稳步绿色低碳转型。

我相信该书的出版，将能帮助广大读者开阔视野、汲取经验、找寻定位，进而采取切实行动，共同助力我国如期实现高质量的碳达峰、碳中和。

中国工程院院士、原副院长
国家能源咨询专家委员会副主任　杜祥琬
国家气候变化专家委员会顾问

前　言 | PREFACE

以二氧化碳为主的温室气体排放引起的全球气候变化已经成为 21 世纪人类面临的最大挑战之一。从《联合国气候变化框架公约》《京都议定书》《巴黎协定》到《格拉斯哥气候公约》，人类对碳排放的认识逐步深入，对降低碳排放的目标也日渐明晰，形成了应对气候变化的全球共识，确立了 2020 年以后全球气候治理的总体框架。

我国作为世界上首批签署《联合国气候变化框架公约》的缔约国，一直全力支持并用实际行动践行绿色低碳发展理念。2020 年 9 月，习近平主席在第七十五届联合国大会一般性辩论上宣示："中国将提高国家自主贡献力度，采取更加有力的政策和措施，二氧化碳排放力争于 2030 年前达到峰值，努力争取 2060 年前实现碳中和"。这是构建人类命运共同体的迫切需要，是中国对世界的庄严承诺，承担了大国责任，展现了大国担当。党的二十大上，习近平总书记强调，要"积极稳妥推进碳达峰碳中和。立足我国能源资源禀赋，坚持先立后破，有计划分步骤实施碳达峰行动。推动能源清洁低碳高效利用，推进工业、建筑、交通等领域清洁低碳转型。深入推进能源革命，加强煤炭清洁高效利用，加快规划建设新型能源体系，统筹水电开发和生态保护，积极安全有序发展核电。完善碳排放统计核算制度，健全碳排放权市场交易制度。提升生态系统碳汇能力。积极参与应对气候变化全球治理”。这为我国应对气候变化，推动经济社会绿色低碳高质量发展指明了努力方向。

化石能源燃烧是我国主要的二氧化碳排放源，占全部二氧化碳排放的80%以上，电力行业排放又约占其中的一半。因此，能源电力领域是实现碳达峰碳中和目标的关键领域和主战场。中电工程作为世界500强企业中国能建旗下核心子集团，是全球最具规模的能源电力勘察设计咨询企业，承担了全国电力市场分析、电能消纳、电源电网布局、电力产业结构优化升级等电力发展规划研究工作，在国内外承建了具有国际领先水平的清洁能源发电工程和输变电工程，在能源供应端、输配端、消费端开展节能降碳和清洁能源替代具有先天优势。

在“双碳”背景下，中电工程坚定履行中央企业的政治责任和社会责任，高瞻远瞩、勇于担当，组织编撰《碳达峰碳中和能源系统解决方案》。本书以能源为主线，创新低碳技术，打造解决方案，赋能低碳经济，促进低碳实践，为我国应对气候变化建言献策，助力推动我国经济社会发展全面绿色低碳转型。

本书内容分为总论篇、技术篇、方案篇、市场篇、实践篇、展望篇，共26章。其中，总论篇内容包括应对气候变化的历史背景、我国能源碳排放现状与发展趋势、碳达峰碳中和模型；技术篇内容包括能源供给、能源输配、能源消费、储能、氢能，以及二氧化碳捕集、利用与封存等技术；方案篇内容包括多能融合、产能融合、数能融合、区域融合、社会融合；市场篇内容包括碳指数、碳汇、碳交易、碳边境调节机制；实践篇内容包括北方高碳能源主导区域、中部能源资源匮乏区域、西北风光电力丰富区域、西南水电资源丰富区域、东南海洋能源丰富区域碳达峰碳中和实施路径分析，以及区域协同降碳实施路径；展望篇内容包括碳达峰碳中和新技术和发展趋势。

本书全面总结碳达峰碳中和进程中能源领域的创新成果，阐述了重点行业节能降碳、绿色发展的新技术、新方案和新实践，可供国家及地方相关行业和产业的行政管理人员，政策及发展规划研究制定人员，相关企事业单位决策和管理人员，高等院校、科研院所工作人员参考使用。

实现碳达峰碳中和是一场广泛而深刻的系统性变革，本书从能源的角度将国内外能源绿色低碳技术研究进展与我国经济社会发展基础相结合，形成系统解决方案，涉及不同行业和领域，其中内容难免存在疏漏与不足之处，诚恳希望广大读者和专家批评指正。

在此，向所有关心、支持、参与本书编撰工作的领导、专家、学者和编辑出版人员表示衷心的感谢！同时，本书的编写得到了中煤集团、上海环境能源交易所的大力支持，特此感谢。

编著者

2023 年 1 月

目 录
CONTENTS

技 术 篇

方 案 篇

市 场 篇

实践篇

展望篇

总论篇

第一章
绪　论

如何应对气候变化，实现碳达峰碳中和已成为世界上最受关注的议题之一，将对全人类当前及未来的生产、生活方式产生深远的影响。我国深度参与国际合作，制定政策措施，落实有效举措，积极应对气候变化，取得了显著成效，在国际社会上起到了表率作用。在此基础上，党的二十大对我国今后一段时期的“双碳”工作进行战略部署，提出要加快发展方式绿色转型，实施全面节约战略，发展绿色低碳产业，倡导绿色消费，推动形成绿色低碳的生产方式和生活方式。积极稳妥推进碳达峰碳中和，立足我国能源资源禀赋，坚持先立后破，有计划分步骤实施碳达峰行动，深入推进能源革命，加强煤炭清洁高效利用，加快规划建设新型能源体系，积极参与应对气候变化全球治理。实现碳达峰、碳中和是一场广泛而深刻的经济社会系统性变革，要深刻认识到“双碳”工作的全球性、长期性和复杂性。本章从气候变化问题的背景和特点入手，梳理国内外应对气候变化的关键举措，研究典型国家碳达峰和碳中和措施，为我国实现“双碳”目标提供有益参考。

第一节　气候变化问题及应对举措

一、气候变化

气候变化是指气候在一定时间尺度统计意义上的变化情况。从构成要素上，包括太阳辐射、风力、气温和降水等；从统计内容上，包括各要素的平均值、离差值、最大值、最小值，以及极端天气事件发生概率等。

气候变化导致全球气温升高、臭氧层被破坏以及酸雨等问题。其中，全球气温升高对地球环境的影响最大。因此，国际上把控制全球气温升高作为应对气候变化的重点。

2011—2020 年，全球平均气温比工业化前上升了约 1.1℃。1980—2020 年全球年平均气温变化情况如图 1－1 所示。

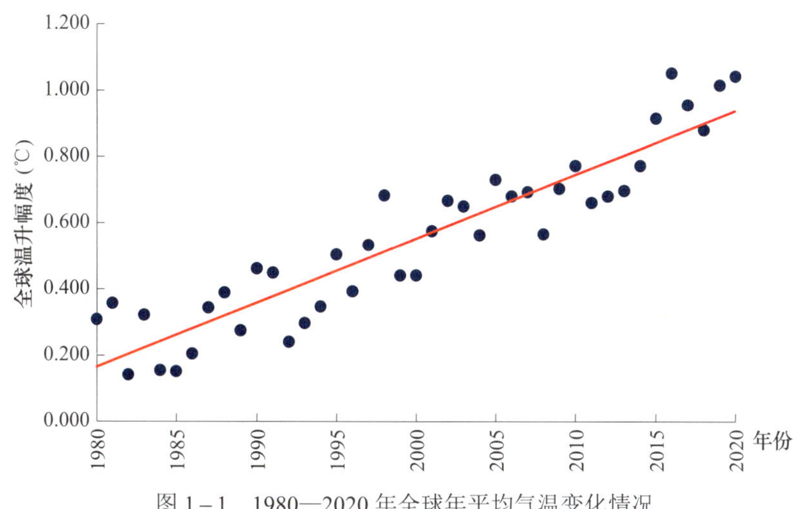

图 1－1 1980—2020 年全球年平均气温变化情况

数据来源：Berkeley Earth Data，海冰覆盖百分比取自 HadSST，采用冰下水温算法，以 1951 年 1 月至 1980 年 12 月全球平均气温（14.700±0.029）℃为基准气温。

（一）气候变化对环境的影响

由于气温上升导致极端天气和气候事件不断发生，而且伴随着气温上升加剧，极端天气和气候事件的发生频率、强度及波及范围也都在增大。

全球各地出现极端高温。传统上，极端高温天气一般发生在利比亚、沙特阿拉伯、伊拉克、阿尔及利亚、阿曼等国的赤道附近沙漠地区。近年来，法国、英国、西班牙、葡萄牙、澳大利亚、印度以及我国的多个城市最高气温均创历史纪录，影响了人们的正常出行和生活。同时，高温为病毒传播创造了适宜的条件，导致人类感染传染病的概率上升，对人类的生存造成重大影响。

异常高温导致旱涝灾害频发。澳大利亚、西班牙、巴西以及我国均因干旱发生森林火灾，并且森林火灾的数量和严重性有所增加。同时，因气温升高导致的气候变化引发局部地区降雨量异常增多，以致多地出现城市内涝现象。异常的干旱和降雨对生态系统的结构也产生影响，导致局部地区物种灭绝加剧，病虫害增多。

气温升高致使冰川融化。冰川主要分布在南极、北极和中、低纬度的高山区。中国科学院青藏高原研究所遥感及地面观测显示：过去约 30 年间，青藏高原及其相邻地区的冰川面积由 5.3 万 km^2 缩减至 4.5 万 km^2，退缩了 15%。联合国政府间气候变化专门委员会（Intergovernmental Panel on Climate Change，IPCC）发布的《气候变化 2021：自然科学基础》明确指出，近 10 年冰冻圈呈现加速萎缩状态。冰冻圈萎缩导致海平面上升，沿海大城市及岛屿国家面临被淹没的风险。

（二）气候变化的原因

IPCC 认为造成气候变化的原因主要包括自然原因和人为因素两个方面。自然原因包括太阳活动造成的太阳辐射变化、天体运行造成的地球轨道变化、地壳运动造成的火山喷发和地震等。人为因素是指由于人类生产、生活方式转变造成的大气组成成分和土地利用方式的改变。特别是工业革命以来，人类对能源的需求量激增，伴随着通过大量开采和燃烧煤、石油、天然气等化石燃料获取能源，二氧化碳等温室气体的排放量也随之快速上升，致使地球的大气温室效应不断增强。近 50 年来，因能源活动每年产生的碳排放已由 100 多亿吨上升到 300 多亿吨。全球化石能源燃烧碳排放量变化趋势如图 1-2 所示。与此同时，由于城镇化进程大规模推进、耕地面积需求增加、矿产开采等原因，对地球植被造成破坏，尤其是对森林的无序砍伐，降低了生态系统对碳排放的吸收能力。

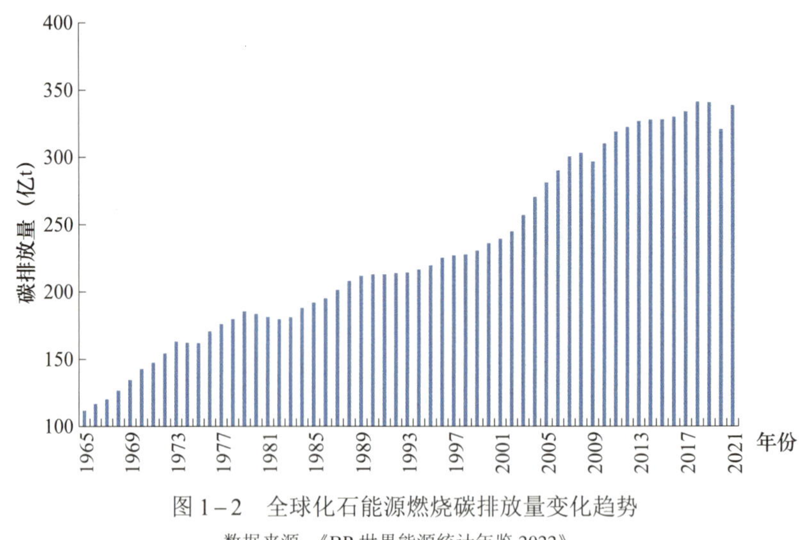

图 1-2　全球化石能源燃烧碳排放量变化趋势

数据来源：《BP 世界能源统计年鉴 2022》。

温室气体是指大气层中自然存在的和由于人类活动产生的，能够吸收和释放由地球表面、大气层和云层所生、波长在红外光谱内的辐射的气态成分。

温室气体的种类很多。《京都议定书》首次明确温室气体最主要的组成部分是二氧化碳（CO_2）、甲烷（CH_4）、氧化亚氮（N_2O）、氢氟碳化物（HFCs）、全氟化碳（PFCs）、六氟化硫（SF_6），共 6 种温室气体。

2020 年 12 月 25 日，我国生态环境部发布的《碳排放权交易管理办法（试行）》明确温室气体是指大气中吸收和重新放出红外辐射的自然和人为的气态成分，温室气体管控范围在《京都议定书》提出的六种温室气体的基础上，增加了《联合国气候变化框架公约》第十八次缔约方大会卡塔尔多哈会议中提出的三氟化氮（NF_3），即包括二氧化碳、甲烷、氧化亚氮、氢氟碳化物、全氟化碳、六氟化硫和三氟化氮，共 7 种温室气体。

二氧化碳在温室气体中占比最高，对全球温升的影响最大。因此，国际上将温室气体排放简称为碳排放，控制碳排放的目标分为“碳达峰”和“碳中和”两个阶段。同时，为便于计算，其他温室气体排放一般根据全球增温潜能值（global warming potential，GWP）折算为二氧化碳当量。

碳达峰是指某个国家、地区、行业或企业的年度碳排放量达到历史最高值。碳达峰目标包括达峰年和最高值两部分。从更长的时间尺度上来看，碳排放一般会经历上升期、平台期和下降期三个阶段。因此，我国提出2030年前二氧化碳达峰的目标，是指我国的二氧化碳排放将在2030年前进入平台期，并在一定的范围内波动。在上升期，经济社会的发展与碳排放量呈正相关。实现碳达峰后，努力争取实现碳中和目标时，碳排放将呈现负增长，经济社会的发展将与碳排放的增长实现脱钩，真正实现绿色低碳发展。我国提出的2030年前碳达峰目标，是指二氧化碳排放量达峰，不包含其他温室气体。

联合国政府间气候变化专门委员会2018年发布的《IPCC全球升温1.5℃特别报告》中采用“净零 CO_2 排放量”概念，即一定时期内通过人为二氧化碳移除，使得全球人为二氧化碳排放量达到平衡。由此可知，碳中和是指二氧化碳净零排放，与零排放不同。实现碳中和目标时，由于资源不足或技术水平限制，人类活动不可避免地还会直接或间接地产生碳排放，这些排放将通过植树造林、人为碳移除等方式予以吸收，实现碳排放和碳吸收相平衡，即“净零排放”。

（三）气候变化问题特点

《联合国气候变化框架公约》（*United Nations Framework Convention on Climate Change*，UNFCCC）重新定义了气候变化的概念，即经过相当一段时间的观察，在自然气候变化之外由人类活动直接或间接地改变全球大气组成所导致的气候改变。明确把人类活动作为引起气候变化的动因。

应对气候变化问题具有全球性的特点。气候变化问题与地球上所有国家、所有人都紧密相关。根据不同的发展路线，地球上每个人都可能是气候变化问题的产生者，全人类都不可避免地承受全球温升带来的严重后果；同时，通过生产、生活方式上的改变，地球上每个人也是气候变化问题的解决者，能够为全球绿色低碳可持续发展作出贡献。

应对气候变化问题具有长期性的特点。该问题无法轻而易举地解决，它需要几十年甚至是上百年世界各国的共同努力才能完成。如果全球的气温依照现在的速度递增，不仅影响当代人的生产和生活，而且关系到未来人类文明的延续问题。

应对气候变化问题具有复杂性的特点。考虑世界各国的经济发展需求和制定的减排措施，这些措施尚不能完全消除因经济发展产生的碳排放。随着各国经济发展，二氧化碳排放总量还会增加，无法在21世纪中叶前后实现碳中和的目标。传统的先排放后治理、通过产业全球转移实现碳达峰的经济发展模式亟待改变，能源革命势在必行。

只有不断深入推进能源革命，通过能源技术创新，形成清洁、低碳、安全、高效的能源生产和消费方式，才能化解经济发展与碳减排的矛盾，实现绿色低碳、高质量发展，建设一个清洁美丽的世界。

二、应对气候变化问题主要历程

（一）国际应对气候变化问题主要历程

20 世纪 80 年代，气候变化问题受到了科学家的广泛关注，并逐渐成为国际上的重要议题，进入大众视野。联合国环境规划署（United Nations Environment Programme，UNEP）和世界气象组织（World Meteorological Organization，WMO）于 1988 年在加拿大多伦多召开会议，决定成立 IPCC。

IPCC 的主要任务是在全面、客观、公开和透明的基础上，评估经过细审和已出版的科学及技术文献，为决策者定期提供对气候变化的科学评估及其带来的影响和潜在威胁，以及适应或减缓气候变化影响的相关建议。IPCC 分别在 1990、1995、2001、2007、2013、2021 年发布了六次评估报告。

《联合国气候变化框架公约》于 1992 年 5 月 9 日在联合国大会通过。同年 6 月在巴西里约热内卢召开联合国环境与发展会议期间开放签署，1994 年 3 月 21 日生效。1995 年，公约缔约方在德国柏林召开了首次大会。随后，该公约缔约方每年召开缔约方会议（Conferences of the Parties，COP）。应对气候变化主要国际会议和成果如表 1－1 所示。

表 1－1　　应对气候变化主要国际会议和成果

时间	会议名称	会议地点	主要成果
1992 年	联合国环境与发展大会	巴西里约热内卢	《联合国气候变化框架公约》： 确定“共同但有区别的责任”等原则； 明确发达国家应率先减排并向发展中国家提供资金技术支持的义务； 承认发展中国家有消除贫困、发展经济的需要
1997 年	COP3	日本京都	《京都议定书》： 这是人类历史上首次以法规的形式限制温室气体排放； 约定了附件一“国家减排目标”； 明确了温室气体类型； 确定了国际排放贸易机制、清洁发展机制、联合履约机制
2015 年	COP21	法国巴黎	《巴黎协定》： 是《京都议定书》的延续； 进一步明确长期温升目标； 各国制定国家自主贡献； 明确发达国家要为发展中国家减排提供资金支持； 每五年进行全球盘点
2021 年	COP26	英国格拉斯哥	《格拉斯哥气候公约》： 完成了《巴黎协定》实施细则的遗留问题谈判； 包括市场机制、透明度和国家自主贡献共同时间框架

（二）我国应对气候变化问题主要历程

随着我国综合国力的增强和对气候变化问题认知的深化，我国从 20 世纪 90 年代初期作为担负道义责任的参与者，到 90 年代后期成为维护气候公正权益的发展中国家集团的中坚力量，再到 21 世纪转型发展成为全球生态安全的重要贡献者，一直积极参与国际合作，应对气候变化问题。

1992 年，我国是最早签署《联合国气候变化框架公约》的 10 个缔约国之一。1998 年，我国签署《京都议定书》，并积极落实减排义务。在 2009 年的哥本哈根会议上，我国提出了约束性减排指标，即到 2020 年，中国单位 GDP 二氧化碳排放将比 2005 年下降 40%～45%。2015 年，我国提交《强化应对气候变化行动——中国国家自主贡献》，明确了国家自主贡献目标。2016 年，我国率先在《巴黎协定》上签字，为《巴黎协定》的达成起到了表率作用。2019 年，我国单位 GDP 碳强度较 2005 年下降 48.1%，提前完成在哥本哈根会议上作出的自主减排承诺，充分展现了“言必行、行必果”的负责任大国形象。

2020 年 9 月，习近平总书记在第七十五届联合国大会一般性辩论上向世界宣示：“我国二氧化碳排放力争于 2030 年前达到峰值，努力争取 2060 年前实现碳中和”。宣示之后，习近平总书记又在多次国内外会议上强调应对气候变化问题的重要性。碳达峰碳中和也成为我国政府、行业、企业等各方热议的焦点。2020 年 12 月，中央经济工作会议把“做好碳达峰、碳中和工作”定为 2021 年八大重点任务之一。2021 年“实现碳达峰碳中和”首次写入政府工作报告；5 月，碳达峰碳中和工作领导小组召开第一次全体会议；7 月，我国碳市场上线交易启动；9 月，发布《中共中央 国务院关于完整准确全面贯彻新发展理念做好碳达峰碳中和工作的意见》；10 月，发布《国务院 2030 年前碳达峰行动方案》，我国“1+N”碳达峰碳中和政策体系逐步建立，为我国各地区和行业实现碳达峰碳中和提出了要求，并指引了方向。2022 年 11 月，习近平总书记在党的二十大报告中指出，我们要推进美丽中国建设，坚持山水林田湖草沙一体化保护和系统治理，统筹产业结构调整、污染治理、生态保护、应对气候变化，协同推进降碳、减污、扩绿、增长，推进生态优先、节约集约、绿色低碳发展。碳达峰碳中和事关中华民族的永续发展和构建人类命运共同体，这不是别人要我们做，而是我们主动要做，中国已经成为应对气候变化问题的主要引领者和重要参与者。

第二节 国外碳达峰碳中和进程及经验启示

随着科学界对气候变化问题研究的逐步深入，国际社会对导致全球温升的主要温室气体范围达成一致，并制定有效措施，为实现“双碳”目标而努力。本节分析世界各国“双碳”进程，通过典型国家的主要举措，阐述我国在“双碳”进程中可借鉴的经验和启示。

一、国际碳达峰碳中和进程

（一）碳达峰进程

截至 2020 年，全球已有 54 个国家的碳排放实现达峰，约占当时全球碳排放量的 40%。碳排放量在全球排名前十五位的国家中，美国、俄罗斯、日本、巴西、印度尼西亚、德国、加拿大、韩国、英国和法国已经实现碳排放达峰。中国、马绍尔群岛、墨西哥、新加坡等国家承诺在 2030 年前实现达峰。预计到 2030 年，全球将有 58 个国家实现碳排放达峰，占全球碳排放量的 60%。全球部分国家实现碳达峰年份如图 1－3 所示。

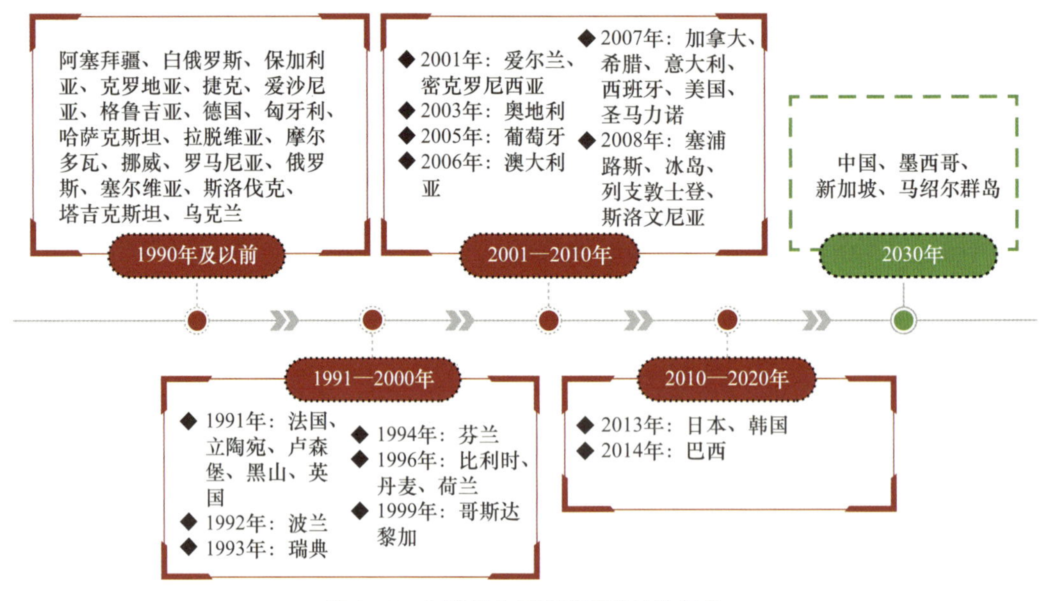

图 1－3　全球部分国家实现碳达峰年份

数据来源：OECD、WRI。

一般来说，碳达峰后有一段平台期，该平台期是决定碳达峰是否成功的关键。在典型的已达峰国家中，平台期显著较长的是美国、德国和日本，约为 10 年；其次是法国、意大利、英国，约为 5 年；平台期较短的是巴西，约为 3 年。通常而言，经济体量、排放体量大的国家，平台期持续时间更长，同时与国家科技发展水平紧密相关。

从碳达峰进程来看，世界发达国家与发展中国家碳达峰年份存在显著差异。欧洲部分国家早在 20 世纪 80 年代就已达峰并进入平台期；随后是北美洲的美国、加拿大，在 2007 年前后达峰，亚洲的日本、韩国已在 2013 年前达到峰值。相比之下，发展中国家的碳排放量仍在增长。

导致世界各国碳达峰时间差异的主要原因有以下两个方面：

一是各国经济发展和产业结构变化的内在规律所决定。如日本在20世纪60年代前后，产业结构由钢铁、汽车产业代替纺织业成为主导，相应碳排放量快速增长，20世纪70年代后，随着能源危机的出现，出于能源安全和环保考虑，着力推动机械制造业、电子信息业作为主导产业，通过产业转移降低碳排放量，并逐步转入平台期；美国在1980年之后，低排放的服务业在经济活动中逐渐取代工业占据主导地位，实现了产业结构的绿色转型。

二是全球工业化进程的“雁行模式”引导和推动。全球工业化进程极不平衡，20世纪80年代，当欧盟部分国家已进入后工业化时代，碳排放趋于稳定进入平台期时，美国碳排放才刚步入快速增长阶段，而中国等亚洲国家碳排放尚未开始大幅增长。全球工业化进程主要传播路径为欧洲—美洲—亚洲，至今这一进程仍在进行之中。与之对应，全球各国碳排放达峰也沿着相应过程依次实现。

（二）碳中和目标

《巴黎协定》鼓励各缔约方在2020年底前提交长期温室气体低排放发展战略（long-term low greenhouse gas emission development strategy，LTS），全球越来越多的国家和地区正在将碳减排行动转化为国家战略。在明确宣布碳中和目标的国家中，按重视程度排序呈现已实现、已立法/发布政策文件、已声明/报联合国、正在提议/讨论中4个梯队，见表1-2。

表1-2 部分明确宣布“碳中和”时间节点的国家和地区

<table>
<tr><th colspan="2">国家（地区）</th><th>承诺方式</th><th>碳中和时间点</th></tr>
<tr><td rowspan="2">亚洲</td><td>中国</td><td>政策</td><td>2060年</td></tr>
<tr><td>日本、韩国</td><td>政策</td><td>2050年</td></tr>
<tr><td rowspan="6">欧洲</td><td>英国、法国、德国、丹麦、匈牙利</td><td>立法</td><td>2050年</td></tr>
<tr><td>欧盟、斯洛伐克</td><td>报联合国</td><td>2050年</td></tr>
<tr><td>西班牙</td><td>立法</td><td>2050年</td></tr>
<tr><td>葡萄牙、瑞士、挪威</td><td>政策</td><td>2050年</td></tr>
<tr><td>瑞典</td><td>立法</td><td>2045年</td></tr>
<tr><td>奥地利、冰岛</td><td>政策</td><td>2040年</td></tr>
<tr><td rowspan="2">美洲</td><td>美国</td><td>政策</td><td>2050年</td></tr>
<tr><td>加拿大、智利</td><td>政策</td><td>2050年</td></tr>
<tr><td rowspan="3">大洋洲</td><td>哥斯达黎加</td><td rowspan="2">报联合国</td><td>2050年</td></tr>
<tr><td>新西兰</td><td>2050年</td></tr>
<tr><td>斐济、马绍尔群岛</td><td>报联合国</td><td>2050年</td></tr>
<tr><td>非洲</td><td>南非</td><td>政策</td><td>2050年</td></tr>
</table>

资料来源：Climate News。

截至 2021 年，已有 130 个国家和地区提出了“零碳”或“碳中和”的气候目标，其中包括：已实现碳中和的南美洲北部国家苏里南以及南亚国家不丹；德国、法国、俄罗斯等 17 个国家以立法的形式明确了碳中和目标，美国、澳大利亚、中国等 33 个国家将净零排放目标写入了政策文件；马来西亚、南非等 18 个国家以政策宣示和提交长期战略至联合国的形式作出承诺；仍有 60 个国家和地区尚处在提议讨论过程中。多数国家仍未建立完整的实现碳中和目标的政策支撑体系，且各国碳中和目标的可行性和力度均存在较大差异。

在碳中和目标年方面，以 2050 年为界，可主要分为 3 类：芬兰、冰岛等北欧国家在碳中和行动中表现突出，明确在 2035—2040 年即可实现目标；以欧盟为代表的欧洲发达国家、发展中国家中的小岛屿国家以及斐济等最不发达国家普遍提出以 2050 年为目标年；相比之下，部分发展中国家依据自身经济体量和社会进步情况，提出到 21 世纪下半叶实现碳中和的目标。

在目标范围方面，一些国家针对非 CO_2 温室气体提出了具体的减排目标，如日本和英国。相比之下，一些国家出于产业结构的考虑，明确提出碳中和目标不包含特定的温室气体，如新西兰；一些国家尚未将土地利用变化和林业排放纳入碳中和目标，如德国、法国等。此外，还有一些地区、城市、跨国企业等自发加入低碳发展战略，提出了碳中和目标。

二、国外碳达峰碳中和主要举措和经验

应对气候变化的提议起源于欧洲，欧盟也是碳达峰碳中和的一贯支持者。英国、法国、德国等国家在 20 世纪 80 年代开始依次实现达峰。为实现降低碳排放的目的，已碳达峰国家在碳中和立法、政策体系建设、技术创新和全民行动等方面采取了一系列措施，其中一些有益的经验值得我们借鉴。

1. 建立和完善支持碳减排的法律和政策

欧盟于 2019 年 12 月发布《欧洲绿色新政》，制定了碳中和愿景下的长期减排战略规划，从能源、工业、建筑、交通、粮食、生态和环境 7 个重点领域规划了长期碳减排行动政策路径。2021 年 6 月，欧盟理事会通过了《欧洲气候法》，实现 2050 年碳中和的承诺转变为法律强制约束。

英国灵活运用政策工具和激励措施，对高污染、高排放和高耗能企业的发展予以限制，同时，通过税收减免和资金资助等措施，推动企业绿色低碳转型。

2. 健全碳市场交易机制助力企业碳减排

欧盟碳排放交易体系是世界首个，也是全球最大的碳排放交易市场，占国际碳交易总量的 3/4 以上。欧盟碳市场不仅参与主体多，市场交易活跃，而且衍生了期货、期权等多种交易产品。

3. 鼓励关键技术创新和核心装备研发

欧盟重视节能、储能、光伏、风电和先进装备的投资和研发，特别鼓励碳中和关键技术的研发和创新。根据欧盟发布的《2021年战略前瞻报告》，欧盟占到了世界研发总量、出版物和专利数量的20%。

4. 调整能源结构提升能源自给能力

欧盟委员会于2020年7月通过了《欧盟能源系统一体化战略》（*Energy Systems Integration Strategy*）和《欧盟氢战略》（*EU Hydrogen Strategy*），以期提升欧盟在绿色能源技术领域的领先地位。2020年11月，欧盟委员会发布了《利用海上可再生能源的潜力实现碳中和未来的战略报告》，要求在2030年和2050年分别实现海上风电装机60GW和300GW。

2022年7月，欧洲议会工业、研究和能源委员会（Committee on Industry，Research and Energy，ITRE）批准了欧盟到2030年达到至少45%可再生能源消费的目标。突显在俄乌冲突背景下，欧盟提升能源自给能力的迫切需求。

5. 营造低碳文化理念提升全民低碳发展共识

民众对应对气候变化的态度，对碳减排政策的推进具有不可忽视的作用。欧盟注重低碳文化的传播，比如，“慢城运动”，通过减少使用私家车，增加城市绿地和徒步区等方式，形成人与自然、城市与自然和谐共生的发展模式，推动低碳发展。

三、国外碳达峰碳中和启示

当前，欧盟正处于从碳达峰迈向碳中和的进程中，通过欧盟经济社会发展趋势可以看出，经济发展、能源转型、环境质量改善与应对气候变化相互联系，与我国减污降碳同步推进的发展模式类似。我国正处于全面建设社会主义现代化国家进程中，工业化、城镇化进程不断推进，对能源转型、生态环境改善提出了更高的要求。同时，我国从碳达峰到碳中和只有30年的时间，借鉴国外应对气候变化的经验，将加速我国的碳减排进程，促进碳中和目标的实现。

1. 加强顶层设计，不断完善政策法规标准体系

加快应对气候变化相关法律法规的制定，增强实现“双碳”目标的法律约束性。同时，研判各行业发展阶段和趋势，科学制定行业碳排放目标和技术路线图，并通过金融、财税等政策，推动绿色低碳产业发展，鼓励有条件的行业、企业率先达峰。

2. 健全碳市场机制，逐步扩大碳市场覆盖范围

建立碳预算机制，合理分配碳配额，提升参与主体节能降碳的紧迫感和参与碳交易的积极性。随着碳市场机制的不断完善，推动绿色金融与碳交易深入融合，丰富碳市场交易品种和方式，撬动更多的社会资本投入绿色低碳产业。强化行业碳排放数据

监测水平，加强市场功能建设，逐步将钢铁、水泥、化工等行业纳入碳市场覆盖范围，丰富市场主体，提升碳交易活跃度。

3. 加强技术研发，推动新技术示范和应用

重视先进技术对实现“双碳”目标的决定性作用，构建完整的低碳技术体系，加强煤炭清洁高效利用、先进核电、新能源、氢能、储能，以及碳捕集、利用与封存（CCUS）等低碳技术研发、示范和推广应用。在工业领域，利用电气化、氢能、CCUS 及生物质等技术逐步实现钢铁、水泥、有色金属等行业的降碳。

4. 调整能源结构，保障能源安全

完善能源消耗总量和强度调控，重点控制化石能源消费，逐步转向碳排放总量和强度“双控”制度。立足我国资源禀赋，发挥好煤炭的“压舱石”作用，加强煤炭清洁高效利用，同时大力发展可再生能源，提升非化石能源消费占比和终端电力消费水平，加快规划建设新型能源体系。加强源网荷储协同发展，推动风光互补、水火互济等多能互补，支持分布式新能源合理配置储能系统，构建智慧化新型电力系统。加强能源产供储销体系建设，做好跨省、跨区能源规划，统筹协调解决我国资源分布不均、经济社会发展不平衡等难题，变被动为主动，挖掘能源利用新场景新模式，降低对外能源依赖，确保能源安全。

5. 营造低碳文化，倡导低碳生产生活方式

开展应对气候变化宣传、教育和科学知识普及，树立生态优先绿色发展、节约低碳人人有责的理念，营造低碳文化氛围。通过“全国低碳日”等宣传活动，引导低碳消费价值观，促进绿色低碳相关产业的培育。开展企业二氧化碳减排“创先锋”活动，激励先进企业发挥示范引领作用，带动各行业形成低碳发展的新风尚。

6. 加强国际合作，引领国际气候治理

应对气候变化是全球的共识，也是世界各国的共同责任。要实现碳达峰碳中和，需要各国加强技术、经贸等方面的深度合作。我国要实现经济发展与碳排放脱钩，更要重视国际合作。既要与技术先进国家合作，快速提升技术水平，推动全球产业链优化布局，也要与欠发达国家合作，践行人类命运共同体理念，带动落后地区转变经济增长方式，共同实现绿色低碳可持续发展。

第三节 我国碳达峰碳中和的目标及重大意义

2020 年 12 月，习近平总书记在气候雄心峰会上进一步量化“双碳”目标，宣布“到 2030 年，中国单位国内生产总值二氧化碳排放将比 2005 年下降 65%以上，非化石能源占一次能源消费比重将达到 25%左右，森林蓄积量将比 2005 年增加 60 亿 m^3，风电、太阳能发电总装机容量将达到 12 亿 kW 以上”。随后，我国根据碳达峰碳中和

总体目标，制定了近期（“十四五”）、中期（2030年）、远期（2060年）阶段性目标，以及分领域发展目标。

一、我国碳达峰、碳中和目标

2021年9月，《中共中央 国务院关于完整准确全面贯彻新发展理念做好碳达峰碳中和工作的意见》（简称《意见》）正式发布。《意见》作为“1+N”碳达峰碳中和政策体系中的“1”，发挥着统领作用。

《意见》围绕“十四五”时期以及2030年前、2060年前两个重要时间节点，提出了构建绿色低碳循环经济体系、提升能源利用效率、提高非化石能源消费比重、降低二氧化碳排放水平、提升生态系统碳汇能力五个方面的主要目标，如表1-3所示。这些目标，立足于我国发展阶段和国情实际，标志着我国将用历史上最短的时间完成碳排放强度全球最大降幅，不仅实现碳达峰，而且快速实现碳中和。

表1-3 我国碳达峰碳中和目标

指标体系	到2025年	到2030年	到2060年
经济社会发展目标	绿色低碳循环发展的经济体系初步形成	经济社会发展全面绿色转型取得显著成效	绿色低碳循环发展的经济体系和清洁低碳安全高效的能源体系全面建立
能源利用效率	重点行业能源利用效率大幅提升	重点耗能行业能源利用效率达到国际先进水平	能源利用效率达到国际先进水平
单位国内生产总值能耗	比2020年下降13.5%	大幅下降	—
单位国内生产总值二氧化碳排放	比2020年下降18%	比2005年下降65%以上	—
非化石能源消费比重	达到20%左右	达到25%左右	达到80%以上
电力装机规模	—	风电、太阳能发电总装机容量达到12亿kW以上	—
森林覆盖率	达到24.1%	达到25%左右	—
森林蓄积量	达到180亿m^3	达到190亿m^3	—
“双碳”工作目标	为实现碳达峰、碳中和奠定坚实基础	二氧化碳排放量达到峰值并实现稳中有降	碳中和目标顺利实现，生态文明建设取得丰硕成果，开创人与自然和谐共生新境界

为做好各领域的碳达峰工作，2021年10月，国务院颁布了《2030年前碳达峰行动方案》（简称《方案》），对“十四五”及“十五五”期间碳达峰工作提出了具体要求。

“十四五”期间，产业结构和能源结构调整优化取得明显进展，重点行业能源利用效率大幅提升，煤炭消费增长得到严格控制，新型电力系统加快构建，绿色低碳技术研发和推广应用取得新进展，绿色生产生活方式得到普遍推行，有利于绿色低碳循环发展的政策体系进一步完善。到 2025 年，非化石能源消费比重达到 20%左右，单位国内生产总值能耗比 2020 年下降 13.5%，单位国内生产总值二氧化碳排放比 2020 年下降 18%，为实现碳达峰奠定坚实基础。

“十五五”期间，产业结构调整取得重大进展，清洁低碳安全高效的能源体系初步建立，重点领域低碳发展模式基本形成，重点耗能行业能源利用效率达到国际先进水平，非化石能源消费比重进一步提高，煤炭消费逐步减少，绿色低碳技术取得关键突破，绿色生活方式成为公众自觉选择，绿色低碳循环发展政策体系基本健全。到 2030 年，非化石能源消费比重达到 25%左右，单位国内生产总值二氧化碳排放比 2005 年下降 65%以上，顺利实现 2030 年前碳达峰目标。

《意见》和《方案》颁布后，各级地方政府积极开展碳达峰行动方案编制工作。同时，各行业也开展了碳达峰、碳中和实施路径与目标的研究工作，并结合“十四五”规划的编制，陆续发布了《“十四五”节能减排综合工作方案》《“十四五”建筑节能与绿色建筑发展规划》《“十四五”全国农业绿色发展规划》《绿色交通“十四五”发展规划》等多个行业碳达峰规划方案。

（一）能源领域

能源领域作为碳排放的重点，在《意见》和《方案》中都提出了具体要求，主要包括：到 2025 年，新建跨区外送通道可再生能源电量比例不低于 50%；新型储能装机容量达到 3000 万 kW 以上；国内原油一次加工能力超过 10 亿 t；国内原油主要产品产能利用率提升至 80%以上。

到 2030 年，省级电网基本具备 5%以上的尖峰负荷响应能力；抽水蓄能电站装机容量达到 1.2 亿 kW 左右。“十四五”“十五五”期间分别新增水电装机容量 4000 万 kW 左右。

（二）工业领域

根据《工业和信息化部　国家发展和改革委员会　生态环境部关于促进钢铁工业高质量发展的指导意见》和《“十四五”节能减排综合工作方案》，到 2025 年，化学需氧量、氨氮、氮氧化物、挥发性有机物排放总量比 2020 年分别下降 8%、8%、10%以上、10%以上。电炉钢产量占粗钢总产量比例提升至 15%以上，80%以上钢铁产能完成超低排放改造，吨钢综合能耗降低 2%以上，水资源消耗强度降低 10%以上，钢铁工业利用废钢资源量达到 3 亿 t 以上。

（三）建筑领域

根据《“十四五”建筑节能与绿色建筑发展规划》，到 2025 年，建筑运行一次、二次能源消费总量 11.5 亿 t 标准煤；城镇新建居住建筑能效水平提升 30%；城镇新建公共建筑能效水平提升 20%；既有建筑节能改造面积 3.5 亿 m^2 以上；建设超低能耗、近零能耗建筑面积 0.5 亿 m^2 以上；装配式建筑占当年城镇新建建筑的比例达到 30%；新增建筑太阳能光伏装机容量 0.5 亿 kW 以上；地热能建筑应用面积 1 亿 m^2 以上；城镇建筑可再生能源替代率达到 8%；建筑能耗中电力消费比例超过 55%。

（四）交通领域

根据《绿色交通“十四五”发展规划》，到 2025 年，营运车辆单位运输周转量二氧化碳排放较 2020 年下降率为 5%，营运船舶单位运输周转量二氧化碳排放较 2020 年下降率为 3.5%，营运船舶氮氧化物排放总量较 2020 年下降率为 7%；全国城市公交、出租汽车（含网约车）、城市物流配送领域新能源汽车占比分别达到 72%、35%、20%，国际集装箱枢纽海港新能源清洁能源集卡占比达到 60%；长江经济带港口和水上服务区当年使用岸电电量较 2020 年增长率为 100%；集装箱铁水联运量年均增长率为 15%；城区常住人口 100 万以上城市中绿色出行比例超过 70%的城市数量达到 60 个。

二、碳达峰碳中和对我国的重大意义

习近平总书记指出，实现碳达峰碳中和，是贯彻新发展理念、构建新发展格局、推动高质量发展的内在要求，是党中央统筹国内国际两个大局作出的重大战略决策。我国积极参与国际合作应对气候变化，对能源安全、产业布局、技术创新、国际影响、扩大就业、减污降碳协同等具有重大意义。

1. 确保能源供应安全

根据国家统计局数据，2021 年我国进口石油 51 298 万 t，居全球首位，对外依赖程度达 72%。随着我国工业化、城镇化进程持续推进，未来对能源的需求还将不断增加。立足我国资源禀赋，大力发展新能源，推动电能、氢能替代，未来将可以摆脱石油对外依赖，提升我国能源自给能力，确保我国能源供应安全。

2. 推进产业链优化布局

在“双碳”背景下，随着碳市场机制和功能的逐步完善，企业单位产出的碳排放量将决定其市场竞争力。企业产品碳排放不仅包括生产产品过程中的碳排放，还包括产品产业链上下游的碳排放。为了降低产品碳排放，企业对绿色能源，特别是绿色经济的电力需求将与日俱增，哪里有绿色经济的能源供应，产业就会向哪里聚集。全球产业链布局与当地经济发展紧密关联，通过产业聚集和升级，将形成我国各地区新的经济增长点。

3. 促进技术研发和创新

应对气候变化既是挑战，也是机遇，为经济社会发展模式指出了新思路。通过有限的化石能源资源推动经济社会发展的老路已经无法走通，给广大发展中国家未来如何发展出了一个难题。但挑战与机遇并存，通过技术研发和创新，推动产业升级，将可以减少经济社会发展对化石能源资源的依赖，例如，通过风电、光伏发电技术创新，提升系统转化率，最大限度地利用好可再生能源；通过“三改联动”，促进煤炭清洁高效利用；通过多能融合方案，促进风、光、核资源的综合利用；通过产能融合方案，促进工业、交通、建筑、农业等重点领域节能减排，实现绿色低碳转型。技术的进步程度将是能否实现碳达峰碳中和的关键所在，各国的技术水平也决定了其在国际上的地位和影响力。

4. 提升国际影响力

实现“双碳”目标需要全球各国共同行动。经济发展与能源供给能力紧密相关，哪个国家能够解决能源供给的碳减排问题，就掌握了发展权，也掌握了国际事务的话语权。我国的光伏、风电、储能、电动汽车等技术世界领先，同时产业规模也处于世界领先。在此基础上，可以为能源不足的国家和地区提供技术和融资支持，提出一条基于技术进步的绿色发展道路，构建人类命运共同体，不断提升国际影响力。

5. 提供更多就业岗位

氢能、新型储能、光伏建筑、深远海风电等零碳、低碳新技术备受资本青睐并快速发展，带动了新产业的形成和旧产业的转型。同时，随着碳市场的兴起，对碳资产管理、碳汇计量评估、碳减排咨询等的需求激增，出现了新职业，也带来了新岗位，创造了更多的就业机会。

6. 推动高质量发展

通过能源绿色低碳发展，不仅降低了碳排放，而且减少了化石能源消耗，同时减少了氮氧化物、硫化物、粉尘等污染物排放，实现减污降碳协同推进。工业、建筑、交通、农业等行业通过广泛使用绿色能源，提高电气化水平，将进一步与碳排放脱钩，全面实现高质量发展。

第二章
我国能源碳排放现状与发展趋势

党的二十大报告强调:“实现碳达峰碳中和是一场广泛而深刻的经济社会系统性变革”。碳达峰碳中和这一历史进程将推动能源结构转型，倒逼钢铁、石化等高耗能行业提质增效和技术进步，加速新能源、新材料、数字技术等新兴产业发展，催生新的就业机会，并直接引起经济社会发展的范式转变。

推进碳达峰碳中和，需统筹考虑我国经济社会发展阶段，立足我国能源资源禀赋、能源结构、产业结构等基本国情，加强顶层设计，以实现“双碳”目标为抓手助推经济社会绿色低碳高质量发展。

本章将重点分析我国经济社会发展现状与趋势、我国能源碳排放变化与发展趋势，以及我国碳排放政策与机制。

第一节　我国经济社会发展现状与趋势

一、我国经济社会发展现状

（一）经济发展现状

2017—2021 年，我国国内生产总值（GDP）呈总体增长趋势，五年平均增长率为 5.98%，如图 2-1 所示。2021 年，我国 GDP 达 1 149 237 亿元，人均 GDP 为 81 370 元。从人均 GDP 来看，我国与世界发达国家尚有一定差距，如美国、德国、英国、法国、日本等国家人均 GDP 已达 4 万美元以上。

分地区来看，我国各地区发展不平衡的特点也较为突出，各地区生产总值、人均生产总值差距较大，如图 2-2 和图 2-3 所示。2021 年，广东生产总值达 124 369.67 亿元，是我国生产总值最高的省份，约为西藏生产总值的 60 倍；北京人均生产总值为 18.4 万元，为甘肃人均生产总值的 4 倍以上。

总体来看，我国经济的持续增长为实现“双碳”目标提供了较好的基础保障，但人均生产总值不高、地区发展不平衡的特点也给“双碳”目标的实现带来一定压力。有关数据表明，多数国家碳达峰时人均生产总值都高于 2 万美元，平均达 3.1 万美元。我国实现“双碳”目标，需要在今后一段时期保持经济稳步增长。

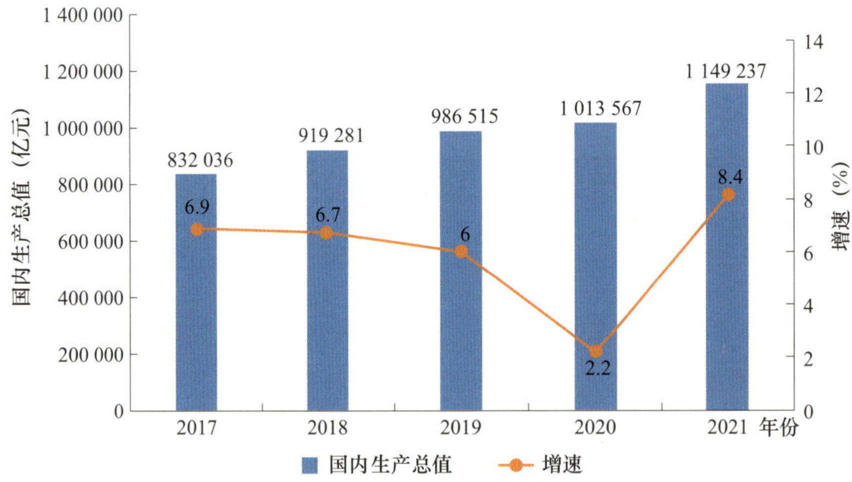

图 2-1　2017—2021 年国内生产总值及增速

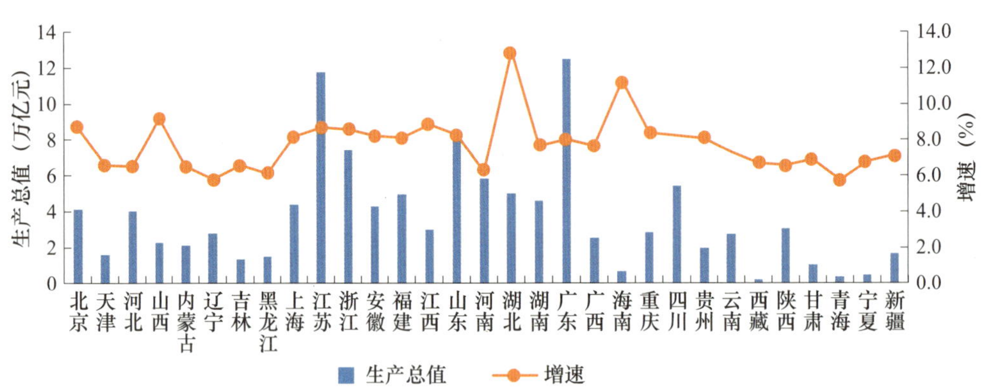

图 2-2　2021 年我国各地区生产总值及增速

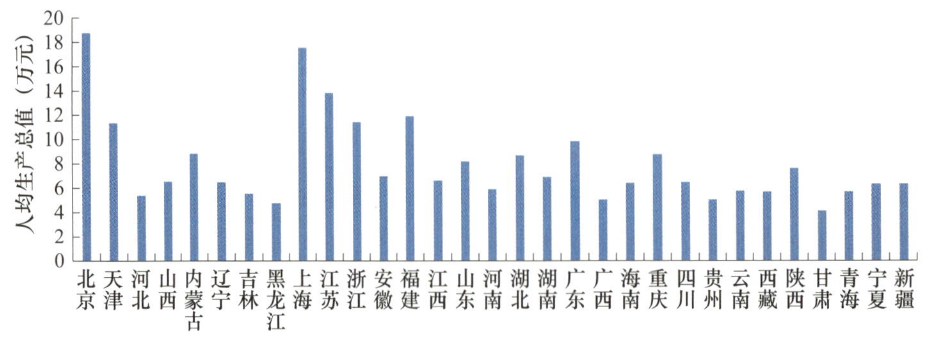

图 2-3　2021 年我国各地区人均生产总值

（二）产业结构现状

2017—2021 年，我国产业结构相对稳定，第一、第二、第三产业增加值比重分别在 7%、40%、53%左右，如图 2-4 所示。

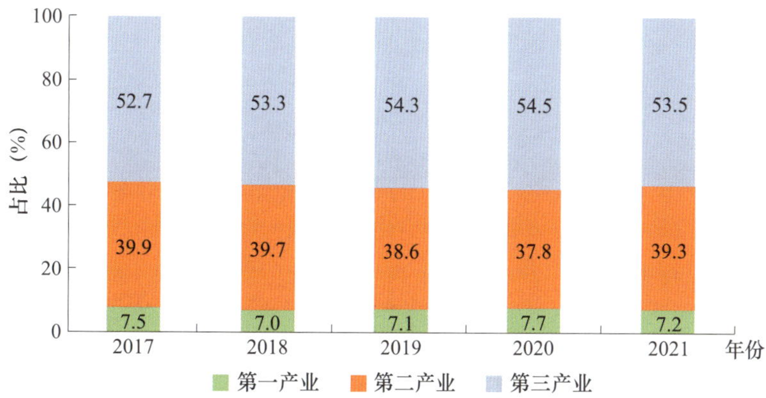

图 2-4 2017—2021 年我国三次产业增加值占国内生产总值比重

与发达国家相比，日本、德国、美国的第三产业增加值占 GDP 比重均超过 70%，我国第三产业占比仍相对较低，整体处于工业化中期向后期发展阶段。有关数据表明，实现碳达峰的发达国家第三产业增加值占 GDP 比重均在 65%以上。

2017—2021 年，我国工业增加值保持持续增长，2021 年规模以上工业增加值增长 10.4%，如图 2-5 所示。随着我国新型工业化深度发展、内需潜力持续释放、经济体制不断完善，我国工业将具备持续高增长潜力，工业转型升级绿色低碳发展将成为实现“双碳”目标的重中之重。

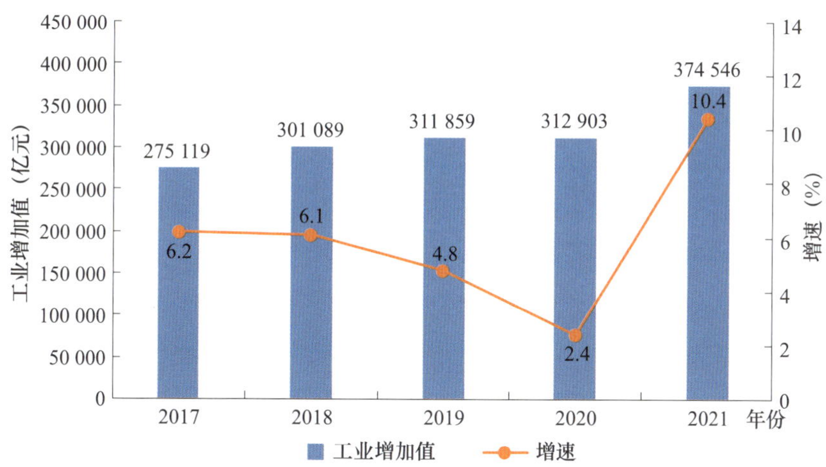

图 2-5 2017—2021 年我国全部工业增加值及增速

（三）人口及社会发展现状

2017—2021 年，我国人口数量保持小幅增长，但自然增长率呈下降趋势。2021 年末，全国人口 141 260 万人，自然增长率为 0.034%，如图 2-6 所示。其中，60 周岁及以上的人口占比 18.9%。自然增长率低、老龄化趋势加重是我国面临的主要人口问题。

图 2－6　2017—2021 年我国人口自然增长率

改革开放以来，我国经历了世界上速度最快、规模最大的城镇化进程，城镇化率从改革开放之初的不足 20%跃升至 2021 年的 64.72%，如图 2－7 所示。但与发达国家 80%左右的城镇化率相比，仍有一定差距。当前，我国正在推进以人为核心的新型城镇化，面临巨大的用能需求，需将绿色低碳理念贯穿城镇化发展全过程，锚定碳达峰碳中和目标，加强绿色低碳城市基础设施建设，打造宜居、韧性、智慧城市。

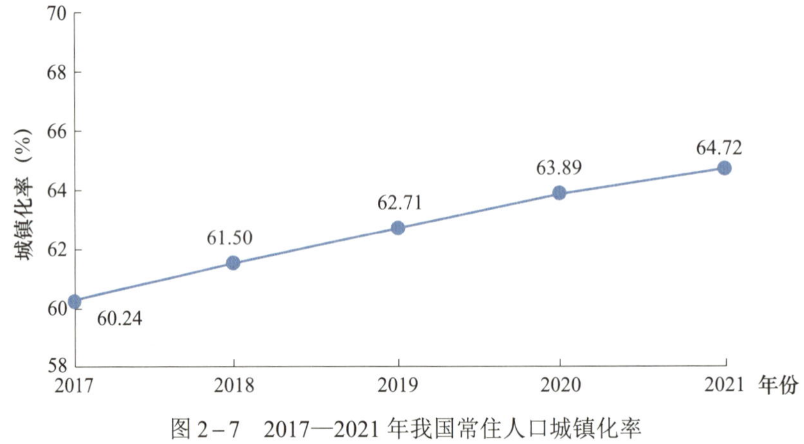

图 2－7　2017—2021 年我国常住人口城镇化率

二、我国经济社会发展趋势

改革开放以来，我国经济实力实现历史性跃升。“十四五”时期，我国进入全面建设社会主义现代化国家、向第二个百年奋斗目标进军的新发展阶段，经济正处于高速发展向高质量发展的转换期；同时，“双碳”目标的推进也将引领一场经济社会系统性变革，推动经济社会全面绿色低碳转型。

《中华人民共和国国民经济和社会发展第十四个五年规划和 2035 年远景目标纲要》提出了 2035 年人均生产总值较 2020 年翻一番的目标。在习近平新时代中国特色社会主义经济思想和碳达峰碳中和战略目标指引下，绿色低碳转型有望重塑中国经济发展新动能。低碳、零碳技术的创新及广泛应用，将催生创造新的市场需求，催生新的增长点，从根本上推动中国从资源要素驱动型增长转向创新驱动型增长、从高耗能高污染为支撑的增长转向绿色为底色的增长。产业结构将进一步优化调整，传统产业改造升级、新兴产业加快发展、现代服务业加速崛起。研究表明，2020—2030 年，第一产业增加值比重将从 7.6%降至 4.9%，第二产业增加值比重将从 37.8%降至 33.6%，第三产业增加值比重将从 54.4%升至 61.5%。其中，高碳排放制造业比重将从 9.0%降至 5.9%，低碳服务业比重将从 50.3%提升至 58.5%。

根据 2015 年国务院印发的《国家人口发展规划（2016—2030）》，我国人口将在 2030 年前后达到峰值。随着经济社会的全面绿色低碳转型，劳动力将从传统高碳行业向低碳行业转移，新能源、新材料等领域将催生新的低碳就业岗位。

总体而言，2022—2060 年是我国经济社会转型发展的重要“战略机遇期”，经济、产业、人口和社会的变化决定了我国各方面建设的基础。加强顶层设计，统筹推进“双碳”战略，明确新时期我国绿色低碳发展路径，加强低碳科技创新，推动实现社会经济绿色低碳高质量发展，对于实现“两个一百年”奋斗目标和中华民族伟大复兴宏伟蓝图具有重要意义。

第二节 我国能源碳排放变化与发展趋势

一、我国能源消费与碳排放

进入 21 世纪以来，我国能源消费总量稳步增长。2000—2020 年，全国能源消费总量（发电煤耗计算法）从 14.69 亿 t 标准煤增长至 49.8 亿 t 标准煤，累计增长 238.8%，年均增幅约 6.3%，如图 2－8 所示。“十三五”期间（截至 2020 年），我国能源消耗总量年均增幅为 2.8%，总体呈可接受水平。

我国能源消费结构逐步优化，煤炭消费比例整体呈现下降趋势。按照发电煤耗计算方法，2000—2020 年全国煤炭消费占比从 72.2%下降至 56.8%，石油消费占比从 20.7%下降至 18.9%，天然气消费占比从 3.1%增长至 8.4%，一次电力及其他能源消费占比从 4.0%增长到 15.9%，如图 2－9 所示。“十三五”期间，全国非化石能源累计消费 39.37 亿 t 标准煤，折合减少二氧化碳排放 104.72 亿 t。

电力消费增长迅速。2000—2020 年，电力消费总量从 13 472 亿 kWh 增长至 77 620.2 亿 kWh，累计增幅 476.1%。“十三五”期间，我国电力消费总量累计增长 19 600.2 亿 kWh，年均增幅约 6%。

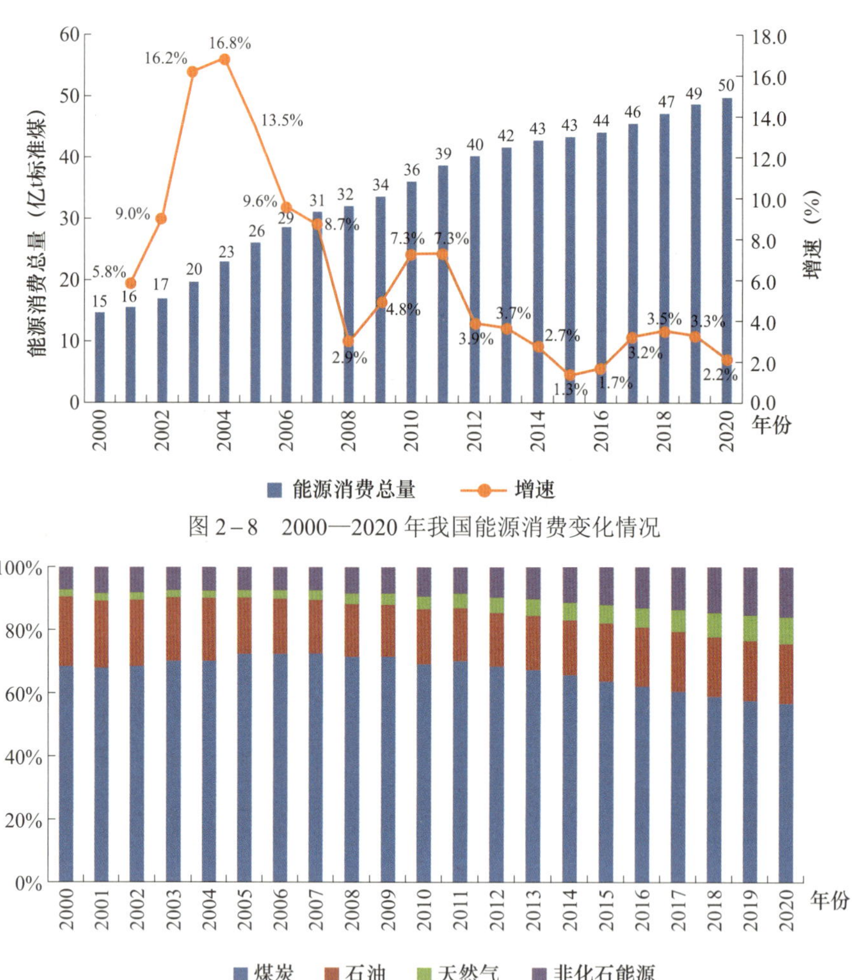

图 2－8　2000—2020 年我国能源消费变化情况

图 2－9　2000—2020 年我国能源消费结构变化情况

单位产值能耗逐年下降。按照 2020 年可比价格计算，2020 年能耗强度为 0.49t 标准煤/万元，比 2000 年下降 35.7%，如图 2－10 所示。“十三五”期间，我国单位产值能耗累计降幅 13.1%，年均降幅 2.8%。同时，能源消费与经济增长逐渐脱钩。从 2000 年开始，我国能源消费弹性系数整体呈现下降趋势，“十三五”期间，能源消费弹性系数平均值比“十五”期间下降 67.9%。

根据中国能源统计年鉴数据计算，2020 年我国全社会二氧化碳排放量约为 110 亿 t，其中能源活动碳排放约 98 亿 t，占全社会碳排放比重的 89%左右。从能源品种来看，燃煤发电和供热碳排放占能源活动碳排放比重约为 44%，煤炭终端燃烧占比为 35%，石油天然气排放占比分别为 15%和 6%。2020 年我国一次能源消费碳排放比 2000 年累计增长 198.2%，年均增幅约 5.61%。碳排放强度从 2000 年的 1.67t CO_2/万元（按照 2020 年可比价格计算）下降到 2020 年的 0.95t CO_2/万元，累计降幅达到 43.4%（如图 2－11 所示）；2020 年全国碳排放强度比 2005 年下降 50%，超额完成我国在哥本哈根会议上的减排承诺。

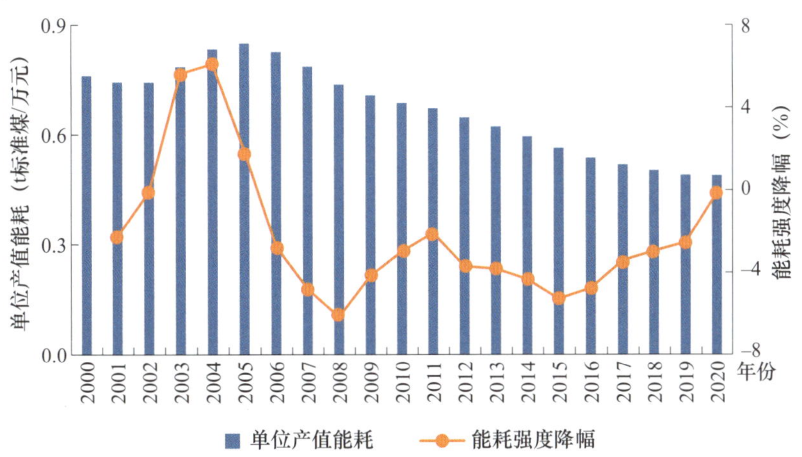

图 2－10　2000—2020 年我国单位产值能耗变化情况

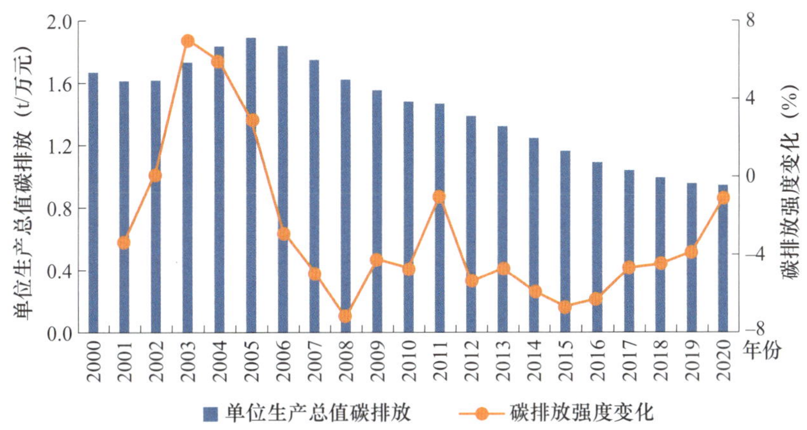

图 2－11　2000—2020 年我国单位生产总值碳排放变化情况

分行业领域看，2019 年，能源生产与加工转换、工业、交通、建筑领域碳排放占能源活动碳排放比重分别为 47%、36%、9%和 8%，其中工业领域钢铁、建材和化工三大高耗能产业占比分别达到 17%、8%和 6%，如图 2－12 所示。

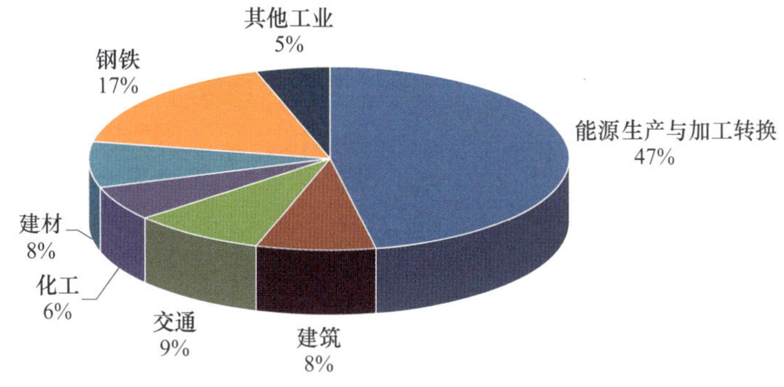

图 2－12　2019 年我国能源碳排放不同行业领域占比

自 2010 年以来，我国一次能源消费碳排放增速放缓，一是得益于煤电清洁高效利用技术的突破和推广应用。全国火电机组供电标准煤耗从 2010 年的 333g/kWh 下降到 2020 年的 305.5g/kWh（见表 2－1），降幅 8.26%。2010—2020 年我国火电累计发电量 48.83 万亿 kWh，通过供电煤耗的降低，减少标准煤约 13.42 亿 t，折合二氧化碳减排约 35.69 亿 t。二是可再生能源减排降碳显著。2020 年我国可再生能源发电量为 2.45 万亿 kWh，比 2010 年累计增长 191.2%，年均增幅约 11.25%。“十二五”和“十三五”期间，我国通过可再生能源累计发电 17.21 万亿 kWh，折合减少标准煤 53.99 亿 t，相当于减排二氧化碳 143.6 亿 t。

表 2－1　　2010—2020 年我国供电标准煤耗及发电量情况

年份	火电供电标准煤耗（g/kWh）	发电量（亿 kWh）				
		火电	水电	核电	风电	光伏发电
2010	333	33 319	7222	739	446	3
2011	329	38 337	6869	864	703	6
2012	326	38 928	8721	974	960	36
2013	321	42 470	9203	1116	1412	84
2014	319	44 001	10 729	1325	1600	235
2015	315	42 842	11 303	1708	1858	395
2016	312	44 371	11 841	2133	2371	665
2017	309	47 546	11 979	2481	2972	1178
2018	308	50 963	12 318	2944	3660	1769
2019	306.4	52 202	13 044	3484	4057	2240
2020	305.5	53 303	13 552	3663	4665	2611

注　来源于国家统计局、国家能源局和中电联公布数据。

二、能源“双碳”目标面临的问题

从能源结构来看，我国能源消费结构呈煤炭占比大，石油、天然气、新能源占比小的“一大三小”格局。煤炭这一高碳能源长期在我国能源安全战略中发挥着基础性作用，是我国第一大主体能源。实现“双碳”目标需处理好控煤减碳与保障能源安全的关系。

从能源利用效率来看，受高耗能产业占比高、部分产业工艺落后、能效标准低等因素影响，我国能耗强度高、能源利用效率低的问题依然突出，2019 年我国单位 GDP 能耗约为全球平均水平的 1.5 倍，节能提效是实现“双碳”目标的关键环节。

从电力系统结构来看，2020 年我国火电发电量占比 68.5%，是主要的碳排放源；但风电、光伏等新能源发电具有随机性、波动性特点，一定程度上限制了可再生能源电力大规模替代火电。加强“双碳”科技创新，在煤炭低碳清洁高效利用、新能源、储能、氢能等方面形成关键突破，是实现“双碳”目标的必要条件。

三、能源消费与碳排放变化趋势

（一）能源消费碳排放情景设定

未来能源需求和二氧化碳排放既与经济社会发展、产业结构和科技进步等因素有关，也取决于未来的战略目标和政策选择。我国作出“双碳”目标国际承诺后，迅速开启了经济社会全面绿色低碳转型的新进程。

结合我国国情，对“双碳”目标政策情景下全国能源消费和碳排放趋势进行预测，时间跨度为2021—2060年。“双碳”目标政策情景设定如下：以《中共中央　国务院关于完整准确全面贯彻新发展理念做好碳达峰碳中和工作的意见》为基础，人口增长、产业结构、能源利用和节能技术等因素的未来发展速率基于“十三五”实施节能减排及碳减排政策的水平设定。此外，将以下目标作为刚性约束条件：到2025年，单位国内生产总值能耗比2020年下降13.5%，单位国内生产总值二氧化碳排放比2020年下降18%；到2030年，我国二氧化碳排放达到峰值，单位生产总值二氧化碳排放强度比2005年下降65%，非化石能源消费比重达到25%；到2060年，非化石能源消费比重达到80%以上。

（二）能源消费二氧化碳排放趋势

碳排放计算依据2014年国家发展改革委印发的《单位国内生产总值二氧化碳排放降低目标责任考核评估办法》和2021年生态环境部发布的《省级二氧化碳排放达峰行动方案编制指南》，能源活动的直接二氧化碳排放量根据不同种类能源的消费量和二氧化碳排放因子计算得到，即

$$E_{CO_2}=AD_i\times EF_i \tag{2-1}$$

式中　E_{CO_2}——一次能源消费碳排放，亿t；

AD_i——第i种能源品种消费量，亿t标准煤；

EF_i——第i种能源品种的碳排放因子，见表2-2。

表2-2　　一次能源消费碳排放因子选取

能源	碳排放系数
煤炭	2.66t二氧化碳/t标准煤
油品	1.73t二氧化碳/t标准煤
天然气	1.56t二氧化碳/t标准煤

首先，根据国民经济发展规划，初步确定经济平均增速，再按照单位GDP能耗下

降幅度约束，确定未来我国能源需求总量。其次，对不同年份能源结构进行预测。将能源消费总量分解到各品种能源消费，按照优先发展可再生能源、积极扩大天然气、严格控制煤炭的原则迭代优化后确定能源消费结构，即可明确各年份分品种能源消费量。最后通过式（2–1）计算我国碳排放量变化趋势。

从一次能源消费量和化石燃料直接燃烧产生的碳排放维度来看，随着节能和碳减排政策的实施，一次能源消费产生的二氧化碳排放量逐步下降，从 2020 年的 98 亿 t 下降到 2060 年的 19.5 亿 t，非化石能源消费占比 80%，实现“双碳”相关目标，具体见表 2–3。

表 2–3　　我国能源指标预测结果

项目		2020 年	2025 年	2030 年	2035 年	2050 年	2060 年
生产总值（万亿元）		101.3	133.5	167.2	205.4	334.2	430
生产总值年均增幅（%）			5.6	4.6	4.2	2.9	2.4
能耗总量（亿 t 标准煤）		49.8	54.5	60	63.5	54.8	49.6
单位生产总值能耗年均降幅（%）			4.07	2.58	2.88	3.79	3.32
能源结构	煤炭（%）	56.8	49.58	42.57	31.24	12.35	5.98
	石油（%）	18.9	19.86	19.96	16.97	8.2	4.91
	天然气（%）	8.4	10.72	13.04	15.12	13	9.59
	非化石能源（%）	15.9	19.84	24.42	36.67	66.45	79.52
单位生产总值碳排放降幅（%）			18	19	30	34	35

“双碳”目标下，我国能源消费碳排放的特点主要体现在以下方面：

一是我国现有技术不足以支撑碳中和目标的实现。若延续“十四五”期间低碳转型政策力度（即每五年碳排放强度下降 18%，能耗强度下降 13.5%），保持现有技术发展趋势，我国可实现能源消费 2030 年前碳达峰。但到 2060 年一次能源消费碳排放仍有约 19 亿 t 二氧化碳排放。扣除每年森林碳汇后仍将有 10 亿 t 二氧化碳净排放，需要 CCUS 等负碳技术大规模推广应用作为支撑，才能顺利实现 2060 年碳中和目标。

二是新发展阶段呼唤以绿色低碳为核心的新增长路径。到 2035 年，我国将基本实现社会主义现代化，预计经济总量或人均收入相比 2020 年翻一番，这意味着未来 15 年经济年均增速不低于 5%。要实现高质量碳达峰和 2035 年碳排放稳中有降的目标，需要碳排放强度年均降幅不低于 5%。2050 年，我国将建成社会主义现代化强国，预计经济总量或人均收入将相比 2020 年翻两番。要力争经济“翻两番”的同时稳步推进碳中和目标实现，应在 2035 年后以更大力度推进产业转型升级和能源结构优化，到 2050 年基本摆脱对化石能源/资源的依赖。

结合绿色低碳技术的发展潜力和减排成本，我国碳中和路径大致可分为三个时期：

一是达峰期，我国经济维持中高速增长，加快减排技术研发和成熟技术推广，实现经济增长与碳排放增加基本脱钩，到 2030 年能源消费碳排放达到峰值；二是平台期，从 2030 年到 2035 年，经济保持合理增速，加速研发深度减排技术，显著提升非化石能源比重，实现经济发展对化石能源依赖进一步减弱、碳排放稳中有降；三是下降期，从 2035 年到 2060 年，经济发展向第二个百年奋斗目标稳步推进，快速推广深度减排技术，实现难减行业的关键技术突破，基本完成新型能源体系构建，到 2060 年，能源消费碳排放降低到 19.5 亿 t，同时零碳/负碳技术全面推广（见图 2－13），并结合生态碳汇可吸收去除二氧化碳近 20 亿 t，顺利实现碳中和目标。

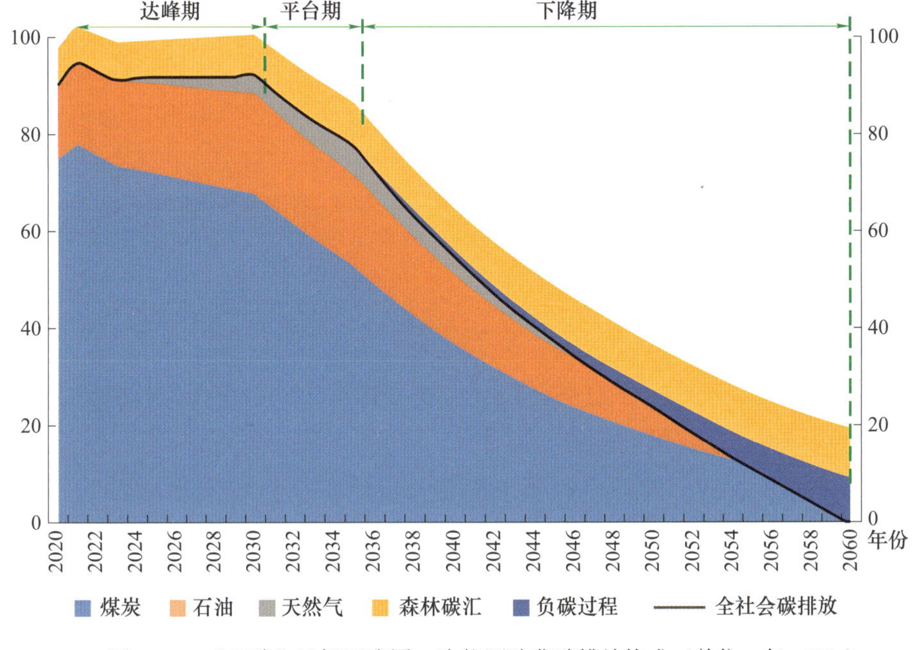

图 2－13　“双碳”目标下我国一次能源消费碳排放构成（单位：亿 t CO_2）

第三节　我国碳排放政策与机制

一、我国碳排放政策体系发展历程

我国碳排放政策起源于应对气候变化工作。国际社会自 20 世纪 80 年代起就积极探索应对气候变化的方法和路径。在联合国主持下，先后谈判制定了《联合国气候变化框架公约》《京都议定书》和《巴黎协定》，构成了全球开展气候变化合作的三大国际性文件。

2007 年，《中国应对气候变化国家方案》的颁布，成为我国从政策体系建设层面采取积极措施应对气候变化的开端。2009 年，全国人大通过《关于积极应对气候变化的决议》，从立法层面提出要积极应对气候变化，发展绿色经济、低碳经济。

“十二五”时期，绿色低碳发展议题进入我国经济社会发展政策顶层设计，单位 GDP 二氧化碳排放下降率首次列入《国民经济和社会发展第十二个五年规划纲要》；2011 年，国务院发布《“十二五”控制温室气体排放工作方案》，提出积极推动发展低碳技术，并开展低碳发展试验试点。

“十三五”时期，我国将应对气候变化作为国家治理的重要组成部分。《国民经济和社会发展第十三个五年规划纲要》继续提出碳排放下降率指标，并提出建立全国统一的碳排放交易市场。《能源发展战略行动计划（2014—2020 年）》《国家应对气候变化规划（2014—2020 年）》分别提出实施绿色低碳发展战略、推进低碳试点建设。同时，正式建立了能耗“双控”制度，在全国设定能耗强度降低目标和能源消费总量目标，将目标分解到各省份，并严格考核。

2020 年 9 月，我国正式提出碳中和目标，按下了我国绿色低碳发展的快进键。

二、双碳“1+N”政策体系

（一）体系框架

2021 年 10 月 12 日，习近平总书记在《生物多样性公约》第十五次缔约方大会领导人峰会上首次提出构建我国碳达峰、碳中和“1+N”政策体系。

“1”是指《中共中央　国务院关于完整准确全面贯彻新发展理念做好碳达峰碳中和工作的意见》（简称《意见》）。“N”是指以《2030 年前碳达峰行动方案》（简称《方案》）为首的政策文件，包括能源、工业、交通运输、城乡建设等分领域分行业碳达峰实施方案，以及科技支撑、碳汇能力、财政金融价格、标准计量体系等保障方案。我国双碳“1+N”政策体系框架如图 2-14 所示。

（二）核心政策

《意见》和《方案》共同构成贯穿碳达峰、碳中和两个阶段的顶层设计，也是“1+N”政策体系的核心。其中，《意见》是党中央对碳达峰碳中和工作的系统谋划和总体部署，覆盖碳达峰、碳中和两个阶段，是管总、管长远的；《方案》是碳达峰阶段的总体部署，目标、任务更为具体和细化。

总体来看，《意见》和《方案》作为统领性政策文件，在目标、原则、方向等方面保持了有机衔接，主要关键内容分析如下：

（1）指明了能源绿色低碳发展是实现“双碳”目标的关键。《意见》和《方案》均提出清洁低碳安全高效的能源体系，并把节约能源作为实现“双碳”目标的首要途径。

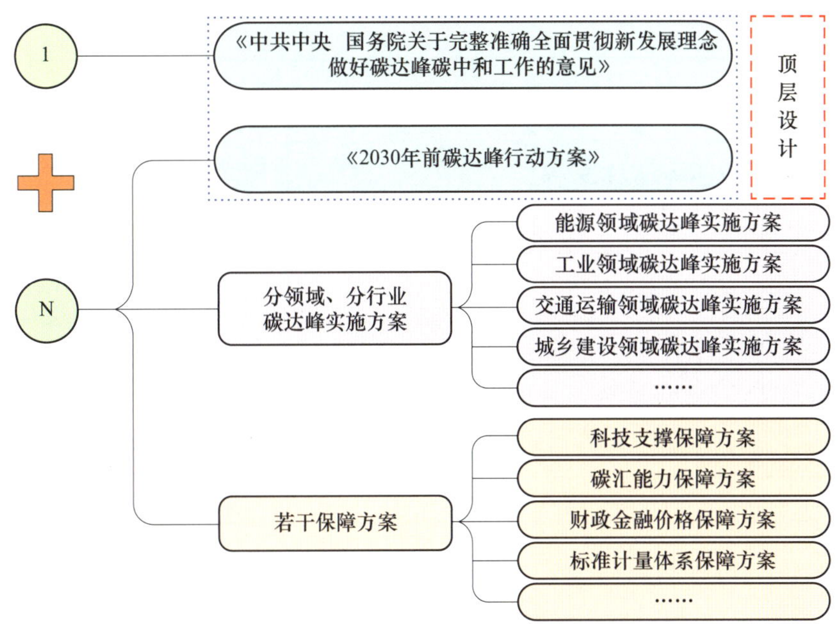

图 2－14　我国双碳“1＋N”政策体系框架

（2）明确了实现“双碳”目标的关键领域。《意见》明确提出要制定能源、钢铁、有色金属、石油化工、建材、交通运输、建筑等行业和领域碳达峰实施方案；《方案》将推进以上重点行业和领域的碳达峰作为碳达峰十大行动的重要组成部分，并提出了具体要求。重点领域主要“双碳”政策如表 2－4 所示。

表 2－4　重点领域主要“双碳”政策

重点领域	政策名称	发布单位	发布时间
能源	《能源碳达峰碳中和标准化提升行动计划》	国家能源局	2022 年 9 月
	《“十四五”可再生能源发展规划》	国家发展改革委等	2022 年 6 月
	《氢能产业发展中长期规划（2021—2035 年）》	国家发展改革委、国家能源局	2022 年 3 月
	《“十四五”现代能源体系规划》	国家发展改革委、国家能源局	2022 年 3 月
	《关于完善能源绿色低碳转型体制机制和政策措施的意见》	国家发展改革委、国家能源局	2022 年 1 月
工业	《有色金属行业碳达峰实施方案》	工业和信息化部、国家发展改革委、生态环境部	2022 年 11 月
	《信息通信行业绿色低碳发展行动计划（2022—2025 年）》	工业和信息化部等	2022 年 8 月
	《关于印发工业领域碳达峰实施方案的通知》	工业和信息化部、国家发展改革委、生态环境部	2022 年 8 月
	《工业能效提升行动计划》	工业和信息化部等	2022 年 6 月
	《“十四五”工业绿色发展规划》	工业和信息化部	2021 年 12 月

续表

重点领域	政策名称	发布单位	发布时间
城乡建设	《建材行业碳达峰实施方案》	工业和信息化部等	2022 年 11 月
	《城乡建设领域碳达峰实施方案》	住房和城乡建设部、国家发展改革委	2022 年 7 月
	《“十四五”建筑节能与绿色建筑发展规划》	住房和城乡建设部	2022 年 3 月
	《农业农村减排固碳实施方案》	农业农村部、国家发展改革委	2022 年 6 月
	《“十四五”推进农业农村现代化规划》	国务院	2022 年 6 月
	《“十四五”建筑业发展规划》	住房和城乡建设部	2022 年 1 月
交通运输	《贯彻落实〈中共中央　国务院关于完整准确全面贯彻新发展理念做好碳达峰碳中和工作的意见〉的实施意见》	交通运输部等	2022 年 6 月
	《绿色交通“十四五”发展规划》	交通运输部	2022 年 1 月

（3）强调了科技创新对实现“双碳”目标的重要支撑作用。《意见》和《方案》均提出制定科技支撑碳达峰碳中和行动方案，并在发电、储能、电网、二氧化碳捕集利用与封存等相关技术方面加强研发和突破。

（4）指出“双碳”目标实现需要政府和市场“双轮驱动”以及全民参与。

三、政策发展建议

通过建立“1+N”政策体系，我国碳达峰碳中和政策逐渐完善，覆盖了能源、工业、建筑、交通、农业等主要碳排放领域，涵盖绿色生产、消费、循环利用等各个环节，初步形成了多方协同推进绿色低碳发展的新格局，为“双碳”目标实现提供持续动力和有效保障。

“十四五”时期是我国实现碳达峰目标的攻坚期和窗口期，结合国际经验及我国经济社会发展趋势，未来我国碳达峰、碳中和相关政策将重点聚焦于以下几个方面。

1. 加快碳达峰、碳中和相关立法，完善碳达峰、碳中和法律法规体系

运用法治手段推动实现碳中和是国际社会的普遍做法，我国可借鉴国际经验，进一步确立低碳发展的法律地位，研究确立应对气候变化立法，统筹修订制定《中华人民共和国能源法》《中华人民共和国可再生能源法》《中华人民共和国节约能源法》《中华人民共和国自然保护地法》等法律，强化“双碳”相关目标的法律约束，为如期实现碳达峰碳中和提供法律保障。

2. 完善碳达峰碳中和监管及考核评价体系

我国已提出由“能耗双控”向“碳排放双控”转变，即实施以碳排放强度为主、碳排放总量为辅的“碳排放双控”制度。需进一步加强监测、统计核算等“碳排放双控”基础研究，建立完善的碳达峰、碳中和考核评价制度，对节能降碳强化刚性约束，

加强监督考核。

3. 完善碳减排市场机制，稳步推动全国碳排放权交易体系建设

我国已启动全国统一的碳排放权交易市场建设，但现阶段行业覆盖范围小、市场活跃度不高、交易产品单一等特点突出。下一步，需进一步完善碳排放信息数据、登记管理、交易管理、结算管理、诚信惩戒、违约管理等制度体系、管理细则和技术规范，建立碳市场核查和服务机构的动态管理机制。在此基础上，逐步扩大全国碳市场行业覆盖范围，统筹建立用能权、绿电、排污权交易与碳交易的衔接、协调机制，完善绿色金融体系，激励和引导碳远期、碳基金、碳指数、碳保险、碳信托等金融创新，不断丰富碳金融衍生品，提升碳交易市场活跃度。

第三章
碳达峰碳中和模型

第一节 模型方法原理

“双碳”研究一般会涉及碳排放核算、碳排放影响因素分析、碳排放预测等内容。碳排放核算方法用于定量分析目标区域的碳排放量，是“双碳”研究工作的基础；碳排放影响因素分析模型可以分析不同因素对碳排放量影响的权重和方向，进而可以作为“双碳”实施路径研究的支撑；碳排放预测模型为预测未来碳排放量提供了工具，结合情景分析，可以量化分析不同“双碳”实施路径的减碳控碳效果，为科学制定“双碳”实施路径和解决方案提供数据支撑。本节对“双碳”分析中用到的模型方法原理进行简要介绍。

一、碳排放核算方法

碳排放量核算是一项系统工程，涉及经济、社会、生产技术等各个方面和各个部门，也是进行“双碳”研究的必要基础。图 3-1 展示了碳排放核算体系的构架。从国内外现有的碳核算标准、指南、规范等来看，碳排放体系包含两类，一类是自上而下进行排放源分解的碳核算体系，主要针对区域的温室气体排放进行核算，包括国家级、省/市级、园区级以及社区级等；另一类是自下而上通过分析碳排放足迹进而开展碳排放核算的碳核算体系，主要针对企业、项目或产品层面的碳排放核算。

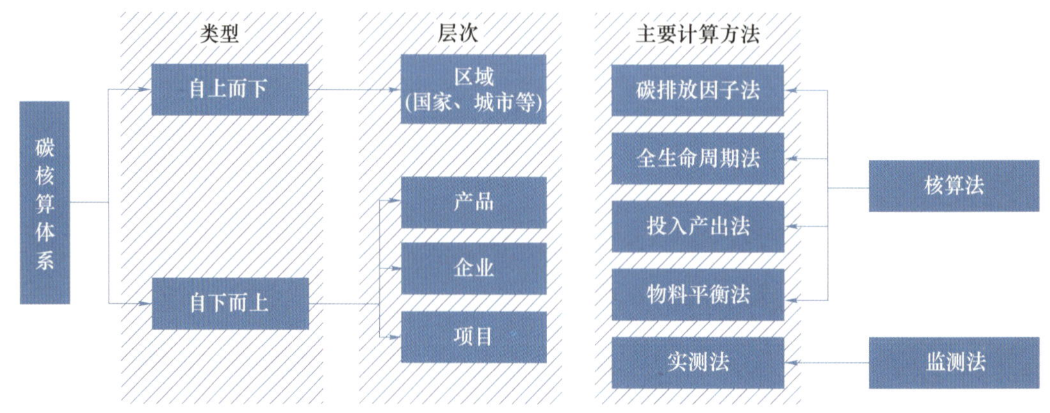

图 3-1　碳排放核算体系的构架

测算碳排放量的主要方法包括碳排放因子法、全生命周期法、投入产出法、实测法、物料平衡法等。其中，碳排放因子法、全生命周期法和投入产出法是适用范围较广、应用较为普遍的碳排放核算办法。表 3－1 对几种主要碳排放核算方法进行了对比。

表 3－1　　　　主要碳排放核算方法对比

核算方法	适用的核算范畴	指南、规范	优缺点
碳排放因子法	区域、行业、企业、产品、项目	《IPCC 2006 年国家温室气体清单指南 2019 修订版》《省级温室气体排放清单指南（试行）》《广东省市县（区）级温室气体清单编制指南（试行）》《企业温室气体排放核算方法与报告指南》等	优点：简单、易于操作，有大量活动数据和排放因子数据库。 缺点：碳排放因子受技术水平、生产状况、能源利用和工艺过程的影响，相同碳排放因子在不同指导文件中可能有不同推荐值，需要选择更适用的数据
全生命周期法	产品、项目	《中国产品全生命周期温室气体排放系数库》、上海市《产品碳足迹核算通则》、北京市《电子信息产品碳足迹核算指南》等	优点：可以对产品、工序或生产活动的直接或隐含的温室气体排放进行科学和系统的定量核算，有详细的计算过程而且结果比较准确。 缺点：生命周期阶段和边界的确定比较复杂，需要大量基础数据，核算成本高且耗时长
投入产出法	区域、行业	《中国投入产出表》《中国地区投入产出表》	优点：整体性、综合性较强。 缺点：计算部门温室气体排放时，采用部门平均排放强度数据，容易产生误差；核算结果只能用于评价某个部门或产业的温室气体排放情况，不能计算单一产品的排放量
实测法	企业、产品	《火力发电企业二氧化碳排放在线监测技术要求》《火电厂烟气二氧化碳排放连续监测技术规范》	优点：结果准确。 缺点：需要在现有生产工艺上增加监测设备，成本较高，目前国内还难以普遍应用
物料平衡法	区域、行业、产品、企业、项目	《温室气体排放核算与报告要求》中的过程排放相关内容	优点：具有较强的科学性及实施有效性。 缺点：工作量大，需要搜集详细的工业生产过程数据，而且需要全面了解生产工艺、化学反应、副反应和管理等情况

二、碳排放预测与能源消费结构优化模型

对分析区域进行碳排放量预测是分析“双碳”实施路径和解决方案不可或缺的一项工作。研究人员广泛采用各类预测模型开展这项工作。掌握相关模型，不仅有助于研究人员从事能源系统评价诊断、低碳节能发展技术研判等能源系统工程相关工作，而且也可为政府决策提供技术支持。

广泛采用的碳排放预测模型可以分解为四个层面：碳排放影响因素分析模型、碳排放预测模型、针对碳达峰目标的能源消费结构优化模型和用于评价不同发展路径的情景分析法。

1. 碳排放影响因素分析模型

影响因素分析模型的核心功能是分析目标对象与其影响因素的关系，可以实现定量评估各影响因素对目标对象的影响方向和影响程度，常用方法包括指数分解法和结构分解法等。以 Lasperyers 指数法和 Divisia 指数法为代表的指数分解法在国内外针对区域碳排放影响因素分析应用最为广泛。

2. 碳排放预测模型

碳排放预测模型从建模思路角度一般归为自上而下、自下而上和混合/综合评估模

型三类，这三类方法的优缺点及典型代表见图 3－2。

自上而下类模型	自下而上类模型	混合/综合评估类模型
优点：利于分析资本、能源等投入与部门产出之间的关系，适用于分析宏观经济政策、气候政策和能源规划对碳排放的影响； 缺点：对经济细化、技术进步等相关描述不足，无法分析具体实施路径； 典型代表：CGE模型、EPPA模型、SGM模型、SD模型、RICE模型	优点：能清晰说明资源消耗变化及成本变化的原因，可以反映出具体技术调整的影响； 缺点：难以清晰考察宏观经济政策与气候政策的互动联系； 典型代表：LEAP模型、TIMES模型、MESSAGE模型、AIM模型	优点：综合自上而下和自下而上模型的优点； 缺点：结构复杂； 典型代表：MARKAL－MACRO模型、区域多行业碳排放优化模型、MRGE模型、IMED模型、GCAM模型

图 3－2　三类碳排放预测模型方法对比

自上而下类模型是从宏观角度，基于当前的经济社会发展状况，预测未来的经济增长情况、能源消费情况和能源消费强度水平，进而评估未来的碳排放趋势。这类模型大部分源于计量经济学、投入产出学等宏观经济学理论，通过构建函数描述能源部门、经济部门和环境部门之间的关系。自上而下类模型不能详细描述技术，无法分析微观层面的技术进步、能源结构调整等减排路径的影响。这类模型一般包括基于可计算一般均衡模型（CGE）框架开发的模型，典型代表有美国麻省理工学院 EPPA 模型、耶鲁大学 DICE（RICE）模型、系统动态模型（SD 模型）等。

自下而上类模型从行业、部门、企业等出发，基于能源利用（生产、转化、运输、储存）技术水平和成本效益，再通过从下而上的累加实现目标区域的碳排放总量评估。由于模型中对技术体系进行了详细的描述和仿真，因而可以实现技术发展和替代对碳排放影响及相应的成本代价的分析。由于模型涉及内容多，需要研究人员掌握更全面的能源体系知识和相关数据。这类模型的典型代表有 LEAP 模型、MESSAGE 模型、TIMES 模型、AIM 模型等。

混合/综合评估类模型综合了“自上而下”和“自下而上”两种模型方法，既包括自上而下的宏观经济模型，又包括自下而上的能源供应和需求模型。混合模型融合了上述两类模型的优势，是未来低碳复杂系统分析的发展趋势。在生态环境部印发的《省级二氧化碳排放达峰行动方案编制指南》中也强调了应采用“自下而上”与“自上而下”相结合的分析方法来综合研判峰值目标。这类模型的典型代表有 MARKAL－MACRO 模型、清华大学的区域多行业碳排放优化模型、北京大学的 IMED 模型等。

3. 能源消费结构优化模型

除了预测碳排放量及趋势外，不少模型还进一步延伸为在基于碳排放约束的基础上以用能成本最低等经济性指标为优化目标的能源消费结构优化模型。对某一区域而言，能源消费总量的控制目前还无法与经济脱钩，在“双碳”背景下，满足能源消费总量要求的能源消费结构可以基于碳排放约束和不同种类能源的用能成本进行优化。

一般优化模型是在能源消费和碳排放预测模型的基础上，通过建立各种用能成本函数，利用数学优化算法（如多目标优化、混合整数法等），基于设定的约束条件，求解得到实现成本最优目标的能源供给方案（对应碳排放构成）。很多混合/综合评估类模型都具有优化功能，此外也有很多研究者通过将多个模型、方法组合使用来实现能源消费结构优化的研究目标。

4. 情景分析法

情景分析法是在对经济、产业或技术的重大演变提出各种关键假设的基础上，通过对未来详细、严密的推理和描述来构想未来各种可能的方案，是“双碳”研究的重要方法之一。通过将情景设置与预测模型相结合才能预测出未来在不同发展路径下碳排放情况，实现对区域发展路径和“双碳”实施方案的评估。

通常前面所述各种预测模型都需要结合情景分析法开展应用。情景设置可以以碳排放影响因素分析的结果作为依据，几种典型的情景分析角度有经济发展（如假设不同的经济增速、产业结构调整等）、政策执行（如假设政策对降碳要求的强化程度、减煤控煤指标等）、技术进步（如新能源技术的发展速度、产业能耗强度降低等）等。实际操作时，往往是通过几个角度的融合，设定基准情景、中等约束情景和强化约束情景。

第二节 中电碳中和模型

广泛使用的碳排放预测模型很多都是在经济学模型或能源规划模型基础上拓展得到的，并且模型形式多样、繁简不一，部分模型无法实现对“双碳”路径合理性、科学性和可操作性的深入论证，在很大程度上影响了“双碳”目标和实施路径的科学设定。为准确预测、分析各级区域能源需求和碳排放发展趋势，提出切实可行的碳达峰、碳中和实施路径，中国电力工程顾问集团有限公司（简称中电工程）研究提出了中电碳中和模型。

一、模型功能和特点

中电碳中和模型结合了“自上而下”和“自下而上”两类模型的优势和特点，专门针对“双碳”预测分析开发，是论证区域碳达峰、碳中和切实可行的实施路径的有效工具。

模型的基本功能：模型具备数据输入、需求预测、系统优化、评估论证、减排路径设置等模块，针对不同行业采取适宜的碳排放预测方法，可完成国家/省/市/县/园区/重点行业多层级的碳排放预测和“双碳”实施路径分析。

二、模型总体构架

中电碳中和模型的总体构架示意见图 3-3。模型主要由模型输入、能源消费预测模块、能源系统优化模块、碳排放评估模块、模型输出以及基础数据库构成。

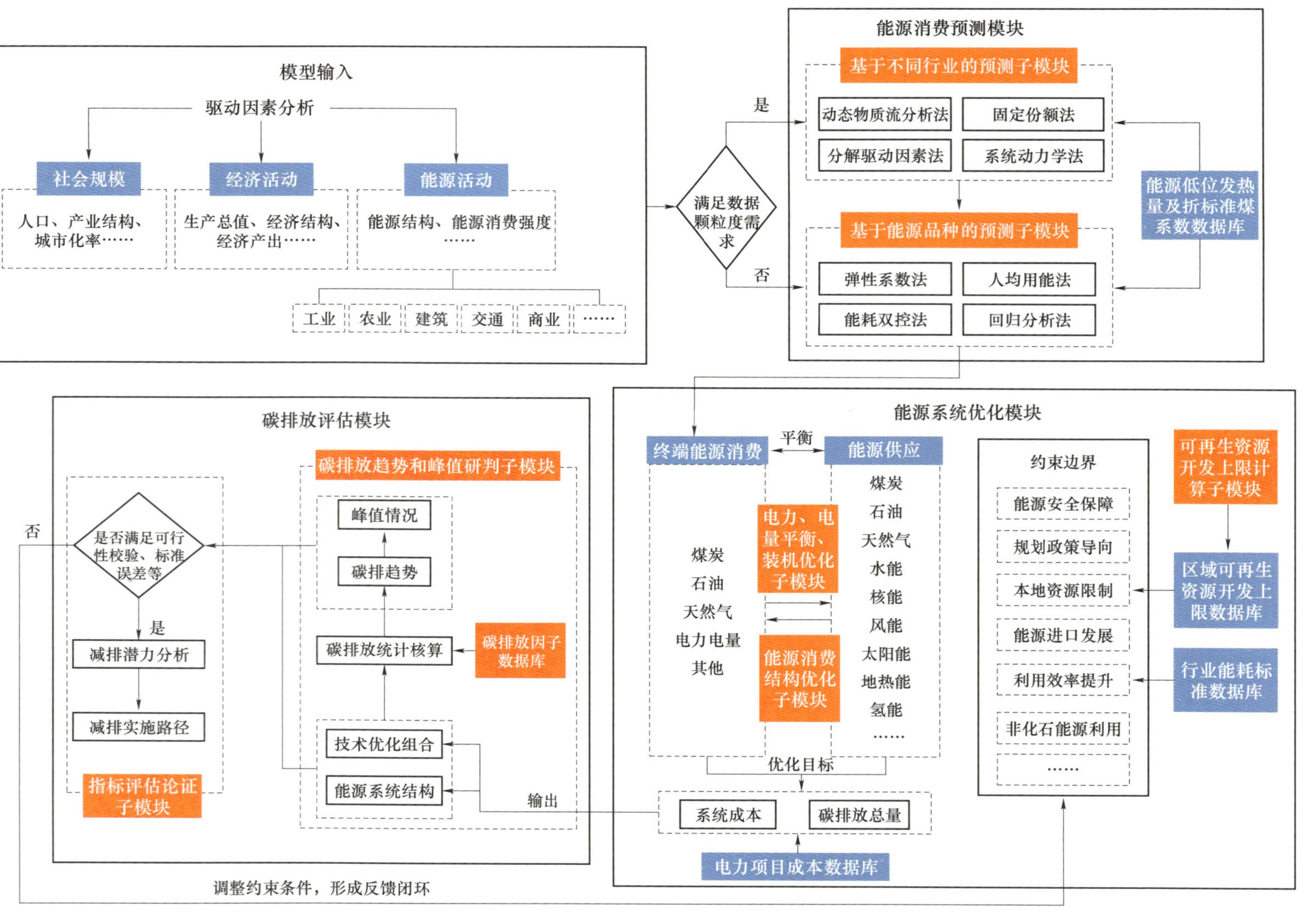

图 3-3　中电碳中和模型总体构架示意

1. 模型输入

模型输入包括历史基础类输入参数、情景依托类输入参数、规划边界类输入参数三大类。

历史基础类输入参数主要包括区域的人口、经济以及各行业不同种类能源消费的历史数据等。

情景依托类输入参数包括常住人口、经济结构、产业占比、能源消费结构、能源消费强度及其衍生指标等多项参数。通过不同情景依托类参数的设定，可形成不同的碳达峰发展场景，得到不同的优化组合发展路线。

规划边界类输入参数主要为能源系统优化模块中一次能源供应能力线性规划问题的约束设定提供依据。该类参数包含能耗强度下降目标、生产总值发展目标、电力供应能力等，其主要来源于研究对象行政区域或上级、国家层面的能耗双控、国民经济、能源电力等各类规划文件，例如“十四五”能源发展规划、“十四五”国民经济和社会发展规划、“十四五”节能减排综合工作方案等。

2. 能源消费预测模块

能源消费预测模块可以实现对不同行业分能源品类的消费量预测。能源消费总量通过计算各行业对各种能源的消费量的总和得到，计算公式为

$$Q = \sum_{i,j} TOV_i \times E_{i,j} \tag{3-1}$$

式中　Q——能源消费总量；

TOV_i——第 i 个行业的生产总值，万元；

$E_{i,j}$——第 i 个行业对第 j 种能源的消费强度，t 标准煤/万元。

根据输入数据的完整性和颗粒度，可以选择不同的能源消费预测方法。基于不同行业的能源需求预测可以选择动态物质流分析法、固定份额法、分解驱动因素法、系统动力学法等；基于能源品种的能源需求预测可以选择弹性系数法、人均用能法、能耗双控法、回归分析法等。

3. 能源系统优化模块

能源系统优化模块在能源消费预测模型的基础上，结合成本数据库的成本指标，以用能成本最低为目标，完成碳排放约束下的能源消费结构优化。以电力行业能源结构优化为例，保持全社会用电量不变，基于电量平衡、电力平衡、调峰平衡等约束，优化电量的构成，包括本地煤电、本地气电、本地可再生能源发电、电网受电等。通过构建整合不同发电技术（包括电网受电）的总电力消费成本函数，利用数学优化算法工具，寻求电力消费成本最低的全社会用电量来源构成。

为确保优化结果能贴合实际需求和发展，模型中需输入规划边界类参数作为约束，例如能源消费总量、全社会用电量等需要满足经济发展需求方面的要求，能源双控指

标、碳排放峰值等满足政策要求，本地资源开发量在理论可开发量范围内等。

4. 碳排放评估模块

碳排放评估模块在能源消费预测和结构优化的结果基础上，核算碳排放量，进行碳排放趋势和峰值研判、关键指标评估论证和减碳实施路径设置。

模型聚焦能源活动二氧化碳排放，采用碳排放因子法，基于不同能源品种的消费量和碳排放因子（模型数据库提供建议值）计算碳排放量，即

$$\mathrm{CO_2} = \sum_j Q_j \times F_{\mathrm{CO_2},j} \tag{3-2}$$

式中 Q_j ——第 j 种能源的消费量（标准煤量），包括煤、油、气、外受电等；

$F_{\mathrm{CO_2},j}$ ——第 j 种能源的碳排放因子。

5. 模型输出

模型计算结果包括预测时间段内逐年的全社会的能源消费总量、消费构成和碳排放总量及碳排放构成，各行业的能源消费量、消费构成和碳排放量及碳排放构成，能源消费用能成本，以及减碳路径潜力分析结果等。

6. 基础数据库

基础数据库作为模型计算的支撑，涵盖：①能源低位发热量及折标准煤系数数据库，包括各能源品类、电力、热力及主要耗能工质等；②碳排放因子数据库，包括各种燃料、电力、工业生产过程等；③各行业能耗标准数据库，包括炼油、乙烯等高耗能行业的标杆水平与基准水平能耗指标，以及国家工业节能减排技术数据库；④电力项目成本数据库，包括基准年和预测年各类发电厂建设成本、运行成本、煤炭和天然气价格等；⑤各区域可再生资源开发上限数据库，包括各区域可再生能源理论储量和经济技术可开发量。

三、小结

中电碳中和模型针对“双碳”研究而开发，结合中电工程在能源电力领域丰富的专业知识和数据资源，可用于区域碳达峰碳中和实施路径分析，具有较强的科学性和实用性。模型中建立了各品类能源的折标系数、碳排放因子库，不仅含有 IPCC、国家指导文件中的推荐值，还给出了具有区域差异的建议值等。对于电力行业，模型构建了详细的用能成本函数，基于包含燃料成本、各类发电技术的技术经济性指标的完整成本数据库，可以完成不同“双碳”路径下的用能成本分析，并优化得到最低成本的全社会用电量构成。各区域可再生资源开发上限数据库作为约束条件，确保“双碳”路径研究中可再生能源利用量评估的科学性和可行性。

中电碳中和模型适用于国家/省/市/县等各级碳达峰碳中和实施路径研究，为政府制定发展规划、减排目标提供支撑。融合到数字城市系统中，还可以用于分析城市空间规划对碳排放的影响。此外，也可以作为碳排放核算的辅助工具。

技 术 篇

第四章
能 源 供 给 技 术

能源是人类社会赖以生存和发展的物质基础，是经济增长最基本的驱动力，直接关系到国民经济的可持续发展以及社会的和谐稳定。截至 2021 年底，我国煤炭储量为 2078.85 亿 t，石油储量为 36.89 亿 t，天然气储量为 63 392.67 亿 m^3，煤层气储量为 5440.62 亿 m^3，页岩气储量为 3659.68 亿 m^3；技术可开发的风能资源为 35 亿 kW，技术可开发的太阳能光伏资源为 22 亿 kW[1]。我国已探明的能源总量在世界上属于中等水平，但人均能源可采储量远低于世界平均水平。

2021 年，我国一次能源生产总量为 43.3 亿 t 标准煤，比上年增长 6.2%。能源生产结构中煤炭占 67.0%，石油占 6.6%，天然气占 6.1%，水电、核电、风电等非化石能源占 20.3%。2021 年，我国能源消费总量为 52.4 亿 t 标准煤，比上年增长 5.2%。能源消费结构中煤炭占 56.0%，石油占 18.5%，天然气占 8.9%，水电、核电、风电等非化石能源占 16.6%[2]。

2021 年，我国能源自给率为 82.63%，其中煤炭自给率为 98.87%，石油自给率为 29.48%，天然气自给率为 56.64%。除煤炭外，我国石油和天然气对外依存度高；根据英国石油公司（BP）发布的《BP 2030 世界能源展望：中国专题》的预测，我国能源自给率将从 2015 年的 85%降至 2035 年的 79%，能源安全面临诸多挑战。

面对“双碳”目标，我国应立足能源资源禀赋，坚持先立后破，逐步减少化石能源消费总量，持续推进能源绿色低碳转型，不断提升风能、水能、太阳能、核能等非化石能源占一次能源消费的比重，到 2030 年，非化石能源消费比重达到 25%左右，到 2060 年，非化石能源消费比重达到 80%以上。

本章重点介绍煤炭、油气、生物质能、水能、核能、风能、太阳能、地热能等各类能源的供给技术，包括开采技术、加工技术和发电供热等转化技术。

---

[1] 数据引自杜祥琬院士在“2019 能源年会暨第十一届中国能源企业高层论坛”上的发言。

[2] 数据引自自然资源部《中国矿产资源报告 2022》。

第一节 煤　　炭

一、“双碳”背景下煤炭行业发展概述

（一）煤炭行业发展现状

煤炭是我国的主体能源和重要原料，据国家统计局历年公报显示，我国原煤年产量由 1949 年的 3243 万 t，增加到 1978 年的 6.18 亿 t，到 2021 年的 41.3 亿 t，累计为国家经济社会发展提供了 70%以上的一次能源，为国民经济快速发展作出了不可磨灭的贡献。

煤炭清洁高效低碳利用历经洁净煤技术框架形成、煤炭清洁高效利用发展及煤炭高质量发展 3 个阶段。煤炭行业围绕生产、消费、技术、体制 4 个方面不断开展自我革命，煤炭科技创新能力显著增强，清洁低碳利用步伐不断加快。截至 2021 年底，我国 85%以上的煤炭消费已经基本实现清洁利用和超低排放，原煤入选率达 74.1%，比 2015 年提高 8.2%，形成了包含煤炭洗选及加工、燃煤发电提效降碳技术以及煤炭清洁高效转化的技术体系，初步建立了体系完整的现代煤化工产业链。在“双碳”目标指引下，经过持续的能源结构调整，煤炭消费占比已由改革开放初期的 80%以上降到 2021 年的 53.8%；预计“十四五”末，煤炭在我国能源消费占比在 50%左右，2030 年降至 45%左右。

（二）煤炭行业发展定位

我国能源进口依存度高、受国际安全形势威胁大、抵御风险能力弱，能源安全面临重大挑战。此外，我国正迈向现代化强国新征程，能源需求刚性增长，煤炭面临保供和减碳的双重压力。准确研判“双碳”目标下我国能源消费结构及其演变趋势，科学规划煤炭生产与国民经济的协同发展，合理控制新能源稳定替代化石能源的进程，是实现“双碳”和能源安全双重目标的客观要求。

基于我国能源资源禀赋条件和社会发展阶段，未来我国经济社会发展离不开煤炭的支撑，即使是在实现碳中和后，仍需要煤炭保障能源供应安全，煤炭在能源体系中的“压舱石”和“稳定器”地位将日益凸显。

（三）煤炭行业发展目标

“十四五”时期是煤炭行业高质量发展的关键期，“双碳”目标对煤炭清洁高效低碳利用提出了更高要求。基于我国以煤为主的资源禀赋，在确保能源安全供给的前提下，需要在煤炭利用过程中大幅减少碳排放。

煤炭行业作为我国能源支柱产业，是减排降碳的工作重点，需尽快从简单追求产能产量的增量时代，转向生产、加工、储运、消费全过程绿色低碳的存量时代，构建

煤炭产业安全、高效、绿色、低碳发展新格局，兜住能源安全保障底线，科技创新和模式创新并重，支撑新能源、可再生能源发展，为实现“双碳”目标作出贡献。

（四）煤炭行业发展趋势

1. 能源结构低碳化加速，煤炭能源消费占比下降

随着“双碳”目标的推进，可再生能源对煤炭增量替代效应逐步显现，2030 年后我国的一次能源消费量还将继续上升，化石能源消费将实现达峰后下降；可再生能源增速会超过能源消费增速，对化石能源的替代速度逐年加快，能源供给将更加多元化。在这个过程中，煤炭在一段时期内仍是我国最主要的一次能源，煤炭的清洁高效低碳利用是能源领域所面临的重要问题。

2. 煤炭功能加速变化，由燃料向原料燃料并举转变

我国石油和天然气资源储备较少，对外依存度较高，将煤炭资源由燃料转变为原料意义重大。改造提升传统煤化工、科学发展现代煤化工、推动煤炭精细化发展、拓宽煤炭利用领域，对于加快煤炭结构调整、推动煤炭生产和利用方式变革、转变经济发展方式、保障国家能源安全、提高煤炭资源的清洁高效低碳利用水平具有重要意义。

3. 煤炭保底作用凸显，由主导能源向基础能源转变

煤炭资源具有供应可靠、价格低廉和产业完整等特点，在很长一段时期内仍将是我国的主导能源。在可再生能源逐步替代化石能源的趋势下，煤炭将成为我国绿色低碳化转型的重要基础能源，其清洁高效低碳利用技术的推广和变革为我国能源转型提供了立足点，为建设低碳多元化能源供给体系发挥支撑保障作用。

二、煤炭清洁高效低碳利用技术发展现状

随着我国煤炭消费结构的变化、煤炭能源角色的转变以及新能源的快速发展，煤炭高效清洁低碳利用的要求越来越高，需要更加多元化的手段综合发力，形成多路径产业支撑。根据现有煤炭消费结构，煤炭清洁高效低碳利用技术主要包括煤炭洗选及加工技术、煤炭清洁燃烧及发电技术和煤炭清洁高效转化技术三大类，如图 4-1 所示。

（一）煤炭洗选及加工技术

1. 洗选煤技术

煤炭洗选是一种利用煤和杂质的物理、化学性质差异，通过物理、化学或微生物分选的方法使其相互分离，并加工成质量均匀、用途不同的煤炭产品的洁净煤技术。煤炭洗选可以提高煤炭利用效率、减少碳排放和污染物排放，洗选后的精煤主要用于炼焦、动力、化工及生产煤基炭材料，是煤炭清洁高效低碳利用的重要手段。

煤炭洗选可脱除煤中 50%～80%的灰分、30%～40%的全硫（或 60%～80%的无机硫）；燃用洗选煤可有效减少烟尘、SO_2 和 NO_x 的排放，提高煤的燃烧效率。炼焦煤的灰分降低 1%，炼铁的焦炭耗量降低 2.66%，炼铁高炉的利用系数可提高 3.99%；合成

氨生产使用洗选过的无烟煤，可节煤 20%。

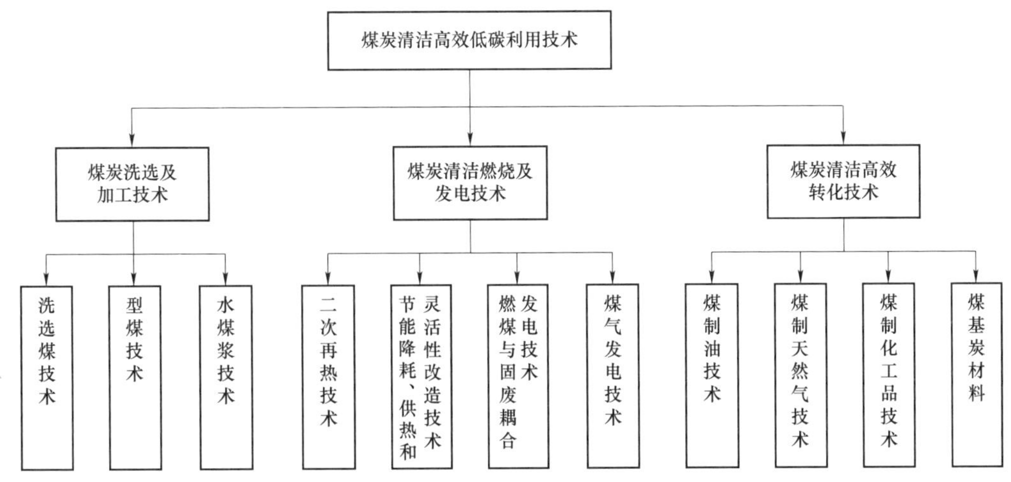

图 4－1　煤炭清洁高效低碳利用技术

2020 年，我国动力煤入选量约 19 亿 t，入选率达到 65%。煤炭洗选后可就地排出大量煤矸石，每入洗 1 亿 t 原煤，平均可排出 1800 万 t 煤矸石，按 2020 年铁路运输煤炭 23.6 亿 t、未洗选原煤占比 25%、平均运距 800km 计算，可减少 1.06 亿 t 运量，节省 850 亿 t · km 运力。

我国的原煤洗选技术以跳汰、重介质和浮选三种基本工艺为主，产能及产量占全国洗选煤产品产量的 95%左右。“十三五”期间，我国煤炭洗选技术发展迅速，千万吨级湿法全重介选煤技术、大型复合干法和块煤干法分选技术、细粒级煤炭资源的高效分选技术、大型井下选煤排矸技术和空气重介干法选煤技术得到成功推广应用，主要装备均已实现国产化，并向国外大量出口。

2. 型煤技术

型煤技术是用机械方法将粉煤和低品质煤制成具有一定粒度和形状的煤制品，以减少烟尘排放。高硫煤成型时可以加入适量的固硫剂或催化剂，以减少 SO_2 的排放。型煤技术不仅可以提高低质的粉煤、泥煤、褐煤的经济价值，还可以减少煤炭利用过程对环境的污染和碳排放。与燃烧散煤相比，燃用型煤可减少烟尘排放量 50%～60%，减少 SO_2 排放量 60%以上，减少强致癌物（BaP）排放 50%以上，锅炉效率提高 5%～10%，节煤率 7%～13%。

我国型煤技术重点发展方向为：

（1）环保型煤。我国平均型煤固硫率仅为 50%左右，而美国的型煤固硫率在 85%以上。在优化粉煤成型工艺的基础上，从型煤的固硫过程和影响因素、型煤黏结剂和固硫剂、型煤的高效燃烧等方面着手，开发和推广环保型煤，从源头减少大气污染物的排放。

（2）低阶烟煤制型煤。在我国煤炭储量中，低阶烟煤占比较大且分布较广，但在用低阶烟煤制取型煤时，塑性差、弹性大，成型压力消除后，型煤会产生很大的弹性膨胀，使结构松散脱模并重新破裂，故不易成型，限制了工业应用。该技术还处于发展阶段，在成型方式、成型压力、黏结剂方面进行研究，具有实际应用意义。

（3）生物质型煤。生物质型煤是由煤粉、可燃生物质及添加剂按一定比例混合压制而成，多用于工业锅炉、窑炉、气化炉上，可有效减少煤炭的使用量，并实现了农林废弃物的资源化转化。生物质型煤具有良好的节煤、环保特点，但其热值低于原煤，且在高温热强度、固硫率和防水性等方面存在问题，需要进一步深入研究。

3. 水煤浆技术

水煤浆是一种两相浆体燃料，由60%～70%的煤粉、30%～40%的水以及大约0.5%的添加剂混合而成，具有燃烧效率高、污染物排放低等优点。水煤浆既保持了煤炭原有的理化特性，又具备了与石油相近的流动性，是一种有效的煤代油技术，在燃烧、气化和管道运输领域均实现了工业应用。

我国的水煤浆技术在国际上处于领先水平，并达到大规模产业化应用阶段。水煤浆主要分为燃料型水煤浆和气化型水煤浆。燃料型水煤浆主要用于中小工业锅炉和陶瓷建材，用量较少；气化型水煤浆用作煤化工生产原料，通过水煤浆气化技术合成氨、二甲醚、甲醇和烯烃等产品。

近年来，煤炭科学研究总院、浙江大学、清华大学等单位在水煤浆技术升级上持续形成突破，主要发展方向包括：

（1）升级制浆工艺。采用级配技术，调整物料各级粒径颗粒的分配情况，使不同大小的颗粒相互填充以提高堆积效率，合理的级配方式不仅能有效提高浆体浓度，还能改善水煤浆的流动性和稳定性。在传统“单棒/球磨制浆”级配方式的基础上，还开发出了双峰级配制浆、三峰级配制浆等新工艺，使堆积效率进一步提高。

（2）废水、废固协同制浆。在生产生活中会排放出大量废水、废固，这些废水、废固成分复杂，难以统一处理，但含有可利用有机质和其他成分。利用废水、废固制备水煤浆的工艺简单、成本低廉，还可利用其中的某些成分促进水煤浆的成浆性能，是一种可行的废水、废固资源化利用新途径。将煤气化废水、焦化废水、印染废水、含油废水、造纸黑液、污泥、秸秆、药渣等与煤配合制浆，可节省大量清洁水；并将废固作为含碳原料以节省用煤，还能利用废水、废固中的酚氨、表面活性剂等成分替代部分水煤浆分散剂和稳定剂，废水中的钠钾离子也能提高水煤浆的燃烧气化活性。废水、废固协同制浆技术在煤代油燃烧、水煤浆气化、废弃物资源化利用方面适用性广，有较高的应用推广价值。

（3）开发新型高效添加剂。添加剂对于水煤浆性能具有重要影响，对浆体起到分散和稳定作用。添加剂分为阴离子型、阳离子型和非离子型，当前使用最多的是阴离子型添加剂。但单一种类的添加剂对某些煤种适应性差，因此需开发高效广谱的添加剂，或者通过不同种类添加剂的复配来提升其综合性能。同样，还可利用工业废液、污泥、废弃生物质来制备环保型添加剂。

（二）煤炭清洁燃烧及发电技术

目前，燃煤机组仍在电力结构中占据重要地位，由于煤电具有较好的调峰能力，其作为电网稳定基石的同时，也为新能源上网和消纳创造了条件。在碳中和目标约束下，未来煤电机组必然要持续向低碳化方向发展，煤电低碳技术也会得到更多的应用。

1. 二次再热技术

超超临界二次再热技术是当前最先进的火力发电技术，是提高火电机组热效率的有效途径。与一次再热技术相比，超超临界二次再热技术可以提高电厂循环热效率约3%，降低发电标准煤耗率 7～8g/kWh，降低 CO_2 排放 18.6～21.3g/kWh。

美国、日本、欧洲在 20 世纪 50～70 年代建成 40 余台二次再热机组，目前此批机组已经陆续进入达寿退役阶段。1989 之后，日本和欧洲建设了 10 余台二次再热机组，最新投运的二次再热机组为丹麦 Nordjylland 3 号机组。

中国从 2009 年开始进行二次再热技术研究，截至 2021 年底，国内已有超过 20 台二次再热机组投运，机组运行效率国际领先，还有多台二次再热机组在建，部分已投产的超超临界二次再热机组见表 4－1。一些新建的二次再热机组通过主机及辅助系统的优化，可实现 20%负荷深度调峰且干态运行，提高了机组的运行灵活性。

表 4－1 我国已投产的部分超超临界二次再热机组

序号	电厂名称	机组功率（MW）	蒸汽参数（MPa/℃/℃）	投运时间
1	泰州电厂二期	2×1000	31/600/610/610	2015 年（3 号），2016 年（4 号）
2	莱芜电厂三期	2×1000	31/600/620/620	2015 年（6 号），2016 年（7 号）
3	雷州电厂一期	2×1000	31/600/620/620	2019 年（1 号），2020 年（2 号）
4	河源电厂二期	2×1000	31/600/620/620	2021 年
5	句容电厂二期	2×1000	31/600/620/620	2018 年
6	丰城电厂三期	2×1000	31/600/620/620	2022 年
7	东营电厂一期	2×1000	31/600/620/620	2020 年
8	莱州电厂二期	2×1000	31/600/620/620	2019 年
9	平山电厂二期	1×1350	32.5/610/630/623	2021 年
10	瑞金电厂二期	2×1000	31/605/622/620	2021 年
11	安源电厂一期	2×660	31/600/620/620	2015 年
12	蚌埠电厂二期	2×660	31/600/620/620	2018 年
13	宿迁电厂二期	2×660	31/600/620/620	2019 年
14	阜阳电厂二期	2×660	31/600/620/620	2022 年

典型案例一　泰州电厂二期工程

泰州电厂二期工程建设地点位于江苏省泰州市，是世界首个百万千瓦超超临界二次再热机组项目，同时也是国家能源局百万千瓦超超临界二次再热燃煤发电示范项目和国家科技支撑计划依托工程。该项目建设 2 台高性能二次再热机组，机组供电煤耗率达到 266.5g/kWh，机组效率达到 47.82%。两台机组于 2016 年 1 月顺利通过 168h 满负荷试运行，如图 4-2 所示。

图 4-2　泰州电厂二期工程全景图

泰州电厂二期工程采取了提高再热蒸汽温度、提高主蒸汽压力、增加回热级数、配置给水泵同轴布置的汽动前置泵、综合利用烟气余热等多项技术，有效提高了机组效率。采用湿式电除尘器降低机组粉尘排放。采用数字化和 APS 技术，进一步提高机组控制品质和管控水平。

项目建成投产后，每年发电量约 110 亿 kWh，与 2020 年全国火电平均供电煤耗率（305.5g/kWh）相比，每年可减少燃煤消耗 42.9 万 t，减少二氧化碳排放 114 万 t。

典型案例二　瑞金电厂二期工程

瑞金电厂二期工程建设地点位于江西省赣州市赣县茅店镇上坝村，共建设 2 台高性能 1000MW 二次再热煤电机组，机组供电煤耗率达到 259.6g/kWh，机组效率达到 49.25%。2 台机组于 2021 年 12 月顺利通过 168h 满负荷试运行，如图 4-3 所示。

图 4－3　瑞金电厂二期工程全景图

瑞金电厂二期工程首次采用带变频发电及回热一体化的 BEST 给水泵汽轮机系统，既降低了机组煤耗，又降低了厂用电率。汽轮机采用 12 级回热系统，相对于常规 10 级回热方案，明显提升了机组效率。主厂房采用二列式、侧煤仓布置，有效减少了六大管道投资。作为全国产安全智能 DCS 重大技术示范项目，采用国产控制系统并同时实现了主、辅机控制系统一体化及 DCS、DEH、MEH 一体化。

项目全部建成投产后，每年发电量约 110 亿 kWh，与 2020 年全国火电平均供电煤耗率 305.5g/kWh 相比，每年可减少燃煤消耗 50.49 万 t，减少二氧化碳排放 134.3 万 t。

2. 节能降耗、供热和灵活性改造技术

（1）汽轮机通流改造。对于汽轮机通流改造，为减少改造难度和工程量，一般遵循以下原则：汽轮机轴系、转子跨距尺寸不变；各轴承座现有安装位置不变；低压转子与发电机及高中压转子连接方式和位置不变；各接口位置基本不变；汽封系统管路布置基本不动；机组的现有基础不动。

通流改造包括：内缸优化设计，消除原装配结合面内漏；增加通流级数；高中压及低压端部汽封改用蜂窝式汽封，加强密封并消除油中带水的可能；采用小直径、多级数，各级均有镶片式迷宫汽封，降低通流部分的漏气损失；以最佳的气流特性决定各级的反动度，使各个全三维叶片级均处在最佳的气动状态，提高整个缸的通流效率等。

亚临界和超临界机组的汽轮机通流改造，一般可以降低机组热耗 9～15g/kWh，降低二氧化碳排放 23.9～39.9g/kWh，具有很好的节煤效果。

（2）亚临界、超临界机组升参数改造。亚临界、超临界机组升参数改造的技术路线包括提高设备进汽压力、提高设备进汽温度、同时提高设备进汽压力和温度。

一般来说，主蒸汽压力每升高 1MPa，可降低汽轮机热耗率约 20kJ/kWh；而主蒸汽、再热蒸汽温度每升高 10℃，可降低汽轮机热耗率约 45kJ/kWh，因此蒸汽温度提升的作用更加明显。提升蒸汽温度不影响给水系统和高压加热器系统；而提升主蒸汽压力后，给水泵的扬程增加，给水泵及给水系统阀门需要改造，甚至高压加热器的进汽压力会超过设计值，导致高压加热器更换的可能性。提高设备进汽压力方案的改造范围更大，施工周期长，因此在升参数的技术路线中，优先选择提升设备的进汽温度。

对于超临界机组和亚临界机组来说，一般选择的改造方案是将主蒸汽、再热蒸汽温度提升至 600℃/600℃。此时，超临界机组（566℃/566℃）可降低热耗率约 5.5g/kWh，降低二氧化碳排放 14.6g/kWh；亚临界机组（537℃/537℃）可降低热耗率约 10.2g/kWh，降低二氧化碳排放 27.1g/kWh。若进一步将再热温度提高到 620℃，还可再降低热耗率约 1.3g/kWh。

（3）烟气余热利用。锅炉排烟热损失是影响电厂锅炉效率最大的一项损失，烟气余热利用系统可降低排烟温度，能大幅提高电厂的经济性，是提高机组热效率的重要途径之一，烟气余热利用近年来在国内也得到了推广应用。主要有以下几种方案：

1）常规低温省煤器方案。常规低温省煤器方案将低温省煤器布置在省煤器入口前，将锅炉排烟温度从 120℃左右降到 85℃左右，利用凝结水在低温省煤器内吸收排烟热量，升高温度后再返回汽轮机低压加热器系统，排挤部分抽汽在汽轮机继续膨胀做功，在发电量不变的情况下，可节约机组的能耗 1～2g/kWh。

此外，由于降温后烟气体积减小，低温省煤器系统能有效提高电除尘器效率、减少脱硫耗水量，因此具有良好的应用效果。

2）烟气冷却器＋二次风暖风器余热利用方案。除尘器入口设置烟气冷却器，烟气冷却器分为两段，前段烟温较高，加热汽轮机侧凝结水，排挤较高品位的抽汽，降低汽轮机热耗；后段通过热媒水将热量送入二次风暖风器，用于加热二次冷风，提高锅炉效率，降低锅炉耗煤量，并有效防止锅炉空气预热器低温腐蚀。

由于冷风温度比凝结水温更低，利用烟气冷却器低温段的回收热量加热冷二次风是一个较好的选择。与常规低温省煤器方案相比，该方案的好处是：采用热媒水换热，比凝结水压力更低，有条件采用承压能力低但抗腐蚀性能好的换热管材；提高进入锅炉的冷风温度，相应提高锅炉的热二次风温和排烟温度，提高了锅炉效率；减少了空气预热器的换热端差，降低了换热㶲损失，与常规低省方案相比，机组热效率更高。

3）烟气深度余热利用方案。锅炉深度余热利用方案主要包括两个部分：①旁路部分烟气不经过回转式空气预热器，不参与烟气与空气的热交换。这部分烟气先后与给水（给水换热器）和凝结水（凝结水换热器）进行热交换，加热给水和凝结水。②凝结水换热器出口的烟气，与空气预热器出口烟气汇合后进入低温省煤器，然后进入低低温除尘器，低温省煤器布置在除尘器进口。低温省煤器以水作为热媒，被烟气加热的水对冷二次风进行加热。通过低温省煤器后，烟气的温度降低到约 85℃，冷二次风风温升高后进入回转式空气预热器再次加热，最终送入炉膛。

烟气深度余热利用方案的主要技术特点是充分利用低温烟气来加热冷风，置换出的高温烟气来加热汽轮机系统较高温度的给水和凝结水，减少了回热系统较高品质的加热蒸汽量，由于上述蒸汽具有较好的做功发电能力，实现了能量的梯级利用，以此达到最大程度节能的目的。烟气深度余热利用方案在煤的含水率比较高、干燥出力不足时，通过同时加热冷一次风可以获得更高的收益。

（4）煤电机组灵活性改造技术。

1）宽负荷脱硝改造。机组深度调峰是导致脱硝无法投运并影响超低排放电价兑现的主要原因。当机组负荷低时，只有提高机组低负荷省煤器出口烟气温度，令其达到脱硝反应温度窗口，才能保证脱硝设备正常运行。随着电网对火电机组调峰深度的要求越来越高，只有进行相应改造，才能满足深度调峰工况的脱硝需求。

为实现锅炉宽负荷脱硝喷氨运行，目前可行的解决方案是提高低负荷工况下脱硝装置入口的烟气温度，主要有设置省煤器烟气侧调温旁路、省煤器分段布置、设置省煤器给水侧旁路、省煤器热水再循环、省煤器水旁路+热水再循环这几种方式。

2）锅炉深度调峰设计。对于燃煤锅炉，为提高低负荷水循环的安全性，锅炉中、下部水冷壁采用螺旋管圈，使用内螺纹管并提高水冷壁质量流速，可以有效避免低负荷运行的多值性和不稳定性；同时在螺旋段到垂直段间增加集箱以保证工质的受热均匀。水冷壁设计采用分段形式，分别对两侧墙集箱、前墙集箱进行分段设计，以减少膨胀应力避免发生拉裂现象。为降低低负荷工况高温受热面出口段偏差，采取分区域设计、内外圈调平等手段，同时在高温过热器、高温再热器设置全屏测点，确保偏差可控。

（5）电厂供热。对于燃煤电厂，将已经做了部分功的低品位蒸汽用于对外供热，可有效降低机组热耗，明显提高电厂的热经济性。对于供汽发电厂的回热系统来说，用户所需蒸汽的压力和温度很难正好匹配，因此可采用不同的供热方式：

1）直接供热。①减温减压器调节。对一次蒸汽直接进行减温减压，使二次蒸汽压力、温度达到用户的要求。该方案技术简单、投资较省。②压力匹配器调节。采用高压蒸汽喷嘴喷射的引流作用吸纳低压蒸汽，使混合后的蒸汽的参数满足用户的要求，达到蒸汽参数匹配和节能的效果。

2）间接供热。①汽动引风机背压供热。将引风机驱动汽轮机的排汽作为二次汽送至用户端，减少节流和喷水减温的损失。该方案可大幅降低厂用电率，在总调度电量一定的情况下，上网电量比电动机驱动方式多，提高电厂的运行收益。②汽电双驱灵活供热。配套背压式引风机汽轮机，利用引风机汽轮机驱动引风机及异步电机，并将引风机汽轮机排汽对外供热。引风机汽轮机进汽调节阀全开，采用小发电机调节轴功率，无节流损失，可有效提高引风机汽轮机的运行效率；增加电动/发电机，降低厂用电率，提高供电效益。

3. 燃煤与固废耦合发电技术

燃煤机组耦合固体废物（简称固废）焚烧发电技术能有效节约燃煤，并充分利用已有的燃烧设备和烟气净化设备，是适用于我国煤电机组绿色低碳发展的优选方案。

（1）燃煤与生物质耦合。利用生物质燃料与煤进行混烧的发电方式，在减少煤炭用量的同时，拓宽了发电燃料的来源渠道，使燃料更具灵活性。燃煤机组耦合生物质发电具有改造成本低、调峰灵活、运行安全的特点，是“双碳”目标形势下火电机组减少碳排放、提高可再生能源发电比例的有效途径。但生物质单位体积热值低、含氧量高，会造成锅炉出力以及烟气成分的变化，进而影响到整个燃料的储运过程及燃烧设备。总体上看，生物质掺烧技术的应用仍然有限，其大规模推广还需解决稳定低成本的生物质原料供应和加工流程、高比例耦合技术、受热面沾污腐蚀、生物质发电量计量标准等问题。

（2）燃煤与污泥耦合。污泥是在污水处理过程中残留的固体沉淀物质，含有大量的有机物、微生物、重金属和灰分，低位热值保持在 10MJ/kg 上下，经干化后可作为燃料，是一种特殊的生物质资源。燃煤耦合污泥发电技术作为一种污泥焚烧利用的形式，具有处理能力大、适应性强、系统效率高的独特优势，近年来得到了较快的发展。

燃煤耦合污泥发电分为直接掺烧和干化后掺烧两种工艺路线，分别适用于流化床锅炉和煤粉锅炉。根据研究，掺烧 10%的半干化污泥（含水率 30%～40%），或者 30%的全干化污泥（含水率 10%），对锅炉运行及污染物排放无明显影响。因此，借助于现役燃煤机组的焚烧处置作用，燃煤耦合污泥发电技术既能节约部分用煤，又能实现污泥的无害化和资源化，经济效益和社会效益显著，发展前景广阔。

（3）燃煤与煤矸石耦合。煤矸石是与煤层伴生的一种含碳量低、比煤坚硬的黑灰色岩石，其产生量约占煤炭开采量的 10%～15%。根据《2020 年全国大、中城市固体废物污染环境防治年报》，工业企业的煤矸石每年产生量为 4.8 亿 t，综合利用量为 2.9 亿 t，尚有 1.9 亿 t 的煤矸石未经处理直接堆放。煤矸石的大量堆积会排放大量的二氧化碳，以某矿区 300 公顷的煤矸石山为例，其自燃排放超过 326 万 t 碳当量的二氧化碳，潜在碳排放量达 1510 万 t。

我国煤矸石发电利用量大，约占每年煤矸石消耗量的 30%，发热量大于 6272kJ/kg 的煤矸石可直接用作锅炉燃料，发热量在 4181～6272kJ/kg 的煤矸石则需掺混一定量的煤泥、中煤等才能用于燃烧发电，多采用循环流化床锅炉进行燃烧。截至 2019 年底，全国建成的煤矸石及低热值煤综合利用发电装机容量达到 4100 万 kW，包括 90 台 300MW 及以上亚临界发电机组，占全国煤电装机的比重为 4%；2019 年煤矸石发电厂共消耗 1.51 亿 t 煤矸石，占煤矸石总利用量的 28.8%，相当于节约标准煤 4700 万 t。同时，煤矸石发电利用可以固定煤矸石中的大量碳元素，碳减排效益良好。

4. 煤气发电技术

煤气发电技术是利用煤气化产生的可燃性气体进行发电的煤炭清洁利用技术。钢铁、化工等工业生产领域的副产品中有大量的低热值煤气，这些低热值煤气的回收效益不高，但直接排放又会造成能源消耗与污染环境。煤气发电技术能够高效利用低热值煤气，实现节能降耗、提质增效的目标。

目前，广泛投入到工业生产中的煤气发电技术主要包括常规煤气发电技术、高参数小型化煤气发电技术和煤气联合循环发电技术。

（1）常规煤气发电技术。常规煤气发电技术的基本工艺流程是将工业生产中产生的富余煤气作为主要能源，通入煤气锅炉中进行燃烧产生热能，从而将锅炉中的水加热生成高温高压的蒸汽，驱动蒸汽轮机带动发电机发电，实现低热值煤气的高效利用。

煤气发电机组由燃煤气锅炉、汽轮机、发电机三大主体设备及与之配套的辅助设备、管路及线路组成。按所处能量转换过程的不同阶段进行划分，大致可分为燃烧系统、汽水系统与电气系统三大块。

常规煤气发电技术已经经历了四代技术发展，如表 4－2 所示。

表 4－2 常规煤气发电技术的四代技术情况

项目	早期技术	一代技术	二代技术	三代技术	四代技术
主机参数	中温中压或更低	次高温次高压	高温高压	高温超高压（或超高温超高压），带中间再热	超高温、亚临界，带中间再热
典型规模（MW）	12	25	50	35～135	80～135
锅炉容量（t/h）	75	130	220	130～440	260～420
全厂热效率（%）	≤25	25～28	30～32	36～38（37～40）	40～42
煤气单耗（m^3/kWh）	4.53	4.53～4.04	3.77～3.54	3.14～2.98（3.05～2.90）	2.83～2.70

目前，已有第五代煤气发电机组在我国投产运行，作为全球首套超临界燃煤气锅炉刷新了运行压力、温度和发电效率等多项世界纪录。

（2）高参数小型化煤气发电技术。随着节能减排以及能源设备升级改造任务的日益紧迫，常规煤气发电技术逐渐向着高参数、小型化的方向发展，通过提高蒸汽参数和增加中间再热来提高机组效率。高参数小型化煤气发电技术在部分钢铁企业已有成功应用，是钢铁企业煤气利用的主要方式。

（3）煤气联合循环发电技术。

1）整体煤气化联合循环发电技术（IGCC）。整体煤气化联合循环是将煤气化和联合循环发电技术相结合，主要由空气分离系统、煤气化及煤气净化系统、燃气轮机发电系统、余热锅炉和蒸汽轮机发电系统四个常规部分组成。该技术发电效率高、污染物排放低、二氧化碳捕集成本低，在“双碳”背景下，IGCC 技术具有较大的应用潜力。

改变 IGCC 发电系统的燃料也能够实现二氧化碳减排效果。IGCC 的常规燃料主要包含煤、焦炭等，可以掺烧生物质和城市可燃垃圾，从而减少二氧化碳排放。但目前配套二氧化碳捕集系统后，其投资费用和运行成本仍然较高。

2）工业副产煤气联合循环发电技术。在钢铁、冶金等企业生产过程中，会产生大量的副产煤气，可用于联合循环发电。钢铁企业的典型燃气–蒸汽联合循环发电流程如图 4–4 所示。燃气–蒸汽联合循环技术的主要系统包括主要包括煤气净化系统、煤气循环系统、蒸汽循环系统、电气系统和控制系统等。

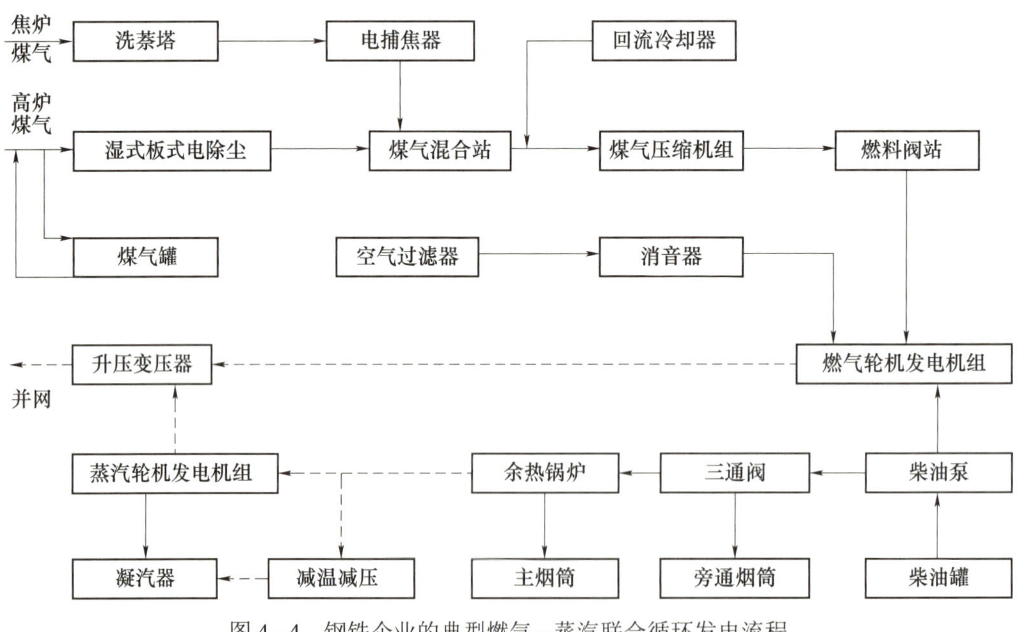

图 4–4 钢铁企业的典型燃气–蒸汽联合循环发电流程

（三）煤炭清洁高效转化技术

煤炭清洁高效转化是煤炭行业实现“双碳”目标的重要途径，以生产洁净能源和化工产品为主，不仅可以缓解我国油气资源供应紧张的局面，更能推动我国清洁低碳、安全高效的能源体系建设。煤炭在转化过程中作为原料直接参与化学反应，部分碳元素进入产品转化为油气能源和化工产品，部分转化为二氧化碳排入大气，少量进入灰渣。因此，与直接燃烧相比，煤炭清洁高效转化过程中部分碳元素进入产品，具有良好的碳减排效果。

1. 煤制油技术

我国石油资源对外依存度高，充分利用国内丰富的煤炭资源，发展煤制油技术，对煤炭的清洁高效转化有良好的推进作用。按照合成工艺的不同，煤制油技术可以分为煤直接液化和煤间接液化两种。

煤直接液化是指煤在氢气和催化剂作用下通过加氢裂化，转变为液体燃料。通常是将预处理好的煤粉、溶剂和催化剂按一定比例配成煤浆，经过高压泵与同样经过升温加压的氢气混合，经加热设备预热至 400℃左右，进入具有一定压力的液化反应器中进行液化。

煤间接液化是以煤为原料在高温下与氧气和水蒸气反应生成合成气，然后通过催化剂作用将合成气转化成烃类、醇类和化学品，通过进一步加工可以生产汽油、柴油和液化石油气等产品。在此过程中，煤中的硫、氮元素及灰分均可脱除，是煤炭清洁利用的重要途径。

2. 煤制天然气技术

近年来，我国天然气消费量迅速增长，供应缺口大，2020 年我国天然气表观消费量为 3240 亿 m^3，进口量 1400 亿 m^3。利用我国丰富的煤炭资源优势，推广煤制天然气产业，可以缓解天然气供应不足的问题。煤制天然气技术是以煤为原料，经过煤气化、低温甲醇洗制取合成气，最终得到天然气产品，主要装置包括煤气化、水煤气变换、酸性气体脱除和甲烷化单元。煤制天然气工艺可分为水煤浆气化、煤粉加压气化和煤碎固定床加压气化，其中水煤浆气化的生产成本最高，碎煤固定床加压气化的成本最低。煤制天然气工艺的耗水量相对较少，转化效率较高，与耗水量大的煤制油技术相比优势明显。

3. 煤制化工品技术

（1）煤制烯烃。烯烃是重要的化工原料，其生产能力被看作是一个国家经济实力的体现。传统的烯烃产品如乙烯、丙烯，主要是通过石脑油裂解工艺生产的，严重依赖石油供应。从能源安全角度和成本考虑，通过发展煤化工获得乙烯、丙烯是一条可靠的途径。煤制烯烃包括煤气化、甲醇合成、合成气净化及甲醇制烯烃四项核心技术，其中前三项技术已经十分成熟，并已实现商业化。

与传统的油制烯烃工艺相比，煤制烯烃技术存在耗水量大、碳有效转化率低、二氧化碳排放高、废水处理难等问题，给区域水资源平衡和生态环境保护带来较大压力，因此需要在二氧化碳捕集、节能节水技术上有所突破，以保障煤基烯烃产业的稳步发展。

（2）煤制乙二醇。乙二醇是一种重要的有机化工原料，主要用于生产聚酯和各类抗冻剂。煤制乙二醇的原理是先用煤制成合成气，再以合成气中的一氧化碳和氢气为原料制备乙二醇，合成方法包括直接合成法、甲醇甲醛合成法和草酸酯合成法。煤制乙二醇技术具有成本低、流程较短及抗风险能力强等优点，已完成市场化应用，可替代石油制乙二醇的部分产能，发展前景良好。

（3）煤制芳烃。芳烃是有机化学工业最基本的原料之一，芳烃中的苯、甲苯、二甲苯是石油化工的基础原料，市场消费量大。煤制芳烃是新兴的芳烃生产技术，以煤为原料生产中间产物甲醇，再在催化剂的作用下，通过脱氢和环化反应生产芳烃产品。该技术既能拓宽芳烃生产原料来源，又能实现煤炭资源的清洁转化。该技术已完成工业试验，并逐步进行市场推广。

4. 煤基炭材料

炭材料具有灰分低、热稳定性好、导电导热性好、机械强度高及抗碱性能好的优点，以煤为炭源可以制备多种煤基炭材料，包括炭块、煤基活性炭、碳分子筛和煤基电极炭材料。基于不同材料性质，可广泛应用于化工、环保、冶金、机械、航空和半导体等领域。

炭块为冶金行业大量使用的耐火材料，主要分为铝电解用炭块、高炉炭块和电炉炭块。煤基活性炭占我国活性炭总产量的70%以上，被广泛用于环保行业、食品行业和汽车工业。碳分子筛是一种具有均匀微孔结构的吸附剂，广泛用于催化、气体分离和色谱柱填料等领域。煤基电极炭材料可用于电阻炉和锂离子电池。“双碳”目标下，新能源开发和储能领域迎来高速增长，通过对煤炭炭化、石墨化及掺杂改性等方式可制得可逆容量、首次效率和循环性能等电学性质优异的锂离子电池负极材料，市场潜力巨大。

三、煤炭清洁高效低碳利用技术发展方向

（一）650、700℃超超临界燃煤发电技术

在超临界机组基础上，700℃超超临界发电技术的研究和开发已经开展，但一系列问题尤其是材料问题仍有待于进一步突破。目前，650℃等级高效超超临界燃煤机组已完成概念设计。

650℃超超临界机组的集箱、主蒸汽和再热蒸汽管道的开发和选用应有足够高的蠕变强度、持久强度和持久塑性；过热器管和蒸汽管道所用金属在运行温度下的氧化速度需小于 0.1mm/年，且要求焊接性能好。目前，650℃主蒸汽管道及再热热段管道的主要候选材料为耐热奥氏体钢 Sanicro25、耐热奥氏体钢 SP2215 及铁镍基合金 HT700P。

当蒸汽参数进一步提高到 700℃时，奥氏体钢由于延伸性能不佳而不再适用，此时可选择使用镍基材料。锅炉过热器和再热器可使用专门为抗高温腐蚀研发的镍基材料 617B 或 A740。

（二）O_2/CO_2混合富氧燃烧技术

O_2/CO_2 混合富氧燃烧技术又称空气分离/烟气再循环技术，其原理是用纯 O_2 和燃煤烟气构成的混合气体代替空气进入锅炉用于煤燃烧，以提高燃烧排烟中的 CO_2 浓度。燃烧后烟气经干燥脱水，其 CO_2 浓度可高达 95%以上，大幅降低后续 CO_2 捕集装置的运行费用。

在常规煤燃烧装置中，烟气中 CO_2 的浓度较低（约为 13%～16%），导致 CO_2 捕集成本偏高。而 O_2/CO_2 混合富氧燃烧技术能在燃烧过程中大幅度提高烟气中 CO_2 的浓度，达到无须分离或者耗费少量能量就能回收的程度，有效实现对 CO_2 的捕集。

采用 O_2/CO_2 混合富氧燃烧技术的节能效果显著，大大减少排烟热损失；比热容和辐射特性较高，增强了传热效果，提高了热量利用率，节约基建投资费用；煤粉的着火温度和燃尽温度在 O_2/CO_2 燃烧气氛下有所降低，从而提高燃烧强度，加快燃烧速度；并可燃用劣质煤或低挥发分煤，有利于提高能源利用率。

（三）化学链燃烧技术

化学链燃烧技术（CLC）是一种在燃烧过程中自动分离 CO_2 并降低 NO_x 生成的新型燃烧技术，也是国际公认的具有重要前景的 CO_2 减排技术之一，在 20 世纪 90 年代开始迅速发展。该技术通过改革传统的化石燃料燃烧方式（燃料不直接与空气接触燃烧，而是以氧载体在两个反应器之间的循环交替反应来实现燃烧）来直接获取高浓度 CO_2，理论上整个过程不存在能量的耗散，同时高浓度 CO_2 也有利于后续 CCUS 装置提升捕集效率和降低运行能耗。

化学链燃烧技术的优势主要包括：①具有内分离 CO_2 的特点，不需外加分离装置进行 CO_2 捕集；②分步燃烧过程实现了能量梯级利用；③燃烧温度较低，减少了热力型 NO_x 的产生。

截至 2021 年底，以煤为燃料的化学链燃烧的研究尚仍处于初期阶段，在燃烧方式、燃烧反应器、氧载体、污染物控制方面取得了大量研究成果，未来也将在这些方向上继续深入研究。

（四）燃煤与光热耦合发电技术

燃煤与光热耦合发电技术是将太阳能作为燃煤电站的补充热源，在日照充足时段通过“光－热－电”转化发电，在阴天、夜晚等日照不足时使用燃煤发电，由此降低燃煤消耗。其系统主要包括燃煤锅炉、太阳能集热器及储能设备、汽轮机和发电机。该技术是太阳能热发电与燃煤发电的结合，既具备两种发电技术的优点，又避免了各自单独发电的不足。该技术可减少发电的燃煤消耗，降低碳排放和污染物排放，同时可提高太阳能热发电的热电转换效率，降低日照对太阳能热发电的影响，提高发电效率。

（五）现役火电机组适应新型电力系统升级改造技术

随着并网新能源的比例不断扩大，对调峰电源的需求也逐渐升高，风电光伏顺利并网的背后离不开火电机组作为调峰电源的支撑。与新能源发电相比，火电具有较好的调节能力。从调峰电源的角度，火电机组提升负荷响应能力主要有以下几种方案。

1. 凝结水辅助调频

当收到快速升降负荷指令时，通过控制凝结水量，改变各级低压加热器的进汽量，从而影响汽轮机做功能力。凝结水辅助调频技术的负荷响应迅速，且可做到双向调节。

2. 给水辅助调频

给水辅助调频改造是在现有给水管道上增设旁路，通过调节进入高压加热器的给水流量以改变进入高压加热器的抽汽流量，进而改变汽轮机汽缸中做功蒸汽的流量和机组出力，达到一次调频的目的。机组的一次调频功能通过给水旁路调频调节阀实现后，就可将主蒸汽调节汽阀一直保持 100%开度，降低主蒸汽调节汽阀节流损失，提高整个汽轮发电机组的效率，且几乎不会对汽轮机内部汽流产生扰动，增加了机组运行的安全性。

3. 电化学调频

为满足电厂自身多能互补、调频服务和黑启动要求的储能项目，可配置电化学储能系统接入高压厂用电系统，当汽轮机数字电液控制系统（DEH）无法完全满足一次调频要求时，可利用储能电池辅助完成一次调频功能，并带来一定经济效益。

4. 热电联产机组储热调峰

由于热电联产抽凝机组实行“以热定电”的运行模式，可在热网和热源中间设置储热罐，在满足供热需求的条件下，利用机组高负荷运行时的抽汽进行储热，在用电低谷期释热为热用户提供热源。该方式既提高了机组调峰能力，又满足了用户的供热需求，实现热电解耦，提升供热机组负荷灵活性和电网适应性。其技术路线主要包括大规模熔盐储能调峰技术、热水储能调峰技术等。

5. 煤电机组的延寿和退役

相较于其他电源，煤电调峰能力及成本具有不可替代的优势。煤电机组通过供热改造、汽轮机通流部分改造、冷端优化、汽封改造及运行优化调整等措施，可以延长服役期限。不具备延寿条件或延寿期满的煤电机组可自然退役。

四、煤炭清洁高效低碳利用技术发展路线图

从煤炭清洁高效低碳利用所涉及领域的发展现状和国内外对比看，我国的煤炭洗选及加工、煤炭清洁高效转化、燃煤发电提效降碳三大类技术均实现了产业化应用，一些技术领域处于国际先进甚至领先的水平。然而，在上述优势领域，仍存在需要攻克的关键技术及核心设备，主要包括以下方面：

（1）煤炭洗选及加工：主要包括低品质煤的分级分质利用、洗选煤技术智能化等。

（2）煤炭清洁高效转化：主要包括煤与废弃物协同转化、煤转化提效及零排放、

煤制油技术高端产业化等。

（3）燃煤发电提效降碳：主要包括 650℃及 700℃超超临界燃煤技术、富氧燃烧/化学链燃烧耦合二氧化碳捕集、煤基“三废”零排放、煤电灵活性改造及煤电耦合新能源发电等。

我国煤炭清洁高效低碳利用技术发展路线图如图 4–5 所示。

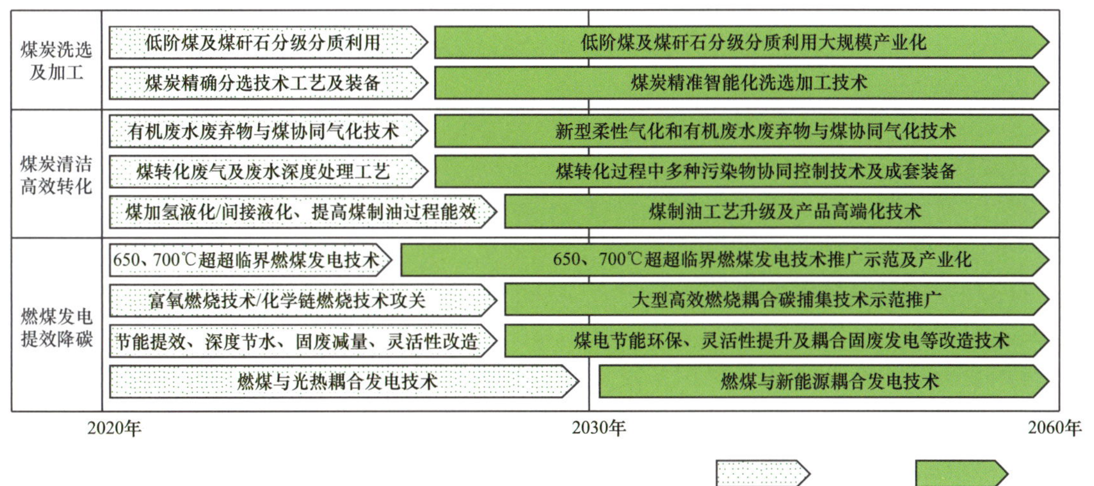

图 4–5 煤炭清洁高效低碳利用技术发展路线图

第二节 石油和天然气

一、油气发展概述

作为传统化石能源不可或缺的重要组成部分，石油和天然气长期以来一直是能源供给的关键要素。根据《BP 世界能源统计年鉴 2021》，2020 年末全球石油探明储量及日产量分别达到 17 324 亿桶、8839 万桶，全球天然气探明储量及产量则分别达到 188.1 万亿 m^3、3.8 万亿 m^3，支撑着全球一次能源消费中高达 31.2%和 24.7%的石油和天然气消费占比。

我国石油和天然气储量相对较少，油气大量依赖进口，对外依存度一直居高不下。2020 年，我国原油产量和净进口量分别为 1.95 亿 t、5.42 亿 t，对外依存度高达 73.5%，“十三五”期间上涨了 12.6 个百分点。2020 年，我国天然气产量和净进口量分别为 1925 亿 m^3、1403 亿 m^3，对外依存度为 42.2%，“十三五”期间上升了 10.9 个百分点。我国石油和天然气消费在一次能源消费中的占比分别为 19.6%、8.2%，远低于全球平均水平。

近10年来，油气行业发展面临着能源消费清洁低碳转型的巨大挑战。“十三五”期间我国能源低碳转型趋势明显，“十三五”末非化石能源消费占比15.9%，单位GDP碳排放强度相比2015年下降了18.8%。《2030年前碳达峰行动方案》提出，到2025年，非化石能源消费比重达到20%左右；到2030年，非化石能源消费比重达到25%左右。

“双碳”目标的提出，给我国化石能源中长期发展设定了新的边界，也为能源低碳转型提出了更高要求。石油和天然气作为传统化石能源，利用全过程中的碳排放总量占全球温室气体排放总量的40%以上，在一次能源消费碳排放中的占比超过50%。油气行业作为能源供给体系的重要组成，加快绿色低碳转型，推广节能降碳技术，努力实现高质量发展，具有十分重要的意义。

在“双碳”目标的实现过程中，为保障国家能源安全，统筹好化石能源和非化石能源的协调稳定发展至关重要。我国天然气消费水平与世界平均水平相比，仍存在较大差距，大力发挥天然气作为清洁低碳化石能源的关键作用，对实现碳排放高效控制具有重要影响。在加大油气勘探开发力度、积极推进油气增储稳产、提升能源自给水平的基础上，油气行业要推进油气利用关键环节低碳技术发展，把握绿色低碳转型新要求，努力推进绿色低碳转型新实践。

二、油气技术发展现状

（一）油气勘探开发技术

油气勘探开发是石油天然气资源利用的首要环节，也是油气行业温室气体排放的主要来源，油气勘探开发所引起的温室气体排放超过油气生产阶段总排放量的60%。我国常规油气资源勘探开发主要依靠地震勘探、钻探等技术，非常规油气勘探开发主要技术有地球物理方法、油气储层压裂改造以及油气储运与环境保护等，深层油气和深水油气开发技术主要有中低丰度岩性地层油气藏勘探、海相深层碳酸盐岩天然气勘探等。油气资源开发过程中的余热利用技术目前比较成熟，根据热源可分为透平发电机尾气余热回收利用和生产水余热回收利用两类。

（二）石油炼化技术

经过百余年的发展，炼油行业已形成较为完整的技术体系和加工流程，如图4－6所示。近年来，炼油技术在劣质重油加工、燃料清洁化等方面取得显著成果。

劣质重油加工方面，重油和劣质油的轻质化加工技术长期以来是炼油行业关注的重点和难点问题。由于原料适应性不断提高、转化率持续提升，以沸腾床、悬浮床加氢技术为代表的劣质重油加工技术逐步成为行业主流发展方向。

清洁燃料生产方面，目前主要有以汽油脱硫降烃为代表的燃料油清洁化生产技术，其中短链烷基化油具有辛烷值高、烯烃和硫含量低且不含芳烃等显著优势，近年来得到快速发展。

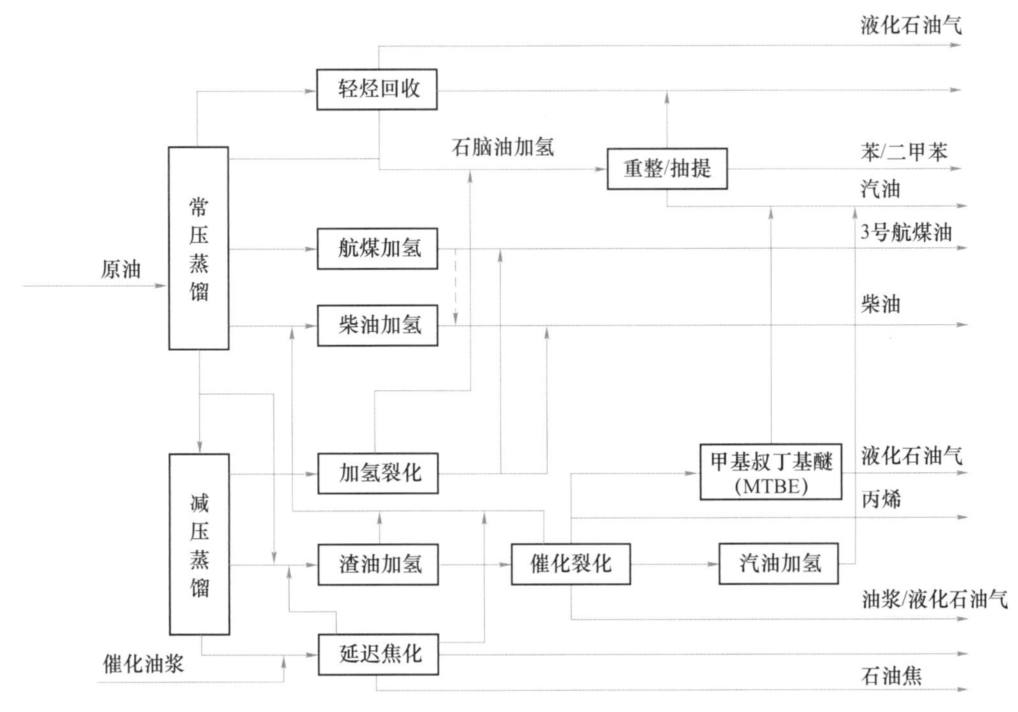

图 4－6　典型的原油加工流程

化工转型方面，针对炼油行业竞争激烈的现状，提高优质低成本的化工原料产量已成为当前企业转型升级的主要方向。正异构分离技术以及深度催化裂化多产烯烃技术，不仅可高效利用石脑油资源实现“宜芳则芳、宜烯则烯”，还可以采用直流蜡油等原料生产乙烯、丙烯，已成为炼油行业化工转型的重要抓手。

（三）燃气发电技术

燃气发电是指使用天然气或者其他可燃气体发电的过程。燃气轮机是近几十年迅速发展起来的一种热能动力机械，主要包括压气机、燃烧室和燃气透平三大部件。由燃气轮机单独进行发电的称为简单循环；燃气轮机排出的高温乏烟气通过余热锅炉回收热量，将水加热为蒸汽，随后进入汽轮机发电，称为燃气－蒸汽联合循环，如图 4－7 所示。

燃气轮机发电技术具有效率高、污染排放少、单位投资低、建设周期短、用地用水量少、启动迅速、便于调峰等特点，在近几十年间得到迅速发展。据统计，全球天然气发电量占全球发电总量的 23%，其中绝大部分来自燃气－蒸汽联合循环机组。

随着技术发展，燃气轮机内的燃烧温度、发电容量、发电效率等都得到了大幅提高。根据燃气轮机的燃烧温度和发电容量，将燃机划分为以下几个等级：

E 级燃机：简单循环出力为 150MW 等级、燃烧温度低于 1205℃；

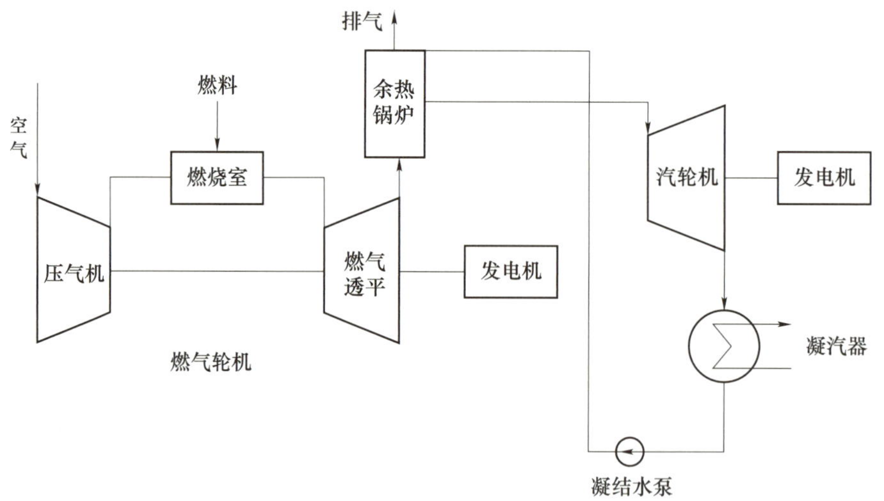

图 4－7　燃气－蒸汽联合循环示意图

F 级燃机：简单循环出力为 250～350MW 等级、燃烧温度约 1315℃；

H 级燃机：简单循环出力为 450～550MW 等级、燃烧温度大于 1425℃。

H 级燃机是当前单机容量最大，发电效率最高的燃机机型，其简单循环发电热效率已超过 42%，最大单机功率已超过 550MW（ISO 工况），燃气初温已达 1550～1600℃。

燃用天然气的燃气轮机二氧化碳排放量为等容量燃煤蒸汽动力发电厂的 56%，SO_2 和粉尘污染物排放极少，NO_x 排放可达 0.015～0.025mg/L；经过脱硝处理后，NO_x 排放可降至 0.003～0.004mg/L。采用燃气－蒸汽联合循环可以获得更高的发电热效率，联合循环发电净热效率已超过 63%，单轴机组容量已超过 800MW。此外，联合循环机组还可以通过汽轮机系统提供工业抽汽对外供汽或供暖，从而实现热电联产。

三、油气技术发展方向

（一）油气勘探开发技术

1. 海上油气田岸电替代技术

目前，绝大部分陆上油气田已实现电网供电，供电可靠性、安全性以及能耗均得到显著改善。但海上油气田远离海岸，大多采用自产油气通过自备电站供应电力和热力。

目前，海上油气田自备电站多采用“四用一备”或“三用一备”配置方式，单位发电量二氧化碳排放量超过 1000g/kWh，而 2019 年全国电网单位发电量二氧化碳排放量已下降至 577g/kWh。在离岸距离适当且保障安全的前提下，由岸电取代自发电是技术相对成熟且较为经济的碳减排手段。受制于海底电缆价格昂贵，目前近海油气田岸电减排二氧化碳成本超过 100 美元/t，需结合碳排放交易等方式推动更大规模、更远距离岸电替代技术的推广应用。

2. 甲烷排放控制技术

在油气产业链的温室气体减排量贡献中，超过 60%来自甲烷减排。由于监管法律有待完善、高投资回报率要求以及对常规采油操作的影响，甲烷减排技术尚未大规模应用。

目前主要的甲烷减排技术是伴生气回收利用。对于开发面积广、伴生气产量大的油田，一方面，可以将伴生气收集后通过管道外输至终端利用；另一方面，可以直接将火炬气经净化后制成压缩天然气或液化天然气。但由于伴生气产量波动大、衰减快，现有集输外送以及回收生产 LNG、CNG 等利用方式要达成市场化应用，仍需进行充分的可行性论证。

3. 非常规油气资源勘探开发技术

近年来，以超级压裂等渐进式技术为代表的非常规油气资源勘探开发技术已成为油气资源勘探开发的主要发展方向之一。在深层页岩气勘探开发方面，目前正在加快攻克地质导向技术预测、复杂压裂缝网构建、微观流动规律等技术瓶颈，开展重复压裂、立体开发等特色技术攻关，致力于形成深层页岩气开发的理论基础与核心技术。除此以外，海洋天然气水合物是当前具有显著发展潜力的清洁能源，主要分布于水深大于 300m 深海陆坡区，目前主要通过降压法、固态流化法、热激法以及化学势差驱动法等进行勘探开发。我国于 2017—2020 年在南海先后成功实施了三次海洋天然气水合物试采，但由于开采技术尚未得到根本突破、深海作业关键技术装备与国外差距较大，当前海洋天然气水合物开采产气率不高。

4. 数字化人工智能技术

随着数字化人工智能技术的快速发展，数字化转型是油气行业发展的必然趋势。信息技术应用于油气资源勘探开发可大幅度提升生产效率，不仅可对开采过程进行全面操控，实现油气资源高效高质勘探开发，还可改变油气资源勘探开发原有生产模式，强化勘探开发各环节工作人员相互联系，减少油气资源勘探开发需求人员数量，降低人力成本，提高技术应用的准确性。

（二）石油炼化技术

1. 组分炼油技术

组分炼油包含分子表征、分子尺度模拟、基于分子的过程优化以及分子组分分离等 4 层关键技术。该技术从分子组成与转化层面深入了解并干预炼化过程，在分子尺度上模拟原料油催化裂解过程，利用分子矩阵模型与全厂生产过程有机结合并优化计算，并采用先进的分离技术对原油或其馏分进行烃组分分离，然后对分离后的组分进行进一步加工炼制。

组分炼油技术可以大幅提升石油产品附加值，降低加工过程碳排放，是提升石油炼制效率、降低炼油能耗的有效手段。对于千万吨级炼厂，采用组分炼油重组工艺流程后，全厂可实现年碳排放量减少约 45 万 t，万元产值碳排放降低 0.26t，碳强度降幅超 10%。

2. 原油催化裂化技术

石油炼化工艺的核心技术之一就是原油催化裂化，其在重油加工过程中起到关键作用，但也是石化行业碳排放的主要来源之一。通过加氢裂化、加氢精制、延迟焦化以及催化重整等可实现碳减排。典型的原油催化裂化技术如表 4－3 所示。

表 4－3　典型的原油催化裂化技术

技术类型	主要特点	减排效果
低生焦催化裂化技术	重油的高效转化，降低生焦量，进而降低催化剂再生过程碳排放	以 200 万 t/年催化裂化装置为例，可降低碳排放 5 万 t/年
低能耗柴油液相加氢精制技术	省去高能耗的循环氢压缩机	相比传统的滴流床柴油加氢精制技术节能 50%以上
原油催化裂解生产化工原料技术	实现了短流程生产化工原料的路线突破，大幅提高化学品选择性，降低加工过程碳排放	与轻油蒸汽裂解＋重油催化裂解技术相比，碳排放降幅超 30%
低碳强度生产化工原料的加氢裂化技术	开发高性能、高选择性加氢精制/加氢裂化催化剂	以 200 万 t/年加氢裂化装置为例，可降低碳排放 5 万 t/年

3. 分离系统智能优化技术

石化行业包含众多复杂度极高的分离系统，除了龙头装置常减压之外，催化裂化、延迟焦化、加氢裂化等装置也都包含处理量大、结构复杂且工况变化频繁的复杂分离系统，其能耗占全厂总能耗的 30%～50%，是石化企业节能降碳的重要环节。

分离系统智能优化技术，采用基于人工智能驱动的工艺优化算法，将工艺机理模型、人工智能模型和高效优化算法有机结合，提供经济效益最大化（考虑能耗指标）的运行优化方案。以千万吨级常减压装置为例，通过构建分离系统智能优化平台，可提高换热终温 4～6℃，降低能耗 0.5～2.1kg 标准油/t，减少碳排放 1.0 万～4.0 万 t/年，经济效益增加 2000 万～5000 万元/年。

4. 反应装置模拟优化技术

以绿色低碳为导向的石化行业反应装置模拟优化是炼油过程技术创新与突破的重要抓手和必然趋势。基于工艺机理、流程模拟与数据驱动技术，为炼厂反应装置建立单模式、多模式及协同模式下的模拟模型，充分发挥多样化、定制化建模优势，构建能量流驱动物质流、物质流产生或影响能量流的动态关联模型，促进基于生产效率、产品品质提高以及加工能耗、碳排放降低的生产运行优化。

5. 能量系统优化技术

按照国家发展改革委相关要求，新建炼厂应采用最新节能技术、工艺和装备，确保热集成、换热网络和换热效率最优。现阶段主要能量系统优化技术有以下几种：

（1）换热网络集成优化技术。结合换热装置能量消耗特性和外部边界条件，制定换热网络优化升级方案，实现能量高效综合利用。对千万吨级炼化装置，可减少碳排放 2 万～5 万 t/年，能效提升 1～3kg 标准油/t，增效 1500 万～3000 万元/年。

（2）蒸汽动力系统集成优化技术。石化行业蒸汽动力系统运行复杂，通过建立蒸汽动力系统完整数学模型，实现蒸汽系统设备调优与动力源驱动方式优化、蒸汽网络优化及蒸汽平衡配置优化，如图 4－8 所示。对于千万吨级炼厂，可实现节能 13～19kg 标准油/t 蒸汽，减少 CO_2 排放 2.5 万～6 万 t/年。

（3）低温余热高效利用技术。目前我国石化行业生产过程中余热利用率只有 30%，远低于全球先进水平。石化行业主要余热回收技术包括有机朗肯循环、相变材料以及夹点技术等，通过开展全厂低温热资源系统详细建模、诊断、分析与优化，基于全厂蒸汽动力系统平衡开展全厂低温热资源综合优化（如图 4－9 所示）。对于千万吨级炼厂，在提高低温热回收利用率 10%的情况下，全厂二氧化碳排放可减少 4 万 t/年。

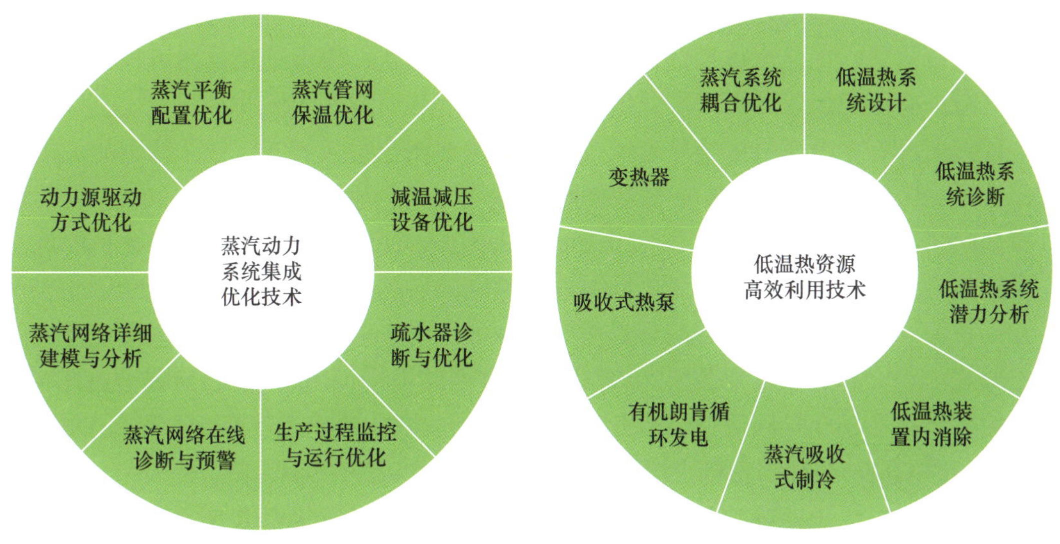

图 4－8 蒸汽动力系统集成优化技术

图 4－9 低温热资源高效利用技术

（三）燃气发电技术

目前，燃气轮机的燃料主要以天然气、柴油和重油为主。通过在燃气轮机中部分掺烧氢气甚至使用全氢燃机，可以借助燃气轮机高的发电效率实现氢能的高效利用。

然而，氢气与天然气（主要成分甲烷）在物理和化学性质上存在较大差异。氢气相比于天然气具有密度小、扩散系数大、最小点火能量低、爆炸区间范围宽、火焰燃烧温度高等特点，因此在燃气轮机燃气中掺烧部分氢气将会面临以下问题：

（1）回火。回火是由于局部湍流火焰速度大于反应物流速导致的。氢气具有更高的反应活性，这会引起燃烧的不稳定性从而造成回火，同时更高的湍流火焰传播速度会造成主流和边界层中的回火，氢火焰与涡旋的强相互作用也会引起涡破碎回火。回火会导致局部火焰滞留在预混通道内，造成局部零部件过热和损坏。

（2）自燃。自燃是指预混气体在无点火的情况下靠自热或外热自发着火的现象。虽然氢气的自燃温度略高于天然气，但是氢气具有更短的点火延迟时间。如果燃烧室内氢气的点火延迟时间比燃料空气混合物停留时间短就会引起自燃现象，从而导致火焰滞留并引起回火。

（3）NO_x 排放问题。氢气燃烧相比天然气燃烧具有更高的火焰温度，高的局部燃烧温度会在燃烧过程中产生更多的热力型 NO_x，从而引起尾气中 NO_x 排放值升高。

针对上述掺氢燃烧可能产生的问题，目前主要有两种解决途径，分别为改进传统燃烧室和开发新型燃烧室。两者都是通过提高燃烧气体的流动速度和降低火焰燃烧温度来解决燃烧过程中的回火和降低 NO_x 排放。改进传统燃烧室是通过调节进口的燃料和空气流速，扩散燃烧室通过喷入蒸汽或氮气等不可燃气体，这两种方式都无法满足纯氢燃烧。开发新型燃烧室是在设计时就考虑到纯氢燃烧可能引起的问题，通过提高燃烧室进口流速，优化气体预混路径和燃烧室腔体形状，将火焰稳定在可控位置；还可通过减小高温燃烧区域面积来降低火焰平均温度从而降低 NO_x 排放。

国际上已有多个燃机掺烧化工氢气副产品的案例已投入商业运行。韩国的大山精炼厂使用化工氢气在机型 6B.03 燃气轮机中掺烧氢气，氢气含量 70%～90%，目前已具有 20 多年的运行业绩。西班牙 Gibraltar－San Roque 炼油厂以不同氢气含量的炼油厂燃料气为燃料，在 6B.03 燃气轮机中进行燃烧，当燃料气中氢气体积浓度超过 32% 时，则在炼油厂燃料气中混合部分天然气来降低燃气中氢气浓度，以保证燃烧室内的稳定燃烧。意大利国家电力公司（ENEL）在富西纳电厂使用 1 台 11MW 的 GE－10 燃气轮机燃用氢气含量高达 97.5%的氢燃料。美国的陶氏铂矿工厂在 4 台配备 DLN2.6 燃烧系统的 GE 7FA 燃气轮机中燃用 5%体积比氢气和天然气混合物。

全球首个可再生能源制氢和氢燃机结合项目 HYFLEXPOWER 于 2020 年在欧洲启动，该项目通过可再生能源制氢，然后将制取的氢气混合至热电联产工厂的天然气中使用。项目对西门子 SGT－400 工业燃气轮机进行升级，用以掺烧氢气，最高可实现 100%的氢气燃烧。该示范项目旨在探索从可再生能源发电到制氢再到发电的工业化可行性，论证通过氢气制取、存储、再利用的方式解决可再生能源波动性问题。

广东惠州大亚湾石化区综合能源站项目为国内首座掺氢燃气轮机电站，建设 2 台 600MW 的 H 级燃气－蒸汽联合循环热电冷联产机组，可掺烧 10%体积浓度的氢气。项目预计于 2023 年正式投入运行，总发电功率达 1.34GW。

（四）LNG 冷能利用技术

LNG 接收站通过采取增压气化的方式将 LNG 气化成为常温的高压天然气，在此过程中将释放大量冷能。理论上，每吨 LNG 气化过程中冷能的利用上限可达 240～250kWh。

1. 冷能发电

目前，基于布雷顿循环的氮气闭式循环气体透平发电系统较为成熟，其系统示意如图 4-10 所示，主要由发电机、压缩机、透平以及各类型换热设备组成。该系统利用 LNG 冷能降低压缩机入口气体温度降低能耗，实现系统效率显著提高。冷能发电技术作为一种可以就地消化并且不易受外部条件限制的利用形式，可以将 LNG 气化过程 10%～20%的冷能转化为电能。

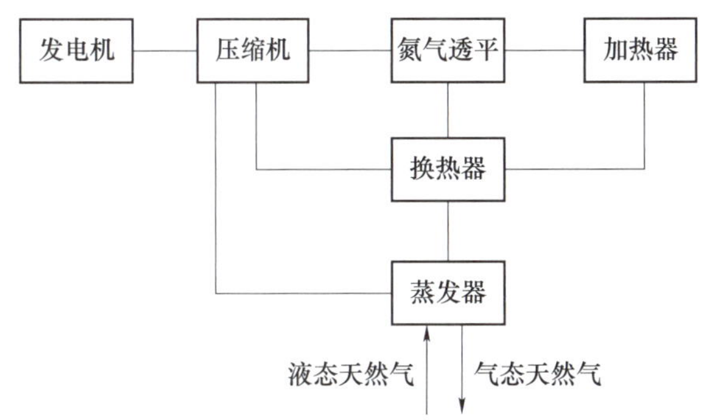

图 4-10　氮气闭式循环气体透平发电系统示意图

2. "空分+"利用项目

经空分装置热量交换后的 LNG 温度在-100℃左右，仍然极具冷能利用潜力。将 LNG 接收站空分设备与冰雪制造、低温冷库以及干冰生产等工艺流程有机组合，是实现 LNG 冷能梯级高效利用的理想方式，不同场景 LNG 冷能利用方案工艺流程如图 4-11～图 4-13 所示。

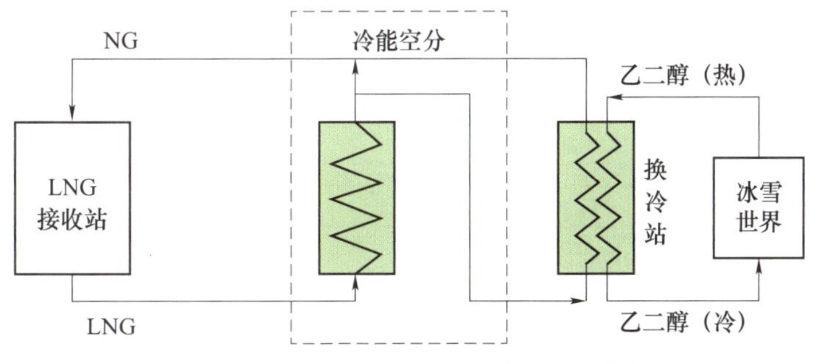

图 4-11　空分+冰雪制造方案示意图

四、油气技术发展路线图

我国油气行业历经一百多年的蓬勃发展，已在部分核心技术领域处于前沿阶段，但部分领域尚缺乏实现突破所需的研究基础。在 2030 年前，油气技术发展路线需要考虑国际国内发展差异，逐步引进、集成乃至自主创新。2030 年后，要形成油气行业全产业链科研体系、成果转化体系以及制造加工体系，在油气勘探开发、石油炼化、燃气发电以及 LNG 冷能利用等领域形成国产化关键技术，成为世界范围相关技术的主要引领者。油气技术发展路线如图 4－14 所示。

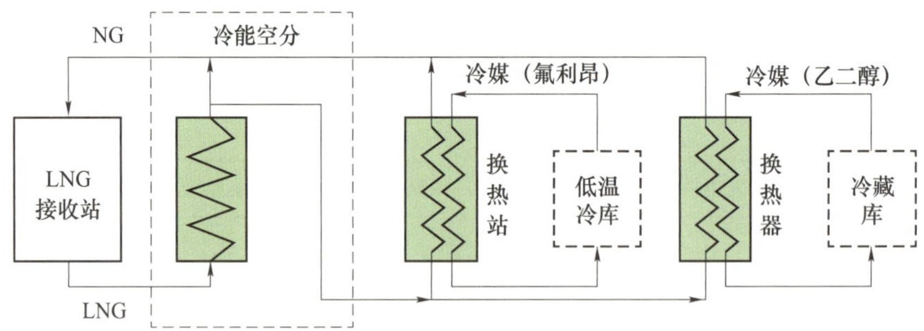

图 4－12　空分＋低温冷库方案示意图

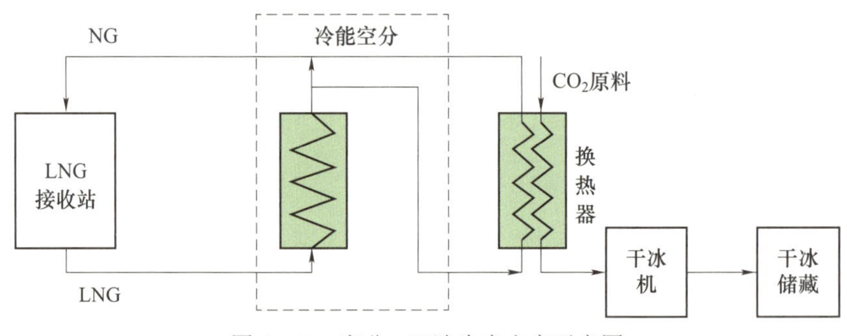

图 4－13　空分＋干冰生产方案示意图

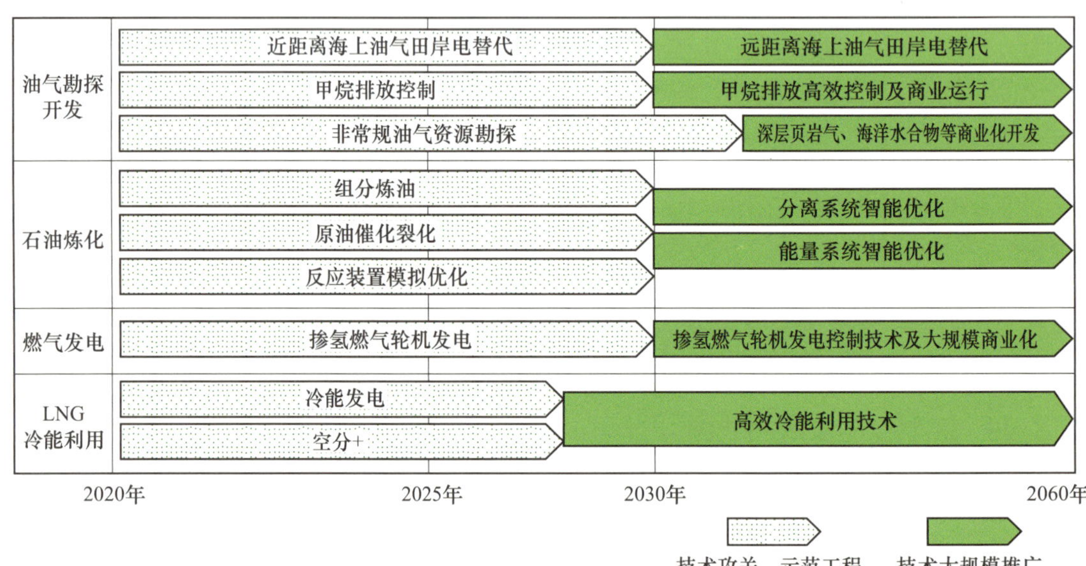

图 4－14　油气技术发展路线图

第三节　生 物 质 能

一、生物质能技术概述

生物质能是继煤炭、石油、天然气之后的全球第四大能源。生物质能的利用途径包括直接燃烧发电、气化产沼气及液化制乙醇等。截至 2020 年底，我国垃圾焚烧发电累计装机达到 1533 万 kW，农林生物质发电累计装机达到 1330 万 kW，沼气发电累计装机达到 89 万 kW；2020 年生物质发电量达 1326 亿 kWh。

目前，我国每年主要生物质产量约为 34.94 亿 t，其中可作为能源利用的约为 4.6 亿 t 标准煤，可实现碳减排量 2.1 亿 t 以上。预计到 2060 年，生物质每年可利用的资源量将会超过 15 亿 t 标准煤，占我国当前能源总量的 30%，可实现碳减排量 6.8 亿 t。生物质能的利用，对于能源供给、生态保护和实现“双碳”目标等意义重大。

二、生物质能技术发展现状

农林生物质利用的主要途径是转化为不同类型的燃料，转换方式包括物理转换（固体成型燃料）、化学转换（直接燃烧、汽化、液化）、生物转换（如发酵转换成甲烷）等形式；主要利用途径有农林生物质发电（包含发电、供热、热电联产），制备生物质液体燃料、气体燃料、成型燃料等，均已实现工程应用。一些科研院所开展了农林生物质功能材料、多联产技术、能源植物等方面的研究，正在开拓农林生物质资源化利用新领域。

生活垃圾指在日常生活中或者为日常生活提供服务的活动中产生的固体废物，以及法律、行政法规规定可视为生活垃圾的固体废物。2020 年，我国城市生活垃圾清运量达到 2.35 亿 t，并以每年约 6%的速度增长；其中生活垃圾填埋量约 0.78 亿 t，焚烧量约 1.46 亿 t。垃圾焚烧发电具有减量化、资源化、无害化等诸多优点，市场潜力巨大；大力发展垃圾焚烧发电是市场需求，也符合相关政策要求。

2020 年，我国城市污水排放量 571 亿 m^3，污水处理厂 1708 座，干污泥产生量 1163 万 t；全国县城污水排放量 104 亿 m^3，污水处理厂 2618 座，干污泥产生量 170 万 t。污泥的处理方式包括海洋投弃、土地填埋、堆肥化、干燥和焚烧等；目前，污泥焚烧的优势明显，逐渐成为主流技术方向，污泥焚烧分为直接焚烧技术和混合焚烧技术两大类。

三、生物质能技术发展方向

（一）农林生物质能利用技术发展方向

1. 生物质发电供热

在生物质掺烧和替代燃烧技术中，大量 200～300MW 燃煤发电机组面临退役；在濒临退役的 200～300MW 燃煤发电机组中开展农林生物质耦合发电技术改造，延长其寿命，是农林生物质发电技术的重要发展方向之一。国内农林生物质耦合发电的技术路线如图 4－15 所示。

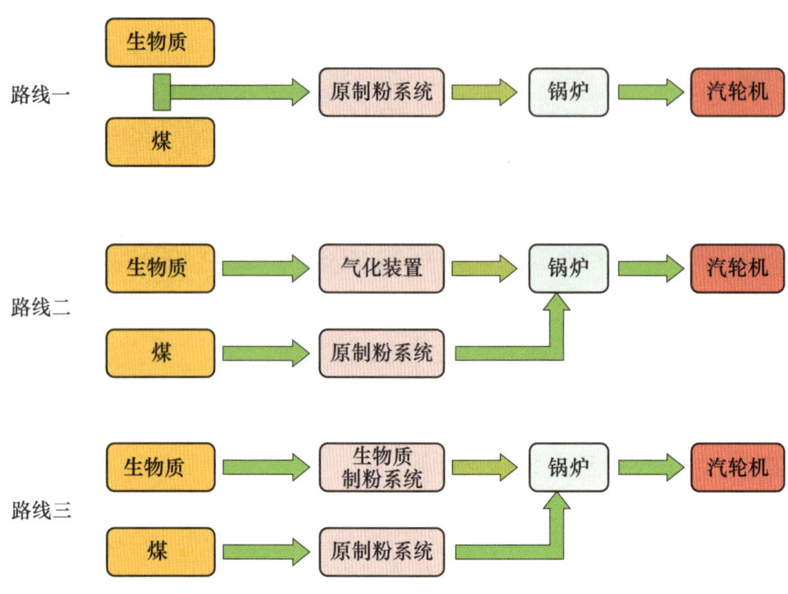

图 4－15　国内农林生物质耦合发电技术路线图

利用农林生物质解决北方地区中小城市冬季居民采暖问题，是利用农林生物质实现低碳循环经济的重要发展方向。进一步完善农林生物质耦合燃烧发电的计量检测技术及低成本的污染物控制技术，是实现农林生物质耦合燃烧大规模发展的重要因素。

以高效利用生产清洁电力为目标，开发出适合我国国情的秸秆燃烧发电技术和配套设施，通过技术装备创新，提高设备运行的稳定性，实现低腐蚀、低结渣、低污染物排放的农林生物质直燃发电系统和设备，是生物质直燃发电的主要发展方向。

在北方地区，因地制宜地建设农林生物质热电联产机组，向北方中小城市提供城市居民冬季采暖的热能，是节能降碳解决“三农”问题的有效手段。

2. 农林生物质气体、液体、固化成型燃料

农林生物质气体燃料主要发展方向有生物质制氢、农林生物质水解－发酵耦合制氢、合成气等。解决生物质气化过程中稳定运行、焦油含量、二次污染、产气热值和经济效益等问题，是促进农林生物质气体燃料产业化发展的重要环节。

农林生物质液体燃料主要有生物柴油、燃料乙醇、合成燃料等。

农林生物质固化成型燃料技术需开发适合我国国情的大规模的原料预处理、粉碎、

成型工艺，并组合集成为一体化、智能化的低能耗固体成型燃料生产设备，同时不断完善产业政策，推动规模化应用。

3. 农林生物质生物转化技术

农林生物质生物转化技术的发展趋势主要有生物转化和利用、酶的改进和微生物代谢，最终形成一体化、集成化的生物质资源综合利用系统。

生物转化和利用主要是利用秸秆等农林业生产废弃物的生物质转化，延长产品，提高附加值。

酶的改进和微生物代谢中五碳糖、纤维素、半纤维素的利用是主要研究方向。由于生物转化过程大多要经过多个生产过程，迫切需要进一步优化生产工艺，简化工艺流程以及将副产物加工成高附加值产品，从而提高生产效率和经济效益，尽快推向产业化生产。

4. 能源作物的培育和利用

能源作物是未来生物质能发展的重点方向，突破选种、育种、规模化种植等关键技术，开发培育、种植、高效转化于一体的链条式开发技术系统，实现高附加值的产品转化，稳定工艺系统和装备的研发指标，是该技术规模化推广需重点解决的问题。

农林生物质能利用除了上述方向外，以高值化产品开发为目标，多联产的综合利用，开发新型生物材料、化工产品、紧缺资源的替代物等技术日益受到重视，极大地拓展了农林生物质利用的领域，也是未来重要的发展方向。

（二）生活垃圾处理技术发展方向

1. 垃圾分类及餐厨垃圾处理技术

生活垃圾分类可以积极推进生活垃圾源头减量和资源循环利用。根据上海市某生活垃圾焚烧厂的统计数据，执行生活垃圾分类政策后，进入焚烧厂的垃圾密度降低42%，热值升高16.80%，渗滤液产生量降低约7.24%，并提高了发电效率。

餐厨垃圾处理包括填埋、堆肥、焚烧、制饲料和厌氧消化处理等。厌氧发酵技术在餐厨垃圾处理方面具有减量化、无害化、资源化等优点，日益受到重视。湿式厌氧反应器是处理系统的核心设备，通过厌氧消化对餐厨垃圾完成生物降解，同时产生生物气和消化残渣。厌氧消化处理产生的生物气送入生物气净化及利用系统，经脱硫净化后送入燃气发电机组或通过管道外送。有机物降解产生的消化沼渣经脱水后送入堆肥系统进行腐熟，沼液可作为液肥进行综合利用。

2. 中高参数垃圾焚烧发电技术

随着垃圾处理费和垃圾焚烧发电电价补贴的减少，垃圾发电企业希望通过提高机组循环效率来提高吨垃圾的发电量。最有效提高循环效率的措施是提高机组蒸汽初参数，但是相较于燃煤发电，垃圾焚烧发电提高蒸汽初参数面临更多的技术难题。防高温腐蚀是垃圾焚烧发电的设计重点和难点，直接影响到生活垃圾焚烧发电厂的运行稳定性和可用率。

目前提升垃圾焚烧发电初参数的方案包括提高主蒸汽温度和压力参数、采用蒸汽再热技术以及烟气再热技术等。常规垃圾焚烧发电参数多为4.2MPa/400℃，参数提升方案包括6.4MPa/450℃、6.4MPa/485℃和10MPa/500℃等。提高垃圾焚烧发电机组的初参数至6.4MPa/450℃甚至更高，具有良好的经济收益。

典型案例　深圳东部垃圾焚烧发电厂

该项目建设规模为6条日处理能力为850t的城市生活垃圾焚烧线+6台配套的烟气净化设施（SNCR+SCR脱硝，干法+半干法+湿法脱酸，布袋除尘器除尘，活性炭吸附）+3台60MW中温次高压、单缸汽轮蒸汽轮机+3台66MW发电机组。该项目每日可处理5100t生活垃圾，约占深圳市生活垃圾总量的1/3。电厂全景图见图4-16。

图4-16　深圳东部垃圾焚烧发电厂全景图

该项目将厂房外观设计融于自然，配套建设科普教育基地，把垃圾焚烧发电厂打造成为集“垃圾处理、科普教育、绿色旅游、生态休闲”为一体的绿色低碳亲民示范项目，将固废处理设施向地标性新型市政开放设施转变，实现了“建一座工厂，还居民一个公园”规划理念。

项目全部建成投产后，每年发电量约11.74亿kWh，相当于每年可减少燃煤消耗35.9万t，减少二氧化碳排放95.5万t。

3. 垃圾焚烧发电系统优化技术

目前，垃圾焚烧发电厂重视安全和稳定运行，但对系统节能等重视程度不足。未来的技术优化方向包括：对一次、二次风蒸汽加热系统进行优化，提高给水温度，冷端优化，尾部烟气余热利用等，以及对烟气净化工艺的改进、垃圾渗滤液处理工艺节能优化和浓水回喷技术、沼气回喷等。

当垃圾焚烧发电规模较大时，也具备一定的对外供热能力。在严寒地区和寒冷地区，可以对厂区内冬季供暖系统以及主厂房、垃圾卸料间、垃圾坑等处防寒、防冻及加热系统等的供热系统采取优化措施。

4. 生活垃圾耦合掺烧发电技术

生活垃圾同燃煤耦合掺烧发电符合相关政策要求。生活垃圾需要全程密闭，恶臭污染物可以送入锅炉进行高温分解，同时减少对机组原有燃煤煤质和制粉系统的影响。该技术需要充分考虑本体机组运行安全、负荷调节、运行效率和经济性等因素，目前仍处于研究示范阶段。

5. 生活垃圾其他新型处理技术

垃圾气化技术是将垃圾送入高温气化炉内，垃圾中的有机物与空气（氧气）及蒸汽反应而生成燃气，经净化后可以用来发电或者作为气体燃料和化工原料气。垃圾衍生燃料（RDF）是将垃圾中的可燃物破碎、干燥处理，再加入添加剂，挤压制成固体燃料；RDF 燃料在水泥生产过程中的应用受到国内外重视。

（三）市政污泥处理技术发展方向

市政污泥混合掺烧方式包括同燃煤发电掺烧、生活垃圾焚烧发电掺烧。燃煤污泥耦合发电一般要求污泥干化后含水率降至 40%以下，掺烧后焚烧炉膛温度不得低于850℃。城市污水处理厂的污泥也有送入垃圾焚烧炉处理的案例，采用污泥与生活垃圾混合焚烧，一般采用干化后再进行焚烧处理。

四、生物质能技术发展路线图

作为世界第四大能源的零碳生物质能源，未来产业化发展将会是被动农林生物质资源与主动农林生物质资源并重发展的趋势。对于被动农林生物质资源，宜采用分布式与集中式相结合的模式，因地制宜建立农林废弃物能源化工系统和特色功能材料制备技术，建立农林废弃物热解多联产的综合利用系统。对于主动农林生物质资源，需要加强能源植物的选育种和种植等方面的基础研究，掌握关键技术，实现一体化链条式的产业模式。另外，需要建立健全生物质能发展的体制和机制，保障整个产业良性循环发展。

生物质能技术发展路线图如图 4－17 所示。

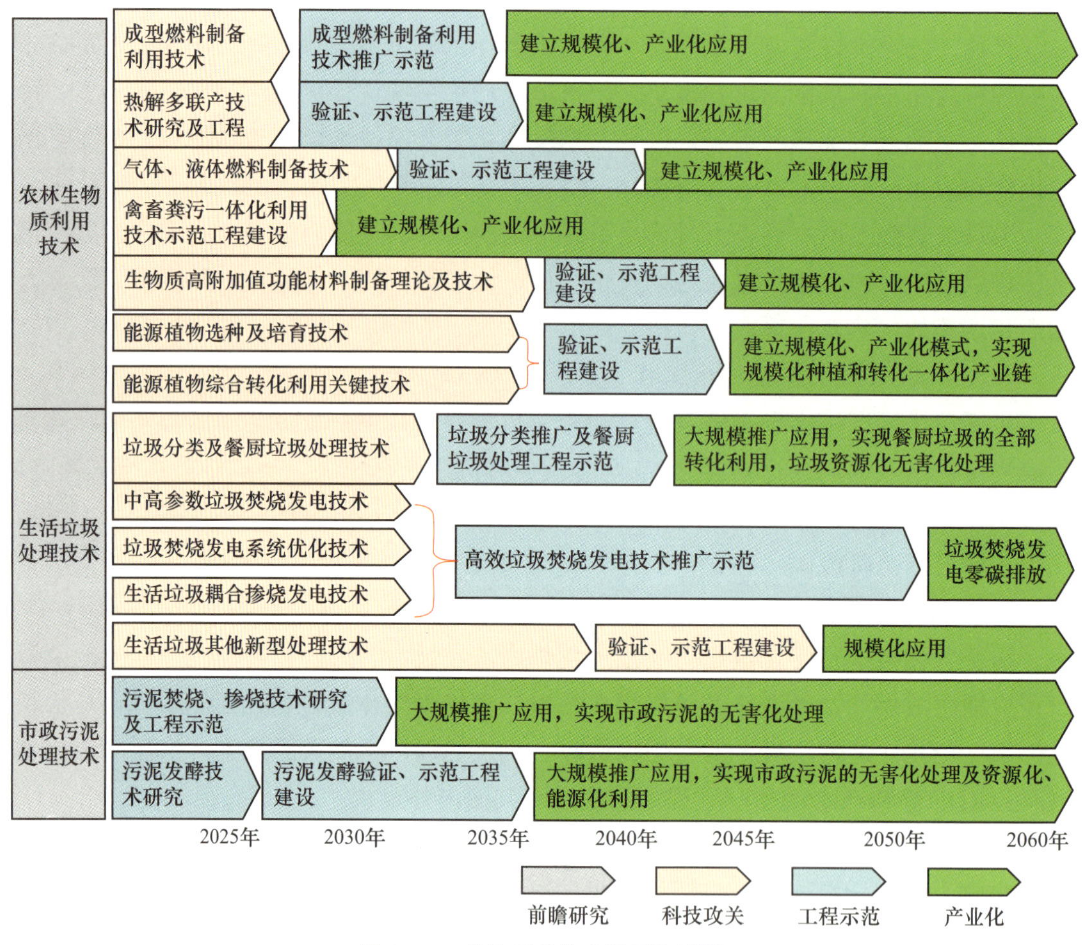

图 4－17　生物质能技术发展路线图

第四节　水　　能

一、水能利用技术概述

水能是指水体的动能、势能和压力能等能量资源，主要可分为陆地水力能和海洋能。陆地水利能是水能的重要组成部分，主要是指河川径流在一定落差之间具有的势能及流动过程中转换成的动能；海洋能主要包括潮汐能、波浪能、洋流能、海水温差等。

水力发电通常是指利用天然水流聚集的势能推动水轮发电机组，将水的势能转换为电能的一种发电技术。水力发电是水能利用的主要方式。水力发电历时悠久，我国早在 1910 年就进行了水电开发利用，至今已有 100 多年历史。据估算，我国水力资源蕴藏量达 6.8 亿 kW，截至 2021 年底，常规水电已建、在建装机容量约为 3.92 亿 kW，开发程度约 57%。

按调节能力划分，水电站一般可分为多年调节水电站、年调节水电站、不完全年调节水电站、日调节水电站和径流式水电站；按厂房布置型式划分，水电站一般可分为河床式水电站、坝后式水电站和引水式水电站。水力发电可以根据社会经济发展要求结合防洪、供水、灌溉、通航、旅游等功能综合开发，经济、社会和生态效益十分显著。

水电站运行期不消耗一次能源，基本不排放二氧化碳等温室气体，运行维护费用低，年运行费用仅约为同容量火电厂的 1/15～1/10，是运行成本最低的能源供应方式之一。此外，水轮发电机组启动速度快，可以在几分钟内从静止状态迅速启动投入运行；操作灵活，可在几秒钟内完成增减负荷的任务。因此，能够适应电力负荷变化的需要，提供调峰、调频、负荷备用和事故备用等辅助服务，提高电力系统的安全性、可靠性和灵活性。

在“双碳”目标背景下，随着勘测设计、设备制造、施工及运维关键技术的不断创新突破，水电开发程度将进一步提升；在新型电力系统中，水电将更多地承担电力系统中的调峰、调频作用，保障电网的安全稳定运行，促进风电、光伏等新能源的消纳，助力“双碳”目标实现。

二、水能利用技术发展现状

我国的水力发电发展进程主要经历了三个阶段。

第一个阶段：中华人民共和国成立前。这一时期，我国经济技术水平落后，不能自主生产水力设备，需引进国外技术设备，且水电站装机容量较小。我国第一座水电站台湾龟山水电站于 1904 年开工建设，1905 年 2 台共 500kW 水轮发电机组投产发电。

第二个阶段：中华人民共和国成立至改革开放前。被誉为“长江三峡试验田”的新安江水电站是我国第一座自主设计、自制设备、自行施工的大型水电站，体现了社会主义集中力量办大事的制度优势，是中国水电事业的丰碑，拉开了新中国成立后水电建设的序幕。新安江水电站是一座多年调节电站，总装机容量 66.25 万 kW，多年平均发电量 18.6 亿 kWh，拦河坝最大坝高 105m，坝顶全长 466.5m，为混凝土宽缝重力坝。电站主要担负华东电网调峰、调频和事故备用任务，并且有防洪、灌溉、航运和养殖等综合效益。

第三阶段：改革开放至今。自鲁布革水电站建设开始，我国水电站建设引入业主制、招投标制、监理制等先进建设制度，制度创新得以突破。随后，受益于改革开放的市场机制，岩滩、漫湾、隔河岩、水口等一批水电站由此脱颖而出。进入 20 世纪 90 年代后，中国水电开发又迎来了一波发展小高潮：五强溪、李家峡开工建设并投产发电。跨入 21 世纪，随着我国经济社会发展，水电建设制度趋于完善、技术逐渐成熟，一大批大型、巨型电站相继建成。

三峡水电站是当前世界上规模最大的水电站，也是我国到目前为止建设的最大型工程项目，静态投资约 1353 亿元人民币。三峡大坝为混凝土重力坝，大坝长 2335m，底部宽 115m，顶部宽 40m，高程 185m，正常蓄水位 175m，安装 32 台单机容量为 70 万 kW 的水电机组，总装机容量达到 2240 万 kW，是全世界最大的水力发电站和清洁能源生产基地。

白鹤滩水电站装机总容量 1600 万 kW，年平均发电量 624.43 亿 kWh，基本相当于 2018 年成都全社会用电的总量（637.41 亿 kWh）。按照设计，电站左右两岸分别装有 8 台 100 万 kW 水电机组，首次全部采用国产的百万千瓦级水轮发电机组。白鹤滩机组是世界上首批百万千瓦水电机组，属于超巨型混流式水轮发电机组，可谓世界水电的巅峰之作。

截至 2021 年底，全国已建常规水电装机容量 3.54 亿 kW，在建装机容量 0.38 亿 kW，开发程度约为 57%；2021 年全国水电发电量 13 401 亿 kWh，平均年利用小时数 3622h。水电一年的发电量相当于替代了 4.5 亿 t 标准煤，减少二氧化碳排放约 12.0 亿 t，节能和环保效益显著。

当今，中国水电产业已迈入大电站、大机组、高电压、自动化、信息化、智能化的全新时代，引领着世界水电能源行业的发展。以中国能建等为代表的中国企业，以水能开发全产业链的核心能力为依托，在充分开发国内水电资源的同时，积极开拓海外市场全流域规划建设运营，推动国际水电可持续发展。

在国家“双碳”目标背景下，水电将是实现碳中和的最佳电源之一，开发前景广阔。

三、水能利用技术发展方向

水能开发利用是助力“双碳”目标实现的最佳途径之一，在能源领域不可或缺。

（一）水能管理技术发展方向

管理技术主要的发展方向有：

（1）积极开展流域水电站综合监测，统筹推进水电健康诊断和灾害防治工作，提升运行管理水平和流域水电安全与应急管理能力。

（2）依托主要流域水电调节能力，配套建设一定规模风、光新能源发电项目，水电发展由电量为主向电量、容量并重的转变，推进水风光一体化，并探索推进一体化运行、送出、参与电力市场竞争，实现基地集约高效发展，为水电提供新的发展机遇。

（3）在水电资源开发程度较高的地区，充分发挥水电既有调峰潜力，在生态优先的前提下，统筹考虑、系统谋划，通过对已建、在建水电机组进行扩机和增容改造，优化梯级联合调度，深挖梯级电站的电量和调峰容量潜力，进一步提升水电的灵活调节能力，以适应新能源的大规模发展对新型电力系统灵活性的需要。

（4）随着云计算、大数据、物联网、移动互联网、人工智能等新一代信息技术的蓬勃发展，以及传感技术不断进步，积极探索上述技术与水电厂数字化、智能化业务的结合应用，加速推动智能水电厂管理技术体系的完善与演进。运行管理中强化全生命周期的 BIM 应用，提高工程质量、安全系数、应急手段和预警能力。发掘更多智慧应用的场景，包括自动识别、自动预警、自动处理等。

（二）水能开发技术发展方向

随着金沙江乌东德、白鹤滩，雅砻江两口河，大渡河双江口水电站的陆续建成投产，除雅鲁藏布江和怒江等水电基地外，我国主要大型水电基地的开发布局已经基本完成，在此情形下，结合国家“双碳”目标，我国水能开发技术发展方向如下：

（1）向难发展。研究并充分论证在西藏等地区开发建设常规水电的技术经济可行性，特别是重点考虑西藏地形地势复杂、经济发展较落后、基础设施不完善、需要建设配套工程等特点。项目论证和实施过程中，依靠新技术、新手段，研究和发展特殊地质、寒冷气候条件下的工程勘察、边坡处理、枢纽抗震、混凝土保温等关键技术。综合应用信息化技术、人工智能计算等方法加密现场信息的采集度、提高数学和物理模型的正确度，从而提高水能开发工作的质量和效率。

研究解决高寒高海拔地区筑坝垫层料级配和渗透系数、面板混凝土设计指标、面板表面抗冰冻涂隔离层的设置和面板表层止水等问题。

加大大型地下洞室群施工系统仿真及进度研究。运用循环网络计算机模拟技术、可视化面向资源建模技术、网络计划分析与优化技术和动态演示技术，寻求合理的机械设备配置、施工支洞配置、施工顺序、经济可行的施工进度。

（2）向微发展。研究农村微型小水电的开发，重点关注设备一体化和微型化方向，使得农村小水电可以尽可能少甚至不需投入土建建设，实现“即插即用”目的，达到使用的便利性和普及性。

（3）向绿发展。水电站开发过程中，使用绿色环保的技术手段，最大限度地减少对生态环境的负面影响和全过程环境影响最小化控制，实现水能开发和环境保护双赢。

研发低转速、可过鱼转轮，在发电工况下允许鱼类安全通过机组到达下游；研发诱鱼、集鱼技术；研发过鱼泵，将下游洄游鱼类安全输送至上游，顺利实现过坝洄游。

研究无人区和生态脆弱区生态修复技术。当前水电工程建设的主战场在西藏和川西一带，建设征地区处于一些无人区或人烟稀少的高原地带，外业工作难度较大。

（4）向扩发展。研究现有水电站（水利枢纽）的扩能能力，结合下游生态流量需求最大程度地利用水能；结合已建工程布置和地形地貌特点，研究适宜的过鱼设施，确保流域水生生态通道的连通性，不断改善流域生态环境。

（三）水能材料设备发展方向

（1）压力容器钢材。我国压力容器钢处于落后状态，600MPa 级多采用日本的 HT（SM）系列或美国的 ASTMA 系列高强调质钢板。武钢集团研制出的 600MPa 高强钢 WDL610 系列，集高强度高韧性和优异的焊接性于一体，已在石油和化工领域得到应用，正逐步用于水电站。

（2）千米级大容量冲击式水轮发电机组。目前已研制成功 800m 水头段大容量冲击式水轮机，但尚不具备制造高水头（千米级）大容量冲击式水轮发电机组的能力。

（3）大功率和高参数的水轮机。“双碳”目标下，我国高度重视水电开发过程中的生态保护问题，水力发电机组节能化、环保化、高效化已成为发电设备产品的发展方向。作为水力发电设备重要组成部分的水轮机，朝着大功率和高参数方向发展，将更加适应节能、环保、高效的大趋势。

四、水能利用技术发展路线图

为使我国规模庞大的水电站效益最大化，最大程度支撑国家“双碳”目标，水能管理技术应积极开展常域水电站综合监测、推进风光水一体化、优化梯级联合调度，并依托先进信息技术对电站进行智慧化管理。

我国主要大型水电基地的开发布局已经基本完成，水电开发应秉持最小程度影响的生态环保原则，积极研究开发西藏等地区建设条件困难的水能，同时也在具备开发的农村地区推广微型设备和设备一体化的微型小水电，助力条件艰苦的农村地区能源自给，减少碳排放。

目前我国在部分材料和设备上不能自给，这方面需要加大研发力度。额定功率大、产品大型化的水电机组相比于小型机组更能做到清洁高效发电，大功率和高参数的水轮机是未来研发的发展方向。

水能利用技术发展路线见图 4–18。

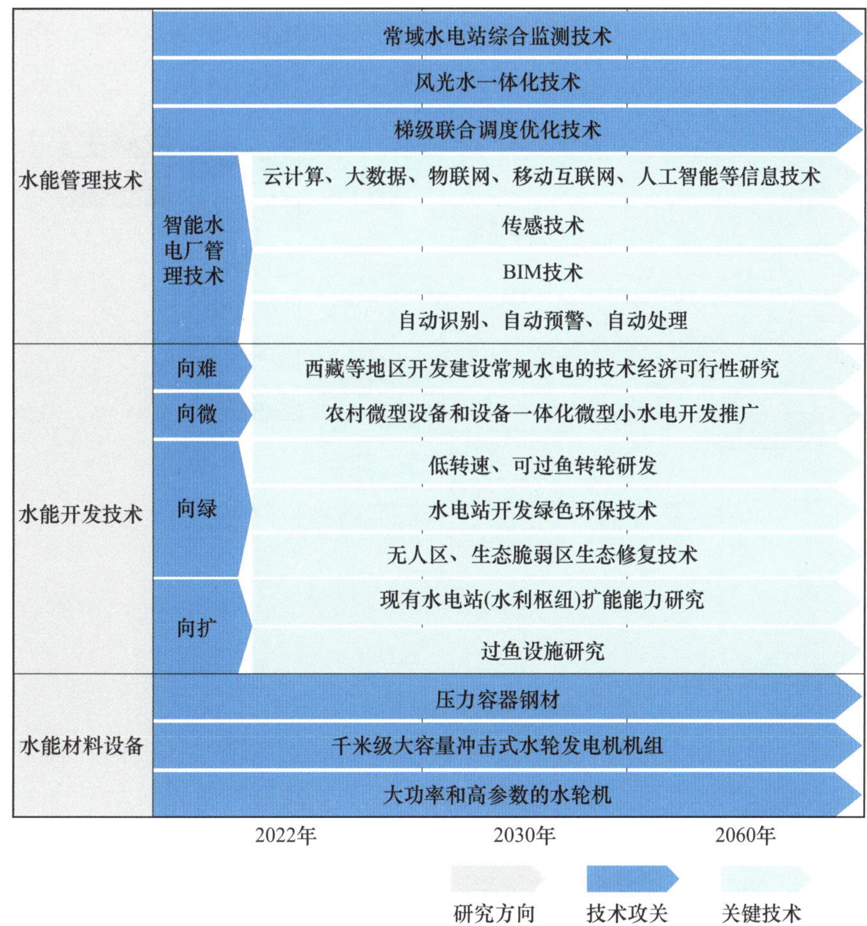

图 4－18　水能利用技术发展路线图

第五节 核　能

一、核能技术概述

核能技术是以核性质、核反应、核效应和核谱学为基础，以反应堆、加速器、辐射源和核辐射探测器为工具的现代高新技术，广泛应用于国民经济各个领域，为自然科学的深入发展提供了可能性，在国家安全中占有重要位置。人类对核能技术和平利用的主要形式是发电。根据国际原子能机构有关报告分析，从全寿命周期来看，核能单位发电量的温室气体排放量很小，小于光热发电、风力发电、水力发电等发电方式。

按照燃料循环不同、中子能量不同、冷却剂不同和慢化剂不同，核反应堆分为多种类型：按燃料循环可分为铀－钚循环和钍－铀循环；按发生反应的中子能量可分为热中子反应堆和快中子反应堆；按冷却剂分为轻水反应堆和重水反应堆；按慢化剂分别为石墨反应堆、轻水堆和重水堆。核裂变反应堆技术路线如图 4－19 所示。

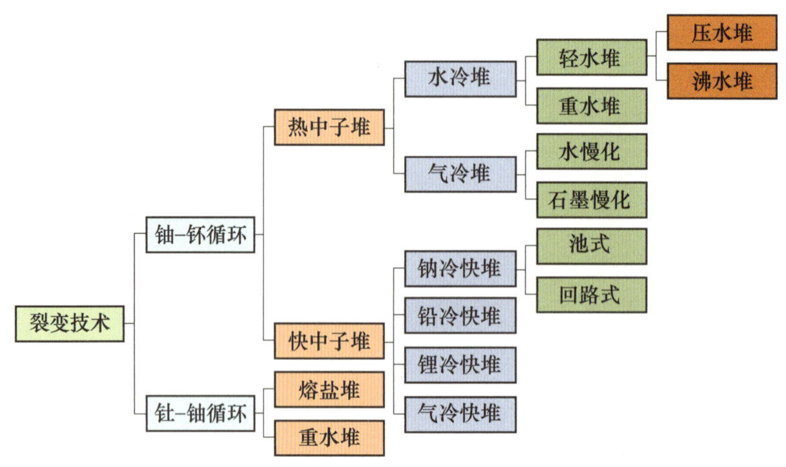

图 4－19　核裂变反应堆技术路线图

二、核能技术发展现状

我国第一座自主研发设计的浙江秦山核电站于 1985 年开工，于 1991 年并网发电，标志着中国大陆无核电历史的终结。1994 年广东大亚湾核电站并网发电，这是我国第一座大型商用核电站，为我国后续大型商用核电站发展奠定了基础。2020 年，中国核能发电量达 366 200GWh，占全球核能发电总量的 13.6%，居世界第二位，仅次于美国的 30.8%。截至 2022 年 5 月 31 日，中国在运和并网核电机组总数量为 54 台，总装机容量 55 778MW，在运、并网待投运、在建、核准待开工的核电机组总计 79 台，总装机容量 84 183MW。仅次于美国的 95 台机组（93 台在运＋2 台在建）、总装机 98 023MW（95 523MW＋2500MW）的规模，高于法国的 57 台机组（56 台在运＋1 台在建）、总装机 63 020MW（61 370MW＋1650MW）的规模。

根据中国核能行业协会统计，2021 年，全国累计发电量为 8 112 180GWh，运行核电机组累计发电量为 407 141GWh，占全国累计发电量的 5.02%，相当于减少燃烧标准煤 11 558.05 万 t，减少排放二氧化碳 30 282.09 万 t、二氧化硫 98.24 万 t、氮氧化物 85.53 万 t。2021 年，核电设备利用小时数为 7777.85h，平均机组能力因子为 92.27%。

我国目前核电站采用的堆型有压水堆、重水堆、高温气冷堆和快中子堆等。商用反应堆主要采用的是压水堆技术路线。除积极发展大型压水堆核电技术外，我国也在模块化小型反应堆技术、第四代核电技术，以及聚变堆技术等方面开展积极研发。此外，我国坚持采用最先进的技术、最严格的标准发展核电，始终保持高水平安全运行业绩，从未发生国际核事件分级（INES）2 级及以上运行事件，总体安全水平位居国际先进行列。

三、核能技术发展方向

核能作为一种清洁、安全、高效的能源，在有效减少温室气体排放、缓解能源输送压力、降低一次能源消费等方面具有独特的优点和发展潜力，是实现能源系统清洁低碳转型的重要解决方案。2021 年 10 月，国务院印发《2030 年前碳达峰行动方案》，提出“积极安全有序发展核电”。

（一）第三代核能发电技术

21 世纪以来，我国进入积极发展核电阶段，第三代压水堆核电技术是我国核电建设的主流，相继建成了多台第三代核电机组，包括浙江三门核电 1、2 号机组、广东台山核电 1、2 号机组、福建福清核电 5、6 号机组等。我国第三代核能发电技术与国际核电大国同处国际先进行列，但核电占比还较少，发展空间广阔，核电科技研发需求巨大。

典型案例一　福清核电 5、6 号机组工程

福清核电 5、6 号机组为“华龙一号”压水堆核电机组，机组额定发电功率 1161MW，设计寿命 60 年。福清 5 号机组是“华龙一号”全球首堆，于 2021 年 1 月 30 日投入商运，如图 4–20 所示。

图 4–20　福建福清核电

“华龙一号”是我国在 30 余年核电科研、设计、制造、建设和运行经验的基础上，根据福岛核事故经验反馈以及中国和全球最新安全要求研发的先进百万千瓦级压水堆核电技术，是具有完全自主知识产权的三代压水堆核电创新成果，是中国核电走向世界的国家名片。在福清“华龙一号”首堆项目中，采用了三缸四排汽、半转速、末级长叶片典型汽轮机组，汽轮机末级叶片长度为1828mm，是目前世界上在运、在建核电站汽轮机最长的叶片；汽轮发电机组基础采用弹簧隔振技术，选用国际通用有限元程序建立台板+弹簧隔振器+柱的整体模型，完成实体和杆件单元的数值分析，进行基础台板和隔振系统优化。

项目全部建成投产后，每年发电量约185.76亿kWh，相当于减少燃煤消耗567.5万t，减少二氧化碳排放1509.5万t。

典型案例二　浙江三门核电一期工程

三门核电一期工程是国务院批准实施的首个核电建设自主化依托项目，采用第三代先进非能动AP1000压水堆核电技术，设计寿命60年，如图4-21所示。机组非能动安全特性显著提高了核电厂运行安全性。2019年，三门1号机组首循环运行期间24个运行性能指标均达到国家能源局指标优秀水平，并列世界核电运营者协会（WANO）性能指标世界第一。获得中国施工企业管理协会2020—2021年度国家优质工程金质奖。

图4-21　浙江三门核电一期工程

三门核电一期工程采用先进的第三代先进压水堆核电技术，核岛一回路主系统和设备采用简化的非能动设计和模块化建造技术，提高了机组安全性和经济性。常规岛结合非能动设计要求和厂址条件，进行三代核电常规岛开创性设计，包括大量非核安全相关核岛系统和设备布置在常规岛内、核岛与常规岛联络过渡段第一跨设计、首次在国内核电厂取水工程中运用盾构法隧道技术、全球管道内径最大 4.1m 核电机组循环水系统、国内已建和在建核电项目中最深泵房基坑和常规岛地下布置厂房设计等。

项目全部建成投产后，每年发电量约 200.16 亿 kWh，相当于减少燃煤消耗 611.5 万 t，减少二氧化碳排放 1626.6 万 t。

（二）第四代核能发电技术

在 21 世纪之初，美国会同英、韩、日、法等国及欧洲原子能共同体成立了第四代核能系统国际论坛（Generation IV International Forum，GIF），研究和发展第四代核能系统。GIF 在评估第四代核能系统的概念设计后，提出了六大领域的技术目标和相关评估指标，包括可持续性、经济性、安全与可靠性、核废物最小化、防扩散和实体保护。GIF 选出六类最有前景的核系统为未来国际合作研究的重点堆型，分别是气冷快堆、铅冷快堆、熔盐冷却堆、钠冷快堆、超临界水冷堆、超高温气冷堆/高温气冷堆。我国已在建设高温气冷堆示范工程、钠冷快堆示范工程、钍基熔盐试验堆项目。

1. 高温超高温气冷堆示范工程

根据 2014 年 GIF 更新的第四代技术路线图，未来超高温气冷堆可在 700～950℃的堆芯出口温度范围内供应核热和电力。GIF 新的技术路线是进一步提升反应堆出口氦气温度达 1000℃，采用氦气发电循环，提高热效率；同时使核能生产向工业供热、高温制氢等综合利用方向发展。

2021 年 12 月 20 日，装机容量 200MW 的山东荣成石岛湾高温气冷堆示范工程成功并网发电，成为全球第一座将四代核电技术商业化的示范项目。高温及超高温气冷堆将是我国未来第四代核电技术发展的重点堆型和方向。

2. 钠冷快堆示范工程

快堆是第四代先进核能系统堆型之一，也是我国核电发展三步走的第二步发展堆型。快堆可大幅提高天然铀资源利用率并实现放射性核废物的最小化，可有效解决核材料利用率低、核废料难以处理等问题。GIF 认为使用钚铀氧化物混合燃料（MOX 燃料）的先进钠冷快堆（SFR）商用可能性最大。中国是世界上第八个拥有快堆技术的国家。2017 年 12 月 29 日，中核集团在福建省霞浦县开始建设单机容量 600MW 的快中子反应堆。

3. 钍基熔盐试验堆项目

相比铀钚循环反应堆，钍铀循环的钍基熔盐堆有几大优势：首先是安全，当反应堆内温度超过预定值时，携带核燃料的熔盐会全部流入应急储存罐，核反应立即终止。其次是反应堆的冷却剂采用复合型氟化盐，核电站不再需要消耗大量的水资源，可以避开沿海地区，在偏远的荒漠地区建设。再次是自然界中钍的储量要比铀丰富得多，中国的蕴藏量远高于世界其他地方。钍基熔盐堆被视为增殖核燃料的途径之一。我国正在研究设计 2MW 的试验反应堆及科学设施；但钍基熔盐堆技术仍有很多问题有待解决，需要建立一套以铀钍循环为基础的核燃料循环工业体系。

（三）核能小堆技术

按照国际原子能机构的定义，电功率 300MW 以下的反应堆称为小型堆。核能小堆的特点是安全性高、体积小、应用场景多，可以用作发电、工业供汽、城市供暖，以及海水淡化、海洋开发等核能综合利用。

核能小堆设计之初是被设想用于小型电力或能源市场，特别是用于满足长距离输电无法到达的边远地区或孤立电网、用户灵活用电需求（如取代退役的燃煤发电厂），以及实现核能/可再生能源混合系统等。为适应全球能源低碳需求的大趋势，核能发达国家都在努力扩大核能应用范围，多用途功能的核能小堆开发已成为全球核能发展的热点。

核能小堆研发重点是模块化、标准化、系列化、简约化、智能化及经济性。核能小堆如果能够实现“即插即用”、不受安装地点限制、安装期短等功能，与间歇性风电、太阳能发电、天然气发电等其他能源形式相比，将非常具有竞争力。核能小堆将成为满足市场需求，实现“双碳”目标以及能源转型的最优选择之一。

（四）核能综合利用

1. 核能制氢

氢能是具有发展潜力的二次能源，同时也是钢铁、化工等传统产业的重要原料或还原剂。核能制氢分解效率高，便于工业规模化生产，是极具发展前景的清洁氢生产手段，有望成为我国大规模供应氢气的重要解决方案。以高温气冷堆为例，经估算，一台 600MW 高温气冷堆机组每小时可生产约 6000kg 氢气，满足 180 万 t 钢产能对氢气、电力及部分氧气的能量需求，相当于每年可减少能源消费约 100 万 t 标准煤，减排约 266 万 t 二氧化碳。

2. 核能供热

核热电联产或低温供热堆等方式可代替部分煤电，为广大地区供暖。根据公开资料显示，山东烟台海阳核电站通过抽汽供热，已为 7000 多户居民、约 70 万 m^2 的居民提供了源自核能的热能；海阳核电计划最终提供超过 1 亿 m^2 供热能力，每个供暖季可提供热量约 4000 万 GJ。我国南方首个核能供热示范项目——秦山核电核能供热项目，在首个供暖季，核能供热管网持续安全稳定供热 100 天，为 4000 户居民提供了供热保障；计划到 2025 年，秦山核电核能供暖面积达到 400 万 m^2，成为南方地区冬季集中供暖样板。

3. 核能海水淡化

据预测，2030 年中国人均水资源量预计仅有 1750 m^3；在充分考虑节水情况下，用水总量为 7000 亿～8000 亿 m^3，要求供水能力比当前增长 1300 亿～2300 亿 m^3，全国实际可利用水资源将接近合理利用水量的上限。利用核能进行海水淡化，项目占地面积小、海水淡化水质好、供给稳定。20 世纪 90 年代以来，核能海水淡化技术得到了包括国际原子能机构在内的许多国家和机构的广泛重视，采用核能小堆用于海水淡化的相关技术方案也在研究开发中。

（五）核电机组延续运行和退役

核电厂作为一种全生命周期碳排放量少的基本负荷能源，在清洁替代和能源生产与消费革命的转型中具有突出的优势。核电机组延续运行，是核电机组持续发挥绿色能源优势的重要选择。浙江秦山核电 1 号机组作为我国第一座自行设计、建造和运行管理的 300MW 级压水堆核电机组，于 1991 年并网发电，设计寿命 30 年。2021 年经过严格技术审评及相应的现场监督检查，秦山核电 1 号机组获批延续运行 20 年，成为我国第一座获批延续运行的机组。国际上现役核电机组延续运行后机组寿期可达 70 年甚至 80 年，核电机组延续运行将成为未来我国核电发展的重要形式。

核电机组在商业运行结束后，需要进行妥善处理和管理的退役工作，退役一般包括去除放射性沉积物的清洗去污过程、带放射性设备和材料的拆除过程。核电机组经过去污及拆除过程后达到厂址不受限制利用。核电机组退役与国家退役政策、技术工业水平相关，需提高退役的安全性与经济性，有针对性地开展退役工程方案研发以及质量保证体系建立，从而达到核电全生命周期的低碳清洁利用。

四、核能技术发展路线图

1983 年，我国确定了热中子反应堆—快中子反应堆—受控核聚变堆“三步走”的核能发展技术路线；结合 2021 年国务院发布的《2030 年前碳达峰行动方案》有关要求，我国核能发展路线包括热中子反应堆、快中子反应堆、热核聚变堆等多个堆型技术。核能技术发展路线图如图 4-22 所示。

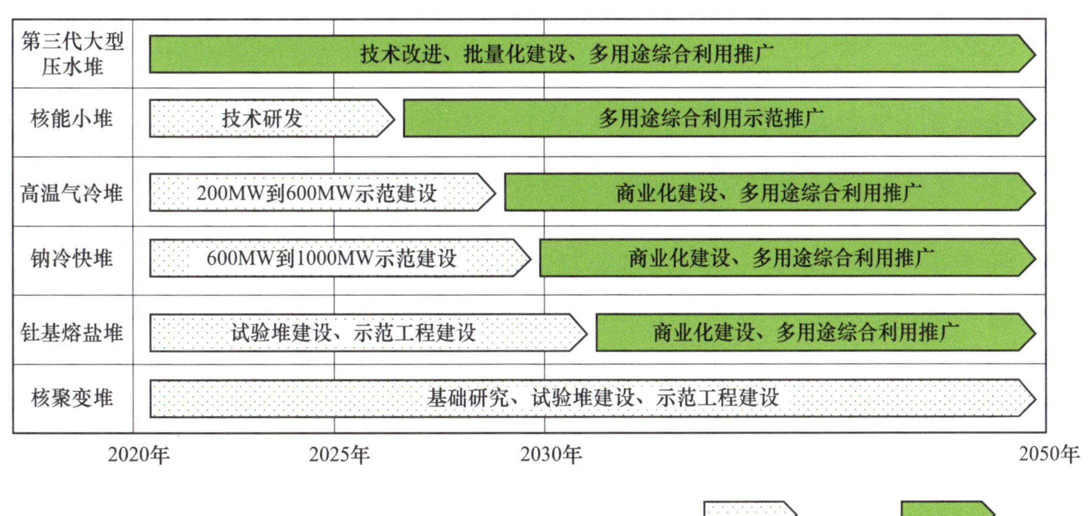

图 4-22 核能技术发展路线图

第六节 风 能

一、风能技术概述

风能是一种绿色清洁的可再生能源。风能利用的方式主要以风力发电为主，风力发电技术主要包括陆上风电、海上风电和高空风电三种技术类型。本节主要介绍陆上风电和海上风电技术，高空风电技术内容在展望篇介绍。

陆上风电技术是利用不同地形不同气候地区下的风能进行发电的技术。根据开发方式的不同，陆上风电可分为集中式陆上风电和分散式陆上风电。

海上风电技术是利用沿海多年平均大潮线以下海域的风能进行发电的技术。根据海上风电场的离岸距离或场址水深的不同，海上风电场可分为近海风电场和远海风电场，潮间带风电场、浅海风电场和深海风电场。

我国具有丰富的风能资源，风力发电已成长为我国可再生能源发电的主力军。大力发展风力发电有助于加快实现能源结构绿色转型，减少化石能源的消耗和二氧化碳排放，是实现“双碳”目标的重要途径之一。

二、风能技术发展现状

（一）风电技术发展总体情况

全球风电行业正在快速发展。根据全球风能理事会（GWEC）的相关统计数据，截至 2021 年末，全球风电总装机容量已经达到 8.37 亿 kW，风电成为全球绿色能源重要组成部分之一。

近年来，我国风电行业一直处于快速发展期。截至 2021 年末，中国风电总装机已经超过 17 万台，总容量超 3.4 亿 kW。其中，陆上风电总装机容量 3.2 亿 kW，海上风电总装机容量为 2535 万 kW[1]。

风电机组大型化是近年来风电技术发展最显著的趋势。如图 4-23 所示，2021 年，中国新增装机的风电机组平均单机容量为 3514kW，同比增长 31.7%。其中，陆上风电机组的平均单机容量为 3114kW，同比增长 20.7%；海上风电机组的平均单机容量为 5563kW，同比增长 13.9%。截至 2021 年底，中国累计装机的风电机组平均单机容量为 2025kW，同比增长 8.1%。

成本持续下降是近年来风电技术发展另一显著趋势。受益于技术的快速发展和规模效应，近年来全球风电度电成本大幅降低，在许多国家和地区，陆上风电成本已经

[1] 数据引自中国可再生能源学会风能专业委员会《2021 年中国风电吊装容量统计简报》。

低于化石燃料发电成本。当前，风电已成为中国的第三大电源类型，陆上风电的发电成本与煤电基本相当，有些地区甚至还比煤电低 0.1 元/kWh；海上风电成本也在快速下降，预计最早 2025 年我国风电将全面实现平价上网。

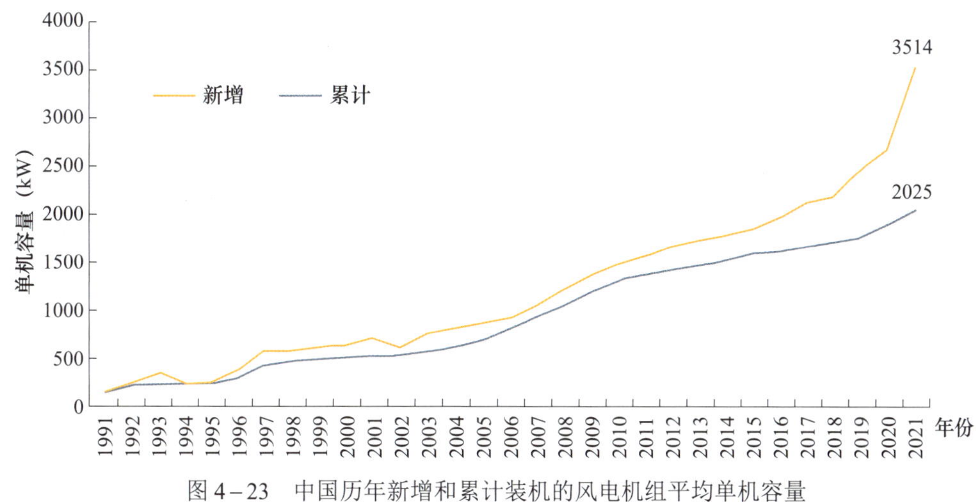

图 4－23 中国历年新增和累计装机的风电机组平均单机容量

（二）海上风电快速发展

全球海上风电开发起步于欧洲，欧洲海上风电发展大致可分为三个阶段：试验示范阶段（1991—2001 年）、商业化示范阶段（2002—2011 年）和规模化开发阶段（2012 年至今）。2012 年以来，全球海上风电进入了规模化开发的高速发展期。根据全球风能理事会（GWEC）统计，至 2021 年底，全球海上风电累计装机容量达 5600 万 kW。

我国海上风电起步较晚，21 世纪初才开始进行研究、试验和建设。我国第一个大型海上风电场示范项目是上海东海大桥一期海上风电场项目，装机容量 100MW，于 2010 年底全部并网发电。2017 年，随着国家能源局和国家海洋局印发《海上风电开发建设管理办法》，我国海上风电进入了规模化、市场化的高速发展阶段，开发利用规模不断扩大，产业体系不断完备，技术能力快速提升。2021 年，我国海上风电累计装机规模超过英国，跃居世界第一。

典型案例 珠海金湾海上风电场项目

珠海金湾海上风电场位于珠海市金湾区三灶岛南侧海域。场址面积约 52km^2、最近离岸 10km、水深 12～22m。风电场装机容量 300MW，安装 55 台 5.5MW 海上风电机组，建设 1 座 220kV 海上升压站、2 回 220kV 海底电缆和 1 座陆上集控中心，如图 4－24 所示。风电场于 2021 年 4 月 26 日全部投产，是当前粤港澳大湾区装机规模最大的海上风电场。

图 4-24　珠海金湾海上风电场项目

风电场采用一体化监控系统，是实现主控系统、辅控系统、海上升压站“无人值守”、设备和构建筑物自动监测的“智慧海上风电场”。风机基础大直径单桩取消 J 型管，改为桩上开孔，增设水汽交换孔，首次采用小套笼方案。采用抗台型半直驱风电机组，风机之间变间距布置，充分利用风能同时兼具矩阵化美观原则。陆上集控中心站址布局功能分区明确，采用“去工业化设计”建筑手法，达到“传承企业文化、融入生态环境”的设计目标。

风电场投产后每年可发 7.59 亿 kWh 清洁电能，相当于每年可节省标准煤消耗约 23.19 万 t，减少 CO_2 排放量约为 61.7 万 t。

三、风能技术发展方向

（一）陆上风电技术发展方向

1. 风电机组大型化技术

风力发电机发展至今，已有 100 多年的历史。从早期的小型瓦级风电机组到目前的大型兆瓦级风电机组，风电机组大型化发展一直是风力发电技术的主流方向。风电机组单机容量的增加，会导致风电机组叶片长度、整体重量、塔筒高度的相应增长，并对变桨系统和传动系统提出更高的要求；同时，塔筒上的重力载荷和气动载荷的交变性和时变性更加明显。因此，进一步提高机组可靠性、降低机组制造成本，依然是未来风力发展的主要难题。

2. 风电智能运维技术

伴随着信息技术的革命，风电运维技术也在迭代创新，风电市场对于运维服务的规范化、智能化的要求也越来越高，未来要进一步提升并网友好性，加强大数据、人工智能等数字化技术应用，打造智能风机、智慧风场，促进风电健康发展。智能化的风电运维技术或将成为未来风电企业的核心竞争力。

3. 退役风电整机回收与利用技术

陆上风电设计使用年限为20年，我国初期投运的一批陆上风电机组已经陆续进入退役期，使用年限15年以上的风电机组也呈现逐年递增态势，中国风电“退役潮”即将来临。风电机组退役的技术难点主要集中在风电机组及配套设施的回收处理，其中，叶片回收与再利用技术是“十四五”时期需要重点突破的环节，包括叶片低成本破碎、有机材料高温裂解、玻璃纤维以及巴沙木循环再利用等技术方向。

（二）海上风电技术发展方向

1. 超大型化海上风电机组技术

增大海上风电单机容量，可以有效降低海上风电场项目的投资与建设成本，海上风电机组大型化趋势日趋显著。超大型化风电机组技术发展方向包括：超长叶片、大型结构件、变流器、主轴轴承、主控制器等关键部件设计制造技术；15MW及以上海上风电机组整机设计集成技术；轻量化、紧凑型、大容量海上超导风力发电机组研发技术。

2. 深远海海上风电技术

全球80%的海上风资源位于水深超过60m的海域，深海风电具备更加优越的开发条件，且开发限制性影响因素少，便于实现规模化发展，由近海向深远海发展是未来海上风电必然的发展方向。深远海海上风电技术发展方向包括：漂浮式风电机组基础一体化设计、建造、施工技术；远海风电柔性直流输电、轻型化大容量海上平台设计等远距离输电技术；深远海风电智能运维技术。

3.“海上风电+X”融合创新技术

近年来，“海上风电+X”建设模式正在逐步研发和示范，包括海上风电+海洋牧场、海上风电+制氢储氢、海上风电+海水淡化、海上风电+波浪发电、海上风电+海洋化工、海上风电+海洋科学研究等多样化融合应用，推动围绕海上风电的海洋经济整体发展，是未来海上风电技术发展的重要方向。

四、风能技术发展路线图

陆上风电技术发展最为成熟，受益于技术的快速发展和规模效应，在许多国家和地区，陆上风电成本已经低于化石燃料发电成本。从技术上看，未来风电机组大型化发展趋势显著，而风电智能运维、退役风电整机回收与利用等技术创新发展将会补充风电行业短板，促进风电行业全面发展。

海上风电技术发展日新月异，有力推动了海上风电成本持续快速下降，当前正处于平价上网的历史性拐点，未来五年海上风电有望实现平价上网。未来我国海上风电将呈现由近海向深远海布局、基地化集群开发、多产业融合发展、产业技术加速迭代创新等趋势，超大型化海上风电机组技术、深远海海上风电技术、“海上风电+X”融合开发技术是海上风电技术发展的主要方向，如图 4-25 所示。

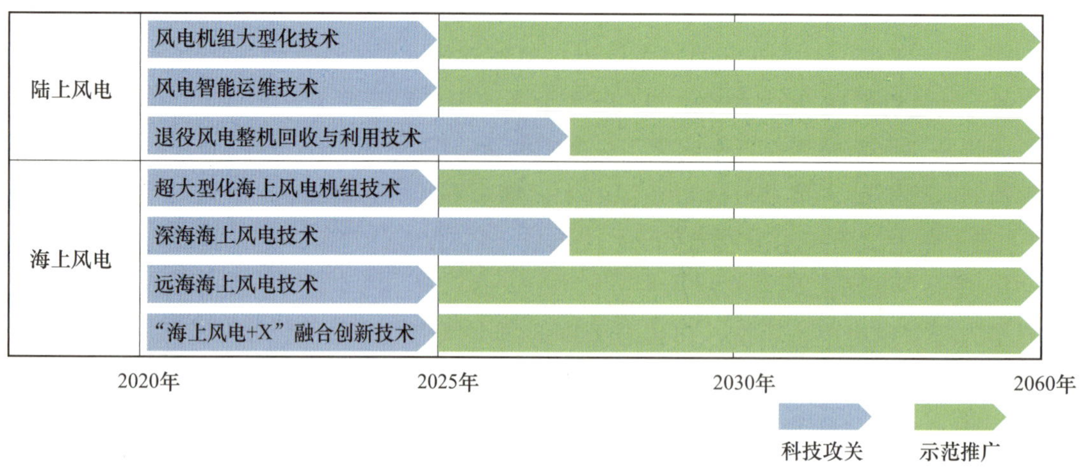

图 4-25　风能技术发展路线图

第七节　太　阳　能

一、太阳能技术概述

太阳是地球上能源的根本。除了核能和地热能，地球上其他的能源形式几乎都与太阳有关。我国太阳能资源非常丰富，辐射总量为每年 927.78～2333.33kWh/m^2。资源较好的区域包括我国西藏、青海、新疆、内蒙古南部、山西、陕西北部、河北、山东、辽宁、吉林西部、云南中部和西南部、广东南部、福建东南部、海南岛东部和西部以及台湾地区的西南部等广大地区。

太阳能的优点是覆盖面广、总量大、清洁安全；但缺点也十分明显，包括能量密度低、受地理位置和气候影响、随机性强等，这些特点为太阳能的大规模应用带来了挑战。

太阳能的利用方式主要分为光热利用、光电利用、光化学利用（利用太阳辐射能直接进行光化学转换）和光生物利用（植物的光合作用）。

光热利用是通过太阳集热器，将太阳能辐射转换成热能，并加以利用。其中，直接太阳能热利用技术最为成熟，成本相对较低，成熟产品应用也最多，如太阳能热水器、太阳能开水器、太阳能干燥器、太阳灶、太阳能温室、太阳房、太阳能海水淡化装置以及太阳能采暖和制冷器等。也可以利用太阳能热做功，转换成其他形式的能量，如太阳能热发电。

光电利用则是利用半导体的“光生伏特”效应，将光能直接转变为电能的一种技术。主要由太阳光伏组件、控制器或逆变器等电子元器件组成。以下主要针对太阳能光伏发电和太阳能光热发电展开。

二、太阳能技术发展现状

（一）太阳能光伏装机规模保持快速增长

随着太阳能电池技术的进步，电池的材料、结构、制造工艺等不断改进，电池成本大幅度降低；同时，一些国家为实现能源和环境的可持续发展，出台了相关产业支持政策，光伏市场规模得以逐渐扩大，太阳能电池价格进一步降低，光伏产业成为世界上发展速度最快的高新技术产业之一。

根据中国光伏协会统计，2021 年，全球光伏新增装机 170GW，中国光伏新增装机 54.88GW，同比增长 13.9%。其中，分布式装机约 29.28GW，占全部新增装机的 53.4%，首次突破 50%；光伏发电量 3259 亿 kWh，同比增长 25.1%。

（二）太阳能光伏产业与技术发展迅速

随着技术更迭，多晶硅生产能耗近年显著降低，综合能耗行业平均同比下降 5.3%。硅烷流化床法产业化规模有所扩大，随着生产工艺的持续改进和下游应用的拓展，2021 年颗粒硅产品市场占有率达到 4.1%，同比提升 13%。

硅片大尺寸和薄片化的技术发展趋势明显，大尺寸硅片（182mm 和 210mm 合计）市场占比已增加至 45%。截至 2021 年底，P 型单晶硅片平均厚度至已降至 165μm。

电池片光电转换效率进一步提升，规模化生产的 P 型 PERC 平均转换效率已达到 23.1%，同比提高 0.3%。2021 年，N 型电池技术在产业化领域发展迅速，电池片转换效率均超过 24%，其中 TOPCon 电池片转换效率约 24%，异质结电池片转换效率达到 24.2%。

太阳能电池产量保持着较高的年增长率。2021 年我国龙头企业电池片制造端产能、产量全球占比均实现不同程度增长。电池片产能在全球占比 85.1%，同比提升 4.4%；产量在全球占比 88.4%，同比提升 5.9%。

典型案例一 金沙江下游风光水储一体化项目

该项目是全国首批 1 亿 kW 大型风电光伏基地之一，也是国家“十四五”规划的九大清洁能源基地之一，被国家能源局纳入第一批大型风电光伏基地建设清单。首个投产的巧家县海坝光伏项目如图 4-26 所示。

项目建设始终贯彻环保理念，不破坏原始地貌，因地制宜进行光伏组件布置。光伏项目建成后，将与溪洛渡、向家坝、乌东德、白鹤滩 4 座巨型水电站（装机容量共计 4646 万 kW）形成全球最大的沿江清洁能源走廊。

图 4-26　金沙江下游风光水储一体化项目首个投产项目——巧家县海坝光伏项目

项目全部建成投产后，每年发电量约 36.18 亿 kWh，相当于减少燃煤消耗 110.53 万 t，减少二氧化碳排放 294 万 t。

典型案例二　上饶光伏发电技术领跑者——余干 250MW 项目

该项目为国家第三批光伏技术领跑者基地项目，采用渔光互补方式建设，打造集合“先进光伏发电技术＋生态渔业＋旅游”为一体的光伏领跑者基地，如图 4-27 所示。

图 4-27　余干 250MW 项目

项目充分利用水面资源，采用多种光伏组件安装型式、P 型高效光伏组件及紧凑型升压站布置方案。创新“光伏＋渔业”开发模式，充分考虑渔业生产和光伏电站运维相结合。

项目全部建成投产后，每年发电量约3.3亿kWh，相当于减少燃煤消耗10.08万t，减少二氧化碳排放26.8万t。

（三）太阳能热发电技术稳步发展

20世纪80年代，太阳能热发电技术在美国SEGS系列电站中商业化应用，此后发展较为缓慢，直到2000年后开始在欧洲、北非、南非、印度和中东等地区陆续实现了商业化应用并不断发展。

我国太阳能热发电技术起步相对较晚，科研院所、高校及部分企业从2008年开始投入研究。经过多年的发展和完善，槽式太阳能热发电系统的主要部件和集成技术已较为成熟、稳定。中广核德令哈50MW槽式光热发电示范项目于2018年10月10日正式并网发电，是我国首个并网投运的国家级光热示范电站，也是我国第一个大型商业化槽式光热项目。但槽式太阳能热发电核心部件如集热器支架、反射镜、集热管、跟踪系统等性能提升空间较小，总体成本相较光伏、风电仍然很高，一定程度上限制了槽式光热技术的发展和应用。目前国内已在大开口槽式集热器、高性能集热管等方面取得了一定的成绩，有助于推动我国槽式光热技术的发展。

我国塔式太阳能热发电技术较为成熟。塔式光热发电技术具有综合年光电效率较高、地形适应性强、高纬度地区年综合余弦损失低、储能温度高等特点，适于大规模、大容量的商业化应用。2007年，国内首座70kW的塔式太阳能热发电站在南京江宁建成并发电成功；2016年亚洲第一座24h连续发电的10MW熔盐塔式光热电站在甘肃敦煌建成。我国现有在建和在运行的光热电站中，塔式技术占比较大。

菲涅尔太阳能热发电技术在我国也有成功应用。2012年，我国第一座兆瓦级菲涅尔热发电项目在海南三亚投产；2019年，国内首个50MW熔盐菲涅尔光热电站在敦煌建成。但总体来看，采用线性菲涅尔技术的光热电站装机容量仍相对较少，线性菲涅尔技术的进一步推广应用需要解决好传热介质流体选择与大容量储热系统的匹配问题。

相较于槽式、塔式以及菲涅尔技术，碟式太阳能热发电技术发展较为缓慢。碟式太阳能热发电造价较高、储热困难，全球运行电站均为科研示范性质的小型光热电站，尚无成规模的商业应用。但碟式技术应用于供热已有建成项目，甘肃瓜州碟式太阳能光热+燃煤锅炉清洁能源改造项目于2018年12月底集热并入管网进行供暖。

典型案例三 哈密熔盐塔式5万kW光热发电项目

该项目位于新疆维吾尔自治区哈密市伊吾县境内，装机容量50MW，于2016

年 9 月 13 日被国家能源局确定为国家首批太阳能热发电示范项目，是新疆维吾尔自治区唯一的光热发电项目。项目于 2017 年 10 月 19 日正式开工建设，2019 年 12 月 29 日实现并网发电，如图 4-28 所示。

图 4-28　哈密熔盐塔式 5 万 kW 光热发电项目

该项目采用塔式熔盐太阳能热发电技术路线，装机容量 50MW，建设内容包括 1 套聚光集热系统、1 套储热（二元熔盐）和蒸汽发生系统、1 套高温高压一次中间再热纯凝汽轮发电机系统以及其他辅助设施。配置 13h 储热，可实现 24h 连续发电。

项目全部建成投产后，每年发电量约 1.983 亿 kWh，相当于减少燃煤消耗 6.06 万 t，减少二氧化碳排放 16.1 万 t。

典型案例四　敦煌 5 万 kW 熔盐线性菲涅尔式光热发电项目

该项目位于中国敦煌市七里镇光电产业园区，装机容量 50MW，于 2016 年 9 月 13 日被国家能源局确定为国家首批太阳能热发电示范项目。项目于 2019 年 12 月 31 日实现并网发电，是全球首座商业化熔盐线性菲涅尔式光热电站，如图 4-29 所示。

该项目由 80 个线性菲涅尔太阳能集热回路，1 套储热系统（二元熔盐），1 套蒸汽发生系统，1 套高温高压、一次中间再热汽轮发电机系统以及其他辅助设施组成，配置 15h 储热，可实现 24h 连续发电。

项目全部建成投产后，每年发电量约 2.14 亿 kWh，相当于减少燃煤消耗 6.54 万 t，减少二氧化碳排放 17.39 万 t。

图 4-29　敦煌 5 万 kW 熔盐线性菲涅尔式光热发电项目

三、太阳能技术发展方向

面对日益严重的能源资源约束、生态环境恶化、气候变化加剧等重大挑战，全球主要国家纷纷加快了低碳化乃至“去碳化”能源体系发展步伐。国际能源署预测可再生能源在全球发电量中的占比将从当前的约 25%攀升至 2050 年的 86%。全球可再生能源发展迎来有利契机，能源转型进程加快。

（一）太阳能光伏技术发展方向

1. 太阳能电池技术路线多样化发展，转换效率持续提升

2021 年以来，大规模量产的太阳能电池技术主要有：BSF 电池、PERC 电池、TOPCon 电池、HJT 电池、MWT 电池和 IBC 电池。目前产业化转换效率可达到 22.8%～26.3%。随着大尺寸 P 型 PERC 电池的应用不断增长，N 型电池片布局正在逐步扩大。

2. 大力推进基地化开发应用

在资源禀赋较好、建设条件优越、具备持续规模化开发条件的地区，着力提升新能源就地消纳和外送能力，在沙漠、戈壁、荒漠地区规划建设大型风光基地项目，优先推动风能、太阳能就地就近开发利用。依托“多能互补”“源网荷储”等发展模式，利用太阳能热发电的储热调节能力，建设“风光＋光热”创新示范项目；采取光伏与其他应用场景耦合发展模式，建设“光伏＋治沙”“光伏＋储能”“光伏＋氢能”等创新示范应用项目。

3. 积极推动分布式光伏就近开发

在工业园区、经济开发区等负荷集中地区，积极推进光伏发电多场景融合开发。

全面推进分布式光伏开发，建设光伏新村。积极推进“光伏+”综合利用，鼓励农（牧）光互补、渔光互补等复合开发模式，推动光伏发电与信息产业融合发展，推动光伏在交通领域应用，因地制宜开展光伏廊道示范。推进采煤沉陷区、矿山排土场等工矿废弃土地及油气矿区光伏电站开发建设。

4. 海上光伏迎来发展契机

我国沿海地区电力负荷较大，而陆上光伏发展受限于土地资源约束，装机规模和发电量已不能满足负荷增长对可再生能源的需求；同时沿海地区海洋资源丰富，发展海上光伏已成为沿海地区发展光伏发电的重点方向。利用已建成海上风电输电、变电设施建设海上光伏，使海上光伏和海上风电协同发展，能够有效优化投资成本。

（二）太阳能热发电技术发展方向

1. 新型吸热器

聚光集热系统是光热技术的核心技术，近年来针对聚光和集热系统的新技术层出不穷，例如自清洁反射镜、新型定日镜驱动及控制系统、新型槽式拓扑结构、高温吸热器设计、腔式吸热器、颗粒物吸热器、高温液态金属吸热器等。

固体颗粒物吸热器是现在的研究热门之一。固体颗粒物吸热器采用的工质是一种吸热能力较高的固体颗粒物，通过提升机将冷态的固体颗粒送入腔式吸热器中，颗粒物在从腔式吸热器下降过程中吸收太阳能，并储存在高温储罐中，通过漏斗进入换热器与发电工质换热后落入低温储罐中等待提升机提升。

2. 相变储热系统

目前光热电站普遍采用双罐熔盐储热系统，即由两个高低温熔盐储罐组成的显热储热系统。对于直接蒸汽式光热电站来说，高温熔盐通过吸热介质换热后获得；由于吸热介质和做功介质都是蒸汽和水，换热过程存在相变拐点区域的夹点限制，导致熔盐不能充分利用吸热介质的高温，且低温段熔盐能量不能充分利用，导致直接蒸汽发生（DSG）系统在蒸汽直接发电环节和储热系统放热发电环节存在很大的参数区别。

针对以上问题，研究人员提出了相变储热形式，即通过增加相变储罐，实现对水和水蒸气吸热、做功曲线的完美匹配。电站的相变储热系统，在常规储热系统的基础上增加相变换热段用于蒸汽饱和段换热，减少了储热介质的总量，减小了储罐尺寸，并能够较好地匹配水和水蒸气吸热做功曲线，充分利用高参数蒸汽的品质；在储热系统充放热阶段，汽轮机均可匹配最佳的运行点，提高了系统全年的整体效率。

3. 超临界 CO_2 技术

超临界二氧化碳光热发电于 20 世纪 80 年代提出，但当时没有对应的换热器制造解决方案，发展一度停滞。近年来，随着人们不断寻求让电站运行温度达到 600℃以上的解决方案，超临界二氧化碳技术得到广泛关注。

目前，国内超临界二氧化碳光热发电技术研究处于起步阶段，但其优良的特性和对发电技术可能带来的颠覆已经得到越来越广泛的认可，其技术研发和商业化应用速度逐步加快。目前，包括美国、中国、法国、日本等多个国家的科研机构和相关企业都在进行超临界二氧化碳发电技术的研究和产业化布局。

四、太阳能技术发展路线图

（一）光伏技术发展路线图

光伏技术发展路线图如图 4－30 所示。

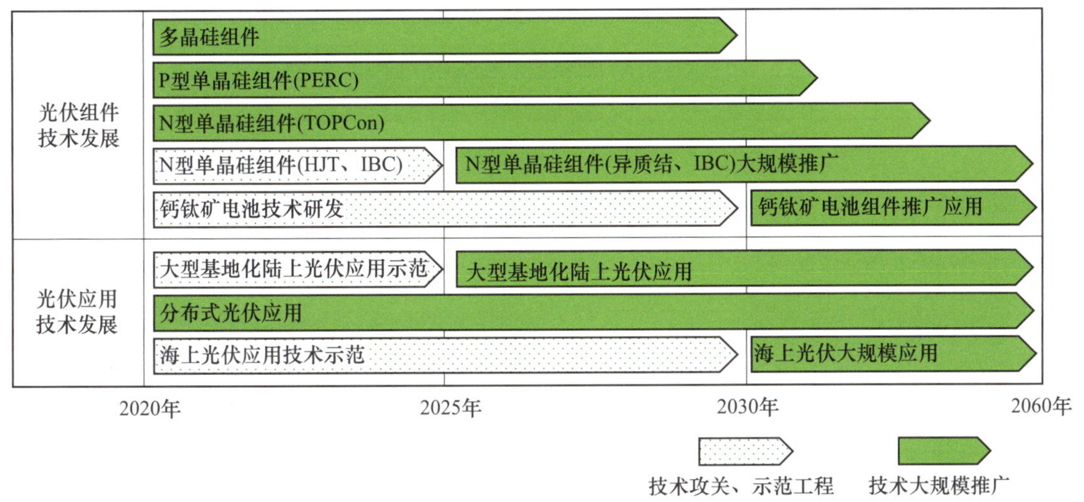

图 4－30 光伏技术发展路线图

为使光伏发电价格能够与传统化石能源发电价格竞争，太阳能光伏组件技术的发展，主要考虑能够产业化应用、具有较高的性价比的技术，这限制了很多效率高但成本高的电池技术不能得到快速产业化应用。

在政策指引和市场需求的影响下，未来光伏发电将迎来集中式与分布式并举的发展趋势。集中式光伏技术应用最为成熟，随着国家持续推动在沙漠、戈壁、荒漠地区规划建设大型风光基地项目的政策落地，依托“多能互补”“源网荷储”等发展模式，建设“光伏＋”融合发展示范应用将是未来的发展方向。分布式光伏随着国家“整县推进”政策的实施，也将获得有利的政策环境和市场空间。

沿海地区海上光伏和海上风电协同发展也将成为光伏技术应用的一大发展趋势。

（二）太阳能热发电技术发展路线图

太阳能热发电技术主要朝着高参数、大容量、长储热可持续发电的方向发展。高参数的重点为提高光电转换效率、聚光比以及运行温度，以进一步提高效率；大容量指的是发电规模大，通过降低单位投资实现突破，能够逐渐形成与火力发电单位投资竞争的水平；发电持续性指的是光热发电技术储热能力的提升，随着光热发电储热技术的不断发展，电站能够长时间储能，实现全天候发电。

未来的研究重点主要在太阳能光电转换、高热流密度下的传热、高精度跟踪控制系统等三大科学问题，其中新型吸热器、与太阳能热发电耦合的超临界 CO_2 技术、与太阳能热发电耦合的相变储热技术是未来 10～20 年的重点研究方向。在各个细分方向中，研究的重点主要集中在新型高效的设备和与之配套的系统集成方面，在设备和系统层面实现太阳能热发电的高效发展。

太阳能热发电技术发展路线图如图 4－31 所示。

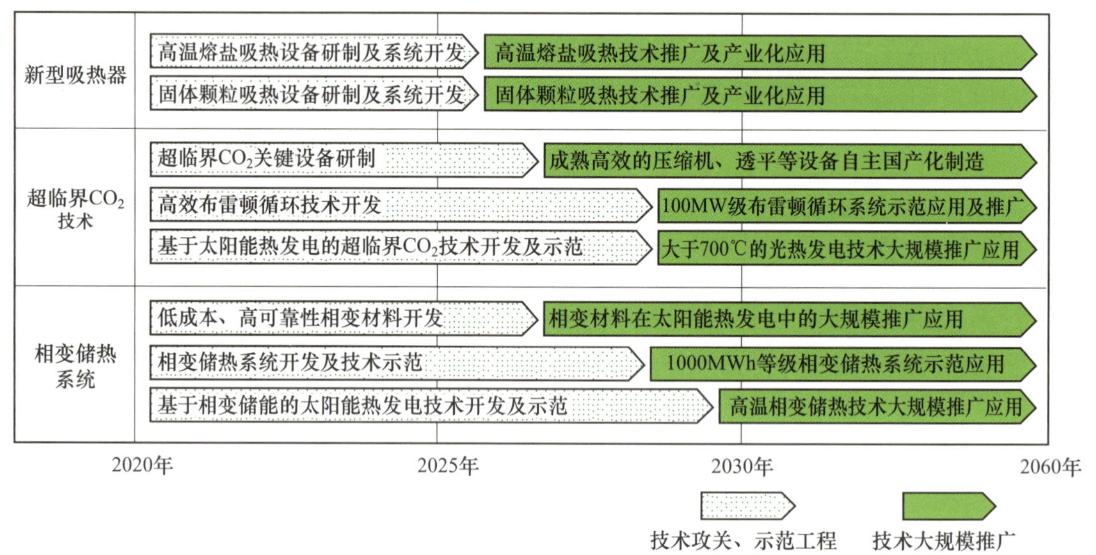

图 4－31　太阳能热发电技术发展路线图

第八节 地 热 能

一、地热能技术概述

地热是来自地球内部的一种能量资源。地球的核心——地核被融化的层层岩浆包裹着，铀、钍等各种放射性元素释放出的能量，一直加热着岩石层，热流从地表的裂缝中涌出，形成了地热能。地热能是一种非化石可再生能源，绿色、低碳、清洁、环保，而且储量大、分布广、稳定可靠。地热能的开发利用可以减少碳排放，是能源革命的必然趋势，也将为推动尽早实现“双碳”目标发挥不可或缺的重要作用。

资料显示，地球内储存在 3000m 深度温度达到 15℃以上的地热资源量合计 1.2×10^{19}kWh，其中热能潜力 8.2×10^{17}kWh，发电潜力 5.1×10^{15}kWh。我国在“十二五”期间完成了全国地热能资源调查评价，大陆范围内水热型地热能可开采资源折合 18.65 亿 t 标准煤，其中仅 5%为高温地热资源（大于 150℃），发电潜力超 7000MW，集中分布于藏滇地热带；剩余 95%为中（90～150℃）低（25～90℃）温地热资源。我国 3～10km 深度的干热岩地热资源总量约折合 856 万亿 t 标准煤。若按 2%的可开采量计算，折合 17.12 万亿 t 标准煤。我国主要含油气盆地地热资源总量折合约为 10 845 亿 t 标准煤，可采资源约为 16 亿 t 标准煤/年，地热水的热能资源为约 2504 亿 t 标准煤，如果能将油田地热资源利用起来，也将达到很好的减碳效果。

地热能的利用方式主要有直接利用和地热发电两种。150℃以上的高温地热能主要用于发电，发电后排出的热水可直接回灌，也可以进行逐级多用途利用后回灌；90～150℃的中温地热能可用于发电，也可直接利用；25～90℃的低温地热能以直接利用为主，多用于供暖、制冷、工业印染或烘干、农业种植或养殖及医疗康养等方面。

二、地热能技术发展现状

（一）地热发电技术发展现状

根据国际地热协会的统计数据，截至 2020 年底，全球约 30 个国家和地区掌握了地热发电技术，地热发电装机总容量达 15 608MW。其中，排名前 5 的国家（美国、印度尼西亚、菲律宾、土耳其和新西兰）均突破了 1000MW 装机容量。排名前 10 的国家包揽了 93%的装机总量，剩余国家和地区装机容量之和为 1025MW。全球累计建设干热岩型地热资源发电的增强型地热系统（enhanced geothermal system，EGS）示范工程 30 余项，累计发电装机量 12.2MW。

从地热发电技术应用来看，目前蒸汽直接发电占全球地热发电总装机容量约 22.7%；地热水闪蒸发电约占 61.7%；双工质循环［主要是有机朗肯循环（ORC）和卡琳娜循环］发电约占 14.2%。近 10 年来，全球新增发电机组以地热水闪蒸发电和 ORC 地热发电两种技术为主。其中 ORC 发电在机组数量上占主导，地热水闪蒸发电在机组规模上占主导。

目前我国地热发电主要集中在西南地区。自 20 世纪 70 年代起，我国先后在西藏羊八井、郎久、那曲和羊易地区建设商业性地热发电站。其中，羊八井电站总装机容量 26.18MW，采用地热水闪蒸发电和全流发电。目前，羊八井电厂机组已停运，正在原地筹建新机组；郎久电站和那曲电站现已退役关停；羊易电站于 2018 年投产 1 台 16MW 有机朗肯循环地热发电机组。除此之外，还有一些零星的 280～400kW 的中低温地热发电项目。截至 2021 年，我国地热电站装机总量约为 51.2MW，在役机组容量仅约 20MW。

我国干热岩地热资源丰富，但是资源探明率低，勘查开发起步晚。2019 年，科技部启动了国家重点研发项目“干热岩能量获取及利用关键科学问题研究”，支持继续开展干热岩型地热资源勘、采、用各环节涉及的关键科学和技术问题研究。2021 年 6 月底，由河北省煤田地质局组织实施的唐山市马头营凸起区干热岩开发关键技术研究与示范项目，首次实现了干热岩试验性发电。

我国地热发电装机容量远低于国外地热资源丰富的国家，由于缺乏具体工程的推动，地热发电装备也落后于国外厂商，羊易电厂 16MW ORC 机组的主要设备依靠进口。目前，国产主设备业绩和研发情况如下：单机容量 3MW 地热型蒸汽轮机有投产业绩，单机 6MW 地热型蒸汽轮机具备产能；单机 1MW 以内地热型螺杆膨胀发电机有投产业绩；千瓦级卡琳娜动力循环技术在国内尝试小范围应用；另外，有国内主机厂还研发了单机容量 20MW 以内的 ORC 透平发电模块。

（二）地热能直接利用发展现状

根据 2020 年世界地热大会的数据，地热直接利用装机总量为 74GW，直接利用地热能的国家共有 88 个。目前我国直接利用设备装机容量达到 40GW，居世界之首；其中以地热供暖装机最大，主要得益于我国地源热泵技术的推广；其次是温泉疗养。

21 世纪初，随着热泵技术的成熟和进步，浅层地热能开发，特别是地源热泵供暖等，得到快速发展。但浅层地热能开发受占地面积大、地下土壤全年热量不平衡、提取温度不高而导致严寒地区的不适用、部分系统运行能耗高、经济性不佳等问题的制约。

中深层地热能开发快速发展，且技术日趋成熟。“十三五”期间，通过深埋管地下取热的中深层热泵技术在雄安新区、西咸新区取得了一定的示范应用。该技术具有分布式、无干扰、效果好、能效高、零排放等优点，相比传统浅层地源热泵、水源热泵等，节能 30%以上。

截至 2019 年，地源热泵供冷暖建筑面积达 8.4 亿 m^2，中深层地热能供冷暖面积约 4.78 亿 m^2，合计 13.18 亿 m^2。

三、地热能技术发展方向

（一）地热发电技术发展方向

1. 有机朗肯循环地热发电技术装备国产化

我国地热资源以 150℃以下的中、低温地热资源为主，这个热源温度范围也正好是低沸点有机工质发电技术的经济适用领域。目前，我国尚无兆瓦级有机朗肯循环地热发电国产设备的投产业绩，少数厂商具备设计制造能力，但缺乏工程实践验证。因此，以发电装备研发为突破口，鼓励相关设备制造厂商进行技术升级，从而实现单机容量兆瓦级以上的有机朗肯循环地热发电设备整体国产化，推进中低温地热发电，快速提升我国地热发电技术水平及装机总容量，是十分必要的。

2. 高、中、低温地热发电技术

为了推动地热发电的有序发展，地热发电应先在中高温地热资源丰富的地区展开，特别是在西藏、川西、滇西等地区。前期技术路线可以采用地热水闪蒸发电+梯级利用技术，容量以10MW级及以上为宜，闪蒸发电后的地热水仍具有较高温度，可因地制宜进行梯级利用，如供暖、大棚种植等；或采用ORC地热发电技术，同时以国产ORC机组做示范，在工程应用中提高国产机组的性能，并有效降低ORC地热发电的整体造价，提高整体经济性。在中后期，根据地热资源规模，中高温地热资源丰富区地热发电可以往大型化规模化方向发展。

另外，在我国中低温地热资源和油气田废弃井伴生地热资源丰富的地区，可以发展分布式“一井一站”式小容量（千瓦级至兆瓦级）ORC地热发电技术。小容量地热发电要求的热量小，钻井成本低，资本投入更灵活，可以调动更多的社会资金参与其中，应用场景包括青藏铁路沿线在内的较为分散的中低地热资源地区及川西油气田区域。

3. 干热岩发电技术

干热岩资源丰富，且一般具有较高的温度，干热岩发电将是地热发电未来非常重要的发展方向。在“双碳”目标背景下，可先在干热岩丰富的地区进行干热岩地热发电示范，发展干热岩地热发电+梯级利用技术，充分发挥地热能的减碳效益。

（二）地热能直接利用技术发展方向

1. 中深层地源热泵供暖技术

中深层地源热泵供暖主要采用深埋管换热技术，将钻孔深度加深到2000～3000m之间，通过闭式循环提取中深层岩土中热量，循环介质（一般为水或水溶液）通过热泵机组产生的热水经过机房内的用户侧循环水泵和热网送至用户，从而达到供热的目的。该技术取热不取水，无回灌及水处理问题，对地下水无干扰，占地小、可利用地温高，特别适合在寒冷地区应用及季节性储热的需求。

2. 岩土储能技术

岩土储能（borehole thermal energy storage，BTES）是利用地下岩土作为储能介质，通过以水或以水为主要成分的防冻液作为循环液，在封闭的地下埋管中流动来实现系统与大地岩土之间的传热的闭式循环系统。图4－32为岩土储能空调系统示意图。

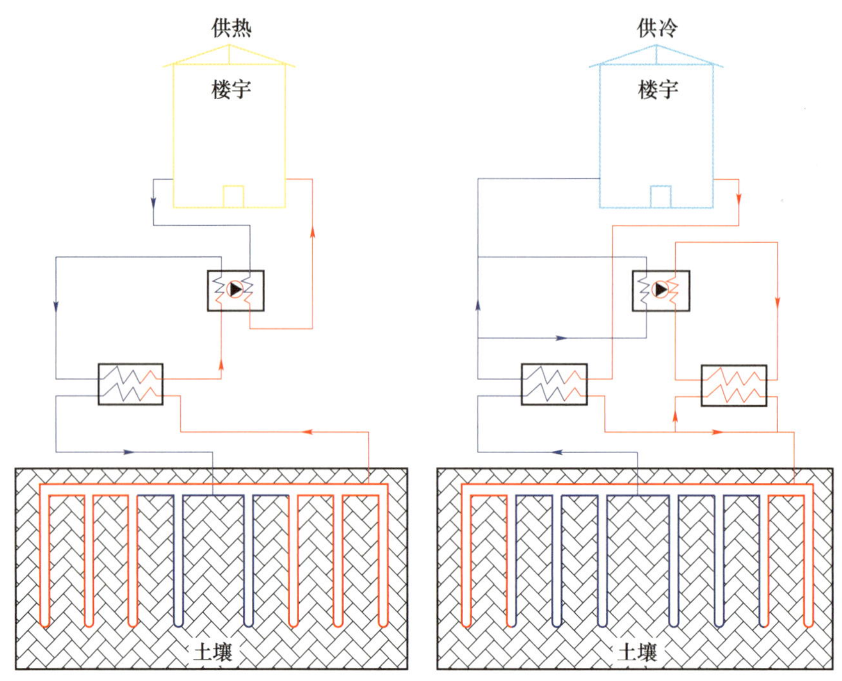

图 4-32　岩土储能空调系统示意图

冬季，岩土储能系统通过循环液从岩土中提取热量作为热泵热源，将热量传递给建筑物的供暖系统，冷却后的循环液返回岩土储能孔，冷能储存在岩土储能孔周围岩土中。夏季，系统中的热流反向传递，储存在岩土的冷能通过循环液被抽出，并通过一个热交换器为建筑物供冷，循环液从建筑物中吸收热量，从而提高温度；循环液的温度高于岩土温度，在返回到岩土储能孔后，把热量在岩土储能孔周围的土壤中，以供下一个冬季使用。闭环岩土储能系统对现场特定的水文地质条件的依赖程度低于含水层储能系统，更适合于无法获得较高含水层水产量的地区。

3.“地热能+”多能互补体系/地热能与综合能源站的一体化技术

在资源禀赋较好的地区，可采用“地热能+”多种清洁能源耦合供能模式，形成多能互补的发展路线。打造以地热核心技术为支撑，以地热能——岩土层储能/地表水（污水源）能/中深层地热为冷热源基础，太阳能、燃气、电蓄能等手段为辅助的综合能源站方案，能够实现 100%的清洁供能。以地热核心技术为支撑的综合能源站方案示意如图 4-33 所示。

各地区可结合当地资源情况，根据各类建筑群体用能特点，对能源系统进行有机组合，例如靠近污水处理厂主管道、低密度的建筑群体，可采用污水源热泵+岩土储能+光伏/电蓄能的综合供能方式；靠近燃气供应源且负荷集中的建筑群体，可采用地热能+燃气锅炉的供能方式。以地热为核心的区域能源解决方案见表4-4。

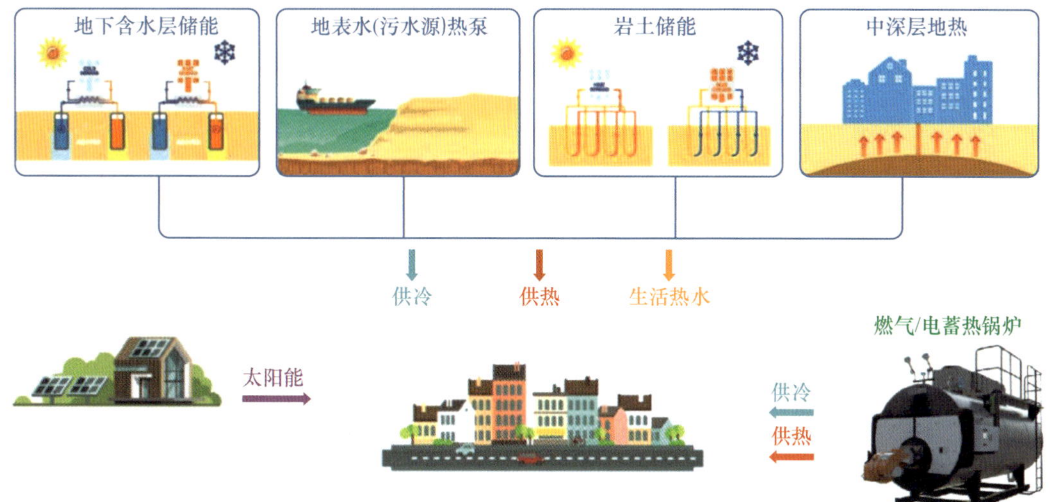

图4-33　地热核心技术为支撑的综合能源站方案示意图

表4-4　以地热为核心的区域能源解决方案

系统形式	系统特点	应用场景
地表水源热泵系统	系统造价低于传统中央空调，运行费用较传统形式节约30%～40%；环境污染小，较传统形式减少约50%的碳排放，减少30%的建设用地	临近河、湖等地表径流的公共管理和商业服务建筑群体
岩土储能系统	系统造价略高于传统中央空调，运行费用较传统空调形式节约30%～40%；环境污染小，较传统空调减少约50%的碳排放	一类居住用地和低密度开发的公建、酒店、学校、旅游度假用地等
污水源热泵系统	系统造价低于传统中央空调，运行费用较传统形式节约30%～50%；充分利用便捷的废热资源，节地、节水、节能、环保	污水处理厂主管道附近的建筑群体
燃气/电蓄能/太阳能调峰系统	削峰填谷、平衡电力负荷	靠近燃气供应源的密度大的商场、体育馆、影剧院等负荷集中的建筑群体
中深层地热能	出水温度高，能源利用价值大，可综合梯级利用手段将地热能“吃干榨净”	靠近中深层地热资源且回灌条件较好、负荷集中的建筑群体

四、地热能技术发展路线图

在碳达峰、碳中和阶段的中前期，地热能技术应以产学研结合，以产促研、以研促产的模式，循环带动产业的发展；中后期，地热能技术向大型化、集约化方向发展。

不同时期地热能技术发展路线如图 4-34 所示。

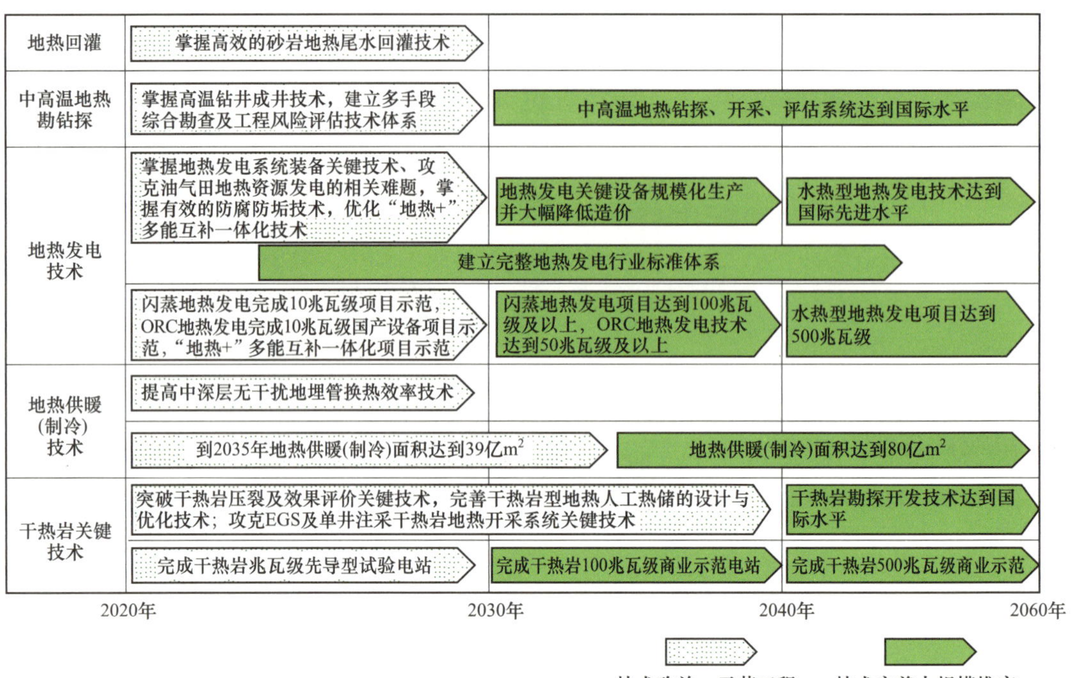

图 4-34　地热能技术发展路线图

第五章
能源输配技术

建设安全可靠的能源输配体系是实现“双碳”目标的重要路径之一。发展各类能源输配低碳技术，有利于提升能源资源配置范围，促进区域优势互补、协调发展，提高能源输配系统运行效率。本章重点介绍电、热、煤、油、气等能源输配领域节能降碳相关技术，包括电能输配相关的新型电力系统规划技术、新型输变电技术、新型配电网技术，热能输配相关的供热管网节能提效技术，煤炭输配相关的新型煤炭运输技术，油气输配相关的油气管网节能技术。

第一节　新型电力系统规划技术

为构建清洁低碳、安全高效的能源体系，当前电力系统发展正围绕着促进新能源并网消纳进行技术升级。2022 年 6 月，国家发展改革委、国家能源局发布的《关于促进新时代新能源高质量发展的实施方案》中提出，要加快构建适应新能源占比逐渐提高的新型电力系统。新型电力系统规划是新型电力系统发展的基石，是解决新能源并网消纳问题的关键环节，新型电力系统规划技术将促进电力系统向清洁化、低碳化、智慧化发展，促进新能源稳步替代化石能源，为“双碳”目标的实现提供坚实基础。

一、新型电力系统规划面临的形势

传统电力系统规划基于一段时期内电力需求水平预测，在满足电力供应和电力输送要求的前提下，寻求技术经济性较优的电源、电网规划方案；经过长期实践经验积累，已形成较为科学、完备的规划方法体系。在新型电力系统中，电力系统从传统的“源随荷动”模式向“源网荷储协同互动”模式升级转变，高比例可再生能源、高比例电力电子装备、多能互补综合能源利用是其主要特征，急需升级电力系统规划技术以适应新型电力系统的发展。

1. 需开展多主体协同规划研究

在新型电力系统发展背景下，多主体协同规划需求主要体现在两个方面：一是源网荷储协同规划，着力发挥各环节调节能力，促进新型电力系统各环节协调有序发展；

二是综合能源协同规划，充分挖掘能源互补特性，促进冷、热、气、电等多种能源协同发展，提高能源系统整体效率。

2. 需关注电力保供分析对负荷预测和生产模拟的新要求

在新型电力系统发展背景下，清洁能源供应比例持续增加，而风电、光伏机组出力具有不确定性，电力系统面临着电力供应的季节性矛盾、时段性矛盾。为充分研究新能源消纳问题，需开展不同时间尺度且颗粒度更为细致的电力电量及调峰平衡计算，要求在精细化负荷预测、可充分反映高比例新能源特性的生产模拟方法方面投入更多的关注。

3. 需解决安全稳定研究过程中的精准建模与仿真问题

新型电力系统呈现低转动惯量、宽频域振荡等新的动态特征，系统整体动力学特性由机电过程主导逐步转化为切换控制主导，电网响应更加快速、动态特性更加复杂，其安全稳定研究需解决大规模新能源机组的精准建模与仿真问题。

4. 需建立绿色低碳评价体系

新型电力系统规划是一项复杂、影响面广的系统性工作，建立绿色低碳评价体系是实现低碳电力发展目标的必然路径，是评价新型电力系统规划成效的主要手段，有利于新型电力系统实现高质量发展。

二、多主体协同规划

多主体协同规划是构建新型电力系统的重要发展路径，其主旨是要实现各类能源的高效利用，优化传统能源与新能源的组合方式，推动构建清洁低碳、安全高效的现代能源体系，助力“双碳”目标的实现。多主体协同规划包括源网荷储协同规划、综合能源协同规划。

（一）源网荷储协同规划

源网荷储一体化协同发展旨在通过源源互补、源网协调、网荷互动、网储互动和源荷互动等多种交互形式，经济、高效、安全地提高电力系统功率动态平衡能力。

源网荷储协同规划通过统筹电源、电网、负荷、储能等电力系统各环节的规模和特性，促进源网荷储一体化协调发展，进而实现新型电力系统的统一规划和高效运行。源网荷储协同规划整体流程与传统规划基本相同，需历经电力需求预测、电源规划、电网规划等环节，但在具体的方式方法上有所不同。在各环节的规划过程中需充分考虑源、网、荷、储之间互动、互补特性的影响，且更加关注各环节间的协调性及协同发展。精细化负荷预测、全时段生产模拟、精准建模与仿真等新技术是源网荷储协同规划的重要技术支撑。

源网荷储协同规划流程如图 5-1 所示。

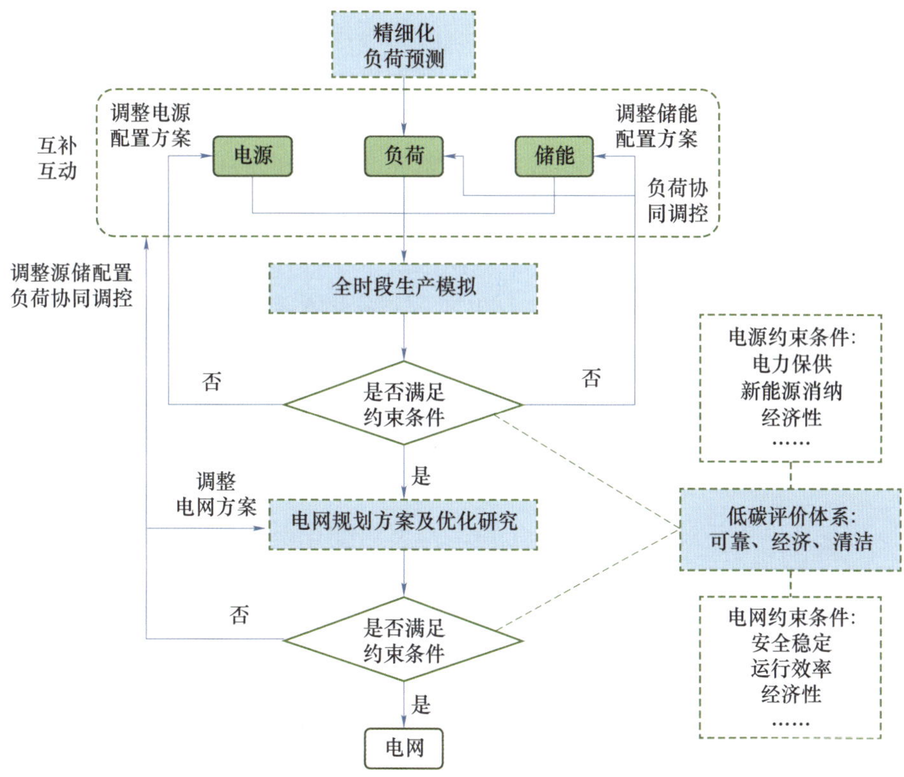

图 5-1 源网荷储协同规划流程

（二）综合能源协同规划

综合能源协同规划是针对需求侧电、热、冷、气等多样化用能需求以及节能降碳减排等目标要求，结合一定范围内能源资源条件，通过各种形式能源系统的集成和整合，因地制宜开展的一种以电为核心和枢纽的综合性能源规划。综合能源系统的能量流动如图 5-2 所示。

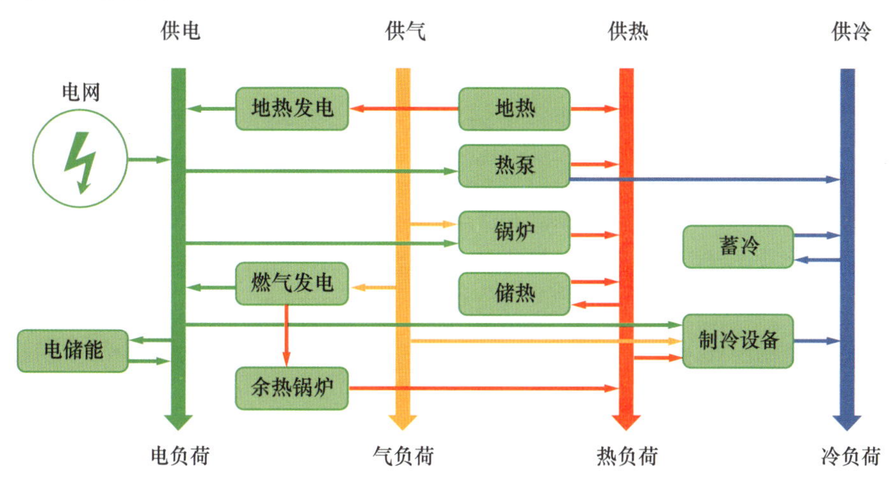

图 5-2 综合能源系统多能流示意图

与传统单独考虑电力、燃气、热力供应的能源规划相比，综合能源协同规划的突出特点是打破了终端各能源子系统的壁垒，规划思路从供给侧向需求侧转变，通过不同品类能源系统的协调规划、高效集成、梯级利用，实现终端多能源子系统之间的优化运行、协同管理、交互响应和互补互济，降低能源系统总体投资成本，提高能源综合利用效率。

综合能源系统涉及多个能源品类、多样化技术组合、多元化目标导向，其规划问题较传统单一能源系统规划更为复杂，更加关注需求侧用能特点和目标要求，提供更为综合、定制化的能源供给方案，主要包括需求侧分析、供给侧方案研究、系统优化配置研究、规划效果分析等方面的研究内容。

三、精细化负荷预测

负荷预测是电力系统规划的起步工作，开展精细化负荷预测工作，提升负荷预测的准确率，可为电力资源和能源资源的优化配置提供基础，也是解决大规模新能源并网带来的消纳问题的基础，是“双碳”目标实现过程中的首要环节。

新型电力系统的发展对电力负荷水平和特性产生重大影响。未来我国电能替代步伐加速，负荷增长的内在驱动力日趋复杂，政策激励和技术进步促使电动汽车、港口岸电、机场廊桥岸电、大数据中心、电制氢等新型用电负荷持续发展，电力体制机制创新也在改变用户用电行为，整体负荷发展将呈现新的变化趋势，影响负荷增长水平和负荷特性变化的因素更为多元，规划工作涉及的研究对象较传统电力系统更为多样，更为关注周、月、季等多时间尺度乃至全年逐小时的负荷情况，需要在负荷预测方法和模型中予以恰当考虑。

精细化负荷预测尚未形成成熟普适的预测方法，结合现有研究成果，可按如下技术路线开展新型电力系统背景下的精细化负荷预测工作：

（1）数据收集。收集整理与负荷增长和负荷特性相关的社会、经济、气象、能源、政策、新型负荷、体制机制创新等相关资料数据。

（2）因素辨识。利用人工智能、大数据相关理论，分析和筛选对负荷水平、负荷特性指标、负荷曲线形态等影响较大的关键因素，分析未来影响负荷规模和特性的关键因素，并建立相关的量化评估方法；关键因素识别的输入元素可包括城镇化率、生产总值增速、产业结构、分类用电量占比、最高气温、高温持续时间、最低气温、低温持续时间等。

（3）预测建模。以重要影响因素辨识结果作为自变量，建立考虑多种因素长期相互影响的负荷预测模型。

（4）指标修正。对新型电力系统背景下新型负荷、体制机制创新等新因素对负荷水平和负荷特性的影响机理进行分析研究，建立定量或半定量评估模型，对上一环节指标预测结果进行修正。

（5）曲线预测。在负荷特性指标预测结果约束下，建立相应的曲线修正模型，得到负荷曲线预测结果。

四、新型电力系统生产模拟

电力系统生产模拟是电力系统规划和优化运行的基础，是科学分析“双碳”目标下电力供需平衡的有效手段，对有效利用各类能源资源、提升能源利用效率、保障新能源消纳至关重要。

在“双碳”背景下，以风电、光伏为代表的新能源渗透率快速提高，电力系统的电源结构发生了变革性的变化。风电、光伏等间歇式电源大规模并网后，电力系统生产过程的不确定性增加、随机性增强，如何反映新能源对电力系统供需平衡、经济性、可靠性的影响是电力系统生产模拟中需要解决的关键问题。新型电力系统生产模拟应能充分反映新能源对电力系统的运行影响，充分考虑储能类电源的模拟策略，并更为全面地反映电力供需平衡情况、新能源消纳情况的特征指标。

电力系统生产模拟可以分为确定性生产模拟和随机生产模拟。确定性生产模拟不考虑电力系统生产中的随机因素，认为机组可靠、负荷水平准确，通过设置备用的方式计及负荷波动、机组故障停运等因素，不对随机性因素进行概率化的定量描述。随机生产模拟则考虑负荷波动、发电机组随机停运等相关随机因素，能够进行发电系统可靠性评估，提供概率性可靠性指标，但对不同电源间的协调运行处理较为简单。确定性生产模拟和随机生产模拟各有其优缺点，为满足含高比例新能源电力系统的生产模拟需求，两类方法的代表性软件均在持续进行改进。

西北电力设计院联合西安交通大学开发了电力系统全时段生产模拟程序（power system overall production simulation，POPS），采用随机生产模拟方法，可满足高比例新能源电力系统研究与规划工作需求。POPS 程序创新性提出了包含中长期运行模拟和逐周运行模拟的电力系统多时间尺度运行模拟框架，具备 8760h 负荷曲线生成与调整功能，可充分反映可再生能源的随机性以及系统中其他电源与其的配合，能够更加合理准确地模拟多能互补电力系统的运行情况。模型整体框架如图 5-3 所示。

POPS 程序包括原始数据处理模块、年度预模拟模块、逐周时序生产模拟模块、结果统计分析模块，可实现如下功能：

（1）面向年度生产模拟的数据需求，可自动生成负荷曲线，建立全面反映风电等间歇式新能源出力特征的多时间尺度模型，充分反映新能源在不同时间尺度下的特性。

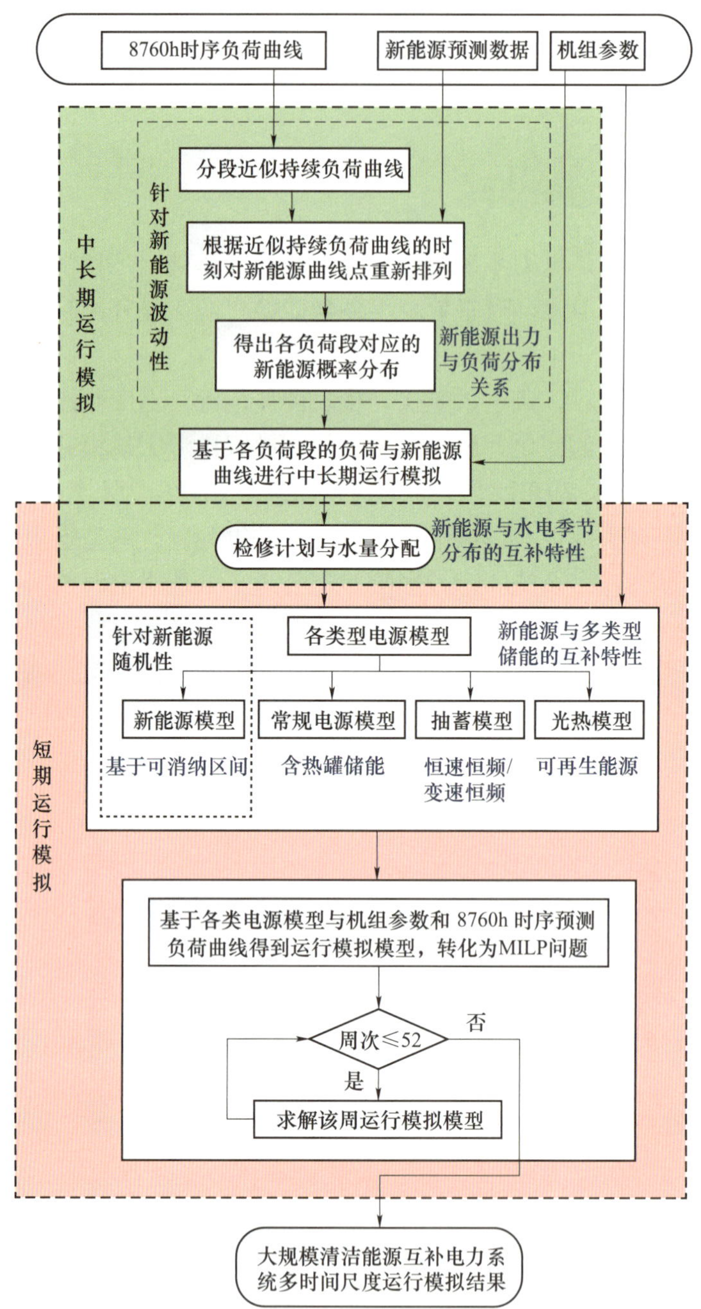

图5-3　电力系统全时段生产模拟程序框架

（2）建立考虑新能源出力季节与时序特性，以中长期运行成本最省为目标函数的中长期运行模拟模型，以持续负荷曲线建模为基础，通过机组检修安排、水电电量分配，与新能源出力进行协同配合，实现中长期运行方式的优化，为电力系统运行、规划提供支撑。

（3）建立逐周生产模拟模型，以火电、热电联产、水电、抽水蓄能、光热、大容量储能电源等机组、元件的运行模型为基础，考虑风电等间歇式可再生能源的可消纳区间，以包含燃料成本、弃风弃光成本、切负荷费用以及碳排放成本在内的综合运行费用最小为目标函数，其结果包含各电源出力，系统电量统计表，以及经济性与安全性指标等。

POPS 程序已广泛应用于新能源资源丰富的西北电网相关专题研究中，促进了新能源有序发展和合理消纳。

五、精准建模与仿真

在含高比例新能源的新型电力系统中，新能源仿真建模及计算分析工作是提高电网安全稳定保障能力、保证新能源合理消纳的重要工作，是适应“双碳”目标下新能源快速发展新形势的迫切需要。

按照时间尺度划分，电力系统仿真技术可相应划分为机电暂态、电磁暂态以及机电–电磁混合仿真。各类电力系统仿真技术及工具对比情况见表 5–1。

表 5–1　电力系统仿真技术及工具对比

仿真工具		机电暂态	电磁暂态	机电–电磁混合	全数字实时仿真（电磁暂态）
优点		仿真规模大，仿真速度快	仿真精度高	结合机电与电磁的优点，平衡仿真精确性和效率的问题	采用大型计算机，速度达到实时，接入实际控保，精度高
缺点		精度一般，电力电子元件仿真精度有限	仿真规模小，速度慢；需进行交流系统动态等值及建模工作	仿真速度较慢，电磁部分规模较小	由于实时性要求，规模受限，且设备多、占地大、投资大
适用范围		电网规划和运行设计阶段常规电力系统稳定分析	局部系统电磁暂态仿真分析、控制保护设计分析	交直流系统稳定分析，需对直流详细建模	小范围的交直流系统计算分析、控制保护装置的功能验证及参数优化
代表软件	国内	PSD–BPA、PSASP、DSP	EMTP–E、PSD–PSModel、ADPSS 软件	PSD–PSModel、ADPSS 软件、DSP+EMTDC	ADPSS 装置
	国外	PSS/E、DIgSILENT、Netomac、Simpow、PSLF	EMTP、EMTDC、MicroTran	PSS/E+EMTDC、Netomac、DIgSILENT	RTDS、Hypersim、ANENE

新型电力系统的规模、物理形态和运行特性发生显著变化，微秒级电力电子开关过程与毫秒、秒级交流电机过渡过程相互影响，复杂性、非线性、不确定性增加，电力系统精确建模与仿真面临全新挑战。机电暂态仿真难以准确刻画大量新能源机组及电力电子设备的动态响应特性；机电–电磁暂态混合仿真难以解决海量新能源场站仿真涉及的大量机电暂态和电磁暂态仿真接口问题；全电磁暂态仿真数学模型精细复杂，

仿真速度较慢、模型规模较小，难以适应以大规模电网、高比例新能源和密集电力电子器件为结构特点的新型电力系统仿真需要，需要进一步改进优化全电磁暂态仿真理论和算法，提升全电磁暂态仿真计算效率。

新型电力系统运行控制的新特征对电力系统仿真的建模准确度、仿真规模、计算速度都提出了新的要求，尤其是急剧增加的仿真计算量对仿真计算能力提出了更高要求，需对以下技术进行攻关：

1. 新型电力系统完备精确建模

含有风电、光伏等海量新能源发电环节的新型电力系统拓扑结构复杂、动态行为多样，针对新型电力系统中新能源发电设备数量庞大、分布性特征显著的特点，难以对每个发电单元进行详细建模。根据实际情况提出合理的分群指标和分群方式，进行等值化简，是新型电力系统仿真研究的重点。

2. 适用于新能源大规模发展的电网仿真分析技术

电磁暂态仿真能够更详细地刻画基波及更宽范围频率的物理过程，可以更好地适应“双高”（高比例新能源、高比例电力电子设备）特征新型电力系统的分析计算需求，为实现大规模新能源并网安全稳定校核分析，需要提升全电磁暂态仿真工具的性能和计算效率。

3. 依托超级计算机等高性能仿真平台提升仿真计算效率

基于基波的仿真模式已无法满足新型电力系统仿真精度的要求，需要在更宽的频带范围开展仿真，由此为数字仿真带来极大的计算量，大大超出传统依托单机系统进行非实时计算的仿真软件能力，有必要引入超级计算机、云仿真平台等，实现新型电力系统的高效、高精度仿真。

六、电力规划绿色低碳评价体系

为建设安全可靠、经济高效、绿色低碳的电力系统，保证新型电力系统高质量发展，与“双碳”目标相匹配，有必要建立绿色低碳评价体系对新型电力系统规划成效进行评价。评价体系的构建应基于以下原则：

（1）科学性和可操作性相结合。所选评价指标应科学概括新型电力系统绿色低碳基本特征，客观反映电力系统绿色低碳发展的基本要求，同时兼顾指标数据在新型电力系统规划阶段的可获取性。

（2）系统性和导向性相结合。电力系统的绿色低碳发展涉及全电力系统的源网荷储多个方面，选取的指标应尽可能全方位覆盖电力系统中的多个组成元素，指标选取应有一定的导向性，适当反映系统中较为重要的绿色低碳发展方向。

结合新型电力系统规划特点及目标，可采用递阶层次分析法，通过三层指标评价体系充分评价新型电力系统规划的绿色低碳水平。评价目标为新型电力系统规划绿色低碳水平，一级指标可从源、网、荷、储四个方面来描述电力系统绿色低碳水平，每个一级指标下有若干二级指标，用于评价对应的一级指标，每个二级指标下又有若干三级指标，用于评价对应的二级指标。整个评价体系通过加权平均、逐层收敛的方式确定绿色低碳综合评价指数；指标层各指标的取值可通过定量和定性分析相结合的方式确定；各指标权重可通过德尔菲法、层次分析法、熵权法等方法进行赋值。

电力规划绿色低碳评价指标的选取应充分考虑电力绿色低碳发展的各方面因素，满足以下原则：

（1）系统性：指标体系应全面、科学、客观，综合反映所要评价的目标。

（2）典型性：各指标应能准确评价某一特征，避免指标之间有交叉或包含。

（3）可操作性：各指标应能便于量化，或可进行归一化处理。

表 5-2 给出了一套绿色低碳评价体系参考指标，可结合研究对象的特点和实际情况进行选择和调整。

表 5-2　　绿色低碳评价体系指标设想

一级指标	二级指标	三级指标
电源侧评价	可靠性评价	常规电源最大开机水平
		常规电源最小开机水平
		非水新能源电源保证出力
	经济性评价	投资成本
		燃料成本
		运行成本
		度电成本
	清洁性评价	新能源装机规模比例
		新能源发电量比例
		发电度电碳排放量
电网侧评价	可靠性评价	$N-1$ 通过率
		容载比
		配电网可靠性
	经济性评价	单位绿色装机电网投资
		单位装机电网投资
		单位供电能力电网投资
		单位供电量电网投资
		输配电价
	清洁性评价	新能源接纳能力
		网损率

续表

一级指标	二级指标	三级指标
负荷侧评价	可靠性评价	负荷需求侧响应能力
	经济性评价	智能用电投资
		节电效益
	清洁性评价	用电度电碳排放量
储能侧评价	可靠性评价	新增调峰能力
		顶峰替代率
	经济性评价	单位调节能力成本
		单位调节能力损耗电量
	清洁性评价	新能源弃电率

第二节 新型输变电技术

要构建清洁低碳、安全高效的能源体系，控制化石能源消费总量，提高利用效率，特高压和柔性输电是两项关键的输变电技术。在新型输电通道技术，如 GIL、综合管廊、新型电缆输电等技术辅助下，能够有效降低输电通道对环境的影响，节约土地资源。

一、特高压输变电技术

特高压输变电技术分为特高压交流输变电和特高压直流输变电。特高压输变电技术的发展可输送大型清洁能源基地的电能至负荷中心，有效减少负荷中心煤炭的使用量。

（一）发展现状

与常规高压、超高压输变电相比，特高压输变电技术具有输送容量大、送电距离远、线路损耗低、线路走廊省、能源调配灵活等优点，是推动我国大范围能源优化配置的重要手段，也是保障能源安全、实现能源可持续发展的重大战略选择。

2004 年至今，我国建设了三十多项特高压交、直流工程，已形成以东北、华北、西北、华中、华东、南方六大区域电网为主体，区域电网间通过特高压交直流互联，覆盖全部省（区、市）的大型电网，如表 5-3 和表 5-4 所示。

表 5-3 我国已建特高压交流工程

序号	项目名称	电压等级（kV）	变电容量（MVA）	输电距离（km）	投产时间
1	晋东南—南阳—荆门特高压交流示范工程	1000	3×1000	645	2011年
2	皖电东送特高压交流输变电工程	1000	7×3000	656	2013年
3	浙北—福州特高压交流输变电工程	1000	6×3000	603	2014年
4	锡盟—山东特高压交流输变电工程	1000	6×3000	730	2016年
5	淮南—南京—上海特高压交流输变电工程	1000	4×3000	780	2019年
6	蒙西—天津南特高压交流输变电工程	1000	6×3000	608	2016年
7	锡盟—胜利特高压交流输变电工程	1000	2×3000	240	2017年
8	榆横—潍坊特高压交流输变电工程	1000	5×3000	1049	2017年
9	北京西—石家庄特高压交流输变电工程	1000	—	228	2019年
10	山东—河北特高压交流环网工程	1000	5×3000	820	2020年
11	张北—雄安特高压交流输变电工程	1000	2×3000	320	2020年
12	驻马店—南阳特高压交流输变电工程	1000	4×3000	190	2020年
13	蒙西—晋中特高压交流输变电工程	1000	—	304	2020年
14	南昌—长沙特高压交流输变电工程	1000	4×3000	345	2021年

表 5-4 我国已建特高压直流工程

序号	项目名称	电压等级（kV）	输送容量（MW）	输电距离（km）	投产时间
1	云南—广东特高压直流输电工程	±800	5000	1418	2010年
2	向家坝—上海特高压直流输电工程	±800	6400	1907	2010年
3	锦屏—苏南特高压直流输电工程	±800	7200	2100	2012年
4	哈密南—郑州特高压直流输电工程	±800	8000	2210	2014年
5	溪洛渡—浙西特高压直流输电工程	±800	8000	1680	2014年
6	糯扎渡—广东高压直流输电工程	±800	5000	1441	2015年
7	灵州—绍兴特高压直流输电工程	±800	8000	1720	2016年
8	酒泉—湖南特高压直流输电工程	±800	8000	2383	2017年
9	晋北—南京特高压直流输电工程	±800	8000	1119	2017年
10	锡盟—泰州特高压直流输电工程	±800	10 000	1300	2017年
11	扎鲁特—青州特高压直流输电工程	±800	10 000	1233	2017年
12	滇西北—广东高压直流输电工程	±800	5000	1959	2018年
13	上海庙—山东特高压直流输电工程	±800	10 000	1234	2019年
14	昌吉—古泉特高压直流输电工程	±1100	12 000	3305	2019年

续表

序号	项目名称	电压等级（kV）	输送容量（MW）	输电距离（km）	投产时间
15	青海—河南特高压直流输电工程	±800	8000	1587	2020 年
16	昆柳龙特高压流输电工程	±800	8000	1452	2021 年
17	陕北—武汉特高压直流输电工程	±800	8000	1137	2021 年
18	雅中—江西特高压直流输电工程	±800	8000	1696	2021 年
19	白鹤滩—江苏特高压直流输电工程	±800	8000	2080	2022 年

（二）面临的挑战

特高压输变电技术是新能源供给消纳体系的重要组成部分，对于推进我国能源清洁低碳转型、构建新型电力系统意义重大。当前制约新能源发展和消纳的关键因素不在于负荷水平，而在于送出能力。

1. 特高压输电走廊紧张的矛盾日益凸显

国外特高压交流线路以及我国首条特高压交流线路均采用单回路进行架设，我国后续建设的皖电东送等 1000kV 特高压交流线路均采用了同塔双回架设技术，为全球首创。随着我国特高压技术的发展，混压多回同塔技术也不断突破。随着跨区特高压线路的不断建设，线路走廊日益紧张，需要针对特高压多回线路在同走廊内的布置型式和建设方式开展深入研究，以最大化地利用现有走廊，满足清洁能源消纳和新型电力系统建设需求。

2. 高海拔地区站址选择困难

金沙江上游以及雅砻江在内的水电基地都坐落在高海拔地区，平均海拔 4500m，地形复杂，少有的平坦地区已被城镇、村落等占据，特高压换流站选址非常困难。

高海拔地区换流站对设备净距及场地布置占地要求更大，同时，又面临站址面积及形状受限的困难。因此，特高压换流站设备布置需要结合站址占地面积、形状等，因地制宜地开展差异化设计，开展包括分址建设、接线优化、净距优化在内的相关研究工作。

3. 多直流馈入电网稳定性问题逐渐突出

随着特高压直流输变电工程的建成投运，包括华北、华东、华中、南方等电网均形成了“强直弱交”网架结构特征，多回大容量直流送入且落点密集，形成典型的多直流馈入系统。虽然多回直流提高了输电容量、提升了电力系统运行灵活性，但也带来了连锁换相失败等系统性风险。受端电网在故障时，无功支撑能力不足，交直流系统间相互影响，系统风险上升。

（三）技术方案

1. 特高压直流输变电技术

特高压直流输变电是指±800kV 及以上电压等级的直流输变电及相关技术。特高压直流输变电的主要特点是电压高、输送容量大、输电距离远，可用于清洁能源大范围配置。

典型案例一　青海—河南±800kV 特高压直流输电工程

青海—河南±800kV 特高压直流输电工程，输电容量 8000MW，起于青海省海南藏族自治州境内，止于河南驻马店地区，途经青海、甘肃、陕西、河南等 4 省，线路全长 1587km。该工程于 2020 年 12 月正式投运，总投资 231 亿元，如图 5-4 所示。

该工程是我国运用特高压输变电技术推动新能源大规模开发利用的一次重大创新，进一步提升了特高压直流输变电的安全可靠性和标准化水平。

工程全面投产后，年送电 400 亿 kWh，相当于减少燃煤消耗 1720 万 t、减少碳排放 3320 万 t。能够有效缓解负荷地区电力供需矛盾，改善当地大气环境质量，推动西部大开发与东西部协调发展。

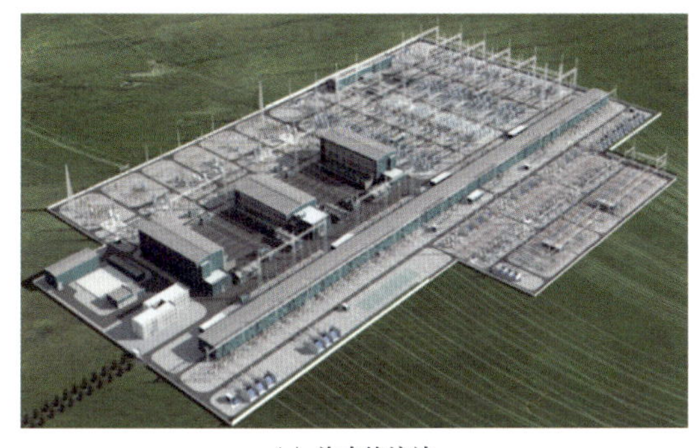

(a) 海南换流站

(b) 驻马店交直流合建站

图 5-4　青海—河南±800kV 特高压直流输电工程

2. 特高压交流输变电技术

特高压交流输变电是指 1000kV 及以上的交流输变电，采用特高压输变电技术是提高电网输电能力的主要手段，具有输电走廊占用少、电网结构优等优点，以 10GW 输送容量为例，相对特高压直流输电，特高压交流输电在 1000～1500km 输电范围内具有竞争力，随着输送容量的增加，其经济输电距离逐渐减小。

典型案例二　张北—雄安 1000kV 特高压交流输变电工程

张北—雄安 1000kV 特高压交流输变电工程起自河北省张家口市张北变电站，止于河北省保定市雄安（北京西）变电站，线路全长 315km，途经河北省张家口市张北县、万全区、怀安县、阳原县、蔚县和保定市涞源县、易县、徐水区、定兴县共9个县（区），工程于2020年8月正式投运，如图5–5所示。

张北—雄安1000kV特高压交流输变电工程依托远距离、大容量输变电技术，建设“绿色低碳、智慧高效、友好便捷、坚强可靠”的世界一流电网，为雄安新区大规模受入外来电奠定了坚强的网架基础，是实现雄安新区电能供应100%清洁化的重要途径。

工程全面投产后，每年送电70亿kWh，相当于减少燃煤消耗300万t、减少碳排放580万t。

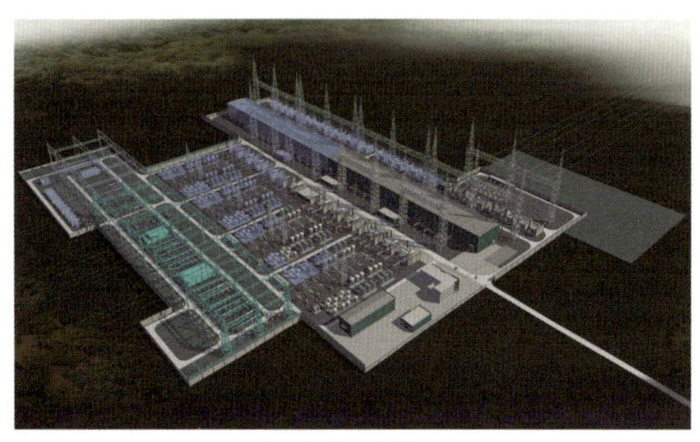

(a) 张北变电站

(b) 交流线路

图5–5　张北—雄安1000kV特高压交流输电工程

二、柔性输变电技术

（一）发展现状

1. 柔性直流输变电技术

为了解决常规直流输电技术需要自然换相带来的电网稳定性风险，基于全控器件的柔性直流输电技术被逐渐应用于大型输变电工程。

在众多柔性直流输电拓扑中，模块化多电平换流器（modular multilevel converter，MMC）具有谐波小、电压应力小、对开关器件一致性要求低等优点，带来了柔性直流输电技术规模化工程应用的变革。在首个模块化多电平柔性直流输电工程—美国±200kV Trans Bay Cable工程投运后，MMC成为主流核心方案。在基于MMC的柔性直流输电技术领域，我国在系统设计、设备研制、工程建设等方面均取得重大突破，实现了柔性直流输电技术“中国制造”。柔性直流输电技术的关键设备包括：

（1）电力电子器件及换流阀。柔性直流工程主要采用IGBT器件，大容量柔性直流工程主要采用4500V、2kA（或3kA）通流的IGBT器件，未来更高电压等级或更大通流能力器件有望投入商业应用。此外，集成门极换流晶闸管（integrated gate commutated thyristor，IGCT）在驱动、耗能等方面取得突破性进展，基于IGCT的换流阀已投入商业运行。

我国具备大容量柔性直流输电换流阀成套供货能力，基于国产器件的子模块在国内柔性直流工程得到试点应用，目前运行情况良好。同时，包括混合子模块换流阀、串联异构型换流阀等在内的新型换流阀也在大型工程中逐步应用。

（2）高压直流断路器。高压直流断路器是构建直流电网的关键设备。按其设备构成，高压直流断路器分为机械式、电子式和混合式三种。以上三种断路器均在工程中进行了试点应用。2017 年 7 月，世界首台 200kV 高压直流断路器通过技术鉴定，并于次年在舟山多端柔性直流输电工程中投入运行。目前，用于张北工程的±500kV 直流断路器代表最高电压等级，其开断时间小于 2.6ms，开断电流不低于 26.2kA。

（3）柔直变压器。柔直变压器是柔性直流工程中，用于对称单极的联接变压器及用于对称双极的换流变压器的总称。大容量柔性直流变压器采用分相式，其最大阀侧电压达到 437kV（渝鄂背靠背直流），最大单台容量达到 575MVA（广东背靠背直流）。三相式柔直变压器多用海上换流站，如东海上风电柔性直流送出工程中，三相一体柔直变压器容量达到 850MVA。

（4）直流电缆。高压直流电缆主要包括黏性浸渍纸（mass-impregnated paper，MI）、绝缘电缆、自容式充油（self-contained oil filling，SC）电缆、交联聚乙烯（cross-linked polyethylene，XLPE）电缆，其中 XLPE 电缆因其具有传输容量大、允许工作温度高、制作工艺简单、无漏油风险等特点，在直流工程中得到广泛应用。

2013 年，我国首次自主设计制造的±160kV XLPE 海缆、陆缆在南澳多端工程得到应用。2014 年，舟山多端工程、厦门工程分别采用了±200kV、±320kV XLPE 绝缘直流电缆。我国已建柔性直流输电工程见表 5－5。

表 5－5　我国已建柔性直流输电工程

序号	项目名称	电压等级（kV）	输电容量（MW）	投产时间
1	中海油文昌柔性直流工程一期/二期	±10	4/8	2011 年/2012 年
2	上海南汇风电柔性直流工程	±18	18	2011 年
3	南澳多端柔性直流输电工程	±160	200/100/50	2013 年
4	舟山多端柔性直流输电工程	±200	400	2014 年
5	厦门柔性直流输电工程	±320	1000	2015 年
6	鲁西背靠背异步联网工程	±350	1000	2016 年
7	渝鄂直流背靠背联网工程	±420	1250×4	2019 年
8	张北可再生能源柔性直流电网示范工程	±500	3000	2020 年
9	乌东德电站送电广东广西特高压多端直流示范工程	±800	5000/3000	2020 年
10	如东海上风电直流送出工程	±400	1100	2021 年
11	广东背靠背柔性直流输电工程	±300	1500×4	2022 年

2. 柔性交流输变电技术

柔性交流输变电系统（flexible AC transmission system，FACTS），指装有电力电子型或其他静止型控制器以加强系统可控性和增加功率传输能力的交流输电系统，其核心是电力电子技术。

柔性交流输变电技术诞生于20世纪40年代末期，其发展主要包括两条技术路线：其一是控制技术，以信息处理为主要对象的微电子技术；其二是大功率器件，以能量处理为主要对象的电力电子技术。70年代以后，技术路线发生交互，回归到综合研究方向。以智能化功率集成电路为代表的新型设备，有机地融合了功率及信息处理等方面的科研成果，产生了巨大的经济效益。包括静止无功补偿器、静止同步补偿器、可控高抗、可控串补在内的多品类柔性交流输变电设备优化了电力系统结构，提高了电网的输电容量和稳定性。

中国在FACTS领域起步晚，但发展迅速，建设了包括南京220kV西环网统一潮流控制器科技示范工程、苏南500kV统一潮流控制器工程，以及台州35kV低频交流输电工程等，在技术研发、工程实践等方面，均走在世界前列。

（二）面临挑战

基于模块化多电平换流器的柔性直流输电系统，具有谐波含量小、开关器件承受电压阶跃低、故障处理能力强等优点，极大地推动了该输变电技术的发展及工程应用。然而，随着其应用场合不断扩展，该技术面临以下挑战：

（1）柔性直流输变电向高电压等级发展。西部新能源基地大规模开发是国家重大能源战略，新能源大规模集中外送要求建设多回特高压柔性直流输变电系统，并往更高电压等级发展。例如，藏东南地区水电、光伏资源丰富，送端电源侧网架薄弱，缺少甚至没有常规同步发电机作为电源支撑，只能采用柔性直流技术；受端电网多直流集中馈入，将会导致系统安全稳定风险突出，更适合采用柔性直流输变电系统。

（2）超远距离架空线柔性直流输电的故障清除问题。当柔性直流输电送端为新能源站时，直流线路故障后，新能源功率调节能力弱、速度慢，无法快速降低功率，故障极有功功率转移至健全极，导致健全极过压、过流闭锁。受端交流故障时，因电流限幅作用受端输出功率受限，超远距离时电气量变化传播时间增长，送端不能快速反应并降低输入有功功率，送、受端功率不平衡导致直流电压过高。为解决以上问题，亟须开展交、直流耗能装置的相关研究工作。

（3）高可靠、低成本海上风电集中送出。我国海上风电距离用电负荷近，便于消纳。随着近海风电开发趋近饱和，深远风电成为必然趋势。广东省海上风电规划容量66.85GW，80%海底路由距离大于70km，需要采用柔性直流技术。因此，高可靠、低成本柔性直流送出是海上风电的重要方向。需要进行设计方案、海上平台、关键设备轻型化、海上风电运维等研究，全方位降低海上风电送出系统成本。

（三）技术方案

1. 柔性直流输变电技术

柔性直流输变电指的是基于电压源换流器的直流输变电，它将半控型电力电子器件升级为全控型电力电子器件，具有响应速度快、可控性好、运行方式灵活、可向无源网络供电、不会出现换相失败及易于构成多端直流系统等优点。

典型案例三 张北可再生能源柔性直流电网示范工程

张北可再生能源柔性直流电网示范工程（简称张北柔直电网工程）由四座柔性直流换流站和四条直流架空线路组成。其中，分别在张家口市康保县、张北县，承德市丰宁县，北京市建设四座±500kV换流站，张北换流站、北京换流站换流容量3000MW，康保换流站、丰宁换流站换流容量1500MW，如图5-6所示。四站间采用直流架空线路连接，线路总长658.9km。

张北柔直电网工程是世界首个柔性直流电网工程，将张北、康保站新能源基地风电、丰宁抽水蓄能电源与北京负荷中心可靠互联，在大幅提升清洁能源供给比重的同时，维持了电网的稳定运行。张北柔直电网工程供电范围包含北京以及张家口地区的冬奥会场馆用电需求，奥运史上首次实现100%清洁能源供电。

该工程全面（含远期扩建站）投产后，每年可输送140亿kWh清洁电能，每年节约燃煤消耗600万t，减排二氧化碳1160万t。

(a) 500kV 北京换流站

(b) 500kV 丰宁换流站

图5-6 张北可再生能源柔性直流电网示范工程

2. 柔性低频交流输变电技术

柔性低频交流输变电技术是借助电力电子技术灵活选择 0～50Hz 范围内合适频率，以提升电网输送容量和柔性调控能力的一种新型高效的交流输变电技术。柔性低频交流输变电技术可以兼顾工频交流系统组网灵活、易实现电压等级变换，以及直流系统易于远距离大容量电能输送、潮流可控性好的优点。

典型案例四　浙江台州 35kV 柔性低频交流输电示范工程

世界首个柔性低频交流输电示范工程——国家电网浙江台州 35kV 柔性低频交流输电示范工程（简称台州低频工程）于 2022 年 6 月投运，首次实现了海上清洁能源降频输送，如图 5－7 所示。

该工程首创海岛低频互联技术，建成后可实现大陆侧电网和大陈岛间的电能高效互济，改善传统交流海缆送出充电无功大、损耗高等问题，是实践新发展理念、构建高弹性电网的重要探索，也是高质量实现“双碳”目标的重大举措。

低频交流技术能有效提升海上风电交流输电距离，在一定离海距离风资源开发领域，具有明显经济优势。该工程全面投产后，每年送电 450 万 kWh，相当于减少燃煤消耗 1930t、减少二氧化碳排放 3735t。

图 5－7　台州 35kV 柔性低频交流输电示范工程

三、GIL 输电技术

（一）发展现状

GIL（gas insulated metal-enclosed transmission line）采用 SF_6 或其他气体绝缘。该技术具有传输容量大、损耗小、运行可靠性高、基本免维护、使用寿命长、布置灵活、节省地面占地和空间等显著优点。

GIL 绝缘密封特性决定了它不会受到外部环境的影响，如雨雪冰冻天气或者高山峡谷等外部环境。金属封闭结构也使得 GIL 不会有电磁环境影响的问题。GIL 具有很高的载流量，其电容比高压电缆或者架空输电线路小很多，不需要无功补偿。

（二）面临挑战

随着经济社会发展，输变电工程作为重要基础设施，输电通道与土地使用规划的矛盾日益突出，尤其在城市区域，线路路径选择十分困难。GIL 通道的布置方案、绝缘性能、接地方案等需要深入研究。高山峻岭、大雪山等恶劣的自然环境条件，限制了常规架空输电线路的建设，只能采用 GIL 输电方式。同时，GIL 的通风、抗震、监测、施工及运行等方案需要进一步研究。

1. GIL 建设地区环境复杂

中国西南地区输电线路通道十分紧张，沿线自然保护区、湿地公园、森林公园、风景区等环境敏感区域分布密集，此外高海拔、重冰区、交通不便、人口密集、城镇规划、房屋建设等因素影响了输电线路建设。例如在四川省泸定县、天全县附近时，采用穿山 GIL 输电技术方案，可以减小对自然保护区、森林公园等的影响，避免大面积砍伐林木通道，如图 5-8 所示。

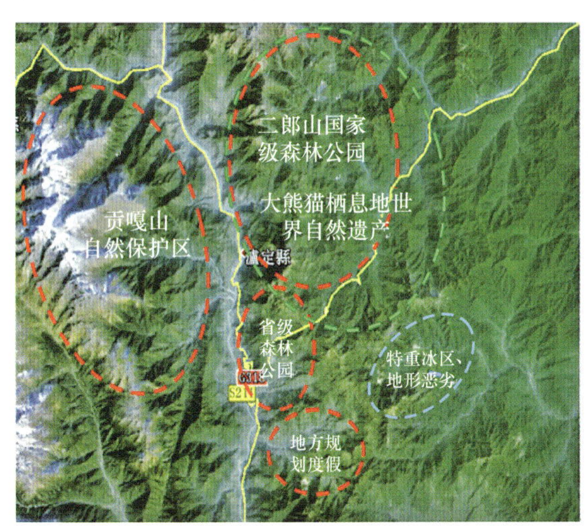

图 5-8　G318 通道泸定县附近障碍设施及雪山段示意图

大拐弯水电汇集点送出在多雄拉隧道段，翻越嘎隆拉雪山。从图 5-8 可以看到，雪山上常年积雪，人迹罕至，常规架空输电线路铁塔建设和运行维护十分艰难，需要考虑采用 GIL 输电技术穿越大雪山。

2. SF_6 在 GIL 中的应用受限制

GIL 内部绝缘是依靠 SF_6 气体，这种气体具备较好的绝缘强度、灭弧性能以及经济性，在 500kV 和 1000kV 的 GIL 和 GIS 中已经占据了主要地位。然而，SF_6 也是《联合国气候变化框架公约京都议定书》确定的主要温室效应气体之一。为了推动全世界碳减排与碳治理的进程，应严格限制 SF_6 的使用和排放。

（三）技术方案

1. 复杂环境地区 GIL 建设

在雪山、峻岭、河床和设施密集的城市中，GIL 的建设还有很多技术需要研究，主要包括：

（1）GIL 外壳多点接地。为保证人员安全，GIL 外壳应采用多点接地。GIL 管廊将整个隧道环断面平铺开，管片内钢筋的面积非常大。利用管廊钢筋作为接地网的一部分，减小接地阻抗，既可以保证管廊中的人员安全，也可以大大降低专用接地网的建设投资，方便施工。基于数字仿真模型可以研究 GIL 投运之后各种工况下接地系统的效果，包括正常运行工况和一回线路单相短路工况下，沿线地面的跨步电压和接触电压。

（2）GIL 通风散热。复杂环境中的 GIL 通常需要开挖管廊，然后在管廊中铺设 GIL。管廊通风散热条件直接影响 GIL 的通流水平。已建 GIL 采用地铁环境模拟软件对 GIL 隧道中的气流进行一维、非可压缩流体的模拟，分析管廊内的空气流动及压力变化等情况。

（3）其他。GIL 除了上述研究内容外，还包括研究分析 GIL 结构型式，从绝缘能力、电性能、热性能、力学性能等方面计算比较，给出整体结构、壳体、绝缘件、导体和密封相关技术要求；根据 GIL 工艺布置、运输及运维、安装及检修等方面要求，结合配电、照明、通风、排水和消防等辅助系统设计方案，研究提出工程基本条件下的管廊纵向布置、断面型式、断面尺寸，以及工作井的维护尺寸、竖向布置、埋深等要求。

典型案例五　苏通 1000kV GIL 工程

苏通 1000kV GIL 工程采用盾构隧道穿越长江以取代原架空线路空中跨越方式，线路长度约 5.5km，项目于 2015 年启动，2016 年开工。该项目是世界上首次在重要输电通道采用特高压 GIL 技术，电压等级最高、输送容量最大、输电距离最长、技术水平最先进。该工程提出了很多创新设计方案，包括基本单元的中心导体连接采用螺旋弹簧触头插接方式；中心导体采用无金属外圈的环氧树脂浇注的盆式绝缘子固定支撑；单支柱/双支柱/三支柱的绝缘子支持结构；设计微粒陷阱，捕捉金属微粒；内置式盆式绝缘子和椭圆形密封圈的高气密性设计等。

该工程投运后，华东特高压交流环网形成，将更加有效地接纳西电东送特高压直流送入电力，减少华东地区发电用煤、减排二氧化碳。

苏通 1000kV GIL 工程内部实景如图 5–9 所示。

图 5－9　苏通 1000kV GIL 工程内部实景图

2. 绝缘气体选择研究

全球科学家积极探索了 SF_6 气体的完全替代技术，力争根除 SF_6 温室效应问题。全氟碳类化合物也是 GIL 绝缘气体替代物的主要研究对象。常见可利用的全氟碳类化合物有全氟甲烷（CF_4）、全氟乙烷（C_2F_6）、全氟丙烷（C_3F_8）和全氟环丁烷（$c-C_4F_8$）等，这些全氟碳的 GWP（global warming potential，全球变暖潜能值）均低于 SF_6，介电强度都与 SF_6 相差不大。但是全氟碳类化合物十分稳定，在自然环境中寿命达几万年，不利于大气的自愈循环。同时该气体会导致动物窒息疾病。所以该种气体的利用还在研究中。国内外许多学者还尝试使用含 SF_6 的混合气体，达到降低 SF_6 的使用量的目的。比如采用 SF_6 和 N_2 混合方案。混合方案在许多国家已经投入运行实践，比如在瑞士日内瓦机场的 220kV 电压等级的 GIL 线路。

四、城市地下综合管廊

（一）发展现状

城市地下综合管廊（urban underground comprehensive pipe corridors），是建设于城市道路地下空间的构筑物，又称综合管沟或共同沟。城市地下综合管廊将电力、电信、自来水管线、燃气管道、污水管道、垃圾输送等各种设施共同布设在管廊内，有利于城市空间的优化，社会效益巨大。

在城市地下空间综合开发、整合规划中建设综合管廊已成为明显趋势。通过建设地下综合管廊可以实现城市基础设施现代化、城市资源运输集约化，地下空间合理化开发利用。

（二）面临挑战

我国城市地下综合管廊工程建设在规划、设计、施工、运维等方面仍存在不少需要重点关注的技术问题，主要包括以下几部分：①在充分考虑社会经济发展动向、城市特性和发展趋势的基础上，选择管廊路由；②管廊内电力线、电信线、自来水管线、燃气管道、污水管道等敷设的方式和相关之间的空间关系；③采用先进的传感器和现代信息技术监测管廊运行情况；④合理选择施工方案，降低工程建设对环境的影响。

（三）技术方案

1. 电磁干扰控制技术

城市地下综合管廊内管道主要受到感应干扰的影响。在综合管廊内，高压交流输电线将通过周围的空气和土壤中的电磁场激励共管廊中的金属管道，可能导致接触这一管线的人员发生电击事故，而且这种干扰可能会损坏管线的外壳、绝缘法兰、整流阀、电子设备，甚至直接损坏管壁。通过仿真计算得出管道上存在的感应电压和感应电流，以及感应电压和感应电流对于距离的变化规律，对管廊设计和建设具有重要的工程指导意义。

2. 施工技术

综合管廊施工技术主要包括明挖现浇施工、明挖预制拼装、浅埋暗挖、盾构等方案，各种方案各有利弊，适应于不同的环境场合。不同的施工技术比较见表 5-6。

表 5-6　综合管廊施工技术对比

技术方案	优点	缺点	适用范围
明挖现浇施工法	施工周期相对较短，施工效率非常高	对地面严重破坏，需要进行恢复，资金投入大	新城建设
明挖预制拼装法	工程质量较高，施工时间可以得到缩短	投入的资金大，需要应用大型的机械设备	我国城市地下综合管廊建设初期
浅埋暗挖法	对地下设施影响小，不会大量地使用大型机械设备	施工难度较大，施工时间较长、工作效率偏低	特殊地区
盾构法	对周边环境影响很小，施工效率高，自动化水平较高，可控性强	需要盾构机	通常推荐

典型案例六　上海世博会园区综合管廊工程

上海世博会园区综合管廊工程是我国第一条采取预制装配技术建设的综合管廊工程。该综合管廊工程位于上海市浦东新区，总长约 6.4km，管廊铺设了电力管线、供水管线、通信管线，如图 5-10 所示。管廊采用预制拼装技术段长约 200m。与现浇混凝土综合管廊相比，预制拼装综合管廊具有施工质量好、建设周期短、环境污染小、外观整洁、混凝土密实性好、有利于结构的自防水等优点，应用前景广阔。

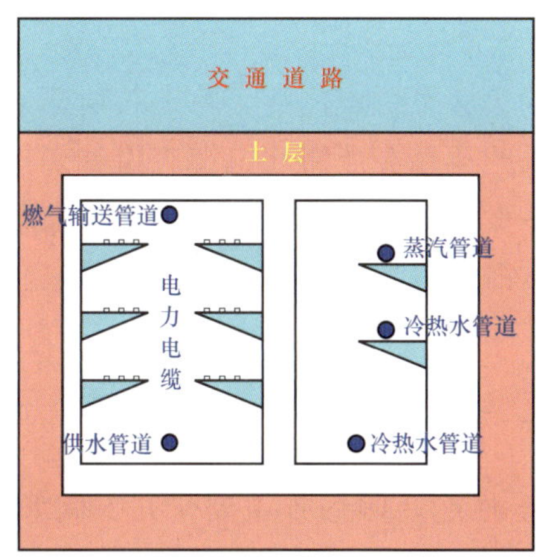

图 5－10　上海世博会园区综合管廊断面

五、新型电缆输电技术

（一）发展现状

电缆输电技术具有传输性能好、损耗小的特点，应用较为普遍和广泛。与架空线路相比，高压电缆具有以下优点：①输电线路路径宽度小，在土地资源紧张地区线路路径选择相对容易；②高压电缆为隐蔽工程，可由草坪、绿化带、人行道或者城市基础设施等覆盖。在风景区、名胜古迹区、人文构（建）筑物区采用电缆输电方式不影响观光，减少了对环境的电磁、噪声等影响，降低了对周边环境的污染。随着直流输电网建设，直流电缆输电技术越来越受到重视。

海底电缆输电技术实现了跨海域电力输送，推动了区域电网互联、国际电网互联。近年来，随着海底电缆制造技术、跨海域输电技术、海底电缆敷设技术的不断进步，极大地促进了海上可再生能源向大陆的输送，也实现了向海中孤岛或者人工作业平台的电力输送。

（二）面临挑战

1. 直流电缆绝缘性能

电力电缆输电技术至今已有 100 多年的发展历史，但从电压等级、输送容量等方面来说，电缆输电技术的发展滞后于架空输电技术。

直流电缆的绝缘性能是该技术中的关键。电缆绝缘重点在于电缆本身绝缘和电缆附件的绝缘。而直流电缆不能直接照搬交流电缆的设计方案和绝缘材料制造工艺，否则会出现绝缘击穿等问题。主要原因在于直流电场作用下会产生空间电荷积聚、双层介质介电特性促使界面电荷积聚、电场极性反转引起电场畸变、温度梯度效应加剧电荷的注入和迁移。目前，主要采用交联聚乙烯和硅橡胶分别作为电缆本体和附件绝缘材料。

2. 海底电缆制造技术

随着大陆与岛屿之间的大容量供电网络、海上石油开采平台群供电网络、远海风力发电传输网络的发展，长距离超高压海底电缆应用越来越广泛。海底电缆具有系统设计复杂、使用环境恶劣多变、产品制造装备和工艺要求高等技术难点，是海洋开发领域关键技术之一。超高压海底电缆制造技术研究进展也直接关系到国家海洋资源的开发利用和国防安全建设。

（三）技术方案

1. 直流电缆输电技术

关于提高直流电缆绝缘性能，国内外主要研究方向如下：①在交联聚乙烯内添加纳米填料，以抑制直流高电场下空间电荷问题。但该方案主要还在试验中，试验结果分散性大，暂时还不能在工程中广泛推广。随着先进的纳米填粒表面修饰工艺和纳米电介质合成方法的进一步发展，将来有望为纳米复合电介质直流电缆带来新技术突破。②对于硅橡胶电缆绝缘性能的改进，主要从硅橡胶材料本身入手，改变基胶结构、填料组分等以提高其性能，比如说，填充 $CaCO_3$、白炭黑、Al_2O_3 等纳米添加剂。

未来还需要在挤包绝缘高压直流电缆材料开发与选型技术、纳米填料对电缆性能和寿命的影响、多物理场耦合的绝缘结构设计、电缆附件的制造关键技术、系统试验及评估方法等方面开展进一步的系统研究。

2. 海底电缆

海底电缆通常采用金属护层两端直接接地的方式。有必要对长距离海底电缆金属护层的感应电压进行计算研究，以确保金属护层在不同工况下的工频和冲击感应电压满足限值要求。

海底电缆敷设在海底，受航运、渔业、石油业及海底地质条件的影响，运行环境较恶劣，海底电缆可能发生应变类的机械故障；海底电缆绝缘老化也会引发局部放电，从而引起故障点温度升高。需要对海底电缆开展在线监测方案研究。

海底电缆故障后的定位技术也是未来重点研究方向，包括采用时域反射、电桥测量法、光时域反射技术等。

典型案例七　舟山 500kV 联网输变电工程

舟山 500kV 联网输变电工程横跨宁波、舟山两地，海底电缆长度 17km，如图 5-11 所示，是我国建设规模最大、技术难度最高的跨海联网工程。该工程于 2016 年 12 月 28 日开工，2019 年 1 月 15 日全面竣工投产，采用 500kV 交联聚乙烯海底电缆，打造国内首艘万吨级高精度智能海底电缆敷设平台，填补了舟山群岛新区 500kV 网架的空白。该工程也是服务清洁能源发展、促进节能减排、实现经济社会环境协调发展的绿色工程，新增输送容量 200 万 kW，每年可减少燃煤消耗 430 万 t、减少二氧化碳排放约 830 万 t。

图 5－11 舟山 500kV 联网输变电工程现场照片

典型案例八 南方主网与海南电网联网工程

南方主网与海南电网联网工程采用 500kV 电压等级，采用联网架空线和海底电缆混合方案，联网线总长度约 172.5km，海底电缆部分长度约为 31km，连接海底电缆大陆侧登陆点的南岭终端站和海南侧登陆点的林诗岛终端站，并通过海底电缆终端套管与架空线路连接，如图 5－12 所示。海底电缆载流量 800～850A，系统

图 5－12 南方主网与海南电网联网工程现场照片（广东侧）

传输能量可达600MW。该工程可提升海南电网运行稳定水平，并为海南电网与南方主网电力互送、调剂余缺创造条件，平均每年送电量达3亿kWh，每年可减少燃煤消耗约13万t、减少二氧化碳排放约25万t。

第三节 新型配电网技术

电力行业是我国国民经济的基础能源产业，是响应我国“双碳”目标进行能源改革的动力之源。作为新型电力系统面向能源需求侧的重要物理载体和基石，新型配电网将会在安全、环保、可靠、灵活、智能以及可持续等方面继续提升。

一、新型配电网现状及面临的挑战

配电网作为电力系统中直接与用户相连并向用户分配电能的环节，一般可从110kV降压到35kV、10kV。“双碳”目标背景下，配电系统呈现“一低、两峰、三高、多随机因素”的新形态与特征，即低系统惯量；夏、冬两季负荷高峰；高比例新能源、高比例电力电子装备、高增长的直流负荷；发电出力和用电负荷双侧随机波动，技术、市场、风险等因素具有不确定性。应对配电网新形态与特征提出的挑战，是新型配电网助力“双碳”目标实现的新使命。目前，新型配电网面临的主要挑战如下：

（1）分布式主体作用强化。新型配电网对分布式电源低碳化和灵活性要求更高，微电网作为配电网结构单元，服务于本地分布式能源的消纳与并网，是分布式运行控制的作用对象，在清洁能源消纳中承担着灵活程度更高、可控能力更强的分布式角色。

（2）系统形态日趋复杂。新型配电网包括高渗透分布式新能源、多维强耦合非线性随机系统以及可控柔性负荷，具有电网层级多、调峰难度大等特点。相邻各层次间、同层次不同区域间均可实现互联，多个电压等级构成多层次环网状结构是新型配电网的主要网络结构。

（3）调控方式灵活多样。新型配电网调控方式逐渐从集中式控制过渡为分布式控制，“源随荷动”向“源荷互动”转变。通过融合群体智能的协同、共享、控制等理念，从群体层、子群层和终端层构建新型配电网群体智能协同调度架构，以完成配电网决策。

（4）中低压交直流灵活供电。中低压交直流供电技术可提高可再生电源接入的便捷性，为储能设备平抑新能源发电波动提供了直流方式，可充分发挥终端直流负荷柔性特征，协调大电网与分布式电源之间的矛盾，提高供电容量与电能质量，实现降损增效。

二、主动配电网技术

随着高渗透率可再生能源和可调度负荷的接入，传统配电网规划技术已经无法满足能源调度部门的要求。同时，单纯从源侧和负荷侧进行考虑也无法保证新型电力系统电能供应的低碳性、灵活性和稳定性需求。双碳背景下的主动配电网技术重点在于合理地开发和高效地利用可再生能源，通过其主动控制和运行能力紧密契合用电负荷特性，实现配电网中各种分布式发电、分布式储能等多元化设施的灵活、主动调节，参与电网辅助服务和调度运行，打造统筹源荷资源的新型电力系统低碳高效主动配电网。

1. 主动配电网基础框架

主动配电网重点关注电力生产的配给和综合利用，基础框架分四层：①电力生产与消费层，层内用户具备能源产消者特性和柔性调节能力；②电力传输层，其拓扑结构灵活，潮流可控、设备利用率高；③信息通信层，实现电力产–输–用全流程的数据存储–管理–挖掘–分析；④电力管理应用层，是集调控–运检–营销于一体的智能决策支持系统。

2. 主动配电网规划设计

综合考虑多种分布式电源和需求侧资源，主动配电网网架设计通过提升优化空间以降低其不确定性。主动配电网网架结构包括以下五种形式：单环网、双射网–单侧电源双射式、双射网–双侧电源对射式、双射网–典型开闭站式和双环网。规划初期负荷较小，可采用辐射式或单环网供电结构；当用户站或配电站内以 2 台变压器为主时，可采用双环网结构以提高电网运行灵活可靠性。

3. 主动配电网智能调控

智能控制是主动配电网的核心技术，可满足用户低碳用能的多样化需求，主要包括：①通信监测控制技术，通过安装传统拉力传感器、气象与温度传感器、烟感、红外等与之同等分类的传感器，监测导线的拉力、导线与电气设备的温度，以及周边实时的环境数据信息，利用 GPRS 技术与互联网技术组成无线通信网，服务于主动配电网监测控制系统。②协同调控技术，主动配电网内分布式电源间的协同控制模式，可分为集中式控制、单层分布式控制、分层分区式控制三种。分层分区式控制综合集中式控制与分布式控制的优点，上层主动配电网管理系统统筹全局，通过全网信息汇总实现最优运行控制决策；下层控制器接收主动配电网管理系统决策，实现各区域的自治控制；并通过与区域内分布式电源交互信息，以满足主动配电网实时跟踪控制需求。

4. 主动配电网故障恢复

根据 IEEE 1547—2008《*Application guide for IEEE standard for interconnecting distributed resources with electric power system*》的要求，配电网安全运行必须防止各种可能造成孤岛的情况。主动配电网的继电保护需考虑与分布式电源的反孤岛保护配合，其故障处理算法包括故障监测、隔离与恢复。主动配电网故障状态的自愈处理可减少电网故障对用户的影响，支持大量分布式电源接入。

典型案例一　天津滨海科技园主动配电网规划

规划区包含 5 个区块，饱和负荷预测值为 254MW，需求响应负荷占比 6%，通过需求侧响应可实现“源–网–荷”协同友好发展；规划燃气轮机 14MW、光伏 40MW 和风机 50MW，通过提高清洁能源利用率以优化电网结构；充分考虑变电站布点和线路走廊等实际问题，规划区内设置 5 座 110/10kV 变电站，4 号 110kV 变电站独立供电，5 号、6 号、7 号和 8 号 110kV 变电站互联互供。规划区域网架采用单环网、双环网接线，部分负荷供电采用直供方式。

主动配电网“源–网–荷–储”协同控制系统分为设备层、分布控制层和集中决策层三个层次，如图 5–13 所示。设备状态/运行数据通过分布式控制层从下而上送到集中决策层，经过决策后，集中决策层将控制命令经分布式控制层监控系统从上而下送到设备层，完成功率预测、负荷预测、可调度容量分析、协调控制策略、低碳减排优化等功能。

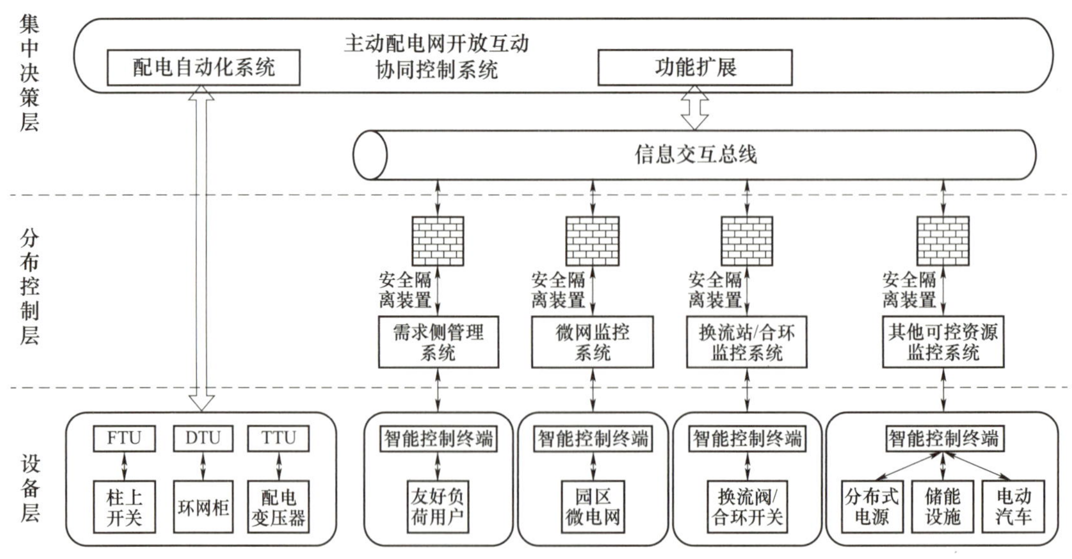

图 5–13　主动配电网协同控制总体架构

与传统配电网规划方法相比，主动配电网“源–网–荷–储”协同优化控制系统具有较高的互动性和友好性，建设投资节省约 4070 万元；可再生能源渗透率为

25.4%，实现100%消纳，年减排 CO_2、SO_2 和 NO_x 分别约12万t、2600t和2400t。

三、多微电网技术

随着需求侧电气化进程的不断加速，电力在能源转型的进程中占有主导地位。在电源侧提高可再生能源渗透率、在负荷侧加快电能替代是建立低碳、高效新型电力系统的主要方式之一。微电网高效集成多种分布式发电与多元负荷，通过数控自动化技术，实现新能源的就地生产和消纳，使其能够满足新型电力系统灵活性和稳定性的要求。同时，微电网与配网在能量和控制运行层面强弱耦合相结合，更倾向于提供“双碳”视角下网格化的新型电力系统局域源荷平衡解决方案。但受体量和惯性所限，单一微电网离/并网模式下易崩溃解列，会对配电网构成冲击。多微电网间互联协调，可提高运行稳定可靠性，降低对配网的冲击。

1. 多微电网系统规划设计

多微电网系统具有多样化互联方式，交流互联因其连接方式简单、成本较低、控制方法成熟得到了广泛应用，其规划设计包含三个环节：①确定微电网群设计的需求，收集资源和能源等数据信息建立规划边界条件，调研和确定已建/新建子微电网设计指标，提出微电网群合作运营目标；②优化配置子微电网和群级设备，落实子微电网的设备选型和容量优化，提出群级数据交换和协调控制的通信网络部署方案；③设计方案校核，根据典型状况下的暂稳态特性校核设计方案，提出可行的优选方案。

2. 微电网接入方案设计

区别于隶属于公共电网的主动配电网，微电网属于客户电网，可采用单点或多点的方式接入主动配电网，形成微电网间的互联互供运行模式。微电网接入主动配电网，可提升“电力流+信息流”的处理效率，通过主动调控电源/储能/负荷等各类资源，有助于改善系统运行效率、设备利用率和电能质量。

3. 多微电网群观群控技术

随着增量负荷与分布式发电大量接入配电系统，微电网集群与配网的联系日益紧密。通过多微电网信息的集中采集，微电网群观群控有助于各子微电网的协同调控，包括集中控制、集中-分散控制和分布式控制三种模式。

4. 多微电网系统保护控制

为满足多微电网系统快速准确识别和处理故障的要求：①建立“设备-微电网-微电网群”架构的分级保护体系，实时监测多微电网系统内部的各种运行和状态信息，在线识别处理故障；②构建全域信息系统，利用高性能设备和高带宽网络，使各种状态和运行信息能够及时送达多微电网系统的监控中心；③掌握各种分布式电源的故障特性，建立相应的故障特征模型库。

典型案例二　海南省海岛型多微电网规划

海南省海岛型多微电网规划项目接入单相和三相负荷，利用屋顶和坡地建设 3 套 30kW 光伏，沿驻地周围布置 2 套 40kW 风机。配置 30kW 的电启动电子调节阀门柴油发电系统，作为冷后备电源在交流母线失电后以保证系统连续供电可靠性。配置 40kWh、60kWh 和 100kWh 铅酸电池储能系统各一套接入微电网系统。项目接线布置方案如图 5-14 所示。

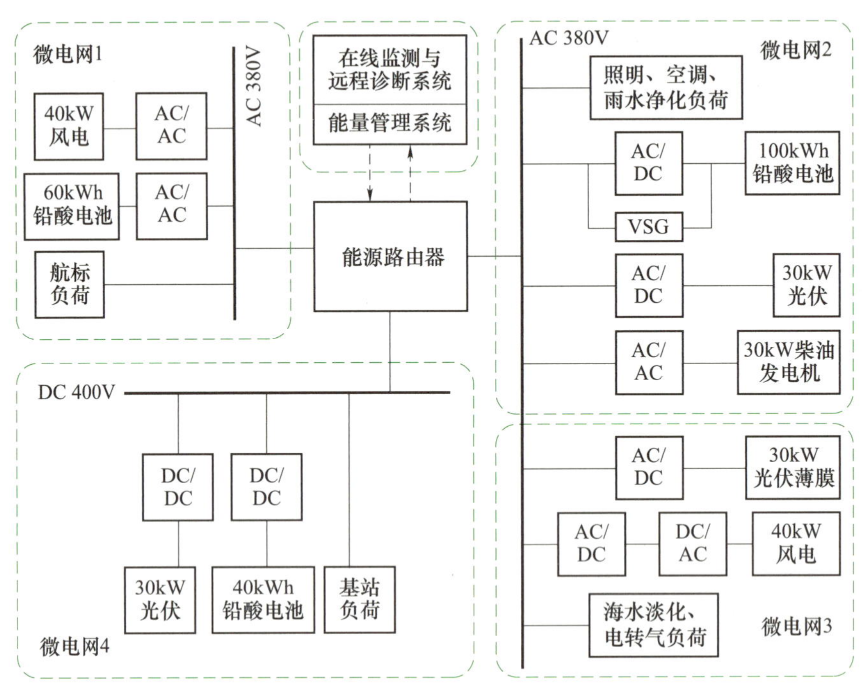

图 5-14　海南省海岛型微电网项目接线布置方案

该项目为实现微电网供电网络的协调运行，增设微网管理系统、数据采集和通信、二次保护等设备。微网管理系统由管理系统软件、测控屏、通信屏和接入柜构成，以实现微网系统运行信息的统一监控调节，包括微电网系统频率、微电网入口电压、微电网总发电出力、储能剩余容量、微电网总有功/无功负荷、可控负荷、各断路器开关状态等信息，实现多微电网的低碳、高效、安全运转。

与传统供能方案相比，微电网规划方案建设及运维成本可节省约 300 万元，具有较高的经济性。可实现可再生能源 100%消纳，年减排 CO_2、SO_2 和 NO_x 分别约 6.42 万 t、435.8t 和 396.2t。

四、交直流混合配电网技术

随着分布式新能源、电力电子设备、先进控制技术的飞速发展，以电动汽车和可再生能源为代表的直流供用能设备在配网中的占比不断增加，大量直流设备接入交流配网，“双碳”目标下的社会发展与经济建设催生了配网侧的交直流混合形态，对交流配电、直流配电技术的融合发展提出了更高的要求。交直流配电网技术能够满足电力电子设备、有源配网、数字化的发展需求，实现交–直能量管理的多尺度、多层级控制，兼容交流和直流供电，实现功率互补和交直互相支撑，提升配网安全稳定性，从软硬件两个方面助力“双碳”背景下新型电力系统的构建。

1. 交直流混合配电网网架结构

配电网架构是影响交流直流混合配电网灵活稳定运行的关键因素之一。高压交流配电网网架结构包括环网式、链式和辐射式三种形式；中压配电网结构包括单环式、双环式、多分段联合及辐射式四种形式；辐射式结构是低压配电网常采用的结构之一。直流配网架构包括网状型、两端供电型和环型三种。辐射型或多段交直流混合配电网中的，当直流电源负载率较低时，采用含柔性直流装置的混合配网结构；当直流电源负载率较高时，采用含直流网的混合配网结构。

2. 交直流混合配电网规划设计

根据目标线路负荷的供电与需求情况，交直流混合配电网应通过综合分析多条线路的动态潮流分布和经济因素，确定新线路或新电源的位置和容量以优化规划方案的实用性。

通过重构网络实现交流配电网负荷转供，方法烦琐且复杂，需要常开断路器将不同变电站的两条馈线互联。通过交直流混合配电网规划技术，可利用电压源换流器（VSC）将一路馈线转化为直流电，再利用 VSC 将两条馈线互联后形成交直流混合配电网以实现负荷转化。以交流子网电压等级为交流三相 380V 为例，直流侧电压应至少为交流侧线电压有效值的 1.22 倍，采用较高直流母线电压更有利于器件的选型。直流牵引系统标准电压、直流高于 0.1kV 低于 1.5kV 的设备额定电压、各直流电压等级供电距离和容量参考 GB/T 156—2017 要求。若直流负荷需求为 120kW，则宜选择 700～1000V 电压等级，考虑直流牵引系统的额定电压、交直流电压变换的关系及设备成熟度，可选择 750V 电压等级为直流负荷供电，满足供电容量及供电范围的要求。

3. 交直流混合配电网优化运行

交直流混合配电网优化运行需综合考虑线间功率调节能力，以实现潮流的最优化与电能损耗的最低化为目标，调节电压源换流器、智能软开关功率，通过多方面调控电力电子装置，利用现有线路和空间以实现不同时间尺度下的交直流混合配电网优化调度，确保配电网经济安全运行。

4. 交直流混合配电网故障恢复

含柔性软开关的交直流混合配电网故障修复技术包括三类，一是针对交流子网的故障恢复，建立以优化电网恢复为目标的两层规划模型并求解；二是根据系统供电恢复需求，针对直流子网的故障恢复，建立直流电网恢复路径优化模型；三是提出故障发生时的含智能柔性软开关的有源配网修复技术。

典型案例三 三峡坝区微缩景观园交直流配网规划

三峡坝区微缩景观园交直流配网规划采用 380V 电压等级构建交流子网，设置 1 段 380V 交流母线，直流子网电压选择 750V（±375V）为高压直流母线，220V、48V 为低压直流母线，通过 DC/DC 变换器互联。直流子网通过交直流接口变换器与交流子网互联，如图 5–15 所示。

作为坝区交直流配网的先行示范项目，源侧积极推进太阳能资源开发利用，利用各类型建筑屋顶、外墙等规划建设分布式光伏发电，采用“分布式发电、就地消纳”的方式，建设包括车棚光伏、屋顶光伏、光伏幕墙多类型的分布式光伏。建设空气源热泵系统，满足示范区内供暖负荷、供冷负荷和热水负荷需求。通过项目的实施，有效地提高可再生能源消纳，实现了“源随荷动、荷随源变、源荷互动”的低碳化运营。

与传统交流配电网规划方案相比，交直流混合配电网规划建设及运维成本可节省约 100 万元；实现了可再生能源的 100%消纳，年减排 CO_2、SO_2 和 NO_x 分别约 2.63 万 t、231.4t 和 186.3t。

五、配电网关键技术发展方向

推进配电网关键技术的应用，对实现电力低碳化发展，积极服务“双碳”目标具有重要的现实意义。

1. 提高配电网应对安全风险能力

主动做好“双碳”目标下配电网高质量发展，统筹推进主动配电网、多微电网、交直流混合配电网建设，因地制宜地引导确定配电网关键技术应用的规模、布局和时序，保障新能源就地就近并网消纳，促进“源–网–荷–储”协同联动、有效衔接，能够有效提升配电网整体安全水平。

2. 推动实现配电网高效经济运行

通过主动配电网技术、多微电网技术和交直流混合配电网技术的应用，推动配电网建设改造全过程节能的实现，提升配电系统的环境适应性和运维便利性，强化节能调度，推进配网同期线损管理，合理安排运行方式，不断提升配电网经济运行水平。

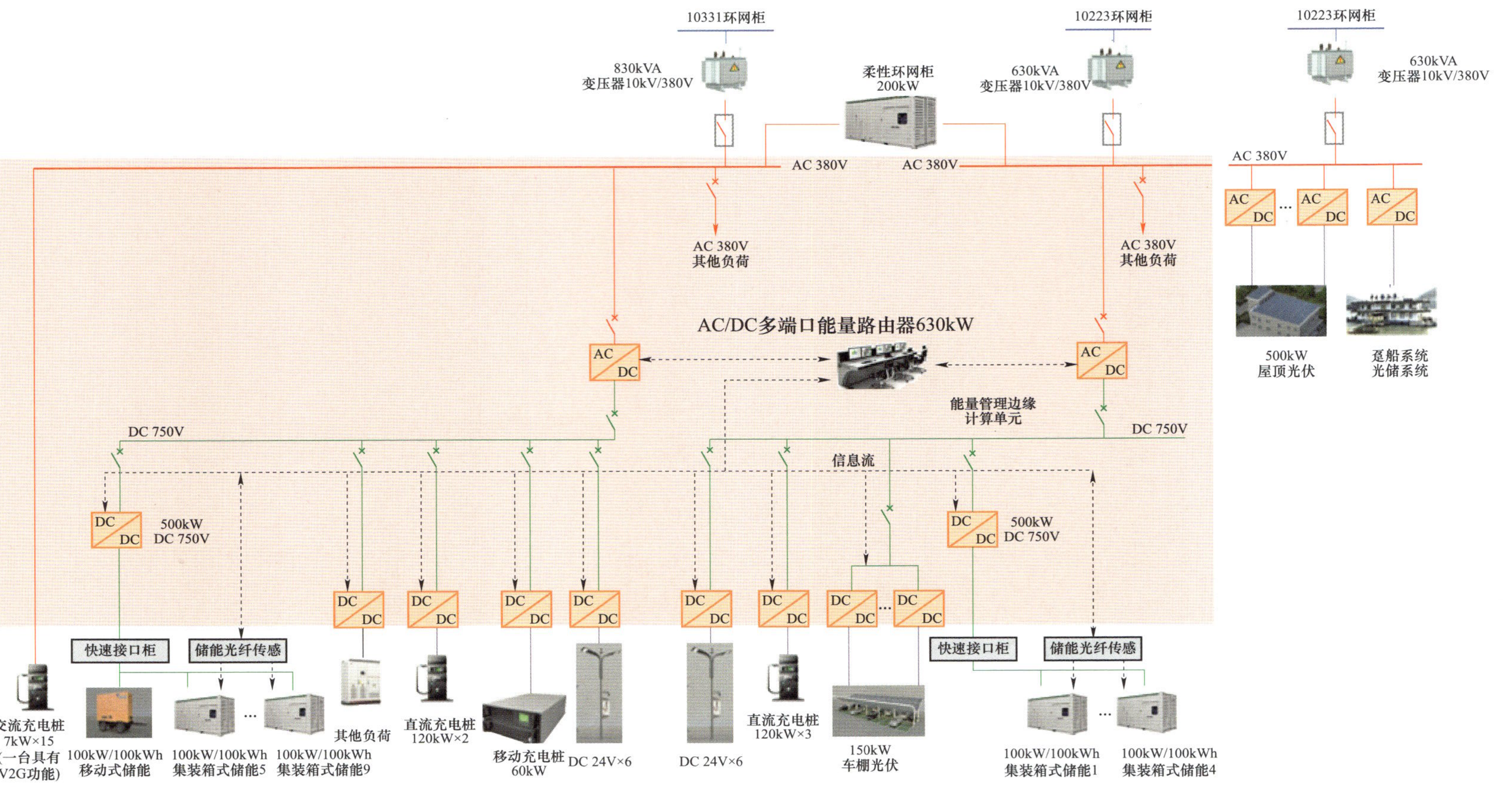

图 5－15　三峡坝区微缩景观园交直流配网接线方案

3. 加快配电网与能源互联网紧密衔接

围绕能源互联网绿色、智慧、安全、价值创造等要求，主动配电网技术、多微电网技术和交直流混合配电网技术的应用能够充分发挥配电网全要素功能特征和优化配置平台作用，推动能源梯级利用、资源循环利用，带动提高全社会能源利用效率，探索共建共享共治共赢的新模式新业态生态圈。

4. 努力占领低碳配电技术制高点

围绕节能环保、清洁生产、清洁能源等领域，通过主动配电网技术、多微电网技术和交直流混合配电网技术的攻关行动，推进新能源主动支撑技术进步，以科技创新破解能源电力深度脱碳难题。依托重大的装备制造及示范项目，支持配网关键技术应用，以适应新能源的快速发展。

5. 充分发挥需求侧管理手段作用

针对大规模新能源接入下电力电量平衡的复杂性，深度挖掘需求侧响应潜力，通过应用主动配电网技术、多微电网技术和交直流混合配电网技术，广泛调动用户参与需求侧响应的积极性，加深负荷与配电网灵活友好互动，缓解配电网建设投资压力，可实现配电网安全保障、供电保底等功能。

六、低碳化配电网清洁环保指标测算

以配电网为例，低碳化配电网清洁环保指标核算流程如下：①确定排放源；②测量活动数据；③获取排放因子数据；④设备检修与退役过程产生的六氟化硫排放；⑤固碳技术减少的二氧化碳排放；⑥汇总得到配电网碳排放量。配电网低碳化和清洁环保程度随配电网碳排放量的增大（减小）而减小（增大）。

配电网碳排放量计算式为

$$E=E_{DG}+E_{DN}-E_{ccs}$$

其中，E 是配电网二氧化碳总排放量，单位为 t；E_{DG} 是分布式电源的二氧化碳排放量，单位为 t；E_{DN} 是区域配电网产生的二氧化碳排放量，单位为 t；E_{ccs} 是固碳技术减少的二氧化碳排放量，单位为 t。

（一）分布式电源二氧化碳排放量

计算式为

$$E_{DG}=E_{DG,b}+E_{DG,d}$$

其中，$E_{DG,b}$ 是化石燃料燃烧产生的二氧化碳排放量，单位为 t；$E_{DG,d}$ 是脱硫过程产生的二氧化碳排放量，单位为 t。

1. 燃料燃烧产生的二氧化碳排放指标

计算式为

$$E_{DG,b}=\sum_{i=1}^{n}[(NCV_i \times FC_i \times CC_i \times OF_i)\times 44/12]$$

其中，NCV_i 是第 i 种化石燃料平均低位发热量，固、液化石燃料的单位为 GJ/t，气体化石燃料的单位为 GJ/万 m^3（标况）；FC_i 是第 i 种化石燃料净耗量，固、液化石燃料的单位为 t，气体化石燃料的单位为万 m^3（标况）；CC_i 是第 i 种化石燃料的碳含量，单位为 t/GJ；OF_i 是第 i 种化石燃料的碳氧化率，%。

2. 脱硫过程产生的二氧化碳排放指标

计算式为

$$E_{\mathrm{DG,d}}=\sum_{j=1}^{n}(EF_j\times B_j\times I_j)$$

其中，EF_j 是第 j 种脱硫剂中碳酸化合物系数，可参照碳酸化合物排放因子推荐表；B_j 是消耗的脱硫剂，单位为 t；I_j 是碳酸化合物在脱硫剂中的占比，%。

（二）区域配电网二氧化碳排放量

计算式为

$$E_{\mathrm{DN}}=E_{\mathrm{DN,b}}+E_{\mathrm{DN,sf}}$$

其中，$E_{\mathrm{DN,b}}$ 是购入电力消费的二氧化碳排放量，单位为 t；$E_{\mathrm{DN,sf}}$ 是设备修理、退役过程产生的六氟化硫排放的二氧化碳当量，单位为 t。

1. 区域配电网产生的二氧化碳排放指标

（1）设备检修与退役过程产生的排放计算式为

$$E_{\mathrm{DN,sf}}=\left[\sum_{i=1}^{n_1}(REC_{\mathrm{c},i}\times REC_{\mathrm{r},i})+\sum_{j=1}^{n_2}(REC_{\mathrm{c},j}\times REC_{\mathrm{r},j})\right]\times 23.9$$

其中，$REC_{\mathrm{c},i}$ 是退役设备 i 的 SF_6 容量，单位为 kg；$REC_{\mathrm{r},i}$ 是退役设备 i 的 SF_6 实际回收量，单位为 kg；$REC_{\mathrm{c},j}$ 是检修设备 j 的 SF_6 容量，单位为 kg；$REC_{\mathrm{r},j}$ 是检修设备 j 的 SF_6 实际回收量，单位为 kg。

（2）购入电力产生的排放计算式为

$$E_{\mathrm{DN,b}}=AD_{\mathrm{DN,b}}\times EF_{\mathrm{DN,b}}$$

其中，$AD_{\mathrm{DN,b}}$ 是配网购入电量，单位为 MW；$EF_{\mathrm{DN,b}}$ 是区域电网年平均排放因子，单位为 t/MW，应根据国家主管部门公布的相应区域电网排放因子计算。

2. 固碳技术减少的二氧化碳排放指标

通过应用固碳技术，计量区域配电网中固碳物质前后质量，计算得出吸收二氧化碳量。计算式为

$$E_{\mathrm{ccs}}=W_{\mathrm{ccs,b}}-W_{\mathrm{ccs,a}}$$

其中，$W_{\mathrm{ccs,b}}$ 是区域配电网中固碳物质吸收前质量，单位为 t；$W_{\mathrm{ccs,a}}$ 是区域配电网中固碳物质吸收后质量，单位为 t。固碳数据以发电侧记录数据为准，也可采用具备资质机构提供的测量数据证明。

典型案例四　低碳化增量配网清洁环保评估

某企业增量配电网运行期间，其运行、调度、维修、巡检均会消耗能源。增量配网内 SF_6 设备在维修/退役时均会排放温室气体。增量配网内通过种植草坪或树木可起到固碳作用。

增量配电网内电气设备均采用不含 SF_6 的环保型电气设备，每年可避免泄漏 0.012t 的 SF_6 气体，直接减排约 286.8t 二氧化碳。通过历史数据统计分析，以增量配电网年平均电量为 28MWh/年为例，站内种植和铺设成品树木和草坪，参照运行阶段碳足迹计算结果表，该低碳化增量配电网年碳排放量约为 19.5t，见表 5－7。

表 5－7　低碳化增量配电网年碳排放量

项目	用量	碳排系数	年碳排放（t）
电力	28MWh/年	0.792 1kg/kWh	22.17
SF_6 设备	0	23 900kg/kg	0
绿植	113m²	－11.5kg/m²	－1.29
草坪	526m²	－2.63kg/m²	－1.38

第四节　供热管网节能提效技术

一、供热管网发展现状及面临的挑战

供热管网是由城镇集中供热热源向热用户输送、分配供热介质的管网系统，包括输送干线、支线、输配干线等部分，是衔接热用户与集中热源的桥梁，已经成为居民生产、生活的重要基础设施和维护城市正常运转的硬件条件，在现代社会的能源输配领域扮演越来越重要的角色。随着我国城市集中供热系统的发展，供热规模日益扩大、环保指标日趋严格，供热管网已逐渐出现多热源、长距离、大规模的特点。

供热管网范围包括供热首站至用户热力站、热控站的一次热水或蒸汽供热管网系统，有热源热力站向周边用户直接供热的供回水管网系统，热力站至用户的供暖与生活热水管网系统，热力站至用户的蒸汽供热管网系统，用户至热源凝结水回收站的凝结水管网系统。供热管网可按介质、用途、形式、布置、热源分类：按输送介质分，供热管网可分为蒸汽管网、热水管网、冷凝水管网；按用途分，供热管网可分为工业供热管网、供暖热水热力管网、生活热水供热管网；按供热管网与用户连接形式分，供热管网可分为直接连接与间接连接；按管网布置形状分，供热管网可分为单管、双管、多管与环状管网；按热源数量分，供热管网可分为单一热源供热管网和多热源供热管网。

截至 2020 年底，全国城市供热管网总管道长度已达到 42.60 万 km，供热管网对应的集中供热面积 98.82 亿 m^2；蒸汽供热能力 10.35 万 t/h，供热总量 6.51 亿 GJ；热水供热能力 56.62 万 MW，供热总量 34.5 亿 GJ。2011—2020 年全国供热管网管道总长度和总供热面积如图 5－16 所示。

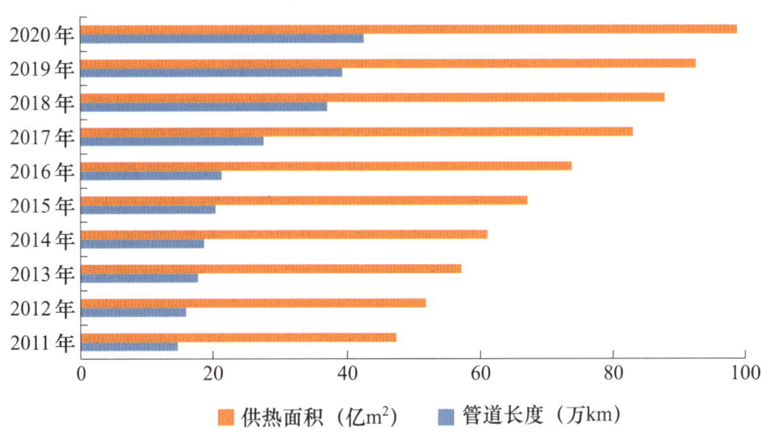

图 5－16　2011—2020 年全国供热管网管道总长度和总供热面积

近年来，我国城市集中供热事业飞速发展，供热形势总体呈现良好局面，为城市经济与社会发展提供了充足的驱动力，也在一定程度上改善了社会大众生产、生活条件。但供热管网建设和运行仍旧面临诸多问题和挑战，主要体现为供热质量不佳、供热管网的控制水平和调节水平不高、水力失调等。随着我国“双碳”战略的持续推进，在构建清洁低碳、安全高效能源体系与大力发展清洁能源供热的新时代背景下，更清洁、更低碳、更高效、更灵活是今后行业发展的必然要求，供热行业的节能转型势在必行。

二、供热管网技术发展

（一）优化城镇供热管网技术，实现节能降耗

我国城镇热网技术已经相当成熟，未来发展重点将以优化系统运行参数、优化管道敷设条件及路由等节能降耗为主。

1. 供暖供热、空调供冷管网

（1）供暖供热管网。供暖供热管网分为一次管网和二次管网，由热源供热首站至用户热力站为一级管网，热力站至供暖用户为二级管网。在一般情况下，热

电厂一级管网设计供回水温差宜采用 40～60℃。理想的一级管网设计供回水温度见表 5－8。

表 5－8　　理想的一级管网设计供回水温度

设计供回水温度（℃）	设计供回水温差（℃）	设计供回水温度（℃）	设计供回水温差（℃）
95/55	40	84/45	40
105/55	50	95/45	50
115/55	60	105/45	60
90/50	40	80/40	40
100/50	50	90/40	50
110/50	60	100/40	60

理想的二级管网散热器供暖系统按 75/50℃连续供暖设计，且设计供水温度不宜大于 85℃，设计供回水温差不宜小于 20℃。热水地面辐射供暖系统设计供水温度 35～45℃，设计供回水温差不宜大于 10℃。

供回水管网选择应根据热源情况、用户远近、输送距离、用户用热需求、热力网工程投资控制等具体情况，经技术经济比较确定。若热电厂、区域供热锅炉房有丰富的品质较高热源、热用户较远、热力网输送距离较长，要求用户进口供暖热水温度较高时，可优先选用较高供水温度的管网输送。此管网系统与用户供暖管网系统是间接式的换热，系统补给水量较小。若热用户靠近热电厂或区域锅炉房，根据供暖地区的冬季室外气温，可采用较低供水温度管网，由热源热力站直接向用户供热。循环水补水、稳压系统可设在热源热力站内。

（2）空调冷冻水供回水管网。空调冷冻水管网供回水温度按空调舒适度一般可分为三种：舒适式（6～13℃）、工艺性（5～10℃）、精密性（4～10℃）。空调冷冻水管网与供暖热水管网相同，一般为双管输送、一供一回，同径、同程、同向布置。空调冷冻水温度一般在 4～13℃，管道保温结构与供暖管网相同，可采用高密度聚乙烯外护管硬质聚氨酯泡沫塑料预制直埋保温管。

2. 工业蒸汽管网

由于各种工厂、企业的生产性质及工艺流程不同，各用热设备对蒸汽压力、温度等参数要求不一。厂区内、厂区外蒸汽管网有单管制、双管制及多管制等蒸汽供热系统。凡是用汽参数相近的中、小型工厂、企业，均可采用单管供汽系统。用户用汽参数相差较大时，可采用双管供汽系统。如某机械工厂锻工车间锻锤需用 0.9MPa 蒸汽，则可从热源引出两根蒸汽管道，其中一根蒸汽管道单独供应锻锤用汽，另一根供给其他车间用汽。对锻锤间断排汽，若回收利用，应对排汽作除油、过滤处理。一般蒸汽用户的凝结水若无污染，应尽量回收并利用疏水阀后的背压将凝结水送回至热源，若用户距离锅炉房较远，依靠疏水阀后背压不能送回，可在用户处热力站设置凝结水箱、凝结水泵，将凝结水加压送回至热源。热用户较多，各个用户要求的用汽参数相差又较大时，根据用户的要求，采用多管蒸汽系统，向各用户提供三种以上参数的蒸汽。

3. 城镇供热管网布置与敷设

城市供热管网工程复杂，在热力网布置时，要经过多方案的比选，根据用户情况、当地政府规划、现场周边环境等选择最优路径，做到经济运行、节省投资，并为今后的发展留有余地。

由于供热热源的供热范围不断增大，热力网投资在整个供热工程总投资中所占的比例不断增加。合理选择管网的布置形式、线路以及供热管道的敷设方式，有助于减少管网投资、提高管网建设速度、便于维护管理、保证供热效果和管网安全可靠运行。

对于供暖、空调的热（冷）水管网，在住宅小区内，一般采用直埋敷设；在住宅小区外，一般采用管廊、管架、通行地沟或半通行地沟敷设方式。对于工业蒸汽管网，通常采用地埋与架空相结合的敷设方式。

4. 热网管道高性能保温材料

供热管网一般采用玻璃棉或预制聚氨酯等保温材料。随着保温材料技术的不断进步，近十年间新型保温材料不断涌现，如纳米孔气凝胶保温材料，极轻、不燃、憎水、性质恒定。在纳米气凝胶基础上，保温材料厂家经过二次开发，二氧化硅气凝胶和纳米气囊逐步进入供热管网建设视野。供热管网应根据实际管道参数，以专题报告形式选择最经济的保温材料，降低工程造价。

5. 高效隔热管座

为降低蒸汽管道热损耗，响应节能减排的政策要求，高效隔热管座已广泛应用于热网系统设计中。高效隔热管座利用具有低导热性能和高强度的隔热瓦块，使管道支吊架管部底板不直接与支撑钢结构面接触，尽可能地避免支吊架管部和钢结构之间的热传导，降低支架处的热能损失。

（二）大力发展长距离供热技术，扩大供热半径

随着供热技术的不断进步，蒸汽和热水长距离输送技术不断成熟，长距离供热技术可大幅度提高供热半径，为集中式清洁热源利用拓展了空间。

1. 蒸汽长距离输送技术

随着节能减排、关停中小燃煤锅炉政策的大力推行，距离城市中心较远的大型火电厂纷纷改造成为热电厂，对城市进行集中供热。这些蒸汽管网工程输送距离一般在10～20km，有的甚至在20km以上。突破了规范推荐的蒸汽管网5～8km输送距离的限制，需要大幅降低管网的压降、温降和管损才能提高蒸汽管网运行的经济性和安全

性。蒸汽低耗长距离设计技术有效解决了以上难题，目前国内蒸汽管网工程单线长度最长已超过 40km。蒸汽长距离输送技术具有如下特点：

输送距离长，可由常规的单线 5～8km 延伸至单线 40km。输送温降小，可由常规的 15℃/km 降为 3～8℃/km（设计负荷 40%以上）。输送压降小，可由常规的 0.06～0.1MPa/km 降为 0.01～0.03MPa/km。输送能耗少，蒸汽管道每公里输送能耗仅为常规设计的 1/4～1/5（总质量损耗小于 1%～3%）。超低负荷安全运行，通常管道最低运行负荷仅为设计负荷 10%。实际工程达到全线平均温降 3.6℃/km，压降 0.011MPa/km。

典型案例一　山西汾阳杏花村经济开发区及周边村镇集中供汽项目

山西汾阳杏花村经济开发区及周边村镇集中供汽项目利用国金电厂现有热电联产机组的工业抽汽，经技术改造，向杏花村经济开发区的汾酒股份、中汾集团等酒厂及周边村镇的小酒厂供蒸汽，以取代原有分散燃煤小锅炉。

该项目供蒸汽管网最大蒸汽流量 235t/h，年供汽量 93.1 万 t、279.3 万 GJ。蒸汽管网主干线长度约 16.87km，主干线管径 DN700，管道设计承压 1.6MPa，管线全程按架空方式敷设。

项目建成投产后，可实现二氧化碳减排约 1.7 万 t/年。

2. 热水长距离输送技术

热水长距离输送管道具有水流量大、占地少、密闭安全、便于管理、易于实现远程集中控制、自动化程度高的优点。在进行长距离输送热水管道工程建设时，应注意以下几点：选取合理的经济比摩阻；合理设置中继泵站；考虑保温成本、管径、敷设方式等因素综合确定管道经济保温材料及厚度；球阀代替其他形式的关断阀门；使用大曲率半径的弯头等多种技术手段减少管网阻力，使管网输送距离更长。

典型案例二　晋能孝义热电厂城区配套环状供热管网一期工程

晋能孝义热电厂城区配套环状供热管网一期工程利用晋能孝义 2×350MW 低热值煤发电机组向孝义市中心城区供热，机组新增供热能力 400 万 m^2，新增供热负荷 225MW。

该项目一级管网及中继泵站一次性建成，新建管网里程长度为 19.10km，改造管网里程长度为 3.15km；共设置 2 座中继泵站，项目于 2022 年正式投运。

按设计热负荷计算，可实现二氧化碳减排约 3.1 万 t/年。

（三）使用先进供热管道补偿技术，降低系统阻力

受供热管线的各种客观条件限制，任何一条管线都不可能只应用一种类型补偿器，即便是波纹管膨胀节和旋转补偿器也会经常和“自然补偿器”一起配合使用。自然补偿器经济性、安全性高，还可以与任何一种型式的补偿器配合使用，来完成整条管线的热补偿任务。由于各种形式的补偿器均存在一定的局部阻力，因此在保证供热管网安全运行的前提下，通过采用管道应力分析软件，尽可能地减少补偿器数量或使用低阻型补偿器，以降低管网阻力。

在热水管道中，推荐的补偿组合为：直埋套筒为主，辅以自然补偿器、角向型波纹管膨胀节、旋转补偿器；在蒸汽管道中选用旋转补偿器、波纹管膨胀节。

（四）推广供热管网信息化技术，提高供热质量

随着供热产业的发展，供热企业迅速发展壮大，逐步向规模化、集团化发展，随之而来面临生产运行管理、有效监管、精准供热、设备安全、经济效益差等难题。生产运行信息化平台借助大数据、物联网、移动互联、云计算等技术，能够从生产、运行、管理、服务等方面为供热企业提供全面的支撑，为供热企业的发展指明了方向。

当前较为先进的供热管网信息化技术主要有：由监控中心和远程终端站两大部分组成的供热管网监控系统；从热源到管网再到换热站实时生产数据监控管理的智能供热管网调度系统；由无线移动终端测温设备、数据安全传输网络和中心平台数据接收、统计与分析软件组成的无线室温采集系统；通过与 GPS、无线通信、Internet、虚拟现实等技术有机结合的地理信息系统；以供热地形、管网勘察设计数字化成果为基础，将热源厂、换热站、管网等进行可视化模拟，融合供热管网运行监测数据，利用三维精确建模和虚拟漫游技术实现对现实世界高度还原的供热三维可视化运维系统；管道运行曲线变化分析确定泄漏位置的管道监控系统等。

第五节 新型煤炭运输技术

一、我国煤炭物流运输模式发展概况

煤炭物流运输是我国交通运输业的重要组成部分，2021 年全国铁路和水路的煤炭运输量分别占货运总量的 54%和 18%。煤炭运输的动力消耗产生了大量的碳排放，运输过程中的损耗也造成了资源浪费，因此煤炭物流运输结构的优化、传统运输设备的转型及高质量基础设施的建设迫在眉睫。

（一）发展现状

我国的煤炭生产和消费结构为煤炭物流运输业带来了广阔的市场空间。从生产区

域看，全国煤炭资源主要集中在山西、内蒙古、陕西和新疆四省区，形成“西多东少、北富南贫”的格局；从消费结构看，东部地区煤炭需求量大且较为集中。煤炭供应与需求在地域上的差异性突出了煤炭物流的重要性，也决定了需要依靠“西煤东运”“北煤南运”等方式解决全国煤炭的供需矛盾。我国的煤炭运输体系以铁路为主、水路为辅、公路等为补充，形成了“九纵六横”的物流通道网络，其中铁路通道包含“七纵五横”，水路通道包含“两纵一横”，基本满足全国各地区的煤炭需求。

（二）不同煤炭运输方式的输送特点

1. 铁路运输

铁路运输是煤炭运输最重要的运输方式，具有运量大、长距离、运价低等特点，而煤炭也是铁路最重要的运输货种。2021 年，全国铁路运输煤炭 25.8 亿 t，占全国煤炭产量的 63.4%。其中山西、陕西和内蒙古是铁路煤炭运输的主要货源地，占全国煤炭铁路总发运量的 70%左右。

2. 水路运输

水路运输是煤炭运输的重要组成部分，分为内河运输和海上运输，具有运力大、运价低等优点，缺点是速度慢、受天气影响较大。水路运输还承担着煤炭运输的中转和接卸功能。我国煤炭水路运输形成了“北煤南运+外贸进口”并重的格局，津冀地区的各大港口占据了煤炭水运的主体地位，涵盖全国沿海港口约 90%的煤炭一次下水总量。

3. 公路运输

公路运输是煤炭运输的重要补充，主要包括地销汽运和外销汽运两种方式，具有灵活机动、投资较低、点对点直达等优点，能够承担煤炭的中短途物流，以及铁路、港口等煤炭集疏地的运输任务。在三种主要煤炭运输方式中，公路运输的成本最高、统筹调配难度大，但在铁路、水路覆盖范围之外以及区域煤炭运输中发挥着重要作用。

4. 其他运输方式

其他运输方式主要包括管道、皮带和架空索道等运输方式，是煤炭运输体系的有效补充。其中管道输煤是以水煤浆为介质，通过点对点、长距离输送到相对固定终端用户的一种运输方式，具有地形适应性强、选线灵活性大、输送连续、途中无运输损失等优点。皮带和架空索道运输是坑口电站短距离煤炭运输的常用方式，可降低输送成本、减少污染，但应用具有一定的地域局限性。

二、新型煤炭运输的挑战及发展方向

（一）煤炭运输面临的挑战

作为碳排放的主要来源，煤炭生产、运输和消费体系将受到深远影响。我国煤炭资源赋存丰度与地区经济发达程度逆向分布的特点决定了煤炭生产和消费逆向分布的供需格局，煤炭在运输过程中存在路线长、运量大、中间环节多、路线规划不科学的问题，产生了大量的碳排放、污染物以及高达6%的损失率。2021年国务院印发《2030年前碳达峰行动方案》，要求加快优化运输结构，控制交通运输领域碳排放增长，煤炭运输面临着向低碳化、绿色化、智能化转型的挑战。

（二）新型煤炭运输的发展方向

1. 调整煤炭运输通道结构

我国正加快"公转铁""公转水"工作的推进和"铁路–水路"联动网络的建设。随着西煤东运工程建成大秦线、朔黄线、蒙冀线和瓦日线四条干线，以及多条铁路重载煤炭专用线完成建设扩能，四通八达的煤炭运输国家铁路网已逐步完善，基本解决了煤炭铁路运力紧张状况。煤炭港口建设以及水路运煤的成熟，使得远距离、大运量的水路运输得到较大发展。"铁路–水路"统一标准化运输装卸工具的建设，使煤炭从生产地到发货地或港口装船实现了一体化运输，煤炭产、供、储、销顺畅衔接的运输新格局正在逐步形成。

此外，特高压输电作为一种特殊的煤炭运输通道的替代方案，使煤炭就地发电后以电能的形式输送到用户，可连接西部煤炭产地和东部消费市场，优化现有煤炭物流运输结构，使煤炭供给方式更加多元化，降低碳排放和污染等问题，带来经济和环保的双重效益。

2. 协同发展"铁–水"联运

"铁–水"联运作为重要的煤炭运输方式，是合理利用铁路和水路资源，实现无缝衔接、高效调运煤炭的重要手段。随着我国煤炭铁路运输需求的增长，"铁–水"联运需求日益旺盛，天津港、青岛港、宁波港、舟山港、武汉港等港口均开通了相关业务。但同时，不同运输方式之间差异较大，多式联运的流程设计和设施建设还不完善，管理系统不统一，影响了联运的协同发展。因此，建立高效率、低成本、快捷便利的管理体系，优化铁路与港口之间的协同模式，是发展"铁–水"联运的必要措施。

3. 构建煤炭绿色运输系统

在"公转铁""公转水""铁–水"联运的基础上，对煤炭铁路运输和储存全过程进行绿色化升级，具体措施有：①改造载具结构，采用封闭式货厢，避免煤炭运输中的撒漏、扬尘，减少粉尘污染的同时降低煤炭资源的浪费。②改造仓储设备，合理布局仓库地点，建立封闭式仓库，配备防尘除尘设备，防止二次污染。③使用清洁能源，推动氢燃料电池技术在重卡、叉车、火车、船舶等运输设备上的技术研发和应用推广。与纯电动和燃油驱动相比，以氢为燃料的交通工具具有燃料加注时间短、续航里程大、低温环境适应性好及零碳排放的优势，但在大规模商业化前还需降低成本，提高技术成熟度和安全性。

4. 大力建设储煤基地

储煤基地的建设可以有效调控能源资源市场，放缓价格传导速度，避免煤价剧烈波动，能够起到“蓄水池”“加工厂”“中转站”“批发市场”“交割库”的作用，对确保能源供应安全、稳住国计民生基本盘意义重大。随着国家发改委发布《关于做好2021年煤炭储备能力建设工作的通知》以来，各省市陆续出台配套政策，中煤集团和国家能源集团等企业也在扩建和规划煤炭储备能力，储煤基地的建设速度进一步加快。

5. 构建智能化煤炭运输系统

煤炭运输产业作为一项系统工程，未来还需要大数据、人工智能、云计算等智能化新技术的支撑，应以人才队伍和专业设备为基础，市场经济和政策调控并举，推动国内煤炭运输向着低碳化、集约化、网络化、数据化以及智慧化的趋势持续发展。

第六节 油气管网节能技术

石油和天然气输配是油气产业链的中间环节，也是连接上游勘探开发和下游炼化加工的关键一环。目前我国约70%的石油和99%的天然气是通过油气管道输送至全国各地，其余主要通过海上或内河船舶运输。油气输配作为相对封闭的中游环节，二氧化碳排放主要来源于储运过程的能源消耗。因此推广节能技术、建设智慧管理系统是储运环节节能减排的关键突破点。

一、油气管网节能技术发展现状

油气管网输送过程中主要节能降碳技术可分为三类：一是提高热设备利用效率；二是低温余热回收；三是运行系统优化。

1. 提高热设备利用效率

原油黏度和凝固点都相对较高，很难在常温状态下输送，需要通过加热炉加热降低黏度和凝固点，能源消耗显著。因此，加热炉是原油输送系统中的主要供热设备。通过改善炉型结构、降低排烟温度、优化燃烧器等方式，提高加热炉的热效率。

2. 低温余热回收

在天然气输送管网系统中，压缩机组工作效率仅为25%左右，是主要耗能设备，其余热利用是节能主要措施之一。通过设置烟气换热器，将400℃以上高温烟气作为制热介质进行供暖，或驱动压缩式、吸收式制冷机替代电力空调制冷，可以显著削减工作和生活区域采暖制冷电力支出。400℃以下烟气可通过燃料预热、余热锅炉供暖、燃气–蒸汽联合循环等方式进行余热回收利用。除此以外，通过配置热泵将油气输送系统中 50℃以下的低温余热转为高温热能，也可有效提高能源利用效率。

3. 运行系统优化

在天然气储运系统中，一方面，采用通用模拟软件 TGNET、SPS 等对不同输量下压气站的运行方式进行模拟分析，筛选干线压气站最优的运行方式；另一方面，科学制定储气库调峰措施并加强监测和观察，均可提高油气管网运行效率。

二、油气管网节能技术发展方向

（一）节能技术

1. 加热过程降耗减排技术

油气储运及输配过程热力系统运行能耗占比约 80%，应从以下三个方面降低加热过程能耗。一是科学选择加热设备，优先采用传热效率高、体积小的相变加热炉，取代传统的热管炉或水套炉。二是强化管道和设备保温，将设备及管道温度控制在合理范围，最大程度减少热损耗。三是严格控制原油加热温度，尽量控制最低温度超过凝固温度 10℃，保证热量消耗相对稳定，有效降低能耗。

2. 不加热集输技术

不加热集输技术，又称常温输送技术，广泛应用于黏度和凝固点低的稀油的运输过程，具有能耗小、流程简单、成本低等显著优势。不加热集输通过在原油井下将原油产液和其中水的温度提高至最低集输温度以上，有效减少了油气储运过程中的能源消耗，显著降低了油气储运的经济成本，全面提升了油气储运系统安全性与稳定性。常见的不加热集输技术主要包括掺低温水环状集输技术和双管常温集油技术。

3. 油气混输技术

长期以来，我国石油和天然气都是经过三相分离器、天然气压缩机以及原油外输泵等设备处理收集分离后再分别储运，工艺比较复杂，采用不同的分输泵增加了经济成本。油气混输技术是指在原油开采之初，就将油气井中含有的天然气、石油以及水等三类介质，通过混输泵混合输送至联合站，然后将油、气、水等不同介质通过后期处理进行分离，从而达到降低储运能耗的目的。该技术可以降低运输成本、增加经济效益。

4. 输油泵变频调速技术

传统的石油输送流量主要通过控制输油泵出口阀门开度进行调节，虽然简单易行，但是控制精度低，容易造成能源浪费。在泵站和输油点之间安装变频器，通过精准控制离心泵转速精确控制流量，不仅可以减少出口阀节流损失和电机设备损耗，还可以在石油储运过程中自由控制流量，降低操作难度和储运成本，经实践证明可以显著提高经济效益，目前已成为石油储运环节最重要的节能技术之一。

5. 天然气管道掺氢输送技术

2021 年末我国天然气管道总里程已近 9 万 km，占油气管道总里程约 60%。将氢气掺入现有天然气管网实现储运和利用，是有效借助现有管道基础设施、扩大氢能使用范围的有效手段。荷兰、德国、法国等国家已建成多个天然气管道掺氢输送系统示范项目，将氢气注入天然气输送管线送至终端用户。为实现天然气管道掺氢输送规模化、产业化、市场化应用，天然气管材氢相容性、设备掺氢适应性、运行安全保障研究是主要的技术发展方向，同时尽快完善相关技术标准，着力构建“制氢–储/运氢–用氢–商业运营”的一体化产业体系。

6. 油气储存装置节能技术

截至 2021 年底，我国已建成的 LNG 接收站共 22 座（含转运站），接收能力为 1.08 亿 t/年，主要分布在华北、华东及华南沿海地区，归属于国家管网、中石油、中海油、中石化等企业；已建成 LNG 储罐 92 个，总罐容 1330.5 万 m^3。预计到“十四五”末，我国 LNG 接收站接收能力有望超过 1.4 亿 t/年。LNG 接收站在设计、建设及运营过程中，90%以上能源消耗为电能，因此节能降耗是 LNG 接收站等油气储存装置节能管理重点，主要包括设备操作优化节能、设备改造节能以及管理节能三个方面。

（二）智慧管理系统

1. 实时物联视频监控技术

通过物联网技术，设置智能现场监控系统，由系统通过传感器自动完成数据采集和自动归纳整理，形成有效的储运现场监控数据资料，并且由物联网络终端对采集的原始数据进行快速的归类和运算，使油气储运现场管理人员准确把握储运现场的工作进度，大大提升油气储运工程储运现场的可监控性、可操作性及运行效率，显著降低能耗水平。

2. “数字化”集输自动控制技术

将系统设计与工艺流程、设备选型进行科学匹配，根据控制的对象特性选择合适的仪表、设备，以“数字化”模式进行油气集输信息管理系统的融合，可以全面掌握集输管网各项内容及实时运行模式，跟踪记录集输管网特性、提高故障事故的反应处理速度，还可以快速进行数据评估便于对现场设计方案进行修改和完善，具备较大的节能潜力。

第六章
能源消费技术

能源消费遍及人类生产生活的各个领域。根据国家统计局初步核算，我国 2020 年能源消费总量约 49.8 亿 t 标准煤，2021 年能源消费总量约 52.4 亿 t 标准煤，其中交通、工业、建筑、农业四个领域能源消费总量占比达到 70%，高消耗也带来高排放。本章重点介绍了以上四个重点耗能行业发展现状以及能源消费情况，并针对四个行业面临的低碳发展形势提出了低碳能源消费主要技术及降低碳排放的路线图，大幅提升重点行业能源利用效率，特别是提高重点耗能行业能源利用效率达到国际先进水平，是必须率先完成的实现“碳中和”的阶段性目标。

第一节　交通领域能源消费技术

一、交通领域现状

（一）交通领域发展情况

我国交通基础设施网络已基本形成，根据《2021 年交通运输行业发展统计公报》可知，截至 2021 年底，全国铁路营业里程 15 万 km，公路总里程 528 万 km，内河航道通航里程 12.8 万 km，港口生产用码头泊位 20 867 个，民用航空运输机场 248 个。运输能力方面，2021 年完成营业性客运量 83 亿人、旅客周转量 19 758 亿人 • km、营业性货运量 522 亿 t、货物周转量 218 181 亿 t • km；从运输方式结构来看（见图 6–1），营业性客运、货运均以公路运输为主，占比分别达 61.3%、75.0%。

（二）交通领域能源消费情况

根据国家统计局《中国统计年鉴 2021》数据，2019 年我国交通领域能源消费量为 43 909 万 t 标准煤，2015—2019 年均增速 3.5%，较全国能源消费总量增速高出 0.5 个百分点，交通领域能源消费占能源消费总量的比重约为 9%。2015—2019 年交通领域能源消费情况及增速如图 6–2 所示。

从交通领域能源消费结构（见图 6–3）来看，2019 年交通领域油品、电力、天然气、煤品消费比例约为 73:16:10:1。2015—2019 年油品消费占比从 78.6%下降至 72.9%，电力消费占比从 12.0%提升至 16.2%，天然气消费占比从 8.3%提升到 10.4%，交通领域用能结构持续优化。

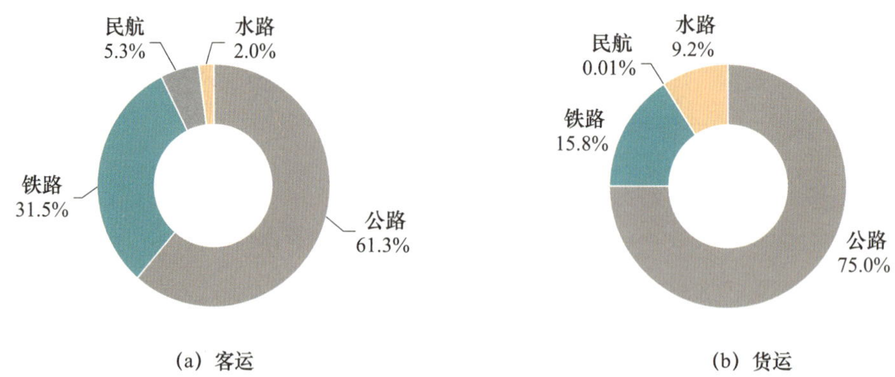

图 6-1 2021 年营业性客运量与货运量分运输方式构成

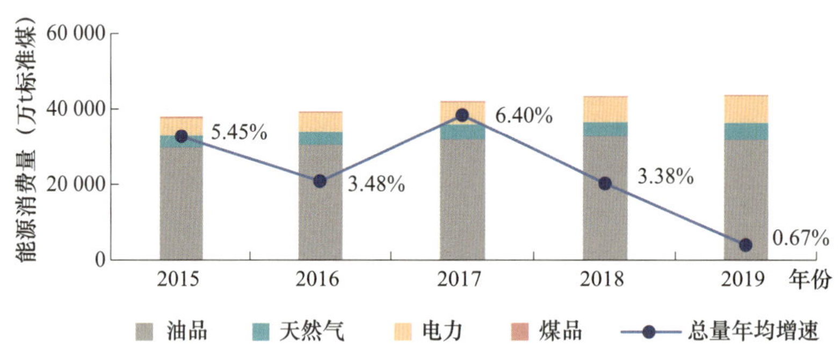

图 6-2 2015—2019 年交通领域能源消费情况及增速

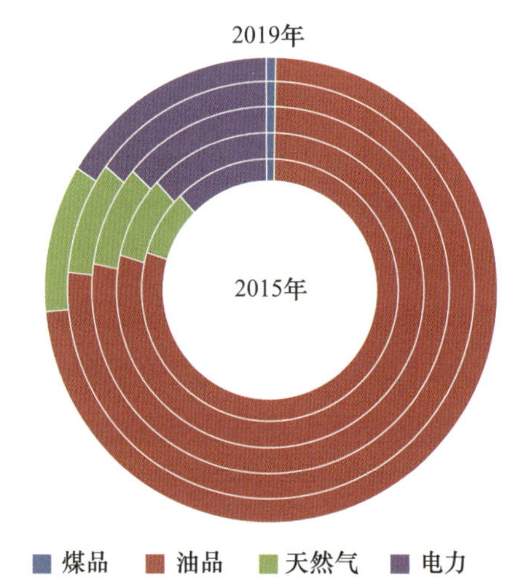

图 6-3 2015—2019 年交通领域能源消费结构

（三）交通领域碳排放情况

根据交通领域能源消费情况，2019 年交通领域直接二氧化碳排放量占我国全社会二氧化碳总排放的 11%，各细分领域碳排放情况如图 6－4 所示。其中，公路运输二氧化碳排放占比达 86.76%，水路运输、民航运输和铁路运输碳排放占比分别为 6.47%、6.09%、0.68%。公路运输中，重型货车碳排放量最大，其次为乘用车，两者碳排放量合计占公路运输碳排放总量的 87.7%，如图 6－5 所示。

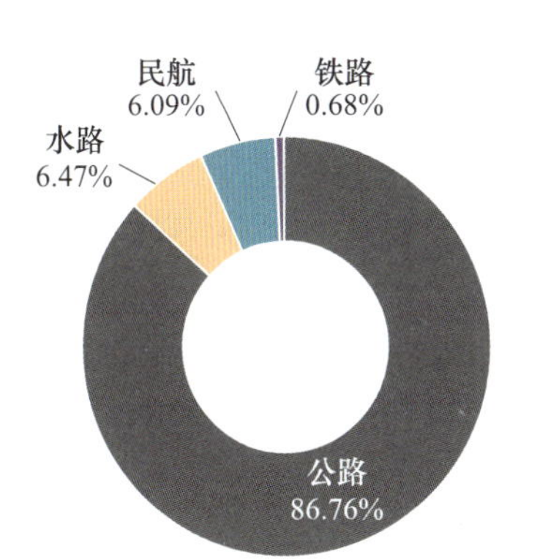

图 6－4　2019 年交通运输二氧化碳排放量占比

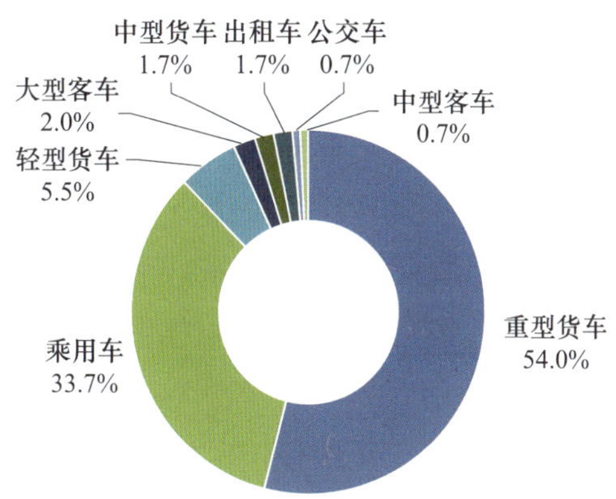

图 6－5　2019 年各类车型二氧化碳排放情况

二、存在的问题与面临的形势

（一）交通领域低碳化发展存在的问题

2021 年我国公路、水路和铁路货运量占比分别为 75.0%、15.8%和 9.2%，大宗物资中长距离公路运输占比依然较高，铁路和水运的节能、低碳优势尚未得到充分发挥；交通领域油品消费量占比在 70%以上，且柴油消费占比仍然较重，电力、天然气消费占比之和仅为 27%，能源消费结构有待进一步优化。

交通领域绿色发展水平较低。交通领域与低碳技术、信息技术融合不充分，尤其岸电使用率较低，船舶受电设施改造进展缓慢；电动汽车发展迅猛但仍受配套充电基础设施不足约束；氢燃料汽车技术尚处于示范应用及商业化初期阶段；5G、大数据等信息化技术在能源消费监测及绿色交通治理方面的应用较少。

（二）交通领域低碳化发展面临的形势

《交通强国建设纲要》《交通运输领域新型基础设施建设行动方案（2021—2025 年）》提出将打造一批交通新基建重点工程，促进交通基础设施网与运输服务网、信息网、能源网融合发展。交通领域将充分利用增量交通基础设施建设，将低碳建设要求纳入公路、水运、空运枢纽建设标准中统筹考虑，全面提升我国交通领域绿色水平。

更小更少的污染、更高更快的转换效率、更聪明更友好的驱动是交通领域内部自我革命适应市场日益强烈需求的必然趋势，电能替代、氢能替代、智能迭代是有效实现上述市场发展对环保、高效、智能化高端市场需求的重要实现路径。

三、低碳化能源消费技术

（一）氢燃料电池应用技术

氢燃料电池是将氢气和氧气的化学能直接转换成电能的发电装置，与电动汽车和燃油车相比，氢燃料电池燃料能量密度较大，全生命周期碳排放量低，通过氢燃料汽车对燃油车的替代可减少碳排放约 30%。此外，氢燃料电池汽车还具有噪声小、耐低温、事故严重性小等诸多优点，有望成为未来公路领域，特别是重型货车等车辆低碳发展的重要途径。近年来，我国氢燃料电池汽车应用推广加速，截至 2021 年底，氢燃料电池汽车保有量约为 8922 辆，截至 2022 年 6 月，我国加氢站数量已超 270 座。

（二）新能源汽车应用技术

狭义新能源汽车包括纯电动汽车、混合动力汽车、燃料电池汽车。截至 2022 年 6 月，全国新能源汽车保有量已达 1001 万辆，占汽车保有量的 3.23%；纯电动汽车保有量达 810.4 万辆，占新能源汽车保有量的 81%。受国家政策向电动汽车倾斜、电动汽车具有续航及能量密度优势等影响，天然气汽车发展进入平台期，天然气在交通领域的应用重心逐渐向天然气船舶转移；电动汽车正处高速发展阶段，将成为公路领域碳减排主力。经测算，平均每辆新能源汽车可使公路领域碳排放降低 1.3t/（辆·年），按 2025 年新能源汽车保有量 7700 万辆计算，预计到 2025 年新能源汽车应用每年可减少 9900 万 t 二氧化碳排放。

（三）公路隧道照明节能技术

公路隧道照明节能技术可通过利用 LED 照明、车辆检测、环境传感等先进技术，实时获取车辆相关实时信息以及隧道内外光环境实时信息，实现照明精细化管理，达到照明节能、安全与舒适之间的平衡。该技术适用于高速公路、普通公路的隧道，也可考虑在码头等照明场所使用，技术已较为成熟，将在全国逐步推广应用。应用实例方面，广西某高速公路全长 179km，隧道 32 座，桥隧比超 50%，采用隧道照明节能技术后，全年可减少二氧化碳排放量约 7140t。按全国公路隧道总长度 2.2 万 km、50%实施隧道照明节能改造计算，每年可减少二氧化碳排放约 88 万 t。

（四）船舶岸电技术

岸电又称为电子静止式岸电电源，是专门针对船上、岸边码头等高温、高湿、高腐蚀性、大负荷冲击等恶劣使用环境而特别设计制造的大功率变频电源设备，可替代柴油机发电，直接对邮轮、货轮、集装箱船、维修船舶等供电。岸电应用可大幅减少船舶停泊期间柴油机带来的碳排放量。以一个 15 000GT 集装箱轮为例，按每月停靠港口 2 次、每次靠港 18h 计算，在使用岸电情况下每年可减少二氧化碳排放量约 82t。

截至 2019 年底，全国已建成港口岸电设施 5400 多套，覆盖泊位 7000 多个，其中 76%分布在内河港口。2021 年 9 月交通运输部发布修订版《港口和船舶岸电管理办法》，明确了岸电设施建设要求、长江流域港口船舶使用岸电的考核规定等内容，将有力促进岸电推广使用，助力水运行业绿色低碳发展。

（五）机场桥载辅助动力装置（APU）替代技术

地面桥载设备是在机场登机廊桥上安装静变电源和飞机地面空调机组，替代飞机发动机辅助动力装置（APU），为停靠廊桥期间的飞机供电供气，实现电能对航空煤油的替代，大幅减少二氧化碳排放，并可降低机场噪声。目前，该技术已非常成熟，广泛应用于全国各地机场。以重庆江北国际机场为例，2021 年江北国际机场现有桥载电源 123 台、桥载空调 114 台，桥载设备使用率达 98%，可为每架次航班减少约 150kg 航空燃油消耗，减少二氧化碳排放量约 456kg。

随着传统 APU 替代设施规模化应用，机场电力容量不足问题逐渐凸显，国内机场开始探索应用储能式 APU 替代设施（见图 6－6），以突破老旧远机位电力供应不足的瓶颈。应用实例方面，2020 年国内首套储能式 APU 替代设施在首都机场投运，可为飞机保障电源和空调供应提供不小于 2h 的电力支撑，其实际用电功率仅为传统 APU 替代设施的 1/6。

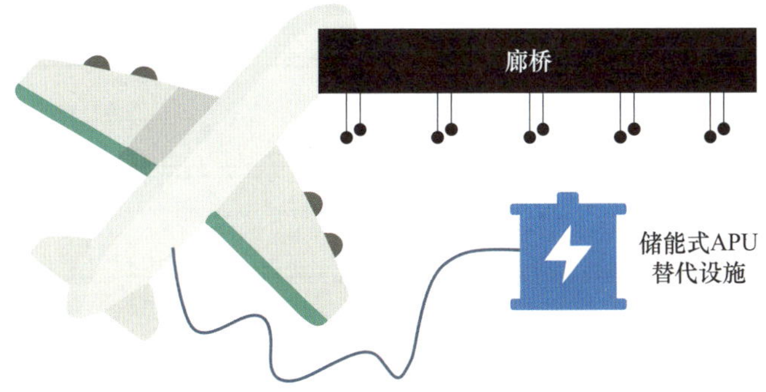

图 6－6 机场储能式 APU 替代设施示意图

四、交通领域低碳化能源消费技术发展路线图

总体来看，交通领域低碳化能源消费技术发展已较为成熟，各技术发展方向见图 6-7。其中，天然气汽车应用已从高速发展阶段转入平台期，LNG 燃料动力船舶应用方兴未艾，在 LNG 加注配套基础设施加速建设和政策支持下，有望迎来一轮新的增长；新能源汽车在“十四五”期间将实现爆发式发展，到 2025 年新能源汽车年销售量占汽车年销售总量的 20%，新能源汽车将全面渗透至中小城市与农村地区，2026 年后新能源汽车电池技术不断优化升级，传统锂离子电池逐步向半固态、固态电池发展，电池性能、容量与工艺水平的提升将有效解决新能源汽车续航里程问题，并推动新能源汽车与内燃机汽车平价；氢燃料电池技术应用现处于商业化初期与试点示范阶段，国内基本掌握关键技术，但部分核心元件仍依赖进口，氢燃料电池成本高居不下，在交通领域的应用集中在商用车领域，并逐步拓展至氢能船舶应用，预计 2026—2035 年国内氢燃料电池研究将突破核心技术，并在交通领域得到广泛应用；公路隧道照明节能技术、船舶岸电技术和 APU 替代技术现处于大规模推广应用阶段，有望在“十四五”期间实现具备条件的交通场所“应装尽装”“应改尽改”“应用尽用”，在 2025 年后普及应用。

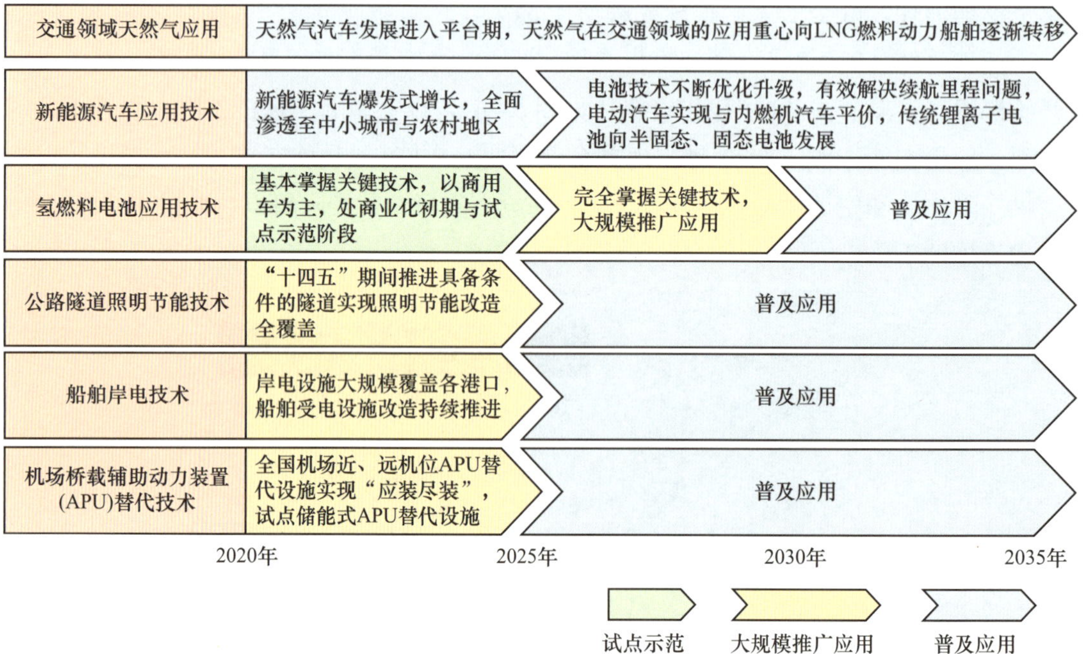

图 6-7　交通领域低碳化能源消费技术发展路线图

第二节　工业领域能源消费技术

一、工业及重点行业现状

（一）工业领域能源消费现状

工业是我国最大的能源消费领域，依据《中国能源统计年鉴 2021》统计显示，2020 年全国工业能源消费总量为 33.262 5 亿 t 标准煤，约占全国总能源消费量的 65%。另外，2019 年我国工业二氧化碳排放总量达到 72 亿 t，约占全国二氧化碳排放总量的 70%。工业领域子行业众多、种类繁杂，各行业能源消费品种及碳排放水平各有区别。根据《高耗能行业重点领域能效标杆水平和基准水平（2021 年版）》（发改产业〔2021〕1609 号）显示，钢铁、石化、化工、有色金属及建材是五大重点高耗能行业。

（二）重点行业能源消费现状

根据《中国能源统计年鉴 2021》统计显示，钢铁、石化、化工、有色金属及建材等五大重点行业 2020 年能源消费情况如表 6–1 所示。

表 6–1　　五大重点行业 2020 年能源消费情况

序号	重点工业行业名称	能源消费总量（亿 t 标准煤）	占工业能源消费总量的比例（%）	占全国能源消费总量的比例（%）
1	钢铁	6.685 1	20.1	13.4
2	石化	3.526 7	10.6	7.1
3	化工	5.672 3	17.1	11.4
4	有色金属	2.546	7.6	5.1
5	建材	3.538 7	10.6	7.1
6	合计	21.968 8	66	44.1

根据表 6–1 中能源消费统计情况来看，五大重点行业 2020 年能源消费占工业能源消费总量的 66%，占全国能源消费总量的 44.1%。其中，钢铁行业是工业领域内最大的能源消费行业。工业领域各行业特点不一，其能源消费结构及碳排放情况也各不相同。钢铁、石化、化工、有色金属及建材等五大重点工业行业的能源消费结构、水平及碳排放情况分析如下。

1. 钢铁行业能源消费现状

2020 年我国钢铁行业各类能源消费占比见图 6-8。其中，焦炭和煤炭消费量占钢铁行业能源消费总量的 80%以上，是主要的能源消费品；电力消费量占比约为 12%；天然气、油类消费量占比很小。

我国钢铁行业能源消费量以煤炭和焦炭为主，能源消费结构导致其成为仅次于电力行业的第二大碳排放大户。2019 年钢铁行业二氧化碳排放达到 19.38 亿 t，约占工业二氧化碳排放总量的 26.9%、全国二氧化碳排放总量的 15%。

2. 石化行业能源消费现状

2020 年我国石化行业终端能源消费占比见图 6-9。油类是最主要的石化行业终端能源消费品，约占石化行业终端能源消费总量的 67.5%；其后依次为电力（热力）、天然气和煤炭。2019 年石化行业碳排放达到 4.71 亿 t，约占工业碳排放总量的 6.5%。

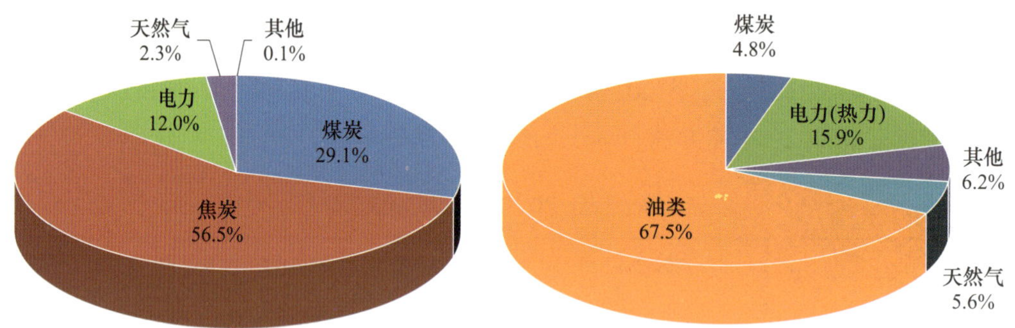

图 6-8　2020 年钢铁行业能源消费结构　　图 6-9　2020 年石化行业终端能源消费结构

3. 化工行业能源消费现状

2020 年我国化工行业能源消费占比见图 6-10。其中，煤炭和焦炭总消费量占比约为 52.1%；电力、原油和天然气消费量占比分别约为 17.9%、13.6%和 12.8%。2019 年我国化工行业碳排放为 3.41 亿 t，约占工业碳排放总量的 4.7%。

4. 有色金属行业能源消费现状

2020 年我国有色金属行业能源消费占比见图 6-11。其中，煤炭、电力消费量分别约占有色金属行业能源消费总量的 64.8%、31.2%，是主要的能源消费品；焦炭、天然气消费量分别约占有色金属行业能源消费总量的 1.7%、2.1%；油类消费量很小。

有色金属包括铝、铜、铅、锌、镍、锡等在内的数十种金属。其中，铝冶炼能源消费量占有色金属能源消费量的 50%以上，其后依次为铜、铅、锌、镍、锡等。2020

年我国电解铝交流电耗 13 244kWh/t，接近国际先进水平。

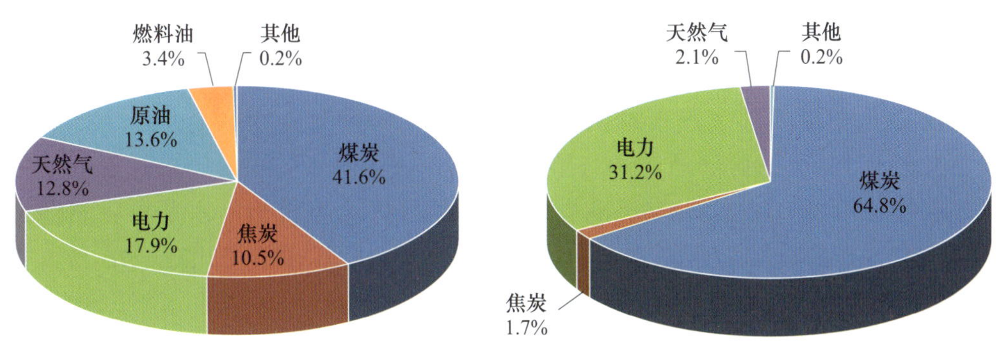

图 6–10 2020 年化工行业能源消费结构　　图 6–11 2020 年有色金属行业能源消费结构

2020 年我国有色金属行业二氧化碳排放总量约为 6.6 亿 t，占全国二氧化碳排放总量的 4.7%。其中，铝冶炼行业二氧化碳排放量最大，约 5 亿 t，占有色金属行业二氧化碳总排放量的 76%。另外，铝、铜、铅、锌等金属冶炼环节的二氧化碳排放总量约占有色金属工业总排放量的 80%。

5. 建材行业能源消费现状

2020 年我国建材行业能源消费占比见图 6–12。其中，煤炭、电力、焦炭、天然气等的消费量分别约占建材行业能源消费总量的 65.8%、18%、5.3%、9.3%；油类消费量很小。水泥、平板玻璃、建筑卫生陶瓷能源消费量约占建材行业能源消费量的 76%。

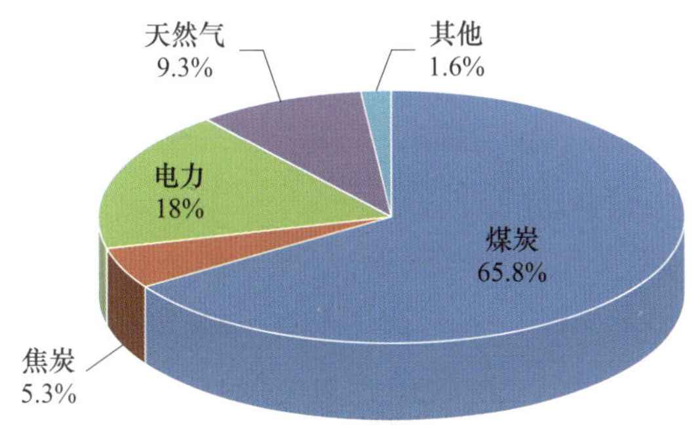

图 6–12 2020 年建材行业能源消费结构

据中国建筑材料联合会公布的《中国建筑材料工业碳排放报告（2020 年度）》显示，2020 年我国建材行业二氧化碳排放量达到 14.8 亿 t。水泥是建材行业最大的碳排放源，2020 年水泥行业排放二氧化碳约 12.3 亿 t。

二、存在的问题及面临的形势

（一）工业领域存在的问题及面临的形势

我国工业领域能源利用率仅为33%左右，比发达国家低约10%，至少50%的工业耗能以各种形式的余热被直接废弃。随着“双碳”目标推进，《“十四五”工业绿色发展规划》（工信部规〔2021〕178号）中提出，到2025年单位工业增加值二氧化碳排放降低18%，大宗工业固废综合利用率达到57%，主要再生资源回收利用量达到4.8亿t。《工业能效提升行动计划》（工信部联节〔2022〕76号）也提出，钢铁、石化化工、有色金属、建材等行业能效达到国际先进水平，规模以上工业单位增加值能耗比2020年下降13.5%。工业领域节能降碳、绿色发展势在必行。

（二）重点行业存在的问题及面临的形势

1. 钢铁行业存在的问题及面临的形势

尽管我国重点大中型钢铁企业能源消费水平已接近或达到世界先进水平，但由于钢铁生产企业技术水平参差不齐，加之长流程工艺占据主导地位，因此我国钢铁行业整体能源消费水平还有待提高。2020年我国钢铁生产的可比能耗为603kg标准煤/t，而德国钢铁生产的可比能耗早在2000年就已达到602kg标准煤/t；中国废钢消费量与粗钢产量比值（即“废钢比”）为21.9%，与主要产钢国家高达40%～86%的废钢消费比差距很大。另外，钢铁行业在低温余热、高炉渣和钢渣余热、高炉煤气显热、烧结和焦化烟气显热等的回收技术还有待开发或提高。

另外，《关于严格能效约束推动重点领域节能降碳的若干意见》（发改产业〔2021〕1464号）提出，到2025年，钢铁行业能效达到标杆水平［361kg标准煤/t（高炉工序）、331kg标准煤/t（转炉工序）］的产能比例超过30%。而2021年中国钢铁工业协会会员单位高炉工序能耗为387.46kg标准煤/t，与标杆水平还有较大的差距。总之，我国钢铁行业节能低碳发展有进一步提升的需求。

2. 石化行业存在的问题及面临的形势

石化行业能源消费结构方面，对煤炭的依赖难以减轻，尽管相比钢铁、水泥等行业，石化行业的碳排放总量较低，但碳排放强度偏高，能效利用率低于世界先进水平。石化行业产业结构方面，由于产能持续增长，产业结构调整压力进一步加大，减油增化、少油多化是缓解炼油过剩、烯芳烃供应不足的重要措施。

3. 化工行业存在的问题及面临的形势

化工行业尤其是精细化工存在品种多、产量小等特点。根据《高耗能行业重点领域能效标杆水平和基准水平（2021年版）》要求，乙烯行业、合成氨、纯碱、烧碱、电石、磷铵行业等企业有序开展节能降碳技术改造，提高生产运行能效，坚决依法依规淘汰落后产能、落后工艺、落后产品。随着节能降碳技术进步、高效设备推广应用，化工行业碳排放将出现缓慢下降趋势。

4. 有色金属行业存在的问题及面临的形势

日本和美国等国家前四大有色金属企业集中度都在 70%以上，我国有色金属行业存在大量分散式小企业且各自技术水平发展不平衡，导致有色金属企业节能设备推广、余热余能回收利用程度以及能源管控水平与世界先进水平存在差距。

国家发展改革委、工业和信息化部、生态环境部、市场监管总局、国家能源局联合印发的《关于严格能效约束推动重点领域节能降碳的若干意见》提出，到 2025 年，通过实施节能降碳行动，电解铝行业能效达到标杆水平 13 000kWh/t 的产能比例超过 30%。另外，《高耗能行业重点领域能效标杆水平和基准水平（2021 年版）》也提出，铜冶炼工艺（铜精矿 – 阴极铜）能效标杆水平为 260kg 标准煤/t，铅冶炼粗铅工艺能效标杆水平为 230kg 标准煤/t，锌冶炼湿法（精矿 – 电锌锌锭）炼锌工艺电锌锌锭（浸出渣火法处理工艺）能效标杆水平为 1100kg 标准煤/t，到 2025 年，上述产品能效标杆水平以上产能比例达到 50%。而 2020 年我国有色金属产品的能效水平与上述要求仍有不小差距，这都要求有色金属行业进一步提升节能低碳技术水平。

5. 建材行业存在的问题及面临的形势

随着新型建筑材料的不断推陈出新，其碳排放强度不断下降，但建材节能减排工作仍十分艰巨。尽管新型节能建材具有资源消耗低、使用寿命长、环境污染少等优势，然而从市场普及度看，高端产品并不具有价格竞争优势，现阶段我国多数新型建材企业的竞争集中在中低端产品上，技术含量较高的产品比较少，目前全国中低端产品已经出现产能过剩、市场增长放缓现象，这都要求建材行业进一步发展推广高端新型绿色建材。

三、工业低碳化能源消费技术

工业领域子行业众多，工艺及能源消费结构各异。随着工业领域节能减排、绿色低碳深入发展，既有融合了不同行业的综合性低碳化能源消费技术，也出现了根据不同行业特点发展起来的针对性低碳化能源消费技术。

（一）工业综合性低碳化能源消费技术

典型的工业综合性低碳化能源消费技术有循环经济、清洁能源替代技术及管理节能减碳技术。

1. 循环经济

工业领域最典型的综合性低碳化能源消费技术是依据循环经济理论和工业生

态学原理建立的循环经济产业，以及新兴工业组织形态——循环经济产业园区。我国工业循环经济发展取得积极成效，2020 年统计的工业相关循环经济情况如表 6-2 所示。

表 6-2　　2020 年工业领域主要产品固废利用数量

项目	数据	备注
大宗固废综合利用率（%）	56	
建筑垃圾综合利用率（%）	50	
废纸利用量（万 t）	约 5490	
废钢利用量（亿 t）	约 2.6	替代 62%品位铁精矿约 4.1 亿 t，其中再生铜、再生铝和再生铅产量分别达到 325 万、740 万、240 万 t
再生有色金属产量（万 t）	1450	占国内十种有色金属总产量的 23.5%

注　相关数据来自《“十四五”循环经济发展规划》。

《“十四五”循环经济发展规划》（发改环资〔2021〕969 号）提出，到 2025 年，大宗固废综合利用率达到 60%，建筑垃圾综合利用率达到 60%，废纸利用量达到 6000 万 t，废钢利用量达到 3.2 亿 t，再生有色金属产量达到 2000 万 t。工业循环经济及循环经济产业园区将成为工业低碳化发展的重要途径。

2. 清洁能源替代技术

钢铁、石化、化工、有色金属、建材等重点行业，可在生产过程中大力推广可再生清洁能源替代技术，鼓励企业利用光伏、风电、水电等可再生能源，如建设屋顶光伏、可再生能源直供钢铁企业电力等，对减少钢铁企业二氧化碳排放有直接效果。利用 1000kWh 可再生能源，可减少约 0.3t 标准煤消耗，进而降低二氧化碳排放约 0.7t。

3. 管理节能减碳技术

工业各行业生产过程中能源种类多、结构复杂，其能源系统具有工艺规模大、结构复杂的特点。而依托系统管理节能减碳理念而建设的企业能源管理系统（energy management system，EMS），通过收集企业生产过程中的各类能源、载能体的投入产出数据并加以分析预测，从整个企业的角度上寻求最佳的能源使用方式以期达到节能目的。目前，国内包括钢铁企业和有色金属冶炼企业在内的很多工业企业均建有企业能源管理体系，并获得了可观的经济效益。随着系统节能理论与技术、互联网、计算机、控制工程和测量技术等相关学科的不断发展，能源管理系统也将结合新技术不断升级以实现更多功能。

（二）钢铁行业低碳化能源消费技术

基于钢铁企业生产特点的低碳化能源消费技术总体可以分为三大类：主体工序节能减碳技术、余热余能回收利用技术、氢冶金技术。二氧化碳捕集、利用与封存技术也是未来钢铁行业重点研发和推广的低碳化能源消费技术。

1. 主体工序节能减碳技术

钢铁生产的主流工艺流程包括高炉–转炉“长流程”和电炉“短流程”等两类，还有在电炉冶炼过程中加入部分铁水冶炼的中国特色“短流程”，如图 6–13 所示。电炉“短流程”能耗约为高炉–转炉“长流程”炼钢工序的 1/3。相比于高炉–转炉“长流程”工艺约 1.85t 二氧化碳/吨钢的排放水平，直接还原铁–电炉“短流程”工艺单位二氧化碳排放仅约 1.25t 二氧化碳/吨钢，降低近 30%。

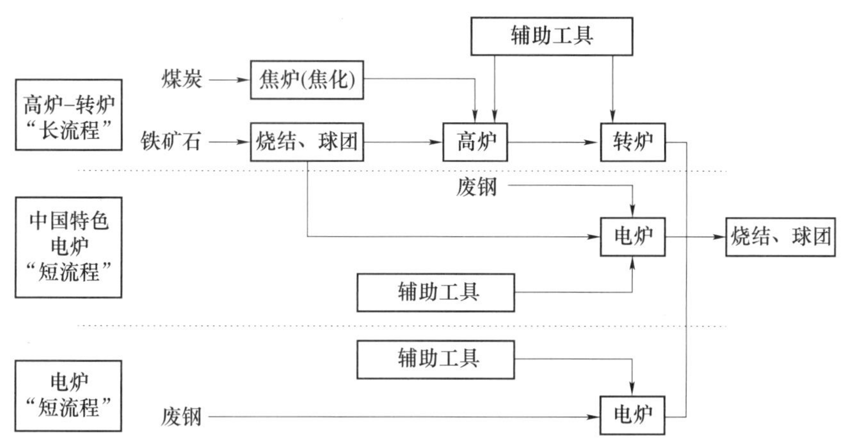

图 6–13 钢铁企业长、短流程示意图

我国是世界上最大的钢铁生产国，到 2020 年我国钢铁积蓄量达到 100 亿 t。根据中国废钢铁应用协会统计数据显示，2020 年我国废钢铁资源产量总量高达 2.6 亿 t，位居世界之首。2021 年我国废钢消费量同比下降 2.8%至 2.262 1 亿 t，我国废钢比较上年提高 1.2 个百分点至 21.9%。持续推进和提升电炉“短流程”钢铁生产技术，推动“长流程”钢铁生产向“短流程”钢铁生产发展，能有效提升钢铁行业节能低碳发展水平。

2. 余热余能回收利用技术

我国 87%的钢铁生产采用高炉–转炉“长流程”。流程中的能源利用率仅为 27%，其余 73%主要以余热余能形式存在，各钢铁企业都在分工序研究和推广余热余能深度高效利用新技术。典型余热余能深度高效利用新技术及其节能效果如表 6–3 所示。

表 6-3　　典型余热余能深度高效利用新技术及其节能效果

技术名称	节能效果	“十四五”减碳潜力
焦炉煤气上升管余热回收	吨焦产生 0.6MPa/90kg 蒸汽，折合 9kg 标准煤/t	可减碳约 120 万 t
煤调湿	折合 6kg 标准煤/吨焦	可减碳约 30 万 t
烧结废气余热循环利用	降低工序能耗 5%以上，折合 4kg 标准煤/吨矿	可减碳约 80 万 t
高炉冲渣水直接换热回收余热	100 万 m^2 采暖面积每个采暖期减少能耗 4 万 t 标准煤	可减碳超过 1 万 t
转炉烟气余热回收利用纯干法除尘	每吨钢回收蒸汽 80kg，折合 8kg 标准煤/吨钢	可减碳约 280 万 t
高参数煤气发电机组	采用超（超）临界参数，热效率较高温超高压提高 7%，年产 1000 万 t，企业可节约 5.5 万 t 标准煤	可减碳约 330 万 t

注　部分数据来自《中国钢铁工业年鉴 2021》。

3. 氢冶金技术

氢冶金技术是利用氢气替代传统钢铁生产碳冶金工艺中的碳（一氧化碳）作为还原剂，产物为水。理论上，氢冶金具有还原效率和速率的优势，且没有二氧化碳排放，将对钢铁企业“零碳”起到决定性影响。如果完全使用氢气炼钢，则生产每吨钢可减少二氧化碳排放量约 1.8t。但现阶段亟待通过技术创新实现氢气低成本制备、安全储运及应用。可再生能源制氢、核能制氢等技术研发的持续推进，以及《关于促进钢铁工业高质量发展的指导意见》（工信部联原〔2022〕6 号）政策推动，加之国内企业开展氢冶金工程示范，为氢冶金的发展提供了基本条件。

（三）石化行业低碳化能源消费技术

石化行业不同产品在能源消费种类的选择和强度上各有差异，以下为几项典型的低碳化能源消费技术。

1. 原油催化裂解生产化工原料技术

原油催化裂解技术是基于烃分子的裂解反应特性和催化裂化反应–再生系统的工艺特性，采用分区耦合转化技术，实现裂解性能差异显著的分子在同一系统的高效转化，可大幅提高化学品选择性，降低加工过程碳排放。与轻油蒸汽裂解+重油催化裂解集成技术相比，该技术路线碳排放降幅达 30%以上。

2. 环己酮肟气相重排制备己内酰胺技术

国内外己内酰胺的生产工艺基本为环己酮肟液相贝克曼重排技术，该技术工艺流程长、“三废”排放较高，亟须技术转型升级。气相重排技术不使用硫酸和氨，具有原子经济性高、流程短、“三废”排放少的特点。以每年 60 万 t/己内酰胺生产装置为例，气相重排技术每年可实现碳减排 110 万 t，万元产值碳排放降低 1.2t，碳强度降幅超过 65%。

3. 组分炼油

传统炼油将石油按照不同沸程切割成若干馏分，将不同馏分进一步加工生产石油产品。在该过程中各馏分中的部分组分不能被充分、合理利用，炼油的过程选择性和反应效率仍有进步空间。组分炼油是提升石油炼制效率、降低能耗的优选路径，其核心是采用先进分离技术对原油或其不同馏分进行烃组分分离，然后对分离后的组分进行炼制，可大幅降低加工过程碳排放。组分炼油碳减排示意图如图 6–14 所示。

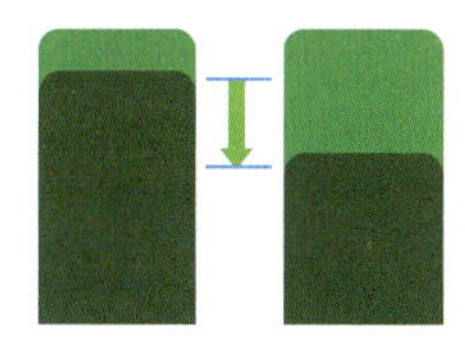

总碳排放量降低

经过组分分离后，催化裂解装置烧焦量明显降低，组分分离方案总碳排放量降低44.57万t/年

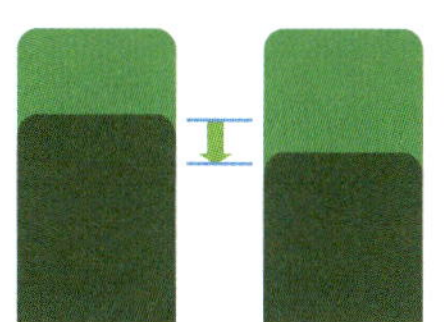

万元产值碳排放降低

由于组分分离方案总碳排放量的降低以及产品产值的提高，万元产值碳排放降低0.26t CO_2/万元

图 6–14　组分炼油碳减排示意图

对于千万吨级炼厂的化工转型，采用组分炼油理念进行流程再造，可实现全厂碳排放降低近 45 万 t/年，万元产值碳排放降低 0.26t，碳强度降幅超过 10%。

（四）化工行业低碳化能源消费技术

化工行业不同产品或者同一产品在不同企业的生产工艺各不相同，在能源消费种类的选择和强度上各有差异。化工行业低碳化能源消费技术包括浆态床双氧水技术、热解球团生产电石技术和绿氢合成氨技术。

1. 浆态床双氧水技术

浆态床工艺具有传质传热好、温度和气液固三相分布均匀等优势，是双氧水生产技术的发展趋势。相较传统固定床工艺，浆态床蒽醌加氢制高浓度双氧水技术可降低能耗物耗 20%左右，减少外排废水 30%，且能提升装置本质安全水平。

2. 热解球团生产电石技术

热解球团新工艺和传统工艺一样采用电热法生产工艺。区别在于：相较传统工艺将生石灰和炭材分散进行电热反应，新工艺是将一定配比的生石灰粉和煤粉混合成型后进行电热反应。新工艺与传统工艺相比，每生产 1t 电石可以节省原料折标准煤 0.207t，节省能源折标准煤 0.052t，即可减少二氧化碳排放 0.673 4t（每吨标准煤折算 2.6t 二氧化碳）。

3. 绿氢合成氨技术

传统氨合成工艺用煤或天然气作为原料和动力来源，会产生大量的温室气体。以天然气为例，每生产 1t 氨，可通过尿素回收 40%左右的二氧化碳，如果不回收则通常向大气中释放近 2t 的二氧化碳。而绿氨是由清洁能源和清洁原料生产获得，以可再生能源提供动力、以电解水制氢作为原料合成氨，可有效降低合成氨生产过程中产生的二氧化碳。

（五）有色金属行业低碳化能源消费技术

基于有色金属企业生产特点的低碳化能源消费技术总体可以分为两大类：生产工艺和设备节能减碳技术、余热余能利用技术。

1. 生产工艺和设备节能减碳技术

有色冶金企业已具备可大力推广降低能源消费、提高能源利用率的新工艺。与传统工艺相比，采用先进的富氧闪速及富氧熔池熔炼工艺，每吨铜熔炼可减少约 1t 二氧化碳；采用选矿拜耳法等技术，每吨氧化铝可减少约 1.5t 二氧化碳；采用大型预焙电解槽技术，每吨电解铝生产可减少约 1.3t 二氧化碳；采用氧气底吹炼铅工艺及其他氧气直接炼铅技术，每吨铅熔炼可降低 0.5t 二氧化碳。

2020 年我国再生铜和再生铝产量分别占精炼铜和铝产量的 32.4%、20%，远低于同期美国再生铜、再生铝占比（分别超过 50%、70%）。与原生铝相比，生产 1t 再生铝可减少约 8t 二氧化碳排放；与原生铜相比，生产 1t 再生铜可减少约 2.6t 二氧化碳排放。因此，进一步推进有色金属再生循环利用技术，能提升有色金属行业节能低碳发展水平。

另外，有色金属行业需要消耗大量电力且普遍建有自备电厂，自备电厂发电机组的能效和碳排放特性直接影响有色金属行业的能效和碳排放。一台 350MW 自备电厂机组效率每提高 1%，则每年可减少二氧化碳排放约 19 万 t。因此，有色金属行业应推进自备电厂发电机组升级改造工作，以提升有色金属行业节能低碳水平。

2. 余热余能利用技术

有色金属冶炼过程的余热资源约占总能耗的 50%。目前，有色金属行业针对烟气余热回收技术主要是余热发电、低温有机朗肯循环发电、热管技术、冷凝式换热器等。通过采用余热余能利用技术，年产 30 万 t 铜的火法炼铜企业可回收 4.19×10^{8}kJ/h 的余热（折合标准煤 14t/h）并发电 3.6MWh；用于年产 40 万 t 氧化铝的烧结法氧化铝企业可回收 9.58×10^7kJ/h 余热（折合标准煤 3.3t/h）并发电 0.664MWh；用于年产 5 万 t 电解铝的预焙槽电解铝企业可回收 9.78×10^7kJ/h 余热（折合标准煤 3.4t/h）并发电 9.1MWh；用于年产 8 万 t 锌的密闭鼓风炉炼锌企业可回收 1.91×10^7kJ/h 余热（折合标准煤 0.65t/h）并发电 3.8MWh。

各类有色金属的余热发电后烟气一般仍有 100～200℃，甚至达到 400℃，挖潜空间很大。另外，含硫烟气用于制酸时还会释放大量化学热，这些热量通常被发电机组冷端带走，造成余热资源浪费并耗费大量工业水。为进一步提升有色金属冶炼余热回收率，需研究利用低温烟气换热器或者热泵实现低温烟气余热用于采暖供热的技术，若建设 100MW 有色金属冶炼余热项目，每年可减少约 7.3 万 t 二氧化碳排放。

（六）建材行业低碳化能源消费技术

水泥行业是建材行业的重要组成部分，其能耗约为 2 亿 t 标准煤，占建材工业能耗的 60%左右，发展包括低钙、碱激发材料等在内的低碳胶凝材料水泥是建材行业低碳化的最重要组成部分。低钙水泥主要包括高贝利特硅酸盐水泥、硫（铁）铝酸盐水泥，与常规硅酸盐水泥相比，高贝利特硫铝酸盐水泥二氧化碳排放量可降低 10%左右；硫(铁)铝酸盐水泥的熟料烧成过程中自身碳酸盐分解直接排放的二氧化碳可降低 35%左右，碱激发材料二氧化碳排放可降低约 80%。

四、工业及重点行业低碳化能源消费技术发展路线图

工业领域子行业众多且生产流程、工艺特性、能源消费结构、碳排放强度等各不相同。《工业领域碳达峰实施方案》（工信部联节〔2022〕88 号）确定了“统筹谋划，系统推进；效率优先，源头把控；创新驱动，数字赋能；政策引领，市场主导”四项原则，提出了“到 2025 年，规模以上工业单位增加值能耗较 2020 年下降 13.5%，单位工业增加值二氧化碳排放下降幅度大于全社会下降幅度，重点行业二氧化碳排放强度明显下降；‘十五五’期间基本建立以高效、绿色、循环、低碳为重要特征的现代工业体系，确保工业领域二氧化碳排放在 2030 年前达峰”的总体目标，布置了“深度调整产业结构、深入推进节能减碳、积极推行绿色制造、大力发展循环经济、加快工业绿色低碳技术变革、主动推进工业领域数字化转型”六大重点任务。在此基础上，结合工业领域各重点行业生产特点、技术发展、政策要求等因素，建立如图 6－15 所示的工业及重点行业低碳化能源消费技术发展路线图。

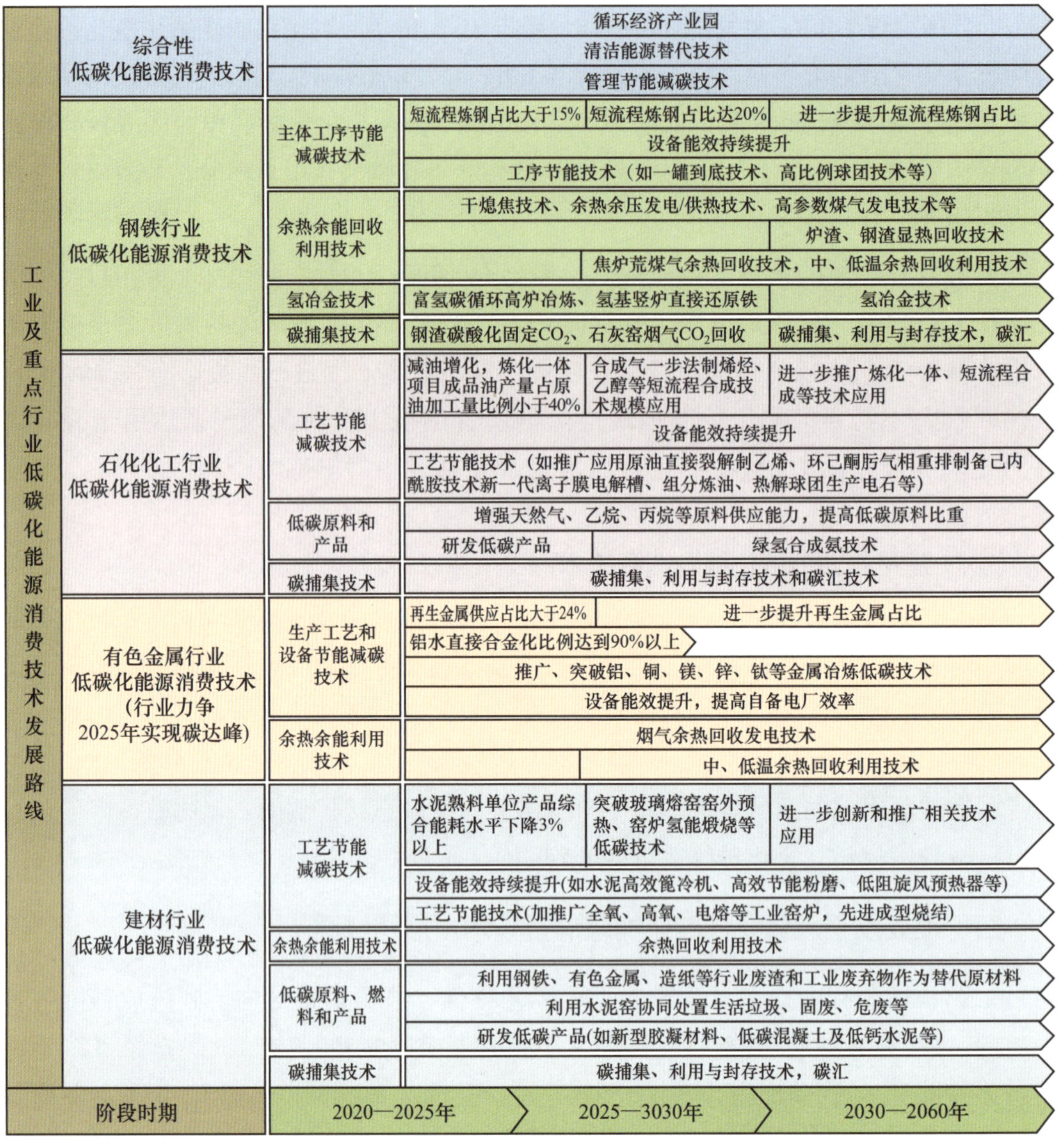

工业及重点行业低碳化能源消费技术发展路线		
综合性低碳化能源消费技术		循环经济产业园
		清洁能源替代技术
		管理节能减碳技术
钢铁行业低碳化能源消费技术	主体工序节能减碳技术	短流程炼钢占比大于15% → 短流程炼钢占比达20% → 进一步提升短流程炼钢占比
		设备能效持续提升
		工序节能技术（如一罐到底技术、高比例球团技术等）
	余热余能回收利用技术	干熄焦技术、余热余压发电/供热技术、高参数煤气发电技术等
		炉渣、钢渣显热回收技术
		焦炉荒煤气余热回收技术，中、低温余热回收利用技术
	氢冶金技术	富氢碳循环高炉冶炼、氢基竖炉直接还原铁 → 氢冶金技术
	碳捕集技术	钢渣碳酸化固定CO_2、石灰窑烟气CO_2回收 → 碳捕集、利用与封存技术，碳汇
石化化工行业低碳化能源消费技术	工艺节能减碳技术	减油增化，炼化一体项目成品油产量占原油加工量比例小于40% → 合成气一步法制烯烃、乙醇等短流程合成技术规模应用 → 进一步推广炼化一体、短流程合成等技术应用
		设备能效持续提升
		工艺节能技术（如推广应用原油直接裂解制乙烯、环己酮肟气相重排制备己内酰胺技术新一代离子膜电解槽、组分炼油、热解球团生产电石等）
	低碳原料和产品	增强天然气、乙烷、丙烷等原料供应能力，提高低碳原料比重
		研发低碳产品 → 绿氢合成氨技术
	碳捕集技术	碳捕集、利用与封存技术和碳汇技术
有色金属行业低碳化能源消费技术（行业力争2025年实现碳达峰）	生产工艺和设备节能减碳技术	再生金属供应占比大于24% → 进一步提升再生金属占比
		铝水直接合金化比例达到90%以上
		推广、突破铝、铜、镁、锌、钛等金属冶炼低碳技术
		设备能效提升，提高自备电厂效率
	余热余能利用技术	烟气余热回收发电技术
		中、低温余热回收利用技术
建材行业低碳化能源消费技术	工艺节能减碳技术	水泥熟料单位产品综合能耗水平下降3%以上 → 突破玻璃熔窑窑外预热、窑炉氢能煅烧等低碳技术 → 进一步创新和推广相关技术应用
		设备能效持续提升(如水泥高效篦冷机、高效节能粉磨、低阻旋风预热器等)
		工艺节能技术(加推广全氧、高氧、电熔等工业窑炉，先进成型烧结)
	余热余能利用技术	余热回收利用技术
	低碳原料、燃料和产品	利用钢铁、有色金属、造纸等行业废渣和工业废弃物作为替代原材料
		利用水泥窑协同处置生活垃圾、固废、危废等
		研发低碳产品(如新型胶凝材料、低碳混凝土及低钙水泥等)
	碳捕集技术	碳捕集、利用与封存技术，碳汇
阶段时期		2020—2025年 → 2025—3030年 → 2030—2060年

图 6－15　工业及重点行业低碳化能源消费技术发展路线图

第三节　建筑领域能源消费技术

一、建筑领域现状

（一）建筑领域发展情况

2020 年，我国建筑业实现总产值 26.4 万亿元，“十三五”期间，建筑业总产值年均增长 7.8%；“十四五”期间，在“稳增长”的要求下，建筑业相关的投资预计将保持高位运行，但是原有的建筑市场将进一步分化，新能源、新建筑、新基建、环境基建等新赛道将会有更多的增量。

（二）建筑领域能源消费情况

根据《中国统计年鉴 2021》，2019 年我国建筑领域能源消费量为 9142 万 t 标准煤，占全国能源消费总量的 2%，由此可见建筑业是我国能源消费的重点行业之一。

我国现有城镇总建筑在使用过程中排放了约 21 亿 t 二氧化碳，约占我国碳排放总量的 20%。我国建筑碳排放现状可划分为三类，其中建筑运行阶段直接消费的化石能源带来的碳排放占比为 27%，建筑运行阶段消费的电力和热力两大二次能源带来的碳排放占比为 71%，建筑施工安装阶段带来的碳排放占比为 2%。

二、存在的问题与面临的形势

（一）建筑领域低碳化发展存在的问题

（1）节省能源与材料意识不足。我国建筑业从业人员注意力主要集中在工程效率方面，而忽略了节约材料与控制能源的重要性。相关部门在管理方面力度不够，难以有效提升从业人员对材料与能源的节省意识，制约了我国建筑业节能减排的发展。

（2）缺乏完善的政策法规。在现阶段建筑业发展过程中，缺乏低碳建筑方面的政策法规引导，相关人员对于自身的职责不够明确、责任意识较弱，使质量控制工作难以开展。同时，对于新型减碳建筑措施，应积极在政策上给予支持，鼓励推广使用新型节能技术，通过以点带面的措施逐渐普及。

（3）新型建筑节能减排技术普及度不足。建筑领域低碳化发展必须从源头上减少浪费，应广泛采用可再生能源，在建筑领域全生命周期中减少碳排放。如今许多建筑节能减排技术已相当成熟，但由于社会认知度不够的问题，影响了技术的推广。

（二）建筑领域低碳化发展面临的形势

建筑行业的节能减排需要从建筑材料、施工阶段和运行阶段三个方面进行变革，向用能绿色建筑转型、提升建筑能效水平、优化建筑用能结构、推广绿色节能建材和装配式建筑等建筑低碳化技术。将低碳节能的设计理念贯穿于建筑行业的全流程，降低建筑全生命周期二氧化碳排放量、提升建筑物整个生命周期的性能，实现建筑物低碳排放甚至零排放的目标。

三、低碳化能源消费技术

（一）推广新型绿色建材

发展新型的绿色材料是建筑行业节能减排的主要途径之一。建材中采用传统实心砖会消耗更多能源，虽然国内已推广采用多孔砖，但传统实心砖仍占我国市场份额的 70% 左右。采用新型建材，可以从源头上减少碳排放，其中代表性技术有混凝土固碳技术、混凝土添加剂技术（二氧化钛）、镁质水泥（碳负性水泥）、混凝土新型胶凝材料、低碳保温材料。相较于传统的硅酸盐水泥，采用绿色建材可减少约 30%的碳排放量。

通过对既往工业废料和尾料的再利用，结合新技术，通过改进工艺、提高材料强度、降低材料密度，使得新型绿色材料在强度、重量、功能性上比原有的传统材料更为优越，能有效加速建筑的轻量化，提升建筑的保温性，使得应用新型建材的建筑相较于传统建筑在节能减排上更具有优势。

（二）可再生能源利用

1. 光伏建筑一体化（BIPV）

光伏建筑一体化（building integrated photovoltaics，BIPV）是指在建筑外围护结构的表面安装光伏组件提供电力，同时作为建筑结构的功能部分，取代部分传统建筑结构如屋顶板、瓦、窗户、建筑立面、遮雨棚等，实现更多的功能。BIPV 技术的核心是集成化，在不影响建筑美观和使用性的前提下，把光伏和建筑无缝连接。

建筑用能电气化也有利于推动光伏建筑一体化的发展。为了实现碳中和目标，风电、光电装机容量需要达到 60 亿 kW 的水平，这大概需要占 600 亿 m^2 以上的安装空间。而建筑屋顶、表皮是很好的可利用资源，现在统计城乡建筑的屋顶面积约为 400 亿 m^2，理想状态下，城镇建筑屋顶安装光伏板的年发电量可达 1.2 万亿 kWh，农村建筑屋顶安装光伏板的年发电量可达 2.9 万亿 kWh。全年来看，建筑用电基本可以实现“自给自足”绿色用能状态。

2. 空气源热泵、地源热泵

近几年，住房和城乡建设部及国家能源局在印发的相关文件中指出，在夏热冬冷地区应积极推广利用空气源、污水源热泵技术解决建筑采暖需求，推行可再生能源清洁取暖。2022 年，国家机关事务管理局在《关于 2022 年公共机构能源资源节约和生态环境保护工作安排的通知》中指出，全面落实节能降碳有关工作，推进可再生能源替代。因地制宜推广利用太阳能、地热能、生物质能等能源和热泵技术，实现新增热泵供热（制冷）面积达 200 万 m^2。

空气源热泵、地源热泵是利用储存中的低位热能向系统提供热量和冷量。与其他传统供热方式相比，空气源热泵、地源热泵技术既降低了能源消费，又减少了环境污染。以地源热泵系统为例，其为一种利用可再生能源既可供暖又可制冷的高效节能、无污染的新型空调系统，与常规的供热空调系统相比可以节能 50%，如果全国每年在 1 亿 m^2 建筑中推广应用地源热泵系统供暖空调，则每个采暖季可替代约 374 万 t 标准煤，或 25 亿 m^3 左右天然气，削减约 6.4 万 t 氮氧化物、933 万 t 二氧化碳、16 万 t 颗粒物的排放。因此，发展空气源热泵和地源热泵系统是我国建筑业低碳化能源消费技术的核心。

（三）“光储直柔”建筑

在“光储直柔”（photovoltaics，energy storage，direct current and flexibility，PEDF）

新型能源系统中，“光”是充分利用建筑表面发展光伏发电；“储”是利用电动汽车内的蓄电池和建筑内部的蓄电池，为建筑形成比较大的蓄电能力，来解决削峰填谷调节问题；“直”是指建筑内部的直流配电系统，通过对直流电压的控制，调节建筑内部用电设备的用电功率，从而实现“柔”；“柔”是柔性用电，使建筑用电成为弹性负载，电网取电曲线和建筑用电曲线解耦，让建筑用电不再是刚性负载。建筑取电量随外网风电、光伏发电情况变化，建筑用电负荷和外网发电量的差值依靠建筑内及电动汽车蓄电装置和直流负载调节维持建筑的运行，即做到需求侧响应，从而具备与城市电网互动的能力，并有效消纳外来的风电和光伏发电。

（四）装配式建筑

装配式建筑就是以绿色发展为理念，以建筑业转型升级为目标，以技术创新为支撑，以 BIM 技术为基础，以实现建筑工业化为核心，将建筑生产的全过程形成一套完整的生产链，具体如图 6－16 所示。在建筑碳排放全生命周期中，建材生产阶段和现场施工阶段的碳排放占总排放量的 80%～90%，装配式建筑在施工安装阶段的碳排放与现浇式建筑相比可大幅降低；在工艺方面，装配式建筑在工厂生产预制构件，运至现场进行吊装，减少现场工序、人工、现场湿作业和施工工期，节约建设成本。装配式建筑在建筑材料制造和施工阶段具有明显的低碳排放优势，预计可减少碳排放 40% 以上，是建筑业低碳化能源消费的关键技术之一。

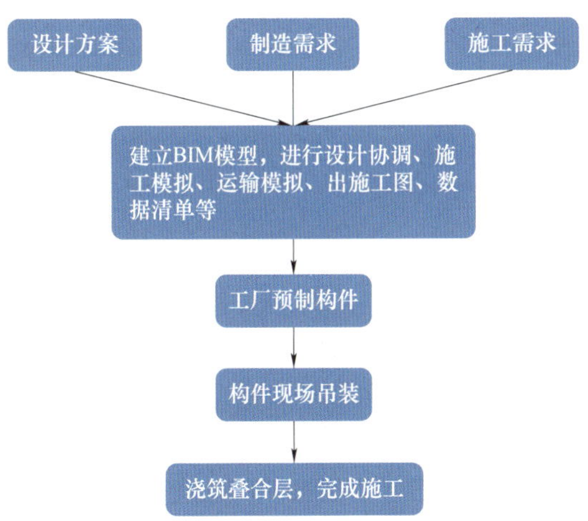

图 6－16　建筑碳排放全生命周期流程图

四、建筑领域低碳化能源消费技术发展路线图

我国的建筑业在过往几十年间历经了蓬勃的发展，已经形成规模，低碳节能技术也实现了跨越式的发展。在“双碳”目标背景下，对建筑业的发展提出了新的要求，未来将经历三个阶段（见图 6－17）：2025 年近期目标是统筹现有行业资源，大力夯实

绿色节能技术基础，按地区制定发展目标及相关政策；2030 年各地区开展试点项目，政府牵头以点带面，大力推行新型节碳技术，实现建筑业的“碳达峰”；2060 年互联网、大数据、人工智能与建筑节能和绿色建筑技术深度融合，建筑业全面实现“碳中和”。

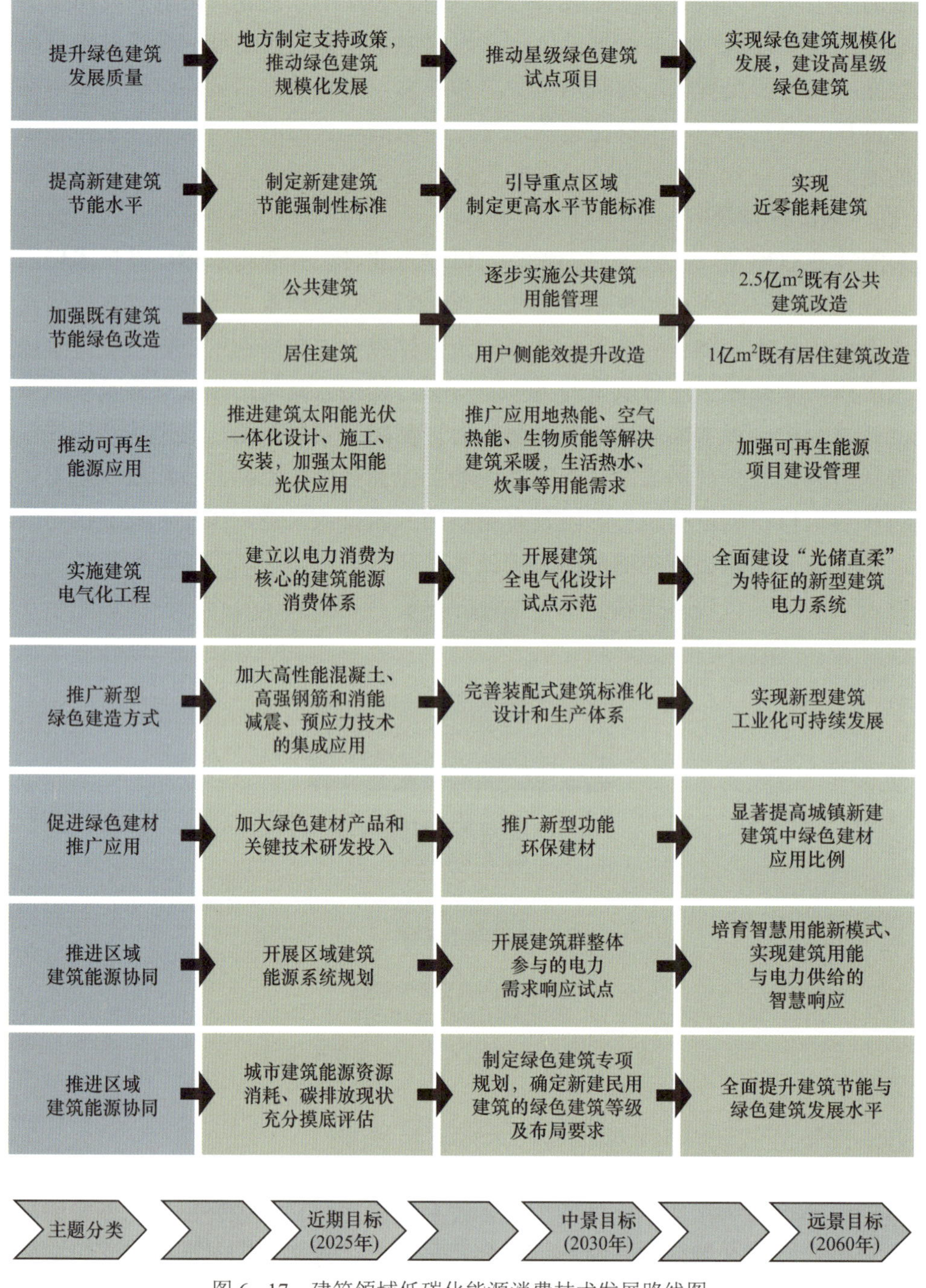

图 6－17　建筑领域低碳化能源消费技术发展路线图

第四节 农业领域能源消费技术

一、农业领域现状

（一）农业领域发展情况

农业包括种植业、林业、畜牧业、渔业和副业五种形式。“十三五”期间，我国农业发展稳中向好，综合生产能力稳步提升，产量保持在 1.3 万亿斤以上，科技进步贡献率达 60%，耕种收综合机械化率达 71%，化肥农药持续减量，连续四年实现负增长，废弃物资源化利用水平稳步提高，绿色发展迈出新步伐。

（二）农业领域能源消费情况

农业领域能源消费是指与农业（农林牧渔业）生产相关的各种活动所需要的能源，主要包含以下两类。

直接能源消费：在农场范围内，与农业生产有直接联系的能源消费，如农机的燃油消费、农产品加工时的电力消费等。

间接能源消费：在农场范围外，与农业生产有直接联系的能源消费，主要指生产化肥和农药等的能源消费。

柴油、汽油、电能和煤炭是农业直接能源消费的主要部分，天然气、煤炭和石油则是间接能源消费的主要部分。根据《中国统计年鉴 2021》数据，2014—2019 年农业领域能源消费情况见表 6–4。

表 6–4　　2014—2019 年农业领域能源消费情况

类别	2014 年	2015 年	2016 年	2017 年	2018 年	2019 年
煤炭消费总量（万 t）	2479.00	2625.00	2778.00	2834.00	2363.00	2202.00
焦炭消费总量（万 t）	35.00	49.00	53.00	38.00	103.00	60.00
汽油消费总量（万 t）	216.60	231.33	224.39	229.64	242.92	253.18
煤油消费总量（万 t）	0.75	1.10	2.24	1.52	4.91	10.95
柴油消费总量（万 t）	1491.98	1492.88	1495.86	1546.82	1468.24	1475.05
燃料油消费总量（万 t）	1.27	0.94	1.03	1.31	1.28	1.19
天然气消费总量（亿 m^3）	0.79	0.95	1.09	1.14	1.30	1.24
电力消费总量（亿 kWh）	1013.39	1039.83	1091.91	1175.12	1242.53	1336.21
能源消费总量（万 t 标准煤）	8020	8271	8585	8945	8781	9018
农业总产值（亿元）	97 822	101 893	106 479	109 332	113 579	123 968

从消费总量来看，2014—2019 年我国农业能源消费呈现上升趋势，由 2014 年的 8020 万 t 标准煤上升至 2019 年 9018 万 t 标准煤，增加了 12.4%。从消费效率来看，我国单位农业产值所需的能源消费呈现下降趋势，由 2014 年的 819t 标准煤/亿元下降至 2019 年的 727t 标准煤/亿元，降低了 11.2%，消费效率逐步提升。从用能结构来看，2019 年农业领域油品、电力、天然气、煤品消费占比约为 30%、49%、20%、1%。2014—2019 年油品消费从 33%降至 30%，电力消费从 41%增至 49%，煤品消费从 24%降至 20%，用能结构持续优化。

二、存在的问题和面临的形势

（一）农业领域低碳化发展存在的问题

我国农业绿色发展仍处于初期阶段，还存在着以下不足：

（1）农业领域用能结构不优。2020 年我国农业领域油品、煤品消费量占比为 50%左右，且柴油消费占比仍然较重，能源消费结构有待进一步优化；农业机械仍以柴油发动机为主，电动机动力仅占 17.9%，电气化水平有待进一步提升。

（2）农业领域低碳技术储备不足，主要体现在以下方面：①广泛应用的温室大棚供能技术存在热效率低、污染环境严重、能耗高等问题；②农业废弃物综合利用技术水平较低，农业废弃物综合利用技术推广不足，造成大量资源浪费；③化肥、农药有效利用率与世界主要发达国家仍有差距，2020 年我国水稻、小麦、玉米三大粮食作物化肥、农药利用率分别为 40.2%和 40.6%（2025 年目标为 43%），有效利用率有待提高。

（二）农业领域低碳化发展面临的形势

农业绿色发展步入快车道。政策环境方面，全面推进乡村振兴、加快农业现代化逐步成为“三农”工作重心，更多资源要素向农村生态文明建设聚集，“双碳”目标纳入生态文明建设整体布局，以绿色为导向的支持保障体系更加健全，为农业绿色发展提供有力支撑，政策环境持续优化。市场空间方面，国内超大规模市场优势逐步显现，市场机制更加健全，绿色优质农产品消费需求不断扩大，绿色生态建设投资带动效应不断释放，为农业绿色发展提供广阔市场空间。科技创新方面，农业科技革命不断演进，新一轮农业科技革命（以生物和信息技术为特征）步入快车道，农业绿色发展的核心关键技术有望逐步破解，不同区域、类型绿色发展技术模式集成推广，农业绿色发展动力强劲。

新能源和农业融合发展潜力可期。我国正处于农业绿色转型与高质量发展的关键期，《2030 年前碳达峰行动方案》《加快农村能源转型发展助力乡村振兴的实施意见》

等多份政府文件中，提出“发展节能低碳农业大棚”“循环利用农业废弃物”“建设光伏+现代农业”“鼓励发展农业绿色低碳新模式新业态”等内容，两者融合发展将为农业发展注入新的活力，融合发展潜力可期。

三、低碳化能源消费技术

（一）新能源农机技术

新能源农机的特点就是利用清洁能源代替传统化石能源，现阶段新能源农机主要是以电能为动力，此外还可以以氢能、甲醇等为动力。

我国已应用的新能源农机主要有以下两类：一是固定式农机，主要应用在农产品加工、谷物烘干、排灌机械等方面，其特点是农机固定不动，以电源线连接电动机进行作业；二是移动式农机，采用可移动电池配套电动机作业，现阶段应用以小功率农机为主，如小型喷雾机、果树修剪机等，也有如电动拖拉机等大田作业的移动式农机。减排方面，电动农机采用电力为动力，运行过程中可实现二氧化碳零排放（柴油、汽油碳排放系数见表 6-5），而采用电动农机每替代 1kg 柴油、汽油消耗则可分别减排二氧化碳约 3.10kg 和 2.93kg。

表 6-5　　柴油、汽油碳排放系数

名称	柴油	汽油
碳排放系数（kg CO_2/kg）	3.095 9	2.925 1

（二）节能低碳农业大棚技术

连栋温室及相关技术于 20 世纪 80 年代从国外引进我国，经过多年发展，已从引进走向自主研发，逐步形成了具有自主知识产权的技术，现代化连栋温室、日光温室及其配套工程技术、生产设施等方面发展日趋成熟。常见节能低碳农业大棚技术如下：

1. 光伏农业大棚技术

光伏农业大棚即在棚内种植作物，在棚外（如棚顶）合适位置装配光伏装置，实现土地资源高效利用。常见光伏大棚有阳光房式、塑料大棚外加装太阳能组件式、简易式、连栋式、养殖式光伏大棚。减碳方面，占地一亩的光伏大棚年发电量约 3.2 万 kWh，可实现碳减排约 19.5t。

2. 智慧农业大棚技术

智慧农业大棚是通过智能终端和传感器等构成的物联网系统以及基础平台，实现对温度、光照、湿度和各种气体的浓度的监控，通过数据分析，实现智能化控制决策，最终实现智慧化管理。在该过程中通过对智能终端下发任务控制命令，控制相应开关进行动作，以调节大棚环境始终维持在农作物最佳生长环境下，同时达到节能的效果。与传统燃煤供暖大棚相比，智慧农业大棚可减少近70%的能源消费，可减少29%碳排放。

（三）农业废弃物利用技术

植物纤维性和畜禽粪便类废弃物统称为农业废弃物。农业废弃物利用技术如下：

1. 植物纤维性废弃物利用技术

固化成型燃料技术：通过添加黏结剂和碱性物质，将粉碎后的植物纤维性废弃物，挤压成致密、形状规则的成型燃料。该技术可提高成型效果并中和燃烧时产生的酸性物质，减轻对锅炉的腐蚀。

生物质气化技术：在一定的热力学条件下，直接将生物质原料转化为一氧化碳、氢气等可燃气体。

生物质液体燃料技术：以固态木质纤维类生物质、液态油脂及有机废水生物质为原料，通过降解发酵或热裂解等工艺，制取生物质液体燃料。

2. 畜禽粪便综合处理处置技术

粪便燃烧化技术：主要有厌氧发酵法和直接焚烧法两类。厌氧发酵法是利用厌氧细菌的分解作用，将畜禽粪便中的有机物转化为沼气和二氧化碳的方法；直接焚烧法是使可燃性废弃物在高温下转变成气体，并与氧气发生反应，燃烧产生热量的方法。

粪便肥料化技术：主要包括堆肥法、快速烘干法、微波法、膨化法和充氧动态发酵法。经过处理后的粪便可以当作肥料，减少化肥的使用量，降低农业领域间接能源消费。

3. 碳减排分析

各类农业废弃物利用技术二氧化碳减排能力见表6－6。预计到2030年，农业生物质能替代化石能源的潜力为6490万～7664万t，可实现碳减排1.97亿～2.34亿t；2060年替代化石能源的潜力为9073万～10 763万t，可实现碳减排2.79亿～3.36亿t。

表6－6　各类农业废弃物利用技术二氧化碳减排能力

名称	固化成型燃料	生物质气化	液体燃料	粪便燃烧化技术
减排能力（kg CO_2/kg）	2.57	3.2	2.42	3.47

（四）化肥农药减量增效技术

化肥农药减量增效技术能有效降低化肥、农药使用量，提升使用效果，减少间接能源消费。

1. 测土配方施肥技术

综合考虑土壤供肥能力、农作物施肥需求和肥料效用，合理配置氮、磷、钾及中、微量元素等肥料的施用量。

2. 先进节肥技术

机械化深施肥技术：在耕翻、播种及农作物生长期间，根据农艺要求的化肥种类、施肥数量和位置，使用农机将化肥施于一定深度的土壤表层。

水肥一体化技术：将灌溉和施肥相融合，按照定量、定时原则，通过管道系统和灌水器，均匀、准确地将肥料溶液施于农作物根部附近的土壤中。

有机肥替代：利用有机肥富含有机养分的特点，使之替代部分化肥投入，可实现化肥减施。

3. 精准用药技术

精准用药技术就是实现定时、定量和定点施药，利用现代农林生产工艺和技术，设计基于实时视觉传感或地图的农药精准施用方法，包括目标信息采集、目标识别、施药决策、可变量喷雾执行等主要技术。

4. 碳减排分析

化肥、农药碳排放系数分别为 0.9、4.9kg CO_2/kg，在化肥、农药使用量不增加的情况下，根据 2025 年化肥、农药的利用率目标以及 2020 年化肥、农药的利用率现状计算可得，化肥、农药分别可减少 366 万、8 万 t 使用量，则相应可减排二氧化碳约 329 万、39 万 t。

四、农业领域低碳化能源消费技术发展路线图

总体来看，农业领域低碳化能源消费技术发展已较为成熟，各技术发展方向见图 6–18。其中，新能源农机关注度持续升温，基于锂电池和燃料电池技术发展现状，目前新能源农机比较适合采用锂电池+燃料电池混合动力模式，2026 年后随着锂电池技术不断升级，锂电池动力农机有望在小型农机装备得到广泛应用，并逐步向中型农机装备拓展，2026—2035 年燃料电池动力农机将有望在大型装备开始应用，并逐步向中型装备拓展；节能低碳大棚已经实现示范应用，并已有一定的推广规模，在光伏组件成本持续降低以及信息化技术不断进步的情况下，新能源发电+智能能源管理将有望成为节能低碳大棚主流技术；农业废弃物利用方面，肥料化利用是农业废弃物利用的主要方式，随着技术的进步，农业废弃物利用将朝着针对不同农业废弃物特点，形成综合利用集成方案的方向发展；在政策资金扶持下，化肥农药减量增效技术已实现规模化应用，并取得阶段性成效。

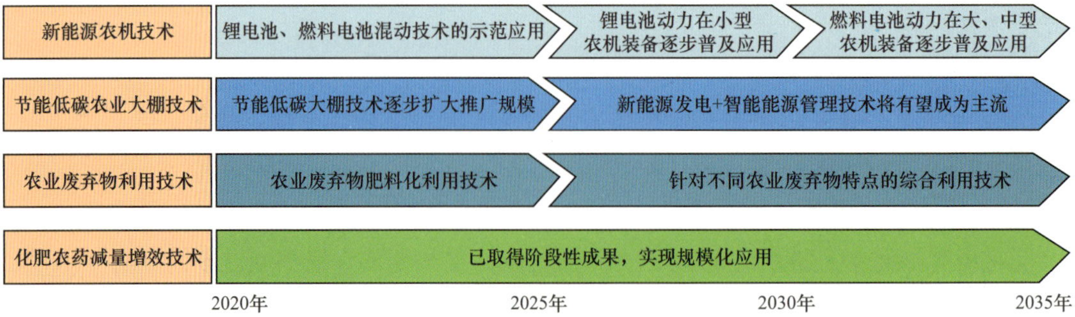

技术	2020年—2025年	2025年—2030年	2030年—2035年
新能源农机技术	锂电池、燃料电池混动技术的示范应用	锂电池动力在小型农机装备逐步普及应用	燃料电池动力在大、中型农机装备逐步普及应用
节能低碳农业大棚技术	节能低碳大棚技术逐步扩大推广规模	新能源发电+智能能源管理技术将有望成为主流	
农业废弃物利用技术	农业废弃物肥料化利用技术	针对不同农业废弃物特点的综合利用技术	
化肥农药减量增效技术	已取得阶段性成果，实现规模化应用		

图 6-18　农业领域低碳化能源消费技术发展路线图

第七章
储 能 技 术

储能主要是指电能的储存，是通过某种介质或设备将电能转换成各种形式的能量储存起来，根据现场所要应用的形式，将特定的能量释放出来的过程。由于风、光等可再生能源出力具有波动性、随机性等特性，为了消纳大规模可再生能源并网运行对电网稳定运行带来的冲击，需要大力发展储能，对冲可再生能源的不确定性。通过储能，可以促进风、光等新能源的消纳，间接实现大规模减碳，助力“双碳”目标的实现。因此，储能是未来新型电力系统中不可或缺的重要组成部分。

第一节 储 能 概 述

一、储能技术分类

根据储能的时长和对电网的支撑作用，储能可分为能量型储能和功率型储能。能量型储能放电时长一般在数小时以上，主要参与电网调峰，起到削峰填谷的作用，如抽水蓄能、压缩空气储能等。功率型储能的特点是快充快放（毫秒级响应），特别适合参与电网的二次调频，消除出力的锯齿状波动，平滑功率曲线，提升电力品质，如飞轮储能、超级电容储能和超导磁储能等。

更多情形下，储能是根据能量的具体形式分类，可分为化学储能、物理储能两大类。化学储能包括电化学储能、热化学储热、制氢储能等。物理储能包括电磁储能、机械储能、热力（冷/热）储能等。储能技术分类如图 7–1 所示。

在各种储能型式中，目前技术成熟、具备大规模推广应用前景的主要有抽水蓄能、电化学储能、压缩空气储能和储热。各类储能技术对比见表 7–1。

二、储能对碳减排的贡献

储能在电力系统的电源侧、电网侧、用户侧等不同场景具有广泛的应用。主要功能如下：

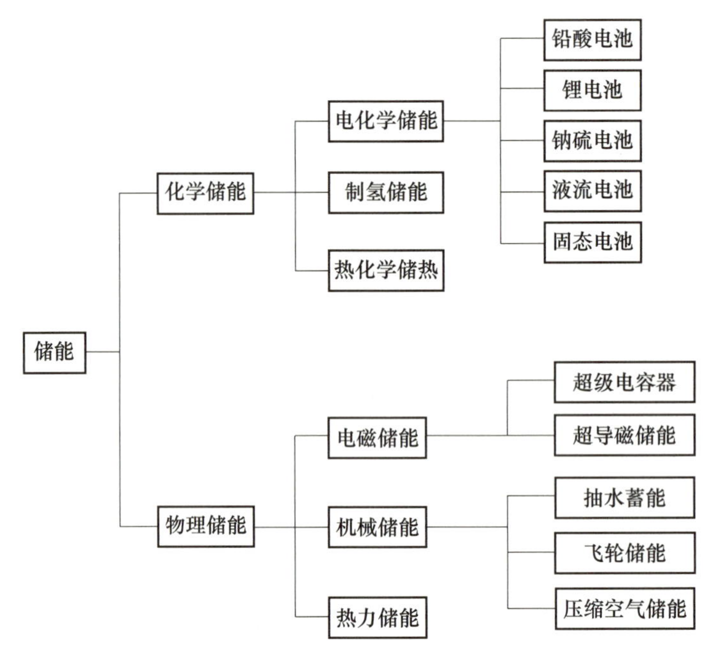

图 7-1　储能技术分类

表 7-1　各类储能技术对比

指标		抽水蓄能	电化学储能			机械储能			蓄热储能
			锂离子电池	钠离子电池	液流电池	压缩空气储能	飞轮储能	重力储能	
基本情况	技术成熟度	最为成熟	市场化应用	示范应用	示范应用	市场化应用	示范应用	试验示范	市场化应用
	主要技术路线	常规抽水蓄能、变速抽水蓄能等	磷酸铁锂、三元锂等	—	全钒、铁铬液流等	盐穴、人工洞室、管线网储气等	—	垂直升降、塔式、坡道式、矿井式	熔盐、相变储热等
	安全性	施工期存在高风险作业	存在火灾及爆炸风险	一般	较高	较高	较高	较高	较高
	环保性	影响生态系统	电池需回收处理	电池需回收处理	电池需回收处理	环境友好	环境友好	环境友好	有熔盐泄漏风险
运行特性	功率等级（MW）	100～2000	0.1～100	1～10	10～100	10～300	0.5～30	5～25	10～100
	释能时间（h）	1～24	0.5～4	1～2	2～6	1～10	0.01～0.2	1～5	2～12
	响应时间	分钟级	毫秒级	毫秒级	秒级	分钟级	毫秒级	分钟级	分钟级

续表

指标		抽水蓄能	电化学储能			机械储能			蓄热储能
			锂离子电池	钠离子电池	液流电池	压缩空气储能	飞轮储能	重力储能	
运行特性	系统功能	调峰、调频、旋转备用、黑启动	调峰、调频、黑启动	调峰、调频	调峰、调频、黑启动	调峰、调频、旋转备用、黑启动	调频	调峰	调峰
主要技术经济指标	电－电转换效率	75%～85%	90%～95%	80%～90%	75%～85%	60%～70%	90%～95%	70%～85%	<40%
	寿命	40～60 年	>4000 次	1500～4000 次	>10 000 次	30～40 年	>30 年	30 年	30 年
	建设周期（月）	70～100	6	6～12	6～12	24～30	6～12	12～24	18～24
	造价（元/kW）	6000～8000	3000～5000	1500～3000	8000～10 000	6000～8000	1500～2000	15 000～20 000	—
	造价（元/kWh）	800～1500	1500～2500	800～1500	2000～4000	1200～1600	10 000～15 000	5000～8000	—

（1）新能源接入电网的优化器。在新能源资源富集地区布局储能电站，可优化外送曲线，有效解决大规模风电、光伏对系统造成的波动性和间歇性等问题，提高新能源场站的电网友好性，提升可再生能源消纳能力。

（2）拟退役火电清洁转型的迭代器。大型压缩空气储能技术、熔融盐储热技术等将为拟退役火电机组清洁化转型提供解决方案。利用国内即将退役的 200～300MW 火电机组的场地、既有线路和部分设施资源，直接将燃煤动力系统改造替换为压缩空气储能或熔融盐储热系统，将火电厂改造为新型储能电站，实现“高碳资产”向“零碳资产”的转型，同时能大幅降低储能电站的造价。

（3）电力系统安全运行的稳定器。在电网调峰压力大、峰谷价差较大地区布局电网侧大型压缩空气储能电站、抽水蓄能电站等，凭借其具备调频调峰、无功调节、旋转备用、应急电源、黑启动等自身特性，作为有效补充，提供电力辅助服务，接受电网统一调度，有效服务于电网安全稳定运行。

（4）特高压绿电外送的适配器。我国的风、光资源禀赋与电力消费市场呈逆向区域分布，通过特高压工程将西部地区的丰富绿电大规模输送至中东部地区，将成为电力建设的新趋势。与新能源+火电打捆送出相比，大容量高时长储能技术在提高特高压电网输送能力的同时，可减少对传统火电的依赖，实现西部 100%绿电外送，助力我国“西电东送”特高压输电通道建设。

（5）用户侧能量管理的路由器。储能电站部署在用户侧或园区侧，可作为“源网荷储”一体化方案中能量转换、传输的枢纽，在实现电能削峰填谷的同时，还可利用储热实现冷热负荷联供，降低用户侧的用能成本，提高冷热电供应的可靠性。同时，在实施分时电价的电力市场中，采用分时电价和容量费用管理，通过低存高放降低用户的整体用电成本，减少容量费用。

第二节 抽水储能技术

一、抽水蓄能技术概述

抽水蓄能电站主要建筑物一般由上水库、下水库、输水系统、厂房和其他专用建筑物等组成。抽水蓄能电站是利用电力富余时的电能抽水至上水库，在电力负荷高峰期再放水至下水库发电。利用水头多为 200～800m，经济开发距高比（L/H）一般在 10 以内。

抽水蓄能电站按开发方式一般可分为纯抽水蓄能电站、混合式抽水蓄能电站和海水抽水蓄能电站；按调节能力一般可分为日调节抽水蓄能电站、周调节抽水蓄能电站和年调节抽水蓄能电站；按机组结构一般可分为四机分置式、三机串联式和二机可逆式机组结构。随着技术的不断发展变革，结合电站综合建设、运行管理条件及经济指标考虑，抽水蓄能电站多采用纯抽水蓄能电站开发方式，以日调节能力为主，机组布置型式主要采用二机可逆式。

抽水蓄能电站具有调峰、填谷、储能、调频、调相、紧急事故备用和黑启动等多种功能，是电力系统的主要调节电源，是目前最成熟、最经济、最具大规模开发潜力的储能设施，可配合风力发电、光伏发电、核能发电等运行，促进新能源的消纳及发展，保障核电机组平稳运行，促进外送电力的消纳，对保障电力系统安全、可靠、稳定、经济、灵活运行具有重要作用。合理发展一定规模的抽水蓄能电站，是提升电力系统灵活性、经济性和安全性的重要方式，是构建新型电力系统的迫切要求，对保障电力供应、确保电网安全、促进新能源消纳、推动能源绿色低碳转型、助力“双碳”目标实现具有重要意义。

二、抽水蓄能技术发展现状

（一）国外抽水蓄能发展情况

抽水蓄能电站随着电力系统发展而诞生，始于欧洲。1882 年建成的苏黎世奈特拉抽水蓄能电站是世界上最早的抽水蓄能电站，电站装机容量 515kW，利用水头 153m，是一座季调节型的抽水蓄能电站。但在接下来的半个多世纪，抽水蓄能发展比较缓慢，截至 1950 年底，全世界建成抽水蓄能电站 28 座，投产的装机容量约 1994MW，主要分布在德国、美国、日本等工业国家。

进入 20 世纪 60 年代之后，世界主要发达国家和部分发展中国家加快了抽水蓄能电站的建设步伐，投入运行的抽水蓄能电站迅速增加。截至 2020 年底，全球抽水蓄能电站累计装机规模已达 172.5GW，占总储能市场的比重达 90.3%。据 IHA 预测，至 2025 年，全球抽水蓄能电站累计装机规模将达 208GW，至 2030 年，累计装机规模将达 239GW。

（二）国内抽水蓄能发展情况

20 世纪六七十年代，我国抽水蓄能电站建设拉开序幕。1968 年冀南电网在岗南水电站加装了 1 台 11MW 进口可逆式抽水蓄能机组，成为我国第一座混合式抽水蓄能电站。1980—1985 年相继选出第一批大型抽水蓄能站址，进入 20 世纪 90 年代以后，国家陆续批准广州、十三陵、潘家口、天荒坪、羊卓雍湖等大中型抽水蓄能电站，并相继开工。这些大型抽水蓄能电站建成投产，标志着我国抽水蓄能电站建设由初期的低水头、小装机、混合式开发，进入高水头、大装机、纯抽水蓄能开发的新阶段。截至 2021 年底，我国已建抽水蓄能电站装机容量为 36 390MW。

我国抽水蓄能电站建设虽然起步比较晚，但经过近十几年来的经验积累，不断创新突破，一些已建、在建的抽水蓄能电站关键技术和装备水平已达国际先进水平。2000 年 12 月底全部竣工投产的天荒坪抽水蓄能电站机组单机容量 300MW，额定转速 500r/min，电站最大毛水头约 610m，总装机容量 1800MW，总蓄能量约 10 500MWh，是当时世界上水头最高的电站，也是当时世界第二大抽水蓄能电站；西龙池抽水蓄能电站装机容量 1200MW，总蓄能量约 6000MWh，该电站单级可逆式水泵水轮机组最大扬程 704m，于 2008 年投运；阳江抽水蓄能电站单机容量 400MW，装机容量 2400MW，总蓄能量约 34 300MWh，最大毛水头约 700m，该电站首台机组于 2021 年 12 月并网发电；丰宁抽水蓄能电站是世界规模最大的抽水蓄能电站，总装机容量达 3600MW，总蓄能量约 38 900MWh，机组单机容量 300MW，额定水头 425m，该电站首台机组于 2021 年 12 月并网发电；2022 年 6 月全面投产的长龙山抽水蓄能电站机组单机容量 350MW，总装机容量 2100MW，总蓄能量约 12 600MWh，电站额定水头 710m，最大发电水头达 756m。这些高水头、大装机的抽水蓄能电站相继并网投产，标志着我国抽水蓄能电站的设备制造、电站建造水平达到世界领先水平。

（三）国内抽水蓄能发展面临的挑战

基于新的时代背景和行业形势，建设抽水蓄能电站十分必要且紧迫。但我国目前抽水蓄能工程建设技术和装备制造技术仍有一些难题需要突破，主要集中在以下方面：

（1）建设周期较长，投产进度与电力系统需求存在一定程度上的不匹配，前期工作周期和施工组织方案有待结合新技术应用进一步优化。

（2）工程建设与生态环境保护、耕地保护存在用地矛盾。抽水蓄能电站对地形地势要求高，站点资源稀缺。部分站点涉及国家公园、自然保护区、风景名胜区、世界文化和自然遗产地、海洋特别保护区、饮用水水源保护区、生态红线、永久基本农田等。

（3）电价机制细则需要进一步完善。为充分发挥抽水蓄能电站综合效益，国家发展改革委下发《关于进一步完善抽水蓄能价格形成机制的意见》（发改价格〔2021〕633号），但是具体实施细则暂未出台。

（4）机组设备产能与发展需求存在较大缺口。国内企业中，哈尔滨电气集团有限公司（简称哈电集团）和中国东方电气集团有限公司（简称东方电气）成为水电制造的大型骨干企业，具备生产大型抽水蓄能机组的能力和业绩。但是哈电集团目前具备年产约 20 台、东方电气则具备 15～20 台大型抽水蓄能机组的制造、交付、安装服务能力，远不能满足抽水蓄能电站需求。

三、抽水蓄能技术发展方向

（一）规划布局发展方向

考虑当前“双碳”目标和存在问题，规划布局发展方向主要考虑以下因素：

（1）与国家能源发展战略相适应。国家“双碳”目标背景下，抽水蓄能电站规划应适应国家能源发展整体战略，以及当前能源结构调整、应对气候变化和低碳经济的发展形势，并应满足电力系统安全运行及新能源发展的新要求，科学论证，适度加快。

（2）与电力行业发展规划相衔接。抽水蓄能规划应是电力系统发展规划的重要组成部分，结合已投产运行抽水蓄能电站的经验，与其他电源和电网进行统一规划，以保证电网安全稳定运行、提高电力系统整体效率、降低系统运行成本为目的，实现最大范围内资源优化配置。

（3）统筹兼顾社会效益与电站自身的经济效益。以全社会电力供应总成本最低确定抽水蓄能电站发展规模。确保规模适宜，建设条件优良，经济指标好，对自然和生态环境影响小。根据社会经济发展，保持适当规模的项目储备，扎实推进拟建电站的各项前期工作，充分论证拟建电站的效益，为抽水蓄能电站的发展打下坚实基础。

综上，在制定具体的抽水蓄能电站发展规划时，应根据各地区电网负荷特性和调峰现状，以及已建、在建、批复拟建的抽水蓄能装机规模、满发小时数情况，结合跨省区送受电规模，考虑其他各类电源建设的技术经济条件及运行特性，在电力系统安全、稳定运行的基础上，从整体规划优化角度，提出满足系统经济运行的抽水蓄能电站规划方案。规划方案应考虑抽水蓄能电站的社会效益和自身效益，结合抽水蓄能电站站址条件、前期工作深度等因素，根据电网需求预测提出切合实际的抽水蓄能电站建设规模、布局和时序。

（二）勘测技术发展方向

抽水蓄能电站的工程地质勘察工作与一般水电工程的勘察相比，其突出特点是地下洞室布置较多，规模大，长度较长，埋深较大；水头压力大，对洞室围压及上覆岩土层的渗透稳定性有更高的要求；水资源珍贵，防渗要求高；水库运行过程中水位升降频率高、幅度大，对库岸稳定要求更高；对坝体填筑材料的要求敏感。基于上述特点，除了具有常规水电的问题外，还要碰到岩溶区库区防渗的勘察与评价、软岩扩库开挖作为坝体填筑料的勘察与评价、高压隧洞的勘探与评价等问题。

1. 岩溶区库区防渗的勘察评价技术

抽水蓄能工程中水库岩溶渗漏问题是在岩溶地区开展工程建设最突出的工程地质问题之一，且常表现为大规模的集中管道渗漏，具有渗漏量大、分布范围广、不易处理等特点，严重影响水库运行，尤其是对抽水蓄能补水能力较差的工程影响尤为巨大。国内已有大量关于岩溶渗漏分析理论、勘察方法、防渗设计思路、施工处理技术等理论研究与工程技术成果。下一阶段可结合探测技术与地球物理勘探技术的发展，采用岩溶地区探测岩溶发育规律及特征的地表探测方法（如 EH−4 法、高密度电法）、大功率声波 CT 等地下岩溶管道精确探测方法，进一步确定渗漏通道，有针对性地提出岩溶管道防渗处理方法。

2. 软质岩地区当地材料的勘察评价技术

筑坝材料的选择直接关系到抽水蓄能电站的投资，为达到降低造价、填挖平衡的目的，随着抽水蓄能电站在全国各区域建设，在软岩地区建设抽水蓄能电站已经成为可能，因此研究软岩筑坝的可行性，对其工程地质特性（崩解性、水稳性）进行评价和沉降预测就成为材料勘察与评价的核心问题。技术路线可以分为现场试验、数值计算和仿真实验三步。

（1）在充分收集资料的基础上，利用现场崩解试验、室内水稳性试验、岩石强度试验等方法了解工程地质特性。

（2）采用数值模拟计算等方法结合岩土参数进行坝体沉降预测。

（3）采用超重力离心机试验等方法进行仿真实验评估沉降结果。

3. 高压隧洞的勘探评价技术

在水头较高的高压水作用下，高压隧洞段有可能沿节理裂隙、蚀变软弱结构面产生水力劈裂和渗透破坏，出现相邻洞室内高压喷水现象。压力管道和岔管能否采用钢筋混凝土结构，不仅影响工程投资，而且对引水线路布置、枢纽布置格局影响重大，因此需高度重视引水压力管道的衬砌型式，以及引水高压岔管的位置和衬砌型式的研究。目前主要是通过在平硐内开展钻探、物探和现场岩石物理力学试验，进行地应力测试和高压压水渗透试验等，查明引水高压隧洞布置区的工程地质条件和水文地质条件，重点查明地层岩性，构造发育情况及特征（规模、产状、性状等），岩体风化和蚀变情况，岩石（体）物理力学特性，高水头压力条件下的劈裂压力、围岩最小地应力、透水率及渗透系数等，为隧洞论证采用钢筋混凝土衬砌设计方案和隧洞围岩灌浆参考压力值提供基本设计依据。

（三）水工设计技术发展方向

抽水蓄能电站向高水头大容量发展，在水工设计方面，基于多能互补的抽水蓄能电站站址选择、各建筑物的总体协调布置、抽水蓄能电站特有的水库综合防渗、复杂地形地质条件下的成库和成坝方式、高水头隧洞和压力管道的设计理论、大型地下洞室围岩稳定分析和综合评价方法、电站厂房结构振动及减振、废弃矿洞改建抽水蓄能电站等设计关键问题仍然是值得探索和发展的方向。

（四）机电设备研发发展方向

单级混流可逆式机组的技术有向高水头/扬程（770～800m）大容量方向发展的需求，这将会带来一些技术难题，主要体现在新转轮的水力开发、高强度的钢材料研究与应用等，预计 800m 左右的水头/扬程将是单级混流可逆式机组的极限，更高的水头/扬程将进入到多级转轮机组的范畴。

（五）环境影响评价技术发展方向

抽水蓄能电站要做好与生态环境保护的协同，首先要做好源头防控，深入研究选址原则，加强抽水蓄能规划与国土空间、生态保护红线等相关规划的衔接，开展规划站点的生态环保事项排查，确保规划站点不存在生态环保制约因素，最大程度地减缓抽水蓄能电站建设对生态环境的不利影响。

建设过程中，通过优化设计减少占地和土石方量，合理利用弃渣，采用坝后压坡体部分以及水库死库容回填等措施，减少外弃渣量，减少工程弃渣场占地对土地植被的影响。对于岩质边坡，可以采用客土喷播、植被混凝土护坡、高性能加筋生态基材护坡、骨架植草护坡等水土保持措施进行防护，以减少水土流失。

构建抽水蓄能电站与山水林田湖融合格局，开展生态水库设计，构建包括水库库区水生生态、库岸生态、生态涵养区域的景观格局，打造生物多样、景观丰富的水库生境，成为鱼类、鸟类、两栖生物的适生栖息地。

关注抽水蓄能电站下游水环境敏感区的水质安全问题，构建电站施工期和运行期全方位的水环境保障措施，研究环境友好型的环境影响评价和水土保持方案。

四、抽水蓄能技术发展路线图

我国的抽水蓄能电站开发潜力大。2021 年新一轮抽水蓄能中长期资源站点普查，共普查到 1529 个站点，总装机规模 16.04 亿 kW，已纳入抽水蓄能中长期规划的站点资源总量约 8.14 亿 kW，其中重点实施项目装机容量 4.21 亿 kW，涉及生态保护红线等敏感因素的规划储备项目装机容量 3.05 亿 kW。在与国土空间规划做好衔接后，储备项目可调整为重点实施项目进行开发，对满足相关建设条件的新增抽水蓄能站点，可申请调规并作为重点实施项目。

随着抽水蓄能电站设计、设备制造、施工及运维关键技术的不断创新突破，在国家相关配套支持鼓励政策的引导下，我国抽水蓄能电站建设规模将大幅度跃升，根据我国抽水蓄能中长期发展规划，我国抽水蓄能装机容量，到 2025 年，较“十三五”翻一番，达到 6200 万 kW 以上；到 2030 年，将达到 1.2 亿 kW，年发电量将达到 1500 亿 kWh（按平均年利用小时 1250h 估算）；到 2035 年，将达到 3 亿 kW，年发电量将达到 3750 亿 kWh（按平均年利用小时 1250h 估算）。预计 2030 年和 2035 年全国抽水蓄能电站年发电量较 2021 年将分别增加 1100 亿 kWh 和 3350 亿 kWh，等效替代燃煤发电新增节约煤耗分别约为 0.3 亿 t 和 1.0 亿 t 标准煤（按标准煤耗 300g/kWh 估算），相应新增减少 CO_2 排放分别约为 0.8 亿 t 和 2.6 亿 t。

因此，抽水蓄能将承担电力系统中的调峰、调频、储能、负荷备用、事故备用等任务，保障电网的安全稳定运行，促进风电、光伏等新能源的消纳，助力“双碳”目标实现。抽水蓄能技术发展路线图如图 7-2 所示。

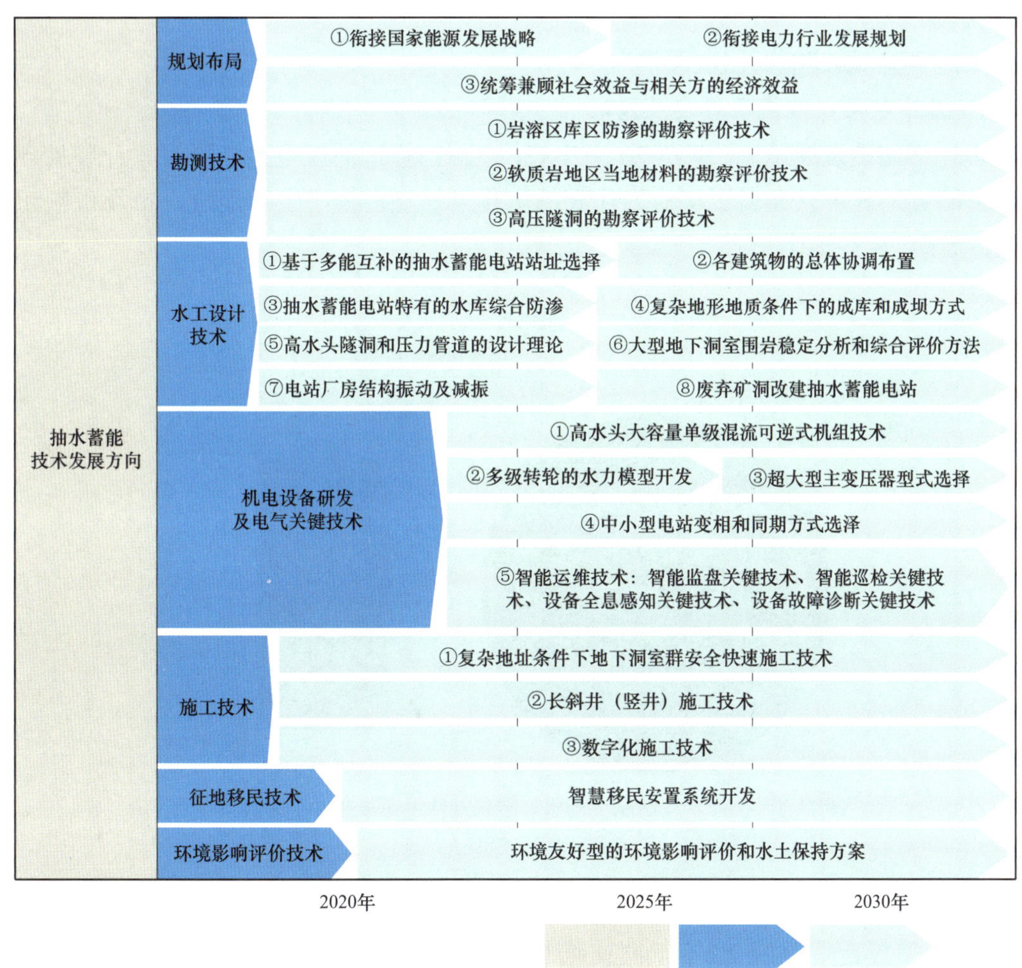

图 7-2　抽水蓄能技术发展路线图

第三节 电化学储能技术

一、电化学储能技术发展现状

（一）电化学储能技术概述

电化学储能是指利用化学反应进行能量存储的装置，其通过电池壳内活性物质间的电极氧化/还原反应，实现化学能与电能间的转换，并以电压/电流的形式向外部电路输出电力，可多次循环充放电使用。电池组是电化学储能系统最主要的构成部分，主要包括锂离子电池、液流电池及钠离子电池等。其中，目前应用最为广泛的为锂离子电池，液流电池、钠离子电池等也正在逐步从示范阶段进入商业化推广应用阶段。

（二）电化学储能项目发展情况

1. 国外电化学储能项目发展情况

电化学储能发展迅速。截至 2021 年底，全球已投运的新型储能项目累计装机规模为 25.4GW，其中以锂离子电池为代表的电化学储能占据了主导地位，市场份额超过 90%，如图 7－3 所示。

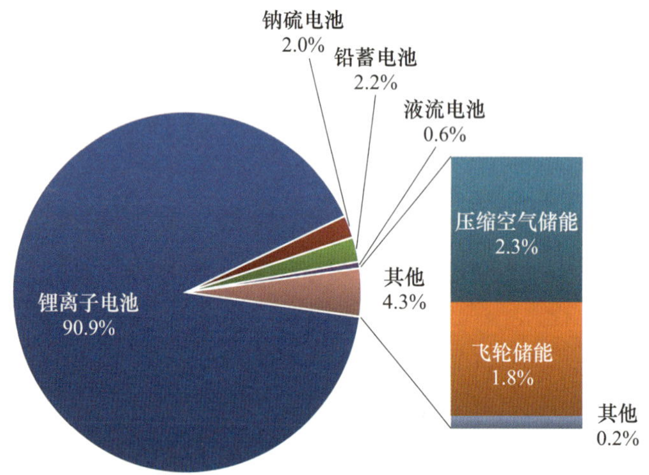

图 7－3　全球新型储能市场累计装机规模占比（2000—2021 年）

资料来源：CNESA。

新增装机方面，2021 年全球新型储能的新增投运规模最大，达到 10.2GW，是 2020 年新增投运规模的 2.2 倍，同比增长 117%。美国和欧洲分别占全球市场的 34% 和 22%。

美国是全世界储能产业发展起步较早的国家之一，近年又迎来了电化学储能装机爆发式的增长。2020 年，美国电化学储能新增装机达到 1.1GW/2.6GWh，接近 2019 年新增容量的 3 倍，累计装机也达到了 2.7GW/5.8GWh。美国电化学储能新增装机趋势如图 7–4 所示。

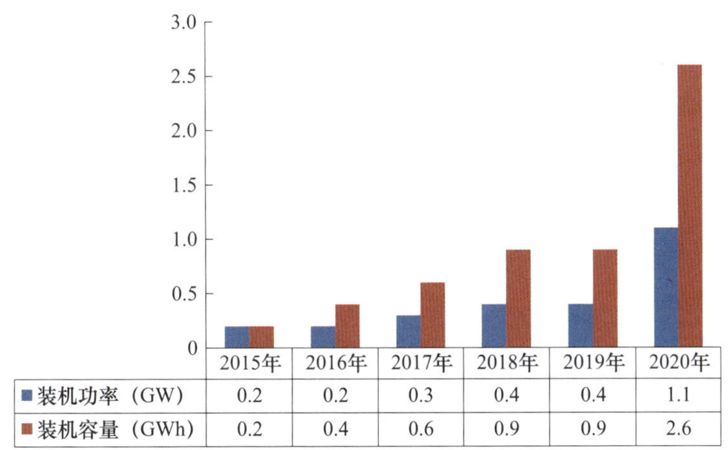

	2015年	2016年	2017年	2018年	2019年	2020年
装机功率（GW）	0.2	0.2	0.3	0.4	0.4	1.1
装机容量（GWh）	0.2	0.4	0.6	0.9	0.9	2.6

图 7–4 美国电化学储能新增装机趋势

数据来源：BNEF。

欧洲于 2019 年开启储能市场，2020 年再创新高，新增电化学储能达到 1.2GW/1.9GWh，如图 7–5 所示，欧洲累计储能装机达到 4.1GW/6.2GWh，在全球装机占比 19%。

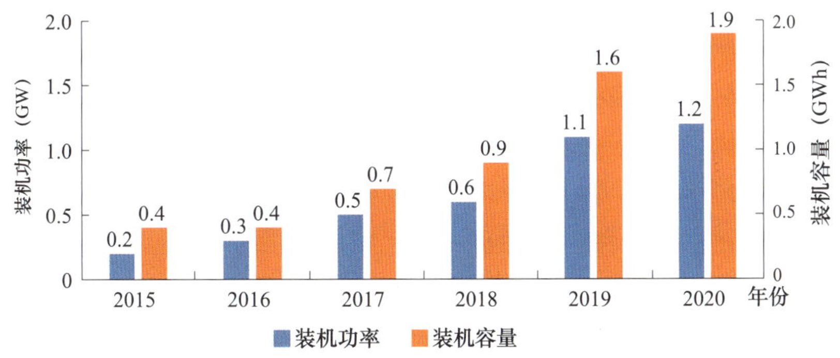

图 7–5 欧洲电化学储能新增装机趋势

2. 国内电化学储能项目发展情况

在经过“十二五”时期的示范应用阶段之后，随着政策支持力度的加大、市场机制的深入探索、多领域融合的逐步渗透，我国电化学储能在 2016 年正式迎来商业化初期阶段，装机规模快速增长，并在“十三五”末达到历史新高，新增投运规模首次突破吉瓦大关，是 2015 年新增投运规模的近 50 倍，超过 2019 年底累计投运规模的九成，正式迈入“规模化发展”的新阶段。

截至2021年底，我国已投运新型储能项目累计装机规模5729.7MW，同比增长75%，电化学储能项目累计装机规模5534.9MW，同比增长76.4%，市场增量主要来自锂离子电池储能，累计装机规模达5139.54MW，占新型储能装机规模的89.7%，如图7-6所示。受电动汽车市场快速发展的驱动，锂离子电池在电力储能领域一直保持着高占比和高增速的发展态势，近五年来，累计装机占比大多在60%以上，如图7-7所示。锂离子电池作为最主要的应用技术，目前系统成本已突破1500元/kWh的关键拐点，将成为我国电化学储能从“商业化初期”迈入“规模化发展”新阶段的重要力量。

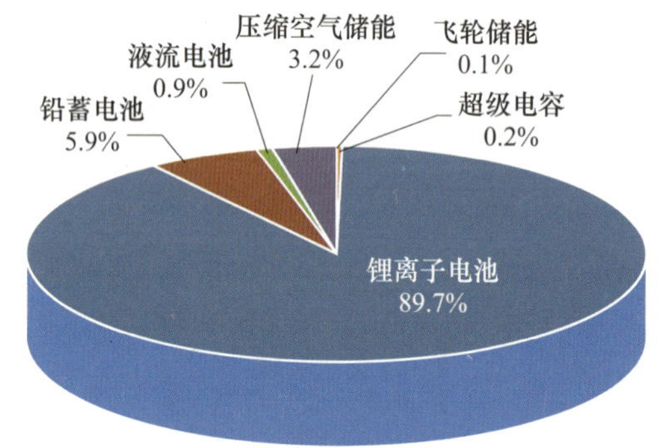

图7-6 2000—2021年我国新型储能市场累计装机规模占比

数据来源：CNESA。

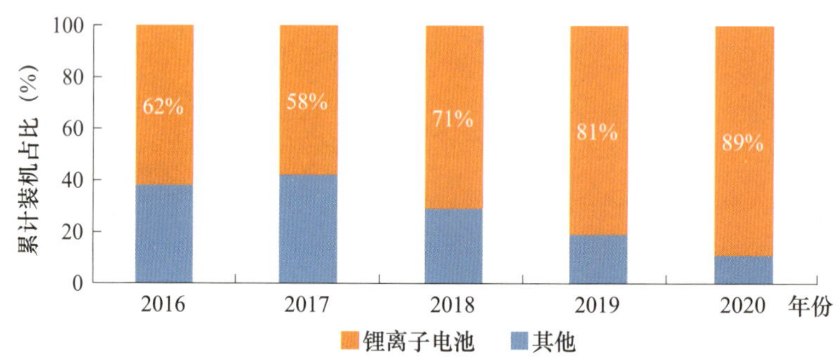

图7-7 2016—2020年我国已投运锂离子电池储能项目的累计装机占比

（三）电化学储能典型工程

1. 三峡乌兰察布新一代电网友好绿色电站示范项目

三峡乌兰察布新一代电网友好绿色电站示范项目是我国规模最大的风光储一体化项目，也是国内首个储能配置规模达到吉瓦时的新能源场站。该项目在内蒙古乌兰察布四子王旗，规划建设200万kW的新能源容量，包括170万kW风电和30万kW光伏，配套55万kW的电化学储能系统，备电时间为2h，如图7-8所示。项目通过优化储能容量配置、智慧集控协同及联合运行控制，将提高风电及光伏消纳水平，改善新能源并网友好性，在电网调峰、调频、应急等应用场景中发挥着关键支撑作用，对我国构建新型电力系统、探索新能源开发建设新模式具有重要示范意义。

图 7-8 三峡乌兰察布新一代电网友好绿色电站示范项目

2. 江苏南京江北集中式储能电站示范项目

该项目位于江苏省南京市江北新区，总占地面积为 51.26 亩，建设规模为功率 110.88MW、容量 193.6MWh，如图 7-9 所示。该项目在引领江北新区产业高质量发展，助力南京国家级新区在长三角经济带中打造绿色低碳、安全可靠的新型能源供应体系发挥着重要作用。

图 7-9 江苏南京江北集中式储能电站示范项目

二、电化学储能技术发展面临的挑战

（一）锂离子电池技术

技术性能方面，磷酸铁锂的能量密度目前为130～200Wh/kg，此性能参数的提升依然是未来技术发展的主要方向。目前锂离子储能的系统成本为1500～2500元/kWh，但由于上游原材料价格的上涨和下游需求的增加，短期来看锂离子电池的成本难以出现大规模的下降。锂离子电池因其较快的响应速度、较长的循环寿命、较高的能量密度及充放电效率，作为电化学储能领域的主流技术，在能量型（1～2h）的电力系统储能场景中已进入大规模的商业应用。但对于磷酸铁锂电池组来说，安全性仍然是它的短板。不仅单体电池存在热失控的风险，电池之间还可能发生热扩散。通过热传导、热对流和热辐射等多种方式，热量在电池间不断扩散，电池组的温度不断升高，会引起一系列放热反应，并可能导致燃烧甚至爆炸。

（二）钠离子电池技术

20世纪80年代，ARMAND团队首次提出钠离子电池。90年代，钠离子电池经过产业化推广开始得到技术应用。为了使中国电化学储能事业不受限于锂资源储量，进一步降低大规模储能系统的成本，保证国家的能源安全，我国开展了钠离子电池集中攻关。

钠元素是和锂元素紧邻排列的碱金属元素，两者具有相似的电化学特性。与锂离子电池类似，钠离子电池也由正极、负极、隔膜及电解液四大部分组成，但除隔膜外，其他部分所用材料均有较大差异。钠离子电池目前处于示范应用阶段。钠离子电池与锂离子电池材料体系对比见表7-2。

表7-2　钠离子电池与锂离子电池材料体系对比

材料与设备	锂离子电池	钠离子电池
正极材料	磷酸铁锂、镍钴锰等	铁锰铜/镍三元体系、磷酸体系、硫酸体系、普鲁士蓝类化合物等
负极材料	石墨	碳类材料、金属氧化物、磷基材料
电解液	六氟磷酸锂	六氟磷酸钠
隔膜	聚乙烯、聚丙烯等	聚乙烯、聚丙烯等
集流体	铜箔	铝箔

技术性能方面，钠离子电池与锂离子电池一样，主要应用于4h以内的储能系统，钠离子电池的能量密度为100～150Wh/kg，与锂离子电池仍存在一定差距；且钠离子电池循环次数普遍在2000次左右，低于锂离子电池3000次以上的循环寿命。

原材料丰度方面，锂元素在地壳中的含量为0.006 5%，而钠元素含量为2.75%，高达锂资源的400多倍；资源获取方面，相比于锂资源，钠资源在空间上的分布均匀性更高、提炼工艺更简单；制造材料方面，锂离子电池正负极集流体需采用铜箔，钠离子电池集流体可采用铝箔替代。这三方面均在一定程度上降低了钠离子电池的成本，远期钠离子电池单体成本将降至 0.3～0.5 元/Wh。钠离子电池与锂离子电池材料成本对比见图7-10。

安全性方面，相比于锂离子电池，钠离子电池具有更高的内阻和热失控温度，在短路工况下的瞬时发热量更小。因此，钠离子的安全性更高。另外，锂离子电池可正常工作的温度区间为 0～40℃，钠离子电池为-40～80℃，耐热耐冷性能好于锂离子电池。

钠离子电池在原材料成本、低温性能、安全性及快速充电等方面具有优势。当前钠离子电池在电动汽车应用方面尚且无法与锂离子电池相抗衡，但对于储能领域，钠离子电池凭借其低成本、预期的长寿命和高安全性优势，具有市场成长的空间。

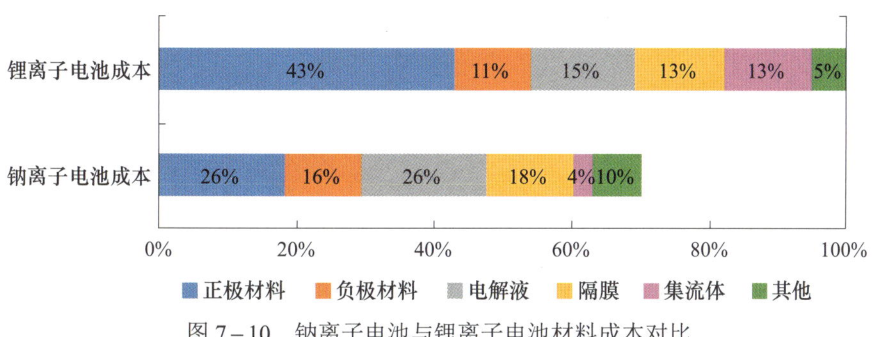

图7-10 钠离子电池与锂离子电池材料成本对比

（三）全钒液流电池技术

与锂离子电池在储能应用中的逻辑不同，液流电池主要是利用其可扩展性，突破锂离子电池在电力系统中储能时长方面的限制，用于长时储能。因此，液流电池在电力系统中具有一定的发展前景。

由于全钒液流电池从原理上避免了正负极电解液间不同活性物质相互污染导致的电池性能劣化，所以其充放电循环次数取决于隔膜的老化程度，可达15 000次以上，使用年限可达20年以上，能量效率也可达75%～85%，且基本不随循环次数的增加而降低。

全钒液流电池系统具有很高的安全性和环境友好性。在安全性方面，只要控制好充放电截止电压，保持环境通风，全钒液流电池就不存在着火爆炸的潜在风险。在运行过程中，绝大部分的正负极电解液被保存在完全隔离的储液罐中，而只有很少部分停留在电堆中。即使电堆中出现了短路或意外事故，导致正负极电解液中的活性物质直接接触，其氧化还原反应释放的热量也极其有限。在环境方面，全钒液流电池生命周期的环境负荷低，所用的电解液、金属材料、碳材料等原料可被反复使用或再生利用。

全钒液流电池的主要缺点是系统复杂，仅辅助系统就包括循环泵、电控、管道、通风等设备且必须提供稳定电力；能量密度一般为 15～50Wh/kg，同铅酸相当，不适宜小型化或移动式储能系统，采用全钒液流电池这一技术路线的储能项目实际占地面积较大。

三、电化学储能技术发展方向

（一）锂离子电池技术

原材料方面，锂离子电池的正极原材料最主要的是锂矿，在全球范围内，锂资源的储备较为丰富，智利、澳大利亚、阿根廷、中国四个国家占总储量的 96%。但我国锂资源品位不高、开采难度较大、生产成本较高，所以目前锂离子电池的制造重度依赖进口，2020 年进口占比超 70%。锂资源开采和提取技术创新以及提升锂资源回收利用比例是未来提高我国锂资源利用率的两种主要手段。

正极材料方面，逐步提升能量密度是磷酸铁锂正极的发展趋势，补锂又称为预锂化，在电池材料体系中引入高锂含量物质，并使得该物质有效释放锂离子，弥补活性锂损失，提升电池的实际能量密度和循环寿命。

负极材料方面，是产业化创新发展的重要方向之一。通过将碳材料引入硅中，形成碳硅负极，从而提高材料的比容量，同时减少硅材料在充、放电过程中发生的体积变化。

隔膜方面，过高的温度会使隔膜产生收缩，导致正负极接触而短路产生安全隐患。因此，提高隔膜的热稳定性是技术研发的重点。目前主要采用隔膜涂覆的方法提高其热稳定性，其中，陶瓷涂覆可提高隔膜的耐热性，能有效提升安全性能。

为了提高锂离子电池大规模应用的安全性，从内部及外部结构上进行优化设计也是目前发展的重点，如完善锂离子电池泄压阀设计，完善热管理系统设计，应用更成熟先进的电池冷却方式，采用颗粒度更精细的 BMS 管理系统等。

（二）钠离子电池技术

与铅酸电池 30～50Wh/kg 的能量密度和 300 次的循环寿命相比，钠离子电池能量密度和循环寿命都具有优势；而与锂离子电池相比，钠离子电池安全性较好，如在技术上能得到突破实现量产，将在电动自行车以及低速电动车等动力电池方面具有广阔的市场前景。

关于钠离子电池的研究持续升温，主要研究领域有：研究新型高比容量、长寿命、低成本的正负极材料；寻找高效添加剂，稳定化学反应，提高性能延长寿命的电解液；不使用或很少使用电解液的更安全、更轻薄的新一代固态电池等。钠离子电池要实现商业化，其发展趋势主要集中在能量密度提升以及通过产业链建设降低成本两个方面。

（三）全钒液流电池技术

全钒液流电池是目前具有最大规模应用前景的储能技术之一。产业链完整性方面，全钒液流电池产业链中，循环泵、换热器、控制阀件、管路、传感器等构成电解液输送系统的设备和辅助部件，在化工领域中已有成熟应用；电池管理控制系统在电力电子行业中也较为常见；完善产业链布局的重点领域主要包括钒电解液和构成电堆的离子交换膜、电极、双极板等。资源丰度方面，我国钒资源的储量居世界前列。技术水平方面，我国在全钒液流电池结构设计及制造水平方面逐步提升，已达到国际领先水平。国内规划的全钒液流电池示范项目最大容量已达 200MW/800MWh，其中，一期项目 100MW/400MWh 储能已于 2022 年 6 月完成并网投运。

虽然全钒液流电池的成本已从 2013 年的 7 元/Wh 下降到目前的 3 元/Wh 左右，但成本仍然是制约全钒液流电池发展的核心问题。全钒液流电池的成本主要来自电堆和电解液。电堆成本约占全钒液流电池成本的 37%，主要来自隔膜等材料。全钒液流电池成本降低主要依靠技术进步及隔膜、碳毡等部件的国产化来推动。钒电解液作为全钒液流电池最核心的材料之一，占据全钒液流电池成本的 40%左右，直接影响着全钒液流电池的性能和成本。

四、电化学储能技术发展路线图

电化学储能技术通过化学能与电能之间的相互转换，实现电能量的存储与利用，具有快速响应、双向灵活调节的技术特点，还具有环境适应性强、布局灵活以及建设周期短的技术优点，可以在电力系统的电源侧、电网侧和用户侧承担不同的角色，发挥不同的作用。电化学储能技术发展路线图如图 7－11 所示。

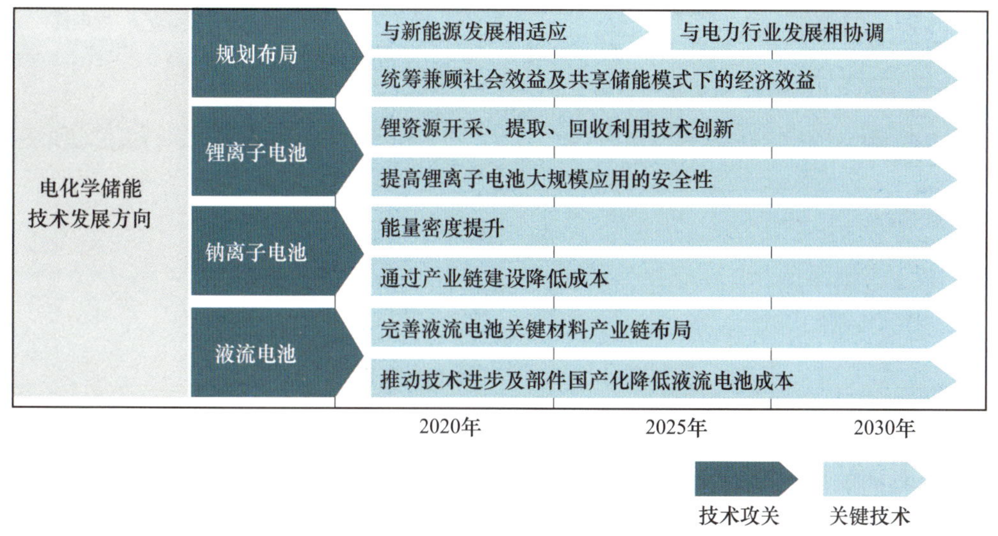

图 7－11　电化学储能技术发展路线图

“十四五”及中长期，储能在提升新能源就地消纳水平和大规模开发外送幅度等方面具有广阔的应用前景。除抽水蓄能技术外，以电化学为主的新型电储能布局灵活，随着技术进步、产业链完善以及成本下降，将逐步实现规模化发展，助力“双碳”目标实现。

第四节 压缩空气储能技术

一、压缩空气储能技术发展现状

（一）压缩空气储能技术概述

压缩空气储能技术是一种大型长时间、间歇性储能发电技术，分为压缩、储气、加热、膨胀、冷却过程，其技术原理如图 7－12 所示。在用电低谷阶段，利用多余的电能驱动压缩机压缩空气，将其送往地下盐穴、废弃矿井或储气罐中储存；在用电高峰期到来时，储气库中的高压空气经过换热器或燃烧室加热，被送至膨胀机内膨胀做功，驱动发电机发电，从而实现能源的削峰填谷等功能。

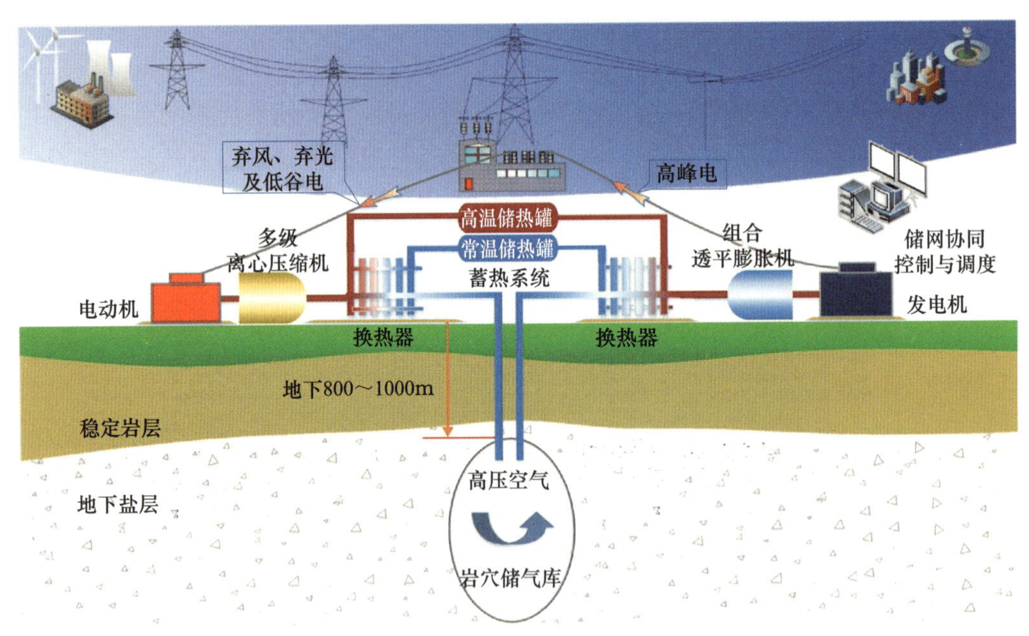

图 7－12　压缩空气储能技术原理

根据有无燃料的补充燃烧，压缩空气储能技术可分为非补燃式和补燃式。根据空气物理状态的区别，又有液态压缩空气储能技术。

非补燃式压缩空气储能系统（见图 7－13）分为无外部热源式和有外部热源式。

无外部热源式通过将空气压缩过程中产生的压缩热存储在储热装置中，在释能过程中通过换热介质加热空气，驱动膨胀机做功发电。有外部热源式通过外来热源（光热、工业余热等）或者协同储存的压缩热一起加热高压空气，进一步提高压缩空气储能电站的能量转换效率。

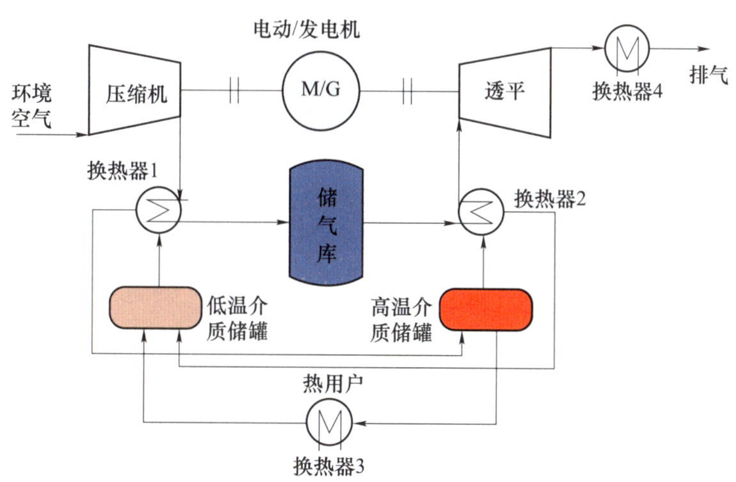

图 7－13 非补燃式压缩空气储能系统

补燃式压缩空气储能系统（见图 7－14）是以燃气轮机技术为基础发展而来的，在储气库出口调节阀后设置燃烧室或利用燃气轮机排气的余热加热压缩空气，使系统效率提高。

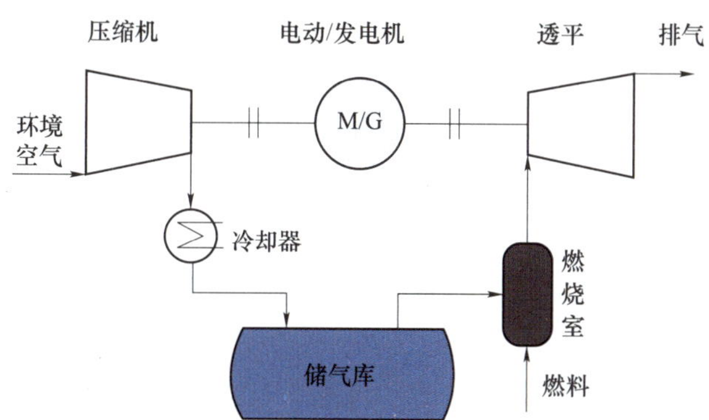

图 7－14 补燃式压缩空气储能系统

液态压缩空气储能系统利用压缩机将环境空气压缩至超临界状态，过程中存储压缩热，通过将超临界空气冷却液化后存储到低温储罐中。释能时，利用压缩热加热液态压缩空气使其气化，通过膨胀机做功驱动发电机发电。超临界空气储能大大改善了常温存储压缩空气所需容积较大的不足，但由于增加了复杂的储换热以及制冷系统，整体运行效率有所下降。液态压缩空气储能技术原理如图 7－15 所示。

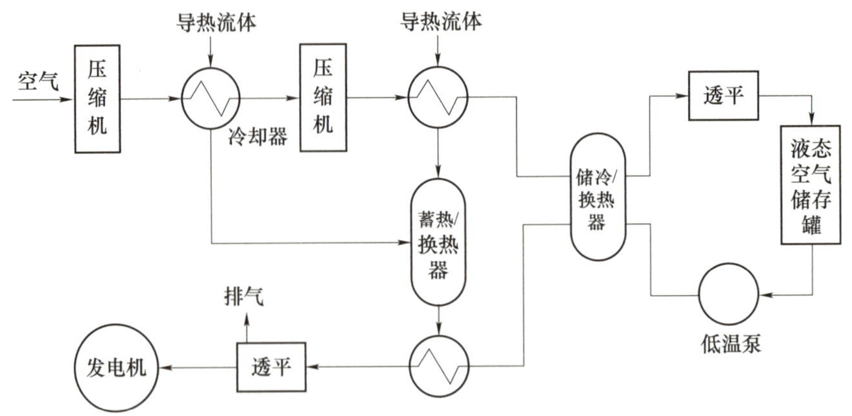

图 7-15　液态压缩空气储能技术原理

（二）压缩空气储能发展情况

1. 国外压缩空气储能项目发展情况

1978 年，德国 Huntorf 建造了世界上第一座投入商业运行的压缩空气储能电站，采用补燃式压缩空气储能技术路线。该电站压缩机功率为 60MW，膨胀机的功率为 290MW，充气储能时间为 8h，放气发电时间为 2h。由于压缩过程中产生的压缩热未进行回收并反馈至膨胀过程，因此机组的实际运行效率仅为 42%。

世界上第二座压缩空气储能电站位于美国，美国 Mclntosh 电站的压缩机功率为 50MW，膨胀机的功率为 110MW，可连续充气 41h，连续发电 26h。Mclntosh 电站同样采用了补燃式压缩空气储能技术路线，并考虑了膨胀侧的余热回收，利用膨胀机的排气余热加热来自储气库的空气，系统性能有了显著提高，实际运行效率可达 54%。

非补燃式压缩空气储能技术在国外启动较早，2008 年欧盟就启动了先进绝热压缩储能研究项目，但研发进展一直较慢。德国、美国、日本等建设了小型示范装置，也制定了工程化开发计划，但真正实施的很少。

2. 国内压缩空气储能项目发展情况

我国压缩空气储能的研究起步较晚，但工程实施走在了世界前列。中国科学院工程热物理研究所在 2009 年提出超临界压缩空气储能技术，综合了常规压缩空气储能和液化空气储能技术；依托该技术于 2011 年完成 15kW 原理样机设计，2013 年在河北廊坊建成 1.5MW 示范系统，系统效率达 52%。清华大学联合中国科学院过程工程研究所，在国家电网公司支持下，2014 年在安徽芜湖建立了一套非补燃式压缩空气储能示范系统 TICC-500，电功率 500kW。该系统储气库容积为 $100m^3$，工作压力为 3～11MPa，充气储能时间为 5.5h，放气发电时间为 1h，电对电的效率为 33%。

近年来，国内的压缩空气储能项目步入发展的快车道。江苏金坛盐穴压缩空气储能国家试验示范项目已于 2022 年完成整套机组商运投产，江苏同里深冷液化压缩空气储能电站项目已于2018年建成投运。

（三）压缩空气储能典型工程

1. 典型储能项目介绍

2021年9月，江苏金坛盐穴压缩空气储能国家试验示范项目成功并网，并在次年5月实现整套机组商运投产。该项目是压缩空气储能领域唯一的国家示范工程，由中盐集团、华能集团和清华大学共同开发，江苏省电力设计院进行总体设计，成为名校名企强强联合、产学研深度合作的典范，展示了我国能源制造建设领域的一流水平。电站一期装机容量60MW，压缩时长8h，发电时长5h，储能容量300MWh，发电年利用小时数约为1660h，电换电效率在60%以上。依照"模块化"设计思路，金坛压缩空气储能电站分为发电系统、压缩系统、储热系统、换热系统4个主要功能区，采用非补燃式压缩空气储能技术，全过程不依靠燃料，具有绿色环保、规模大、成本低、效率高等优点。结合项目所在区域负荷发展及可再生能源开发情况，金坛压缩空气储能电站二期规划建设350MW，远期建设规模可达1000MW，致力于打造华东地区大型空气储能基地，树立压缩空气储能领域行业标准，成为我国压缩空气储能建设的样板和典范。

2. 其他储能工程情况

国内其他已建成或在建的CAES（压缩空气储能）项目如表7–3所示。

表7–3　国内其他建成/在建CAES项目

项目地点	功率（MW）	容量（MWh）	项目状态
河北张家口	100	—	规模：100MW先进压缩空气储能示范系统1套，220kV变电站1座，系统设计效率70.4%。 最新进展：2022年1月，张北县百兆瓦先进压缩空气储能示范项目送电成功，顺利实现并网，并进入系统带电调试阶段
贵州毕节	10	40	规模：最大储能容量40MWh，最大发电功率10MW，系统额定效率60.2%。 最新进展：2016年底实现示范运行，2017年5月开始系统联合调试，2021年10月试验运行，正式并网发电
山东肥城	10＋300	—	规模：总体建设规模310MW，总体投资约16亿元，总占地约170亩，分两个阶段建设，其中第一个阶段建设10MW，系统设计效率60.7%；第二阶段建设300MW。 最新进展：一期10MW示范电站项目于2019年11月23日正式开工建设，2021年9月完成并网试验，进入下一步调试阶段；二期300MW调峰电站项目即将落地
江苏淮安	100＋300	—	2021年12月，苏盐集团与中国科学院工程热物理研究所、中储国能公司签约，共同建设国际首个400MW盐穴压缩空气储能示范项目，包含一个100MW系统、一个国际首套300MW系统，系统设计效率大于70%
山东泰安	6×300	7200	2022年1月，中国能建数科集团与鲁银投资签约，将泰安市打造为华东地区千万千瓦级储能基地。计划近期建成2台（套）300兆瓦级压缩空气储能电站、远期建成6台（套）300兆瓦级压缩空气储能电站，系统设计效率70%。3月2日，中国能建数科集团、华东建投与山东省泰安市政府正式签订战略合作框架协议，进一步推动国家首台（套）2×300兆瓦级盐穴压缩空气储能项目落地

续表

项目地点	功率（MW）	容量（MWh）	项目状态
湖北应城	300	1500	2022 年 3 月，湖北应城 300 兆瓦级压缩空气储能电站示范工程立项工作取得阶段性成果。该项目由中国能建数科集团和国网湖北综合能源服务有限公司共同投资，是国内单机规模最大的压缩空气储能项目，系统设计效率大于 68%。项目正在建设中
山东兰陵	100	600	2022 年 4 月，国华投资山东公司发布兰陵压缩空气储能项目前期咨询服务招标的公告。公告披露，计划建设 100MW/600MWh 压缩空气储能电站项目，拟新建一座 220kV 升压站，接至 220kV 尚岩变电站

二、压缩空气储能技术面临的挑战

（一）技术水平

压缩空气储能系统的核心装备包括压缩机及配套电动机、膨胀机及配套发电机、储换热装置等，其中压缩机和膨胀机存在一定制造难度。

目前压缩机配套的国产化电动机最大单机功率可以做到 60MW，对于大规模 300 兆瓦级的压缩空气储能项目，鉴于压缩机入口空气流量较大，若采用单系列配置，现阶段各大主机厂家仅有技术储备，但无实际业绩，设计研发周期较长，且单系列配置压缩机的电动机功率均超过 60MW，电动机、齿轮箱等核心设备均需进口，设计研发及制造周期较长。综合考虑，目前 300 兆瓦级压缩空气储能系统推荐采用轴流式和离心式压缩机双系列配置方案，双系列压缩机并联运行，单台压缩机最大电动机功率降到 60MW 以内，电动机及齿轮箱在国内均有设计、制造能力，有利于设备国产化率指标的完成，且电动机功率较小，机组启动时对电网的冲击较小，有利于电网的安全稳定运行。

压缩空气储能系统用透平膨胀机具有各段进口温度低、多次再热、大流量、小焓降、无回热系统以及发电时长区间主气压力逐渐降低的技术特点。大规模压缩空气储能系统空气透平主要的设计制造难点为低压部分的通流设计，由于末段透平焓降本身较小，相应通流级次偏少，单级的轮周功较大，单流设计叶片高度相对较高，对应的弯应力、叶根强度等受到一些限制。金坛压缩空气储能项目采用东方电气集团高温高压、两段膨胀、单缸单排气、轴排空气透平。中国能建正在建设的 300 兆瓦级压缩空气储能项目，空气透平形式为单轴、中间再热、轴向排气，机组不设置冷端设备，无抽气系统。高压透平与低压透平采用合缸设计，发电机置于高压侧，气缸整体铸造，结构方案成熟。

（二）技术成本

压缩空气储能的建设成本主要由透平发电系统、压缩空气系统、储换热系统、燃气轮机发电系统（仅补燃）、辅助系统和厂区设施、其他费用等部分构成。各部分占总成本的比例不同，对总成本的影响也不尽相同（见图 7－16）。现阶段，采用盐穴储气的非补燃压缩空气储能项目造价约为 6000～7000 元/kW，补燃项目的千瓦造价约为 4500～5000 元/kW 水平。

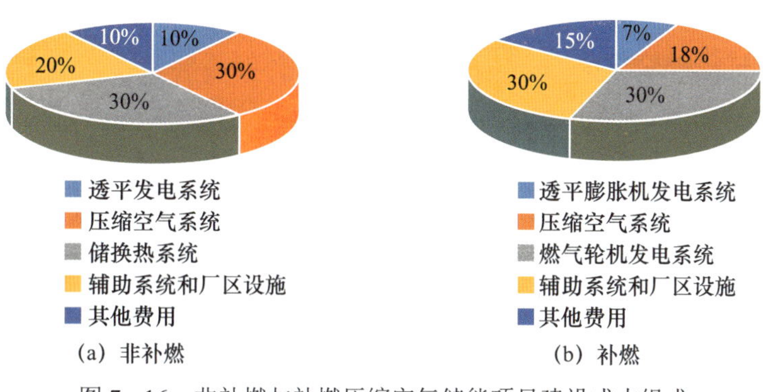

图 7－16　非补燃与补燃压缩空气储能项目建设成本组成

三、压缩空气储能技术发展方向

（一）非补燃式压缩空气储能系统

无外部热源非补燃式压缩空气储能系统根据空气温度的波动范围，又可以大致划分为空气最高温度在 340℃及以上的高温绝热压缩路线、空气最高温度在 100℃左右的低温等温压缩路线，以及温度介于这两者之间的中温绝热压缩路线等。在高温绝热压缩路线中，随换热介质（导热油、熔融盐、水等）的不同，相同技术路线的储换热系统也有相应变化。各技术路线的对比如表 7－4 所示。

表 7－4　无外部热源非补燃式压缩空气储能系统技术路线对比

级数 路线	低温等温压缩	中温绝热压缩	高温绝热压缩
热力过程	近似等温压缩过程	冷却段内近似绝热压缩过程	
空气温度	波动范围小	波动范围中等	波动范围大
压缩段冷却方式	在段内和段间冷却	仅在段间冷却	仅在段间冷却
换热级数	换热级数多	换热级数中等	换热级数少
空气最高温度	较低，通常不超过 120℃	中等，通常 150～210℃	较高，通常不低于 340℃
材料要求	较低	较低	较高
储热介质	水	水	导热油、熔融盐、水
系统效率	略低	中等	较高
投资	较低	中等	较高

有外部热源的非补燃式压缩空气储能系统通过耦合外部热源，加热各级膨胀机入口的压缩空气，提高储能系统的做功能力。由于太阳能、工业余热等外部能源通常具有间歇性和不稳定性的特点，通过压缩空气储能系统将这种类型的能源耦合起来，在电网用电高负荷时段输出，为间歇性能源的大规模利用提供了有效的解决方案。

（二）补燃式压缩空气储能系统

以一般的补燃式压缩空气储能系统为基础，在压缩过程中加入级后和级间冷却，在膨胀过程中加入中间再热以缩小压缩空气在热力循环中的温度波动范围，并提高系统的效率，如图 7–17 所示。

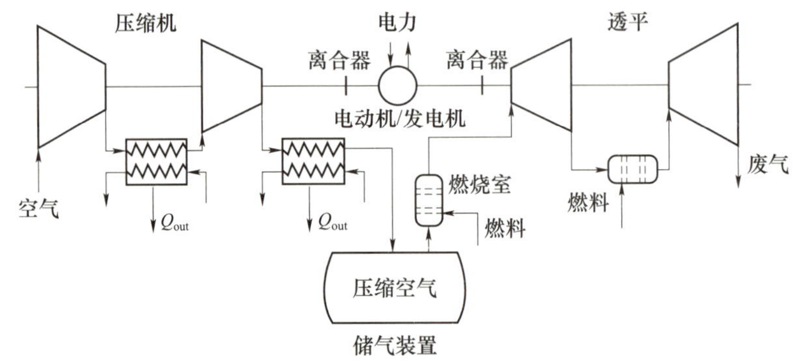

图 7–17 含中间冷却和中间再热的补燃式压缩空气储能系统

在图 7–17 的基础上，进一步通过回收膨胀机排气中的余热预热储气库出口的压缩空气，减少透平入口的燃料添加量，从而可以提高系统的热效率，如图 7–18 所示。

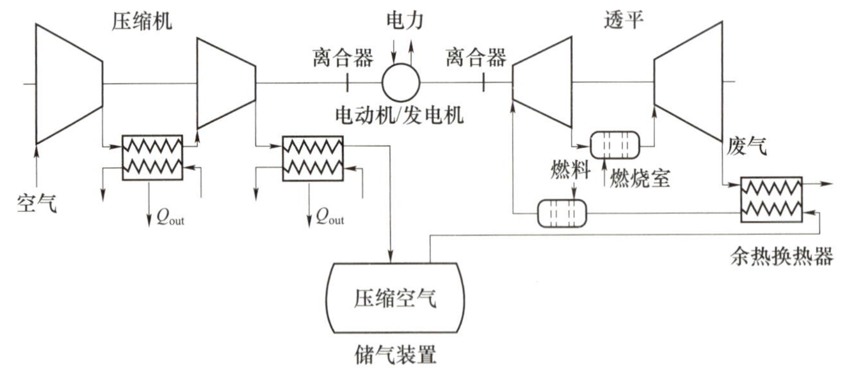

图 7–18 带回热的补燃式压缩空气储能系统

另一类补燃式压缩空气储能系统将压缩空气储能系统与燃气轮机系统耦合起来。在膨胀释能时，压缩空气与燃气轮机联合做功。当储存的空气压力较低时，压缩空气可以直接喷入或者同燃气轮机压缩段后的空气混合后喷入燃烧室，以增加燃气轮机做功，如果存储的空气压力较高，压缩空气经加热后进入膨胀机做功，再进入燃烧室与燃料混合燃烧后驱动燃气轮机做功，或者直接排入大气。

补燃式压缩空气储能系统的工作模式比较灵活。燃气轮机可以独立工作，也可以由压缩空气储能系统提供所需的压缩空气。压缩空气的释能模式也比较灵活，可以经过加热单独进入膨胀机做功，也可以进入燃烧室与燃料混合燃烧后在燃气轮机中做功。

（三）液态压缩空气储能系统

传统的压缩空气储能系统规模较大，需要根据特定的地理条件来建造大型的储气室，如盐穴、废弃矿井等，选址受限。液态压缩空气储能系统则避免了以上缺点，通过压缩机将空气压缩、液化后，储存在液态空气储槽中，在释能阶段液态空气经深冷泵由液态空气储槽进入气化器和热交换器，加热至一定温度后，进入膨胀机做功，驱动发电机发电。液态压缩空气储能系统储能密度高，不依赖地理条件，不依赖化石燃料，在与清洁能源配套使用时，实现了储能系统完全的绿色环保。

四、压缩空气储能技术发展路线图

（一）技术经济性

压缩空气储能若采用独立储能电站项目方式建设，其收益方式尚无可依据的国家层面具体政策。独立储能的电站盈利模式基本有三种：输配电价差模式、辅助服务和共享储能模式、电力现货市场模式。考虑成本包括资本金投入、偿还的贷款本金和运行维护费用等，经测算，单一输配电价差模式无法获得合理经济效益，企业没有投资意愿。辅助服务和共享储能模式通过一定规则保障独立储能参与辅助服务的利用小时数和价格，可通过向新能源配建储能投资者出租共享储能容量获得租赁收入。电力现货市场模式在充放电价差获利外，由政府给予储能发电侧容量电价，通过容量电价实现投资回报，项目资本金内部收益率在 6.5%的条件下，容量电价的测算结果为含税 50～70 元/（kW·月）。

未来压缩空气储能走向市场化，可靠的经济效益来源途径有：①作为独立储能向用户侧出租配建容量；②提供有功平衡服务、无功平衡服务和事故应急及恢复服务等辅助服务，以及在电网事故时提供快速有功响应服务，获取辅助服务费用；③峰谷电价差拉大，获得更多的价差收益。

（二）技术发展方向

随着新能源比例不断提高和电力交易市场逐渐健全完善，压缩空气储能技术势必迎来更大的发展机遇，其市场化推广应用迫切需要获得更大容量、更高效率、更低成本、更为灵活的技术突破。压缩空气储能技术发展路线图如图 7-19 所示。

（1）更大容量。目前国内较低成本的储气库建设方案仍然是盐矿造腔。在盐矿集中区域，满足压缩空气储能用的单腔体积可以高达数十万立方米，再考虑到可以多个腔体形成储气井组，使得建设更大装机容量的压缩空气储能电站成为可能。国内规划建设的最大单机发电容量的压缩空气储能机组已达到300兆瓦级，更大装机容量一方面提高了系统效率，另一方面也意味着更低的单位千瓦造价。

（2）更高效率。提高自身的能量转化效率对压缩空气储能技术来说至关重要。通过不断的系统优化和关键设备改进，经过数十年的发展，压缩空气储能技术电换电效率已从最初的40%左右提高到了70%以上。有别于瞬时发电技术的能量转化效率，储能技术的效率应是一定时长内输出总能量和输入总能量的比值。因此，如何保证机组在充放时长内均在高效率下运行以及如何提高机组启停响应速度等工程实际问题也应是未来压缩空气储能技术研发的关注方向。

（3）更低成本。压缩空气储能技术需要更低的建设成本来获得市场的青睐。除去建设成本较低的盐矿造腔，其他储气库建设方案的成本仍然较高，若储气库建设成本获得大幅降低，则压缩空气储能技术的适应场合将更为广阔。降低建设成本也可在系统优化集成、降低关键设备造价及研发低成本储热介质上发力。随着压缩空气储能市场规模化发展，势必出现系列化的关键设备产品，从而继续降低建设成本。据预测，至2030年，压缩空气储能电站的建设成本可低至5000元/kW以下。

（4）更为灵活。实现低成本建设储气库可以降低压缩空气储能技术的市场应用门槛，从而获得更为灵活的应用场景。此外，由于工艺本身存在着电能—机械能—压力能—热能的互相转化，存在与各种能源利用方式耦合的可能。如与光热耦合，将光热用于加热膨胀发电工艺侧的空气；如与火力发电厂耦合，实现火力发电机组深度调峰的同时提供回热系统热源或对外供热热源。

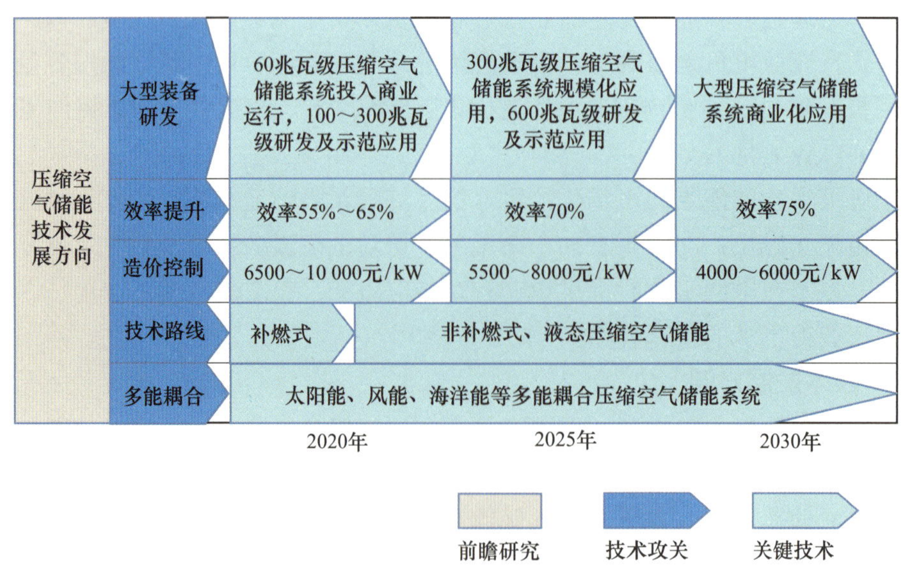

图7－19　压缩空气储能技术发展路线图

第五节　储热技术

一、储热技术发展现状

（一）储热技术概述

热能是人们利用能量的重要形式，在各种能量转化过程中也很常见，但太阳光热能、工业余热、地热等多种形式的热能，其供给和需求在时间、空间或强度上经常不匹配，无法满足人们正常生产、生活的需要。储热技术可以利用储热材料的特性将这些热量在具备条件时储存起来，在需要的时候将其释放，从而提高整个系统的能源利用率。在各种类型的储能技术中，储热技术是相对简单、普遍的一种形式，可实现规模化，应用场景多样，其开发利用和不断发展能够有效提高能源综合利用水平，在太阳能热利用、电网调峰、清洁供暖、工业节能和余热回收、建筑节能等领域都具有研究和应用价值。

储热技术主要分为显热储热、潜热储热和热化学储热三大类。

1. 显热储热

显热是指材料在加热或冷却的过程中不发生相变，随着温度的升高/降低所吸收/放出的热量。显热储热技术利用储热材料的比热容，通过改变材料的温度实现热量的存储和释放，整个过程中材料的相态不发生改变。显热储热有技术成熟、成本低廉、材料来源丰富等优点，应用非常广泛，但储热密度相对较低。

储热材料的显热可用下式计算，即

$$Q=mc\Delta T$$

式中　Q——显热量，J；

m——储热材料的质量，kg；

c——储热材料的平均比热容，J/（kg·℃）；

ΔT——储热材料的温度变化，℃。

2. 潜热储热

潜热是指物质在从某一个相态转变为另一个相态的相变过程中所吸入或放出的热量。潜热储热技术是利用材料自身在相变过程中吸收或放出热量的特性来进行热量的存储和释放，所以潜热储热又称为相变储热。潜热储热通常具有较高的储热密度，在相同的储热体积下，相变储热材料的储热量较显热储热材料可高出数倍，而热量在吸收或释放过程中其温度的变化却处于一个很小的范围内。

在筛选相变储热材料时，一般宜选择有如下特性的材料：①相变温度与工作温度范围相匹配，没有相分离、挥发或过冷等现象；②具有较高的导热系数、比热容及相变焓值；③原料容易获得，工业化生产成本低；④材料安全环保，不易燃易爆，无毒，不具有腐蚀性；⑤化学稳定性高，多次充放热循环后材料不发生化学变化等。

3. 热化学储热

物质间的可逆化学反应或化学吸附/脱附反应常常伴随着热量的吸收和放出，热化学储热是利用上述原理实现热量的存储与释放，在一定条件下将热能转化为化学能，并在需要时再将化学能逆向转化为热能。

用于热化学储热技术的化学反应要具备合适的条件：①有良好的可逆性，化学反应响应快，反应过程中无副反应；②反应的产物容易分离，且能够实现稳定储存；③反应前与反应后均不存在有毒、易腐蚀和可燃物；④反应过程中所产生的热量大，反应原料价格低廉等。

（二）储热技术发展情况

近年来，我国大力推进“双碳”战略，加大绿色清洁能源的供给和消费，逐步实施可再生能源的替代，着力构建新型电力系统。太阳能与风能等清洁发电方式受自然环境的影响较大，具有间歇性和波动性的特点，能源利用效率较低，储热作为一种具有明显经济性优势的储能系统已成为解决这一问题的关键技术之一。

储热技术类型多样、各具特点，不同的技术路线可以实现不同温度区间、时间跨度、应用规模的热量储存，能够在各种应用场景下提供合适的解决方案。各种储热技术的主要特点对比见表7–5。

表7–5　各种储热技术的主要特点对比

储热类型	显热储热	潜热储热	热化学储热
储能规模（MW）	0.001～10	0.001～1	0.01～1
典型储能周期	数小时～数天	数小时～数周	数天～数月
成本（元/kWh）	0.5～50	50～250	40～500
技术优点	储热系统集成相对简单；储能成本低，储能介质通常对环境友好	在近似等温的状态下释热，有利于控制；储能密度明显高于显热	储能密度最大，非常适用于紧凑装置；储热期间的散热损失可以忽略不计
技术缺点	储能密度很低，系统的体积庞大；自放热与热损问题突出	储热介质与容器的相容性通常很差；热稳定性需强化；相变材料较贵	储热/释热过程复杂，不确定性大，控制难；循环中的传热传质特性通常较差
技术成熟度	技术成熟度高；工业、建筑、太阳能热发电领域已有大规模的商业运营系统	技术成熟度中；处于从实验室示范到商业示范的过渡期	技术成熟度低；处于储热介质基础测试、实验原理验证阶段
未来研究重点	储热系统运行参数的优化策略创新；储热/释热过程中不同热损的有效控制等	新型相变材料的开发；已有相变材料的相容性改进；储热/释热过程的优化控制等	新型储热介质对的筛选、验证；储热/释热循环的强化与控制；技术经济性的验证，以及适用范围的拓展

储热技术发展的核心和关键是储热材料的研发进步。除了已有得到应用的储热材料外，各种新型储热材料的组成、制备技术、性能特点、存在的问题等是国内外学者研究的重点。比如：在太阳能热发电行业中广泛应用的二元混合硝酸盐，因为具有较高的凝固点使得系统运行维护成本较高，所以多家研究机构都在争相研发熔点更低的熔盐配方，同时在氯化盐、碳酸盐等方面也取得了一定的研究进展；在相变储热材料的优化和性能改善方面，通过采用封装技术制成的纳米/微胶囊相变材料，不仅提高了热传递面积，遏制了过冷现象，同时减小了相变体积变化，取得了良好的效果；在热化学储热材料方面，通过对多孔载体复合储热材料的研究和尝试，可以使材料的传热传质性能得到增强，从而提高其反应动力特性及循环稳定性。

除了储热材料的研发和改进之外，储热装置、设备、系统的研究和性能优化也在同步发展。比如：高电压、大功率电加热器的研制，高温储罐和换热器的开发，高温热化学储能系统与超临界二氧化碳布雷顿循环发电系统的耦合等。

（三）储热典型工程

1. 储热工程情况

储热技术可以广泛应用于发电、供热、太阳能热利用、余热和弃电回收、建筑节能等多种场景。

在我国，火力发电厂是电力和供热的主要来源，储热能够将火电机组运行中产生的热能或电能以热量的形式储存，并在需要时将热能向厂外热网输出。除供热外，电厂还可以通过配置储热系统参与电网的调峰辅助服务获得收益。目前采用的储热技术以设置储热水罐或与电锅炉配套的储热装置为主，后者的储热装置又可以分为固体储热和储热水罐两种。

太阳能热发电非常适合采用储热系统来平抑太阳辐射的波动性，延长太阳能热发电系统的运行时间，在需要的时段持续输出稳定的电能，所以，现有的太阳能热发电站基本上均配置了大容量的储热系统，所采用的储热介质多以二元熔盐为主，其主要组分为60%硝酸钠和40%硝酸钾的混合物。熔盐储热具有规模大、成本低、效率高的技术优势，除了在太阳能热发电领域有较为成熟的应用外，在火电机组调频调峰、清洁供热等领域的应用也在进一步拓展。

随着清洁供暖的需求越来越大，太阳能供暖逐渐成为在我国最具推广普及潜力的太阳能热利用技术。但太阳能供暖具有季节性使用明显、系统使用率低、用热需求与太阳能辐射量不匹配等问题，太阳能跨季节储热供热技术可以有针对性地解决这些问题，其利用浅层地热能储量大、稳定性好、可循环利用的特点，很好地实现了太阳能和地源热泵系统的互补增益。与之类似，水体型跨季节储热技术以水为储热介质，以太阳能为热源，实现了太阳能的“夏热冬用”，解决了太阳能清洁采暖在时间和空间上的供需不匹配问题，目前国内已有小规模的示范应用。

2. 典型储热项目介绍

（1）国电吉林江南热电厂灵活性改造项目。

国电吉林江南热电厂灵活性改造项目采用设置大型斜温层储热水罐的方式，能够确保采暖季中每天至少有6h可以参与电网的深度调峰辅助服务，满足电网深度调峰以及风电等新能源上网的需求。该项目的储热系统设置1台容量为22 000m^3、总储热量为1302MWh的常压储热水罐，投运后运行状况良好。根据机组负荷情况，机组发电功率在220MW以上时具备储热条件，并根据储热罐热水的水位情况来判断是否进行储热操作。机组发电功率在140MW以下时，根据对外供热温度是否满足热用户要求来判断是否进行放热操作。

该项目由国电吉林江南热电厂投资，主要通过参与电网的调峰辅助市场服务获得收益。由于设置了储热罐来调节供热，机组实现了热电解耦，具备了参与调峰辅助市场服务的能力，不仅免交了巨额的调峰分摊费用，而且通过参与辅助服务获得了额外的收益。

（2）新疆华电昌吉热电有限责任公司辅助调峰改造项目。

新疆华电昌吉热电有限责任公司辅助调峰改造项目属于电锅炉配固体储热类项目，该项目采用合同能源管理模式，由中海能源公司全额投资、设计施工并运行管理，按照合作年限和节能收益进行收益分配。根据设备容量及现有场地条件，高压固体电储热+电极锅炉辅助调峰设备的总容量按285MW配置，包括6台容量为10MW的高压固体电储热锅炉和5台容量为45MW的电极锅炉。

该套系统投入商用后不断挖掘机组的调峰潜力，在满足供热质量的情况下实现深度调峰，显著提高了系统消纳新能源电量的能力，有效缓解了冬季热、电之间的矛盾，实现了“保供电、保供热、保民生”的目标，有利于进一步提高发电企业的盈利能力。

（3）绍兴绿电熔盐储能项目。

该项目是浙江目前最大的用户侧熔盐储能项目，位于浙江绍兴天实低碳产业园。该项目采用太阳能热发电系统中广泛使用的二元熔盐（60%硝酸钠+40%硝酸钾的混合物）作为储热介质，利用风电、光伏等可再生能源电力或者廉价的谷电，通过熔盐电加热系统加热熔盐，存储在高温熔盐中的热量在需要时通过蒸汽发生系统产生蒸汽，推动汽轮发电机组输出持续、稳定的电能，同时还可提供工业蒸汽。

该项目单个熔盐储罐的直径约22m，高12m，总熔盐使用量达7500t。年运行小时数达8400h，年可发电量达3200万kWh，年可供3MPa、257℃的蒸汽量约42万t。用户企业不仅能享受绿电权益，抵扣能耗指标，还能在较低的蒸汽价格条件下大幅度节约生产运行成本。该项目的建成有助于企业的节能低碳转型和电网新能源电力的消纳。

二、储热技术面临的挑战

（一）技术水平

当前，储热技术已在众多领域内得到广泛应用，特别是显热储热技术，各类应用已经趋于成熟，理论研究和技术突破的工作反而相对减少。与此不同的是，潜热储热逐渐成为最受关注的储热子技术，与潜热储热技术相关的研究和应用方案非常多，这主要是因为其储能密度明显大于显热储热技术，同时它的技术突破难度在当下又比热化学储热低很多。热化学储热技术系统复杂、投资较高、转化效率仍比较低，且化学反应过程复杂，有些反应的动力学特性尚不完全清楚，有些反应需要催化剂，还有一定的安全性要求，所以大多数热化学储热材料体系仍处于实验室研究阶段，距离商业化应用还有较大的差距。

（二）技术成本

储热系统的成本构成除了储热材料本身的成本外，还包括换热设备、介质驱动设备（泵、风机等）、管道、阀门、其他附属系统成本及建设和运营费用等。根据特定的应用场景和运行需求，如工作温度范围、储热容量、充放热次数和频率等，可对储热系统的经济性作出具体的评估。

采用显热储热技术的系统成本最低，非常适合用于大规模的储能系统，但其储能密度也相对最小。以用于太阳能热发电站的高温熔盐储热系统为例，其成本比热水储热或固体储热系统高，综合成本为 80～150 元/kWh，随着储热系统容量的增加，单位成本呈下降趋势。此外，系统综合成本还显著受到熔盐材料等市场价格波动的影响。

对于相变储热技术，综合国内主要相变储热设备生产厂商的成本数据，相变储热项目初投资成本为 300～400 元/kWh，装置本体的成本为 200～250 元/kWh，其中相变换热器和相变材料合计约占储热装置总成本的 80%，是影响储热装置成本的关键因素。

热化学储热的储能密度最大，但目前成本最高，尚处于实验室研究阶段，在实际应用中还存在着许多技术问题。热化学储热系统除了一次性投资较大，其系统整体的效率也偏低。

三、储热技术发展方向

随着世界能源体系向清洁化、低碳化、高效化推进，储热技术的发展在解决可再生能源间歇性输出、提高能源系统的灵活性和利用率等方面发挥着越来越重要的作用。

显热储热技术发展至今已较为充分，对储热装置的优化设计和新型储热材料的研究也比较广泛。在“双碳”目标背景下，显热储热技术未来在清洁供暖、绿电消纳等领域将得到进一步的应用和推广。

潜热储热技术的发展渐趋成熟，一些现存的技术缺点和问题将是后续研究和关注的重点，如相变速率和材料稳定性的提高、相变材料强化传热技术的研究、复合相变材料的研发等，其应用场景和商业化道路还需要进一步探索。

热化学储热具有比显热储热和潜热储热更高的储能密度，有利于设备和装置的紧凑和小型化，化学反应体系种类多，热量在转化为化学能储存起来后能量损失非常小，适合热量的长期储存，因此被认为是最具发展潜力的储热方式。但目前热化学储热技术的成熟度最低，系统复杂，投资较高，仍处于小规模的研究和尝试阶段，从实验室验证到商业推广还有较大差距。未来的研究和技术提升方向主要集中在反应机理和循环动态特性研究、反应器结构优化、控制机制创新以及技术经济性的提高等。

四、储热技术发展路线图

根据国际可再生能源总署的预测，到 2030 年，储热技术的装机容量将从 2019 年的 234GWh 增加到甚至超过 800GWh，储热装机容量的提升将不断壮大全球能源基础设施的规模。储热技术发展路线图如图 7–20 所示。

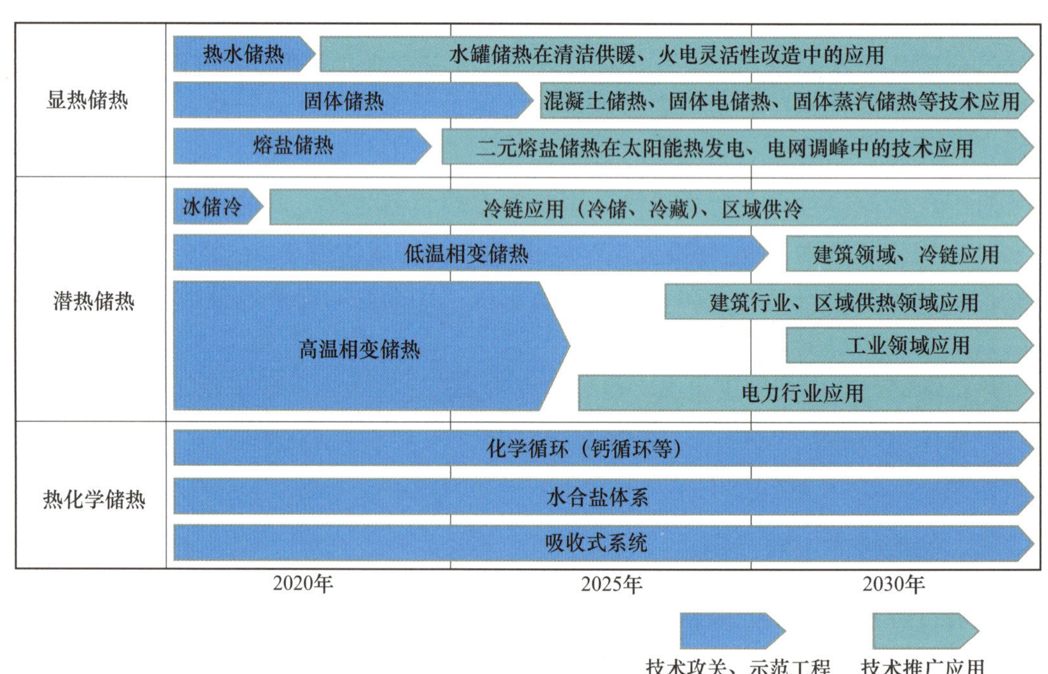

图 7–20　储热技术发展路线图

在技术层面上，储热技术的成熟度正在不断提高，同时技术成本也逐步降低。在未来储热技术的前瞻性研究方面，储热材料的开发和储能应用模式的创新将是发展的重点。新型储热材料的开发和现有材料的改良将不断突破；混合储热不仅创新了储能模式，还能够重点解决储热系统的实际问题，将受到越来越多的关注。同时，储热技术与不同能源技术实现跨系统的耦合，将进一步提高能源系统的灵活性和稳定性。随着能源系统的逐步转型，储热技术在降低电网成本、平衡季节性需求、助力可再生能源在多行业高比例整合等方面将发挥越来越重要的作用。

第八章
氢 能 技 术

氢能作为重要的二次清洁能源可与电能相互转换，是推动传统化石能源低碳转型、支撑可再生能源大规模发展、摆脱高碳原料依赖的重要手段，是构建新型电力系统的重要媒介，是未来国家能源体系的重要组成部分；同时，氢能具有能源和原料双重属性，更是能源、交通、化工、冶金、建筑等多个领域深度脱碳的重要载体。

氢能领域涉及制备、储运、利用等多个环节，每个环节又包括多种技术路线，技术体系相对庞杂。本章重点论述氢能各环节主要技术的发展现状、面临挑战、未来发展方向及发展路线图，为我国氢能技术的发展和推广应用提供参考。

第一节 发 展 现 状

一、概述

氢能具有来源广泛、质量能量密度高、清洁低碳、利用形式多样等诸多优点，是未来重要的清洁能源之一，但由于受到安全、成本和技术等因素影响，氢能一直以来多应用于我国的军事、航天等尖端领域，在民用领域应用并不广泛。在全球能源体系清洁化、低碳化的趋势下，氢能已成为世界能源技术变革乃至社会低碳发展的重要方向。

（一）概念与定位

氢能的广泛应用是推动能源转型、降低能源对外依存度的重要手段，也是构建清洁低碳、安全高效的新型电力系统的关键环节。

随着风电、光伏发电等可再生能源进入大规模快速开发利用阶段，电力系统面临的间歇性、波动性及新能源消纳问题日益凸显，氢能有望成为解决该问题的一把钥匙。氢能与电能作为两种二次能源，可以互相转化。可再生能源发电制氢作为可再生能源发电侧的储能方案，可充分消纳丰富清洁的可再生能源。可再生能源制取的氢气作为燃料供给掺氢燃机、燃料电池等发电设备产生清洁电力，可发挥氢能在电力系统中削峰填谷的独特作用，为电网提供坚实支撑。

从终端应用来看，绿氢以及绿氨、甲醇等氢基产品，可以用于化工、钢铁、交通、建筑等众多行业，扩大可再生能源的消费占比，并逐步替代煤炭、石油和天然气等化石能源消费，实现深度脱碳，在降低油气对外依存度，保障能源安全、全社会绿色低碳转型等方面发挥重要作用。

为实现碳中和目标，我国氢气需求量预计将达到每年 1.3 亿 t 左右，其中可再生能源制取的绿氢占比约 80%，对应碳减排量有望达到 16 亿 t/年，氢能产业发展潜力巨大。

（二）技术体系

氢能技术可分为氢气制备、氢储运及氢能利用等几个环节。

1. 氢气制备

生产氢气的方法很多，主要可以分为以下四类：第一类是化石燃料制氢，包括天然气重整制氢、煤气化制氢、渣油制氢等；第二类是工业副产物制氢，即含氢尾气、焦炉气等变压吸附或膜分离制氢；第三类是水分解制氢，包括水电解、水光解、水热解制氢等；第四类是低热值原料制氢，包括生物质、垃圾、污泥制氢等。制氢主要技术路线见图 8－1。

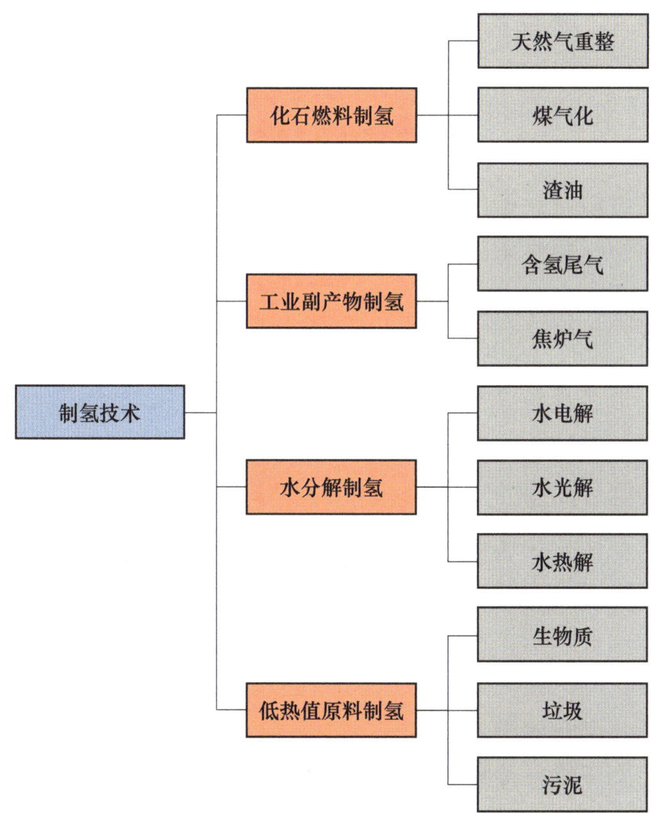

图 8－1　制氢主要技术路线

从国内的制氢原料结构看，煤炭是我国现阶段制氢的主要原料，2021 年我国氢气产量约 3533 万 t，其中煤制氢占比高达 57.06%，其次为天然气重整制氢和工业副产氢，占比分别为 21.90%和 18.15%，电解水制氢仅占 1.42%，其他来源占 1.47%，见图 8-2。

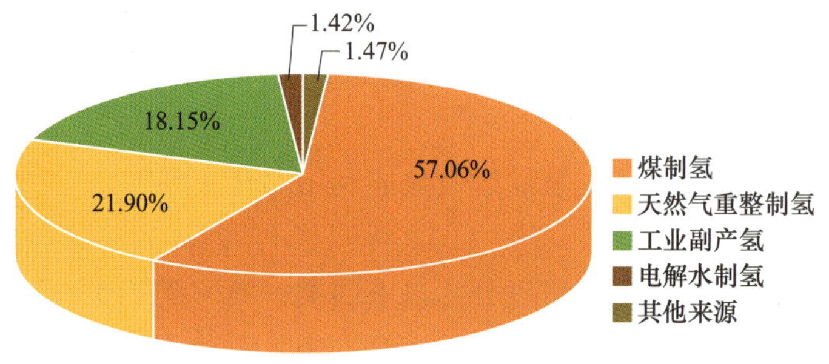

图 8-2　2021 年我国制氢原料结构

2. 氢储运

氢储运是氢能产业中联结产业链上游制氢和下游应用的中间环节。未来氢能社会图景中的氢能汽车、氢储能、绿色化工、氢冶金等应用场景的大范围实现，都将依赖于高效廉价的氢储运技术。我国可再生能源制氢的潜力尚未充分挖掘，制约因素之一是储运技术发展相对落后，大规模、低成本储运技术产业化有待进一步发展。

氢能的大规模应用对储运技术提出了多方面要求，包括储氢密度、能耗、工艺复杂度、规模化、安全性和经济性等。其中，如何提高氢气的能量密度是氢储运技术的难点，氢在室温、常压下的体积能量密度很低，每立方米氢气的能量仅为 12.1MJ，约为天然气的 1/3、汽油的 1/3000，常温常压氢气的储运成本过高。为提高储氢密度而发展的各种技术，都涉及对氢气状态的某种转化，如压缩、冷却、载体的吸放氢等，转化过程都需要消耗能量，因此降低氢储运能耗是又一难点。同时，氢气的易燃、易扩散等特点也对其储运体系的安全提出了挑战。

储氢技术可分为物理和化学两大类，前者通过改变物理条件（如高压、低温）来提高储氢密度，如高压气态储运氢、低温液态储运氢等；后者则是使氢气与某种载体发生反应形成稳定化合物用于储运，在使用时再通过释氢反应获得氢气，如有机液体储运氢、固态储运氢等。我国的气态储运氢技术应用最广，低温液态储运氢技术在航天等领域应用较早并已开始进入民用领域，其他储运氢技术还处于示范及研究阶段。此外，利用绿氢作为原料合成氨或甲醇等绿色化工产品，既可以作为绿氢载体，以液体形式运输后再分解提取氢气，也可以直接作为一种化工原料或能源载体在更大范围内使用。氢储运技术路线见图 8-3。

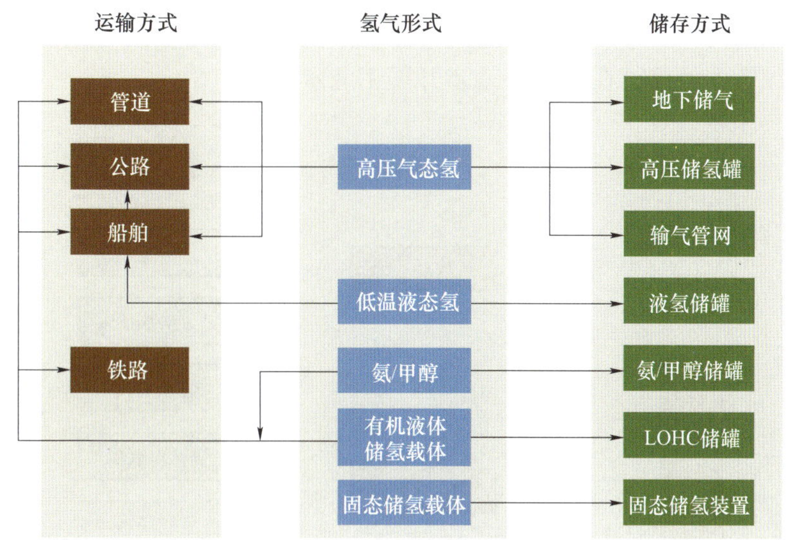

图 8-3　氢储运技术路线

3. 氢能利用

氢能在工业、建筑、电力、交通等领域都有应用，利用形式包括燃料电池、绿氢及其衍生品的能源利用、绿氢及其衍生品在化工等行业的原料利用等。绿氢及其衍生品应用技术路线见图 8-4。

燃料电池是氢能利用最为重要的技术。氢燃料电池可以根据其使用电解质的类型进行分类，也可按照工作温度分为低温燃料电池和高温燃料电池。低温燃料电池一般限于 200℃及以下，最常见的低温燃料电池类型有碱性燃料电池（AFC）、磷酸燃料电池（PAFC）和质子交换膜燃料电池（PEMFC），催化剂通常为铂，燃料中若含有 CO 会导致催化剂中毒，因此上述低温燃料电池所用氢燃料对氢气纯度要求较高。常见的高温燃料电池包括熔融碳酸盐燃料电池（MCFC）和固体氧化物燃料电池（SOFC），MCFC 工作温度为 600～700℃，SOFC 工作温度为 600～1000℃。燃料电池的工作特性和所用燃料决定了其应用场景，对于高温燃料电池来说，CO 或 CH_4 等碳氢化合物可以在内部直接氧化或者转化为氢气，因此除氢气外还可利用天然气、煤层气、合成气、沼气等燃料，其高温排气还可以用于供热，热电综合效率高。燃料电池热电联供技术是氢进万家、氢能社区等场景关键的应用技术。同时，绿氢及其衍生品甲醇用于氢燃料电池，可为汽车、船舶、航天航空提供动力，实现交通领域的深度脱碳。

目前绿氢及其衍生品绿氨、甲醇等作为燃料在燃气轮机、内燃机、锅炉等设备中的掺烧技术均已有工程应用案例，并且正在向更高比例、更大规模发展，未来将成为支撑能源结构清洁低碳化的重要技术路线。

绿氢作为化工行业基础原料可直接替代灰氢，技术相对成熟，是实现化工行业碳中和的重要方式。在炼钢领域中采用富氢高炉和气基竖炉富氢工艺时，绿氢可以作为还原剂替代焦炭，目前已在国内外逐步开展工业示范。

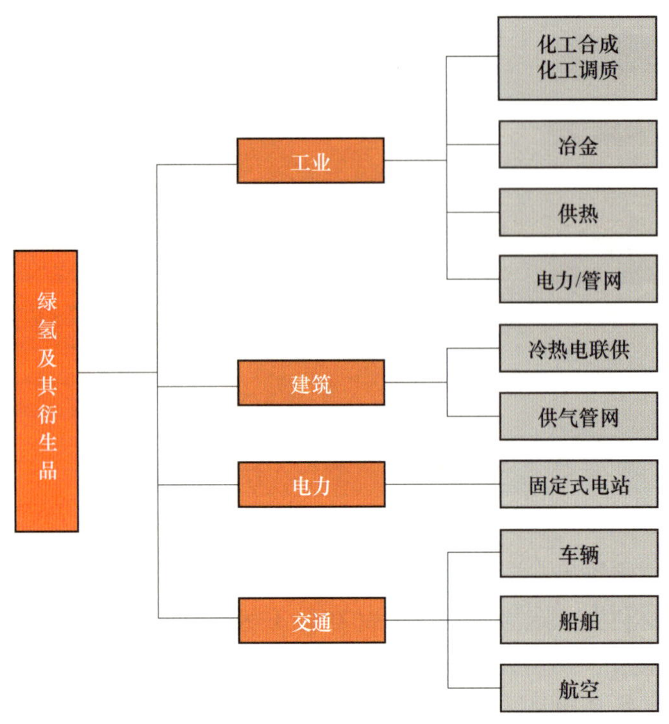

图 8-4　绿氢及其衍生品应用技术路线

二、政策法规

在美国、日本、德国等国家，氢能发展已经上升至国家能源战略高度。近几年来，我国政府有关部门从战略规划、产业结构、科技研发、财政支持等方面相继发布了一系列政策，引导并鼓励氢能产业发展。

2021 年 10 月 24 日，中共中央、国务院印发了《中共中央　国务院关于完整准确全面贯彻新发展理念做好碳达峰碳中和工作的意见》，提出“统筹推进氢能‘制储输用’全链条发展”“推进高效率太阳能电池、可再生能源制氢、可控核聚变、零碳工业流程再造等低碳前沿技术攻关”，以及“加强氢能生产、储存、应用关键技术研发、示范和规模化应用”，强调了可再生能源制氢及氢能利用技术和产业发展在“双碳”战略中的重要作用。

2022 年 3 月 23 日，国家发展改革委发布《氢能产业发展中长期规划（2021—2035 年）》，明确了氢的能源属性，指出氢能是未来国家能源体系的组成部分，充分发挥氢能清洁低碳特点，推动交通、工业等用能终端和高耗能、高排放行业绿色低碳转型。

规划明确氢能是战略性新兴产业的重点方向，是构建绿色低碳产业体系、打造产业转型升级的新增长点。规划中提出了氢能产业发展各阶段目标：到 2025 年，基本掌握核心技术和制造工艺，燃料电池车辆保有量约 5 万辆，部署建设一批加氢站，可再生能源制氢量达到 10 万～20 万 t/年，实现二氧化碳减排 100 万～200 万 t/年；到 2030 年，形成较为完备的氢能产业技术创新体系、清洁能源制氢及供应体系，有力支撑碳达峰目标实现；到 2035 年，形成氢能产业体系，构建多元氢能应用生态，可再生能源制氢在终端能源消费中的比重明显提升。

2022 年 6 月 1 日，国家发展改革委、国家能源局等 9 部门联合印发《“十四五”可再生能源发展规划》，明确提出推动可再生能源规模化制氢利用，促进存储消纳提高可再生能源利用比例。具体措施包括：开展规模化可再生能源制氢示范；在可再生能源发电成本低、氢能储输用产业发展条件较好的地区，推进可再生能源发电制氢产业化发展，打造规模化的绿氢生产基地；推进化工、煤矿、交通等重点领域绿氢替代；推广燃料电池在工矿区、港区、船舶、重点产业园区等示范应用，统筹推进绿氢终端供应设施和能力建设，提高交通领域绿氢使用比例；在可再生能源资源丰富、现代煤化工或石油化工产业基础好的地区，重点开展能源化工基地绿氢替代；积极探索氢气在冶金化工领域的替代应用，降低冶金化工领域化石能源消耗；特别是要创新可再生能源利用方式，开展大规模离网制氢示范和并网型风光制氢示范。

三、国内外氢能项目发展情况

1. 氢气制备

德国、西班牙、荷兰、日本等国在可再生能源电解水制氢方面，已经开展了广泛研究，并在部分地区建成了示范项目，还有更多项目正在实施中。2010 年以来，我国可再生能源电解水制氢项目发展迅速，已有数个大规模可再生能源制氢示范项目投产或正在建设中，还有大量项目正在开展前期工作，项目规模处于全球领先水平。国内外可再生能源制氢典型项目见表 8－1。

表 8－1　　国内外可再生能源制氢典型项目

序号	项目名称	地点	概况
1	林茨 6MW 电解制氢示范项目	奥地利林茨	电解槽装机：6MW；投产年：2021 年
2	Wunsiedel 项目	德国上弗兰肯州	电解槽装机：8.75MW；产氢量：1350t/年；投产年：2022 年
3	Iberdrola 公司光伏制氢项目	西班牙普埃托利亚诺	新能源装机：光伏 100MW，储能 20MW；产氢量：3000t/年；投产年：2022 年

续表

序号	项目名称	地点	概况
4	荷兰氢气1号风电制氢项目	荷兰鹿特丹港	新能源装机：风电759MW；电解槽装机：200MW；产氢量：60t/d；投产年：2025年
5	风氢示范工程	阿根廷 Comodoro Rivadavia	新能源装机：风电6.3MW；电解槽装机：2×320kW；储氢量：90m^3（标况）；投产年：2007年
6	福岛 FH2R 项目	日本福岛	新能源装机：光伏20MW；电解槽装机：10MW；投产年：2020年
7	风氢储示范工程	加拿大 Ramea 岛	新能源装机：风电6×65+3×100kW变速风机；电解槽装机：90m^3/h（标况）；储氢量：2000m^3（标况）；氢内燃机发电机：4×62.5kW；投产年：2009年
8	河北建投沽源风电制氢综合利用示范项目	河北	电解槽装机：一期4MW、二期6MW电解水制氢设备；投产年：2022年
9	河北建投集团大规模风光储互补制氢关键技术与应用示范项目	河北	新能源装机：一期风电6MW、光伏2MW、储能1MW；终期风电6MW、光伏4MW、储能2MW；电解槽装机：一期400m^3/h（标况），终期800m^3/h（标况）；投产年：一期已于2022年1月投产
10	宁夏宝丰能源集团股份有限公司太阳能电解制氢储能及综合应用示范项目	宁夏	新能源装机：一期光伏100MW，二期光伏200MW；电解槽装机：一期10台1000m^3/h（标况），二期20台1000m^3/h（标况）；投产年：一期于2021年4月投产，二期于2022年7月投产
11	中国石化新疆库车绿氢示范项目	新疆	新能源装机：光伏300MW；产氢量：2万t/年；储氢规模：21万m^3（标况）；输氢能力：2.8万m^3/h（标况）；投产年：2023年

2. 氢储运

英国、德国、韩国、日本等国已经开展了多个有机液体储氢、低温液态储氢、纯氢管道及天然气管道掺氢等氢储运示范项目。日本、澳大利亚、文莱等国开展了低温液态氢、有机液体氢载体、液氨等形式的大规模远洋跨国氢气运输。国内近几年在氢储运领域也有多个示范项目建设。国内外氢储运典型项目见表8-2。

表8-2　国内外氢储运典型项目

序号	项目名称	地点	概况
1	HyDeploy	英国	天然气管道掺氢试点项目，研究在20%掺氢比例下管道和终端设备的安全运行可行性
2	GET H2	德国	德国首个开放的绿色氢网络，并与荷兰管网相连接，全部工程计划2030年建成
3	多尔马根 LOHC 绿氢存储工厂	德国	世界最大的工业级绿氢存储工厂，位于北威州 Dormagen 的欧洲化工园，计划2023年投产
4	蔚山晓星化学液氢工厂	韩国	占地3万m^2，年产能1.3万t，2022年投产

续表

序号	项目名称	地点	概况
5	文莱/日本MCH远洋氢气运输	文莱/日本	2021年，日本氢能链技术研究合作组（AHEAD）以甲基环己烷（MCH）的形式，从文莱向日本运输了第一批氢气
6	日本 Suiso Frontier 号液化氢运输船	澳大利亚/日本	2022年，日本 Suiso Frontier 液化氢运输船从澳大利亚黑斯廷斯港装载第一批液氢，抵达日本神户港
7	济源—洛阳输氢管道	河南	纯氢管道，长度25km，年输氢量10.04万t
8	巴陵—长陵输氢管道	湖南	纯氢管道，长度43km，年输氢量4.42万t
9	济宁镁基固态储氢加氢站	山东	全国首座镁基固态储氢示范站，加氢能力为550kg/d，供两条公交线使用
10	蓝星化工文昌液氢项目	海南	2014年投产，产能2.5t/d
11	氢阳宜都1000t/年有机液体储氢材料生产项目	湖北	全球首套大规模常温常压有机液体储氢材料生产装置

3. 氢能利用

美国、日本等发达国家在燃料电池的研发上已投入多年，目前在技术水平和应用示范方面处于领先位置。截至2020年底，全球燃料电池装机量达到1319MW，多个百千瓦级SOFC系统和兆瓦级MCFC分布式热电联供系统已投入运营。欧洲的Ene-field示范项目和日本的Ene-farm计划极大地推动了小型燃料电池热电联供系统的发展，并制定了行业标准，形成了完善的产业链。在交通领域，截至2021年底全球共有685座加氢站投入运营，其中亚洲355座、欧洲230座、北美85座、其他地区15座。

燃料电池电站应用方面，我国近些年不断加大研发投入，初步集成了10kW级高温燃料电池发电系统，性能指标与国际领先水平还存在较大差距，尚未进行商业化推广。截至2022年4月，我国已有超过250座加氢站建成，数量位居世界第一。

国内外氢能利用典型项目见表8-3。

表8-3　国内外氢能利用典型项目

序号	项目名称	地点	概况
1	59MW浦项制铁MCFC燃料电池发电厂	韩国京畿道	21组美国Fuel Cell Energy公司的DFC 3000型号燃料电池（发电效率为47%，输出电功率约2.8MW），天然气为燃料，热电联供效率大于80%
2	Ene-farm	日本氢能社区	SOFC，输出功率700W，热水储存量90L（70℃），发电效率46.5%，热效率90%

续表

序号	项目名称	地点	概况
3	营创三征精细化工有限公司2MW燃料电池发电站	辽宁营口	荷兰MTSA供货PEM燃料电池组，2MW，热电联供总效率达到75%
4	兆瓦级氢能综合利用示范站	安徽六安经开区	质子交换膜电解水制氢，单堆50kW共24个电堆兆瓦级PEMFC技术，具有自主知识产权
5	中煤鄂能化10万t/年液态阳光－二氧化碳加绿氢制甲醇技术示范项目	鄂尔多斯市乌审旗	风光发电电解水制氢、10万t/年二氧化碳加绿氢制甲醇，双金属固溶体氧化物催化剂
6	国家电投荆门绿动电厂燃机掺氢改造项目	荆门	改造后的燃机机组具备了纯天然气和天然气掺氢两种运行模式的兼容能力，具备了0～30%掺氢条件下灵活运行能力
7	川崎加氢站	日本神奈川县川崎市	长管拖车外供氢，占地约920m^2，加注能力82MPa，加氢速率5kg/3min
8	液氢加氢站	浙江省平湖市	加氢能力1t/d，设有一座14m^{3}的液氢储罐，两台90MPa的高压储氢瓶，加注能力35MPa

四、典型工程情况

1. 可再生能源电解水制氢项目

河北建投新能源有限公司投资的沽源10MW风电制氢示范项目，年制氢能力为1752万m^3（标况），是我国最早的风电制氢项目之一，也是当时规模最大的风电制氢示范项目。该项目生产出的氢气主要用于加氢站，支持河北省氢燃料电池汽车产业发展。

制氢站一期建设4MW电解水制氢设备，配置2×400m^3/h（标况）、产氢压力3.0MPa的碱性水电解槽及配套的气液处理器和氢气纯化装置，由德国McPhy供货，已于2021年调试完成；二期建设6MW电解水制氢设备，配置2×600m^3/h（标况）、产氢压力3.0MPa的碱性水电解槽及配套的气液处理器和氢气纯化装置，配套4台50m^{3}卧式储氢罐，储存的氢气经汇流排进缓冲罐，而后通过2台400m^3/h（标况）和2台600m^3/h（标况）的氢气压缩机升压至15MPa和22MPa充装至氢气集装格和长管拖车，由华北电力设计院设计，已于2022年调试完成。

该项目的建成推动了张家口可再生能源制氢产业的发展，提供了风电就地消纳的新途径，破解了河北省风电产业的发展瓶颈。该项目实景图见图8－5。

2. 氢能综合利用示范项目

六安兆瓦级氢能综合利用示范站位于六安市金安经济开发区，由国网安徽省电力有限公司投资，国网六安供电公司承建，占地面积10.7亩，该项目实景图见图8－6。该项目是国家电网有限公司“兆瓦级制氢综合利用关键技术研究与示范”科技项目的配套示范工程。

图 8－5　河北建投沽源风电制氢综合利用示范项目

图 8－6　安徽六安兆瓦级氢能综合利用示范项目

该示范项目由安徽省电力设计院设计，配备国内首个兆瓦级质子交换膜（PEM）纯水电解制氢系统，采用四槽并联控制技术，单槽额定产氢速率为 220m^3/h（标况），系统制氢能效达到 85%，可快速响应可再生能源的波动性输入，配置国内首个兆瓦级质子交换膜燃料电池发电系统，集成 24 个单堆 50kW 电堆，最高发电功率达 1.2MW，项目年制氢超过 70 万 m^3（标况）、氢发电 73 万 kWh。

该项目的投运标志着国内首座配置我国自主知识产权设备的兆瓦级氢能综合利用示范项目全技术链条贯通，有助于研究和验证氢储能电站利用峰谷电价差盈利的可行性，每年可节约标准煤约 1091t，减少二氧化碳排放约 1889t。

3. 富氢燃机项目

神华神东电力公司煤制油自备热电厂（3×6B）燃气发电工程为神华煤直接液化项目一期工程的配套工程，项目地处内蒙古鄂尔多斯市伊金霍洛旗乌兰木伦镇马家塔村，项目实景图见图 8-7。

该项目由华北电力设计院设计，已于 2008 年底建成投产。该项目采用 3×40MW（3×6B 级）单循环燃气轮机发电机组，燃料为煤制油调试过程中产生的合成气，其中氢气含量接近 30%。

该项目的投运标志着中国能建具备较高掺氢比例燃气轮机发电机组的完整设计能力，同时对于富氢尾气资源化利用具有重要意义。

图 8-7　神华煤制油项目配套富氢燃气轮机发电项目

4. 加氢站项目

该项目为武汉市铁龙通勤汽车服务有限公司独资建设。铁龙通勤源自武汉铁路局局机关客车队，是武汉最大的通勤服务企业，同时也是武汉第一家引进氢燃料电池客车的通勤公司，于 2018 年底投放了 21 台 17 座氢燃料电池商务车。

武汉铁龙加氢站由华北电力设计院设计，已于 2020 年底建成投产，该项目是武汉三环内首座加氢站，占地面积超过 $2800m^2$，预留二期项目场地。该加氢站的氢源采用长管拖车从站外运输到站，加氢站采用固定站形式，主要包括加氢机、氢气储罐、氢压机、冷水机组、汇流排、管路系统和控制系统。

该加氢站加氢压力等级为 35MPa，能够实现每天 500kg 氢气加注量，12h 内可满足 25 台大型氢能物流车或大型氢能客车加氢需求。该项目实景图见图 8-8。

图 8-8　武汉铁龙加氢站项目

第二节　发展趋势及面临挑战

一、技术水平

（一）氢气制备技术

1. 化石燃料制氢技术

天然气制氢技术较为成熟，产氢率高，是国外最常用的制氢技术。我国煤炭资源丰富且价格相对较低，煤制氢技术水平国际领先。化石燃料制氢技术成熟高效并可大规模持续生产，但碳排放较高，未来需要与碳捕集封存技术相结合。

2. 工业副产物制氢技术

工业副产物制氢技术是利用钢铁、化工等行业生产过程中含氢量较高的尾气通过变压吸附等方法进行提纯制取氢气的一种技术，可以提高资源利用率并减少环境污染。工业副产物制氢技术成熟度较高，未来同样需要与碳捕集封存技术相结合，同时其产量受到主产物产能限制。

3. 电解水制氢技术

电解水制氢是指水在直流电的作用下发生电化学反应分解，产生的氢气与氧气分别在阴、阳两极析出的过程，其能耗一般为 4～5kWh/m^3 H_2（标况）。目前成熟的电解水制氢技术包括碱性电解水制氢技术和质子交换膜（PEM）电解水制氢技术，一些新技术如固体氧化物电解水制氢技术、阴离子交换膜电解水制氢技术、酸碱两性电解水制氢技术等还处于研发阶段。利用可再生能源电解水制氢将成为未来氢气制备的主要技术路线，与目前我国主流的煤制氢技术相比，其生产每千克氢气对应的碳减排量约为 20kg。

（1）碱性电解水制氢技术。

碱性电解水制氢技术以 20%～30%的 KOH、NaOH 水溶液为电解质，采用聚苯硫醚（PPS）等作为隔膜，采用直流电将水电解，生成氢气和氧气。碱性电解水制氢技术成熟，无需贵金属催化剂，设备造价低，运行寿命可达 15 年，早在 20 世纪中期就实现了工业应用。目前国外普遍生产中小型的碱性电解水制氢设备，国内可生产的单槽最大产氢能力为 2000m^3/h（标况）。碱性电解水制氢技术面临的挑战在于如何提高运行灵活性并实现规模化应用。

（2）PEM 电解水制氢技术。

PEM 电解水制氢技术无需碱性电解质，采用全氟磺酸等材质作为质子交换膜，采用直流电将水电解，生成氢气和氧气。相比传统的碱性电解水制氢技术，PEM 电解水制氢技术的优势在于变工况能力强，可根据负荷变化快速响应；电流密度高，设备质量轻、尺寸小，占地面积小；无需碱液、更加环保等。但由于质子交换膜和贵金属催化剂价格昂贵，导致设备造价较高，在国内暂无大型工程应用业绩。欧美、日本等 PEM 电解水制氢技术处于国际领先水平，涌现了很多 PEM 电解水设备研究和制造企业。目前国际上已可生产单槽产氢能力为 500m^3/h（标况）的 PEM 电解槽，国内 PEM 电解水制氢技术的研发工作起步较晚，发展较慢，目前国内已可生产单槽产氢能力为 200m^3/h（标况）的 PEM 电解槽。

（3）固体氧化物电解水制氢技术。

固体氧化物电解水制氢技术是利用固体氧化物电解槽电解水制取氢气的技术，SOEC 电解槽是一种全固态化学电解装置，它能够在中高温下利用热能和电能将水分解为氢气和氧气，具有能量转换效率高、环保、无需贵金属催化剂等优点。SOEC 电解槽制氢的原料为纯水，若在原料中添加二氧化碳则可生成合成气，再进一步生成合成燃料，因此 SOEC 技术有望被广泛应用于碳捕集。目前 SOEC 电解水制氢仍处于研发阶段，有较多关键技术问题待突破。

（二）氢储运技术

1. 高压气态储运氢

高压气态储氢技术是在高压下将氢气压缩，以高密度气态形式储存。特点是成本和能耗低、工作条件范围较宽，技术最成熟。高压气态储氢能耗主要来自压缩，充装 70MPa 的车载气瓶耗能为氢气低位热值的 5%～20%。气态储运氢在固定式储氢、运输用高压储氢、车载储氢、输氢管道等多种场景下有着广泛的应用。高压储氢容器主要可分为全金属瓶（Ⅰ型）、金属内胆纤维环向缠绕气瓶（Ⅱ型）、金属内胆纤维全缠绕气瓶（Ⅲ型）及非金属内胆纤维全缠绕气瓶（Ⅳ型）4 种类型，储氢瓶的材料及技术指标见表 8－4。目前车载气瓶主要采用Ⅲ型和Ⅳ型储氢瓶，使用压力主要有 35MPa 和 70MPa 两种，在 35MPa 和 70MPa 压力下，氢气密度分别为 23.65kg/m^3 和 39.69kg/m^3。美国、日本等国家汽车企业已开始将 70MPa Ⅳ型气瓶用于乘用车。国内 35MPa Ⅲ型气瓶已实现批量化生产，70MPa Ⅲ型气瓶已有小批量生产并在燃料电池乘用车上得到应用，70MPa Ⅳ型气瓶还处于研发阶段。

表 8－4　气瓶类型及技术指标

类型	材料	典型压力（MPa）	质量储氢密度（%）
Ⅰ型	全金属	30	1.7
Ⅱ型	金属为主，复合材料环向缠绕	20	2.1
Ⅲ型	金属内胆，复合材料全缠绕	70	4.2
Ⅳ型	非金属内胆，全复合材料全缠绕	70	5.7

管道输氢是实现大规模、长距离氢气输运的重要方式，但成本是其发展的一个制约因素。氢气自身体积能量密度小，约为甲烷的 1/3，相同的压力和体积流量所能输送的能量更小，此外高压下氢气容易使管材产生“氢脆”现象，使得材料选择和运行压力都有所限制。综合两种因素，氢气管道运输的成本一般大于相等能量流率下天然气管道。另一种较低成本的管道输氢方式是在天然气中掺入一定比例的氢气组成掺氢天然气，依托已有的天然气管网运送供应给终端用户。掺氢天然气可以直接利用或者提氢后分别单独使用。

2. 低温液态储运氢

低温液态储氢是将氢气降温到沸点（－253℃）以下，使其转化为液态氢，并在绝热容器中储存。氢气液化可以通过林德－汉普逊（Linde-Hampson）循环、克劳德（Claude）循环、氦制冷氢液化等热力学循环实现。液氢的密度为常温常压下气氢的 845 倍，体积能量密度比气态压缩储存高数倍，从质量和体积上考虑，是一种极为理想的储氢方式。液氢槽罐车的容量约为 65m^3，每次可净运输约 4000kg 氢气，是气氢拖车单车运量的 10 倍多，大幅提高了氢气运输效率。低温液氢储运是大规模长距离储运氢的重点方向。

氢气的液化过程需要消耗大量能量，以林德公司在德国英戈尔施塔特（Ingolstadt）的液氢工厂为例，生产规模每天 4.4t，采用克劳德循环，每千克氢气液化耗电为 13.58kWh，达到了氢气低热值的 40%。此外，液氢在长时间的储存和输送过程中，难以避免蒸发损耗，必须采用特殊容器或主动绝热技术，成本高且安全技术复杂。

3. 有机液体储氢

有机液体储氢是利用一类不饱和液体有机物催化加氢和脱氢的可逆反应来实现氢的储存。其原理是：在制氢侧，通过催化加氢反应，氢共价结合到载体分子上，所形成的液体有机氢化物可在常温常压下完成储存和运输，且性能稳定，不易燃烧，有较好的安全性；在用氢侧，通过催化脱氢装置，释放出储存的氢气。过程中储氢载体基本不被消耗，可循环再利用。有机液体储氢原理见图 8–9。

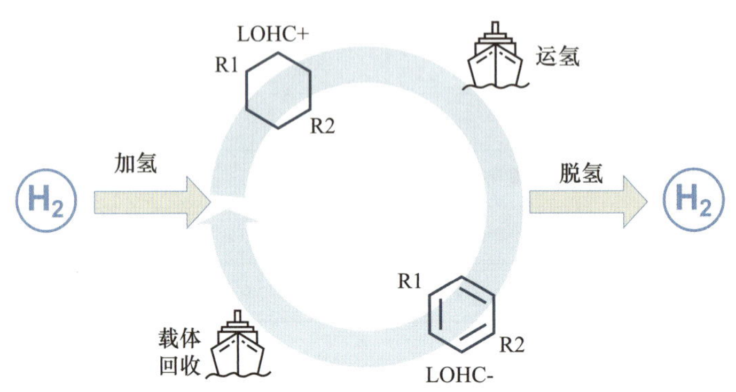

图 8–9　有机液体储氢原理示意图

典型有机液体储氢介质的性能参数见表 8–5。

表 8–5　典型有机液体物理参数和储氢性能

储氢介质	熔点（℃）	沸点（℃）	理论储氢量（%）
环己烷	6.5	80.7	7.19
甲基环己烷	–126.6	101	6.18
反式–十氢化萘	–30.4	185	7.29
咔唑	244.8	355	6.7
乙基咔唑	68	190	5.8

有机液体储氢材料的优势在于使用过程中始终以液态方式存在，可以依托现有汽油输送方式和加油站构架，在常温常压下实现储存和运输，过程安全、高效。此外，其单位体积储氢量大，以甲基环己烷（MCH）为例，$1m^3$ MCH 储存了约 47.3kg 氢气，仅比液氢少 1/3，但避免了高耗能的液化过程和超低温存储的苛刻条件。其主要劣势是反应温度较高、脱氢能耗大、操作条件苛刻、成本高，有机液体储氢还处于示范试验前期阶段，需进一步降低脱氢能耗、提高脱氢纯度、找到在储运体系中的最佳应用模式和场景。

4. 固态储氢

金属氢化物、化学氢化物或纳米材料等固态储氢载体，可以通过化学吸附和物理吸附的方式实现氢的存储。氢元素与储氢材料中某些元素结合后，氢原子间距离远小于常压下的气态氢，从而可以大大提高单位体积的储氢量。当需要释放氢气时，可通过加热使氢气脱离储氢载体。储氢材料是保证固态储氢可行性的关键，目前趋于成熟且具有实用价值的储氢材料有合金储氢材料、配位氢化物储氢材料、碳质储氢材料、B—N 基储氢材料等多种类别。固态储氢体积储氢密度高，储运所需的物理条件温和，不需要高压容器和隔热容器，安全性好，氢气纯度高，操作方便，但目前依然存在着储氢成本高、放氢温度高和脱氢速率慢的缺点。

5. 合成氨储运氢

利用氢气合成氨，在较为温和的条件下存储运输，再将氨分解提取氢气，是氢储运的又一条路线。氨具有高储氢密度（17.6%）、运输便利等优点，在常压 -33℃条件下就能实现液化储运。合成氨技术已发展多年，氨也是世界上最重要的工业产品之一，有着丰富的使用和安全管理经验。同时，氨本身也可以作为一种低碳能源直接利用，在航运燃料等领域具有广阔的前景。但是，利用氨作为储氢媒介的劣势在于转换环节较多，每个环节都存在较大的能量损失，总体能效会受到影响。降低全过程能耗、优化氨合成及分解技术是未来主要的技术研发方向和商业化应用的关键。

（三）氢能利用技术

1. 基于燃料电池的利用技术

（1）燃料电池发电技术。

目前燃料电池发电技术主要由美国、日本、韩国三个国家推动。美国以 Bloom Energy 为代表，主要发展 SOFC 大型分布式发电。美国是发展 PAFC 电站技术最早的国家；日本 PAFC 电站技术发展最快，可以生产 50kW～11MW 等多种规格的 PAFC 发电系统。韩国丽水 MCFC 分布式电站是世界上已建成最大的燃料电池发电项目。

近年来，我国在燃料电池技术方面取得了多项关键技术的突破，包括完成了 100kW 熔融碳酸盐燃料电池发电系统自主开发，系统的发电效率可达 47%，综合热效率超过 80%；开发出 5kW 的 SOFC 产品，但寿命保证为 40 000h，远低于国外同类产品的 70 000h；自主研发 100 千瓦级 PEMFC 冷热电联供系统发电效率大于 52%，可对外供应 65℃热水，热电综合效率超过 90%。

PEMFC、PAFC、SOFC 及 MCFC 等常用燃料电池特性对比见表 8-6。

表 8-6　常用燃料电池特性对比

项目	PEMFC	PAFC	SOFC	MCFC
燃料	氢气/重整净化气	氢气/重整净化气	天然气、生物沼气、乙醇、甲醇、丙烷、焦炉气、煤层气等	天然气、煤、甲烷等转化生成的富氢燃料气

续表

项目	PEMFC	PAFC	SOFC	MCFC
阳极材料	铂、碳	石墨、炭	金属陶瓷	Ni 或 Ni－Al、Ni－Cr 合金
阴极材料	铂、碳	石墨	金属陶瓷	镍与氧化镍
催化剂	铂基材料	铂基材料	非贵重金属	非贵重金属
电解质	质子交换膜	液态磷酸	致密氧化钇稳定氧化锆	液态熔融碳酸盐
工作温度范围	室温～100℃	约 200℃	500～1000℃	600～700℃
载流子类型	H^+	H^+	O^{2-}	CO_3^{2-}
产物热管理	预热气体 冷却液体	预热气体 冷却液体 制造蒸汽	内重整与气体预热	内重整与气体预热
是否可以内重整	否	否	是	是
是否抗 CO	否，会使催化剂中毒，应不超过 0.005%	否，会使催化剂中毒，应不超过 1%	是，以 CO 为燃料	是，以 CO 为燃料
发电效率	40%～50%	40%	50%～60%	45%～55%
启动时间	＜5s	几分钟	＞30min	＞30min
寿命水平	分布式发电 40 000～80 000h 车用 5000～8000h	30 000～60 000h	9000～70 000h	5000～20 000h
应用领域	便携式电源 车载电源 固定式电站	固定式电站 分布式电站 热电联产电站	便携式电源 车载电源 固定式电站 热电联产电站	固定式电站 热电联产电站

（2）小型燃料电池热电联供技术。

从国外发展现状来看，欧洲通过部署 Ene-field 示范项目，整合了欧洲多家技术雄厚的相关设备制造商，统一了标准，对小型热电联供系统及设备进行研发应用，开发了数十款适用于欧洲普通家庭的小型热电联供系统。该项目主要基于 SOFC 和 PEMFC 技术路线，目前已累计安装 1000 余套微型燃料电池热电联供装置，部分装置可实现高达 60%的发电效率，系统热效率高达 95%。在日本 Ene-farm 计划的推动下，日本大阪燃气、京瓷公司和爱信精机共同开发多款 700W 家用 SOFC 热电联产系统，用户数量超过 5 万套，热电联产效率达到 90%。

我国小型热电联供系统的产业链尚处于萌芽阶段，仅有数个千瓦级示范项目，产品整体性能较国外同类产品有较大差距。

2. 燃烧利用技术

近年来，各燃气轮机制造商也都把掺氢燃气轮机技术作为研发重点，积累了丰富的燃烧合成气等含氢燃料燃气轮机的运行经验，推动了天然气掺氢混合燃料燃烧技术的发展，已经制造多台燃用含氢燃料燃气轮机，燃料氢含量在30%～100%之间。2019年欧洲燃气和蒸汽涡轮机制造商行业协会承诺在2030年实现燃用纯氢的燃气轮机。

3. 生产原料利用技术

绿氢加二氧化碳合成甲醇技术也为二氧化碳大规模资源化利用提供新的途径，是能源、化工等领域实现碳达峰及碳中和的重要技术路线。近年来，中国科学院大连化学物理研究所开发了一种不同于传统金属催化剂的双金属固溶体氧化物催化剂 $ZnO-ZrO_2$，在 CO_2 单程转化率超过10%时，甲醇选择性仍保持在90%左右。2020年10月，双金属固溶体氧化物催化剂在“液态太阳燃料合成示范项目”中用于每年千吨级绿色甲醇合成，实现了从实验室研究成果走向工业化示范的目标，具有完全自主知识产权，整体技术处于国际领先。目前，我国正在开展10万吨级绿氢加二氧化碳合成甲醇示范项目建设工作。图8－10为可再生能源电解水合成甲醇工艺流程图。

据国际能源署统计，2021年全球工业碳排放总量的5%来自合成氨过程，同其他主要工业品（甲醇、高值化工品、钢铁、水泥）相比，吨氨的能耗仅次于高值化工品，碳排放强度是最高的。在碳达峰碳中和背景下，氨的合成生产过程低碳化将是化工工业的一个重要减碳途径。由沙特NEOM新城、沙特国际电力和水务公司（ACWA Power）和Air Products三家合资投资的NEOM绿氨项目计划采用托普索的成熟合成氨技术。该项目已于2022年1月正式启动，年合成氨120万t，计划2026年投产。图8－11为可再生能源电解水合成氨技术路线示意图。

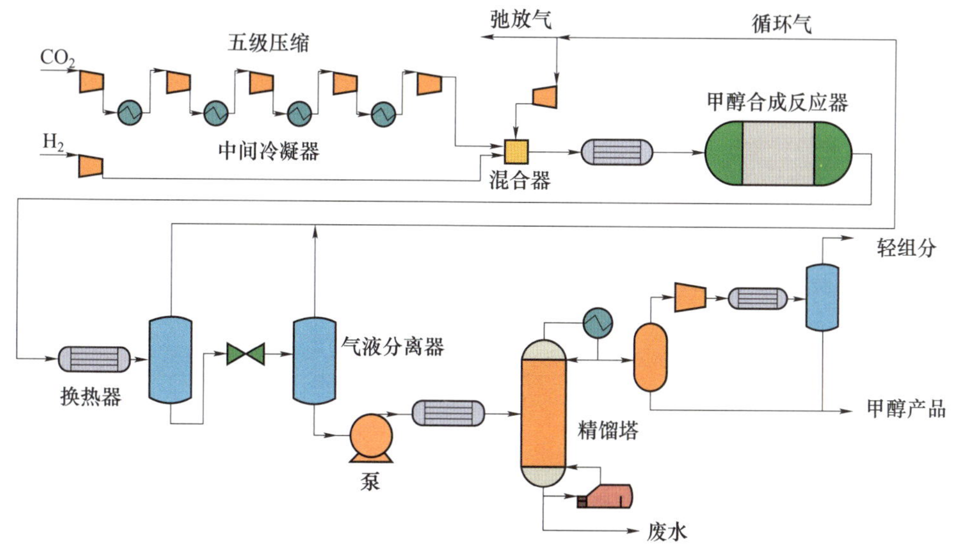

图8－10　可再生能源电解水合成甲醇工艺流程图

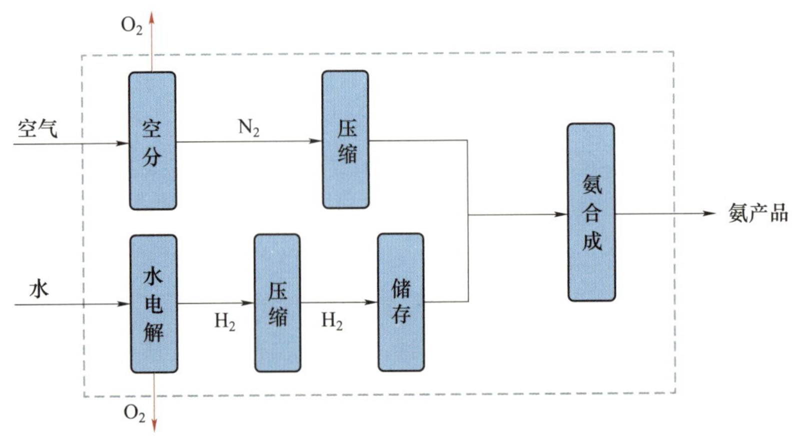

图 8-11 可再生能源电解水合成氨技术路线图

4. 加氢站

加氢站作为给燃料电池汽车提供氢气的基础设施，是实现氢能在交通领域应用的关键环节。美国、日本等国家 90%以上的加氢站具有 70MPa 加氢能力，氢气以液氢形式储存的大容量加氢站日加氢量可超过 2t，加氢站全负荷、高可靠运行技术较为成熟，有力支撑了氢能基础设施全周期成本的下降。

根据氢气来源不同，加氢站的工艺流程示意图如图 8-12 所示。我国绝大多数加氢站是日加氢量 1t 以内的 35MPa 等级站，大多数加氢站尚未经历高密度、全负荷的运行工况，整站及关键装备可靠性尚未通过充分验证及优化，供氢成本高。在加氢技术与装备方面，我国氢气压缩机目前主要依赖进口，在快速加注等方面也与国际先进水平存在差距。

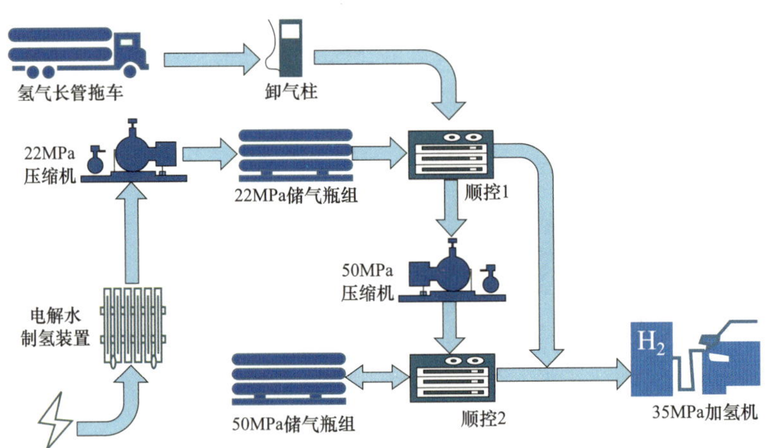

图 8-12 加氢站工艺流程示意图

二、技术成本

（一）氢气制备技术

目前，我国煤气化制氢的成本最低，而电解水制氢的成本远高于化石燃料制氢。主流制氢方法制氢成本对比见图 8－13。

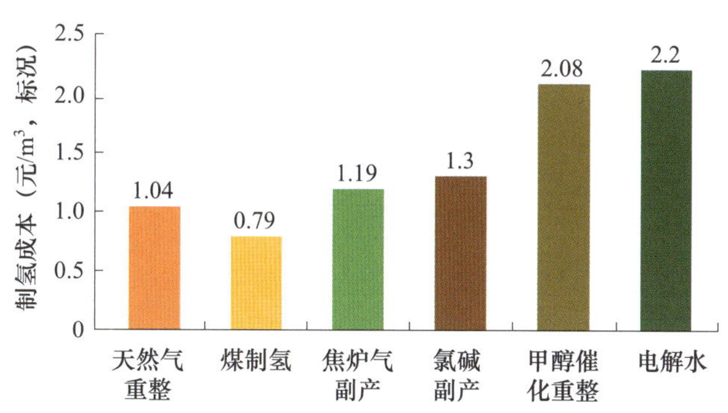

图 8－13　国内主流制氢方法制氢成本对比

电解水制氢成本中电费占其总成本的 70%以上，其余为固定资产投资折旧、固定生产运行成本等。表 8－7 为 2011 年以来电解水制氢典型成本构成（以Ⅲ类资源区风电上网电价计算），可以看到，随着电费不断走低，电解水制氢成本呈现大幅下降趋势。

表 8－7　电解水制氢典型成本构成　元/m^3（标况）

项目	2011 年	2015 年	2020 年
固定资产投资折旧费	0.5	0.42	0.33
电费	2.9	2.8	1.9
固定生产运维费	0.3	0.28	0.27
合计	3.7	3.5	2.5

（二）氢储运技术

目前各种储氢技术在技术成熟度、安全可靠性、成本造价、能耗水平等方面都各有优势和不足，并没有一种储氢技术能满足所有要求或占据绝对优势。尤其是长距离乃至跨国运输时，从制氢站到氢气用户的过程往往由多种方式接续完成。氢储运成本与运输距离、储运量等多个因素相关。图 8－14 按照上游 50MW 风电制氢（氢产量约 11.9t/d）、下游 35MPa 等级 500kg/d 加氢站为边界条件，对主要氢储运技术成本作出对比。可以看出，对于该边界条件下的不同氢储运方案：当运输距离小于 450km 时，高压气态储运最经济，其次是低温液态，然后是有机液体，金属固态最贵；当运输距离大于450km时，低温液态储运最经济。不同的氢储运方式在不同的储运规模及运输距离下具有不同的经济性。

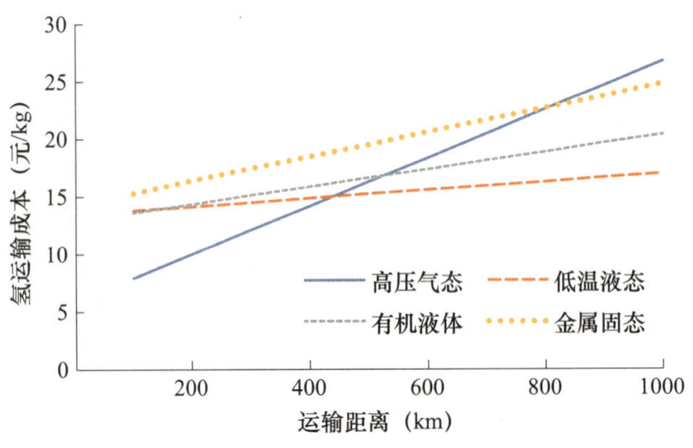

图8－14　不同氢储运方式成本比较

（三）氢能利用技术

尽管燃料电池技术在过去的十年间已取得显著进步，但较高的初始投资成本和较低的寿命水平仍然是燃料电池技术实现广泛应用的最大障碍。表8－8为现有不同燃料电池技术路线关键指标（包括效率、初始投资、寿命和技术成熟度等），可以看出用于大规模固定式电站的燃料电池技术初始投资成本明显高于车用氢燃料电池的成本，尤其是磷酸燃料电池和熔融碳酸盐燃料电池，这主要是由于其对更高效率和更长运行时间的要求。

表8－8　不同燃料电池技术路线关键指标

技术路线	容量规模	效率	初始投资	寿命时长	技术成熟度
碱性燃料电池	约250kW	约50%（HHV）	200～700美元/kW	5000～8000h	商业化初期
质子交换膜燃料电池（固定）	0.5～400kW	32%～49%（HHV）	3000～4000美元/kW	约6000h	商业化初期
质子交换膜燃料电池（移动）	80～100kW	约60%（HHV）	约500美元/kW	＜5000h	商业化初期
固体氧化物燃料电池	约200kW	50%～70%（HHV）	3000～4000美元/kW	约9000h	示范
磷酸燃料电池	约11MW	30%～40%（HHV）	4000～5000美元/kW	30 000～60 000h	成熟
熔融碳酸盐燃料电池	约250kW	＞60%（HHV）	4000～6000美元/kW	20 000～30 000h	商业化初期

微型热电联供用于家庭或小型商业建筑可以同时提供热量和电力，当所需电力大于系统供电能力时，不足部分可向电力公司购买，系统余热可为用户提供热水及采暖。微型热电联供技术路线有内燃机、微型燃气轮机、燃料电池等，其中，燃料电池具有能量转换效率高、适用燃料范围广、功率密度大和安静无污染等特征。表 8－9 为各种热电联供技术路线性能和投资比较，可以看出高成本是燃料电池热电联供技术推广的主要障碍。

表 8－9 各种热电联供技术路线性能和投资比较

项目	往复式发动机	汽轮机	燃气轮机	微型燃气轮机	燃料电池
功率（MW）	0.005～10	0.5～数百	0.5～300	0.03～1.0	0.2～2.8
电效率（%）	27～41	5～40	27～39	22～28	30～63
CHP 综合效率（%）	约 80	约 80	约 80	约 70	55～90
热电比	0.83～2.0	10～14	0.9～1.7	1.4～2.0	0.5～1.0
CHP 安装成本（美元/kWh）	1500～2900	670～1100	1200～3300	2500～4500	5000～6500
大修间隔时间（h）	30 000～60 000	＞50 000	25 000～50 000	40 000～80 000	32 000～64 000
启动时间	10s	1h～1d	10min～1h	60s	3h～2d

第三节 发 展 方 向

一、氢气制备技术

电解水制氢技术产品氢纯度最高，与可再生能源发电技术结合可实现近零碳排放。随着风力发电、光伏发电等可再生能源电力价格的逐步降低，可再生能源电解水制氢技术在“十四五”期间有望成为传统制氢方式的有力补充，并在未来成为主流制氢方式。可再生能源电解水制氢技术正在向电解槽大型化、系统容量配置优化、成本下降、运行稳定性提高、规模化和产业化等方向迅速发展。

光解水制氢是在光催化剂的作用下，利用太阳能将水分解产生氢气。光解水制氢理论上简单高效，但目前还处于实验室研发阶段，仍存在制氢效率低、规模小等问题。

热化学循环制氢是指在高温条件下，将水的分解分成若干个中间反应，从而制取氢气的方法。主流的热化学循环制氢方法包括铜－氯循环制氢和硫－碘循环制氢等，这些方法可以在相对较低的反应温度下进行，从而避免了氢气和氧气在高温条件下同时产生容易发生爆炸的风险。

光解水制氢、热化学循环制氢等新型制氢技术整体尚处于实验室研发或初级示范阶段，距离大规模工业应用尚需时日。

二、氢储运技术

低温液氢储运是大规模长距离储运氢的重点方向。民用低温液氢技术处于应用示范推广阶段，预计未来将成为远距离储运氢的主要技术方案之一。有机液体储运氢及固态储运氢技术正在向储氢密度更高、安全稳定性更好、更加廉价、可控性更好的方向发展，目前均处于研发阶段，还没有大规模的成熟应用案例。预计短期内，高压气态储运氢仍是氢气储运的主要方式，随着氢气产能的增加及绿氢产业的发展，低温液态储运、管道输氢将成为长距离输氢的主流方式，有机液体储氢及固态储氢将在技术成熟后占有一席之地。

三、氢能利用技术

在固定式燃料电池发电领域，针对高温燃料电池发电，需要掌握不同燃料（包括天然气、煤制合成气、化工厂含氢驰放气等）与高温燃料电池发电系统的匹配技术、热–电平衡技术、系统集成技术及电站运行管理技术，提高发电效率、电池寿命和稳定性，实现百千瓦级高温燃料电池发电系统的示范运行。针对质子交换膜燃料电池发电，以开展兆瓦级分布式电站在大规模用能领域的示范运行为主要目标，形成系统的模块化集成方案和高效灵活的控制系统，实现系统供能负荷的灵活调节和高效稳定运行。

绿氢的能源利用，除了要解决成本问题外，还需攻克富氢乃至纯氢干式低氮燃烧器的开发应用，同时输氢管网等其他配套系统也必须得到升级更新。

绿氢在化工、钢铁等行业的大规模利用，一是要显著降低绿氢成本，二是要发展更加先进的绿氢合成绿色化工产品工艺、气基竖炉富氢工艺等。

加氢技术的发展方向是建立健全适合我国Ⅲ型瓶应用场景的低功耗、高可靠、快速加氢技术与装备体系，突破Ⅳ型瓶快速加氢和大容量储氢系统快速加氢技术。实现35MPa/70MPa 加氢装备核心零部件国产化，逐步降低加氢成本。

第四节 发展路线图

一、减排效果

我国年碳排放量目前为 100 亿 t 左右。分领域来看，工业领域碳排放 68 亿 t（其中 29 亿 t 来自电力热力生产过程并最终用于工业领域）。工业排放的四大领域是建材、钢铁、化工和有色金属，其中化工和钢铁领域均可利用绿氢实现深度减排。

以绿氢在化工行业替代灰氢碳减排效果为例，到 2030 年我国合成氨行业约有 138 万 t 绿氢替代灰氢，可实现碳减排约 3500 万 t。根据国际可再生能源机构预测，到 2050 年全球氨消费量将达到 6.88 亿 t，按目前我国的氨产量占比计算，届时我国的氨产量有望达到 2 亿 t 的规模。其中 70%的氨采用绿氢合成，相比煤气化制氢合成氨工艺，在制氢工艺部分将减少 CO_2 排放 4.2 亿 t。

到 2030 年在合成甲醇领域约有 165 万 t 绿氢替代灰氢，可实现碳减排约 4500 万 t。据国际可再生能源机构预测，2050 年甲醇产量可能达到 5 亿 t，按目前我国的甲醇产量占比计算，届时我国的甲醇产量有望达到 3.3 亿 t 的规模，按 70%甲醇合成采用绿氢，相比煤制氢合成甲醇工艺，在制氢工艺部分将减少 CO_2 排放 3.9 亿 t。

二、技术经济性

目前氢能产业发展势头较好，但仍存在核心设备关键材料有待突破，制氢、储运及应用等各环节成本相对较高等问题。在制氢环节，可再生能源电解水制氢将逐渐成为未来氢气生产的主要来源，随着风光发电成本的继续下降、电解槽设备成本持续降低，预计近期内绿氢成本有望降至低于 20 元/kg 的水平；在储运环节，随着天然气管道掺氢、氢气液化等技术的逐步成熟及规模化应用，成本也将持续降低；应用环节成本的下降也将有赖于燃料电池等核心设备及关键材料的自主研发及工程应用进展。

三、技术发展路线图

受到成本制约的影响，当前制氢技术以化石能源制氢为主。在“双碳”目标背景下，发展清洁低碳制氢技术的重要性不言而喻，因此，电解水制氢技术必将得到大力发展，各类电解水制氢技术将突破技术瓶颈，从设备规模、系统能耗、设备寿命和设备价格等各个方面都会有长足的进步，新型低碳制氢技术也将不断涌现，制氢技术发展路线图见图 8-15。

目前氢气运输仍以长管拖车为主，可以满足短距离、小规模的氢气配送需求。在氢能产业进一步发展后，跨区域大规模的输送需求将很快凸显，需加紧开展 70MPa 气氢、液氢、输氢管道等技术的设备研发和工程试点。在体系建设上，在 2035 年左右初步实现成体系的氢气输配网络，并进一步提升技术指标、降低运行成本。同时，随着新兴技术的逐步完善，有机液体储氢载体、绿氨、绿色甲醇等方式也会被纳入储运体系中来。氢储运技术发展路线图见图 8-16。在储氢密度上，从目前的 35MPa 气态氢 2.4%的基础上逐步提高，2050 年远期目标达到 6.5%。在能耗上，通过掌握大规模氢液化技术，在 2035 年左右将液化能耗降至 10kWh/kg，到 2050 年继续降至 7kWh/kg 左右。

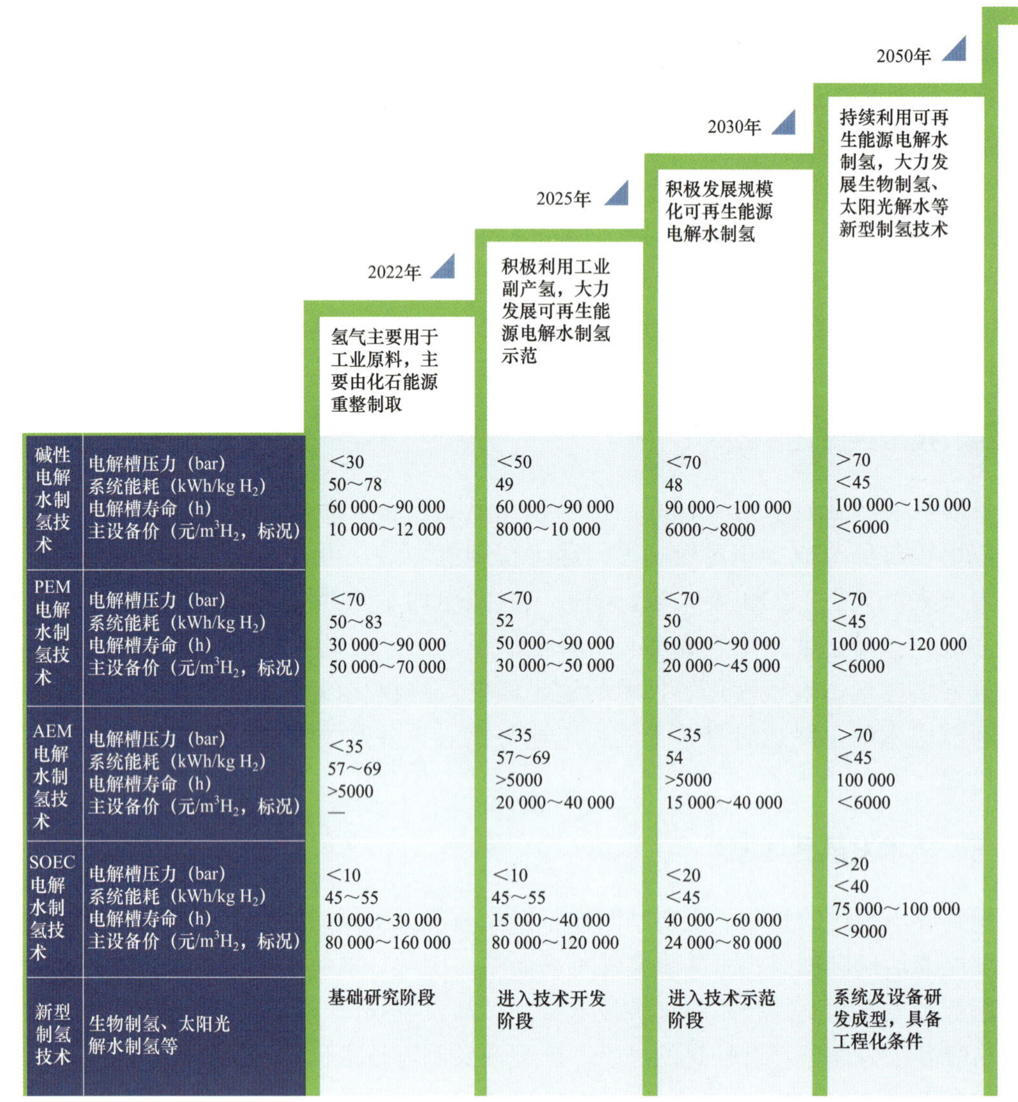

图 8－15　制氢技术发展路线图

氢能利用技术重点突破燃料电池、掺氢燃烧、绿氢化工等方向。在燃料电池技术方面，逐步降低电堆成本并提高电堆寿命，中期至 2030 年，车载燃料电池的寿命达到 6000h，成本降至 1800 元/kW，远期至 2050 年，车载燃料电池的寿命达到 10 000h，成本低于 500 元/kW。在掺氢燃烧技术方面，进一步提高掺氢比例并扩大掺氢应用规模，至 2030 年实现 100%的掺氢燃烧，同时达到更高的效率和实现更低的排放，配套升级输氢管网等来满足输氢的安全要求。在绿氢化工合成技术方面，不断扩大应用规模并逐渐降低成本。氢能利用技术发展路线图见图 8–17。

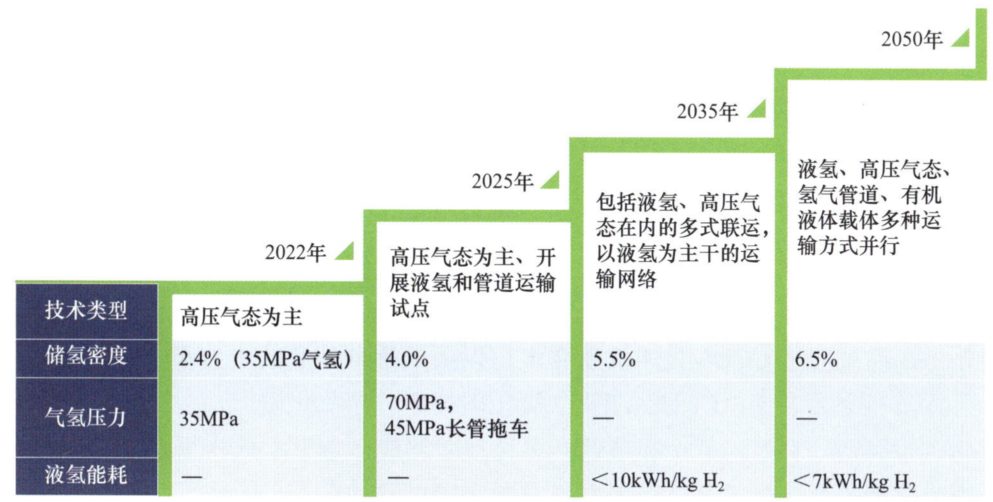

	2022年	2025年	2035年	2050年
技术类型	高压气态为主	高压气态为主、开展液氢和管道运输试点	包括液氢、高压气态在内的多式联运，以液氢为主干的运输网络	液氢、高压气态、氢气管道、有机液体载体多种运输方式并行
储氢密度	2.4%（35MPa气氢）	4.0%	5.5%	6.5%
气氢压力	35MPa	70MPa，45MPa长管拖车	—	—
液氢能耗	—	—	＜10kWh/kg H_2	＜7kWh/kg H_2

图 8–16　氢储运技术发展路线图

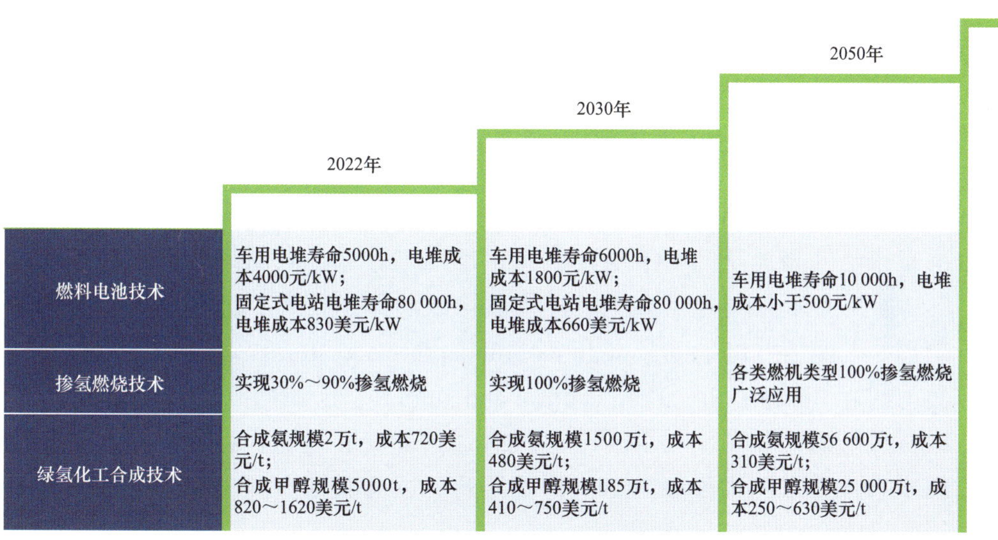

	2022年	2030年	2050年
燃料电池技术	车用电堆寿命5000h，电堆成本4000元/kW；固定式电站电堆寿命80 000h，电堆成本830美元/kW	车用电堆寿命6000h，电堆成本1800元/kW；固定式电站电堆寿命80 000h，电堆成本660美元/kW	车用电堆寿命10 000h，电堆成本小于500元/kW
掺氢燃烧技术	实现30%～90%掺氢燃烧	实现100%掺氢燃烧	各类燃机类型100%掺氢燃烧广泛应用
绿氢化工合成技术	合成氨规模2万t，成本720美元/t；合成甲醇规模5000t，成本820～1620美元/t	合成氨规模1500万t，成本480美元/t；合成甲醇规模185万t，成本410～750美元/t	合成氨规模56 600万t，成本310美元/t；合成甲醇规模25 000万t，成本250～630美元/t

图 8–17　氢能利用技术发展路线图

第九章
二氧化碳捕集、利用与封存技术

实现碳中和目标的本质是实现碳排放（碳源）和碳固定（碳汇）的平衡，二氧化碳捕集、利用与封存（carbon capture，utilization and storage，CCUS）是一种重要的碳固定技术，通过应用 CCUS 技术增加碳汇可以降低削减碳源的压力和成本，对实现碳中和目标具有重要意义。CCUS 涉及二氧化碳捕集、二氧化碳运输、二氧化碳利用和二氧化碳封存四个环节，每个环节包括多种技术路线，本章重点介绍 CCUS 的发展现状、面临挑战以及各技术环节未来发展方向和发展路线图。

第一节 发展现状

一、概述

二氧化碳捕集、利用与封存（CCUS）是指将 CO_2 从大规模工业源或其他排放源中分离出来，并将捕获的 CO_2 运输到特定地点进行循环利用或地质封存的一系列技术，其中针对化石燃料电厂和工业过程碳排放的称为传统 CCUS 技术，而生物质能耦合碳捕集与封存（bioenergy with carbon capture and storage，BECCS）和直接空气碳捕集与封存（direct air carbon capture and storage，DACCS）技术则被认为是新型的负碳排放技术。如图 9－1 所示，CCUS 通过捕集、运输、利用和封存四个技术环节对原本直接排放到大气中的 CO_2 进行隔离，成为我国实现“双碳”目标的关键技术之一。

CCUS 各环节都包含多种技术选择，简要的技术体系如图 9－2 所示。其中，捕集技术主要包括燃烧前碳捕集、富氧燃烧碳捕集、燃烧后碳捕集技术和直接空气碳捕集。运输技术主要包括罐车运输、管道运输和船舶运输。利用与封存技术根据工程技术手段的不同，可分为化工利用技术、生物利用技术和地质利用技术，以及地质封存技术。

CCUS 对能源系统实现“双碳”目标具有重要意义。CCUS 是实现大规模化石能源利用过程低碳排放的主要技术选择，是“双碳”目标背景下保持电力系统灵活性的重要举措，其与新能源耦合的负排放技术是实现“双碳”目标的托底技术保障。

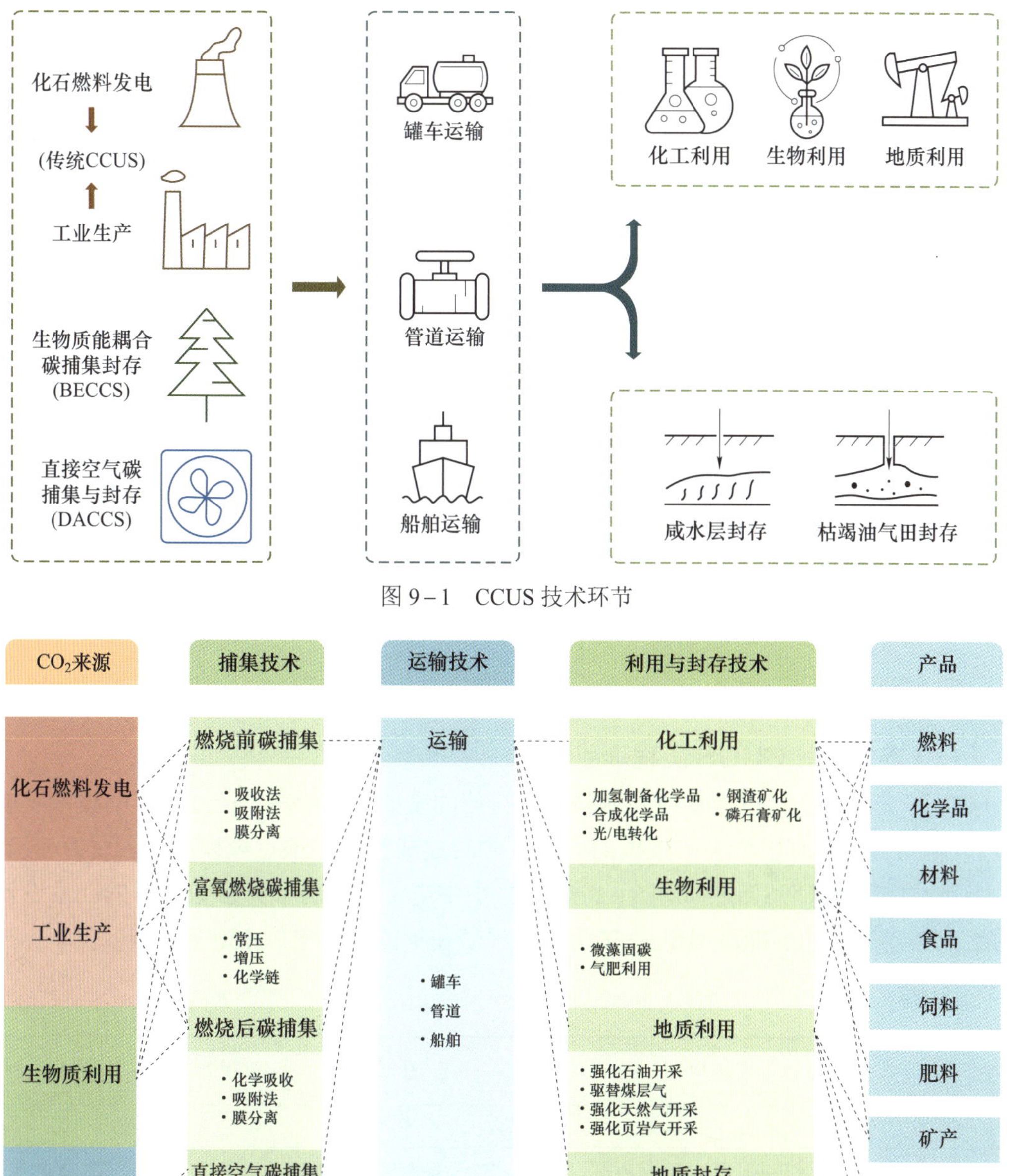

图 9－1　CCUS 技术环节

图 9－2　CCUS 技术体系

“十四五”以来，党中央、国务院和国家各部委先后发布了多项与 CCUS 有关的国家政策、发展规划和行动纲领，从关键技术攻关、重大项目示范等方面积极有序推进 CCUS 技术的发展，如《中共中央　国务院关于完整准确全面贯彻新发展理念做好碳达峰碳中和工作的意见》《2030 年前碳达峰行动方案》《“十四五”能源领域科技创新规划》和《科技支撑碳达峰碳中和实施方案（2022—2030 年）》等。这些政策与规划对我国 CCUS 技术的发展具有重要指导作用，同时体现出 CCUS 是我国实现“双碳”目标过程中的重要技术手段。

二、国内外 CCUS 项目发展情况

（一）国外 CCUS 项目发展情况

截至 2022 年，全球处于不同阶段的 CCUS 商业项目增加到 196 个。其中，30 个项目已投入运行，捕集、封存能力达 4000 万 t/年。部署 CCUS 项目较多的国家包括美国、挪威、英国、加拿大和澳大利亚等。

（二）国内 CCUS 项目发展情况

近年来，我国 CCUS 发展已经取得显著的进步。截至 2022 年，我国已投运和规划中的 CCUS 示范项目约有 100 个，其中半数以上项目已投运，主要集中在石油、煤化工、电力行业，捕集能力约 400 万 t/年，地质利用和封存能力约 200 万 t/年，投运了多个万吨级以上 CO_2 化工利用和生物利用项目。

三、典型工程

（一）电力行业 CCUS 工程项目情况

CCUS 是煤电、气电等发电企业降低碳排放的重要技术手段，经过多年的技术发展，国内外电力行业已有多个不同规模的 CCUS 项目建成投运，项目规模已迈入百万吨级，电力行业主要的CCUS项目如表9–1所示，其中中电工程参与了大多数项目的勘察设计，包括 2023 年待投的国能泰州电厂 50 万 t/年项目和华能正宁电厂 150 万 t/年项目。

表 9–1　　电力行业主要 CCUS 项目情况

序号	项目	技术类型	规模（万 t/年）	投运时间
国内				
1*	华能集团高碑店电厂碳捕集示范项目	燃烧后碳捕集（化学吸收）	0.3	2008 年
2*	华能集团上海石洞口碳捕集示范项目	燃烧后碳捕集（化学吸收）+ 食品级和工业级利用	12	2009 年
3	中电投重庆双槐电厂碳捕集示范项目	燃烧后碳捕集（化学吸收）	1	2010 年
4	中石化胜利电厂 – 胜利油田 CO_2 – EOR 项目	燃烧后碳捕集（化学吸收）+ EOR	4	2010 年
5	湖北应城 35MW 富氧燃烧电厂示范项目	富氧燃烧碳捕集	10	2014 年
6*	华能集团天津绿色煤电 IGCC 电厂 CCUS 示范项目	燃烧前碳捕集	10	2016 年
7*	广东碳捕集测试平台项目（华润电力海丰电厂碳捕集测试平台）	燃烧后碳捕集（化学吸收）+ 食品级利用	2	2019 年

续表

序号	项目	技术类型	规模（万 t/年）	投运时间
8	华电句容电厂碳捕集项目	燃烧后碳捕集（化学吸收）	1	2021 年
9*	国家能源集团国华锦界电厂 15 万 t/年燃烧后 CO_2 捕集与封存全流程示范项目	燃烧后碳捕集(化学吸收)+ EOR	15	2021 年
10	浙能兰溪电厂碳捕集与矿化利用示范项目	燃烧后碳捕集（化学吸收）+矿化利用	1.5	预计 2023 年
11*	国家能源集团泰州电厂 50 万 t/年 CO_2 捕集与资源化能源化利用项目	燃烧后碳捕集（化学吸收）+食品级和工业级利用	50	预计 2023 年
12*	华能陇东基地正宁电厂 150 万 t/年 CCUS 项目	燃烧后碳捕集（化学吸收）+ EOR＋封存	150	预计 2023 年
国外				
13	加拿大 Boundary Dam Carbon Capture and Storage 项目	燃烧后碳捕集(化学吸收)+ EOR	100	2014 年
14	美国 Petra Nova Carbon Capture 项目	燃烧后碳捕集(化学吸收)+ EOR	140	2017 年

注 EOR（enhanced oil recovery）——强化石油开采；IGCC（integrated gasification combined cycle）——整体煤气化联合循环。

* 中电工程勘察设计项目。

（二）电力行业典型 CCUS 工程项目介绍

1. 天津绿色煤电 IGCC 电厂 CCUS 示范项目

由西北电力设计院负责总体设计的华能集团天津 IGCC 电厂 CCUS 示范工程于 2009 年开工建设，2012 年 IGCC 电厂建成投产，2016 年碳捕集系统建成。该项目采用燃烧前碳捕集技术，合成气中的 CO 与 H_2O 反应生成 CO_2 和 H_2，在常温下经胺吸收剂脱除 CO_2，再生出的 CO_2 经净化、压缩液化后得到 98%以上纯度的 CO_2。该项目 CO_2 捕集量达到 10 万 t/年，CO_2 捕集率大于 88%。

2. 湖北应城 35MW 富氧燃烧电厂示范项目

华中科技大学牵头承担的“35MW 富氧燃烧碳捕获关键技术、装备研发及工程示范”国家科技支撑计划项目在 2016 年通过验收。该项目在湖北应城进行了 35MW 富氧燃烧碳捕集示范，示范工程于 2012 年开工建设，2014 年底完成主体工程建设，建成时为全球最大的富氧燃烧示范项目之一，CO_2 捕集量达到 10 万 t/年，CO_2 捕获率大于 90%，烟气 CO_2 浓度大于 80%。

3. 广东碳捕集测试平台项目

广东碳捕集测试平台项目由广东省电力设计研究院总承包建设完成，平台依托华润海丰电厂 1 号机组（1050MW 超超临界燃煤机组）建设，集成了化学吸收法和膜分离法两种碳捕集系统，总捕集规模为 2 万 t/年，可为多种碳捕集技术的测试研发和评价认证提供重要的技术服务与支持，其中化学吸收法捕集系统经过多种兼容性设计，能够实现多种不同胺溶液的灵活替换测试应用以及对不同浓度 CO_2 烟气进行捕集测试。该项目于 2019 年 5 月建成投产，成为亚洲首个燃煤电厂多线程国际碳捕集测试平台，项目效果图如图 9–3 所示。

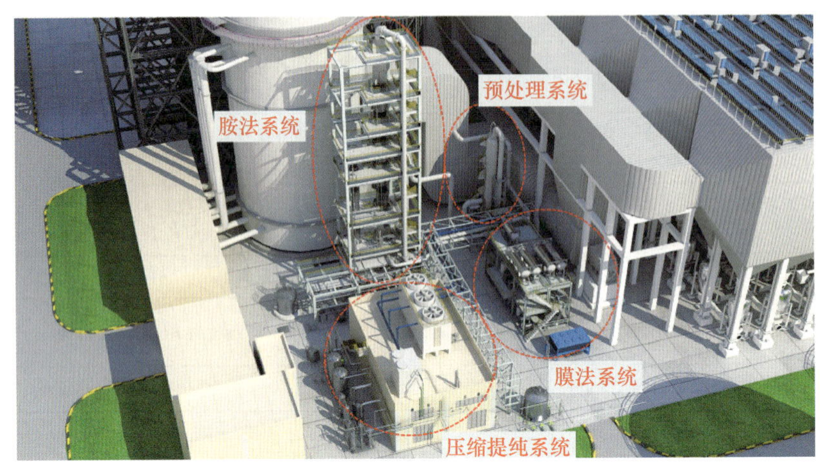

图 9–3　广东碳捕集测试平台项目效果图

4. 华能陇东基地正宁电厂 150 万 t/年 CCUS 项目

由西北电力设计院勘察设计的华能陇东基地正宁电厂 150 万 t/年 CCUS 项目位于甘肃庆阳华能陇东能源基地，依托该基地正宁电厂 2×1000MW 工程建设。该项目 CO_2 捕集规模为 150 万 t/年，采用燃烧后化学吸收法捕集工艺路线，CO_2 捕集率不低于 90%，成品纯度不低于 99.5%，捕集到的 CO_2 将全部用于驱油与封存。项目预计将于 2023 年底建成，建成后将是世界上电力行业最大的 CCUS 项目，项目效果图如图 9–4 所示。

图 9–4　华能陇东基地正宁电厂 150 万 t/年碳捕集工程效果图

第二节　面临挑战

一、政策法规

虽然国家层面已经出台了大量 CCUS 有关支持政策，但支撑 CCUS 商业化发展的动力仍不足。在 CCUS 大规模部署上，提供实质的激励政策是最关键因素。在美欧等发达国家，CCUS 能够以财政税收支持政策作为支撑，例如美国的 45Q 税收抵免政策为工业和发电固定源的 CO_2 地质封存提供 85 美元/t 的财政补贴（2033 年前）。而我国当前对于 CCUS 的发展仍以宏观的引导和鼓励为主，需要制定符合国情的 CCUS 税收优惠和补贴激励政策，从而提高高碳排放企业以及资本市场在参与 CCUS 项目上的积极性。

此外，截至 2022 年，我国有关 CCUS 项目的选址、建设、运营和地质利用与封存场地关闭，以及关闭后的环境风险评估、监控等方面的法律法规还有待完善。

二、技术水平

“十二五”以来我国通过各类科技计划持续支持 CCUS 技术研发，通过加强基础研究、加强核心技术攻关、推进项目集成示范，在 CCUS 各技术环节均取得了快速发展，部分技术已达到国际先进水平，少数环节仍存在差距（如图 9－5 所示）。今后，我国仍需在捕集、运输、封存环节的个别关键技术及商业化集成水平上进一步提升。

三、技术成本

CCUS 技术成本主要与排放源类型及 CO_2 浓度有关，一般 CO_2 浓度越高，捕集能耗和成本越低。根据生态环境部环境规划院等单位 2021 年对我国已投运 CCUS 示范项目的统计分析，电力行业 CO_2 捕集能耗为 1.6～3.2GJ/t，水泥行业达到 6.3GJ/t，煤化工行业为 0.7～2.5GJ/t，石油化工行业约为 0.65GJ/t。电力行业 CCUS 项目净减排成本为 300～600 元/t，水泥行业为 180～730 元/t，煤化工和石油化工领域的一体化驱油示范项目净减排成本最低为 120 元/t。

我国 CCUS 示范项目整体规模较小，成本较高。对于电力行业火电机组，安装碳捕集装置将导致成本增加 0.26～0.4 元/kWh。一般来说，装机容量更大的电厂，每度电成本、加装捕集装置后增加的发电成本、CO_2净减排成本和捕集成本更低。

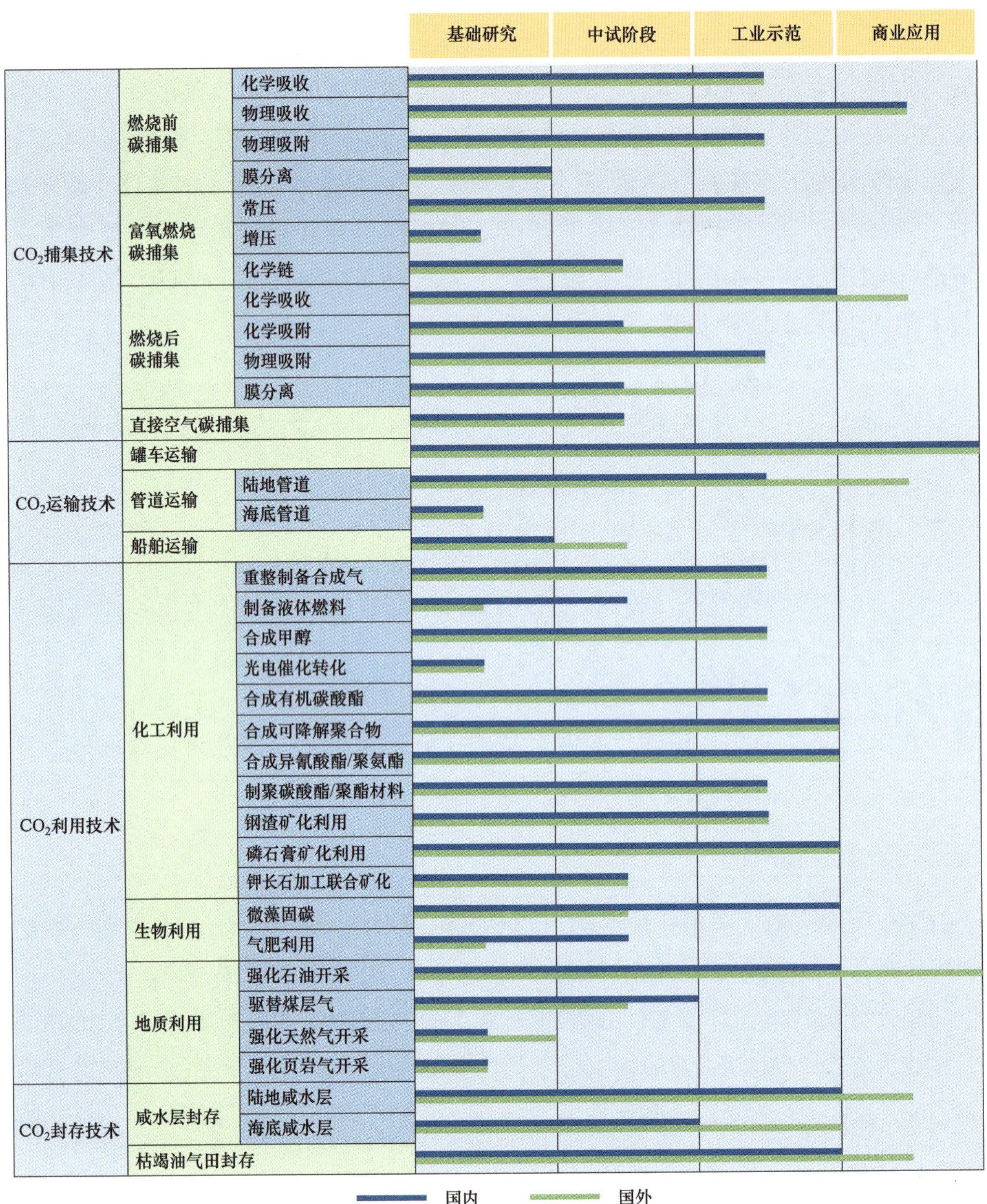

图 9-5　国内外 CCUS 技术水平

第三节 发展方向

一、二氧化碳捕集技术

（一）燃烧前碳捕集技术

燃烧前碳捕集主要运用于 IGCC（整体煤气化联合循环）系统中，如图 9-6 所示。该系统将煤进行高压富氧气化变成煤气，再经过水煤气变换后产生 CO_2 和 H_2，气体的压力和 CO_2 浓度都很高，很容易对 CO_2 进行捕集，H_2 则作燃料使用。

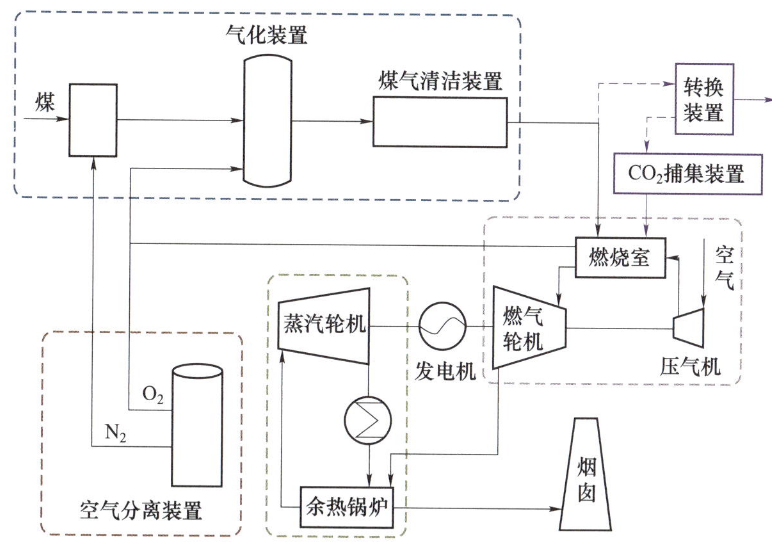

图 9-6 IGCC 系统简图

IGCC 燃烧前碳捕集技术的发展方向，主要包括对煤气化、空分装置、发电设施等系统的集成优化以及对烟气净化和脱碳系统的优化。IGCC 燃烧前碳捕集的变换气中 CO_2 含量为 40%～60%，属于中高浓度，可应用的碳捕集方法包括化学吸收法、物理吸收法、吸附法、膜法等。未来 IGCC 燃烧前碳捕集技术发展方向集中在开发效率、能耗、成本更优的捕集材料，包括吸收剂、吸附剂和膜材料，以及开发更节能的工艺系统等方面。

（二）富氧燃烧碳捕集技术

1. 常压/增压富氧燃烧碳捕集技术

富氧燃烧是在锅炉系统中，采用纯氧气代替常规空气，结合烟气循环调节燃烧，使得烟气 CO_2 浓度较高（>80%），更便于捕集，技术示意图如图 9-7 所示。富氧燃烧的捕集成本较高，主要来自深冷空气分离制氧过程的电耗。未来的发展方向在于开展低能耗、低成本氧气提纯技术，降低大型空气分离装置工艺能耗；针对富氧氛围下锅炉结渣、烟气管道及设备腐蚀等问题，开发专用燃烧器及污染物控制技术；进一步发展增压富氧燃烧技术，通过提高燃烧压力，充分回收烟气中水的热量以提高效率。

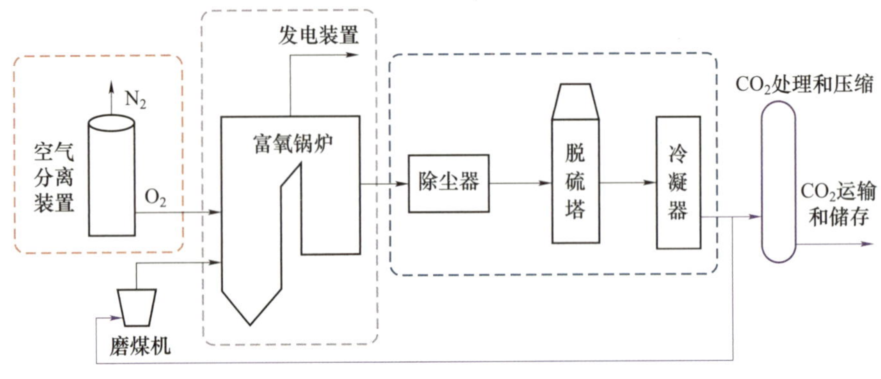

图 9－7　富氧燃烧技术示意图

2. 化学链燃烧技术

化学链燃烧是利用载氧体将空气中的氧传递给燃料，产生高 CO_2 浓度的烟气，从而直接分离 CO_2，原理如图 9－8 所示。化学链燃烧技术具有捕集能耗低、系统效率高、不需要空气分离制氧的优点。发展方向在于突破固体载氧体、采用新型反应器、进行系统耦合优化等技术。

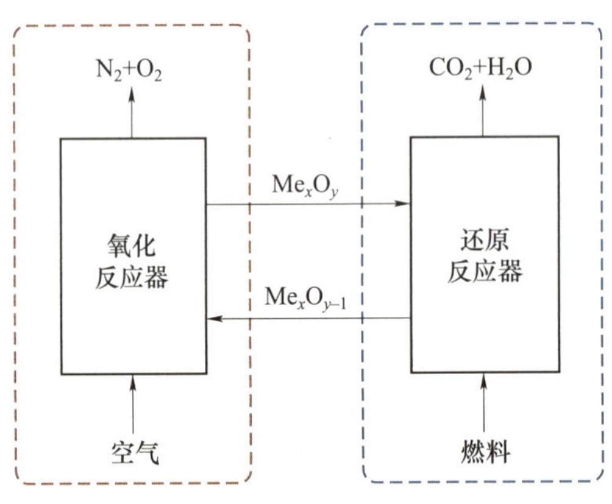

图 9－8　化学链燃烧原理示意图

（三）燃烧后碳捕集技术

1. 化学吸收法碳捕集技术

化学吸收法是指烟气中的 CO_2 在吸收塔内与吸收剂发生可逆反应，吸收剂在解吸塔内加热再生，分离出 CO_2。化学吸收法的关键在于开发性能优异的吸收剂，高性能的吸收剂应具有吸收速率快、吸收容量大以及再生能耗低的特性。此外，还需具有稳定性高、环境友好、腐蚀性低和价格低廉等优点。已投入大规模商业应用的是以混合胺为主的吸收剂。新一代吸收剂包括两相吸收剂、非水吸收剂、离子液体吸收剂等，其中两相吸收剂进展很快，已经开始进入工业示范，其他吸收剂还在实验室研究阶段。

与吸收剂相匹配的发展方向是工艺流程的改进和设备的优化设计，从而提高吸收、解吸、换热的传热传质效果以及回收系统热量，实现整体能耗的降低。典型的工艺改进包括吸收塔级间冷却、富液分级流、贫液闪蒸压缩（mechanical vapor recompression，MVR）、催化解吸、超重力解吸等。图 9–9 为集成了吸收塔级间冷却、富液分级流和贫液闪蒸压缩的改进碳捕集工艺示意图。设备的优化设计包括高效换热器、吸收塔与解吸塔塔内件如填料、液体分布器等。此外，化学吸收碳捕集系统与电厂热力系统的耦合优化也是重要的技术发展方向。

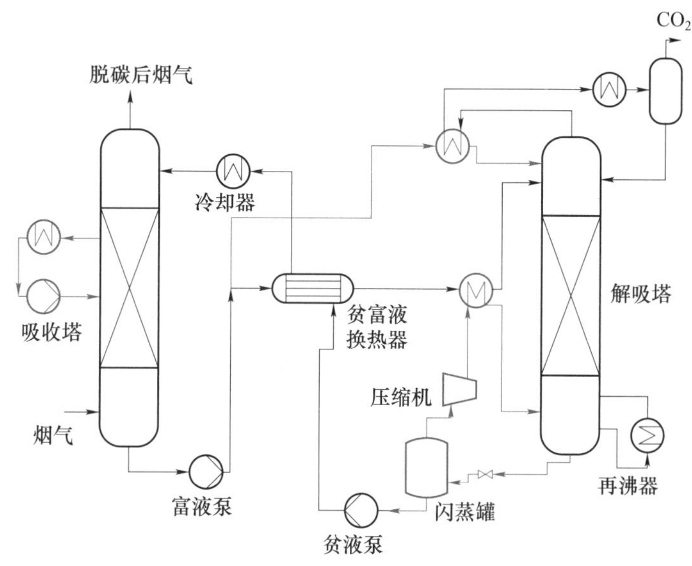

图 9–9　改进碳捕集吸收法工艺示意图

2. 吸附法碳捕集技术

吸附法是指采用固体吸附剂，基于气固相互作用对原料气中的 CO_2 进行可逆吸附，吸附剂可通过升温或降压等方式再生。根据吸附机理的不同，可分为物理吸附法和化学吸附法。物理吸附法的选择性和吸附容量相对较低，但吸附剂再生能耗低，工艺通常选用经济性更高的变压吸附法（pressure swing adsorption，PSA），如图 9–10 所示；化学吸附法的选择性较好，但是吸附剂再生能耗高，工艺须采用变温吸附法（temperature swing adsorption，TSA）。此外，适用于吸附法的工艺还有真空变压吸附（vacuum swing adsorption，VSA）以及变电吸附（electric swing adsorption，ESA）等。

未来吸附法的发展方向主要在于进一步提升吸附材料的 CO_2 吸附量和吸附选择性，以沸石分子筛、介孔硅分子筛、多孔碳和金属有机骨架等为载体的胺基固态吸附材料为重要研发方向。

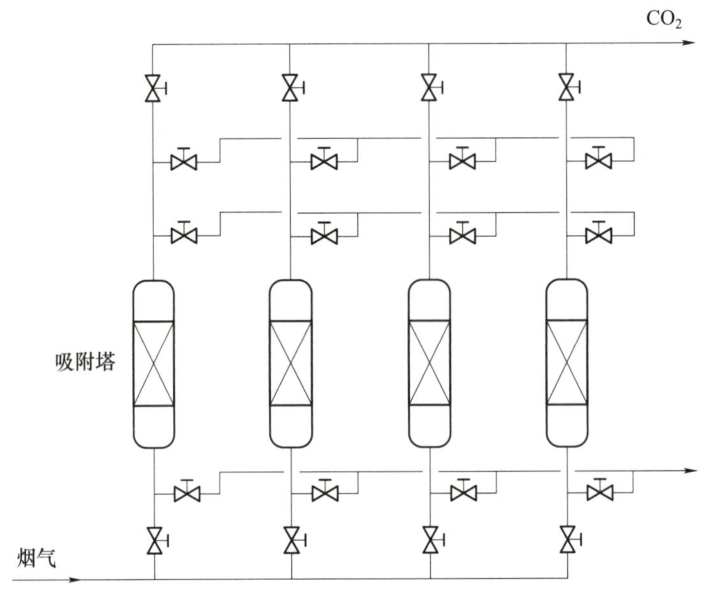

图 9－10　烟气二氧化碳捕集变压吸附法工艺示意图

3. 膜分离法碳捕集技术

膜分离技术广泛应用于各种气体的分离，利用不同气体通过膜的渗透速率不同，使气体分子有选择性地通过膜而达到分离的目的。具有操作简单、占地少、能耗低等优点。

对膜分离法碳捕集技术的研究和发展主要集中在两个方面：一方面是开发新型膜材料，另一方面是膜分离过程的设计及优化。可用于 CO_2 捕集的膜材料有聚合物膜、无机膜、有机－无机复合膜等一些新型的膜材料。膜分离系统的设计及优化能够提升分离效果，在保证 CO_2 纯度和回收率的前提下降低能耗。工艺优化主要考虑膜分离级数、膜面积及操作压力等关键参数对捕集成本的影响。图 9－11 为采用三级膜分离工艺示意图，通过增加膜分离级数可提高 CO_2 产品的浓度。

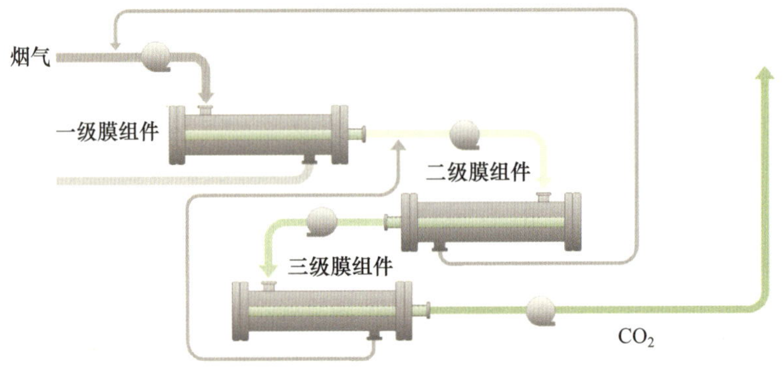

图 9－11　烟气二氧化碳捕集三级膜分离工艺示意图

（四）直接空气碳捕集技术

直接空气碳捕集技术是一种回收利用分布源排放的CO_2的技术，属于超低浓度碳捕集技术。该技术的研发历程较短，主要包括化学吸收法和吸附法两类，其中化学吸收法为适应超低浓度CO_2捕集需要，主要采用KOH、NaOH等强碱溶液，吸收效果好、溶液成本低，但再生分离CO_2通常需要高温条件（约800℃），导致能耗较高，同时强碱性溶液容易带来腐蚀问题，相比而言，吸附法则更具有潜力。

吸附法主要包含变温吸附法和变湿吸附法。变温吸附法是指在常温下通过固体吸附剂吸附空气中的CO_2，之后在80～100℃的环境下使CO_2脱附。吸附剂主要采用负载有机胺的功能化材料，其中有机胺的种类包括聚丙烯胺［poly（allylamine），PAA］，四乙烯戊胺（tetraethylenepentamine，TEPA）等，载体主要有活性炭、分子筛、金属有机骨架等。变湿吸附（moisture swing adsorption，MSA）是在干燥条件下，CO_2被吸附形成碳酸氢盐，而在湿润条件下，CO_2实现解吸并形成碳酸盐，主要是利用阴离子交换树脂表面固定的季胺阳离子与氢氧根、碳酸根、碳酸氢根阴离子的作用实现对CO_2的吸附捕集。

直接空气碳捕集技术是一种新技术，无论变温吸附法还是变湿吸附法，目前都处于实验室开发阶段，技术成本仍很高，未来的发展方向主要在于高性能胺基材料的开发、工艺过程强化与系统集成以及技术放大测试验证等方面。

二、二氧化碳运输技术

CO_2运输主要有罐车（公路、铁路罐车）运输、管道运输和船舶运输三种方式，与天然气的运输有一定的相似之处，这几种运输方式各有适用的场景。

1. 二氧化碳罐车运输

CO_2罐车运输技术的核心在于CO_2运输储罐的设计和制造，相关技术能力已实现商业化应用。采用罐车运输需要将CO_2液化，一般公路罐车CO_2的温度和压力为−30～−18℃和1.7～2.08MPa，运输容量为2～30t。铁路运输单节罐车的运输容量可达60t，运输压力约2.6MPa。

2. 二氧化碳管道运输

CO_2管道运输系统与天然气输送系统构成相似，主要由耐压管道、压缩机和相关辅助设备构成。根据CO_2的物理性质，管道输送主要包括气态输送、低温液态输送、密相（液态和超临界之间）输送和超临界输送，当CO_2处于密相或超临界状态时，其密度、黏度和气液压缩性特性使得管道处于较高的输送效率，具有明显的经济优势，因此在工业应用上均采用这两种方式。未来的发展方向在于优化管输工艺，提高CO_2管网规划和设计能力以及安全管控。

3. 二氧化碳船舶运输

CO_2 船舶运输技术目前还处于开发试验阶段，2021 年以来，日本、韩国、挪威、中国等国纷纷设立了针对 CCUS 的 CO_2 运输船研发项目，主要的技术发展方向在于大型液化 CO_2 运输船设计、低压液舱和货物装卸系统、材料选择和测试。

三、二氧化碳利用技术

（一）二氧化碳化工利用技术

1. 二氧化碳制备化学品技术

CO_2 作为一种含碳化合物可进行资源化利用，如制备醇、烃、酯等一系列化学品，相关技术研发和应用正受到学术界和能源化工产业界的广泛关注。

（1）二氧化碳加氢制备化学品技术。

CO_2 加氢制备化学品是指 CO_2 在催化剂作用下与 H_2 反应生成甲醇、甲酸、甲烷、烯烃等产物，如表 9-2 所示。H_2 作为还原剂，在不同催化剂和温度压力下，CO_2 可不同程度地被还原，生成不同的目标产物。其中，催化剂和反应工艺是技术的核心，通过开发高效催化剂和新型反应工艺以提高反应物转化率和目标产物选择性是技术升级发展的方向。

表 9-2　　二氧化碳加氢技术比较

序号	产物	反应方程式	催化剂
1	甲醇	$CO_2+3H_2\longrightarrow CH_3OH+H_2O$ $CO_2+H_2\longrightarrow CO+H_2O$ $CO+2H_2\longrightarrow CH_3OH$	①Cu/ZnO 等 Cu 基负载型催化剂；②Pd/TiO_2 等贵金属负载型催化剂；③In_2O_3 等其他催化剂
2	甲酸	$CO_2+H_2\longrightarrow HCOOH$	均相催化体系，采用 Ru、Rh 和 Ir 等金属配合物催化剂；多相催化体系，如 Ru 负载催化剂
3	甲烷	$CO_2+4H_2\longrightarrow CH_4+2H_2O$	贵金属催化剂如 Rh、Ru 和 Pd 等；非贵金属催化剂如 Fe、Co 和 Ni 等
4	烯烃	$CO_2+H_2\longrightarrow CO+H_2O$ $nCO+2nH_2\longrightarrow CnH_{2n}+nH_2O$	直接转换催化剂：如 Fe 基催化剂等
		$CO_2+3H_2\longrightarrow CH_3OH+H_2O$ $2nCH_3OH\longrightarrow nCH_3OCH_3+nH_2O\longrightarrow C_2\sim C_4+2nH_2O$	双功能催化剂：如 $ZnO-ZrO_2$ 负载分子筛等

（2）二氧化碳合成化学品技术。

CO_2 作为原料可与其他有机化合物合成酯类化合物，如碳酸二甲酯、聚碳酸丙烯酯等。CO_2 合成化学品技术发展方向在于开发新的大宗有机原料、塑料等多碳有机产品合成路线，提升催化剂性能，优化技术工艺，在替代传统石化基产品的同时也实现固碳减排。

（3）二氧化碳光/电催化转化技术。

CO_2 化学性质稳定，对 CO_2 进行转化通常需要较苛刻的反应条件如高温高压或强还原剂，导致运行成本较高。利用光/电催化可以在温和的条件转化 CO_2，同时光或电作为能量来源可与可再生能源利用耦合，形成绿色转化工艺。

CO_2 光/电催化有三种形式，分别是光催化、电催化、光电催化。CO_2 光/电转换的产物与催化剂特性密切相关，形成的产物主要以 CO、甲烷、甲醇和甲酸等 C_1 产物为主，C_{2+} 产物的生成难度较大。CO_2 光催化和光电催化技术处于实验室研究阶段，CO_2 电催化技术发展较快，现已有 30 吨级 CO_2 电催化制合成气项目完成运行测试，百吨级至千吨级项目即将建成测试。对于 CO_2 光/电催化转化技术来说，研发高转化率、高活化性能、高选择性的催化剂和反应体系是重点发展方向。

2. 二氧化碳矿化利用技术

CO_2 矿化利用技术主要是通过天然矿物、工业材料和工业固废中钙、镁等碱性金属与 CO_2 发生碳酸化反应生成化学性质稳定的碳酸盐，如表 9－3 所示。在这个矿化过程中，可兼顾碳减排并创造额外收益如帮助处置固废、联产高值化产品等，环境效益、经济效益和社会效益明显。如：钢渣矿化利用 CO_2 技术可得到钢渣微粉作为混凝土掺合料替代水泥或联产轻质碳酸钙产品；磷石膏矿化利用 CO_2 技术可生产硫酸铵化肥并联产轻质碳酸钙产品；钾长石加工联产 CO_2 矿化技术可生产钾肥并固化 CO_2；CO_2 矿化养护混凝土技术可替代传统的蒸汽养护，降低能耗，并提高效率。未来 CO_2 矿化转化技术发展方向在于降低转化过程能耗，提高利用效率，并进行大规模的工业应用。

表 9－3　用于矿化的工业固废主要成分及其反应方程式

序号	原料	主要成分	化学反应方程式
1	钢渣	CaO、MgO	$CaO + CO_2 \longrightarrow CaCO_3$ $MgO + CO_2 \longrightarrow MgCO_3$
2	磷石膏	$CaSO_4 \cdot H_2O$	$CaSO_4 \cdot H_2O + 2NH_3 \cdot H_2O + CO_2 \longrightarrow (NH_4)_2SO_4 + CaCO_3 + 2H_2O$
3	钾长石	$CaCl_2$ $CaSO_4$ CaO	$2KAlSi_3O_8 + CaCl_2 + CO_2 \longrightarrow 2KCl + CaCO_3 + 6SiO_2 + Al_2O_3$ $2KAlSi_3O_8 + CaSO_4 + CO_2 \longrightarrow K_2SO_4 + CaCO_3 + 6SiO_2 + Al_2O_3$ $2KAlSi_3O_8 + CaO + 2CO_2 \longrightarrow K_2CO_3 + CaCO_3 + 6SiO_2 + Al_2O_3$
4	混凝土	$3CaO \cdot SiO_2$ $2CaO \cdot SiO_2$ $3CaO \cdot 2SiO_2 \cdot 3H_2O$ $Ca(OH)_2$	$3CaO \cdot SiO_2 + CO_2 + H_2O \longrightarrow CaCO_3 + SiO \cdot nH_2O$ $\beta-2CaO \cdot SiO_2 + CO_2 + H_2O \longrightarrow CaCO_3 + SiO \cdot nH_2O$ $3CaO \cdot 2SiO_2 \cdot 3H_2O + CO_3^{2-} + H^+ \longrightarrow 3CaCO_3 \cdot 2SiO_2 \cdot 3H_2O$ $Ca(OH)_2 + CO_3^{2-} + 2H^+ \longrightarrow CaCO_3 + 2H_2O$
5	煤粉灰	CaO	$CaO + CO_2 \longrightarrow CaCO_3$
6	电石渣	$Ca(OH)_2$ $Mg(OH)_2$	$Ca(OH)_2 + CO_2 \longrightarrow CaCO_3 + H_2O$ $Mg(OH)_2 + CO_2 \longrightarrow MgCO_3 + H_2O$

（二）二氧化碳生物利用技术

1. 二氧化碳微藻固碳技术

CO_2 微藻固碳技术是利用微藻光合作用将 CO_2 转化为微藻生物质，实现 CO_2 的生物固定。微藻可用作食品、饲料、生物肥料、生产燃料等，实现生态、社会和经济的多重效益。目前 CO_2 微藻固碳技术在国内已有万吨级工业示范应用，未来该技术的发展方向是新微藻藻种筛选改良培育、开发高效低成本的大规模微藻固碳系统以及构建微藻固碳与微藻高值化利用协同的产业技术体系。

2. 二氧化碳气肥利用技术

一般农作物光合作用的最适宜 CO_2 浓度在 800～1000μmol/mol，而大气中 CO_2 浓度约为 400μmol/mol，因此通过提高农作物生长环境中的 CO_2 浓度，可提高农作物产量和产品质量，称为 CO_2 气肥利用技术。CO_2 气肥技术主要包括 CO_2 配送系统、CO_2 浓度监测以及相应的配套基础设施如密闭的温室大棚等。目前相关技术还处于研发示范阶段，未来发展方向在于开发低成本集成化技术，降低一次性投资成本，提高技术应用经济性。

（三）二氧化碳地质利用技术

1. 二氧化碳强化石油开采技术

CO_2 强化石油开采技术是将 CO_2 注入油藏，利用其与石油的物理化学作用，以实现增产石油并封存 CO_2 的技术。

根据 CO_2 与石油的接触状态，可将 CO_2 驱油技术分为混相驱油和非混相驱油。这两种技术的差别在于 CO_2 驱油过程中地层压力是否达到 CO_2 与原油的最小混相压力，当地层压力高于最小混相压力时为混相驱油，低于时则为非混相驱油。对于混相驱油，CO_2 与原油界面张力趋于 0，较多 CO_2 溶解于原油中，宏观上形成混合单相，显著增加了原油的流动性，其提高采收率幅度一般在 7%以上；对于非混相驱油，CO_2 与原油表面张力较大，部分 CO_2 溶解于原油中，使原油膨胀，黏度降低，但不能与原油形成混合相，其提高采收率幅度一般在 5%以下。

国外 CO_2 驱油技术经数十年的发展已达到商业应用水平，目前美国通过 CO_2 驱油技术利用和封存的 CO_2 量超过 2000 万 t/年。我国 CO_2 驱油技术处于工业示范阶段，中国石油、中国石化等公司已先后完成十万吨级及以上 CO_2 驱油示范项目。未来 CO_2 驱油技术将向更大规模、更大幅度提高采收率发展，具体研究方向包括加强不同类型油藏的驱油机理研究，形成混相、近混相、非混相高效驱油技术系列；提升封存潜力评价与稳定性控制技术，开发动态跟踪与监测技术，以及提升安全防控技术等。

2. 二氧化碳强化甲烷开采技术

天然气是以甲烷为主要成分的重要清洁能源，可分为常规天然气和非常规天然气（煤层气、页岩气、可燃冰等）。CO_2 强化甲烷开采技术可增加常规天然气和非常规天然气的开采规模和效率，在减少 CO_2 排放的同时增加天然气的产量。CO_2 强化煤层气开采技术已处于中试阶段，其他则处于基础研究阶段，加强 CO_2 驱替置换 CH_4 技术验证和工程化验证是该技术的重要发展方向。

四、二氧化碳封存技术

CO_2 封存技术是指通过工程手段将 CO_2 输送到地下、海底适合的地质体进行安全储存，从而减少排放到大气的 CO_2。封存手段包括咸水层封存和枯竭油气田封存等。发展 CO_2 大规模注入技术和 CO_2 监测技术是 CO_2 封存的重要发展方向。

（一）咸水层封存

咸水层是指富含高浓度盐水（卤水）的地下深部的沉积岩层，具备分布广泛和封存潜力巨大的特点，是良好的封存 CO_2 场所。CO_2 以超临界或液态状态注入深部咸水层后，一部分在运移过程中被吸附固定在地层中，一部分在适宜的地质构造中被封存下来，还有一部分 CO_2 溶解于咸水中，使水体呈弱酸性，并与周围的岩石矿物发生化学反应，实现长期封存。

CO_2 咸水层封存技术在国内外已有年封存十万吨级及以上的工业示范项目。未来的发展方向在于发展 CO_2 规模化封存和 CO_2 海上封存。

（二）枯竭油气田封存

枯竭油气田一般是指经过三次开采以后，已丧失开采价值的油气田。枯竭的油气田具有能够封存 CO_2 的空间体积。同时，可充分利用油气勘探、开采过程中的丰富资源和设备，以节省投资和时间成本。枯竭油气田封存将成为碳封存的有力技术手段。未来的发展方向在于加强工业试验和推进示范。

第四节　发展路线图

一、减排需求

近年来，有许多 CCUS 对我国碳减排贡献预测的研究，包括中国 21 世纪议程管理中心、中国工程院、清华大学、国际能源署 IEA 等国内外重要机构，《中国二氧化碳捕集利用与封存（CCUS）年度报告（2021）——中国 CCUS 路径研究》中统计分析了相关研究成果，结果表明“双碳”目标下，我国 CCUS 减排需求为：2030 年 0.2 亿～4.08 亿 t，2050 年 6 亿～14.5 亿 t，2060 年 10 亿～18.2 亿 t。其中，煤电行业需求为：2030 年 0.2 亿 t，2050 年 2 亿～5 亿 t，2060 年 2 亿～5 亿 t；气电行业需求为：2030 年 0.05 亿 t，2050 年 0.2 亿～1 亿 t，2060 年 0.2 亿～1 亿 t。火电行业，特别是煤电，仍需要较大规模的 CCUS 技术进行碳减排。

二、技术经济性

未来随着技术进步和规模化应用，CO_2 捕集、运输及封存成本将有明显的下降，据预测（见表 9-4），到 2030 年，CO_2 捕集成本为 90～390 元/t，2060 年降至 20～130 元/t；CO_2 管道运输将成为未来的主要运输方式，预计 2030 年和 2060 年管道运输成本分别为 0.7、0.4 元/（t·km）；2030 年 CO_2 封存成本为 40～50 元/t，2060 年封存成本为 20～25 元/t。

表 9-4　CCUS 各环节技术成本预测（含固定成本和运行成本）

年份		2025	2030	2035	2040	2050	2060
捕集成本（元/t）	燃烧前碳捕集	100～180	90～130	70～80	50～70	30～50	20～40
	燃烧后碳捕集	230～310	190～280	160～220	100～180	80～150	70～120
	富氧燃烧碳捕集	300～480	160～390	130～320	110～230	90～150	80～130
运输成本［元/（t·km）］	罐车运输	0.9～1.4	0.8～1.3	0.7～1.2	0.6～1.1	0.5～1.1	0.5～1
	管道运输	0.8	0.7	0.6	0.5	0.45	0.4
封存成本（元/t）		50～60	40～50	35～40	30～35	25～30	20～25

三、技术发展路线图

根据中国 21 世纪议程管理中心《中国碳捕集利用与封存技术发展路线图（2019 版）》，我国 CCUS 技术发展的总体愿景是“构建低成本、低能耗、安全可靠的 CCUS 技术体系和产业集群，为化石能源低碳化利用提供技术选择，为应对气候变化提供技术保障，为经济社会可持续发展提供技术支撑”。未来 CCUS 技术需要在捕集、运输、利用与封存各个环节不断取得技术突破，以降低能耗和成本，提高安全稳定可靠性。CCUS 技术发展路线图如图 9-12 所示。

技术类别	技术	细分	2025年	2030年	2035年	2040年	2050年
CO_2捕集技术	燃烧前碳捕集	第一代技术	大规模示范		规模化、商业化		
		第二代技术	新型煤气化/脱碳技术、先进吸收剂等技术开发	技术验证、工业示范			
	富氧燃烧碳捕集	第一代技术	大规模示范		商业化推广		
		第二代技术	新型载氧体、酸性气体共压缩纯化等技术开发	化学链、加压富氧燃烧等技术实现工业示范			
	燃烧后碳捕集	第一代技术	胺吸收剂等第一代捕集技术实现大规模工业示范		商业化		
		第二代技术	新型有机胺吸收剂、膜材料等技术开发	工业示范		商业化	
	直接空气碳捕集		技术开发		工业示范		
CO_2运输技术	管道运输	陆地管道	验证设计能力、形成建设能力	逐步实现规模化、产业化			
		海底管道	完成概念设计	逐步实现工业示范			商业化
	船舶运输		万吨级设计	建造与试验		商业化	
CO_2利用技术	化工利用	能源燃料	技术验证、工业示范	集成优化及商业化			
		高附加值化学品	验证、工业示范		集成优化及商业化		
		材料	验证、工业示范		集成优化及商业化		
	生物利用	生物肥料、食品、饲料等	工业示范		集成优化及商业化		
		气肥利用、化学品、生物燃料等	技术验证	工业示范	集成优化及商业化		
	地质利用	强化石油开采	工业示范		商业化		
		强化甲烷开采	技术验证	工业示范、推广		商业化	
CO_2封存技术	咸水层封存	陆地咸水层	大规模工业示范		商业化		
		海底咸水层	选址、可行性研究、技术验证		逐步实现大规模工业示范		商业应用
	枯竭油气田封存		技术验证	逐步实现大规模工业示范		商业应用	

图 9－12　CCUS 技术发展路线图

在电力行业 CO_2 捕集技术方面，燃煤电厂、燃气电厂以及生物质电厂的碳捕集技术需要实现大幅的降能耗和降成本。考虑电力行业的发展规律与捕集技术的发展趋势，2035 年前，我国应以第一代捕集技术为主，即现阶段已能进行大规模示范的技术（如胺基吸收剂、常压富氧燃烧等）的存量火电机组改造；2035 年后，能耗和成本比第一代技术降低 30%以上的第二代捕集技术（如新型膜分离技术、新型吸收技术、新型吸附技术、增压富氧燃烧技术、化学链燃烧技术等）将逐渐成熟，此后捕集技术将逐步实现代际升级。

在 CO_2 运输技术方面，突破方向为管道运输和船舶运输。2035 年前，陆地管道年运输能力将逐步提升至亿吨级；2040 年，海底管道运输将实现商业应用，之后建设形成海陆一体的管网体系。2035 年前，CO_2 运输船将逐步完成万吨到 5 万吨级的设计建造；2040 年，海上船舶运输技术将实现商业应用。

在 CO_2 利用技术方面，CO_2 化工利用技术将从核心催化材料、工艺系统、规模化工程应用等方面突破。到 2030 年，CO_2 化工利用技术将建立 10 万吨级以上大规模产业化工程示范；到 2050 年，将建立完整的 CO_2 化工应用与产品体系，CO_2 化工利用新技术实现大规模商业化应用。CO_2 生物利用技术主要针对 CO_2 气肥利用技术等，开展低成本、低能耗收获及加工技术研发，建立示范工程，逐步形成产品加工技术商业生产能力，到 2040 年达到商业化水平。CO_2 地质利用将重点发展 CO_2 强化石油、甲烷开采技术等，2040 年前逐步达到商业化水平并推广应用。

在 CO_2 封存技术方面，针对陆上及海上咸水层封存和枯竭油气田封存，突破封存安全保障技术，显著降低封存成本。2050 年前，逐步推动陆地咸水层封存、陆上枯竭油气田封存、海上咸水层封存技术依次从工业示范项目走向商业化应用。

方案篇

第十章
多 能 融 合

多能融合以能源清洁化利用为核心，以风、光等可再生能源为主导，化石能源与非化石能源之间通过优势互补、融合发展，实现非化石能源规模化开发利用，减轻生态环境压力，增强能源安全保障能力，推动我国能源结构优化调整，建设新型能源体系。

图 10－1 为多能融合关键技术研究关系图。多能融合系统中包括煤炭、风能、太阳能、天然气、柴油、生物质、氢能、水能等多种能源，通过系统建模研究构成不同融合形式，包括风光水火储一体化、风光氢一体化、核能融合应用等。多能融合系统通过能量管理、协调控制和能量存储等手段，大幅降低能源系统的碳排放量、污染物排放量和化石能源消耗量，减少弃风、弃光现象，提高用能效率、资源利用率和能源综合利用的经济性，为经济社会发展提供安全可靠的绿色能源供应，促进绿色能源利用最大化，显著提升环境及社会效益。

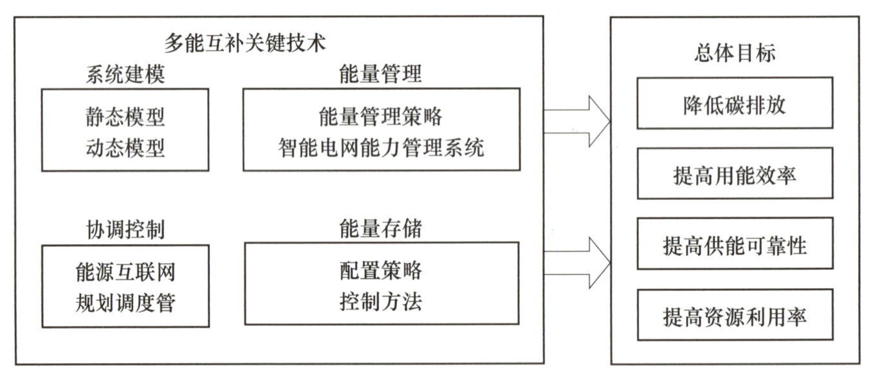

图 10－1　多能融合关键技术研究关系图

第一节　风光水火储一体化

一、需求分析

电力系统中的主要电源包括火力发电、水力发电、风力发电、太阳能发电等。“十三五”期间，我国能源结构持续优化，低碳转型成效显著，非化石能源消费比重达到

15.9%，我国风力发电和太阳能发电实现跨越式发展，储能在其中也发挥了关键作用。

风光水火储一体化项目将大幅提高绿色能源消纳能力，具备支撑电力系统安全稳定运行的作用。我国内蒙古、新疆、青海、甘肃、四川、贵州、广西、云南等省份已规划建设风光水储、风光火储等多能互补项目，风光水火储一体化项目已成为未来较长一段时间内的新能源主要开发模式之一。

（一）"双碳"目标下电源发展需求

我国将建设有更强新能源消纳能力的新型电力系统，积极发展非化石能源，实施可再生能源替代，推动化石能源向基础保障型、系统调节型电源转型，加强化石能源发电与非化石能源发电和储能的整体协同发展。

《中共中央　国务院关于完整准确全面贯彻新发展理念做好碳达峰碳中和工作的意见》和《2030 年前碳达峰行动方案》这两项重要文件中明确"十四五""十五五"期间分别新增水电装机容量 40GW 左右，2035 年抽水蓄能电站投产总规模达到 300GW，2025 年新型储能装机容量达到 30GW 以上。在我国东北、华北、西北、西南等地区采用风光水火储一体化多能互补模式，支撑高比例可再生能源基地开发，促进大规模新能源跨省、跨区送出消纳，提升通道利用率和可再生能源电量占比，形成优先通过清洁低碳能源满足新增用能需求，并逐渐替代存量化石能源的能源生产消费新格局。

（二）风光水火储一体化发展的必要性和可行性

我国能源生产和消费过程的碳排放占碳排放总量的比例较高，能源绿色低碳转型是实现"双碳"目标的关键。风光水火储一体化对解决能源绿色低碳转型、电力系统综合利用效率不高、各类电源互补互济应用不足以及如何建立绿色低碳为导向的能源开发新机制等问题具有重要实际意义。合理利用存量和增量常规火电和水电电源，优化配置储能，充分发挥常规能源和储能的调节作用，实现大规模风电、太阳能发电消纳，有助于降低碳排放，实现能源供给端的低碳、绿色转型。

二、风光水火储一体化项目解决方案

风光水火储一体化应用在大型电源基地开发场景，结合当地资源禀赋和能源特点，因地制宜实现多能源品种发电互相补充、融合，充分利用水电、火电和储能的调节性能，消纳新能源。其形式包括风光火储一体化、风光水储一体化、风光储一体化，电源类型包括风电、太阳能发电、水电、火电（含燃气机组）、抽水蓄能、新型储能等。

（一）风光火储一体化

风光火储一体化项目中主力电源是风电和光伏发电等新能源电源，火电转变为提供灵活调节能力为主的支撑电源，优化配套储能容量，减缓新能源出力波动性，风电、光伏发电与常规火电利用同一输电通道接入电网。风光火储一体化项目应结合送端火电灵活性、新能源特性、受端系统负荷特性，对火电、新能源和储能进行容量优化配置。通过一体化的火电和储能共同提供调峰、调频功能，减少新能源随机性对电网的影响，实现高比例新能源送出消纳，降低对化石能源的依赖度，保障电网安全稳定运行。风光火储一体化项目优化设计框图如图 10－2 所示。

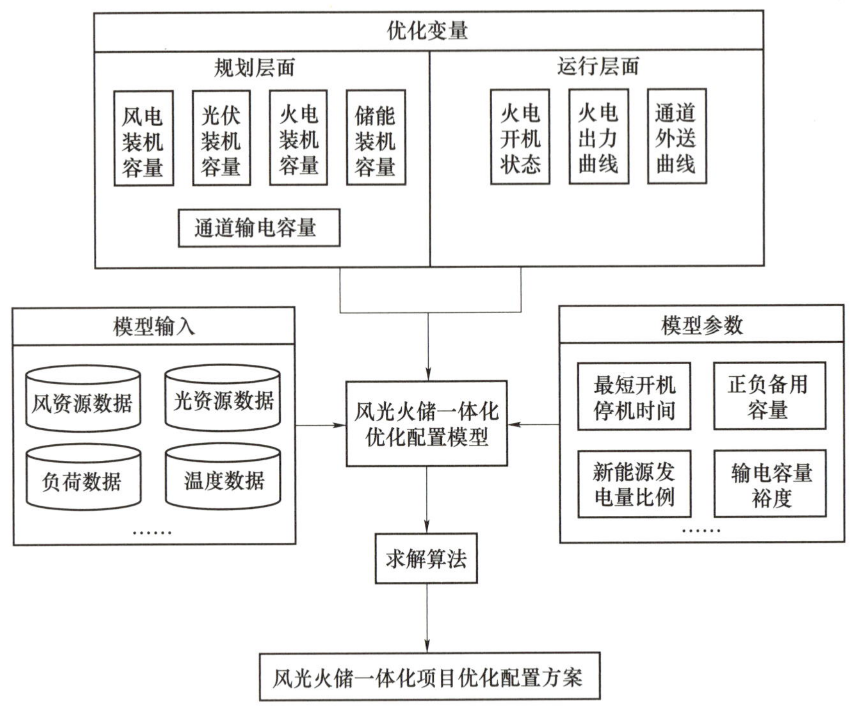

图 10－2　风光火储一体化项目优化设计框图

风光火储一体化项目由于牵涉火电的灵活性改造以及辅助服务市场的建设，一般将大型火电基地与大型风电、光伏发电基地相结合，经过充分论证，统筹开发建设。

典型案例一　广西崇左市风光水火储一体化综合能源基地项目

崇左市风光水火储一体化综合能源基地包括建设光伏发电、风电、火电、抽水蓄能、电化学储能等一系列项目，总建设规模为 12.99GW，一期工程计划开工建设 5GW。基地规划将智慧化、数字化技术引入基地运营，把基地打造成全国性的先进示范综合能源基地。2021 年 11 月 24 日，该项目被纳入国家首批大型风电光伏发电基地建设清单。

崇左市风光水火储一体化综合能源基地项目一期工程建成之后每年可发电约 115 亿 kWh，新能源发电量占比超过 50%。工程采用先进清洁的煤电技术，降低每度电的煤耗，可节约标准煤 18.11 万 t，减少二氧化碳排放 48.2 万 t；风电、光伏发电和水电将合计减少二氧化碳排放 473.5 万 t。

该项目整体建成投产后将进一步缓解广西电力供需矛盾，保障革命老区、边境地区能源稳定供应，构建有更强新能源消纳能力的广西新型电力系统，打造产业集群、企业集群、项目集群，创建项目绿色低碳示范样板，支持革命老区全面巩固拓展脱贫攻坚成果，衔接推进乡村振兴。

（二）风光水储一体化

风光水储一体化主要利用具有日调节能力的常规水电与风电、光伏发电互补融合，利用水电站水库的调节能力和水电机组快速调节性能，将不稳定、波动性的新能源出力优化调理为电网宜接受的稳定、可预测的电力，提升新能源的利用率。同时，利用水电站的送出通道接入电网，节省输电系统投资，提高输电通道利用率，推动资源优化配置，促进新能源远距离、跨区消纳。

图 10－3 所示为风光水储一体化系统方案。风光水储一体化中的水电站应具有日调节及以上能力，且综合利用任务较少，水电站周边有新能源资源，送电的电网具有电力电量市场空间，特别是缺电量地区。我国具备开展风光水储一体化项目条件的主要是四川、云南、贵州、广西、西藏、青海等省份以及东北部分地区。

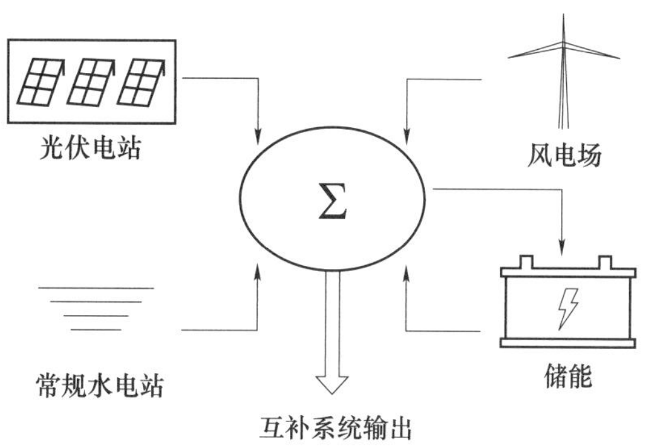

图 10－3　风光水储一体化系统方案

典型案例二　龙羊峡水光互补工程

2015 年龙羊峡水光互补工程全部建成并网发电，该项目水电总装机容量 1280MW、光伏发电站总装机容量 850MW。项目输电通道年利用小时数由原来的 4621h 提高到 5019h，提升输电通道经济效益。光伏发电场站牧光互补实现板上发电、板下牧羊，社会效益和经济效益显著。光伏子阵内平均风速降低 41.2%、20cm 深度土壤增湿 32%，实现草地的含水量大大增加，土地荒漠化得到有效遏制。该工程年均发电量 14.94 亿 kWh，可节约标准煤 46.46 万 t，减少二氧化碳排放约 122.66 万 t、减少二氧化硫排放约 3944.16t，创造了良好的社会生态环境效益。

龙羊峡水光互补一体化项目成功解决了光伏发电、风电等间歇式能源带来的对电网稳定运行和电力调度的影响，实现了传统能源与新能源有效协调运行，具有广泛的推广价值，使我国水光互补发电走在了世界前列。

（三）风光储一体化

风光储一体化项目利用风能以及太阳能的间歇性和风光互补性，配置适量储能设施，利用储能系统快速的有功及无功功率调节能力平滑新能源出力。风光储一体化项目通过多种组态运行方式的切换，实现一体化项目联合发电，项目整体具备平滑出力、跟踪计划、削峰填谷、调频等功能，实现风光储一体化项目可预测、可控制、可调度。风光储不同组态运行方式如图 10－4 所示。

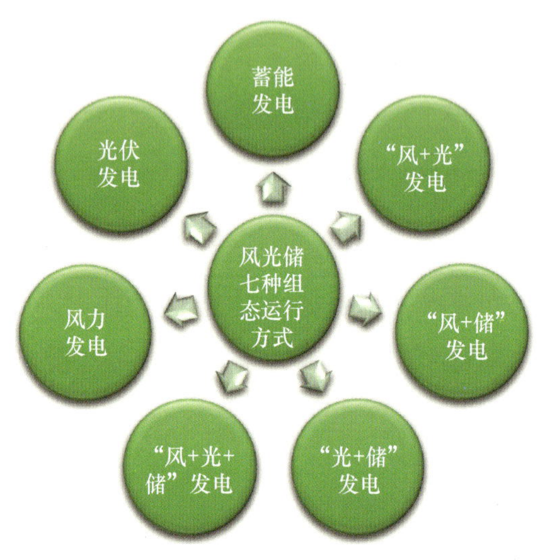

图 10－4　风光储不同组态运行方式

根据目前国内的新能源资源分布情况，风光储一体化项目应优选风资源和光资源较好的地区。该类项目选址用地较为广泛，可考虑开展的区域集中在河北、山西、内蒙古、陕西、甘肃、宁夏、新疆等省份。

典型案例三　张北国家风光储输示范工程

张北国家风光储输示范工程建设风电装机规模 500MW、光伏发电装机规模 100MW、储能规模 70MW，分两期实施。通过风光储联合发电全景智能控制系统，实现风光储七种组态运行模式的自动选择、智能优化和平滑切换，风电、光伏发电年平均等效利用小时数分别达 2389h 和 1564h，储能系统响应时间小于 900ms，出力偏差低于 1.5%，能量转换效率达 90%。该工程发电输出功率波动小于 5%/10min，发电计划跟踪偏差小于 3%，电能品质接近常规电源水平，实现平滑出力、系统调频、削峰填谷等调度需求。

截至 2021 年 8 月，该工程一期、二期累计向北京输出绿色电能 78.1 亿 kWh，可节约标准煤 315.5 万 t、减少二氧化碳排放超过 739.9 万 t。

三、风光水火储一体化项目成效优势

风光水火储一体化项目，利用水电、抽水蓄能、火电和储能的调节性能，平抑新能源不稳定出力，是适应能源发展新形势和实现可再生能源高质量发展、建设新型电力系统的必由之路。其优势包括以下几个方面：

（1）资源一体化规划，实现资源优化配置。

风光水火储一体化项目通过对风电、光伏发电及水电、火电、抽水蓄能和新型储能等多种能源形式一体化融合规划，构建以风电和光伏发电为主力电源，以水电、火电、抽水蓄能和新型储能等为调节电源的一体化发电系统，实现多种能源的互补融合和资源优化配置。

（2）建设一体化推进，实现加速开发建设。

多能融合一体化、基地化建设实现各种能源统筹开发，从各类电源出力特性、建设时序衔接两个角度，实现基地电源出力特性内部互补融合，充分发挥电源规模化开发优势，各类电源建设进度有效衔接，有利于提高新能源的开发建设占比和建设速度。

（3）打捆一体化送出，实现新能源消纳和输电通道效率双提升。

风光水火储一体化项目统一接入电网，通过各种能源的优化配置和互补融合，确保送出稳定、优质、绿色的清洁电能，有效降低大规模新能源上网对电网的冲击和影响，提升新能源消纳能力，提高输电通道综合利用效率，减少电网重复建设投资。

（4）调度一体化运行，实现低碳电能最大化利用。

新型电力系统需要接纳大规模、高比例的间歇性新能源，对调节性资源和优化调度提出更高的要求。通过基地一体化项目构建高精度风能预测和光照预测系统，实时监控新能源出力水平，动态调节灵活性电源的出力，优化调度运行，将具有随机性和波动性的新能源发电优化为平滑、安全、稳定的优质电源，实现低碳电能最大化利用。

（5）收益一体化评价，实现综合效益最大化。

风光水火储一体化基地实现新能源与火电、水电、抽水蓄能、储能等多种能源型式的经济互补，提升基地整体参与电力市场的竞争力。通过一体化调控提升基地资源综合利用率和综合利用小时数，增加项目的综合经济效益；基地化新能源绿色能源发电量占比高，从生产端降低化石能源的消耗，减少二氧化碳、二氧化硫和氮氧化物等污染物排放，显著提升环境保护效益；基地一体化项目的开发有效带动地方经济发展，符合我国稳增长、促转型、惠民生的社会经济发展需求，具有显著的社会效益。

四、风光水火储一体化项目展望

风光水火储一体化以风电、光伏发电等绿色电力为主力电源，充分利用水电、火电、抽水蓄能和新型储能的调节性能，多种资源优化科学配置、统筹协调开发，发挥新能源资源富集地区新能源开发集群效应，实现绿色电力更大规模、更大范围的消纳，是我国实现“双碳”目标和绿色发展的可行路径。

“十四五”期间，从国家到地方，各级政府均大力推广、快速布局规划风光水火储一体化多能互补示范项目，已有两批国家级的大型风光基地项目陆续纳规、核准并开工建设。风光水火储一体化未来将成为风光大基地开发建设的主流模式。

我国风光水火储一体化项目从布局上看，三北地区是大型一体化基地项目的集中地区，内蒙古、新疆、山西占据前三位。内蒙古、新疆地域面积辽阔，光照和风力条件充足，外送输电通道条件较好，为大型一体化多能互补基地项目提供了优渥的条件；山西作为煤炭产能大省，能源转型迫在眉睫，具有布局一批风光水火储一体化示范项目的迫切需求。

第二节　风光氢一体化

一、需求分析

氢能作为一种新型能源，可应用在能源、交通运输、工业、建筑等多个领域，未来将成为全球能源转型发展的重要载体之一，是助力我国实现“双碳”目标和构建清洁低碳、安全高效能源体系的重要组成部分。

2022 年 3 月，国家发展改革委、国家能源局联合印发《氢能产业发展中长期规划（2021—2035 年）》，是国家首次将氢能产业列入国家中长期能源发展规划，明确了氢能在我国能源绿色低碳转型中的战略定位、总体要求和发展目标，从氢能创新体系、基础设施、多元应用、政策保障、组织实施等方面构建了我国氢能战略发展的蓝图。

（一）可再生能源制氢的战略定位和发展需求

氢能很难从自然界中直接大量获取，需要依靠不同的技术路径和生产工艺进行制备。根据氢气的不同制取来源，划分为灰氢、蓝氢、绿氢和粉氢。

（1）灰氢：来自化石燃料的氢，如来源于煤炭或天然气，碳排放相对高，成本更低。

（2）蓝氢：来自化石燃料但配置 CCS（二氧化碳捕集与封存）装置，可以实现相对灰氢较低的碳排放。

（3）绿氢：由光伏发电、风电、水电等可再生能源供电，通过电解槽制取，可以实现碳零排放，成本较高。

（4）粉氢：由核能供电，通过电解槽制取，但规模化发展较依赖于核电的技术和发展。

我国是全球最大的氢气生产和消费国，生产和消费领域的氢能大多来源于灰氢，绿氢比例较低。《氢能产业发展中长期规划（2021—2035 年）》明确指出：2025 年可再生能源制氢量达到 10 万～20 万 t/年，成为新增氢能消费的重要组成部分；2030 年可再生能源制氢广泛应用；2035 年可再生能源制氢在能源终端消费中的比重明显提升，对能源转型发展起到重要支撑作用。图 10－5 为电力与氢能系统能流典型构架图。

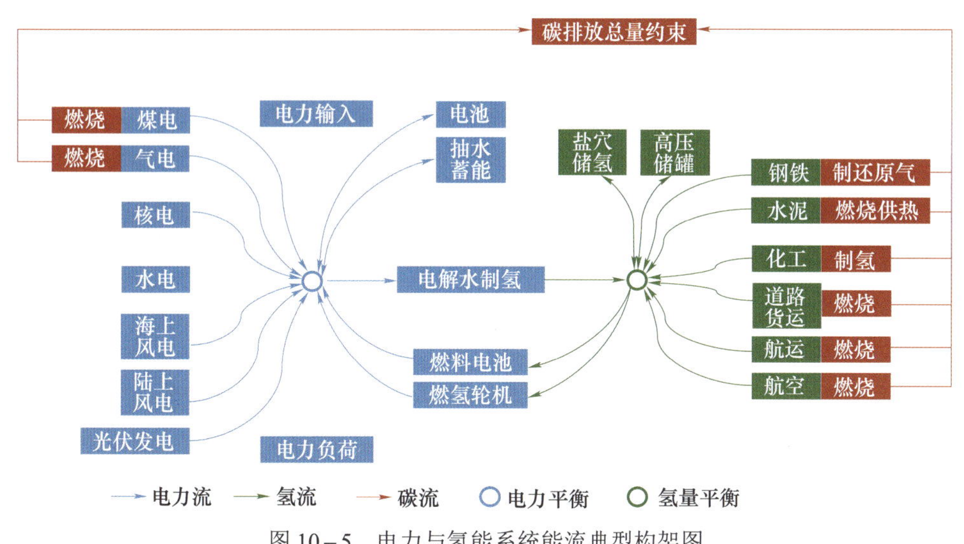

图 10－5　电力与氢能系统能流典型构架图

（二）风光氢一体化融合的必要性和可行性

在风光水资源丰富地区，开展可再生能源制氢示范，通过风光发电＋氢储能一体化应用在可再生能源基地融合发展，将降低未来制氢成本，促进风、光等新能源消纳，减少制氢过程中的碳排放。

我国多个省份在地方氢能产业发展规划中已将绿氢的制取作为重点发展方向，风光氢一体化项目在未来相当长的时间内大有可为。

（1）内蒙古自治区发布《关于开展 2021 年度风光制氢一体化示范的通知》，共规划示范项目 7 个，示范项目共规划建设新能源 221.95 万 kW，其中风电 36.95 万 kW、光伏发电 185 万 kW，电解水制氢 6.69 万 t/年。《内蒙古自治区风光制氢一体化示范项目实施细则（2022 年版）》进一步将自治区风光制氢一体化项目细分为并网型和离网型两类，2022 年自治区规划示范项目 7 个，其中离网型 2 个、并网型 5 个，合计共规划建设新能源 157.5 万 kW，其中风电 124 万 kW、光伏发电 33.5 万 kW，电解水制氢 6.3 万 t/年，预计投资总额 140.67 亿元。

（2）唐山市政府发布《唐山市氢能产业发展实施方案》，提出积极利用太阳能、风能等可再生能源，开发和发展规模化绿色制氢，支持在非化工园区开展风电制氢、光伏发电制氢项目，依托重点企业在开平区、丰润区、海港开发区开展可再生能源制氢，作为区域氢源补充，满足当地高耗能企业的绿色转型需要。

（3）甘肃省政府发布的《甘肃省“十四五”能源发展规划》中明确将在“十四五”期间打造规模化绿氢生产基地，全省可再生能源制氢能力达到 20 万 t/年。

二、风光氢一体化项目解决方案

风光氢一体化项目可分为并网型和离网型两种，在内部电气组网型式上又可分为共交流母线和共直流母线两种。典型风光氢一体化项目发电系统基本结构如图 10－6 和图 10－7 所示。在并网型系统中，风电、光伏发电首先满足电网需求，在电网消纳能力不足时，通过新能源制氢并进行氢气储存，实现电力存储，减少新能源对电网的冲击，用于解决弃风、弃光问题，整体系统较为复杂且投资较高；在离网型系统中，风电、光伏发电不接入电网，风电和光伏发电发出的电力全部用于制氢，系统较为简单，投资及运维成本较低。

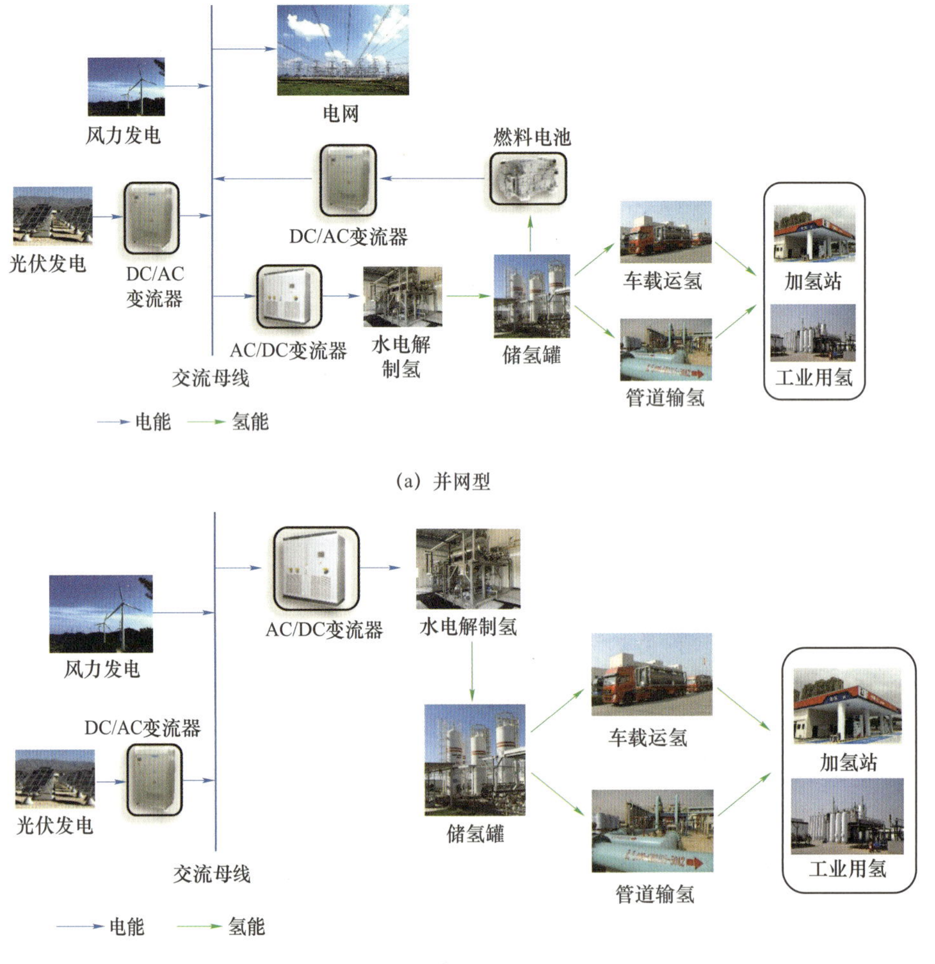

（a）并网型

（b）离网型

图 10－6　典型共交流母线组网型式风光氢一体化项目发电系统基本结构

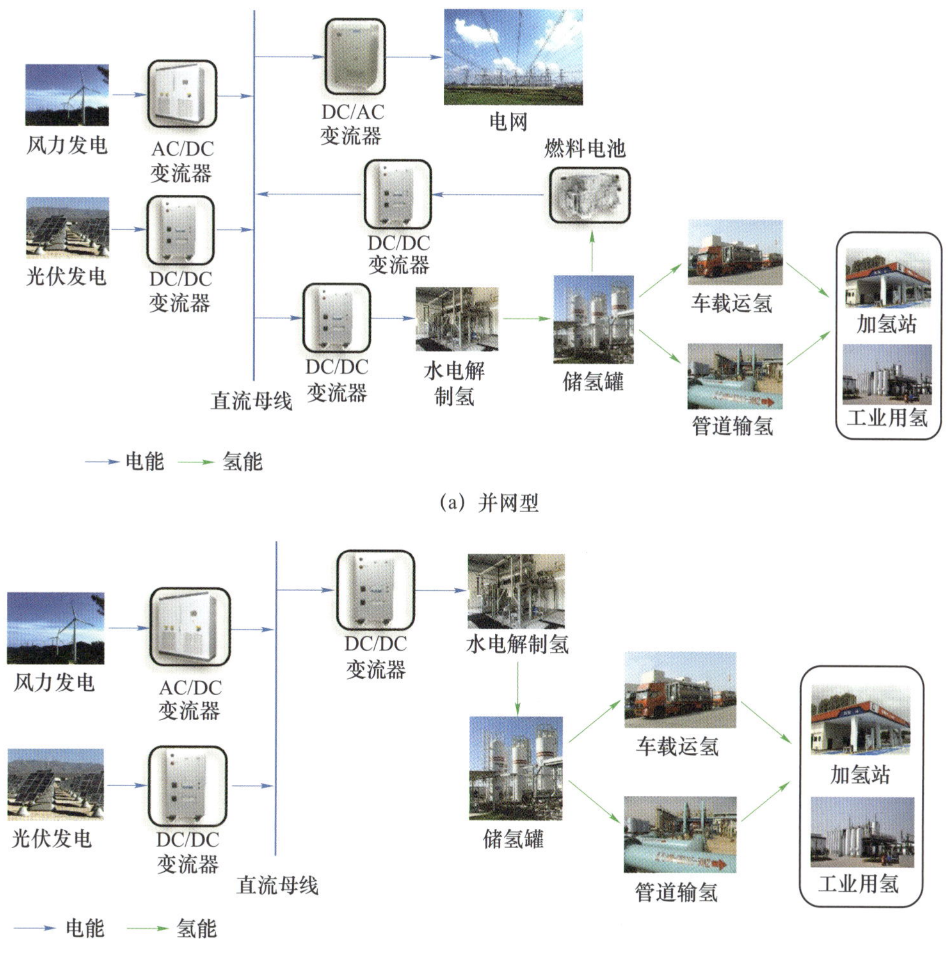

(a) 并网型

(b) 离网型

图 10－7　典型共直流母线组网型式风光氢一体化项目发电系统基本结构

风光氢一体化协同发展思路为风光带氢、氢促风光，氢能在风光氢一体化项目中扮演多重角色，在电源侧扮演负荷消纳角色，在电网侧扮演电源供能调峰角色。

在风光氢一体化项目系统中配置的制氢、储氢、燃料电池规模越大，风电、光伏发电的利用率越高，但一体化项目的建设成本也会增大，因此需要对风电、光伏发电和制氢、储氢、燃料电池规模合理优化配置，提高项目新能源利用率，减少系统功率缺额，提升一体化项目的经济性。

典型案例　内蒙古达茂旗 200MW 新能源制氢工程示范项目

内蒙古达茂旗200MW新能源制氢工程示范项目是全国首批大规模新能源制氢示范项目之一。规划建设风电装机容量120MW、光伏发电装机容量80MW、电化学储能 20MWh、电解水制氢 1.2 万 m^3/h（标况），采用 100%绿电制氢。项目建成后，每年绿氢产量为 0.78 万 t，可供 20 座规模为 1000kg/d 的加氢站使用，满足约 1000 辆燃料电池重型卡车需求，如图 10－8 所示。

该项目依托我国北方地区丰富的可再生能源，利用新能源、氢能、储能一体化技术耦合手段，推动风光制氢规模化发展，构建零碳、低成本、安全可靠的绿氢供给体系，对构建现代能源体系意义重大。

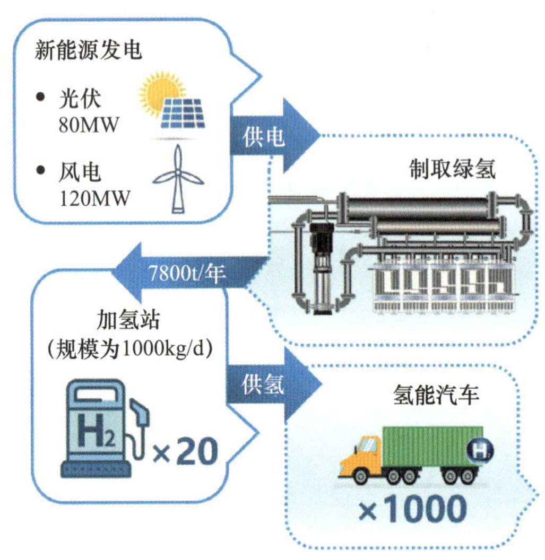

图 10－8　内蒙古达茂旗 200MW 新能源制氢工程示范项目系统方案

三、风光氢一体化项目成效优势

（1）风光氢融合拓宽可再生能源的碳减排应用场景。

风光氢融合系统充分利用风电、光伏发电的绿色特性进行制氢，符合脱碳减排理念，有助于推动交通、工业等氢能消费终端的绿色低碳转型。可再生能源互补耦合发电制氢将是我国实现“双碳”目标的重要手段。基于风光氢一体化制取的绿氢相对灰氢和蓝氢在碳减排的优势日益凸显，将在化工、重型卡车、冶炼等氢能应用场景中实现大规模绿氢替代。

（2）风光氢融合方案促进可再生能源消纳。

风光氢融合方案提高了可再生能源消纳比例，通过风能、太阳能、氢能的互补，系统有较高的稳定性和可靠性。通过使用电解水制氢技术实现电能和氢能的转换，可有效解决新能源消纳及并网稳定性问题。

四、风光氢一体化项目展望

风能、太阳能和氢能都是绿色能源，风电和光伏发电具有随机性、波动性和不稳定性的特点，无法实现平滑稳定大规模并网，弃风和弃光造成绿色电力的巨大浪费。氢能获得需要依靠不同的技术路径和生产工艺进行制备，不同的制取技术路径和生产工艺会有不同的碳排放量。绿电制氢可以极大地降低制氢过程中的碳排放，当前我国氢能需求中绿氢只占 1%，随着绿电制氢技术的不断发展完善，将逐步降低制氢的经济成本，扩大绿氢在氢能需求中的占比，同时满足风、光等可再生能源的消纳需求。

"十四五"期间，风电、太阳能发电等可再生能源迎来快速增长，使用太阳能、风能等新能源制取氢气将会成为主流，绿氢也将成为能源产业的发展方向。

第三节　核能融合应用

一、需求分析

核能发电既具有可再生能源零碳排放的特性，又延续化石能源不间断、稳定输出的特点，核能发电的基荷电源作用日益凸显。《"十四五"能源领域科技创新规划》将核能综合利用技术列为核电优化升级技术之一，开展研究核能与风电、光伏、储能、氢能等多能互补形式，优化完善以核电厂为核心的综合能源系统方案及运营技术，推动核能梯级利用，提高核能综合利用效率。

核能发电包括大型压水堆、高温气冷堆、模块化小堆、低温供热堆等类型。不同堆型可以各自发挥优势，结合多品种能源需求，以核电站为中心，建立供电、供暖、供汽、制氢、海水淡化等多位一体的互补、联供区域综合能源系统，是能源低碳清洁高效利用的重要技术解决方案。核能融合应用，充分挖掘了核电在我国清洁能源体系中的支撑带动作用和电网中的平衡协调作用，将满足更广泛、更多样的能源需求，在我国"双碳"目标实现过程中发挥越来越重要的作用。

二、核能融合应用项目解决方案

（一）核能－热能－水能互补联合利用系统

低碳清洁、运行稳定的核能供热将是主要供热方式之一。核能－热能互补联合利用系统是指从核动力装置的二次回路中提取蒸汽作为热源，通过换热站进行多重隔离、多级换热，核电站与热能用户之间只有热量传递，没有水等其他介质交换，以保障末端取暖安全。单台百万千瓦核电机组实施改造后能够提供 3000 万 m^2 的供暖能力，可满足直径 100km 范围内的供暖需求。核能–热能互补联合利用系统供热具有装机容量大、无间歇性、受自然条件约束少等特点。

核能热电联产与常规的热电联产相比优势明显，可以大幅提高核能机组循环热效率，减少污染物排放，降低供热对化石能源的依赖，减少碳排放。同时，也可以减少核电站向环境排放的热量，降低对海洋生态环境的影响。

典型案例一　海阳核电核能综合利用示范工程

海阳核电核能综合利用示范工程实现核能梯级高效利用，核能产生的高品质热能用以发电，中品质热能用于供热和制水，低品质热能用于生态建设，实现核能的清洁电力、低碳供暖、海水淡化和绿色氢能等多品种能源供应，通过核电同海水淡化、分布式光伏发电、海上风电、储电、储热等多种能源的互补供应，向能源消费端提供电、热、水、氢等不同的产品和服务，实现核能综合利用，如图 10–9 所示。

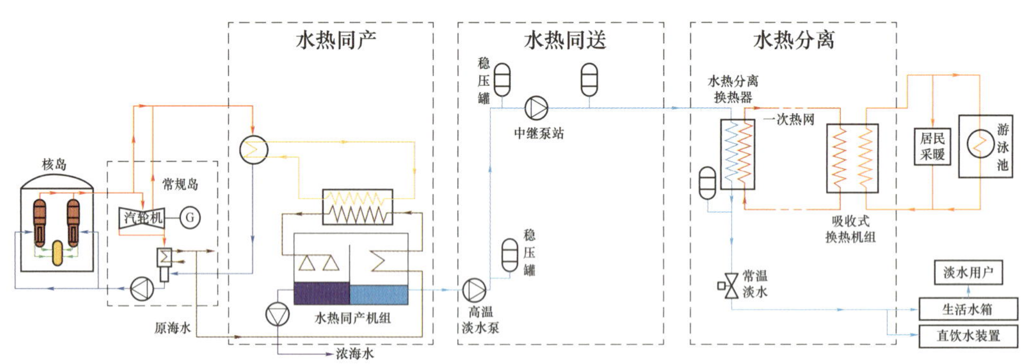

图 10–9　水热同产同送示范工程流程示意图

（二）核能与太阳能互补联合利用系统

核能与太阳能互补联合利用系统是由聚光式太阳能模块、小型核反应堆模块以及相应的发电模块组成，设计用于发电和海水淡化。太阳能与核能都属于清洁能源，由两者互补构成的联合利用系统将实现二氧化碳、烟尘、氮氧化物和硫化物零排放。

在核能与太阳能联合利用系统中，可加入双罐储热系统（一个热罐和一个冷罐），使得在太阳光照条件不足的情况下，聚光式太阳能模块可以平稳连续运行，这种联合互补利用系统适合建于沿海或岛屿地区，一方面可以用于淡化海水，另一方面太阳能可以显著提高核电站的发电效率，使其达到 37.5%，太阳能热电转化效率可达到 56.2%，接近现代燃气轮机联合循环发电厂的效率。

典型案例二　海阳核电“核能＋光伏”项目

海阳核电“核能＋光伏”项目立足核能发电，利用核电厂空余土地资源，科学布局分布式光伏发电。光伏发电装机容量 1009kW，年发电量约 126 万 kWh，减少二氧化碳排放 1024t。国家电投海阳核电“核能＋光伏”工程 2022 年 4 月正式投运。

（三）风光–核电–氢联合运行系统

核能制氢具有分解效率高、便于工业规模化生产等优势，是极具前景的清洁氢生产手段。核能制氢在我国已形成较好的产业基础，特别是高温气冷堆制氢有望成为我国大规模供应氢气的重要解决方案。高温电解水蒸气制氢技术是以固体氧化物电解池为核心反应器，实现水蒸气高效分解制氢。以高温气冷堆为例，经估算，一台 600MW 高温气冷堆机组每小时可生产约 6000kg 氢气，满足 180 万 t 钢产能对氢气、电力及部分氧气的能量需求，相当于每年可减少能源消费约 100 万 t 标准煤，减排约 300 万 t 二氧化碳。该技术具有高效、清洁、过程简单等优点，已经成为核能、风能、太阳能等清洁能源联合制氢的重要技术路线。图 10–10 所示为核能–可再生能源互补系统示意图。

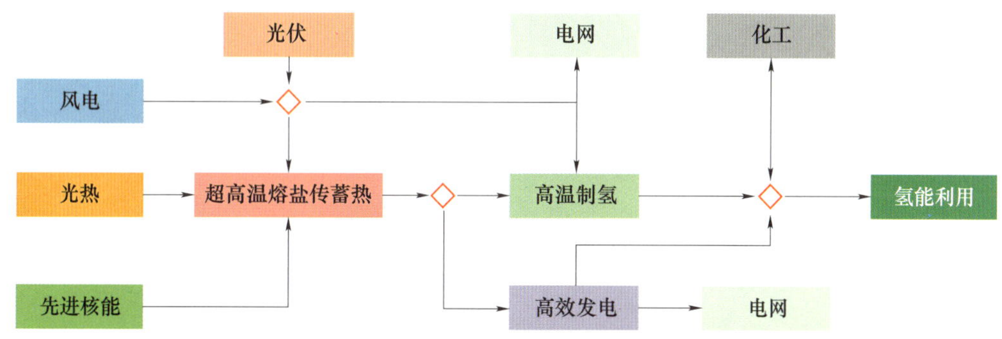

图 10–10　核能–可再生能源互补系统示意图

第四代核能反应堆制氢的核心都是利用高温堆的工艺热，从核反应堆的类型来看，熔盐堆、超高温气冷堆等所提供的工艺热都可以满足高温制氢的过程供热需求，利用熔盐堆、高温气冷堆等核能系统提供的工艺热开展热化学循环制氢或高温电解制氢，将充分发挥核能和可再生能源的优势，实现协同利用。核能制氢赋予氢能双重清洁能源的显著特征，是具有高效、大规模、无排放特点的制氢技术，未来将在氢气大规模集中供应场景中起到重要作用。

三、核能融合应用成效优势

随着核能利用技术不断发展，核能应用场景也不断增多，除了核能发电外，核能供热、核能制氢等正逐步得到应用。核能融合应用系统中包括热能互联、电力互联、化学能互联、氢气互联，具有显著技术和经济优势。

（1）核能和可再生能源具有提供充足的长期热能和电力供应的潜力，其价格不受化石燃料价格的影响；

（2）可以降低温室气体排放，减少碳排放，助力我国碳达峰碳中和的能源战略；

（3）辅助风电、光伏发电等新能源呈现较高的竞争力，提高新能源的渗透率，增加对绿色能源的消纳，提高核能融合应用系统的发电效率和电热转换效率，为电网提供经济、稳定和高度可靠的电力供应能力；

（4）核能融合应用系统可以生产生物燃料、氢气、合成燃料，降低交通运输部门对化石燃料的依赖度。

四、核能融合应用项目展望

核能融合应用对“双碳”目标实现具有十分重要的战略意义，是国家实现可持续发展能源战略的关键领域。根据国际原子能机构发布的2021年版《世界核电反应堆》报告，截至2020年底，在全球32个国家总计442台在运核电机组中，有11个国家69台机组除核能发电外，还实现了包含区域供暖、工业供热、海水淡化等其中一项或两项的综合利用。

我国在核反应堆的技术研发上取得多项突破，为核能融合应用提供了强有力的技术基础；新型能源体系的构建为核能融合提供了丰富的应用场景。随着核能技术的不断发展和成熟，核能将在能源结构性转型调整中发挥更重要的作用，形成供电、供汽、供热、制氢、海水淡化等绿色低碳综合应用场景，核能融合应用将迎来更大的发展机遇。

第十一章
产　能　融　合

从宏观角度来看，产能融合是指在结构上处于不同层次的如交通、农业、工业、建筑等行业在同一个产业链或产业网中相互渗透、相互包含、融合发展的新形态，是用无形渗透有形、高端统御低端、先进提升落后、纵向带动横向，实现产业升级的知识运营增长方式、发展模式。从本章角度来看，主要从实现“双碳”目标需求出发，结合新型电力系统发展趋势，聚焦交通、工业、建筑、农业四个领域，使其与能源相互渗透、融合发展，形成具有创新性、系统性、战略性、科学性和可操作性的“多领域+能源”产能融合发展解决方案。

第一节　能源+交通

一、能源+交通产能融合需求分析

能源是人类社会发展的重要物质基础，交通是国民经济发展的命脉，两者发展息息相关，密不可分。我国近年来印发的《交通强国建设纲要》《国家综合立体交通网规划纲要》《关于推动交通运输领域新型基础设施建设的指导意见》等政策文件，均提出“优化交通能源结构，加强清洁能源应用”“推进综合交通通道与能源、通信等基础设施统筹，提高通道资源利用效率”“推进交通基础设施网与能源网融合发展”等交通能源融合方面的规划战略。在能源与交通融合方面，除了围绕载具电动化出台相关政策外，尚未形成涵盖交通能耗统计监测考核、交通碳排放交易机制运用等方面的指导意见，政策体系的完整性还有待加强。可以说，目前国内尚未形成完善的能源与交通融合技术标准体系，对于能源+交通产能融合的定义与内涵还需不断补充完善，对能源+交通融合领域研究和探索也势在必行。

交通运输业是碳减排重点行业之一，交通行业与可再生能源融合的节能降碳潜力巨大。2021 年，我国交通运输（含社会车辆）石油消费占石油终端消费的比例约为 60%，交通运输排放约占我国碳排放总量的 10.4%，特别是公路运输占全国交通运输碳排放总量的 85%以上，是交通碳排放的主体和减排重点。根据“十四五”交通运输发展规划预测，“十四五”及中长期，我国民航机场将从目前 248 座增加到 270 座，高铁站将从602座增加到707座，高速服务区将从3500对增加到4250对。通过典型枢纽节点数据量可以预见，交通运输业会快速增长，然而相关的技术水平和能源结构没有创新性变革，交通领域的碳排放总量还将持续增加，减排形势严峻，打造低碳高效绿色的交通体系势在必行。

从宏观上看，随着“双碳”目标任务的深入实施，交通与能源将具有广阔的发展融合潜力，两者融合发展既有利于推动交通领域用能低碳转型，也可进一步发展可再生能源；从微观上看，不管是能源还是交通领域，均具备“枢纽布局宽、链路辐射广”的特点，其枢纽节点和传输链路均是各自形成坚强网络的重要基础。两者诸多的共同特点和日益增长的交通体量及能源需求，对能源与交通产能融合共存提出了更迫切的需求，两者融合发展成为推动“双碳”目标落地的重要基础。

二、能源+交通产能融合思路

目前，能源与交通融合互联的相关研究尚处起步阶段，国内外尚无深入、系统性的研究，对其融合体系也未有统一明确的定义。从我国目前已开展的相关研究成果来看，比较被广泛认同的能源与交通融合的概念为：以坚强智能电网为纽带，利用交通自然禀赋实施可再生能源供给交通用能，服务交通运转，同时交通用能负荷也为基于交通自然禀赋的可再生能源提供消纳空间，避免弃风、弃光，形成独立可控、高效集约的能源与交通融合新模式。能源+交通产能融合思路框图见图11-1。

从“能源+”角度来看，能源与交通产能融合以实现能源交通信息多网融合、管理智能化、资源高效配置、用能低碳化发展为目标，聚焦各类复合应用场景下的交通用能多元需求，主要着眼交通运输枢纽节点新能源体系和链式交通多网合一体系两大重点方向，以空港、港口、公路为典型应用示范场景，形成相关技术架构、标准体系、规划方法、技术方案、设备装置、示范工程和保障机制，全方位推动绿色、弹性、自洽和可持续发展的交通能源一体化系统建设。

从交通运输枢纽节点层面来看，交通运输的枢纽节点包括空港、客运枢纽、高铁站、港口、高速服务区等，尽管其建设的体量和构成元素各异，但其用能需求均为冷、热、电三类，其能源体系的构成环节均为源网荷储，关注重点包括源侧可再生能源替代，网侧基于光储直柔技术坚强灵活的配电网或微电网建设，负荷侧考虑基于V2G充电桩和有序充电桩对电网的良性反馈，并通过储能技术消除源荷的剪刀差。

从链式交通网络来看，以交通网为链条，新能源为核心，构建链式多网合一新经济生态。重点以城市道路和高速路网等公路交通为研究对象，通过基础研究和技术研发，提出全路域的绿色能源保障，以满足自动驾驶需求的智慧网联车路协同技术体系和解决方案；建立空间共享的低碳高速公路技术标准体系及运行标准体系，高度关注交能融合方案可能带来的人身安全、设备安全、信息安全问题，提出完善的解决方案。

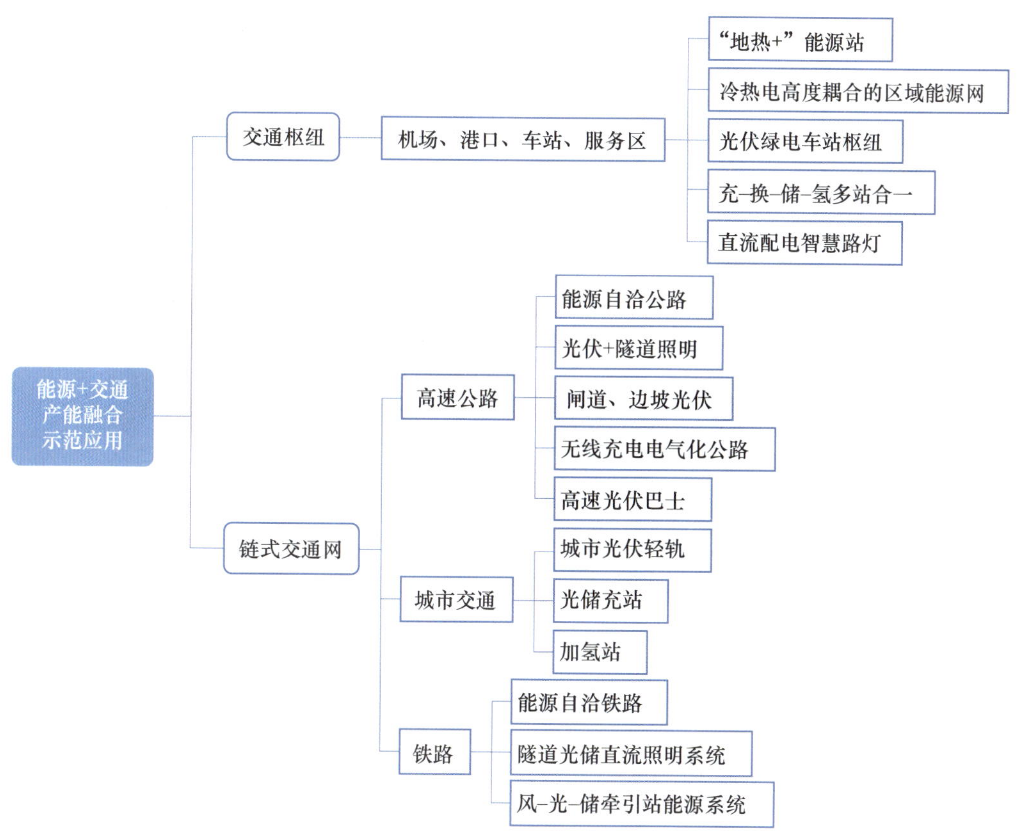

图 11-1 能源+交通产能融合思路框图

三、能源+交通产能融合方案及效益分析

典型案例一 低碳机场示范项目——长沙机场改扩建工程

该案例按照2030年旅客吞吐量6000万人次、货邮吞吐量60万t的需求进行规划；远期按照2050年旅客吞吐量9000万人次、货邮吞吐量150万t的容量需求进行用地控制。案例秉承"平安、智慧、人文、绿色"四型机场的建设理念，全面落实国家碳达峰、碳中和政策要求。

该案例针对交通枢纽节点场景提出全景、多维度减碳规划方案，对未来建设类似场景交通枢纽项目提供标准化、典型化技术样板方案，形成以机场为主体的交通枢纽节点的绿色能源应用及低碳建设新商业模式。长沙机场改扩建示意图如图11-2所示。

通过示范应用多种可再生能源综合利用技术、一体化协调控制技术、多种储能形式耦合应用技术、充电桩有序运行管理等技术，预期可实现全年可再生能源利用率为 29%，居全国首位，减少碳排放 30 000t/年，能源供应系统年运行费用可降低 6.4%，环境效益突出。

图 11－2　长沙机场改扩建示意图

典型案例二　张家口市京张迎宾廊道生态光伏发电项目

该案例位于 G6 高速公路沿途，光伏总装机规模 500MW。G6 高速公路是从北京到张家口滑雪场的重要交通廊道，也是世界人民了解中国的重要渠道。该项目的实施，提升了 G6 高速公路两侧的景观和绿化效果，发挥了新能源应用示范效应，呈现了绿色奥运的具体举措，使 G6 高速公路成为奥运光伏走廊。

该项目是配合 2022 年冬季奥运会建设的绿色、环保、生态发电项目。项目秉持着“治霾降尘、添彩奥运、生态修复、绿色能源、惠民利国”的理念，为高速公路沿线服务区及周边区域提供清洁电能，每年可实现减碳 54 万 t。

四、能源＋交通产能融合展望

根据国际可再生能源署（IRENA）预测，到 2050 年，我国电力在交通用能终端占比将从 2018 年的 1%提升到 33%，其中 85%将是可再生能源；石油在交通用能终端占比将从 2018 年的 94%降低到 33%；2050 年我国铁路运输 97%的客运铁路和 75%的货运铁路将依赖电力。因此，在未来交通电气化发展的大趋势下，大量利用可再生能源的多能互补系统将是未来交通能源系统中最显著的特征。能源与交通融合发展，是构建绿色、弹性、自洽和可持续发展的交通能源一体化系统的关键所在，也是新时代建设美丽中国的必然路径。能源与交通融合产业领域发展重点表现在以下方面：

一是加快“能源＋交通”融合示范项目推广应用。“十四五”期间，新能源布局将继续保持“集中与分布共存”“就地与外送消纳结合”的方式。随着社会发展加速，日益紧张的土地资源正逐步成为新能源发展布局的制约条件，而高速公路沿线服务区、收费站、护坡等区域还存在较大的土地资源挖掘潜力，有利于分布式光伏的开发布局。

二是推动电动汽车与清洁能源融合发展。电动汽车保有量的快速增长，对于目前分布式新能源消纳问题提供了重要解决手段。随着各类清洁能源汽车规模的进一步扩大，车载储能设备用能量将变得十分巨大。利用先进信息技术及经济调度方法，将电动汽车充电设备以区域为单位进行整合，并通过电力市场交易，促进电动汽车与清洁能源之间实现车源互动、车网互动，大力推进可再生能源的快速发展，并推动绿色交通基础设施建设。

三是探索规模化制氢技术应用。氢能作为清洁、灵活的能源载体，是“双碳”目标实现的重要能源形式。利用清洁能源电解水制氢，不仅是绿氢的重要来源，也是促进可再生能源消纳，以及大规模、高质量发展的重要措施。“十四五”期间，对可再生资源条件优、氢能相关配套产业发展条件较好的地区，可大力发展可再生能源制氢产业，形成规模化绿氢生产基地；大力推广氢燃料电池在大型产业园区示范应用，提高交通领域绿氢使用比例，形成零碳排放的能源供给与利用系统。

四是加快完善相关政策体系。在现有政策或指导方针基础上，形成涵盖交通能耗统计监测考核、交通碳排放交易机制运用等的指导意见，助推交通领域绿色低碳发展。

第二节 能源＋工业

一、能源＋工业产能融合需求分析

工业与能源是联系非常紧密的两大支柱性领域。我国工业产业由于用能形式相对粗放、余热利用率低导致能源没有得到充分综合利用，主要工业产品单位能耗平均比国际先进水平高出30%左右，六大高耗能行业碳排放量2019年达到54.32亿t，亟须开展能源与工业融合技术研发和推广。

《“十四五”工业绿色发展规划》(工信部规〔2021〕178号)指出，鼓励氢能、生物燃料、垃圾衍生燃料等替代能源在钢铁、水泥、化工等行业的应用，推进多能高效互补利用。《工业领域碳达峰实施方案》(工信部联节〔2022〕88号)也指出，推动产业低碳协同示范；强化能源、钢铁、石化化工、建材、有色金属、纺织、造纸等行业耦合发展，推动产业循环链接，实施钢化联产、炼化一体化、林浆纸一体化、林板一体化；建设一批“产业协同”“以化固碳”示范项目。实现相关政策的要求均需要加强对能源与工业领域相关行业融合技术的研究和开发。

工业领域可分为采矿业、制造业，以及电力、热力、燃气及水生产和供应业等3

大行业，共 41 类子行业。其中，制造业 2019 年、2020 年能源消费总量分别为 26.84 亿 t 和 27.97 亿 t 标准煤，分别占对应年工业能源消费总量的 83.2%和 84.1%，是工业领域能耗最大的行业。在制造业子行业中，2019 年钢铁行业二氧化碳排放量达到 19.38 亿 t，是工业领域第一大碳排放行业；石化行业碳排放量达到 4.71 亿 t；化工行业碳排放量达到 3.41 亿 t；有色金属行业碳排放量达到 4.21 亿 t；建材行业碳排放量达到 14.4 亿 t；另测算造纸行业碳排放量达到 2.1 亿 t。2019 年工业领域各行业碳排放占比情况如图 11－3 所示。

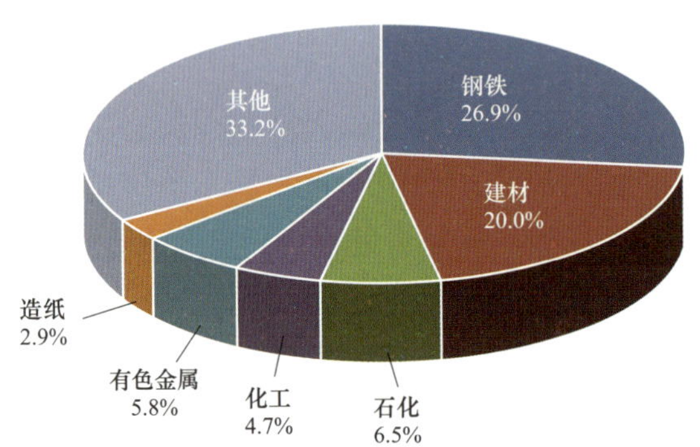

图 11－3　2019 年工业领域各行业碳排放占比情况

因此，当务之急是促进能源与不同行业的融合，研发和推广适应不同行业特点的绿色低碳能源消费技术。工业领域不同行业因产业结构、政策要求等的不同也有各自的产能融合需求。尤其是对于能耗高、排放大的钢铁、石化、化工、有色金属、建材等重点行业更是亟须开展产业融合，实现低碳绿色发展。

二、能源＋工业产能融合思路

能源＋工业产能融合包括发展循环经济，以及针对各重点行业特点建立对应的产能融合方案。在兼顾各重点工业行业生产工艺、产业结构和能源消费结构各自特点的基础上，基于各重点行业的用能方式、排放特征以及发展趋势开展行业与能源融合，可以分为能源消费侧融合技术、能源资源/副产二次能源高效利用融合技术、排放侧产能融合技术以及基于深度融合目标的能源管理系统优化升级，如图 11－4 所示。

三、能源＋工业产能融合方案及效益分析

（一）循环经济及循环经济产业园

能源与工业产能融合最典型的综合方案是发展循环经济，建设循环经济产业园，把工业生产活动组织成一个“资源—产品—再生资源”的反馈式流程，将工业生产过程中的物质流、能量流闭路循环和梯级利用，建立环境友好、可持续的工业产业经济

系统。目前，循环经济已涵盖了固废、建材、造纸、钢铁、有色金属、石化、化工、电子、轻工、包装、纺织、新型材料等多个工业产业。

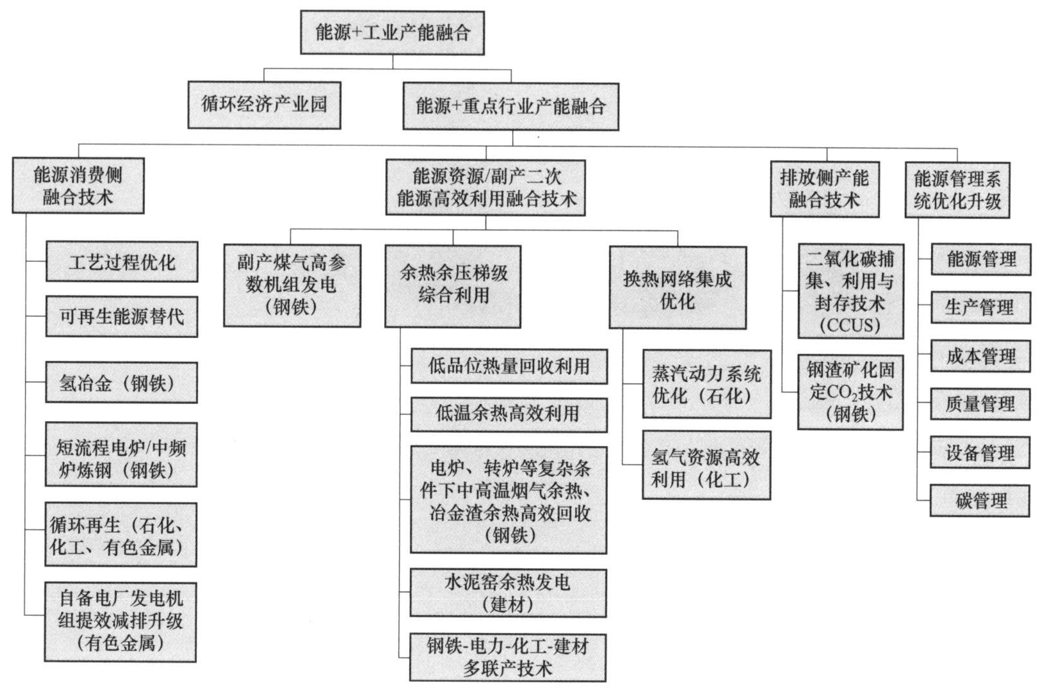

图 11－4 能源+工业产能融合框架图

典型案例一 永丰余工纸新屋厂循环经济模式

永丰余工纸新屋厂采用了回收纸制程资源优化、沼气再生能源发电和零燃煤汽电共生系统等三项方案。其再生能源沼气发电装机达到 2800kW，沼气日产量达 3.2 万 m^3。

（1）该项目采用林浆纸一体化+废纸再生+可再生能源利用的循环经济模式（见图 11－5），形成林纸结合的大循环和废纸回收利用的小循环，还可延伸至绿色建材。该循环经济模式构成了产业原料循环使用的完整链条，保证了造纸产业可持续发展和增值。

（2）该项目年发电量达到 4000 万 kWh，每年可减少二氧化碳排放约 2.9 万 t；且 1t 废纸板经回收处理后，一般可以产生约 0.8t 的新产品包装纸，从而能避免 17 棵树被砍伐，节省约 30t 的用水和约 580kWh 的用电量。

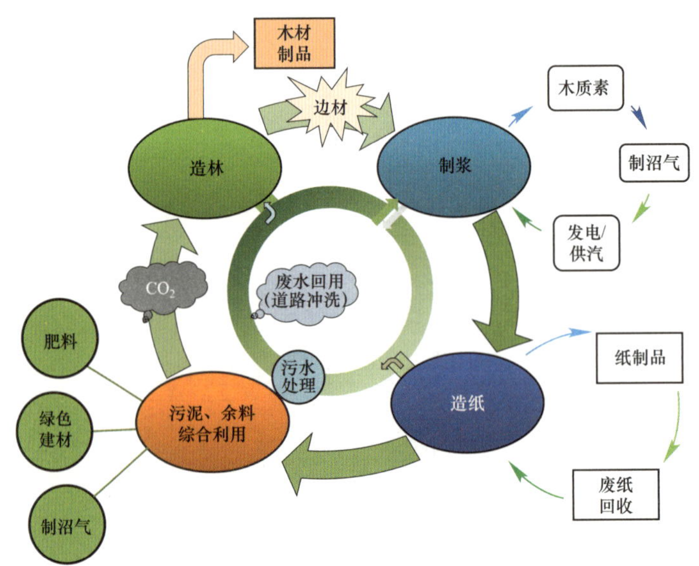

图 11-5　林浆纸一体化+废纸再生+可再生能源利用的循环经济模式

（二）能源+钢铁产能融合

1. 钢铁工业生产过程中能源消费侧融合方案

氢冶金工艺利用氢气替代一氧化碳做还原剂，其还原产物为水，没有二氧化碳排放，是能源与钢铁融合的革命性技术方案，也是各国钢铁行业竞相研发的前沿性技术。氢冶金工艺技术成熟后，将对钢铁行业实现“净零碳”起到决定性作用。

典型案例二　瑞典 HYBRIT 项目

瑞典 HYBRIT 项目（见图 11-6）由 SSAB、LKAB 和 Vattenfall 三家公司于 2016 年推出，并于 2021 年 7 月在位于吕勒奥的中试厂生产出海绵铁。HYBRIT 项目计划到 2026 年在瑞典耶利瓦勒建成每年生产 130 万 t 无化石海绵铁的示范工厂，

图 11-6　瑞典 HYBRIT 项目

并大规模提供无化石钢。该项目在钢铁生产中使用电力和氢气代替焦炭和煤，排放水而不是二氧化碳。项目建成后，吨钢二氧化碳排放量约 25kg，电力消耗为 401kWh，可使瑞典和芬兰的二氧化碳排放总量分别减少 10%和 7%。

可再生能源替代也是钢铁行业大力推动的钢能融合降碳方案。许多钢铁企业已探索光伏、风电等可再生能源直供生产系统电力的技术。

典型案例三　鞍钢股份风电机组项目

在鲅鱼圈钢铁基地建造风力发电机组（见图 11－7），利用风能自发电，实现可再生能源利用。该项目装机规模为 3 套 1250kW+4 套 1500kW 风力发电机组，年总发电量达到 2300 万 kWh。项目运营期间每年减少煤耗约 6958t，减少二氧化碳排放约 16 421t。

图 11－7　鞍钢基地风电项目

图片来源：鞍钢宣传片——《飞越鞍钢》（第三集）。

典型案例四　宝武集团宝钢股份屋顶光伏发电工程

该项目在钢铁基地建造屋顶光伏（见图 11－8），利用太阳能自发电，实现可再生能源利用。2021 年该项目装机容量达到 196MW，年均发电量约 2.8 亿 kWh。项目运营期间每年节约标准煤约 4.7 万 t，减少二氧化碳排放约 11.6t，年平均节能收益约 4760 万元。

图 11－8　宝钢屋顶光伏项目

图片来源：宝武清洁能源有限公司官网。

2. 钢铁生产过程中副产二次能源高效利用融合方案

钢铁生产过程中副产高炉煤气、焦炉煤气、转炉煤气、余热、余压等。其中需要重点发展高参数煤气发电、余热余压梯级综合利用、钢铁－能源－化工多联产等技术。目前钢铁企业煤气发电机组已向高参数（16.7～24.2MPa/566～600℃/566～600℃）发展。

典型案例五　防城港钢铁基地项目（一期）动力系统发电工程

该项目建设亚临界超高温（16.7MPa/566℃/566℃）煤气锅炉发电机组（见图 11－9），装机容量为 3×135MW 亚临界超高温煤气锅炉发电机组，三台机组年发电量共约 32.4 亿 kWh；单台机组效率较以往同容量高温超高压煤气发电机组高出 4%左右，实现钢铁生产过程中副产煤气余能高效利用。项目运营期间每年节约 3.8 万 t 标准煤，减少二氧化碳排放约 8.9 万 t。

图 11－9　防城港钢铁基地动力系统发电工程

典型案例六 湖南华菱涟源钢铁 150MW 超高温亚临界发电机组工程

该项目建设 1×150MW 超高温亚临界煤气锅炉发电机组（见图 11–10），年均发电量约 12.9 亿 kWh，实现钢铁生产过程中副产煤气余能高效利用。项目运营期间每年可节约标准煤约 1.5 万 t，减少二氧化碳排放约 3.5 万 t。

图 11–10 湖南华菱涟源钢铁 150MW 超高温亚临界发电机组工程

典型案例七 湖南华菱湘钢高效余能发电项目

该项目装机容量为 1×150MW 超（超）临界煤气锅炉发电机组（24.2MPa/600℃/600℃）（见图 11–11），年均发电量约 12.9 亿 kWh；单台机组效率较以往同容量高温超高压煤气发电机组高出约 7%，可实现钢铁生产过程中副产煤气余能高效利用。项目投产后每年将节约标准煤约 2.6 万 t，减少二氧化碳排放约 6.1 万 t。

图 11–11 湖南华菱湘钢高效余能发电项目

钢铁生产过程中余热余压利用较为普遍，除了成熟的TRT、干熄焦、热风炉烟气预热及铸坯热装热送技术外，有待进一步研发和推广低品位热量及高炉渣、钢渣、高炉煤气显热、烧结和焦化烟气显热回收技术。

另外，钢铁生产过程中副产的煤气也可用作化工行业原料，实现钢铁–能源–化工多联产。

典型案例八　山东阿斯德钢化联产项目

该项目采用钢厂尾气资源化利用技术，以石横特钢集团有限公司转炉气为原料，每年可生产甲酸20万t、联产草酸5万t以及下游甲酰胺、甲酸钾、甲酸钙等精细化工产品，实现钢化联产，如图11–12所示。该项目生产的各项化工产品成本比传统煤化工产品减少30%~60%，每年固定二氧化碳30万t。

图11–12　山东阿斯德钢化联产项目

图片来源：山东阿斯德科技有限公司官网。

3. 钢铁生产过程中排放侧钢能融合方案

钢铁生产过程中排放侧钢能融合方案主要聚焦在碳捕集、利用与封存技术。马鞍山钢铁股份有限公司正在研究和推进钢渣矿化固定CO_2技术，预计年固定二氧化碳20万t。

4. 能源管理系统

宝钢、鞍钢、唐钢、太钢等在内的许多钢铁企业已经建立了能源管理系统，在钢铁生产的能源生产、输送和消耗环节实现集中化、扁平化和全局化管理，为钢铁企业带来了良好的经济效益。

（三）能源+石化产能融合

能源资源高效利用是石化行业低碳转型的重要保障之一，蒸汽动力系统优化技术是重要的能源资源高效利用降碳技术。石化行业蒸汽动力系统具有多等级参数、多燃料来源、多产（汽）供（汽）需求和多周期条件等特点，处于能量转换环节的前端，一次能源必须首先转换为热、蒸汽和动力才能为工艺装置所利用。蒸汽动力系统优化容易受到工艺装置、其他公用工程、辅助和附属生产系统的影响，在石化企业节能工作中，蒸汽动力系统优化的节能效果多体现为电力、蒸汽和燃料气消耗量的降低，是炼厂节能降碳的重要组成部分。

蒸汽动力系统优化技术（如图 11－13 所示）采用流程模拟辅助建立蒸汽动力系统完整数学模型，构建混合整数非线性规划问题并优化求解，包含蒸汽系统设备调优与动力源驱动方式优化、蒸汽网络优化及蒸汽平衡配置优化，可满足石化行业节能降碳需求。

图 11－13 蒸汽动力系统优化技术

应用蒸汽动力系统优化技术，每节省 1t 蒸汽，可减排二氧化碳 0.17～0.29t；对于千万吨级炼厂，通过开展蒸汽动力系统优化，每吨蒸汽可减少 13～19kg 标准油，每年可减少二氧化碳排放 2.5 万～6 万 t。

（四）能源＋化工产能融合

采用可再生能源制造绿氨合成技术所生产的绿氨可以成为发电和船舶动力的重要清洁燃料来源。

相比传统的用天然气作为原料和动力来源的氨合成工艺（通常每生产 1t 氨，向大气中释放近 2t 的二氧化碳），绿氨是由清洁能源和清洁原料生产获得，能大大减少氨合成过程产生的二氧化碳排放。

典型案例九　十万吨级可再生能源电解水制氢合成氨示范工程

该示范工程针对我国西南地区水/光发电消纳困难以及传统合成氨工艺的碳减排等问题，开展十万吨级可再生能源电解水制氢合成氨示范应用，实现把“弃电”

化废为宝，还为化工生产提供新的氢源获取途径。该项目中，绿氢占比100%，每年合成氨产能不低于10万t。该项目可再生能源消纳能力每年不低于5亿kWh，每年节约15.1万t标准煤，减少二氧化碳排放约35.6万t。

（五）能源+有色金属产能融合

1. 有色金属工业生产过程中能源消费侧融合方案

基于节能减排与碳达峰碳中和目标，有色金属行业能源消费侧融合方案包括自备电厂发电机组升级改造、可再生能源替代、有色金属循环再生等。

有色金属行业需要消费大量电力，且自备电厂供能比重很高（2019年自备电在电解铝能源消费中占比达65%）。有色金属行业自备电厂发展高参数、低排放的发电机组，对现有自备电厂发电机组进行提效、减排的升级改造，有助于有色金属行业节能降碳。

可再生能源替代是有色金属行业大力推动的融合降碳方案。山西省工信厅发布了《山西省有色金属企业改造提升2022年行动计划》，计划推动相关企业利用现有矿山、赤泥库、灰渣库、厂区等闲置土地资源，开展分布式光伏发电项目建设；鼓励相关企业提高风、光、水电等可再生能源的消纳比重，减少铝产品碳排放足迹；鼓励有色金属冶炼企业与压延加工企业进行“直供”，降低能源消耗和减少运输费用，促进双方实现协同发展、合作共赢。

据中国有色金属工业协会再生金属分会初步测算，我国有色金属产品累计消费量已达7亿t，现已进入报废高峰期，国内再生铜铝原料的资源保有量分别约为1.4亿t和3亿t。2021年全年我国再生有色金属产量达1550万t，可降低二氧化碳排放10 585万t。有必要进一步大力推进资源循环综合利用，大力发展再生金属。

2. 有色金属生产过程中副产二次能源高效利用融合方案

目前有色金属生产过程中副产二次能源高效利用融合方案主要是采用余热回收技术，包括余热锅炉发电、低温有机朗肯循环发电、热管技术、冷凝式换热器、低品位余热供暖等。

典型案例十　赤峰铜厂低品位余热供暖项目

该项目将铜厂制酸过程中不同品位的余热悉数回收，并将回收来的余热作为供热基础负荷，用于铜厂周边的一片新规划居民小区的供热，实现铜厂低品位余热回收利用，如图11－14所示。该项目回收铜厂制酸过程中排放的低品位余热达到45MW，为市区100万m^2居民建筑供热。该项目每年可供热39×10^4GJ，每年节约13 300t标准煤，减少二氧化碳排放约3.5万t。

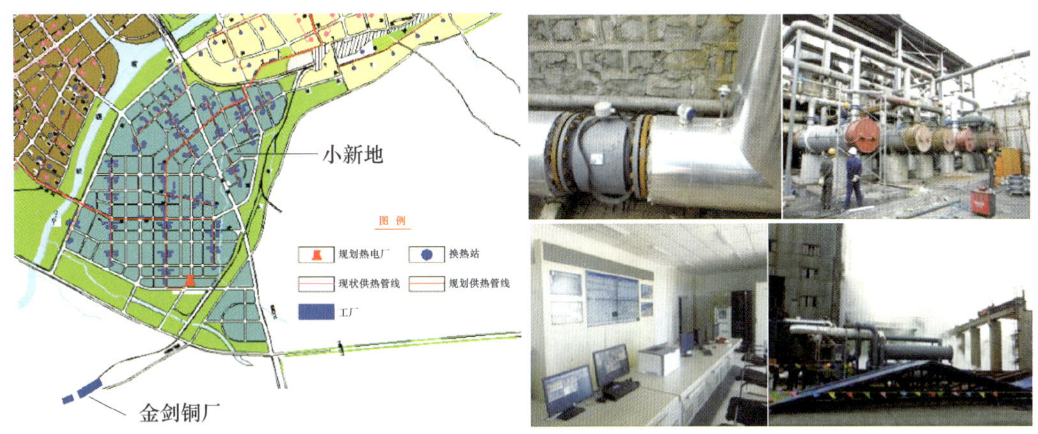

图 11－14　赤峰铜厂低品位余热供暖项目

图片来源：方豪. 低品位工业余热应用于城镇集中供暖关键问题研究. 北京：清华大学，2015.

3. 能源管理系统

许多有色金属企业已经建立了能源管理系统，在有色金属生产的能源生产、输送和消耗环节实现集中化、扁平化和全局化管理，为有色金属产业带来良好的经济效益。

（六）能源＋建材产能融合

2022 年住房和城乡建设部印发《“十四五”建筑节能与绿色建筑发展规划》，从建筑建材角度提出推广高性能门窗、建筑光伏一体化、高性能混凝土、结构保温一体化、政府工程率先使用绿色建材等。光伏建材、绿色建材（节能门窗、高性能混凝土等）是能源与建材融合的重要途径。

推进分布式光伏开发有望带动 125GW 的屋顶分布式光伏装机，对应市场规模逾 5000 亿元。除此之外，光伏玻璃绿色低碳环保，可避免普通建材所导致的环境问题，光伏阵列也能大大降低室外综合温度，减少墙体热和室内空调冷负荷，助力建筑节能。

四、能源＋工业产能融合展望

能源＋工业产能融合应大力推进循环经济产业园建设，进行工业领域内跨行业产业协同以及工业行业与能源高效融合，实现工业绿色、低碳发展。另外，也应针对不同的重点行业自身特点以及国家政策要求，进一步有效推进重点行业与能源进行产能融合。

（一）能源＋钢铁产能融合展望

（1）持续推进氢冶金工艺、可再生能源替代技术。

（2）进一步推广高参数煤气发电机组、低品位热量以及高炉渣、钢渣、高炉煤气显热、烧结和焦化烟气显热回收新技术。

（3）积极研发和推广适合钢铁生产排放特点的碳捕集、利用与封存（CCUS）技术，并研究与下游化工、石化产业等进行多联产发展。

（4）基于大数据技术将能源管理系统进行升级，纳入生产管理、成本管理、质量管理、设备管理和碳管理等功能，并深入整合、分析和挖掘数据信息，提出最优的融合方案。

（二）能源+石化产能融合展望

（1）随着炼化一体化的升级优化，在产业结构调整上，需要上下游产业链协同发力，科学规划产业发展，合理安排和推进产能建设，确保经济发展与绿色转型齐头并进。

（2）在能源利用上，充分考虑经济效益和环保效益、社会效益的平衡，尽可能地选择清洁能源、低碳技术、节能设备等，确保行业发展和绿色低碳整体推进。

总之，能源与石化的进一步融合，一方面需通过能源资源高效利用、流程优化、清洁能源替代等方式促进现有装置能效提升；另一方面，应关注并探索先进降碳技术的发展及商业化应用，积极开展试点，推进行业低碳转型升级。

（三）能源+化工产能融合展望

（1）化工产业需要从宏观上推动产业结构优化，逐步减少和淘汰低端产能。

（2）提高行业整体技术水平，制定完善能效和碳排放相关的技术指导文件和标准，加强研发和推广节能低碳技术，推进能源消耗总量和强度“双控”。

（3）化工企业从产品生产工艺出发，深耕工艺技术，从工艺升级改造、设备节能改造、环保设施升级等方面结合实际情况，降低产品能耗。

（4）能源生产供应端需要不断研发新技术新工艺，早日实现绿氢、绿氨等工业化生产和应用，并继续拓宽发展生物质能源技术的深化利用，降低生产成本，提高生物乙醇、生物柴油、生物航空煤油等生物质能源的市场占比。

（四）能源+有色金属产能融合展望

（1）持续推进自备电厂升级改造、可再生能源替代、有色金属循环利用等。

（2）在普及现有余热回收利用技术的基础上，进一步研发和推广低温余热有机朗肯循环（ORC）发电、低温余热多联供等各类低温烟气低品位余热回收技术，通过梯级综合利用实现余热余能资源最大限度回收利用。

（3）积极研发和推广适合有色金属生产排放特点的碳捕集、利用与封存（CCUS）技术，降低有色金属生产二氧化碳排放。

（4）基于大数据技术将能源管理系统进行升级，纳入生产管理、成本管理、质量管理、设备管理和碳管理等功能，并深入整合、分析和挖掘数据信息，提出最优的融合方案。

（五）能源+建材产能融合展望

（1）持续开发各种低能耗绿色低碳建筑材料。

（2）伴随着我国新能源装机规模的不断扩大以及光伏建筑一体化（BIPV）相关项目持续落地，建材行业低碳化改造也将与光伏、风电等新能源行业高度融合。

第三节 能源+建筑

一、能源+建筑产能融合需求分析

在“双碳”目标下，建筑业面临着以下重点任务：①提高新建建筑节能水平；②加强既有建筑节能绿色改造；③推动可再生能源应用；④实施建筑电气化工程；⑤推广新型绿色建造方式；⑥促进绿色建材推广应用；⑦推进区域建筑能源协同。

上述建筑业重点任务中有四项重点任务与能源产业密切相关，其一，推动可再生能源应用，是建筑与能源产业融合的重要方式；其二，实施建筑电气化工程，是建筑与能源产能融合的重要课题；其三，推进区域建筑能源协同，是建筑与能源产能融合的重要任务；其四，提高新建建筑节能水平，达到近零能耗建筑标准，是建筑与能源产能融合的必要措施。以这四项重点任务为目标，逐渐推进能源与建筑产业的融合，可以促进未来能源总体结构的转型，进而达到“双碳”目标。

二、能源+建筑产能融合思路

能源与建筑产业之间的融合方式可以通过可再生能源应用、建筑电气化工程、区域建筑能源协同、近零能耗建筑四个方面展开。能源+建筑产能融合思路框图如图 11－15 所示。

（一）可再生能源应用

一是推动太阳能建筑的广泛应用。根据太阳能资源条件、建筑利用条件和用能需求，统筹太阳能光伏和太阳能光热系统建筑应用，宜电则电，宜热则热。推进新建建筑太阳能光伏一体化设计、施工、安装，鼓励政府投资公益性建筑加强太阳能光伏应用。鼓励光伏制造企业、投资运营企业、发电企业、建筑产权人加强合作，探索屋顶租赁、分布式发电市场化交易等光伏应用商业模式。

二是加强可再生能源利用。推广应用地热能、空气热能、生物质能等解决建筑采暖、生活热水、炊事等用能需求。鼓励各地根据地热能资源及建筑需求，因地制宜推广使用地源热泵技术、地表水和地下水源热泵、土壤源热泵、空气热能热泵等可再生能源利用技术。

三是加强可再生能源项目建设管理。鼓励各地开展可再生能源资源条件勘察和建筑利用条件调查，编制可再生能源建筑应用实施方案，确定本地区可再生能源应用目标、项目布局和实施计划。

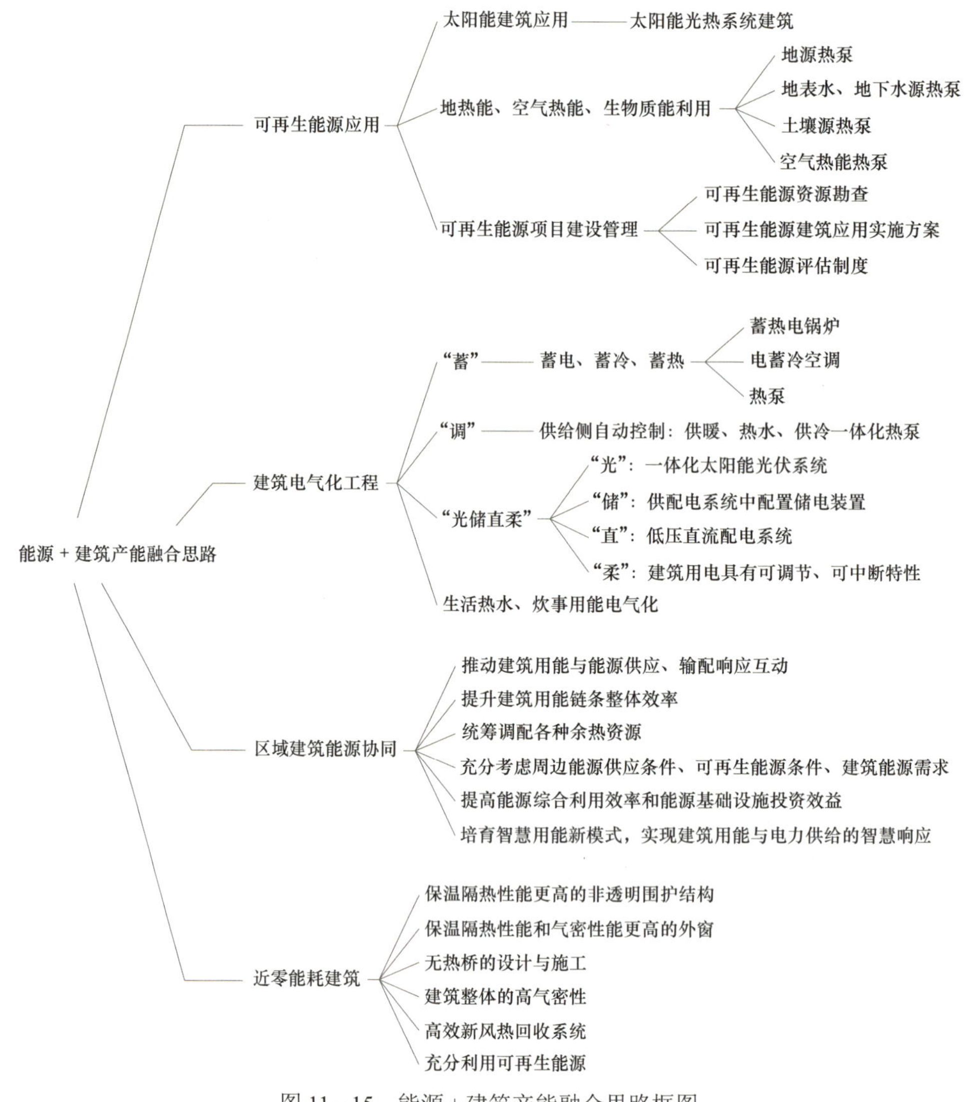

图 11－15　能源＋建筑产能融合思路框图

（二）建筑电气化工程

充分发挥电力在建筑终端消费清洁性、可获得性、便利性等优势，建立以电力消费为核心的建筑能源消费体系。可以通过“蓄”和“调”来适应供给侧变化。“蓄”主要表现在蓄电、蓄冷、蓄热，“调”是适应供给侧变化的自动控制。通过“蓄”和“调”，实现建筑用电的柔性化，满足需求侧响应的需求。同时，鼓励建设以“光储直柔”为特征的新型建筑电力系统，“光伏发电、储能蓄电、直流供电、柔性用电”的新型能源系统是建筑电气化工程板块中实现碳中和目标的一个重要路径。

（三）区域建筑能源协同

推动建筑用能与能源供应、输配响应互动，提升建筑用能链条整体效率。开展城市低品位余热综合利用试点示范，统筹调配热电联产余热、工业余热、核电余热、城市中垃圾焚烧与再生水余热及数据中心余热等资源，满足城市及周边地区建筑新增供热需求。在城市新区、功能区开发建设中，充分考虑区域周边能源供应条件、可再生能源资源情况、建筑能源需求，开展区域建筑能源系统规划、设计和建设，以需定供，提高能源综合利用效率和能源基础设施投资效益。

（四）近零能耗建筑

近零能耗建筑的定义是：适应气候特征和自然条件，通过被动式技术手段，大幅降低建筑供暖供冷需求，提高能源设备与系统效率，以更少的能源消耗提供舒适室内环境的建筑。其主要技术特征为：①保温隔热性能更高的非透明围护结构；②保温隔热性能和气密性能更高的外窗；③无热桥的设计与施工；④建筑整体的高气密性；⑤高效新风热回收系统；⑥充分利用可再生能源；⑦建筑能耗水平应较《公共建筑节能设计标准》（GB 50189—2015）和《严寒和寒冷地区居住建筑节能设计标准》（JGJ 26—2018）、《夏热冬冷地区居住建筑节能设计标准》（JGJ 134—2010）、《夏热冬暖地区居住建筑节能设计标准》（JGJ 75—2012）降低 60%～75%。

三、能源+建筑产能融合方案及效益分析

（一）可再生能源应用

1. 光伏建筑一体化（BIPV）

光伏建筑一体化（BIPV）是可再生能源应用的重要措施，也是实现能源+建筑产能融合的重要途径。

（1）BIPV 发展现状。

BIPV 作为一种减碳的有效措施，可以有效面对全球范围内的能源危机，防止生态环境的进一步恶化，近年来受到各地政府的追捧。BAPV 作为 BIPV 的初期形式，2009—2012 年的示范项目装机容量已经达到 906MW，并在接下来很长一段时间内促进了有关建筑光伏构件产品的发展。近些年，BIPV 作为新的技术形式逐步代替了 BAPV，得到了大力普及和发展。

（2）BIPV 发展趋势。

结合过往“十三五”时期的产业发展规划、战略性产业发展规划以及 BIPV 产业发展基础，积极编制光伏建筑一体化发展规划，逐步明确配套建设的规划，政府出台专项扶持政策，例如项目专项资金、土地优惠政策、行政事业性收费优惠、信贷税收政策的优惠等。接下来，BIPV 产业将依照以下几步发展：明确产业发展目标，进行区域布局，扩大产业规模，然后优化产业链条，进而得到长足的发展。

BIPV 技术将在四个方面进行发展：①进一步明确相关规范，并在其基础上制定完善的行业标准，进一步提高设计施工人员的技术水平；②将 BIPV 与 BIM（building information modelling）、GIS（geological information system）深度结合，进一步推进 BIPV 的信息化发展；③配套设施更加完善，在打扫清洁、设备检修、故障应急等方面更有保障；④成本费用将进一步降低，伴随着 BIPV 标准化设计生产的逐渐成熟，BIPV 在实际工程中的应用会更加普及。

典型案例一　深圳软件大厦 BIPV 项目

深圳软件大厦 BIPV 项目是目前国内最大的非晶硅薄膜光伏发电系统工程之一。该工程是广东省太阳能光伏发电系统示范工程，设计装机容量为 204kW，共使用 2040 块 100W 的太阳能电池板。

该项目的太阳能电池组件支撑结构与屋顶结构梁永久连接，安装高度设计合理（最低点离屋面 2.2m），降低了建筑的整体温度，且更利于屋顶空中花园植物的生长；电力使用方面，通过详细分析大厦用电负荷特性，有效提高就地消纳水平。采用智能化电力监控方式，并且实现了系统无人值守、远程监视及故障分析等功能。

该项目光伏系统装机容量 204kW，每年提供超过 23 万 kWh 的绿色电力，每年可节约煤炭 83t，减排 CO_2 约 21t。深圳软件大厦并网光伏发电系统在夏季用电高峰时段输出功率超过 900kW，将大大降低大厦用电对电网供电的需求，可较大程度地缓解高峰时段的电网压力。

2. 空气源热泵系统

空气源热泵是可再生能源应用的另一重要措施。这项技术通过消耗部分电能，把空气中无法直接利用的热能转换为可利用的高位热能，从而替代部分煤炭、燃气、油转化的高位能，为建筑业节能减碳发展、能源＋建筑产能融合提供了有效的技术路径。

（1）空气源热泵系统发展方向。

国务院在《2030 年前碳达峰行动方案》中提出，积极推动严寒、寒冷地区清洁取暖，推进热电联产集中供暖，因地制宜推行热泵、生物质能、地热能、太阳能等清洁低碳供暖。引导夏热冬冷地区科学取暖，因地制宜采用清洁高效取暖方式。

空气源热泵技术在我国长江中下游、西南、华南地区已经得到广泛应用，这些地区冬季室外气温一般不低于－5℃，夏季气温较高，采用空气源热泵系统机组可以较为平稳地运行。对于依赖燃煤、燃油采暖的黄河流域、华北地区，广泛采用空气源热泵系统将具有重大意义。因此，在严寒、寒冷地区大力普及低温空气源热泵系统成为当下发展的方向。

（2）空气源热泵系统发展趋势。

从发展趋势分析，空气源热泵在未来将具有更大的应用空间。在我国 1.6 亿农户中，分散燃煤采暖超过 6000 万户。根据《北方地区冬季清洁取暖规划（2017—2021 年）》，2019 年北方地区清洁取暖率达到 50%，替代散烧煤 7400 万 t；2021 年北方地区清洁取暖率达到 70%，替代散烧煤 1.5 亿 t。而在我国长江流域等非传统集中供暖区域，绝大部分建筑物内并无供暖设施，随着人民生活水平的提高，这些区域的供暖也已开始提上日程。这些密集人口地区，未来大范围的供暖必定带来巨大的能源消耗需求及碳排放的压力。因此，如何利用空气源热泵这一环保高效的采暖技术，使其在未来的清洁供暖推广方面作出积极贡献，是能源+建筑产能融合的一项重大课题。

（二）建筑电气化工程——“光储直柔”建筑

“光储直柔”建筑新型能源系统是面向低碳技术的发展路径，是建筑电气化工程的重要措施。“光储直柔”是指通过光伏等可再生能源发电、储能、直流配电和柔性用能来构建适应“双碳”目标需求的新型建筑配电系统（或称建筑能源系统）。

1.“光储直柔”建筑发展方向

国务院《2030 年前碳达峰行动方案》中提出，加快更新建筑节能、市政基础设施等标准，提高节能降碳要求。加强适用于不同气候区、不同建筑类型的节能低碳技术研发和推广，推动超低能耗建筑、低碳建筑规模化发展。提升城镇建筑和基础设施运行管理智能化水平。提高建筑终端电气化水平，建设集光伏发电、储能、直流配电、柔性用电于一体的“光储直柔”建筑。到 2025 年，城镇建筑可再生能源替代率达到 8%，新建公共机构建筑、新建厂房屋顶光伏覆盖率力争达到 50%。

建筑将不再只是传统意义上的用电负载，而将兼具发电、储能、调节、用电等功能。“光储直柔”建筑推动了这些技术的发展，并将应用于更多大体量、多场景的工程实践中。

2.“光储直柔”建筑发展趋势

在低碳发展的背景下，明确建筑电气化是未来行业的发展大势。随着技术的进步，在建筑业中实现“光伏发电、储能蓄电、直流供电、柔性用电”将成为可能，“光储直柔”新型能源系统成为建筑运行阶段实现节能降碳的一个重要路径。同时，经过实践和探索表明，该系统可使建筑成为灵活消纳可再生能源电力的重要场所。

典型案例二　深圳未来大厦

深圳未来大厦办公楼位于广东省深圳市龙岗区，建筑高度为 37.7m，地上 8 层，地下 2 层，总建筑面积约为 6915m²，地上约为 5462m²，地下约为 1453m²，其中地下两层为停车场及设备用房，一层为城市公共空间，二层为实验室，三～八层为研发办公区。

该项目采用了以目标为导向的性能化设计方法，在被动式节能技术方面，广泛采用了自然通风、自然采光、建筑遮阳、绿化隔热等；在主动式节能技术方面，采用了光伏直驱变频多联式空调、高效 LED 照明、基于人行为的智能控制系统等；在能源系统方面，采用了太阳能光伏、储能与市政配电系统耦合设计。以工程实践探索夏热冬暖地区净零能耗公共建筑实施可行性，是“光储直柔”建筑的代表示范性项目。

在低压直流配电系统中，终端用电设备可根据直流电压的变化及时做出自适应调节，适应可再生能源自身的波动以及电网的调峰需求，合理利用使用者对环境参数弱敏感区间，成为供给侧与用户侧的平衡稳定器；配合建筑低压直流配电系统，对分布式太阳能光伏和储能系统实现灵活的控制和调配，是实现近零能耗建筑的关键技术之一。

该项目基于可再生能源产能与建筑用能在时间尺度的不同步性，通过对太阳能光伏、储能与市政配电系统的耦合设计与优化，利用储能系统来平抑光伏发电的波动性和不确定性，并通过需求响应措施充分调动建筑自身的灵活性与可调性（建筑柔性负载），尽可能得到相对连续稳定的电力负荷需求曲线，从而与电网进行友好交互，实现减碳减排与经济效益最大化的双赢局面。

四、能源+建筑产业展望

我国在 2030 年和 2060 年前后城镇化率将分别达到 72%和 80%，公共建筑、城镇居住建筑、农村居住建筑、北方采暖等单位能耗进一步降低，用能结构进一步优化，基本达到“双碳”目标。我国 2030 年和 2060 年能耗趋势分析如表 11－1 所示。坚持能源+建筑产能融合的思路，可以加快需求侧减量的步伐，提升建筑物能效利用，改善能源结构。

表 11－1　我国 2030 年和 2060 年能耗趋势分析

指标	分项指标		2015—2016 年	2030 年	2060 年
城镇化率（%）			56.10	72	80
能耗强度（kg 标准煤/m²）	城镇居住建筑	严寒寒冷	7.15	7.81	11.29
		夏热冬冷	8.14	11.05	14.61
		夏热冬暖	9.69	13.16	16.31
		温和	10.11	12.36	16.31
	公共建筑		22.5	37.03	35.11
	农村居住建筑		7.8	14.64	16.25
	北方采暖		14.5	10	7.5

续表

指标	分项指标		2015—2016 年	2030 年	2060 年
用能结构（%）	居住建筑	炊事电力占比	24	35	50
		生活热水电力占比	44	55	70
	公共建筑	燃煤热电联产	45	57	72
		电力占比	89	89	89
	北方采暖	燃煤锅炉	32	15	0
		燃气锅炉与壁挂炉	15	18	18
		其他	8	10	10

第四节　能源 + 农业

一、能源 + 农业产能融合需求分析

“农业现代化”作为国家现代化优先项之一，在乡村振兴战略背景下，被赋予了更加重要的含义。农业现代化以实现高产、高效、优质、生态、安全生产为目标，随着其进程持续推进，现代化生产要素如农药、化肥、机械、电力等被大量使用，生产过程中的能源消费和二氧化碳排放不断提高，这显然不符合“双碳”目标要求。通过能源与农业的一体化战略部署和有效协同，推动两者协调融合发展，能够助力农业领域“双碳”目标实现，对保障以能源和粮食安全为基础的国家总体安全战略具有重要意义，主要体现在以下几方面：

能源与农业融合发展能有力推动农业领域“双碳”目标实现，加快农业现代化步伐，全面推进乡村振兴。在碳达峰碳中和背景下，高投入、高排放问题使得农业现代化、乡村振兴的推进面临诸多困难。通过能源与农业融合发展，实现农业废弃物的资源化有效利用，合理开发可再生能源资源，提高清洁能源在农业中的消费占比，可以实现农业从高碳向低碳转化、农村能源由传统能源向可再生能源转型，推动农业领域“双碳”目标实现。

能源与农业融合发展是加强农村自适应能源和电力系统建设的重要途径。在能源危机和大型电力系统供给困难时，农业作为维持社会基本生存的保障，仍然能够通过与能源的融合实现无数个微网级、孤网级自我基本循环运行的生命绿岛，确保全社会最低需求的安全，具有较大的战略意义。

《“十四五”推进农业农村现代化规划》（国发〔2021〕25 号）、《加快农村能源转型发展助力乡村振兴的实施意见》（国能发规划〔2021〕66 号）等文件，提出“循环

利用农业废弃物”“建立光伏+现代农业”等能源与农业融合方面的内容，能源与农业融合发展形势整体向好。

二、能源+农业产能融合思路

能源+农业产能融合思路可按能源类型来划分，如图11-16所示。太阳能方面，可以将光伏发电、农业种植和养殖、高效设施农业相结合，发展“光伏+现代农业”模式；风能方面，充分利用海域、陆地资源，发展“风电+牧场（海洋、陆地）”；生物质能方面，积极推动能源农业发展，一方面充分利用农业废弃物，既能减少废弃物对环境的污染，又能节约能源资源，另一方面开发利用能源作物，加工生产生物液体燃料等。

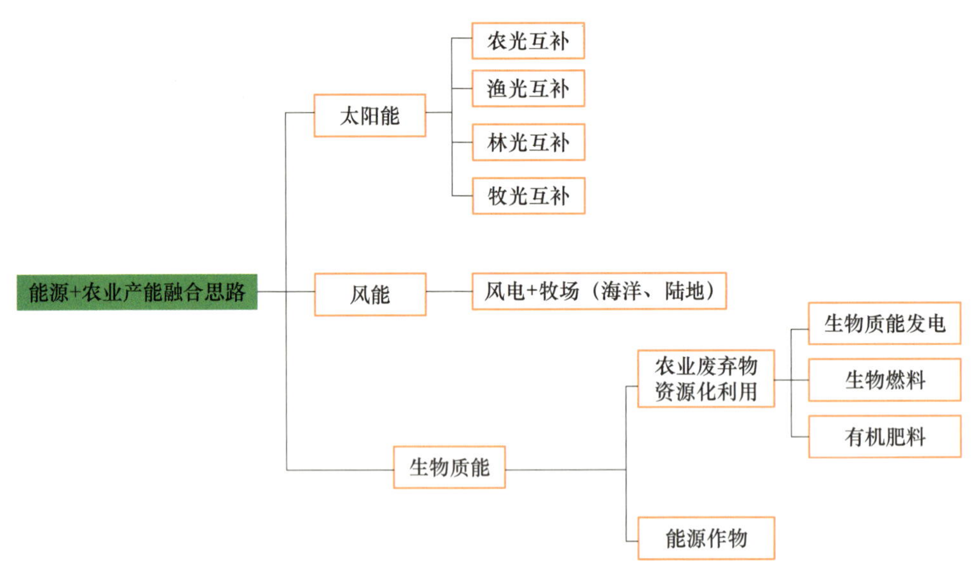

图11-16　能源+农业产能融合思路框架图

三、能源+农业产能融合方案及效益分析

（一）能源+农业产能融合方案

能源+农业融合是能源与农业生产特性相结合的具体化场景应用，能源+农业融合系统是通过能源与农业系统的深度耦合方式构建能源、农业协同发展的物理系统，包括源、网、荷、储等结构，并通过能源与农业物联网的协同交互构建高效互动的信息系统，包括感知层、网络层、平台层、应用层等层级，能实现清洁低碳用能、能源利用效率提升、废弃物综合利用及多元主体灵活接入等功能，具有清洁低碳、安全可靠、智能高效等特征，是与农业生产需求深度融合的智慧能源系统，见图11-17。主

要解决三方面的问题：一是能源与农业系统的深度耦合；二是能源与农业系统的产销互补；三是能源与农业系统的信息互补。

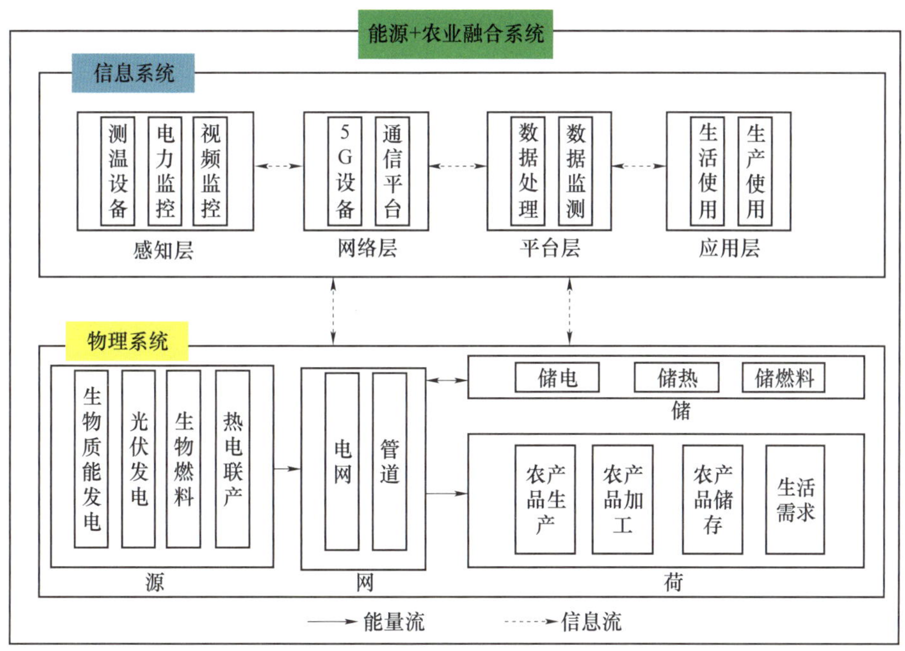

图 11－17　能源＋农业融合系统框架图

1. 能源与农业系统的深度耦合

两者深度耦合主要体现在两方面：一是“能源流＋农业信息流”，通过能源－农业耦合元器件（如电动农机及充电桩、水泵、散热器、灯具等）采集农业信息，对采集的农业信息进行分析，得到当时的农业生产特性，并调整能源供给策略，如根据大棚温度调整供温、根据鱼塘含氧量调整氧泵控制策略等；二是“能源流＋农业物质流”，农业系统为能源系统提供设备安装空间、生产原料（如秸秆、粪便等农业废弃物），光伏发电、生物质热电联供等能源系统则为农业系统提供农业生产所必需的电能、热能。

2. 能源与农业系统的产销互补

农业生产中会产生生物质原料，这使得农业系统兼具能源系统中“源”和“荷”的双层身份。通过能量和物质相互转化，使得能源与农业系统具有产销互补性：一方面，能源系统向农业系统输入电、热等不同形式的能源，农业系统可产出秸秆、粪便等生物质原料；另一方面，生物质原料经处理后成为能源设备的原料，能源设备产生的热、电和气等能量能支撑农业系统的运行。通过能源与农业系统的循环，两者的产销互补性得到充分利用，实现传统单向的能量流动模式转变为能量高效利用的循环流动模式。

3. 能源与农业系统的信息共享

得益于信息技术进步，能源与农业系统能实现高效、实时的信息共享，并能对能源系统与农业系统的运行情况实时监控，通过大数据、云计算等技术对监控数据进行处理分析，并制定相应控制策略，推动能源与农业系统的协调配合，进而实现更为信息化、精细化和智能化的系统管理。具体流程为：农业系统利用物联网和人工智能技术对农业生产需求（耕收、供氧、灌溉、补光、温度调节等）、发电系统（分布式光伏、生物质发电机组）的出力情况以及天气情况进行预测，通过信息系统将结果共享给能源系统；能源系统根据系统出力情况和负荷情况，制定当前能源供给策略，并将能源价格反馈给农业系统，指导农户合理选择用能时间，降低用能成本。

典型案例一　山东滕州 150MW 农光互补项目

该项目利用农作物叶绿素与光伏板在吸收光谱上的互补性，在作物上方安装太阳能光伏板，实现太阳能的高效利用，减少病虫害和农药使用量。

该项目总投资约 9 亿元，年均发电量为 1.3 亿 kWh。项目采取空中光伏发电、地面种植养殖新模式，着力打造“一地多用、农光互补”一体化绿色产业发展示范区。项目运营期内可节约标准煤 107 万 t，减排二氧化碳约 318 万 t，发电预计年产值约 5100 万元。

典型案例二　韶关市林光互补项目

该项目在上部空间利用太阳能实现发电，下部空间种植耐阴作物，实现土地资源的高效利用。

该项目装机容量为 80MW，年均发电量为 1 亿 kWh。项目秉承“不破坏原有山体随坡就势建设”的思想，推动林光互补、一地两用的持续发展。项目每年可节约标准煤 3.3 万 t，减排二氧化碳 6.9 万 t，发电预计年产值 3100 万元，带动区域内 160 户村民增收。两年间累计种树 15 万棵，让荒山变绿洲。

典型案例三　益阳北港长河渔光互补项目

该项目在渔场上方合理安装光伏组件，形成“上发电、下养鱼”的生产模式。

该项目装机容量为 100MW，年均发电量为 1.2 亿 kWh。项目光伏组件采用浮体安装的固定方式，是跨度最长的漂浮光伏电站。项目每年可节约标准煤 4 万 t，减排二氧化碳 8.3 万 t，节约用水 54 万 t，发电预计年产值约 5400 万元。光伏板对浮藻的抑制作用，能实现渔业增产。该项目的成功运营，标志着湖南在清洁电能开发领域取得新的突破。

典型案例四 宁夏盐池牧光互补光伏项目

该项目在畜牧场或牧舍屋顶安装光伏板，在发电的同时，还能遮挡强烈的阳光，为畜牧养殖提供适宜的条件。

该项目装机容量为 120MW，年均发电量为 1.9 亿 kWh。项目采用在光伏组件下植草放牧，既释放工业产能，节约企业成本，又可改善当地生态环境，防止水土流失。项目每年可节约标准煤 6.3 万 t，减排二氧化碳 13.1 万 t，发电预计年产值约 8000 万元。该项目实现土地立体化增值利用，建设现代高效农业综合经济体，对促进经济社会发展具有重要意义。

典型案例五 上海市上实农业园区生物质循环利用项目

该项目将农牧生产的资源和能源工程结合起来，以沼气工程为纽带，实现农牧生产资源的综合利用和能源消耗工程的运行。

项目日处理秸秆 4t、粪便 12t，年产沼气 3.6 万 m^3，年均发电 58.4 万 kWh。项目实现园区 80%的农业废弃物回收利用，日产有机肥约 1t，日产沼气约 1000m^3。该项目是上海市首个以农业秸秆类废弃物为主要原料开发建设的集中型气、热、电、肥联产沼气系统工程，具有示范引领效应。

典型案例六 海曙古林大田数字农业项目

该项目总投资 5000 万元，建设总面积达 10 900 亩。通过大数据、云计算、物联网、农机电气化等技术与农业深度融合，在 80m^2 的控制室里，即可完成 10 900 亩水稻农田的耕种调控工作。

项目实施后，产量较以往提高 20%左右，减少劳动力用工成本 10%，减少肥料施用 8%，节水 10%。该项目是国家首批、华东地区唯一的优质高效水稻大田种植数字农业技术集成示范项目，为推进无人农场的建设和发展，切实打造出可复制、可推广的示范样板。

（二）能源+农业产能融合效益分析

通过能源与农业系统的一体化部署和有效协同，建设能源+农业融合系统项目，主要有以下几方面效益：

经济效益方面，一是通过能源系统与农业系统的互补性，能充分利用土地资源，进而有效降低项目投资；二是通过开发生物质能、太阳能等可再生能源资源，用于农业生产负荷内部消纳，节省农业用能费用，多余电量可以上送给电力公司，获得电费收益；三是通过对能源与农业系统的精细化、信息化、智能化管理，既能节省人力成本，也能提升农业生产效率和产量。

生态效益方面，一是循环利用农业废弃物，在节约资源的同时，还能减少农业面源污染，包括水、土壤、大气污染等；二是通过使用可再生能源替代传统能源，能有效降低农业生产中的二氧化碳排放，推动农业生产由高碳向低碳转型。

社会效益方面，一是在能源与农业融合发展过程中，农民生活、生产所需的能源支出将大大降低，且在项目开发和建设、农业产业结构调整过程中将创造更多就业岗位，有利于农村劳动力回流，缩小工农和城乡间的差距；二是通过能源与农业融合发展，能为未来农村能源建设指明方向，为解决农村能源问题提供新思路；三是能源与农业融合发展可为农村建设带来可观的经济效益、生态效益，进而全方位推动新农村建设，助力乡村全面振兴。

四、能源+农业产能融合展望

能源与农业融合发展应加快构建以可再生能源为基础的农业清洁能源利用体系，充分利用农业生产兼具能源系统中“源”和“荷”的双层身份。在技术方面应做到因地制宜、创新发展，同时也需要注重运营模式的可持续性。

在技术创新和应用方面，应更加注重能源与农业场景相结合，加强尖端技术的研发力度，并拓展技术方案的应用范围。随着现代化农业生产模式和用能场景的转变，其用能特性也随之发生变化，为适应这种变化对能源系统产生的影响，需要对能源系统中的源、网、荷、储等环节进行新技术开发。与新能源“集中式与分布式并举”“就地利用与外送消纳并举”的发展方式相结合，注重发展前期的示范引领作用，优先在条件适宜的农业产业园示范应用技术方案，由点及面，逐步将技术方案推广至各个农村的生产和生活中，最终通过技术方案的应用，实现无数个微网级、孤网级自我基本循环运行的农业生产生命绿岛，在能源危机和大型电力系统供给困难时，确保农产品供应满足全社会的需求。

在运营模式方面，应着重研究能源+农业融合系统的可持续运营问题，提升能源普遍服务水平，积极推动多元主体参与投资建设，不断增强其可持续运营能力。一是要解决行业壁垒带来的运营问题，农户在对能源系统的运营维护上存在一定难度，且重视能源系统效益还是农业生产效益会带来主体目标不一致的现象，将为运营管理带来挑战；二是推动绿色、高效的农业能源供应体系建设，在满足农业生产用能需求的前提下，提升可再生能源使用占比，降低用能成本，为乡村振兴战略提供支撑；三是要强化如农业能源系统规划、运行等技术研发创新，达到农业能源资源优化配置和能源系统经济、高效运转的目标。

第十二章
数能融合

数能融合旨在通过数字与能源领域的深度融合、协同发展，助力“双碳”目标实现。本章首先针对“双碳”目标下的算力融合需求进行了分析，然后针对需求提出了基于能源中台的算力融合总体思路和典型方案，最后对算力融合的发展进行了展望。接着以“东数西算”[1]为例，提出了“东数西算”数能融合方案，并对“东数西算”进行了展望。

第一节 算力融合

一、算力融合需求分析

当前，社会经济发展呈现绿色经济、数字经济、共享经济三大突出形态。三类形态相互作用、相互融合，共同绘就了全球经济发展的底色，催生了新的经济平台。算力是设备通过处理数据，实现特定结果输出的计算能力。算力作为新时代新的生产力，是支撑经济社会发展的坚实基础，对推动科技进步、促进行业数字化转型以及实现“双碳”目标发挥着重要作用。基于算力应用数字技术赋能能源行业发展，提升能源综合利用水平和利用效率是驱动能源行业转型升级的重要抓手，对于我国实现“双碳”目标具有重要战略意义。

1. 传统能源亟须提质增效节能减排

在实现“双碳”目标的过程中，煤电已经成为深度调峰、助力新能源消纳的“主力军”之一，起着保证能源系统安全和经济平稳运行的作用，在将来一段时期内仍然是我国电源的“压舱石”。传统能源生产需要以数字化技术赋能提升其生产效率，算力基础设施与能源基础设施深度融合，助力传统能源生产的数字化改造，从而实现传统能源提质增效、节能减排，促进绿色低碳高效发展。

[1] 与“西气东输”“西电东送”“南水北调”等工程相似，“东数西算”是一个国家级算力资源跨域调配战略工程，针对我国东西部算力资源分布总体呈现出“东部不足、西部过剩”的不平衡局面，引导中西部利用能源优势建设算力基础设施，“数据向西，算力向东”，服务东部沿海等算力紧缺区域，解决我国东西部算力资源供需不均衡的现状。

2. 碳足迹追踪与计算缺乏精确有效的技术手段

对碳排放量进行计量、预测和追踪，涉及各类经济活动碳排放水平的测算，是一项复杂的系统工程。碳足迹核算和评价涉及产品及供应链全生命周期过程，数据分布广、数量多，难以精准统计和准确分割。基于算力的数字技术应用可为碳足迹的核算评估提供有效的技术和管理手段，满足碳盘查、碳认证、碳交易等全链路、全流程的服务需求。

3. 新型电力系统需要能源电力与算力深度融合

在能源供给端，以光伏、风电等为代表的清洁能源发电具有随机性、波动性和间歇性等特点；在能源消费端，以电动汽车、数据中心等为代表的负荷具备时空随机性、可调性等特点，这些都导致电网运行控制更加复杂和多变。为了应对建设新型电力系统带来的挑战，需要融合云计算、大数据、物联网、人工智能、区块链等新一代数字技术的算力，推动运行控制体系优化重构，不断提高电网数字化水平。通过算力提升电网的全域互联、高效感知能力，推动传统电力系统从刚性向灵活韧性的新型电力系统转变。

二、算力融合总体思路

数字经济与实体经济的深度融合为能源行业带来全新的机遇和挑战，通过算力与能源电力深度融合为能源结构转型铺设了一条“数字之路”。基于整合数字孪生和能源知识的能源中台，广泛接入并实时感知各类能源设施的运行状态，将知识图谱、建模仿真、云计算、大数据、人工智能、物联网、区块链等数字技术，运用到能源生产、输送、消费的各个环节，实现能源全流程与算力融合，可以为实现“双碳”目标构建高效的实现路径，总体思路如图 12－1 所示。

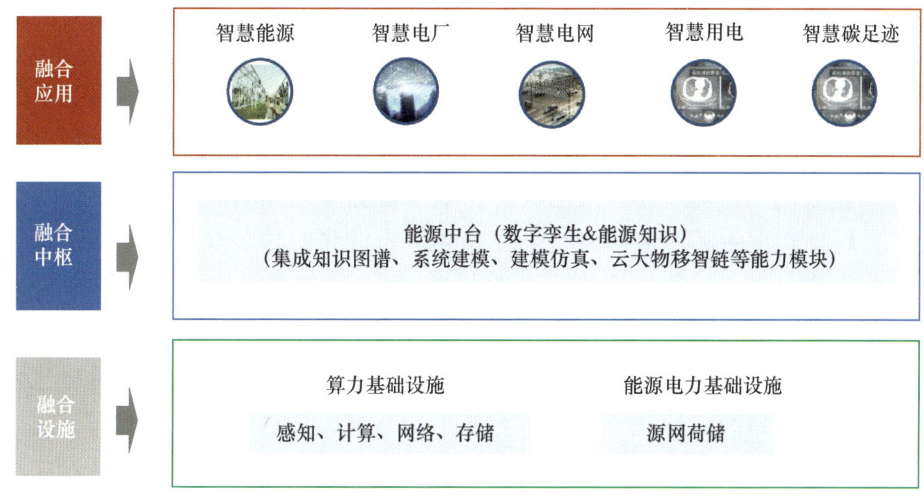

图 12－1　算力融合总体思路

算力融合赋能的五大基本方向：

（1）算力融合赋能燃煤发电等传统能源生产，构建低碳排放的生产优化模型，降低能源消耗，提升系统效率，减少污染物排放。

（2）算力融合赋能光伏、风电等清洁能源生产，主动寻优、高效运维、精准预测，从而高效稳定发电。

（3）算力融合赋能工业、建筑、交通等能源消费领域的绿色低碳转型升级，促进工业生产绿色高效、建筑节能降耗、交通工具低碳化与智能化，从而减少能源消费环节的碳排放。

（4）算力融合赋能构建新型电力系统，搭建基于数据分析的智能电网，最大限度消纳新能源，通过多能互补协同控制、源网荷储协同调度促进能源供给端和消费端相协调，促进能源产业价值链优化整合。

（5）算力融合赋能碳足迹精准追踪、碳排放精确核算，实现简便、高效、精准的一站式产品碳足迹核算、分析、量化、追踪和预测，降低产品在生产中的碳排放，加速企业碳目标落地。

三、算力融合方案及效益分析

（一）算力融合赋能传统能源生产节能减排

如何用更少的煤发更多的电，并产生最少的污染物排放，是目前火电行业关注的重点。火电机组安装有上万个传感器测点，每秒产生数万条实时监控数据，目前这些数据并未得到充分利用，绝大多数数据只起到了安全运行监控的作用。基于深度学习的锅炉燃烧模拟和基于强化学习的火力发电优化模型，将燃烧物理过程结构化建模并嵌入到人工智能 AI（artificial intelligence）模型中，解决火力发电复杂系统高维连续控制变量优化的难题。基于大数据技术进行分析和强化学习，快速获得运行机组不同负荷段的最优控制策略。在 AI 模型能力加持下，同时考虑整个锅炉从磨煤制粉、燃烧、水热循环等数百个主要状态，对系统进行整体性建模，以此实现对数十甚至上百个火电机组主要控制变量的全局优化。利用 AI 技术，可将火电机组锅炉热效率提高0.5%，等同于帮助一台 600MW 火电机组一年节省燃煤 3600t。

为了更好地实现生活垃圾减量化、无害化、资源化，垃圾焚烧发电应运而生。但由于生活垃圾成分复杂、热值变化范围大，要实现垃圾焚烧发电的高度自动化难度加大。通过 AI 技术的融合加入，能够切实提升设备运行稳定性和发电效率。在传统垃圾焚烧分散控制系统燃烧温度、主蒸汽流量、烟气含氧量等多变量协调基础上，叠加人工智能 AI 控制系统，通过学习燃烧系统历史数据、识别燃烧火焰实时信息，有效构建垃圾燃烧预测模型，通过预测炉内多个变量的变化趋势，自动下发控制指令，实现垃圾焚烧炉自动化运行，有效降低二次污染。通过进料面积图像识别、炉膛温度预测、进料设备电流识别，使生活垃圾焚烧的环保指标更稳定，单位发电量提升。其中，蒸汽量提高约 2%，发电量提高约 5%。

（二）算力融合赋能清洁能源稳定高效发电

算力是光伏产业新的生产力。物联网与云计算技术为光伏发电构筑全面数字化的底座，实现设备间高效协同融合；采用大数据、人工智能、无人机等技术联动寻优，实现设备和系统效率最大化；通过算力与光伏发电的跨界融合和创新，在全生命周期内助力光伏电站稳定高效发电。

（1）大数据、人工智能技术赋能光伏电站跟踪支架主动寻优。

通过对光伏电站不同地形、辐照、温度、天气、反射辐照等参数进行大数据分析，融合逆变器、跟踪支架、环境、历史等多维度数据，通过自学习优化算法，自动诊断是否为遮挡，个性化设置跟踪系统的追踪角度，规避阵列间阴影，从而使得每一排跟踪系统都能追踪到其所处位置的最大辐照量角度，减少由于辐照仪被雨雪、灰尘遮挡等因素而带来的误判概率，避免发电量损失，从而提升电站的整体发电量。

（2）无人机结合人工智能技术对光伏电站进行智能维护。

无人机系统同时获取多种传感器（如高清相机、热成像仪、激光、定位定姿系统）数据，对光伏阵列进行图像采集并回传后台，利用深度学习算法对图像进行数据高精度几何处理及智能分析，精确定位故障的类型和地理坐标，从而尽早发现隐形故障，保障电站高效安全运行，降低运维成本，提高巡检效率。

（3）算力赋能风电智慧运行。

通过物联网准确获知风电设备信息，对风电场状态进行数据连通和全景监控，实现对设备的故障预警、智能诊断、智能预测和智能巡检。

1）故障预警和智能诊断：通过物联网技术实时感知风电场各关键设备的状态，建立风电场设备信息模型。结合设备的历史运行信息，利用大数据挖掘和智能诊断技术，基于故障智能诊断算法对设备进行智能预警和诊断，提前预警设备的机械故障开展检修，减少例行检修计划停机和非计划停机时间，提高发电机组的运行稳定性。

2）智能预测和智能巡检：对卫星影像、无人机影像、实时视频流、气象数据等多源数据进行融合分析，搭建特征工程和预测影响因子，利用深度学习与机器学习技术，结合气象预报、风轨迹模拟等气象预报数据，构建基于高精度网格气象的多模型组合智能预测方案，根据电网调度需求自动调节风机的输出功率，有效提升风电发电小时数。构建风电场实景数字孪生平台，建立远程视频监控系统，提供风电场全生命周期可视化管理的解决方案，借助移动视频终端对运维过程进行实时监督和远程指导，实现“无人值班、少人值守”管理模式，达到人、财、物资源的高效和优化利用，提升管理效率。

典型案例一　广东省海上风电大数据中心

2017 年，国内首个省级海上风电大数据中心——广东省海上风电大数据中心（见图 12–2）正式获批并落户广东省电力设计研究院，标志着海上风电管理的智能化发展进入了新的阶段。广东省海上风电大数据中心是经广东省发展改革委批准、在广东院设立的公益性机构，致力于为政府、投资方、设备供应商等海上风电各相关方提供有力的数据支撑，实现数据交换、信息共享、价值共创，推进广东省海上风电健康发展，助力实现“双碳”目标。

图 12–2　广东省海上风电大数据中心

（三）算力融合赋能能源消费绿色低碳转型

能源消费结构的绿色低碳升级主要集中在工业、建筑和交通这三类碳排放量较大的领域。

算力融合促进工业生产方式的绿色精益化、工业能源管理的绿色智慧化、工业资源循环的绿色高效化。算力融合推动工业生产的全过程精准协同，实现生产资源优化整合和高效配置；将网络协同制造、远程运维服务、智能环境数据感知等数字技术与能源监测管理相结合，实现数据采集、边缘计算、反向控制、数据分析、策略优化、策略下发和能源预测等功能，促进工业生产的节能提效；利用数字技术创新改善工业资源回收利用方式，建立高效的资源回收体系，实现工业资源综合利用转型升级。

算力融合助力降低建筑全生命周期能耗。算力融合促进建筑节能降耗主要体现在系统性节能设计、建造、运行阶段的能效提升。在建筑设计施工阶段，建筑的部分或全部构件在工厂经精密的工业数字化制造而成，采用集约规模型数字化生产模式，减少生产环节的材料消耗和安装阶段的建筑废弃物，能耗减少超20%。在建筑运维阶段，通过物联网、大数据、云平台技术为建筑提供能源监控、能源管理、能源分析和能源运行服务，对整个建筑能耗实时监测和反馈优化，通过能源管理系统提升建筑用能效率，降低建筑运维的总体能耗。

算力融合在交通部门的应用主要体现在智能交通网络和智能交通工具两个方面。在智能交通网络方面，将人工智能、大数据、云计算、数字孪生等先进技术融入城际高速铁路、城际轨道交通、充电桩网络等智能交通网络，通过融合多源异构交通信息，不断提升交通网络运转效率，有效减少碳排放。在智能交通工具方面，将数字技术与新能源技术相结合，能够不断推动交通工具的低碳化和智能化发展，切实减少碳排放。

（四）算力融合赋能新型电力系统构建

云计算、大数据、物联网、移动互联网、人工智能、区块链等新一代数字技术有效贯通能源电力系统各环节的能量流、信息流、价值流，助力加快推动传统电力系统从刚性向灵活韧性的新型电力系统转变。

在数字感知层面，采用智能化设备，融合全量数据，围绕主网、配网两个层级，聚焦电、非电、碳三类核心数据的采、传、存、用，通过综合应用三类数据开展全环节碳排放计量和分析。其中，电类数据主要包括电源侧、电网侧等电网各环节相关对象的电气量、电能量、状态量、控制量、事件量数据；非电类数据主要包括与电网设备本体、运行环境相关的感知信息，包括设备本体监测参变量、运行环境量、视频信息等；碳类数据主要包括火电厂碳计算数据、外部能源数据和用户用电数据。

在数字调度方面，结合新型电力系统“源网荷储用”的需求，基于云边协同的数字电网技术架构，以虚拟电厂、微网等为聚合载体，结合人工智能的多能互补、自治优化的分布式控制、边缘集群计算、主配一体协同控制技术，实现云边协同、泛在接入、灵活定制和就地决策，满足不同类型电源、微网的海量接入和大规模协同优化需求。

在数字用电方面，围绕“双碳”目标和新型电力系统要求建设需求侧管理平台，包括资源管理、有序用电、需求响应、电能替代、节能服务等功能，支撑智能用电业务开展；部署自动需求响应控制器、低压负控开关等终端设备，提升需求侧负荷调节能力；客户侧推广电能替代设备、微网和储能产品，实现绿色低碳、科学有序用能。

典型案例二　特高压大数据系统

特高压大数据系统（见图 12－3）实现已建、在建特高压工程数据资源的统一管理，推动数字化技术在特高压工程中的深化应用，实现特高压工程“一横十纵”数字化管理模式，打造特高压工程数字孪生，推动新型电力系统构建，助力“双碳”目标实现。

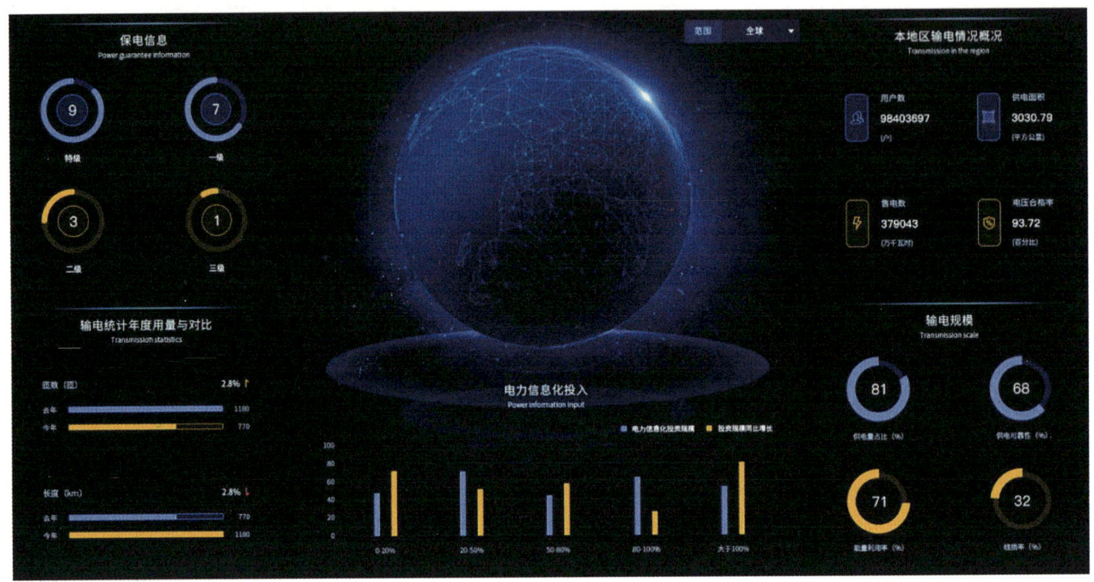

图 12－3　特高压大数据系统

（五）算力融合赋能碳足迹精准追踪、碳排放精确核算

算力融合赋能碳足迹追踪能够帮助企业将减排工作由被动监管转向量化管理，持续改进。采用工业互联网、数字孪生、区块链、大数据等数字化技术赋能产品建模、碳足迹计算、统计分析预测、结果展示等功能，实现简便、高效、精准的一站式产品碳足迹核算、分析、量化、追踪和预测。

（1）工业互联网技术赋能碳排放量监测。

以工业互联网技术为支撑，部署和应用各类智能传感器，帮助企业获取生产运营过程中的碳足迹信息、碳排放数据，实时开展在线监测，辅助节能减排决策及实施。感知设备主要由安装在企业气源排放口的 CO_2 连续在线监测设备、厂界厂区内的 CO_2 监测设备、企业内网格化报警设备、气体流量监测设备、碳排放数据采集传输设备、动态管控监测设备等组成。可通过移动端识读标识、扫描标识二维码或输入标识编码等方式查询能源消耗和排放物检测仪表的基本信息、全生命周期动态信息及碳排放数据信息。依托工业互联网标识解析服务平台建设碳资产专项服务平台，通过标识代码在工业互联网平台精准管理物流、能源流、排放流数据，记录管理对象的动态信息，溯源相关碳资产数据，支持地方政府或行业制定“双碳”规划与目标。

（2）数字孪生技术赋能物理实体碳足迹在虚拟空间的映射。

工业产品的碳排放超过90%产生于供应链，只有通过贯穿供应链的跨环节、跨行业的合作，才能实现产品碳足迹的精准测算与减碳。基于数字孪生技术，构建贯穿供应链全程的产品碳足迹可视化碳地图模型，利用数据模型的仿真推演能力，在涉碳多元异构数据要素基础上，实现产品碳排放的精准追踪和预测分析推演。在虚拟世界仿真，在物理世界执行，从而实现对不同拟减排措施的优化和改进。

（3）区块链技术赋能碳排放可信精准计算。

区块链具有可溯源、不可篡改的特性，能够记录每一次数据流转相关信息并实现数据确权，提供数字身份管理能力，精准统计归属于各个组织的碳足迹，为碳足迹的客观计量、精准计算提供了标准化依据，并对供应链上下游的碳足迹实现准确分割，可作为碳交易市场的中间公允数据，实现时空与归属权追溯。区块链技术具有去中心化的数字共享网络，使不同企业在统一标准下实现数据交换，实现企业不同部门在碳减排方面的智能化协作，为不同企业的碳交易提供数据与数字技术支撑。采用区块链作为底层技术，企业能够将产品的可验证证书和相关证明进行交换共享，通过核实可验证证书和相关证明，实现整个供应链碳足迹数据的安全可靠共享，同时避免供应链企业战略性数据的披露，保证数据机密性。

四、算力融合展望

（1）能源系统全面数字化，实现泛在物联、全息感知、智慧运营。

物联感知设备将在能源系统全面部署，并将连接能源生产、传输和消费等各个环节，实现泛在物联、全息感知。大数据与人工智能通过数据驱动，增强系统应对复杂及不确定性的能力，进行辅助甚至自主决策，大幅提升能源基础设施的响应速度和运营效率。能源系统的全面数字化对算力融合提出了更高的要求。

（2）能源电力流与算力流深度融合，实现跨时间、空间尺度的智能协同。

能源电力与算力深度智能融合，分布式的源网荷储能源系统高度自治，实现区域内节点实时监控和管理，自平衡区域内部能量消耗，并可跨时间、空间尺度进行智能协同，能源生产和消费智能化匹配并协同运行。

（3）能源电力网、算力网与其他社会网络融合共通、协同发展。

能源电力与算力的融合扩展到更大的空间维度，实现跨界融合、要素融合、产业融合、区域融合，向着“交融”“数智”“联通”三大趋势蓬勃发展。

第二节 东数西算

一、“东数西算”需求分析

2022年2月，国家发展改革委、中央网信办、工业和信息化部、国家能源局联合陆续复函同意在京津冀、长三角、粤港澳大湾区、成渝、贵州、甘肃、内蒙古和宁夏启动建设全国一体化算力网络国家枢纽节点。至此，“东数西算”工程实施的政策框架体系基本确立，“东数西算”工程正式全面启动。

数据中心是高能耗行业，碳排放贯穿其全生命周期，且尤以运营阶段为多。国家能源局数据显示，2020年我国数据中心耗电量突破2000亿kWh，创历史新高，占全社会总用电量的2.7%，电能利用率（power usage effectiveness，PUE）为1.49；二氧化碳排放量约1.35亿t，碳使用效率（carbon usage effectiveness，CUE）为0.82，约占全国二氧化碳排放总量的1.14%。随着数据中心容量和需求的持续增长，预估数据中心的能源消耗占社会总用电量和碳排放量比例将持续增长，给全社会能源供应和环境保护带来了巨大压力，推进数据中心低碳绿色发展已迫在眉睫。

《全国一体化大数据中心协同创新体系算力枢纽实施方案》（发改高技〔2021〕709号）中要求推动数据中心绿色可持续发展，加快节能低碳技术的研发应用，提升能源利用效率，降低数据中心能耗。“东数西算”工程聚焦创新节能技术，在集约化、规模化、绿色化方面着重发力，支持高效供配电技术、制冷技术、节能协同技术的研发和应用，鼓励自发自用、微网直供、本地储能等手段提高可再生能源使用率，降低PUE，引导其向清洁低碳、循环利用方向发展，推动数据中心与绿色低碳产业深度融合，建设绿色制造体系和服务体系，力争将绿色生产方式贯彻于数据中心全行业全链条，助力我国“双碳”目标实现。

二、“东数西算”数能融合思路

在绿色经济、数字经济、共享经济融合发展时代，数字与能源密不可分，比特流与瓦特流两者相辅相成。数据中心全天候处于运行状态，其电费占数据中心运营成本的60%～70%。打造绿色节能数据中心集群，实现“数能融合”目标，要从清洁供能、低碳建设、绿色用能、高效运营四方面着手。

基于以上发展理念提出“源网荷储一体化”的“东数西算”数能融合思路（见图12-4），可将数据中心算力与可再生能源绿色供电设施一体化规划和建设。根据数据中心用能需求研究确定可再生能源规模，通过“源网荷储一体化”平台动态匹配可再生能源系统与数据中心算力的出力和用电平衡，打造“源荷互动”运行模式，实现风电、光伏等可再生能源对大数据产业园的清洁绿色供电，提升可再生能源消纳利用率。

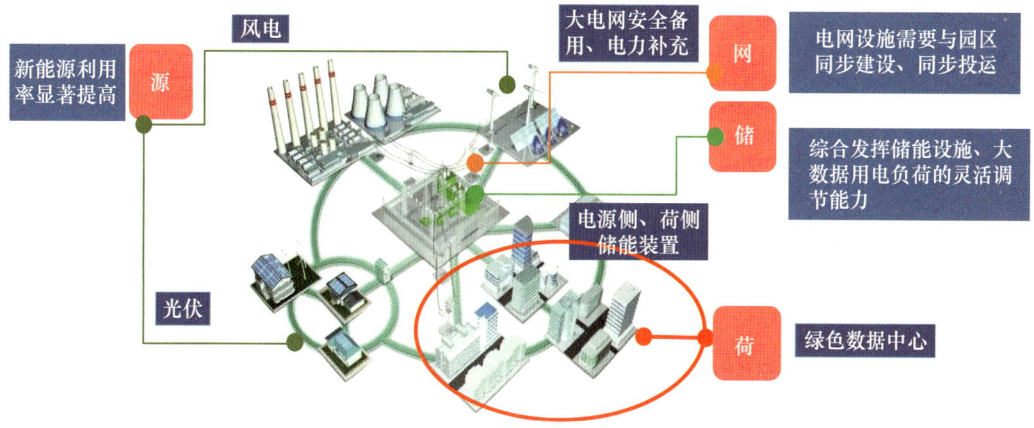

图 12-4　基于“源网荷储一体化”的“东数西算”数能融合思路

三、“东数西算”数能融合方案及效益分析

（一）“东数西算”数能融合方案

基于“源网荷储一体化”的“东数西算”数能融合方案分为能源、基础、算力、平台四大部分。

第一部分“能源”：建设“源网荷储一体化”绿色供电设施，为整体方案保障“能”的供应。充分挖掘项目地区可再生能源资源，以风电、光伏、水电、地热等多种可再生供能形式作为清洁电力来源，通过公用电网虚拟绿色专线、绿色输电专线等灵活供电方式，针对“东数西算”产业园内的数据中心等各类可灵活调节负荷，综合利用电源侧和负荷侧储能调节设施，通过“源网荷储一体化”绿色算力枢纽智慧运营平台，实现新能源、储能、产业园区能源电力负荷、数据中心算力任务的统一优化配置和灵活调节，通过电力市场中长期协议等市场化方式，实现绿色、低价、安全供电。

第二部分“基础”：建设绿色节能数据中心新型基础设施，为整体算力设施提供“数”的基础。采用装配式、模块化、预制化等技术进行数据中心基础设施建设，结合“源网荷储一体化”绿色供电系统及 AI 智能算法优化，在保障算力平台安全稳定运行的同时提高数据中心能源利用效率，实现数据中心高比例绿色供电。采用业界领先的液冷、间接蒸发制冷、余热利用、AI 智能运维、园区综合能源管理、建筑节能等多种前沿技术，建设园区综合能源管控系统，实行 AI 实时调优，将数据中心运行 PUE 及水资源使用效率（water usage effectiveness，WUE）维持在较低水平，为“东数西算”发展提供高可靠、高能效、低碳排的超大型数据中心集群。

第三部分“算力”：依托数据中心基础算力设施，搭建算力资源服务体系，为国民生产赋能。提供包括算力调度、云服务、人工智能及行业定制功能等应用，对数据中心底层计算、存储和网络等资源进行整合，实现算力资源的统一整合、统一调度和统一监控，打造算力能力自主可控的服务载体，面向企业以及个人群体提供质优价廉的多样化算力基础服务，培育数据中心配套产业链，实现数字产业化、产业数字化，推动我国产业向高端化、绿色化、智能化、融合化方向发展。同时，构建数据新走廊，实现“东数西算”工程有效满足东部地区算力资源需求，促进数字技术与实体经济深度融合，赋能传统产业转型升级，催生新产业新业态新模式，不断做强做优做大我国的数字经济。

第四部分“平台”：建设源网荷储智慧运营平台，通过平台调度优化真正促进“数”与“能”的紧密耦合。平台作为“智慧大脑”，支撑“源网荷储一体化”绿色供电设施及大数据产业园互动运行，统筹优化利用区域风能、太阳能、水能、地热能等可再生能源，依托数据中心园区灵活用电负荷与储能调节能力，打造“源荷互动”运行模式。通过平台功能，可以实现：

（1）面向源网荷储综合系统的状态主动感知及预测分析。实现项目风光储场站、大电网、储能系统、园区各类用能负荷、算力调度平台、非统一调度数据中心、电力调度运行及电力市场价格等各类综合状态的仿真模拟、预测分析和主动感知，智能化开展风光储场站长尺度功率预测、源网荷储状态及未来调节能力、中长期及现货电力市场交易结算价格等各类信息的智能预测分析。

（2）面向电力市场的源荷互动绿色电力交易优化决策支撑。基于历史、现况以及未来预测分析的电力市场交易、风光储节点电价、负荷市场购电电价等综合信息的实时监测与预测评估，动态评估源荷双方绿色电力中长期交易执行情况，并分析评估偏差考核成本及违约考核风险收益，结合源网荷储的综合状态与调节能力感知信息，进行智能决策优化，提出基于源荷互动的绿色电力交易优化策略。

（3）“源网荷储一体化”绿色算力枢纽综合优化调度运营。基于面向源网荷储综合系统的状态主动感知及预测分析、面向电力市场的源荷互动绿色电力交易智能优化决策，按照大电网对于“源网荷储一体化”项目调度运行、新能源消纳、调峰支撑等技术要求，在全局技术经济综合评判分析的基础上，开展电力调度时序生产模拟、中长期与现货电力市场仿真运行等信息仿真预判，实现“源网荷储一体化”综合优化调度控制，确保数据中心以及“源网荷储一体化”项目的系统整体效益最优。

（4）全面支撑“源网荷储一体化”智慧运营的各类子站系统。具体包括风光储场站端智慧调控子站系统、园区统一算力调度平台端子站系统、园区共享储能协同优化控制子站系统、非统一调度数据中心端子站系统、各类能源电力消费端子站系统五类关键系统，如图 12－5 所示。各子站系统对应实现风光储场站长时间高精度预测及智慧运行交易决策、数据中心算力任务的全局动态优化配置、共享储能系统的智慧协同控制、综合能源电力消费行为的智慧灵活调度、与主站系统信息交互等功能，实际功能模块根据实际需要灵活布置在主站端或子站端。

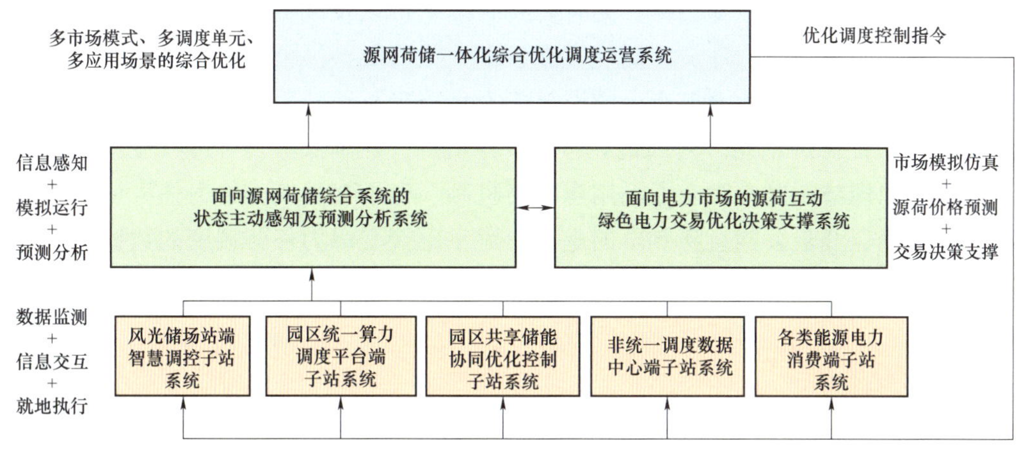

图 12－5 “源网荷储一体化”绿色算力枢纽智慧运营平台功能架构示意图

（二）“东数西算”供电技术与商业模式

基于上述“源网荷储一体化”绿色数据中心建设的需求，目前主要有虚拟绿色直供电、绿色专线直供两类主要的技术与商业模式。

1. 虚拟绿色直供电

采用虚拟绿色专线中长期市场交易模式，在物理层面为大电网供电，在调度交易层面通过中长期市场交易实现绿色直供电。“源网荷储一体化”绿色算力枢纽智慧运营平台的基本功能与任务，是在确保项目满足源网荷储一体化并网运行技术要求的基础上，通过代理园区内的用电企业，作为整体参与电力市场，通过与配套新能源开展中长期交易，签订中长期新能源直供电协议，基于智慧调度运行以及市场交易优化策略，并通过优化峰谷购电及参与现货市场交易、提供辅助服务等方式，最大化降低园区整体用电成本。基本功能模式如下：

（1）匹配公网调度运行技术要求。通过新能源与配套建设储能设施的联合优化运行，满足项目源网荷储一体化并网运行技术要求。在不增加电网的新能源消纳压力的基础上，最大化消纳新能源项目的绿色电力，保证新能源项目的利用率高于 90%。

（2）园区绿色电力中长期交易优化决策。将园区企业的算力调度与用电数据等信息集中接入“源网荷储一体化”绿色算力枢纽智慧运营平台，发挥算力任务的优化调度能力，灵活调节大数据中心用电负荷的时段分布，同时结合储能、氢能等技术措施，实现园区用电和新能源发电的动态匹配，支撑实现电力市场中的绿色电力中长期交易，为大数据产业园区提供长期稳定低价的绿色电力。监测统计电力中长期交易的电量执行情况，开展交易偏差考核费用计算，结合可再生能源发电功率预测数据，实现电源侧、园区侧的源荷互动和高效匹配。

（3）负荷聚合最大化降低园区整体用能成本。平台作为智慧负荷聚合商，优化峰谷购电及参与现货市场交易策略，结合峰谷时段电价以及现货市场购电价格，优化调节算力任务时段分布，合理调度储能实施，最大化降低园区公网购电费用。同时，利用储能设施以及统一算力调度平台的调节能力积极参与辅助服务市场获得额外收益。

（4）灵活优化调整园区内部代理售电价格机制。在确保项目合理收益水平的基础上，动态优化调节园区内部企业的用电价格机制，对于接受统一算力任务调度的数据中心可提供确保低于公网直接购电的电价，对于不接受算力任务调度的数据中心可提供市场化的动态电价，进一步通过电价机制引导用户进行算力任务和用电用能的优化调整。

2. 绿色专线直供

采用绿色专线"源网荷储一体化"运行模式，在物理层面将变化为新建输电专线实现新能源绿色电力直供电，在调度交易层面通过电力市场交易实现不向公网反送电、电力缺口公网供电。"源网荷储一体化"智慧调度的基本功能，是确保项目满足"源网荷储一体化"并网运行技术要求，在此基础上，通过智慧调度运行策略，尽量增加收益，降低公网购电费用，最大化降低园区整体用电成本。其基本功能模式与虚拟绿色直供电的区别如下：

匹配"源网荷储一体化"调度运行技术要求。将园区企业的算力调度与用电数据等信息集中接入"源网荷储一体化"绿色算力枢纽智慧运营平台，基于算力任务的优化调度能力，灵活调节大数据中心用电负荷的时段分布，同时结合储能、氢能等技术措施，实现园区用电和新能源发电的动态匹配。在公网具有额外调节能力的情况下，可适度调峰消纳项目富余新能源电力。整体而言，在不增加大电网新能源消纳压力的基础上，最大化消纳新能源项目的绿色电力，保证新能源项目的利用率高于95%。

（三）"东数西算"数能融合效益分析

1. 经济效益

基于"源网荷储一体化"的"东数西算"数能融合解决方案可以在项目地区引领算力相关产业发展，加速工业化与信息化融合，提高各行业信息化水平，从而制造新的经济增长点，转变当地经济发展方式，对推进当地实现产业多元化具有重要意义。放眼全国，集中建设"东数西算"数据中心集群，有利于整合各方建设资源，减少分散投资浪费，形成数据中心算力合力，一方面可将东部地区经济发展大潮引流至西部地区，另一方面可以发挥西部地区自然资源条件优势助力东部地区各产业持续进步，构建形成以数据流为导向的新型算力经济发展形势。

2. 环境效益

基于“源网荷储一体化”的“东数西算”数能融合解决方案利用光能、风能、水能及地热能等可再生能源发电，不仅能够极大地减少对周围环境的污染，还能起到能源清洁利用、节约不可再生的化石能源以及保护生态环境的作用，具有明显的环境效益。项目开发将有效推动生态环境改善，促进地区绿色发展和能源绿色转型，对深入推动生态文明建设和我国“双碳”目标实现具有重要意义。

3. 社会效益

基于“源网荷储一体化”的“东数西算”数能融合解决方案，在项目建设期和运营期需要大量劳动工人，项目开发将增加直接就业岗位以及配套金融、物流等服务业间接就业岗位，有效促进当地居民稳定就业，显著提高居民收入，对提升当地居民生活水平、促进社会和谐稳定具有重要的推动作用。

典型案例　甘肃庆阳“东数西算”源网荷储一体化智慧零碳大数据产业园示范项目

甘肃庆阳“东数西算”源网荷储一体化智慧零碳大数据产业园示范项目（见图 12-6）是全国一体化算力网络国家枢纽节点庆阳数据中心集群的重要组成部分。该项目在“双碳”目标下，充分利用当地丰富的风、光资源，依托绿色算力智慧运营平台，建设智慧零碳大数据产业园。项目建成后，将实现数字产业高端化、智能化、绿色化，有效助力庆阳打造“东数西算”数能融合创新示范区、人工智能产业基地和红色灾备数据中心，成为“东数西算”产业发展、绿色低碳示范高地，项目整体投产运行后年减碳量约 25 万 t。

图 12-6　甘肃庆阳“东数西算”源网荷储一体化智慧零碳大数据产业园示范项目

四、“东数西算”展望

（1）“数能融合”成为推进“东数西算”的重要抓手。

建设好“东数西算”工程，既要打造智慧高效运行的数字经济基础设施“国家算力网”，又要打造支撑算力网绿色低碳运行的“绿色电力网”。这“两网”的建设，必须立足于数字与能源领域的深度融合发展。基于“源网荷储一体化”的“东数西算”数能融合解决方案将带动从能源到算力的全产业链发展，推动数据中心与电力系统协同规划和运行，驱动数字化经济转型升级，实现数字化经济绿色可持续发展。

（2）“东数西算”助力算力基础设施化、绿色低碳化。

“东数西算”通过以设计标准化、制造模块化、建造装配化、运维智慧化、全生命周期数字化为特征的数据中心工业化发展方式，结合源网荷储一体化解决方案，建设具备高可靠性、低成本、低能耗、低碳特点的算力基础设施，推动算力与能源产业深度融合，助力算力基础设施化、绿色低碳化。

（3）“东数西算”全面助力碳达峰碳中和目标。

“东数西算”是融合绿色经济、数字经济、共享经济三大经济形态的天然载体和典型场景，通过算力与能源的一体化布局以及算力促进千行百业低碳转型，将全面助力“双碳”目标的实现。

第十三章
区 域 融 合

碳达峰、碳中和是一项系统性工程，涵盖转变经济发展模式、区域协同发展、转变生活方式等多方面问题。具体到区域协同发展方面，从区域内部来说，各用户对能源需求不尽相同，广泛存在需求互补和产业共生，协同降碳需求旺盛；从系统和全局层面，不同区域的能源依赖程度、产业经济水平、技术创新能力等参差不齐，资源分布和产业分工存在巨大差异，需要统筹碳减排和社会经济发展的双重需要，关注区域差异以及区域间的协同作用，持续深化区域融合，实现能源与资源的合理有序配置，推进能源清洁高效利用，从而促进低碳发展、绿色发展。本章从区域融合的角度，通过园区、虚拟电厂、跨省跨区三个典型场景全面解析区域融合低碳发展解决方案，以期通过区域融合场景分析为清洁低碳技术推广应用提供借鉴。

第一节 园 区 协 同 降 碳

一、园区协同降碳需求分析

园区是重要的产业集聚平台。经过改革开放 40 余年的发展，园区经济已经成为推动我国经济产业发展、区域发展的主战场。据统计，我国各类园区超过 2 万个，其中国家级经开区和国家级高新区数量分别达到 230 家和 172 家，园区经济对全国经济贡献的增长率已经超过了 30%[1]。以园区为载体的区域聚集发展模式，实现了资源的有效配置，有力推动了社会经济的快速发展。

在发挥经济增长引擎作用的同时，园区也存在能源、资源消耗集中的特点，由此也带来污染物和温室气体排放强度高、排放总量大等突出问题。近年来，国家经济改革成效凸显，企业入园已成为各地产业经济发展的主要趋势，受此影响，园区碳排放量仍将进一步上升。

园区内企业的地理邻近性为产业共生、协同降碳奠定了基础。园区内企业协同建立产业共生网络克服了单个企业污染治理资源利用效率低、投资高、收益少等缺点，

[1] 数据来源：《中国开发区审核公告目录》2018 年版。

从园区全局角度促进资源在区域范围内循环利用，有益于园区内资源优化配置，提高园区资源利用效率，实现园区节能减排和环境质量改善。在“双碳”背景下，通过园区企业产业融合、基础设施融合，积极引导园区通过产业结构优化升级、节能降耗、提高可再生能源渗透率等多重举措，提升能源、资源利用效率和绿色发展水平，控制碳排放，实现生态、绿色、低碳发展。

二、园区协同降碳解决方案

园区的碳排放包括直接排放和间接排放，排放源可分为能源类排放、制程排放和废弃物处理处置排放。其中，能源类排放是碳排放的最主要组成部分，包括固定燃烧、移动燃烧、外购电力、热力等引起的温室气体排放；制程排放包括各种工艺生产过程产生的温室气体排放；废弃物处理处置排放主要包括污水处理、固废处理处置中产生的温室气体排放。

制定园区协同降碳解决方案应在碳核查的基础上因地制宜地制定具体举措。具体路径上应以温室气体排放报告为核心，开展排放数据共享和管理，推动源头削减，重点针对能源类排放、制程排放和废弃物处理处置排放进行全过程监控，提升资源、能源的利用效率，同时大力推进清洁能源替代，推动智慧园区建设，提升园区协同降碳精细化管理水平。

园区协同降碳目标要在产业共生的基础上，通过产业协同发展和基础设施共享来实现，主要体现在基础设施共享方面。基础设施耦合园区能源、交通、信息等基础要素，服役周期长，对环境影响具有锁定效应。针对园区共享基础设施开展碳减排充分体现了协同减排特征，也是实现园区协同降碳的基本途径，特别是作为园区碳排放主要来源的能源基础设施。

园区种类多样，各用户能源需求各异，但普遍存在一定的互补性。通过共享能源基础设施耦合园区，加强多种能源协同耦合优化，根据地区资源禀赋因地制宜开发可再生能源，提高能源利用效率和可再生能源利用比例，推进以清洁能源为基础的综合能源系统基础设施建设。具体实现上主要通过在供能侧充分利用工业余热、热电联产、热电冷联供、分布式可再生能源等方式实现多能互补和协同优化供应，能源输送促进园区多异质供能网络互联互通和多种能源形态协同高效转化，用能侧大力实施节能降耗等。通过园区共享能源基础设施，打造综合能源供应系统，有助于提高能源利用效率和用能的灵活性，达到协同节能降碳的目的。多用户存在同种能源需求时，通过共享能源基础设施，有利于降低能源成本和碳排放。当多用户存在异质能源需求时，根据能量梯级利用的原则，通过共享能源基础设施有利于实现多异质能源的集中、高效供应，提升能源利用效率。

考虑园区负荷需求多样性，针对某一园区开展协同降碳规划首先要通过调研确定各种负荷需求和园区资源禀赋（包括可用余热、风、光、地热、电网系统、热网系统等），关注各用户内部的余热、余压、余气的耦合、回收和综合利用，根据能量品位及能源总量需求基于能源梯级利用、提高可再生能源利用比例等原则进行配置方案优化，实现节能降碳目标。

根据不同类型的园区，可采取的综合能源协同降碳方案主要有以下几类。

1. 以电网为支撑的清洁电力型园区

以数据中心类园区为主要代表，表现为能源供给以电为主，电能供应方面以公共配电网为支撑，充分发挥电力网平台优势，同时通过大力发展可再生能源、低碳电源等方式提升绿色、清洁电力在电力供应中的比重，实现园区用户协同降碳目的。此类园区对电力供应的可靠性、稳定性和电能质量要求高，同时从节约能源、提高用能便利的角度出发需要实现能源系统管控的数字化、精细化、智慧化。为提升电能质量，配网可通过双/多电源配置，优化配置定制电力技术（如网络重构技术和静态补偿技术），并采用统筹优化技术，强化负荷动态平衡，兼顾多能互补能源系统运行特性，科学配置能源供给和消费方式，实现园区综合能源的高效利用。以电网为支撑的清洁电力智慧型园区综合能源系统示例如图 13－1 所示。

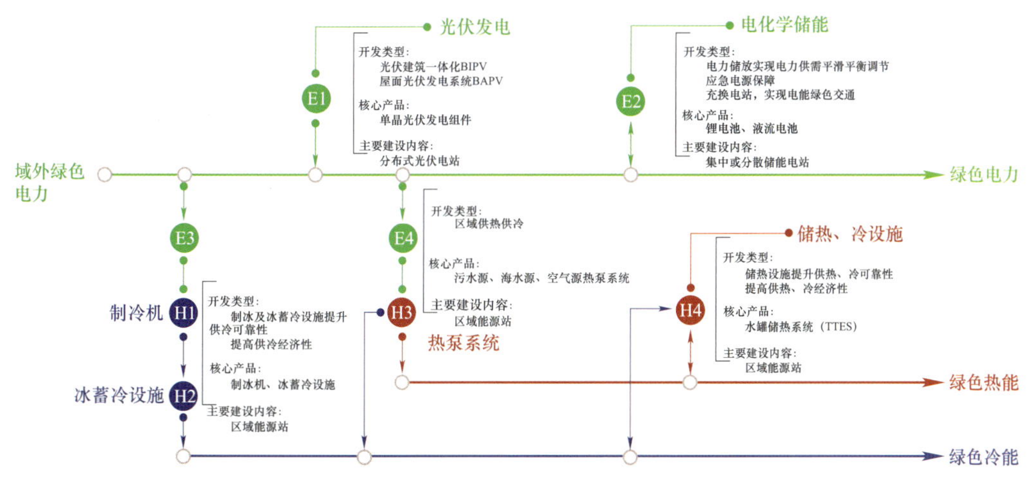

图 13－1　以电网为支撑的清洁电力智慧型园区综合能源系统示例

2. 可再生资源充裕型园区

对于风、光可再生资源充裕的园区应充分发挥风、光资源丰富的优势，按照“宜风则风，宜光则光，风光互补，灵活供应”的原则，实现以可再生能源电力为核心的综合能源供应；根据园区各类负荷需求优化配置高效能源转换设备，灵活配置储能设施，减少弃风、弃光；实现“源－网－荷－储”一体化智慧协调控制，充分利用虚拟电厂、智能微电网等技术，通过聚合效应提高园区用户对分布式能源的消纳能力。

在我国地热能丰富地区，针对热能或冷能需求较大的园区，应因地制宜发展以地热为核心的综合能源系统，充分挖掘地热供热、供冷潜力，依靠其资源特性实现低碳供热、供冷。地热供热、供冷方式应在坚持可持续发展的前提下，以地热资源调查为依据，以用户热、冷负荷需求为导向，因地制宜选择地表水源、地下水源、土壤源等利用方式，并耦合其他能源利用方式实现能源的可靠供应。

对于具有丰富生物质资源的园区，可以发展以生物质能源为核心的综合能源系统。生物质能源是唯一可再生的碳源，可以通过高效转化生产电能、热能或作为原料用于工业生产，应用场景丰富。在发展生物质综合能源系统时，需通过生物质资源调查摸清其潜力，同时对用户的需求进行分析，合理设计其利用方式，充分发挥其在能源、原料供给和协同碳减排方面的重要作用。以城市生活垃圾焚烧为核心的静脉产业园区就属于典型的生物质资源丰富型园区，涵盖固体废物处理处置、资源回收和再利用等多种功能，能源供给上通过以固体废物焚烧处置为核心，协同有机废物生化处理，生产电能、热能、生物燃气等多种能源产品，满足园区多种能源需求。

可再生资源充裕型园区综合能源系统示例如图 13－2 所示。

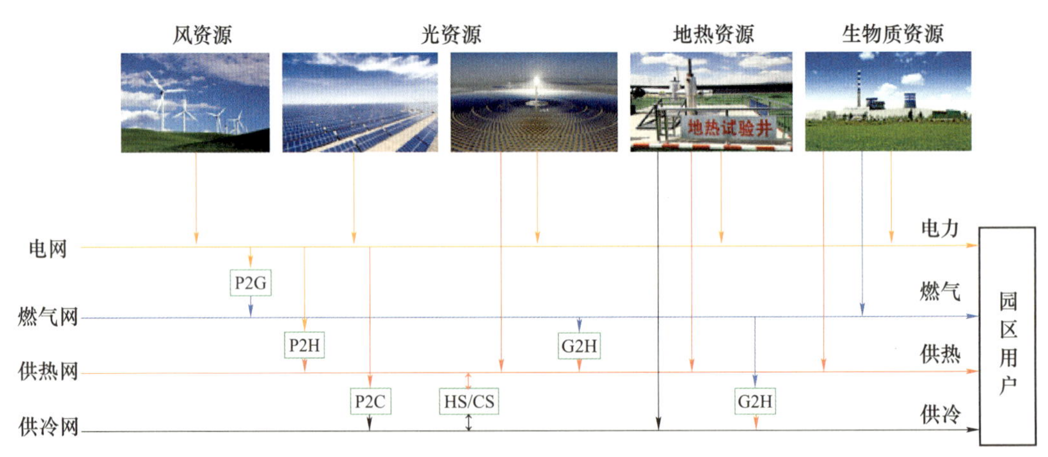

图 13－2　可再生资源充裕型园区综合能源系统示例

3. 大型设施辐射型园区

大型设施辐射型园区是指临近高强度能源生产消费的大型工业生产厂区（如发电厂、钢铁厂、化工厂等）等的园区。对于此类园区的能源需求，特别是蒸汽热负荷、采暖热负荷、冷负荷、气体负荷、水负荷需求，可以利用毗邻大型设施的优势，对大型能源生产和消费设施的资源进行充分利用，如大型设施生产过程中的余热、余压、余气，大规模高效集中供热、供水等。

在开展大型设施辐射型园区综合能源系统规划时，在深入了解大型设施能源生产和消费工艺特点的基础上，对其能源利用情况进行全面分析，结合园区用户的用能需求，统筹规划园区能源基础设施与大型设施之间的匹配和协调，充分发挥大型设施余热、余压、余气价值和大型公用工程集中高效供能的优势，协同提升能源利用效率和资源利用效率，实现降低能源消耗、减少碳排放的目的。大型设施辐射型园区综合能源系统示例如图 13－3 所示。

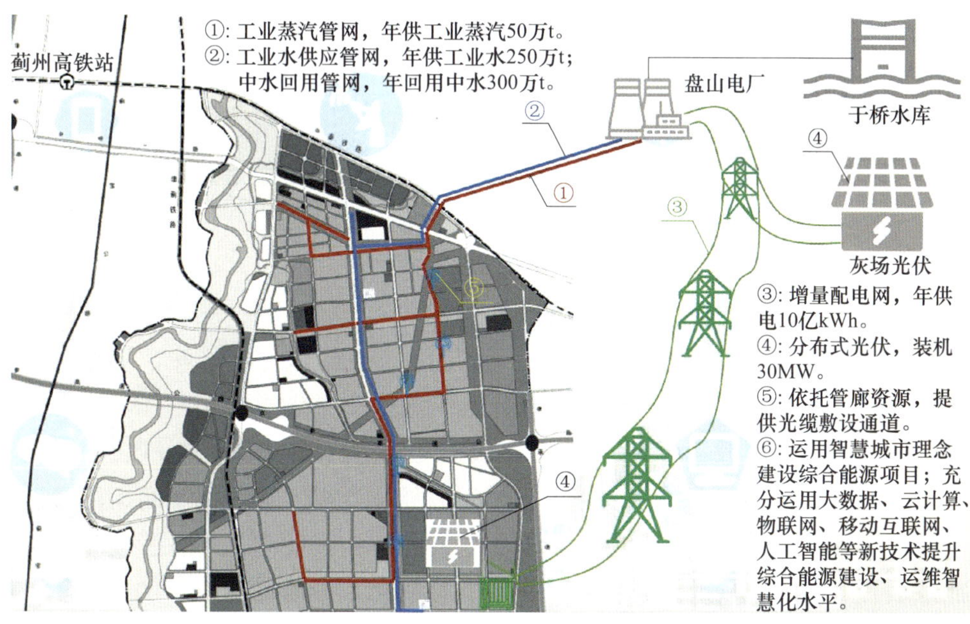

图 13－3　大型设施辐射型园区综合能源系统示例

4. 可探索绿氢替代的石化化工园区

石化化工行业氢气需求高。由于当前氢气生产仍以化石燃料制氢工艺为主，在碳达峰、碳中和背景下，石化化工行业碳减排压力巨大，推动可再生能源绿电制氢替代化石燃料制氢是实现石化化工行业碳减排的重要途径。通过可再生能源制氢在石化化工行业应用具有一举两得的效果，一方面是提升了可再生能源利用的友好性，另一方面也为石化化工行业绿氢替代化石燃料制氢提供了很好的原料来源，有助于石化化工行业碳减排，进而促进“双碳”目标的实现。绿氢替代化工石化园区示例如图 13－4 所示。

需要说明的是，园区所处地区资源条件、能源需求多样，普遍存在多种能源供给模式耦合，应按照因地制宜、经济合理的原则，结合园区需求、地区资源开发潜力、技术经济可行性、环境效益等确定综合能源解决方案，最大程度地做到园区能源基础设施融合共享、协同降碳。

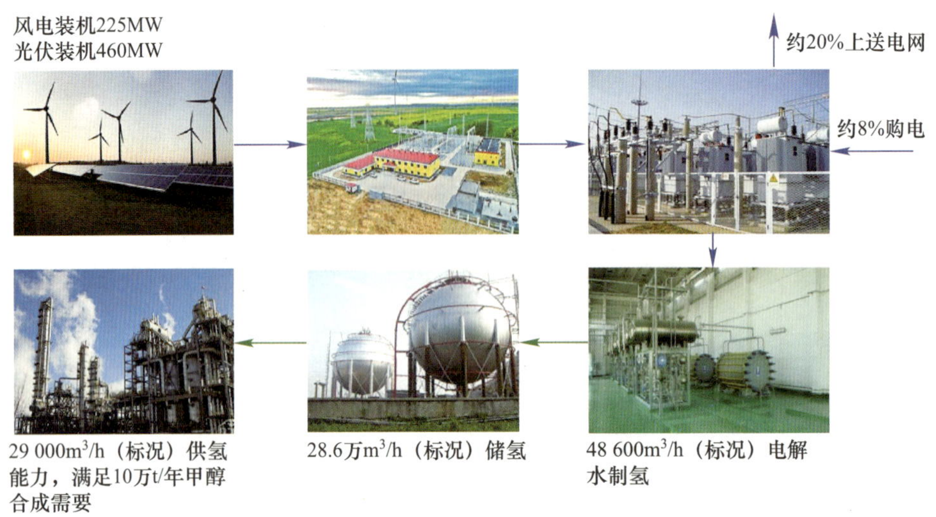

图 13－4　绿氢替代化工石化园区示例

此外，园区综合能源系统具有复杂的能源结构，负荷响应方式通常为电、气、冷、热负荷等的综合需求响应，为提高系统运行效率需建设覆盖园区“源－网－荷－储”全能源链条的智慧综合能源管控系统。智慧综合能源管控系统通过物联网、大数据、云计算、人工智能等技术，实时获取环境、物流、能流数据，通过能源网运行监视、多能互补优化、交易结算管理、综合能源服务等功能，实现能源与智慧管理深度融合，提升能源运行效率，实现园区协同降碳管理的数字化、智慧化、精细化，充分发挥专家系统智慧决策作用。能源管控系统整体架构如图 13－5 所示。

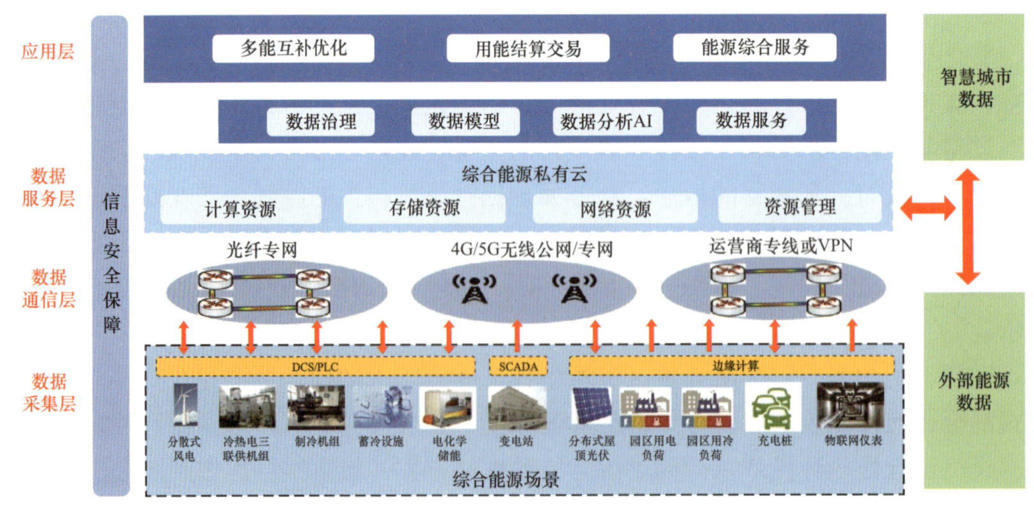

图 13－5　能源管控系统整体架构

除了能源基础设施共享外，园区协同降碳作用还体现为产业共生。遵循循环经济的减量化、再利用、再循环的原则，整体优化园区产业布局，实现生产力的科学布局以及资源的合理配置，通过产业协同和清洁生产，实现物质闭路循环和梯级利用，打造园区内的产业共生网络和绿色产业链，提升园区经济发展质量和清洁生产能力，实现协同降碳。

三、园区协同降碳成效分析

在碳中和愿景下，园区协同降碳既是园区高质量发展的内在要求，又是区域协同实现“双碳”目标的重要路径。

园区经济活动集中，能源需求旺盛，各种污染物和温室气体排放量大，是大气污染、水污染、固体废物污染防治的重点对象。在大气十条、水十条、土十条等环境保护计划实施以后，园区污染物减排卓有成效，为园区协同降碳积累了经验。在大力推进低碳园区、近零碳园区、零碳园区创建和标准制定的过程中，通过能源基础设施共享、低碳化应用和产业共生协同，大力推进综合化、清洁化、智慧化综合能源系统应用，取得了较好的协同降碳示范效果。

园区综合能源系统综合化体现在整合冷、热、电、气、水等多种能源需求，打造多异质能源协同综合供应系统。园区综合能源系统可以实现能源生产、传输和消费环节深度互动，横向多能互补耦合优化，纵向源网荷储协调，各分布式能源和负荷友好接入，打破传统能源供应的市场壁垒和体制壁垒，在能源供给端、传输端和消费端均有效提升了利用效率和系统运行可靠性。

园区综合能源系统清洁化则体现为改善可再生能源友好接入条件，加大可再生能源消费占比。以满足园区用户多异质能源需求为目标，立足园区资源禀赋规划综合能源系统，高效整合分布式光伏、分散式风电、地热供热/供冷、热电联产、热电冷三联供、工业余热余压余气利用等多种能源利用形式，从可再生能源与传统能源协同互补的角度优化能源生产和供应模式，充分利用储能、能源供应侧和用户侧的调节能力及灵活性，以园区综合能源系统为主体实现与能源网络的一体化交互，打造高比例可再生能源的综合能源系统。

园区综合能源系统智慧化体现在通过推动物联网、大数据、云计算等在园区综合能源系统应用，打造一体化智慧管控平台。通过一体化综合能源系统运行控制平台对环境参数、用户需求、供能网络和能源生产系统状态及运行参数进行全面监测，挖掘不同工况下各类设备运行特性，全局统筹实现综合能源系统多异质能源整体能效优化，实现能源供需的动态平衡，以绿色低碳、经济合理的运行方式满足用户能源需求，实现园区综合能源系统的智慧化监测、运维和服务，促进生产要素优化配置和能源利用效率提升。

典型案例一　绿氢替代的石化化工园区——中煤鄂尔多斯能源化工有限公司 10 万吨级液态阳光－二氧化碳加绿氢制甲醇技术示范项目

该项目利用太阳能、风能等可再生能源产生的电力通过电解水制氢技术生产绿氢，并将煤化工生产中产生的二氧化碳与绿氢催化合成绿色甲醇等化工产品，实现煤化工生产过程中二氧化碳的直接消纳，并将间歇、不稳定的可再生能源转化为化学能储存，对发展可再生能源、推动全行业碳减排、缓解国家能源安全问题具有重大战略意义。华北电力设计院提供了该技术示范项目的关键解决方案，实现以高稳定性供氢为目标的并网型风、光新能源制储用氢方案配置优化，实现全年连续、稳定供氢的要求，见图 13－6。

该项目建设规模为 400MW 光伏发电、225MW 风电，配套 220kV 输电线路、220kV 降压站、2.1 万 t/年碱性电解水制氢以及 10 万吨级液态阳光－二氧化碳加绿氢制甲醇技术示范装置。

该项目投产后，通过直接消纳和绿氢替代，可实现年减排二氧化碳达到 53.3 万 t。

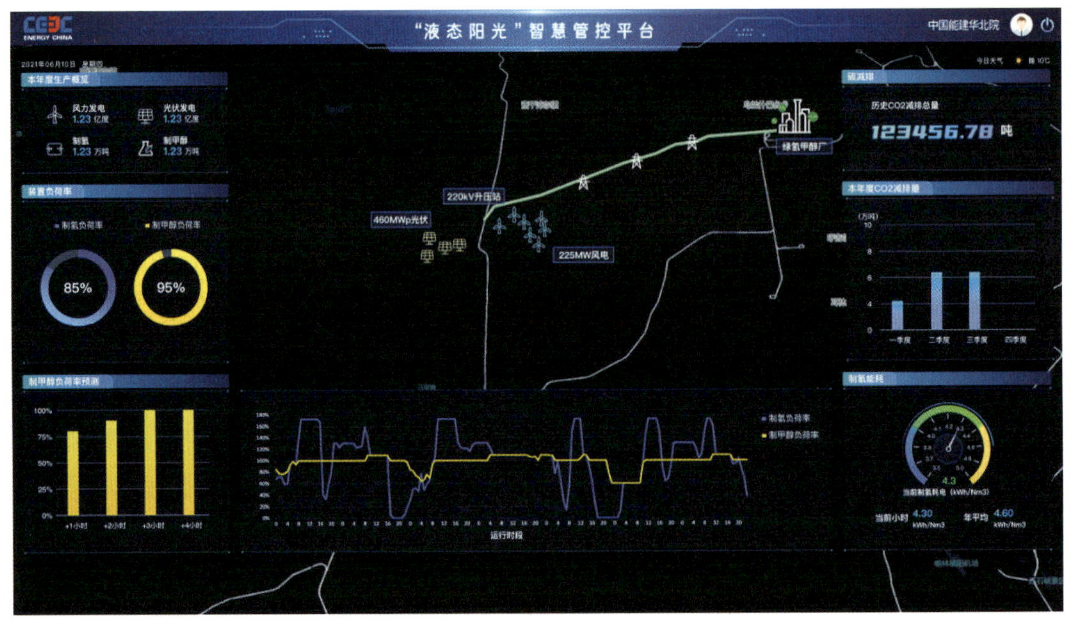

图 13－6　10 万吨级液态阳光－二氧化碳加绿氢制甲醇技术示范项目智慧管控平台

典型案例二 大型设施辐射型园区——国能河北新能源发展有限公司河北沧州渤海新区蒸汽管网项目

该项目以国能河北沧东电厂为热源，依托国能河北沧东电厂强大的蒸汽供应能力通过建设集中供热管网向渤海新区工业园区内多家用户供应中高参数蒸汽（见图 13－7）。该项目建设管道设计参数为 6.0MPa/490℃，管线路由长度约 19km，额定输送流量 602t/h，采用自然补偿与旋转补偿器结合的补偿方式，管道温降小于 3℃/km。该项目建设有效降低区域燃煤消耗，减少粉尘和二氧化碳排放，改善黄骅城区环境质量，促进黄骅城市社会经济可持续发展。投产后该项目年减排二氧化碳达到 53.6 万 t。

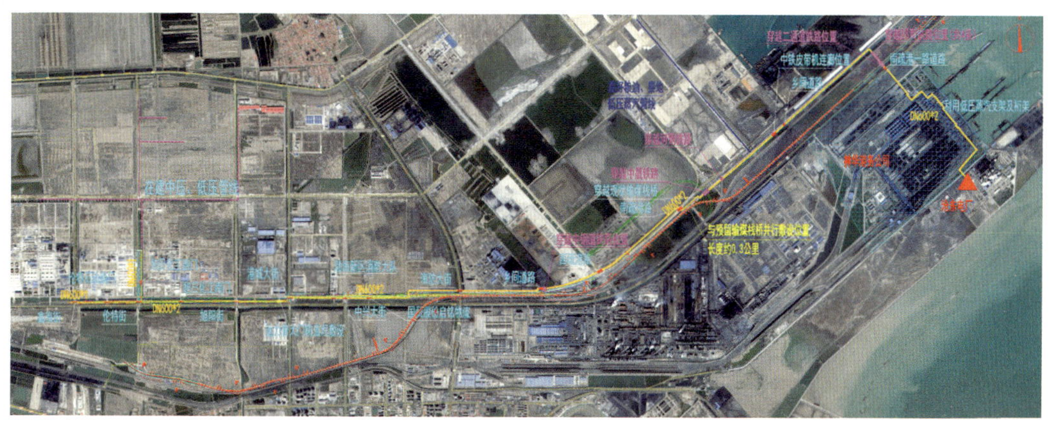

图 13－7 国能河北新能源发展有限公司河北沧州渤海新区蒸汽管网项目管道路由图

四、园区协同降碳发展展望

园区经济发展模式始于西方工业化国家，园区发展的历史也是园区环境治理发展的历史，在园区经济发展过程中逐步积累了绿色低碳发展的模式与经验。20 世纪 70 年代的石油危机激发了对节能增效的需求；80 年代对污染问题的关注开启了减污降碳协同；90 年代则随着绿色发展理念的兴起步入以产业共生为特征的自发式降碳阶段；进入 21 世纪后对温室气体排放的日益关注从而转变为有组织的自觉降碳行为。

我国改革开放以来，以招商蛇口工业园建立为起点，园区经济已逐步发展成为我国经济发展的重要增长点，全国产业园区对中国经济的贡献达到 30%以上。在我国园区发展过程中，发展模式已从原始的劳动密集型向产业链聚集型转变，从以工业为主转向工业和第三产业并重。园区生态治理发展方面也从早期集中建设污水处理厂、工业废物集中处理处置设施等逐渐拓展到产业规划、基础设施建设和园区管理等整体层面。随着我国园区规划建设体系的逐渐成熟，工程建设和园区企业内部环保措施所作出的环境贡献边际效应递减，园区亟须绿色发展模式上的创新。在碳达峰、碳中和背景下，自发式降碳理念已得到广泛认可，园区产业共生体系通过产业协同、基础设施共享等方式提升能源利用效率和资源循环率，逐步实现协同减排。随着低碳、近零碳、零碳园区建设标准的逐步明确，园区协同降碳将在园区走向碳中和导向阶段发挥基础性作用。

第二节　虚拟电厂协同降碳

一、虚拟电厂协同降碳需求分析

随着新能源接入比例的上升，传统实时供需平衡的电力系统的稳定性受到了严重的挑战，亟待构建具有更强新能源消纳能力的新型电力系统。虚拟电厂是新型电力系统的重要组成部分。虚拟电厂通过先进的控制、计量、通信等技术聚合分布式电源、可控负荷和储能装置，形成虚拟的可控集合体，作为整体参与电力系统运行和调度，通过协调优化调控为集中式和分布式新能源消纳创造条件，充分挖掘新能源绿色价值和效益。受益于虚拟电厂在促进新能源消纳方面的巨大贡献，大力推广虚拟电厂有助于推进新型电力系统的构建，从而为分布式电源、可控负荷和储能装置等实现协同降碳提供支撑。

二、虚拟电厂协同降碳解决方案

虚拟电厂主要由可控负荷、分布式电源、储能设备、通信系统构成。可控负荷资源是影响虚拟电厂可调节性的重要资源，主要来源包括工业、建筑和交通等领域。工业可控负荷资源的特点是负荷容量大，调节能力强，是虚拟电厂可控负荷的主要来源；随着建筑和交通电气化的推进，建筑中空调负荷以及电动交通工具电蓄能、港口岸电负荷等也逐渐成为虚拟电厂中可控负荷的重要来源。分布式电源主要包括用户侧“自发自用”或“自发自用、余电上网”的分布式光伏、分散式风电、小型燃机、燃料电池等，以及以发电上网为主且调度关系可脱离公网系统的其他发电资源。其中，分布式可再生电源，是实现虚拟电厂协同降碳的关键资源，起到了直接降碳作用。储能系统是虚拟电厂的重要组成部分，是影响虚拟电厂可调节性的重要资源，其灵活运行特性可以补偿可再生能源发电出力波动性和不可控性，缓解可再生能源对电网的冲击，提升可再生能源发电接入电力系统的友好性。通信系统是虚拟电厂发挥“聚合”作用的核心，依靠通信系统信息互联特性完成资源聚合和管理调控，实现与电力系统调度中心通信。

虚拟电厂本质上作为分布式能源资源的协调管理系统，具有多样性、协同性、灵活性等技术特点。根据虚拟电厂聚合的资源类型及对外特征，可分为电源型、负荷型、储能型及混合型，不同类型的虚拟电厂由于其构成差异而具有不同的服务能力。电源型虚拟电厂以聚合分布式电源为主，并通过其固有的能量输出特性参与电量市场交易。储能型虚拟电厂以聚合分布式储能资源为主，储能系统本身具有按需控能属性，既可以参与辅助服务市场，也可响应调度需求通过放电来出售电能，总体表现来看主要以辅助服务市场为主。混合型虚拟电厂聚合分布式电源、可控负荷、储能等多种分布式资源，具有电源型、负荷型、储能型虚拟电厂的全部特征，既可以参与电量市场，也可以参与辅助服务市场。为实现最大程度的协同降碳目标，虚拟电厂应通过规模效益扩大虚拟电厂的管理范围，充分发挥虚拟电厂聚合作用。特别是混合型虚拟电厂，由于其聚合资源种类丰富，在电力市场中作用更为全面，市场前景广阔。

虚拟电厂需要依赖通信以及计算机技术实现内部各部分以及与电网的实时通信打造能源共享平台，从而实现资源聚合和控制功能。按照虚拟电厂控制协调中心与终端（如分布式能源）不同的协调控制逻辑，主要分为集中控制方式、分散控制方式、完全分散控制方式，如图 13－8 所示。从控制架构上来说，一般包括控制协调中心、通信层、智能终端层。虚拟电厂协调控制中心是其运行的大脑，通过先进的优化算法实现虚拟电厂内部电力系统的数据采集和分类处理，并基于数据分析为虚拟电厂运行辅助决策。一方面，虚拟电厂控制协调中心连接到电网调度平台和电力市场交易平台，进行信息和数据的传输，并接受调度指令；另一方面，控制协调中心对各分布式资源内部运行状态进行优化控制，进而响应电力市场调度指令。虚拟电厂通信层是考虑通信安全的网络管理系统，可以根据实际需求采取不同的拓扑结构和通信方式。智能终端一般采用具有边缘计算能力的硬件终端，利用边缘计算能力具备执行控制逻辑的功能，通过本地智能测量系统对用户端的电量、电压、电流、用电功率等实时数据信息进行采集，并将信息上送到控制协调中心。同时，控制协调中心下发的指令可以通过智能终端下发至本地的管理系统进行对分布式资源的管理。

虚拟电厂基于能源互联网理念将分布式能源资源聚合为整体参与电力市场，可以提供需求响应、辅助服务、电力现货交易等多种功能。从电网运营的角度，虚拟电厂通过调峰、调频、降低传统发电旋转备用辅助服务等方式，可以提高系统的灵活性，提升电网接入电动汽车、分布式可再生能源的友好性，从而实现提高电网资产利用率、延缓电网增容扩建、提高可再生能源消纳能力、提高电网安全可靠性的目的。从电力用户角度，虚拟电厂可以在不影响用电体验的前提下，为分布式能源拥有者提供附加的经济效益，通过引导用户用电行为，充分释放用户侧的灵活性，实现社会资源的集约利用。

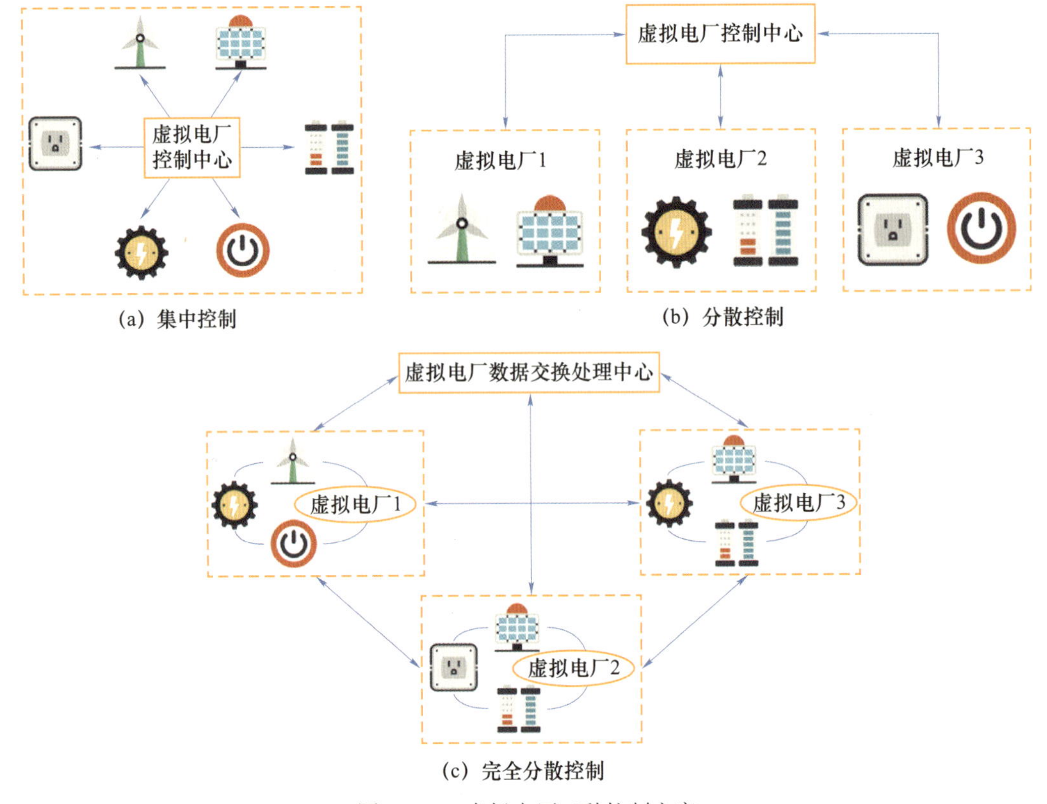

图 13－8　虚拟电厂三种控制方案

三、虚拟电厂协同降碳成效分析

国家发展改革委、国家能源局《关于促进新时代新能源高质量发展的实施方案》提出，新能源开发方面强调集中与分布并举。虚拟电厂在集中式新能源和分布式新能源发展中均能发挥作用。在促进电网接入集中式可再生能源消纳方面，虚拟电厂聚合分布式电源、可控负荷和储能装置统一参与电网的运行调度，通过储能、可控负荷的优化控制可以实现需求侧响应，从而为电网接入集中式可再生能源消纳提供支持。在推进分布式新能源发展方面，虚拟电厂的作用更为显著。分布式新能源具有可开发资源丰富、开发建设难度小、应用场景广泛、节能环保效益显著等优势，是未来可再生能源发展的重要趋势。作为多类型能源整合管理的有效手段，虚拟电厂聚合分布式能源接入电网降低了大量分布式能源无序并网对公网的冲击和分布式电源增长带来的调度难度，使配电管理更加合理有序，提升了系统运行的稳定性。在构建新型电力系统的进程中，我国高度重视虚拟电厂发展。国家发展改革委、国家能源局《关于推进电力源网荷储一体化和多能互补发展的指导意见》(发改能源规〔2021〕280 号）提出，依托“云大物移智链”等技术，进一步加强源网荷储多向互动，通过虚拟电厂等一体化聚合模式，参与电力中长期、辅助服务、现货等市场交易，为系统提供调节和支撑能力。国家发展改革委、国家能源局印发《“十四五”现代能源体系规划》提出，开展工业可调节负荷、楼宇空调负荷、大数据中心负荷、用户侧储能、新能源汽车与电网（V2G）能量互动等各类资源聚合的虚拟电厂示范。相关政策的推出有望推进虚拟电厂的技术发展和推广应用，实现广泛的表后资源协同降碳能力。

从国际上来看，欧洲的虚拟电厂研究与建设重点在于分布式电源以及储能，包括分布式电源的可靠并网、智能互动和电力市场交易。例如德国 Next Kraftwerke，截至 2018 年管理容量超过 5987MW，管理客户资产数量达到 6854 个（如分布式发电设备和储能设备）。Next Kraftwerke 虚拟电厂通过将风电、光伏等零或低边际成本的发电资源参与电力市场交易，并充分发挥虚拟电厂各类分布式能源资源调节能力参与电力辅助服务市场。北美虚拟电厂建设始于需求侧响应，初期主要通过可控负荷自主需求响应和能效管理提高综合能源的利用效率。近年来，随着分布式光伏等低边际成本发电资源的发展，能源零售商通过免费提供并聚合储能电池，获取对分布式光伏和用户侧负荷部分控制权，并聚合参与电力市场获取辅助服务收益。以特斯拉公司为例，其推出的 Powerwall 家用储能电池与分布式光伏耦合，通过先进的智能控制手段实现了对家用储能、光伏以及负荷的管理，取得了较好的推广效果。

我国虚拟电厂处于起步阶段，目前仍以需求侧响应为主。2020 年丽水利用光纤、北斗通信等新技术，聚合全域水电发电信息进行智慧调度，建成浙江省首个绿色能源虚拟电厂。2021 年，国家电网控制丽水虚拟电厂辅助电网调峰 430MW，增加新能源消纳 1080MWh，同时减少发电耗煤 94t，减排二氧化碳 253t。2021 年，国家电网在上海黄浦区开展了基于虚拟电厂技术的大规模电力需求响应行动，通过用电高峰时段对虚拟电厂范围内超过 50 栋建筑物的中央空调进行自动调节，仅在 1h 测试时间内就实现累计调节电网负荷 562MW、消纳清洁能源电量 1236MWh、减少碳排放量约 336t，协同降碳效果显著。2022 年 8 月，深圳虚拟电厂管理中心成立，接入分布式储能、数据中心、充电站、地铁等负荷聚合商 14 家，接入容量达 870MW，预计到 2025 年深圳将建成 1000 兆瓦级虚拟电厂，逐步形成年度最大负荷 5%的稳定调节能力。

四、虚拟电厂协同降碳发展展望

在碳中和背景下，大力发展可再生能源已成为社会各界的共识。虚拟电厂作为充分发挥可控负荷、储能和分布式电源灵活性的重要手段，将成为新型电力系统建设中重要的能源聚合形式，具有广阔的发展空间。

依据外围条件的不同，虚拟电厂的发展可以分为三个阶段，即邀约型阶段、市场型阶段和自由调度型阶段。邀约型虚拟电厂类似于需求侧响应，主要在电力市场缺失情况下由政府部门或调度机构组织虚拟电厂运营商共同参与完成邀约、响应和激励流程。市场型虚拟电厂是在电力市场建成后，虚拟电厂运营商主要以实体电厂的模式参与市场获得收益。自由调度型虚拟电厂也可称为“虚拟电力系统”，是虚拟电厂充分自由发展的终极形态，其中既包含可调负荷、储能负荷、储能和分布式能源等基础资源，也包含由这些基础资源整合而成的微电网、局域能源互联网。

目前国内电力市场交易未完全放开，虚拟电厂参与的业务主要为邀约型负荷调节，包括中长期、日前、日内、实时削峰填谷等业务，在业务构成上与需求侧管理平台业务近似。随着电力市场改革的不断推进，电力现货市场逐步开放，越来越多的灵活的可再生能源参与市场交易，虚拟电厂以电力市场配置电力资源运行为驱动，通过协调、优化和控制由分布式电源、储能、可控柔性负荷等聚合的分布式能源集群，作为一个整体参与各类电力市场交易，并为电力系统运行安全提供调峰、调频、紧急控制等辅助服务。在未来能源系统中，虚拟电厂以使用者为中心，不断引入需求侧资源，将实现对整个能源系统的控制和优化方式的变革。

第三节 跨省跨区域协同降碳

一、跨省跨区域协同降碳需求分析

我国能源生产消费逆向分布特征明显。从能源禀赋来看，重要能源基地主要分布在西部地区。其中，煤炭资源主要分布在西部和华北地区；可再生资源方面，水力资源主要分布在西南地区，超过 75%的风能资源开发量和超过 85%的光伏资源开发量集中在西部地区。我国主要能源消费地区位于经济发达的东部沿海地区，中东部地区能源消费量占全国的比重超过 70%，而能源生产量占比却不足 30%。上述能源供需分布背离特征，导致中国呈现“大规模、长距离的北煤南运、北油南运、西气东输、西电东送”的能源流向特征和能源运输格局。

与此同时，我国东西部区域间有着密切的直接能源关联和产业关联，我国长期以来以煤炭为主的能源结构以及能源生产和消费的东西部逆向分布特征造成能源供应与碳排放主客体分离，从而导致碳排放在区域间的转移，造成在生产和消费端的各区域的碳排放责任差异较大。我国各省际区域经济发展不平衡，且在产业结构、资源禀赋、技术水平、行政能力等方面均存在较大差异，导致碳排放在一定程度上的失衡，进而影响到各区域碳减排目标的制定和实施。

要解决上述问题必须在能源输出和输入区域协同发力，遵循“共同但有区别的责任”的温室气体减排原则，共同促进减污降碳全国“一盘棋”。我国第三产业主要集中在东部地区，随着我国经济结构的不断优化调整、第三产业比重不断提高，东部地区相应的碳减排潜力会有所降低、碳减排边际成本会相应增加；而西部有着丰富的煤炭资源，能够起到能源稳定器的作用，西部优良的风能、太阳能资源为持续降低清洁电力成本提供了条件。鉴于我国各区域资源总量有限且差异明显，为了保证各区域经济发展的前提下实现各区域协同低碳发展，要求各区域中各经济主体在“双碳”目标的框架下相互配合、有机协作，使有限的生态环境容量和资源承载力在空间配置上得到更好的优化。面临日渐趋紧的碳排放约束，区域协同低碳发展是降低全社会的减排成本，实现我国可持续发展的必然选择。

二、跨省跨区域协同降碳解决方案

碳中和是一个极具挑战的长期的系统性工程，是我国实现产业结构转型和高质量发展的内在要求，需要区域间协同完成。跨省跨区域协同降碳可以解决在碳中和愿景下的东西部地区产业发展和能源清洁、高效、安全供应两大重大发展问题，实现产业资源与能源资源的合理化配置，并最终促进东西部地区协同低碳发展。

为实现跨省跨区域协同降碳，一方面，能源需求区域需要从调整产业结构、节能和提升本地能源保障等方面发力，通过加大节能降耗力度、大力发展可再生能源等一系列举措提升能源自给率，降低对跨省跨区域的能源需求，能源供应区域相应可有效实现减量降碳；另一方面，能源供应区域需要从可再生能源开发、储能与灵活性资源建设、辅助服务市场建设等方面发力，加大外送能源中配套风、光可再生能源发电的占比，主动提高外送能源的清洁化水平，实现对化石能源的清洁替代。

立足东西部经济社会发展水平、环境承载能力、能源资源禀赋等现实条件，并结合国家对东西部地区社会经济发展的总体定位，东西部地区将在国家社会经济发展大局中共同发挥作用，以实现碳中和愿景下的协同低碳发展目标。

（一）提高跨省跨区域输电体系清洁电能输送能力

在“双碳”目标下，电网作为广泛高效平衡配置能源资源的基础平台，区域电网互联互通的重要性愈加显著。通过特高压输电技术构建大容量、大范围坚强同步电网实现区域能源互联互通、清洁能源远距离外送、跨时区互补、跨季节互济，有望为实现跨省跨区域协同降碳提供坚强的技术支撑。

截至 2020 年底，全国跨区输电能力达到 15 615 万 kW。协同区域能源需求和经济发展，我国跨区输电通道容量将持续增长。到 2035 年、2050 年跨区输电能力将分别增长至 400GW 和 500GW 左右。西北地区、西南地区为主要送端，华东地区、华中地区为主要受端，“西电东送”“北电南送”规模呈逐步扩大趋势。

（二）加快建立全国统一的电力市场体系

实现跨省跨区域协同降碳需要在深化政策改革的基础上，加强技术的创新与突破，并对利益和责任进行重新划分。我国清洁能源主要集中在“三北”、西南等地区，由于这些地区普遍经济发展水平较低导致地区负荷强度不高，整体消纳程度有限，迫切需要发掘市场在资源优化配置的支配性作用，引导清洁能源规划布局和高效利用。

国家发展改革委、国家能源局《关于加快建设全国统一电力市场体系的指导意见》（发改体改〔2022〕118号）提出，加快建设全国统一电力市场体系，扩大电力资源的共享互济和优化配置，提高电力系统的稳定性和灵活调节能力，推动建设适合中国国情、新能源消纳能力更强的新型电力系统。全国统一的电力市场体系将加快建立适应“双高”电力系统的运行技术体系，建立适应东西部协同减排要求的国家电力市场，提高电力系统的传输利用效率和市场交易效率，充分发挥公用事业系统对送受两端地区的协同降碳工作的支持服务作用。

我国正处于建设新型电力系统的关键阶段，提高清洁能源的利用率，对电力系统的综合调节能力和安全稳定运行提出了更高的要求。要进一步完善电力市场体系的构成，规范多元化市场主体纳入的类型和标准，以市场化的方式实施源网荷储一体化运营，充分激发市场主体的参与积极性，释放灵活调整能力，完善市场化定价机制，有效解决清洁能源与化石能源的利益补偿问题和市场间送受电的利益平衡问题，调动市场各方的积极性和主动性，推进清洁能源可持续健康发展，促进电力系统供需平衡与电力市场运行有序衔接。

（三）加快东西部地区可再生能源发展和协同提升生态碳汇能力

西部能源富集区域面临着既要保障国家能源供应安全又要实现自身经济增长与低碳转型的双重挑战。要突破资源型经济困局，实现低碳转型发展，能源富集区应考虑优化产业结构，特别是能源结构。在保障国家能源供应安全前提下，西部地区要立足可再生能源资源优势，统筹协调可再生能源规划发展，强化能源网络安全建设，积极布局清洁电源、外送通道、灵活调峰设施等项目，促进能源结构优化调整，降低区域碳排放。

生态环境保护是西部能源开发利用的前提，建立积极的生态环境治理机制，形成资源开发与生态建设的良性互动，是西部能源开发利用的重要目标。在大力提升可再生能源发展的同时，针对西部地区环境特性，协同推进生态改善，如大力推进光伏治沙、林光互补、牧光互补、农光互补等，在增加可再生能源供应的同时改善生态环境，提升西部地区陆地系统生态碳汇能力。我国西部生态碳汇潜力巨大，通过可再生能源开发协同生态治理，将极大地提升我国生态碳汇能力，为碳中和目标的实现奠定基础。

东部地区能源需求旺盛。东部地区能源供给缺口的解决，首先要依赖外部能源输入，其次是要加大本地能源供给力度，特别是可再生能源资源开发。东部地区可再生能源资源也较为丰富。其中，风电方面，中东部地区陆上风能资源技术可开发量是896GW，海上风能资源有211GW，合计超过1100GW。光伏方面，集中式光伏电站的可开发潜力为358GW，分布式光伏电站的装机潜力为530GW，总计近900GW。然而，中部和东部地区开发和使用的可再生能源量却不到可开发资源量的 1/10。因此，东部地区应通过节能技术应用、可再生能源开发等手段提升能源自给比例，减少大规模、长距离的北煤南运、北油南运、西气东输、西电东送等能源输送中的碳排放转移问题。

（四）加强东西部地区平衡协调发展

可再生能源已成为产业转移的驱动力。可再生能源分布的区域差异将导致产业结构的变化。在“双碳”目标驱动下，西部地区的丰富可再生能源已成为高载能产业集聚和生产的吸引要素，引领高载能产业向西部迁移，并进而影响区域经济格局。“东数西算”工程充分发挥西部资源优势，将东部算力需求有序引导到西部，即是促进东西部协同联动和推动东西部地区平衡发展的有益尝试。

推动不同地区的协同减排能在整个社会层面产生相应的经济效益，同时，由于区域协同减排压力较大的一方可能遭受经济损失，建议采取适当的补偿机制以促进协同减排的持续有效性。建议从两个方面建立补偿机制：一方面，根据各地区对减排成本的贡献进行分配；另一方面，如果上一年的补偿机制不合理或不科学，一个地区承担了较大的碳减排任务而遭受了经济损失，那么该地区在下一年的碳配额分配时应获得更多的排放权；同时，建议在协同降碳中对减排压力较大的地区征收低于正常水平的碳税，以进行一定程度的补偿。

（五）加快全区域低碳、负碳技术推广应用

低碳、负碳技术应用是最终实现碳中和目标的基础。大力发展风电、光伏、生物质发电等低碳、零碳技术，以及以碳捕集、利用与封存（CCUS）和生物质能碳捕集与封存（BECCS）为代表的负碳技术，是协同实现我国能源体系绿色低碳转型的必经之路。东部地区经济发达，低碳、负碳技术研发有较好的科研基础。西部地区能源产业发达，低碳、负碳技术应用具有丰富的应用条件。通过东西部低碳、负碳技术交流合作，加快低碳、负碳技术的研发和推广应用，是实现区域协同碳减排的重要方向。

三、跨省跨区域协同降碳成效分析

发展是解决我国一切问题的基础和关键。在碳中和愿景下，跨省跨区域协同降碳应与区域协同低碳发展密切结合，以一体化思路和差异化理念，充分发挥市场对资源配置的关键作用，加快一体化市场建设，打造市场化的节能减排模式，提升区域协同节能降碳活力，发挥协同减污降碳潜力。

跨省跨区域协同降碳首先要通过大幅提升清洁电能供给比例，实现低碳供电。国家发展改革委、国家能源局等九部门联合发布了《“十四五”可再生能源发展规划》，明确了 2025 年非化石能源消费比重应达到 20%左右、2025 年可再生能源的消费总量应达到约 10 亿 t 标准煤的要求；明确了“十四五”期间，可再生能源消费增

长占一次能源消费增长的50%以上。在2020年全球气候雄心峰会上，我国提出了一系列国家自主贡献的新举措：到2030年，单位国内生产总值二氧化碳排放将比2005年下降65%以上，非化石能源在一次能源消费中的比重将在25%左右，森林蓄积量将比2005年增加60亿m^3，风能和太阳能发电总装机容量将达到1200GW以上。

跨省跨区域协同降碳要结合各区域资源禀赋、环境承载能力、社会经济发展的实际情况，因地制宜发展非化石能源，以推进电力供应的低碳化。“三北”地区地阔天长，风、光资源丰富，应以沙漠、戈壁、荒漠地区为重点，推动基地化、规模化开发，同时将生态治理增加碳汇能力与可再生能源发展协同，实现资源开发和生态碳汇增加的双重效果；西南地区水力资源丰富，可统筹推进水、风、光综合开发；中东南部地区能源资源对外依赖度高，消纳能力强，需重点推动可再生能源就地就近开发；东部沿海地区积极推进海上风电集群化开发。根据全球能源互联网发展合作组织《中国“十四五”电力发展规划研究》，未来我国将持续重点开发包括水电、陆上风电、海上风电、光伏发电在内的多个清洁能源基地，预计到2050年，我国西南地区水电基地的总装机规模将达到276GW，陆上风电基地的总装机规模将达到398GW，海上风电基地的总装机规模将达到132GW，太阳能发电基地的总装机规模将达到546GW。

典型案例　九大清洁能源基地+五大海上风电基地规划

“十四五”时期，为构建清洁低碳安全高效的能源体系，实施可再生能源替代行动，促进“碳达峰、碳中和”战略加快实施，我国规划了松辽、冀北、黄河几字弯、河西走廊、新疆、黄河上游、金沙江上游、雅砻江流域、金沙江下游九大清洁能源基地以及广东、福建、浙江、江苏、山东五大海上风电基地，见表13-1。“十四五”期间，九大清洁能源基地规划总装机容量为665GW，五大海上风电基地规划总装机容量达79GW。在清洁能源基地建设的带动下，预计“十四五”期间可再生能源年发电量达到3.3万亿kWh，每年等效（燃煤）减少约30亿t二氧化碳，减碳效果巨大。

表13-1　“十四五”规划清洁能源基地

基地类型	基地名称	省份
风光储一体化基地	松辽清洁能源基地	黑龙江、吉林、辽宁
	冀北清洁能源基地	河北北部
风光火储一体化基地	黄河几字弯清洁能源基地	内蒙古、宁夏、陕西、山西
	河西走廊清洁能源基地	甘肃

续表

基地类型	基地名称	省份
风光水火储一体化基地	新疆清洁能源基地	新疆
风光水储一体化基地	黄河上游清洁能源基地	青海
	金沙江上游清洁能源基地	西藏
	雅砻江流域清洁能源基地	四川
	金沙江下游清洁能源基地	云南
海上风电基地	广东海上风电基地	广东
	福建海上风电基地	福建
	浙江海上风电基地	浙江
	江苏海上风电基地	江苏
	山东海上风电基地	山东

我国幅员辽阔，跨省跨区域协同降碳需通过特高压电网实现能源富集区域清洁电力外送。经过多年的发展，中国已经建成了世界上最大、最安全的电网系统。随着我国碳中和进程的推进，为解决我国清洁能源的资源配置问题，特高压电网应用也将继续推进，在区域协同降碳实施路径中发挥骨干作用。截至 2021 年底，中国已建成“15 交 18 直”共 33 个特高压输电工程，已投运特高压工程年均输送新能源电量近 2300 亿 kWh，等效降碳约 2 亿 t，有力促进了区域协同碳减排。“十四五”期间，国家电网规划建设特高压工程“24 交 14 直”，涉及线路超过 3 万 km，变电换流容量 340GVA，总投资 3800 亿元。2022 年，计划开工“10 交 3 直”共 13 条特高压线路。特高压工程建设有利于西部地区新能源开发和消纳，对促进东西部协同降碳具有重大战略意义。

电力系统灵活性提升有利于可再生资源的消纳和跨省跨区域协同降碳。电力系统灵活性资源是实现支撑高比例新能源并网、提高大电网运行安全性和可靠性的重要资源。跨省跨区域协同降碳需在发展新能源发电的基础上，在发电侧、电网侧和用户侧通过各种方式促进电力系统灵活性的提升。发电侧需充分挖掘我国量大质优的煤电机组、水电机组的灵活性，大力发展抽水蓄能、压缩空气储能、电化学储能、重力储能设施等，通过打造风光火储一体化、风光水火储一体化等一体化项目提升风电、光伏发电接入系统的友好性。电网侧一般通过配置储能设施提高电网运行的安全性和稳定性。用户侧可通过虚拟电厂一体化调控、源网荷储一体化、储能设施建设等实现用户侧节能，促进分布式可再生能源就近消纳。

全国统一的电力市场是促进跨省跨区域协同降碳的体制保障。目前，我国电力市场体系有待完善，配套机制有待健全。根据全国统一电力市场体系建设的总体部署，预计到 2025 年全国统一电力市场体系初步建成，全国市场将与省（区、市）/区域市场协调运作，电力中长期市场、现货和辅助服务将以综合方式设计和运营。跨省、跨地区的市场化资源配置和绿色电力交易规模显著增加，新能源、储能等市场交易和价格机制初步形成；预计到 2030 年，原则上完成全国统一电力市场体系搭建，国家市场将与省（区、市）/区域市场联合运行联合运作，新能源将全面参与市场交易，市场主体将平等竞争、自主抉择，进一步优化电力资源在全国范围内的配置。全国统一的电力市场将建立可再生能源友好接入的市场体系，促进跨省跨区域资源市场化配置，为实现跨省跨区域协同降碳扫清体制障碍。

为实现跨省跨区域协同降碳目标，既要通过东西部新能源开发实现清洁化替代，也需要东西部经济技术合作实现产业转移和协同发展。产业转移可以提升能源生产和能源消费配置的合理性，解决区域经济发展不平衡、不充分的矛盾，加快新能源的开发利用，实现从源头上控制碳排放，从而实现“双碳”目标和产业发展的协同。此外，东部地区经济发达，低碳、负碳技术已有较好的研究和应用基础，在东西部经济技术合作中，可推进低碳、负碳技术在西部的推广和应用，助力“双碳”目标的实现。

四、跨省跨区域协同降碳展望

我国能源资源的总体分布规律是西多东少、北多南少，能源资源与负荷中心呈逆向分布。我国的煤炭资源开发正逐步向西部和北部转移，水能资源的开发正在向西南转移，风能等新能源资源也主要分布在西部和北部，而我国能源的需求重心将长期保持在东部和中部地区，能量流的规模和距离将进一步加大。我国电力系统将聚集大煤电、大水电、大可再生能源基地的集中开发，通过电网大规模“西电东送”“北电南送”，在东中部负荷中心形成分散落点消纳的格局。

从我国碳减排实践来看，各省（区、市）/区域在环境地理、资源禀赋、产业结构、经济发展水平等方面的差异均较为明显。我国作为异质性地理大国，在实践“双碳”战略过程中，应依据各省（区、市）/区域资源环境的承载力、自身禀赋和发展潜力，发挥优势、规避弱点，通过跨省跨区域协同降碳的区域协调发展模式，促进东中西地区良性互动，统筹各行业领域，发挥全国“一盘棋”整体碳减排优势，逐步缩小各区域经济差距，最终实现各地区协同降碳和融合发展。

第十四章
社　会　融　合

绿色低碳发展是乡村高质量振兴的内源动力和必然要求，乡村振兴是挖掘出乡村所蕴含的减排潜力的有效途径。我国持续实施乡村振兴战略，对“构建乡村现代绿色能源体系、升级乡村产业结构、保护与修复乡村生态、树立乡村低碳生活理念”等方面提出了明确要求。而乡村能源绿色低碳转型是促进乡村产业结构升级和乡村生态治理的基础和保障，更是实现“双碳”目标和乡村振兴战略的核心内容。

“双碳”背景下的生态文明建设，已进入减污降碳协同增效、经济社会发展全面绿色转型的关键窗口期。而对“山水林田湖草沙”的一体化治理、保护和修复，是推动生态文明建设的重要抓手。因此，结合“山水林田湖草沙”生态治理大力发展可再生能源，推进能源结构绿色转型，对于实现生态环境质量持续改善、落实“双碳”目标任务意义重大。

第一节　农村能源转型助力乡村振兴

一、农村能源转型需求分析

（一）发展现状

根据农业农村部估算，2021 年我国农村能源消费总量约为 6.1 亿 t 标准煤。目前农村能源商品化和优质化水平明显低于城市，农村能源消费中虽有电力、液化气、天然气等优质能源，但商品能源占比不足 70%，传统生物质能源、劣质散煤利用总量大，二氧化碳排放量较大。因此，在“双碳”目标与乡村振兴战略的双重历史责任下，农村能源绿色低碳转型势在必行。

（二）政策导向

2021 年 12 月，国家能源局、农业农村部、国家乡村振兴局联合印发《加快农村能源转型发展助力乡村振兴的实施意见》，提出要将能源绿色低碳发展作为乡村振兴的重要基础和动力，推动构建清洁低碳、多能融合的现代农村能源体系，全面提升农村用能质量，实现农村能源用得上、用得起、用得好。2022 年 1 月，国家发展改革委、国家能源局印发《"十四五"现代能源体系规划》，提出加快完善农村和边远地区能源基础设施，加强乡村清洁能源保障，实施乡村减污降碳行动，从而推动农村能源转型变革，促进乡村振兴。

二、农村能源转型思路

（一）总体目标

推动农村生产生活电气化，以政府主导、电网支撑为基础，鼓励各方参与，推进农业产业链、交通、居民等领域电能替代，促进生产生活方式向绿色低碳转变；继续实施农村供暖清洁替代，因地制宜、因能制宜，合理利用农村资源条件，推进清洁能源供暖。

以农村能源绿色低碳试点建设为抓手，持续提升风能、太阳能、生物质能、地热能等在农村能源供给中的比重，进一步增强农村电网保障能力，培育壮大分布式可再生能源，创新发展绿色低碳新模式新业态，使得新能源产业成为农村经济的重要补充和农民增收的重要途径，低碳、多元的农村能源体系能够加快形成。

农村能源转型框架图如图 14–1 所示。

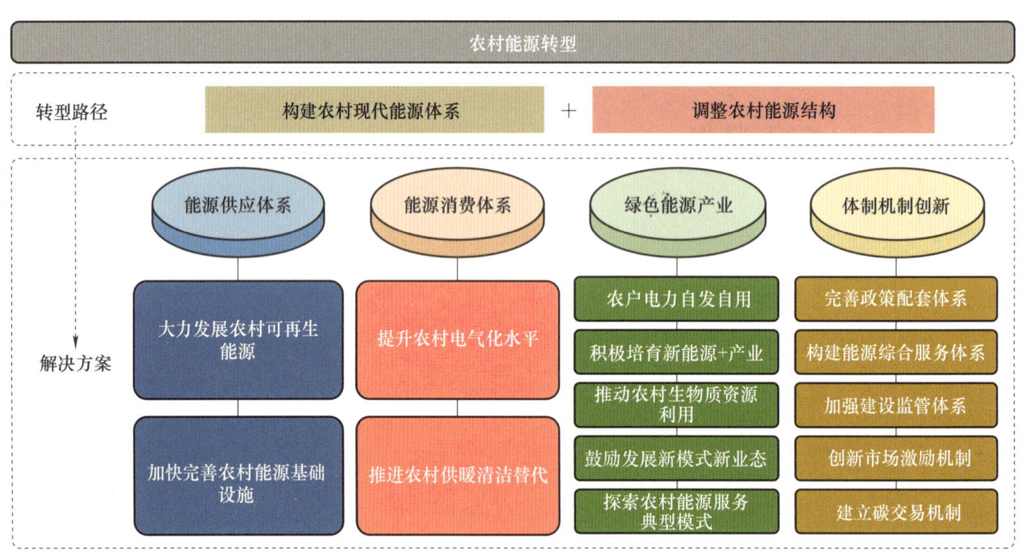

图 14–1　农村能源转型框架图

（二）转型路径

1. 构建农村现代能源体系

构建清洁低碳、多能融合的农村现代能源体系，推动农村地区能源绿色低碳转型，全面提升农村用能质量，为巩固脱贫攻坚成果、全面推进乡村振兴、助力实现"双碳"

目标提供坚强支撑，满足人民群众对美好生活的需要。

2. 调整农村能源结构

发展农村清洁能源，推进农村能源基础设施建设，提升农村能源消费水平，促进农村能源转型。提高农村电网供电可靠率和智能化水平，不断优化网架结构，推动装备升级，满足大规模分布式新能源接入和乡村生产生活电气化需求。大力推广太阳能、风能供暖，积极推动生物质能清洁供暖，因地制宜推进地热能供暖。大力拓展农村能源产业发展空间，形成一批能带动农户长期稳定增收的优势特色能源产业。

三、农村能源转型解决方案及效益分析

（一）能源供应体系

1. 大力发展农村可再生能源

以当地经济发展状况、可再生资源条件为基础，大力推进太阳能、风能、微水能、生物质能等农村可再生能源开发利用，打造绿色能源示范村，创新构建农村绿色能源供应体系。

实施千家万户沐光行动、千乡万村驭风行动，大力发展家庭屋顶光伏，因地制宜推动农光互补、渔光互补等分布式光伏建设。在风能丰富和较丰富区，推进开发中小型分散式风电。在农村水能资源丰富的地区，开发农村水能。

典型案例一　浙江宁波市龙观 BIPV 光伏 + 乡村振兴新模式

浙江宁波市龙观乡把实施农村新能源行动、规划建设“光伏村之乡”、整体推进 BIPV“寓建光伏”，列为乡村振兴的重要抓手。沿龙溪公路两侧现已形成一条光伏经济带，推动了农村新能源建设和内循环经济的发展，给村级集体经济带来新的增长活力，使全乡呈现出一派新农村、新能源、新产业相融共生的新景象。

预计龙观乡光伏发电量达到 400 万 kWh/年，可节约标准煤 874t/年，减少二氧化碳排放 2324t/年。

典型案例二　宁夏吴忠市红寺堡区 19.022MW 村级光伏扶贫项目

该项目由华北电力设计院 EPC 总承包，充分利用当地干旱的荒漠、半丘陵区域，符合国家产业政策；同时，该项目与当地扶贫工作相结合，按国家光伏扶贫的政策要求，根据项目所在地的地理位置、产业结构等特点，制定了切合当地实际的光伏扶贫方案，给当地贫困户带来了稳定阳光收益，如图 14-2 所示。

项目建成后，发电量达 2599.497 万 kWh/年，碳减排量 1.51 万 t/年。项目将持

续扶贫20年，可使39个贫困村集体每年增收约39.49万元，可带动2738户建档立卡贫困户获得稳定收益。

图14－2 宁夏吴忠市红寺堡区19.022MW村级光伏扶贫项目示意图

进一步扩大生物质能的利用范围和规模，优化利用方式，支持秸秆、垃圾焚烧和垃圾填埋发电项目建设，因地制宜发展中小型分布式沼气发电和生物质气化发电等项目。利用沼气、生物质自燃发电、生物质固体成型燃料和生物质液体燃料等技术，综合治理和能源化利用各种有机废弃物。出台价格补贴和优先发电上网等扶持政策，支持生物质能源发展。

典型案例三 安徽蚌埠市五河县生活垃圾焚烧发电项目

该项目由华北电力设计院EPC总承包，占地约70亩。项目采用先进、成熟的烟气处理技术，严格控制二次污染；采用先进的自控技术，对工艺过程和运行管理实施计算机集中控制，从而确保垃圾电厂安全、稳定、经济地运行，如图14－3所示。

项目一期工程建设1×500t/d机械式炉排生活垃圾焚烧炉＋1×10MW汽轮发电机组，能实现年焚烧处理生活垃圾约18万t，年发电量6000万kWh，年碳减排量3.49万t，减轻蚌埠市垃圾场填埋压力。

图14－3 安徽蚌埠市五河县生活垃圾焚烧发电项目示意图

典型案例四　湖南永州市零陵区菱角塘镇永连村（党教基地）生活污水资源化利用工程

该项目由湖南省电力设计院 EPC 总承包，采用深度厌氧反应器技术（见图 14–4），主要处理厨余垃圾和畜禽粪污等高浓度有机废弃物，设计处理能力为 10t/d，目前实际处理有机废弃物 8t/d，年产生有机液态肥约 2475t，用于周边有机蔬菜种植，年产沼气 92.4 万 m^3，供村庄居民生产生活中使用，年碳减排量 3442t。

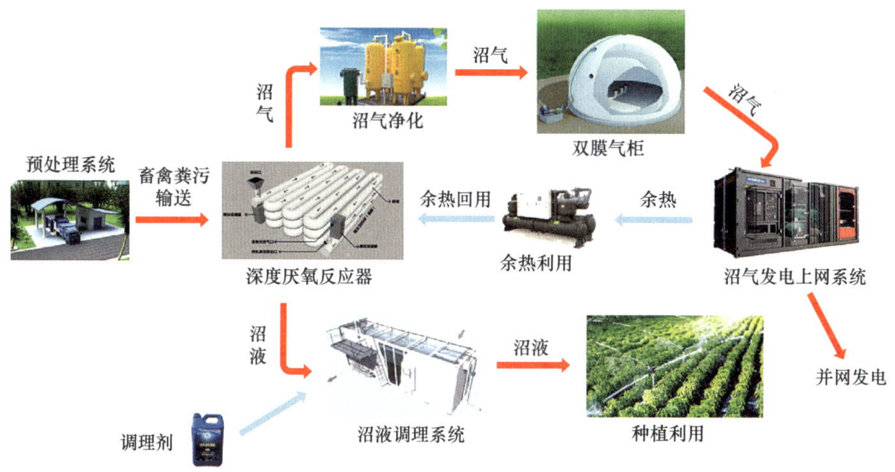

图 14–4　深度厌氧反应器技术示意图

典型案例五　浙江丽水市缙云县水光氢生物质近零碳示范工程

该项目是浙江省电力设计院设计、中国能建浙江火电承建的全国首个基于乡村场景的水–光–氢–生物质综合利用示范工程，如图 14–5 所示。项目将构建以电能为核心的多能转换系统，实现水电制氢、生物质制气，促进富余水电就地消纳，农村废弃物循环利用，打造电氢生物质协同的乡村“碳中和”样本。

该工程利用全国首台沼气加氢甲烷化设备，让氢气与沼气中的二氧化碳反应生成甲烷，可将沼气提纯至 95%以上。预计每年产出氢气 18 万 m^3（标况），可供一辆氢燃料汽车跑 160 万 km；每年可产出生物天然气 2 万 m^3（标况），满足 100 户农村家庭一整年的使用需求。

图 14－5　浙江丽水市缙云县水光氢生物质近零碳示范工程示意图

2. 加快完善农村能源基础设施

统筹推进各级电网协调发展，着力提升电网的安全保障能力、资源配置能力和供电服务能力，实施农村电网巩固提升工程，持续加强脱贫地区农村电网建设，全面提升电网的清洁能源承载和配置能力、高比例新能源消纳能力以及电网防范和抵御风险能力。打造网架灵活、智能自愈、高效互动的高弹性配电网，推动传统无源配电网向互联与微网协同、交流与直流混联、物理结构与信息网络高度融合的有源智慧配电网转变。利用智能配网大数据，开展基于平滑用户负荷特性的网格划分与网架构建，推进高弹性网格化规划试点工作，建设高弹性配电网格。提升向边远地区输配电能力，在具备条件的农村地区、边远地区探索建设高可靠性可再生能源微电网。在气源有保障、经济可承受的前提下，有序推动供气设施向农村延伸。

（二）能源消费体系

1. 提升农村电气化水平

（1）推动农村生产电气化。

持续推进农业生产、农副产品加工再电气化，推广电供暖、电蓄冷等，实现田间作业电气化、农副加工全电化。在粮食生产功能区和特色农副产品优势区，围绕农副产品加工包装、仓储保鲜、冷链物流等方面，实现全产业链电能替代。对农业大棚进行电气智慧化改造，合理选址并部署环境感知物联设备，实时监测并采集环境参量，并上传至智慧农业管理平台统一管理。通过农村电气化综合监控服务，提供畜牧养殖场的监控、辅助生产和综合能源线上服务，帮助养殖户实现饲养情况全天候线上数字化监测和远程控制。

（2）推动农村生活电气化。

推动乡村绿色出行，在大型村镇、农居安置区、旅游景区、公共停车场等区域，鼓励充电业务运营商、新能源汽车企业建设充换电站。优先推进公务用车、公交车、出租车、作业车等使用电动车，在旅游景区和特色小镇推广新能源汽车应用。探索建立车桩站联动、信息共享、智慧调度的智能车联网平台，实现充电桩数据在线监测，推动新能源汽车成为农村微电网的重要组成部分。推广普及节能高效家电，推广智能家居利用，有条件地区可实现乡村客户侧用能设备状态全天候、多终端在线监测、实时能耗监测和故障实时告警等智慧用能服务。

典型案例六　浙江湖州市安吉县打造国内首个“绿色共富”乡村电气化示范县

截至2021年底，浙江省安吉县通过电气化改造，全县电能在终端能源消费的占比已提高至55%，促进传统农业示范点生产效率提升40%。预计至2022年底，全县将新增各类充电桩1000台以上、电动汽车充电量提升50%以上；在消费侧实现县域清洁能源占比提升10%以上，重点企业节能5000万kWh；完成12个新时代乡村电气化示范村，实现乡村电网配电自动化有效覆盖率100%。

（3）提升景区电气化水平。

对乡村旅游景区实行以电代煤、以电代油改造，逐步淘汰燃煤锅炉、农家柴灶、燃油公交、燃油摆渡车、传统码头等设施设备，推广使用电加热（制冷）、电炊具、电动汽车、绿色照明、低压岸电等，大力提升景区电气化水平，实现电能在终端能源深度覆盖，实现以电能驱动打造“全电景区”。逐步推进乡村旅游景区内全电酒店、全电民宿建设，倡导民宿产业绿色用能。推广使用空气能热泵，加快实现民宿供暖、制冷等全电化。结合厨房革命，大力推进民宿厨房设施设备的电能替代，打造民宿全电零排放厨房。推进景区配套电网改造、充换电设施等基础设施建设，保障景区安全用电和绿色用能。

典型案例七　浙江湖州市推进“全电景区”建设

浙江湖州市长兴仙山湖度假景区已完成“全电景区”改造，景区内所有游船、观光车、炊具、民宿厨房等全部用上了清洁电，每年可节约标准煤约86t，减少二氧化碳排放约229t，减少二氧化硫排放0.73t、氮氧化物排放0.64t。

2. 推进农村供暖清洁替代

推广太阳能、风能供暖应用。利用农房屋顶、院落空地和具备条件的农居安置房屋顶发展太阳能供热。开展大气污染防治重点地区农村的“风光+蓄热电锅炉”等集中供暖。东南沿海地区可以充分利用海上风电资源进行供热。推动生物质能清洁供暖应用。合理发展生物质锅炉供暖，鼓励采用大中型锅炉，在乡村、城镇人口聚集区推广生物质热解气等集中供暖。因地制宜推广大气污染防治非重点地区农村的户用“成型燃料+清洁炉具”供暖模式。在地热资源丰富、面积较大的乡镇，优先开展地热能集中供暖。利用地源热泵，加快推广浅层地温能和中深层地热资源开发利用，打造地热能高效开发利用示范区。

（三）绿色能源产业

1. 农户电力自发自用

在风光资源丰富地区，特别是乡村振兴重点帮扶县，鼓励采取“公司+村镇+农户”等模式，合理利用闲置土地、农房屋顶建设分布式风电或光伏发电，配置一定比例的储能，自发自用，就地消纳，余电上网，农户获取稳定的租金或电费收益。支持村集体以公共建筑屋顶、闲置集体土地等入股，参与项目开发，增加村集体收入。项目开发企业为村民提供就业岗位，帮助脱贫户增收。

2. 积极培育新能源+产业

发挥能源企业资金、技术优势，建设光伏+现代农业。结合光伏板下闲置空间，开展适宜农作物规模化种植，提升土地综合利用价值。农户通过土地租赁、参与电站运维、农场劳务等方式增加收益。在荒漠、盐碱地、废弃矿区、采矿采煤塌陷区，推广“新能源+生态修复、矿山治理”等产业发展模式。在林区、牧区合理布局林光互补、牧光互补等项目，打造发电、牧草、种养殖一体化生态复合工程。结合农村配套基础设施提升完善和郊区亮化等工程，建设新能源+农村景观示范，推动新能源与路灯、座椅等公共设施一体化发展。

3. 推动农村生物质资源利用

鼓励企业从单纯发电转为热电联产，有序布局生物质发电项目。在农林生物质资源丰富地区，以一个或几个村为单元建设农林废弃物收集站，由专业化企业建设规模化生物质热电联产、生物质天然气项目、生物质热解气化项目、生物质液体燃料项目，为附近乡镇提供用电、用热、用气、用油服务。在畜禽养殖规模较大的地区，结合农村有机垃圾治理，建设区域有机废弃物集中处理沼气生物天然气项目、园区型“养殖–沼气–种植”项目和农户庭院型沼气项目。

典型案例八　黑龙江肇东市生物质热电联产示范项目

该项目由中国能建投资建设，是黑龙江省“百大项目”之一，总投资约7.4亿元，新建2台40MW高温超高压一次再热机组，每台机组配置1台130t循环流化床锅炉和1台40MW抽凝汽轮发电供热机组，燃料以秸秆压块为主，是国内同类型总装机容量最大的生物质热电联产项目，如图14-6所示。

项目运行后每年将高效利用秸秆生物质燃料达61.8万t,并可实现废水零排放，提供绿色电力约4.8亿kWh，减少二氧化碳排放约27.89万t，有效缓解秸秆焚烧对生态环境造成的危害。

图14-6　黑龙江肇东市生物质热电联产示范项目示意图

4. 鼓励发展新模式新业态

在农业产业园、田园综合体、景区等区域，探索建设多能互补、源荷互动的综合能源系统，提升能源综合利用率。以合同能源管理运营方式，引导企业、社会资本、村集体等多方参与，建设新能源高效利用的微能网，为用户提供电热冷气等综合能源服务。推动增量配电企业发展综合能源服务，创新发展新能源直供电、隔墙售电等模式。

5. 探索农村能源服务典型模式

积极探索乡村能源站、专业化能源服务公司等典型模式。培养农村能源专业化服务队伍，依托基层电信、农机服务网点、制造企业维修网点等，建设具备分布式可再生能源诊断检修、电动汽车充换电、生物质成型燃料加工等能力的乡村能源站，提高农村能源公共服务能力。专业化能源服务公司将利用国内外最新能源及信息技术发展成果，统筹推进农村能源系统改造，提升能源综合利用水平，实现能源利用高效化、清洁化、智能化和数字化。

四、农村能源转型展望

农村地区能源绿色低碳转型发展，是满足人民群众对美好生活的需要，是构建现代能源体系的重要组成部分，对巩固脱贫攻坚成果、促进乡村振兴，实现“双碳”目标和农业农村现代化都具有重要意义。首先，通过电网、能源站、充电桩、供暖等基础设施建设，提高农村用能保障水平，是实现产业振兴的保障，也是乡村新生活的支撑；其次，大幅提升风能、太阳能等可再生能源在农村能源结构中的占比，调整农村能源供给结构，是改善生态环境的基本要求；再者，新能源+产业建设为当地带来新的经济增长点和就业机会，农民通过闲散土地入股，获取相关收益，使得农民收入和农村经济双增长。

我国目前正处于农业现代化的起步阶段，未来高水平设施农业与农村综合能源的融合发展，将有很大的市场空间。各地方要按照国家政策导向，因地制宜推出配套支持政策，加大对乡村能源建设的投入，不断探索新业态下的市场规律和经营模式，进一步促进农民增收和乡村经济发展，为实现乡村振兴建设目标提供有力支撑。

第二节 生态治理与能源融合

一、生态治理与能源融合需求分析

（一）发展现状

党的十八大以来，我国围绕生态文明建设陆续制定出台了 40 多项政策文件，对监管制度、责任体系、机构职能等各个方面进行精准部署。2016—2018 年，24 个省（区、市）启动三批共 25 个山水林田湖草沙生态保护修复工程试点。2021 年 2 月，财政部、自然资源部、生态环境部又联合启动了中央财政支持山水林田湖草沙一体化保护和修复工程项目申报工作。在“山水林田湖草沙是生命共同体”的系统思想指导下，生态治理工作扎实推进，生态状况迅速改善，生态质量从长期处于总体恶化的态势向稳中向好态势转变。

（二）政策导向

山水林田湖草沙是相互依存、紧密联系的生命共同体。习近平总书记指出：“要统筹山水林田湖草沙系统治理，实施好生态保护修复工程，加大生态系统保护力度，提升生态系统稳定性和可持续性”。党的十八大以来，以习近平同志为核心的党中央把生态文明摆在全局工作的突出位置，全面加强生态文明建设，坚定不移地走生态优先、绿色发展之路，一体化治理“山水林田湖草沙”。

“十四五”规划纲要指出要坚持山水林田湖草沙系统治理，着力提高生态系统自我修复能力和稳定性，守住自然生态安全边界，促进自然生态系统质量整体改善。

《“十四五”现代能源体系规划》提出要推动能源产业和生态治理协同发展。因地制宜发展“光伏+”综合利用模式，推动光伏治沙、林光互补、农光互补、牧光互补、渔光互补，实现太阳能发电与生态修复、农林牧渔业等协同发展。

二、生态治理与能源融合思路

（一）总体目标

从自然环境看，重点要统筹治理山水林田湖草沙系统；从绿色经济看，重点要促进经济社会的绿色发展、传统产业的绿色改造、高碳能源的绿色转型、生态产品产业链和价值链的拓展延伸；从能源环境看，绿色、低碳、安全、高效能源和节能技术要作为重点支持对象。展望 2035 年，随着可再生能源加速替代化石能源，新型电力系统取得实质性成效，可再生能源产业竞争力进一步巩固提升，清洁低碳、安全高效的新型能源体系将加快建成。

（二）融合路径

1. 生态 + 光伏融合路径

通过光伏项目推进生态治理，既能提供绿色能源，又能进行生态修复。在具体实践中，光伏项目可以与沙漠治理、滩涂、盐碱地治理、矿山治理、水务治理、农田治理和水体治理融合发展，实现生态治理、经济发展和碳减排有机统一。

2. 生态 + 风电融合路径

结合我国渤海、黄海、东海与南海四大海域海上牧场示范区建设，通过将海上风电与海洋养殖、海洋旅游等融合发展，最大化利用海洋资源。针对陆上风电，我国还致力于低风速区域的风电开发，充分利用合适的丘陵山坡、滩涂荒地等土地资源。

3. 生态 + 储能融合路径

闲置的矿山地下空间与采矿迹地可再次开发利用。作为压缩空气储能或抽水蓄能电站项目场地，既可以降低储能项目整体投资，又可以避免废弃矿穴可能引起的一系列地质和生态问题。

4. 生态 + 生物质融合路径

鼓励污泥能量资源回收利用，土地资源紧缺的大中型城市推广采用“生物质利用+焚烧”等模式，推广将污泥焚烧灰渣建材化利用。鼓励采用污泥干化和焚烧联用，通过优化设计，采用高效节能设备和余热利用技术等手段，提高污泥热利用效率，从而形成新的生态经济循环体系。

三、生态治理与能源融合方案及效益分析

（一）生态+光伏融合方案及效益分析

1. 治沙+光伏模式

西北沙漠地区光照强，光照时间长，利于光伏发电，且地广人稀，可以有效解决光伏电站占地面积大的问题。同时，光伏板的设置可以阻挡太阳辐射，降低地表风速，减缓土壤水分蒸散，提高荒漠植物存活率。因此，光伏沙漠生态电站实现了光伏发电、沙漠治理、节水农业的有机结合。

典型案例一　内蒙古鄂尔多斯达拉特光伏应用领跑基地4号200MW项目“骏马电站”

由中国能建华东建投承建的内蒙古鄂尔多斯达拉特光伏应用领跑基地4号200MW“骏马电站”项目（见图14-7），采用“板上发电、板下种草、板间养殖”的立体化新型产业循环方案，实现了光伏发电、生态修复、扶贫利民、生态旅游一体的沙漠治理模式，沙漠生态环境得到了极大改善。该项目年发电量约3亿kWh，年减少二氧化碳排放约17.43万t。

图14-7　内蒙古鄂尔多斯达拉特光伏应用领跑基地“骏马电站”示意图

2. 滩涂、盐碱地治理+光伏模式

通过在沿海滩涂、盐碱地上方安装光伏板，不仅可以产出清洁能源，助力能源结构调整，提高土地资源利用率，同时通过光伏板对太阳光、强风的遮挡，对种植植物起到了保护作用，可以加快植株对土壤的改质进程，并保持水土，促进土壤改良，将“废地”转化为“宝地”。

典型案例二 浙江舟山市耐盐碱植物种植试验基地

浙江海洋大学国家海洋设施养殖工程技术研究中心应用耐寒、耐盐、耐潮植株改善滩涂、盐碱地的研究成果，在位于北纬30°的舟山鲁家峙和墩头码头的2块滩涂上选了30 000m^2的面积，陆续种下了10万余株秋茄苗，进行植株培育，同时研究光伏电站对于植株生长的影响，开创了滩涂、盐碱地治理与光伏电站融合的新模式。

3. *矿山治理+光伏模式*

将光伏新能源项目和矿山生态治理相结合，在废弃矿坑及其建构筑物、沉陷区等区域建设光伏电站，不仅降低了矿山综合治理成本，并且通过光伏发电，可以实现经济效益和减碳效益；同时，利用电站铺设的光伏板对地表进行遮挡，可以减少光照，促进植被生长，防止水土流失，从而减轻扬尘和地质灾害，实现生态效益。

典型案例三 安徽滁州市定远县废弃矿山光伏治理工程

该项目将安徽省最大的废弃矿山改造为大型光伏发电基地，于2016年6月18日并网发电。通过实行“林光互补”一体化用地模式，促进了采煤沉陷区土地资源的综合利用，扩大了绿化面积，生态效益明显，使得近10.6万m^2的采煤沉陷区土地“借光”重生，年发电量约1200万kWh，年减少二氧化碳排放约6972t。

4. *水务治理+光伏模式*

水务治理项目在配套光伏电站后，不仅可以补充传统电力的供给，还可以有效降低生产运营成本，达到节能减排的目的。同时，通过光伏板对太阳光的遮挡，对水体中藻类、微生物起到抑制作用，降低水务治理成本及工作量。

典型案例四 湖北武汉市北湖污水处理厂分布式光伏电站项目

由中南电力设计院总承包的武汉北湖污水处理厂分布式光伏电站项目（见图14–8），装机容量达23.7MW，是国内最大的污水处理厂分布式光伏发电项目。项目年发电量约2200万kWh，年减少二氧化碳排放约1.28万t。该项目提供的绿色清洁电能将全部用于污水治理。

图 14－8　湖北武汉市北湖污水处理厂分布式光伏电站项目示意图

（二）生态＋风电融合方案及效益分析

对于风电行业来讲，在大力发展风电产业加快我国能源结构调整的同时，也需兼顾日益突出的生态保护需求。如何做到两者高度融合、协同发展，成为目前亟待解决的问题。在这方面，中国能建始终致力于风电产业与生态治理的协调发展。

典型案例五　内蒙古阿拉善左旗巴彦诺日公 300MW 风电项目

由中国能建湖南火电联合体 EPC 总承包的内蒙古阿拉善左旗巴彦诺日公 300MW 风电项目（见图 14－9），安装 60 台 5MW 风力发电机组，装机容量 300MW，配置不低于 90MW/180MWh 储能。该项目建成投产后，年上网电量约为 9.33 亿 kWh，年减少二氧化碳排放约 54.21 万 t，不仅可保护该地区的大气环境，还可以改善当地的能源结构，提高非化石能源消费比例。

图 14－9　内蒙古阿拉善左旗巴彦诺日公 300MW 风电项目示意图

（三）生态+储能融合方案及效益分析

在矿山生态修复中，可以利用废弃矿山地下空间与采矿迹地作为储能设施发展新能源产业，不仅有利于生态环境保护，而且对改善能源结构，保障能源供应，实现“双碳”目标也具有重要推动作用。

压缩空气储能作为一种储存容量大、储能周期长、绿色环保、灵活高效的大规模储能技术，适合作为电网配套基础设施和进行商业化应用。结合废弃矿洞进行压缩空气储能项目建设，可以充分发掘二次利用价值，节省投资建设成本。

利用废弃矿井建设抽水蓄能电站主要有两种形式：半地下式抽水蓄能电站和全地下式抽水蓄能电站。两种形式的抽水蓄能电站均可通过地面的变电站接入电网或与当地可再生能源联合运行，提升系统灵活性。

典型案例六　山东淄博市淄川多能互补能源综合体项目

该项目利用淄川废弃矿区矿坑，建设300MW农光互补电站及220MW抽水蓄能电站，配套建设水源热泵供暖系统及智慧农业综合体，构建新型电力系统，打造“光伏电站—生态农业—抽水蓄能—水源热泵”一体化能源综合利用新模式，为全国废弃矿区高效综合利用提供示范样板。该项目年发电量约4.2亿kWh，年减少二氧化碳排放约24.4万t。

（四）生态+生物质融合方案及效益分析

燃煤耦合污泥发电是将污水处理厂产生的污泥，通过密闭车辆运送至电厂，利用电厂蒸汽将饱含水分的污泥间接干化，随后按一定比例，与燃煤掺混后送入电厂锅炉中燃烧。在高温下，污泥中的各种污染物得到彻底分解。整个处置过程，一方面利用污泥热值产生能量降低能源消耗，另一方面污泥干化后含水率大大降低，高温焚烧彻底分解污泥中的有机物、消灭有害病菌，实现了污泥的减量化与无害化处置，有效解决污泥排放对土地和地下水造成的污染问题。污泥焚烧后变为灰渣可用作建筑辅料，实现资源的循环利用。

典型案例七　浙江嘉兴市平湖独山港环保能源有限公司公用热电联产项目

由浙江省电力设计院设计的平湖独山港环保能源有限公司公用热电联产项目（见图14–10）位于平湖市独山港工业区，工程污泥处理能力每天500t，装机容量为3×15MW抽背式供热机组+3×180t/h 循环流化床锅炉。该工程项目主要通过污泥焚烧发电、灰渣综合利用、烟气净化处理等方式，有效解决嘉兴地区污泥处置难题。该项目年发电量约1.75亿kWh，年减少二氧化碳排放约10.17万t。

图 14－10　浙江嘉兴市平湖独山港环保能源有限公司公用热电联产项目示意图

四、生态治理与能源融合展望

新能源项目与生态治理的融合发展促进了经济社会发展的绿色转型，发掘了良好生态本身蕴含的经济价值。“生态＋光伏”“生态＋风电”“生态＋储能”和“生态＋生物质”等融合发展模式已有许多落地的工程案例，这些“生态治理＋绿色能源”的融合发展解决方案推动了我国能源结构的绿色低碳转型，降低了生态治理压力，将经济效益、生态效益、社会效益有机统一，是“山水林田湖草沙系统”统筹治理在能源领域的生动实践，通过若干年的艰苦努力，必将建成“山清、水秀、林茂、田丰、湖清、草绿、沙稳”的美丽中国。

市场篇

第十五章
碳　指　数

碳指数旨在系统评估“双碳”目标进程中国家或地区推进这一目标的实施基础、发展条件与政策部署，为各级政府和有关部门全面把握区域碳达峰碳中和发展进程提供参考依据。

本章在分析国内外碳指数研究现状的基础上，结合我国碳达峰碳中和顶层设计方案，提出中电工程的碳指数体系，对不同国家或地区的“双碳”目标的进展进行科学、客观、全方位的量化评价，精确反映国家或地区碳达峰碳中和进程，为碳达峰碳中和行动方案的调整和完善提供理论支撑，提升国家或地区“双碳”背景下的竞争力，以有力举措助力国家或地区的绿色低碳发展。

第一节　国内外研究现状

为应对全球气候变化，当前世界各国和地区陆续提出“双碳”目标。面对世界各国宣布取得碳中和进展但全球碳排放量反而增加的矛盾现状，如何准确判别不同国家或地区的碳达峰碳中和行动进程具有十分重要的意义。国内外针对碳达峰碳中和行动进程开展了大量研究，国外受关注度较高的有气候行动追踪组织（Climate Action Tracker，CAT）和毕马威会计师事务所的指数研究成果，国内具有代表性的有全球碳中和发展指数和中国省级碳达峰碳中和指数。

一、国外研究现状

（一）CAT 国家净零目标关键评价要素

气候行动追踪组织由德国 Ecofys 能源研究公司、气候分析组织和德国波茨坦气候影响研究所于 2009 年 11 月 6 日联合成立，定期追踪和发布各国气候变化政策与减排承诺的最新信息。该组织在 2021 年发布了《*Evaluation methodology for national net zero targets*》，该报告考虑国家净零目标因目标年份的差异、涵盖哪些排放和经济部门、该国是否打算在本国境外减少或清除二氧化碳、二氧化碳移除的效果、净零目标综合规划、是否有明确公平的配额目标等因素，从覆盖范围、组织架构和透明度三个维度设定了十个关键评价要素对国家净零排放目标进行评估，如图 15－1 所示。

气候行动追踪组织提出的综合评价旨在评估各国在其提出的净零排放目标下的综合行动与决心，但并没有搜集整理国家或地区的相关数据进行计算评价，即在应用上有待开展进一步工作。

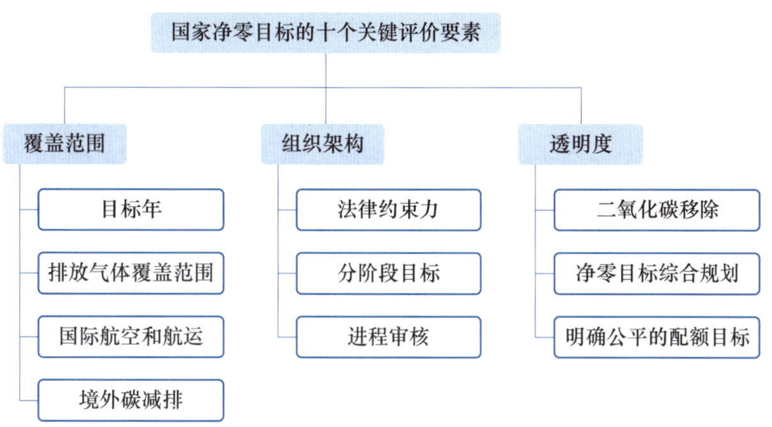

图 15－1　CAT 国家净零目标的十个关键评价要素

（二）毕马威会计师事务所净零排放准备指数

毕马威会计师事务所 2021 年 12 月发布了报告《*Net Zero Readiness Index 2021*》，在报告中提出了净零排放准备指数（NZRI）这一概念，用于对比 32 个国家在减少导致气候变化的温室气体排放方面的进展，以及评估其在 2050 年之前实现净零排放的准备度和能力。毕马威会计师事务所选取了全球 32 个国家，对各国净零排放准备程度进行评估，并提出了其对未来挑战和举措等方面的见解。

NZRI 针对所选取的 32 个国家制定了 103 项指标，这些指标按国家准备度和行业准备度进行划分。国家准备度考虑了相应国家对脱碳做出的承诺、其历史脱碳表现以及促成脱碳目标实现的有利环境；行业准备度涵盖五大排放量最高的行业，即电力和热能，运输，建筑，工业，以及农业、土地使用和林业。毕马威会计师事务所提出的 NZRI 算法如式（15－1）所示。但 NZRI 算法中行业层面的评价指标权重取值，存在因国家脱碳状况、政府行动力和交付能力不同而调整的情况，这使得评价算法在不同国家应用存在差异，对评价结果的中立性和准确性产生影响。

$$\text{国家综合得分}=\frac{\text{国家层面得分（17 项评价指标）}\times\text{行业层面得分（86 项评价指标）}}{100} \tag{15-1}$$

二、国内研究现状

（一）全球碳中和发展指数

全球能源互联网发展合作组织研究人员对全球碳中和发展指数进行了研究，并发表了全球碳中和发展指数（global carbon neutrality development index，GCNDI）研究结果。研究人员梳理了全球碳中和形势，并分析了各国自主贡献目标雄心、具体履约情况以及2020年更新的国家自主贡献目标。从应对气候变化责任心、行动力、承压力三个维度构建了全球碳中和发展指数，旨在评估各国碳中和进程及绩效。GCNDI对覆盖全球85%以上碳排放总量且提出碳中和目标的50个国家进行了综合评价。

研究人员首先采用标准极差法、对数极差法和区间隶属度等数据标准化方法对指标数据进行标准化处理，数据标准化后的指标分值介于0到100之间，然后采用德尔菲专家法构建指标权重矩阵，建立GCNDI评价体系，如图15-2所示。

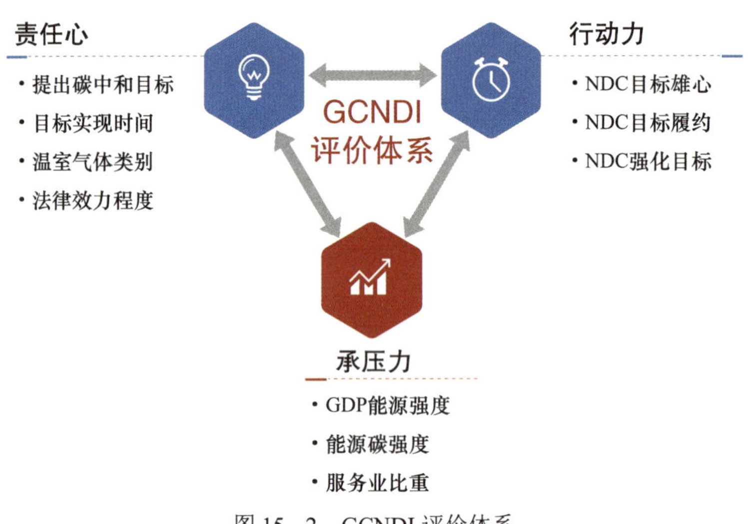

图15-2　GCNDI评价体系

（二）中国省级碳达峰碳中和指数

碳达峰碳中和指数研究课题组由中国环境科学研究院与公众环境研究中心联合成立，基于我国“双碳”目标开展了我国省级行政区、重点城市和中央企业的碳达峰碳中和指数系列研究。该课题组于2021年6月发布了《中国省级碳达峰碳中和指数研究报告 2021》，报告通过收集公开数据和信息，对各省响应“双碳”目标的气候雄心、低碳状态和排放趋势情况进行客观评价。报告综合考虑经济发展与能源利用、碳排放及其他因素影响，构建了三级评价指标体系，采用决策者赋权法赋予相应权重，指标体系如图15-3所示。报告对30个省（区、市）进行综合评价，展示各省（区、市）

产业结构、能源消费、碳汇能力等“双碳”目标的发展进程，以及政策驱动下碳排放趋势的变化情况。

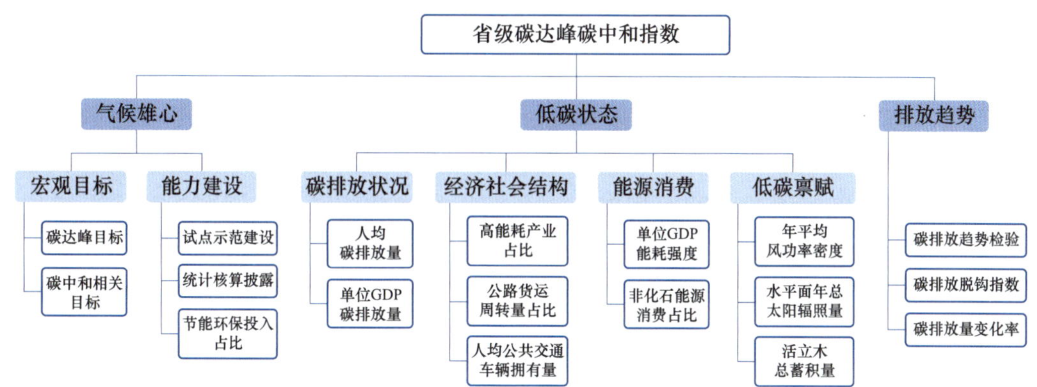

图 15－3　省级碳达峰碳中和指数评价指标体系

第二节　中电碳中和指数体系

国内外对碳达峰碳中和发展进行评价涵盖的评价指标不同，且对评价指标数据处理、权重计算方法和综合评价处理模型均有所不同，评价结果存在较大差异。因此，在全球气候温控目标形势严峻的情况下，如何采用更加科学、全面、准确的综合分析方法量化国家或地区的碳达峰碳中和进程尤为迫切。中电工程依据自身在能源电力行业的优势，构建“中电碳中和指数”，展现碳达峰碳中和的实际行动效果，以此为依据不断调整国家或地区碳达峰碳中和行动策略，探索新的行动路径，助力加快实现“双碳”目标。

一、中电碳中和指数体系设计依据

2021 年 10 月，习近平主席在《生物多样性公约》第十五次缔约方大会领导人峰会上首次提出我国碳达峰碳中和政策体系。我国为推动实现“双碳”目标，陆续发布了重点领域、行业碳达峰实施方案及一系列支撑保障措施，构建了碳中和“1+N”政策体系。我国碳中和“1+N”政策体系，从顶层设计、体制机制保障、约束性制度、激励性政策、科技创新政策等方面全面支撑碳中和政策体系建设，构建了绿色低碳循环经济体系、提升能源利用效率、提高非化石能源消费比重、降低二氧化碳排放水平、提升生态系统碳汇能力等五个方面主要目标，指导国家和地区层面的碳达峰碳中和行进方向，同时也为中电工程践行我国“双碳”战略构建“中电碳中和指数”提供了评价体系设计依据。

二、中电碳中和指数体系建模

我国不同地理区域结合其自身资源环境优势、经济发展特点等因素，因地制宜采取不同行动措施推动本地资源合理优化配置与绿色低碳发展。为全面评估不同地理区域碳达峰碳中发展进程，中电工程通过发放调查问卷及采用德尔菲专家法咨询行业专家等方式，构建了碳达峰目标、碳中和目标、科研投入占比、单位 GDP 碳排放量、非化石能源占比、碳排放脱钩指数等 13 个维度的指标评价体系，如表 15－1 所示。结合不同指标对碳达峰碳中和发展的贡献力，指标数值越高越好定义属性为高优指标，指标数值越低越好定义属性为低优指标。

表 15－1　　中电碳中和指数指标体系

序号	指标项	指标属性
1	碳达峰目标	高优
2	碳中和目标	高优
3	地方性“双碳”法律法规建设	高优
4	碳排放统计核算披露	高优
5	科研投入占比	高优
6	人均碳排放量	低优
7	单位 GDP 碳排放量	低优
8	非化石能源占比	高优
9	高能耗产业占比	低优
10	煤炭在能源消费结构中的占比	低优
11	森林覆盖率	高优
12	空气质量优良天数占比	高优
13	碳排放脱钩指数	高优

全方位评价碳达峰碳中和进程，首先应考虑各地理区域的“双碳”目标制定，在我国“双碳”目标下，各地理区域可凭自身资源条件和经济发展情况而率先于国家实现碳达峰或碳中和；为评价各地理区域在碳达峰碳中和进程中的行动力，以及区域整体对实现碳达峰碳中和的决心，评价系统纳入地方性“双碳”法律法规建设、碳排放统计核算披露、科研投入占比指标；为量化评估各区域年度经济发展与能源消费情况，评价体系纳入人均碳排放量、单位 GDP 碳排放量、非化石能源占比、高耗能产业占比、

煤炭在能源消费结构中的占比指标；此外，评价体系考虑区域内减排成效，评价指标纳入森林覆盖率、空气质量优良天数占比、碳排放脱钩指数。

“双碳”进程的发展程度是能源消费、经济发展、社会环境、法制政策、减排力度等多个维度协同作用的结果。通过立法立制、科技创新、经济政策支持实现能源高效利用，通过能源消费剖析区域产业经济发展对“双碳”目标的支持，以森林覆盖率和优良空气质量激发社会大众自发环保行为，互相协同、综合推动各地理区域碳达峰碳中和进程。

三、中电碳中和指数体系模型求解

（一）指标数据无量纲化处理

为消除各指标数据由于量纲不同、自身变异或者量纲值相差较大所引起的误差，需要对数据进行标准化处理。本节中电碳中和指数研究采用标准极差法对数据进行无量纲化处理，消除数据离散性引起的误差。

对于高优指标，有

$$x^* = \frac{x - \min(x)}{\max(x) - \min(x)} \tag{15-2}$$

对于低优指标，有

$$x^* = \frac{\min(x) - x}{\max(x) - \min(x)} \tag{15-3}$$

式中 x^* ——无量指标数据；

x ——含量纲指标数据。

（二）权重因子确定

指标权重因子的设定直接影响评价结果的准确性。中电碳中和指数研究向行业专家发放调查问卷，由行业专家对评价指标权重因子进行重要程度打分。依据专家打分结果，采用 AHP 层次分析法，计算得出权重因子矩阵。

AHP 层次分析法依据专家对评价指标打分结果建立判断矩阵，依据判断矩阵用和法求得各指标项权重，并计算判断矩阵的最大特征值及其特征向量，校验判断矩阵一致性，其主要步骤如下。

（1）根据专家对评价指标打分结果构建判断矩阵 A，即

$$A = (a_{ij})_{n \times n} \quad (i, j = 1, 2, \cdots, n) \tag{15-4}$$

式中 a_{ij} ——指标 i 相对于指标 j 的重要程度。

（2）将判断矩阵 A 的各列作归一化处理，即

$$\bar{a}_{ij}=\frac{a_{ij}}{\sum_{k=1}^{n}a_{kj}}\quad (i,j=1,2,\cdots,n) \tag{15-5}$$

式中　$\bar{a}_{ij}$——判断矩阵中元素 a_{ij} 在 j 列归一化后的值。

（3）求判断矩阵 A 的各行元素之和 $\bar{\omega}_i$，即

$$\bar{\omega}_i=\sum_{j=1}^{n}\bar{a}_{ij}\quad (i,j=1,2,\cdots,n) \tag{15-6}$$

式中　$\bar{\omega}_i$——归一化后的判断矩阵中第 i 行元素之和。

（4）对 $\bar{\omega}_i$ 进行归一化处理得到指标项 i 的权重值 ω_i，即

$$\omega_i=\frac{\bar{\omega}_i}{\sum_{i=1}^{n}\bar{\omega}_i}\quad (i,j=1,2,\cdots,n) \tag{15-7}$$

（5）一致性检验：

1）根据 $A\omega=\lambda_{\max}\omega$ 求最大特征根及其特征向量。

2）计算一致性指标 $CI=\dfrac{\lambda_{\max}-n}{n-1}$。

3）找出相应的平均随机一致性指标 RI。

4）计算一致性比例 $CR=CI/RI$；当 $CR<0.1$时可接受一致性检验，判断矩阵无逻辑性错误，否则对 A 进行修正。当判断矩阵通过一致性检验后，则判断矩阵无逻辑性错误，表明求得指标权重具有可应用性。采用 AHP 层次分析法计算各评价指标的权重因子，计算结果如表 15－2 所示。

表 15－2　中电碳中和指数指标权重因子

序号	指标项	权重值
1	碳达峰目标	0.0857
2	碳中和目标	0.0857
3	地方性“双碳”法律法规建设	0.1714
4	碳排放统计核算披露	0.0857
5	科研投入占比	0.4286
6	人均碳排放量	0.4286
7	单位 GDP 碳排放量	0.0857
8	非化石能源占比	0.0857
9	高能耗产业占比	0.4286

续表

序号	指标项	权重值
10	煤炭在能源消费结构中的占比	0.1714
11	森林覆盖率	0.2857
12	空气质量优良天数占比	0.2857
13	碳排放脱钩指数	0.4286

（三）综合指数计算

在确定评价体系指标和权重因子的基础上，评价体系采用综合指数评价模型，即对评价指标进行加权求和计算得出综合评价分值，公式为

$$C_{ZP}=\sum_{i=1}^{n}x_i\lambda_i \quad (15-8)$$

式中　C_{ZP}——综合评价分值；

x_i——评价指标；

λ_i——评价指标权重。

第三节　中电碳中和指数应用分析

以我国七大地理区域为研究对象，以 2015 年为基准年，计算我国各地理区域 2019 年、2020 年中电碳中和指数。为保持数据的一致性，本节计算采用的各省生产总值、人口数、能源消费等数据均来自历年的《中国统计年鉴》《中国工业经济年鉴》《中国能源统计年鉴》《中国环境统计年鉴》《中国科技统计年鉴》和各省（区、市）的相关统计年鉴。鉴于我国于 2020 年首次提出“双碳”目标，本次评价暂取各地理区域 2015 年及 2019 年碳达峰目标、碳中和目标、地方性“双碳”法律法规建设和碳排放统计核算披露共计 4 项指标为相同数据，后续将根据国家及各地区公布数据和信息，进行“中电碳中和指数”更新。

我国七大地理区域“中电碳中和指数”评价结果如图 15－4 所示。由计算结果可知，相对于 2015 年，我国地理区域的绿色低碳发展在 2019 年与 2020 年均取得了一定进展。其中，2020 年整体取得较大的低碳进展。经各项指标数据分析，其原因在于 2020 年受新冠疫情影响，除华东地区外，其他地理区域整体能源消费呈现负向增长。分析各区域指标，在七大地理区域中，华南地区煤炭消费占比较小，空气质量较优，且单位 GDP 碳排放量相对较低，在绿色低碳发展上始终处于领先地位，如图 15－5 所示。

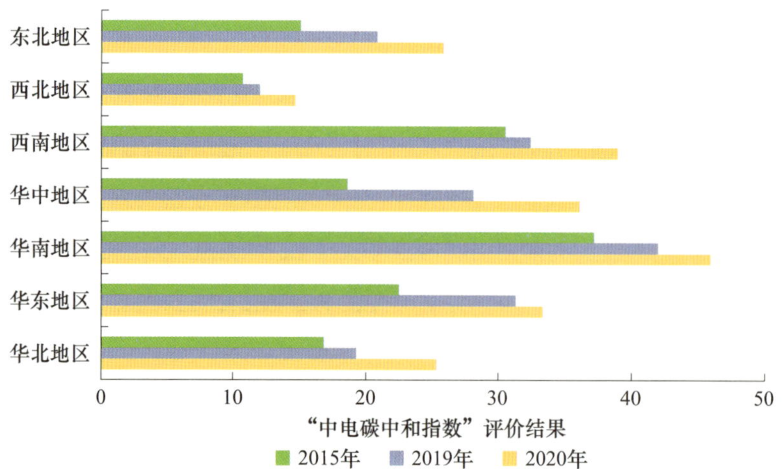

图 15－4　我国七大地理区域“中电碳中和指数”评价结果

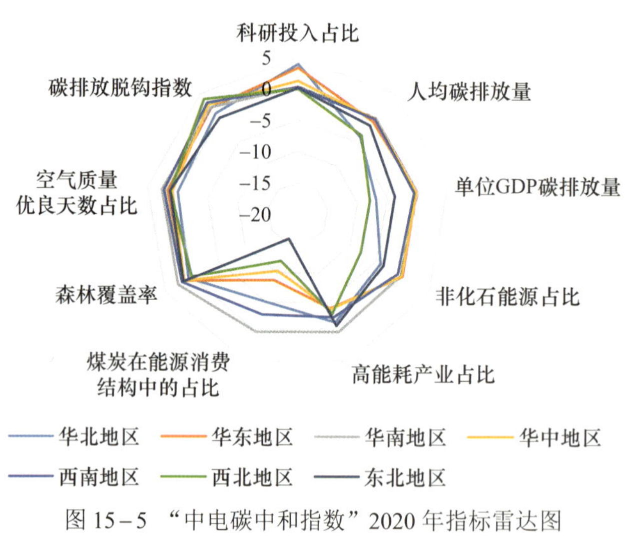

图 15－5　“中电碳中和指数”2020 年指标雷达图

由图 15－5 可以看出，各地理区域在单位 GDP 碳排放量、非化石能源占比、煤炭在能源消费结构中的占比三项指标指数存在较大的差异，反映出各地理区域在经济发展和能源消费的发展不平衡。因此，在未来碳达峰碳中和进程中，各地理区域除应因地制宜积极开展自身“双碳”行动外，更应注重各地理区域间的协调发展，以助力实现全国范围内的“双碳”目标。

此外，中电工程在研究分析各区域能源消费及碳排放数据时，为充分考虑各区域间经济发展不平衡和能源消费调入调出的影响，将在“中电碳中和指数”评价体系中增加“区域能源调节系统”指标项。中电工程已针对该指标项进行了一定的研究，但尚未形成成熟的指标数据，因此，本次评价暂不放入该评价指标，将在后续展现该指标研究结果。

“中电碳中和指数”的提出，为我国各区域提供了含经济发展、能源消费在内的可量化、可视化区域“双碳”目标发展进程。当前，我国各区域发展尚不均衡，坚持系统观念、兼顾效率和公平、统筹推进“双碳”战略、坚持问题和目标导向相结合、创新科研机制体制、加大科技投入力度，将会为实现“双碳”目标创造有利条件。针对“中电碳中和指数”计算过程中的数据获取难、数据不完整和数据不一致问题，中电工程将致力于建设国家共享数据信息库，并随着我国和各区域的数据测算精度、披露完整性、共享机制的不断完善，定期更新计算结果，提供坚实可靠的碳达峰碳中和指数，以更全面、严谨的理论数据为我国“双碳”目标的实现提供有力支撑。

第十六章
碳　　汇

实现“双碳”目标需要同时做好“加”法和“减”法，一方面是通过多种途径实现约75%的碳减排，另一方面是通过增加碳汇中和约25%的碳，即通过发展固碳技术或生态碳汇减少空气中的碳浓度。自然生态系统本身具有非常强的碳汇能力。森林、草地、湿地、农田和海洋是具有较大固碳潜力的生态系统，充分发挥其生态碳汇作用，对中国实现“双碳”目标具有重要的推动作用。

第一节　碳汇定义及计量方法

1992年，《联合国气候变化框架公约》对“碳汇”进行了定义，并首次将“汇”的方式确立为减缓气候变化的一项主要措施。

一、碳汇定义、类型及涵盖范围

《联合国气候变化框架公约》将“从大气中清除二氧化碳的过程、活动和机制”定义为“碳汇”。按生态系统特点划分，碳汇包括陆地生态系统碳汇和海洋碳汇。

（一）陆地生态系统碳汇

陆地生态系统碳汇是利用陆地生物群落吸收并固定CO_2的过程、活动和机制，包括森林碳汇、草地碳汇、农田碳汇和湿地碳汇等。

森林碳汇是指森林群落通过光合作用吸收大气中的二氧化碳并将其固定在森林植被和土壤中的所有过程、活动和机制，从而减少该气体在大气中的浓度。按森林类型，分为天然林碳汇和林业碳汇。天然林碳汇是通过天然起源的森林增加碳汇。林业碳汇是通过森林保护、荒漠化防治、人工再造林、森林经营等林业经营活动，在原有森林的基础上，稳定和增加碳汇量的过程或活动。按照林业经营活动情况，又可以细分为人工造林碳汇、森林经营碳汇等。

草地碳汇是草地植物吸收大气中的CO_2并将其固定在植被或土壤中，从而减少该气体在大气中浓度的过程。其形式主要包括植被碳汇和土壤碳汇。

农田碳汇，也称农业碳汇，是通过适当的农业管理措施来实现碳汇，主要由农业植被碳汇和农业土壤碳汇组成。

湿地碳汇是指湿地植物通过光合作用将吸收的CO_2以有机质的形式固定在植被或

土壤中。湿地碳汇形式主要包括植被碳汇和土壤碳汇。

（二）海洋碳汇

海洋碳汇是利用海洋活动及海洋生物吸收大气中的 CO_2，并将其固定在海洋中的过程、活动和机制。海洋碳汇包括海岸带生态系统碳汇、渔业碳汇和微型生物碳汇。

海岸带生态系统碳汇主要由红树林、滨海沼泽和海草床等生态捕获的生物量碳和储存在沉积物（或土壤）中的碳组成。

渔业碳汇是通过渔业生产活动促进水生生物吸收水体中的 CO_2，并通过收获水生生物产品，把这些碳移出水体的过程和机制。

微型生物碳汇是指海洋微型生物的生理生态过程与生物地球化学过程，通过把有机碳从可被利用的活性态转化为不可利用的惰性溶解有机碳，从而长期封存，微型生物碳汇机理如图 16－1 所示。

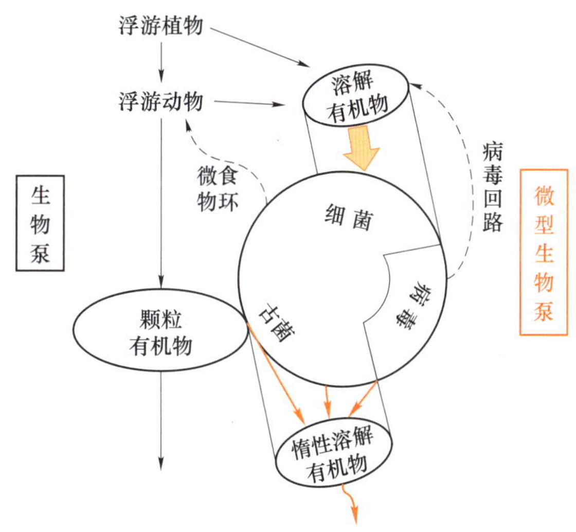

图 16－1 微型生物碳汇机理

二、碳汇计量方法

（一）陆地生态系统碳汇计量方法

陆地生态系统碳汇常用的计量方法有样地清查法、模型构建法、遥感监测法和微气象学方法。

（1）样地清查法：基于不同时期资源清查资料的比较来估算陆地生态系统碳储量变化，即通过样地的平均碳含量与面积求碳汇量。该方法精度较高，形成体系后会极大地便于后期计算，但前期工作量繁重，全面普查难以实现。

（2）模型构建法：根据所涉及碳库类型、方法学层级、研究区域的不同，基于足量基础数据构建的一种具有模拟预测功能的多尺度简便计算模型。该方法具有模拟预测的优势，但是其普适性不足，在应用中必须进行实测数据的校准验证和相关参数优化。

（3）遥感监测法：利用卫星遥感、气象观测数据等，对生态系统碳时空分布及动态变化进行分析，估算大面积生态系统碳储量。该方法的优点在于可实时评估大尺度的陆地碳汇，但该方法无法准确区分不同生态系统类型碳通量，基于此通常需要大量观测数据为支撑，在一定程度上限制了其应用。

（4）微气象学方法：直接测定固定覆盖范围（通常数平方米到数平方千米）内陆地生态系统与大气间的净 CO_2 交换量，通过估算常通量层区域净碳交换量，即碳汇（源）的大小。该方法的主要优点在于可实现精细时间尺度（例如每半小时）上碳通量的长期连续定位观测，但不可避免地会受到观测缺失和气象条件复杂等因素影响，从而带来一定的观测误差和代表性误差。

上述各计量方法在陆地生态系统中的应用情况及特点如表 16－1 所示。

表 16－1　　不同陆地生态系统碳汇计量方法的适用性及特点

计量方法	森林碳汇	草地碳汇	农田碳汇	湿地碳汇
样地清查法	抽样实测树种平均容重，运用蓄积量求得生物量，再通过转换系数得碳储量	选取样地检测土壤（1m 深）、植物、枯落物和根系样品的碳含量	选取样地，检测农作物和土壤碳层的碳含量	选取样地，检测土壤、植被以及水体多种碳层的碳含量
模型构建法	基于足量基础数据构建具有模拟预测功能的模型	草地中模型使用与森林大致相同	模型使用与森林大致相同，需要额外增加耕种的情景模拟	额外分析大气－植被－土壤三者之间的碳通量
遥感监测法	与生态学过程模型相耦合进行碳汇测量，对森林生态系统碳时空分布及动态变化进行分析，估算大面积森林生态系统碳储量	识别草地类型与面积，基于卫星的遥感模型可以显著提高对草地碳动态空间变化和时间变化的监测能力	根据土壤有机质属性创建数据库，利用 GIS 计算土壤碳储量	准确量化湿地复杂多样的生态因子尚存在一定难度
微气象学方法	在一个标准高度上对 CO_2 浓度及风速风向进行监测	实验场景的设置和测量仪器的安置高度按照草地设定	仪器离地高度和实验环境设置，一般农作物测量高度不超过 2m	准确量化湿地复杂多样的生态因子尚存在一定难度

（二）海洋碳汇计量方法

海岸带生态系统是处于浅海与陆地交界区域的生态系统，碳汇计量方法与陆地生态系统较为类似。海岸带生态系统碳汇计量包括土壤、植被和水体三部分，计量方法有清查法、模型构建法、遥感监测法和清单法。清查法用于直接测量土壤、植被、水体以及气体之间的碳通量，该方法主要用于中小尺度计量，是最为准确的计量方法。模型构建法和遥感监测法与陆地生态系统碳汇计量原理类似。清单法是利用生物量与碳转换系数相乘得到碳密度，再乘以面积得到碳储量，通过碳储量变化得到碳汇量，相当于简化版本的清查法。在全球或区域尺度上，由于无法大规模直接清查，大多数利用模型构建法和清单法来替代，辅以部分清查法进行验证。

渔业碳汇受养殖种类、方式、技术、管理等诸多因素的影响，形成统一的渔业碳汇计量方法较困难。其中，《养殖大型藻类和双壳贝类碳汇计量方法 碳储量变化法》（HY/T 0305—2021）基于碳储量变化法的原理，建立了养殖贝类与藻类的碳汇计量方法。该方法是在一个养殖周期内，通过养殖大型藻类/贝类结束时（收获）的碳储量减去养殖大型藻类/贝类养殖初始（放苗）的碳储量来计算碳储量变化，再考虑碳与二氧化碳的转化系数，计算养殖藻类/贝类的碳汇量。

微型生物碳汇的计量涉及一系列复杂的生态过程参数、指标和标准的制定与校对，如不同类型浮游植物与细菌、古菌等微生物丰度、单细胞碳量等，最后经过综合分析与数值模拟计量得出某一特定近海环境下的微型生物碳汇增量。我国对于微型生物碳汇的观测与计量有待进一步深入研究。

第二节 国内外碳汇发展背景及政策

一、林业碳汇发展及政策

（一）国外发展情况

国际上将林业碳汇纳入应对气候变化问题的时间较早，整体发展趋于成熟，细节逐渐完善，具体如图 16－2 所示。

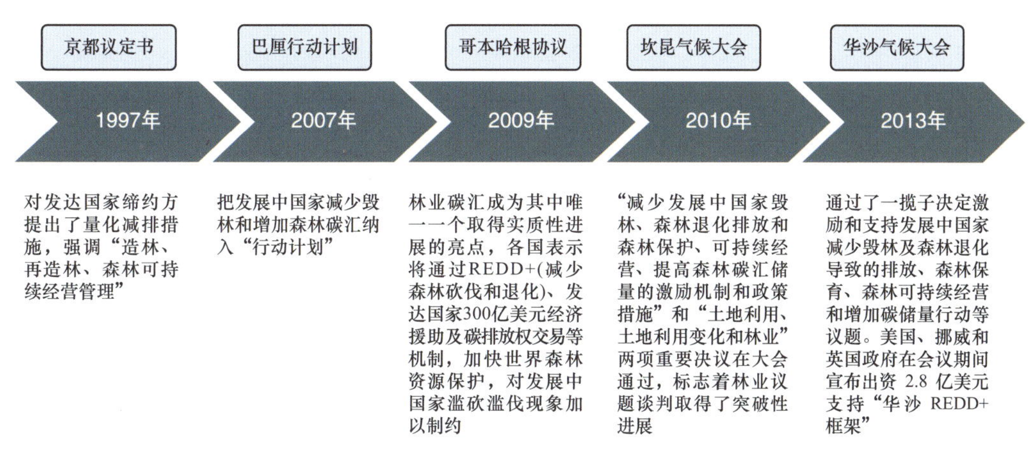

图 16－2 气候变化大会林业碳汇政策

（二）国内发展情况

2015 年 9 月，中共中央、国务院印发《生态文明体制改革总体方案》，强调建立增加森林、草原、湿地、海洋碳汇的有效机制，随后政府颁布了系列政策文件促进碳汇发展，相关资源也逐渐向林业碳汇、碳汇交易领域倾斜，具体如图 16－3 所示。

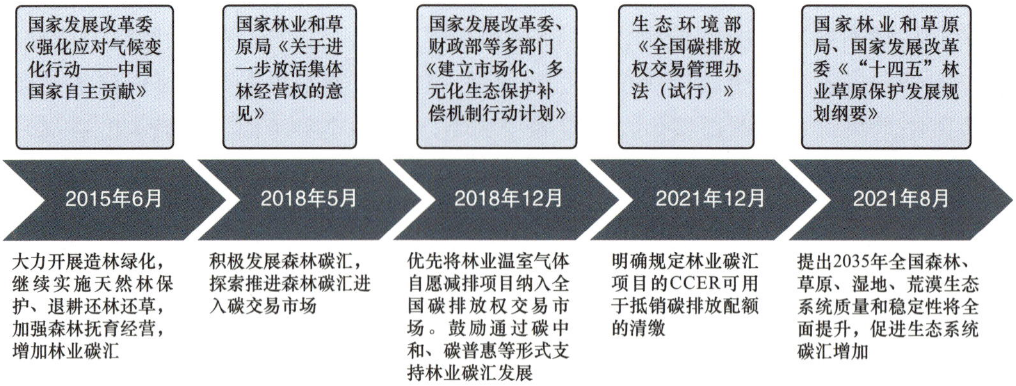

2015年6月	2018年5月	2018年12月	2021年12月	2021年8月
国家发展改革委《强化应对气候变化行动——中国国家自主贡献》	国家林业和草原局《关于进一步放活集体林经营权的意见》	国家发展改革委、财政部等多部门《建立市场化、多元化生态保护补偿机制行动计划》	生态环境部《全国碳排放权交易管理办法（试行）》	国家林业和草原局、国家发展改革委《"十四五"林业草原保护发展规划纲要》
大力开展造林绿化，继续实施天然林保护、退耕还林还草，加强森林抚育经营，增加林业碳汇	积极发展森林碳汇，探索推进森林碳汇进入碳交易市场	优先将林业温室气体自愿减排项目纳入全国碳排放权交易市场。鼓励通过碳中和、碳普惠等形式支持林业碳汇发展	明确规定林业碳汇项目的CCER可用于抵销碳排放配额的清缴	提出2035年全国森林、草原、湿地、荒漠生态系统质量和稳定性将全面提升，促进生态系统碳汇增加

图 16－3　我国林业碳汇政策

根据第九次森林资源清查数据显示，我国森林覆盖率达22.96%，森林面积2.2亿hm^2，全国森林植被总碳储量91.8亿t。未来，我国将持续完成并提高国家自主贡献目标，2030年比2005年增加森林蓄积量45亿m^3。森林碳汇仍将呈不断增加趋势。

二、草地碳汇发展及政策

（一）国外发展情况

相比于较成熟的林业碳汇，全球草地碳汇仍处于起步阶段。2014年，联合国粮农组织开发了全球首个草地管理碳汇方法学，为草地碳汇项目发展提供了重要基础保障。

2012年，美国启动了草地碳汇交易试点，初步制定了草地碳汇交易框架。2015年7月，气候行动储备组织协助制定了美国首个草地碳汇议定书，提供了量化、监测、报告和核证草地碳汇量的方法。2018年7月，美国完成首个草地碳信用交易。

除此之外，2012年，澳大利亚开发了牧草地碳汇核证方法学，鼓励农民通过出售草地碳汇获取收益。葡萄牙政府创立了葡萄牙碳基金，该基金鼓励草地所有者通过草地管理提高草地固碳量从而获得一定补贴。

（二）国内发展情况

我国草地碳汇研究起步较晚，2000年起，国家开始加大草地生态保护的投入力度。党的十九大以来，党中央、国务院先后印发了《国务院办公厅关于加强草原保护修复的若干意见》（国办发〔2021〕7号）、《天然林保护修复制度方案》等文件，明确提出"建立监测体系""不断完善森林草原资源'一张图''一套数'动态监测体系"等。《2030年前碳达峰行动方案》（国发〔2021〕23号）提出开展森林、草原等碳汇本底调查。目前，草地碳汇研究正有序推进。

三、农田碳汇发展及政策

（一）国外发展情况

美国农业碳汇相关法律法规较为完善。1997—2003 年《碳封存计划》、2006 年《气候变化技术计划》、2007 年《低碳经济法》，相继提出利用农田生态系统增加碳汇。2009 年 6 月，美国颁布《美国清洁能源与安全法案》，提出以发放排放许可证的形式鼓励有助于农地固碳减排的项目。

2011 年，澳大利亚政府出台了《2011 碳信用（碳农业倡议）法案》，将农业碳汇纳入碳排放权交易体系，鼓励通过农业管理等方式实现减排增汇，并提出了碳补偿的范围、核证与监测方法。2014 年，澳大利亚政府出台了《碳农业倡议修正法案》，投资 25.5 亿澳元，建立减排基金，直接参与促进减少温室气体排放；2019 年，追加 20 亿澳元建立气候解决方案基金，将农业碳汇列为实现碳中和的重要路径之一。

（二）国内发展情况

全国碳市场尚未纳入农业碳汇交易，但在“双碳”背景下，农业碳汇作为一种效益好、易显化的生态产品，已引起社会各界的重视。2021 年 9 月，中共中央、国务院发布《关于完整准确全面贯彻新发展理念做好碳达峰碳中和工作的意见》，提出开展耕地质量提升行动，实施国家黑土地保护工程，提升生态农业碳汇。2022 年 2 月，中共中央、国务院发布《关于做好 2022 年全面推进乡村振兴重点工作的意见》，强调要推进农业碳汇价值实现、乡村生态振兴指导等工作，探索挖掘农业减排固碳的潜力。未来，农业碳汇将会是乡村振兴及生态碳汇的重要抓手之一。

四、湿地碳汇发展及政策

1971 年 2 月，国际上发起《关于特别是作为水禽栖息地的国际重要湿地公约》，截至 2002 年 12 月，已有包含中国在内的 134 个缔约方签署该公约，加强了对湿地生态的全面保护。2016 年 11 月，我国发布《湿地保护修复制度方案》，要求运用自然湿地岸线维护、植被恢复等修复手段逐步增强湿地碳汇功能。2021 年 1 月，全国人大常委会审议并通过了《中华人民共和国湿地保护法（草案）》，标志着我国开启湿地保护的法制化进程，为湿地碳汇发展提供了法律基础。

五、海洋碳汇发展及政策

（一）国外发展情况

与森林碳汇相比，海洋碳汇具有储碳量大、储存时间长的优势。2009 年，联合国环境规划署、粮农组织、教科文组织以及政府间海洋学委员会合作完成了《蓝碳：健康海洋对碳的固定作用》，着重分析了海洋的碳汇功能。国际海洋碳汇政策如图16－4所示。目前，国际上关于海洋碳汇计量方法、技术规范、评价标准等研究较少。因此，开展海洋碳汇研究，抢占先机，对我国充分发挥海洋碳汇作用的意义重大。

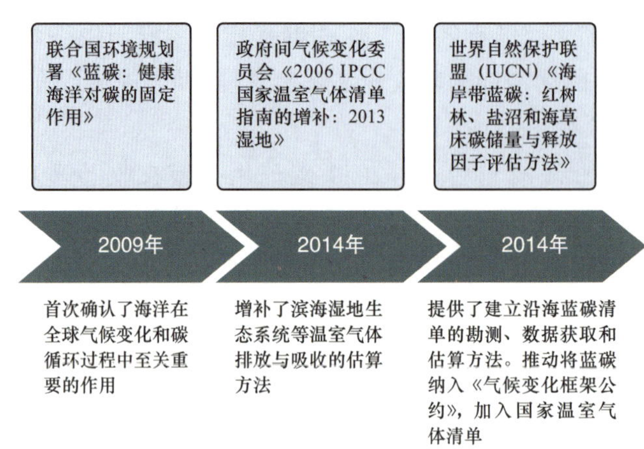

图16－4　国际海洋碳汇政策

（二）国内发展情况

我国海洋碳汇保护工作与国际社会同步开展，“十三五”期间我国提出了海洋碳汇的相关政策，“十四五”期间海洋碳汇政策更是频频出台。国内海洋碳汇政策如图16－5所示。

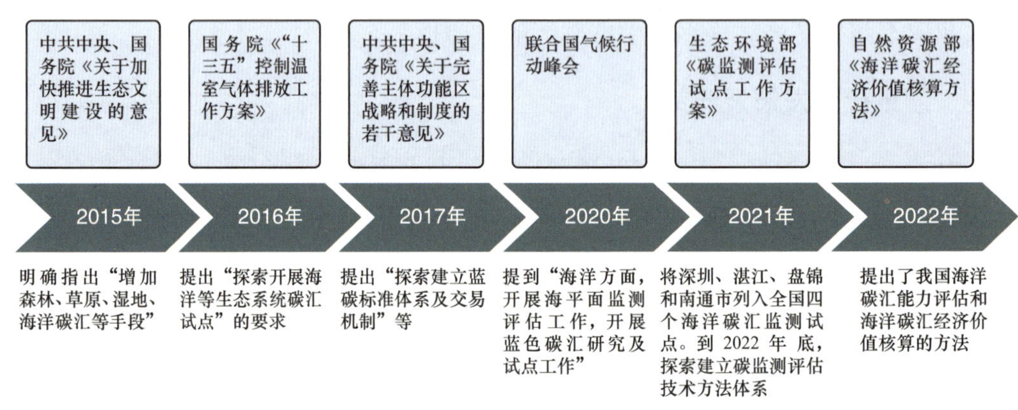

图16－5　国内海洋碳汇政策

目前，我国在海洋碳汇方面的研究处于国际领先水平，“十四五”期间，将进一步面向世界科技前沿、面向国家重大需求，把科学理论转化为服务碳中和战略的实施方案，大力发展海洋碳汇，深度参与国际治理。

第三节 碳汇交易机制及进展

发达国家在工业化进程中排放了大量二氧化碳，在无法通过技术革新降低二氧化碳排放量的情况下，采取在发展中国家投资造林增加碳汇的方式，抵销本国工业化带来的碳排放，达到降低其碳排放总量的目的，这就是“碳汇交易”的起源。碳汇交易发展至今泛指通过市场机制实现生态价值补偿的交易。

一、碳汇交易机制

在碳交易体系中，主要分为履约型和自愿型两大类交易体系，两者均囊括了碳汇项目，如图 16－6 所示。履约型交易体系是指控排企业通过购买碳排放配额，或购买一定比例经备案的碳汇抵销其部分碳排放量，以实现如期履约减排的法律义务。在该体系下，碳汇作为一种碳抵销产品进行交易。自愿型交易体系则是由相关公益组织、企业、个人等自愿购买排放指标或碳汇量以实现减排目的。

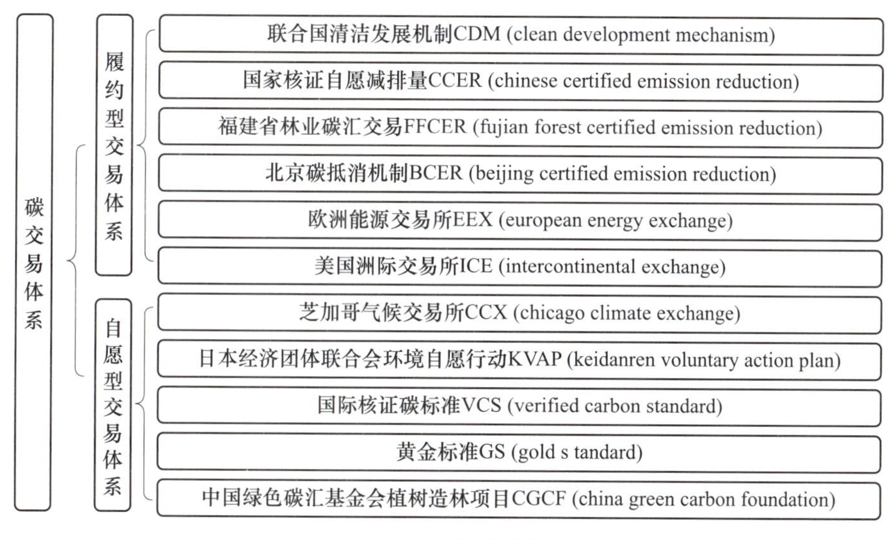

图 16－6 碳汇交易体系

二、碳汇交易限制

1. 碳汇交易份额受限

我国碳排放交易试点中，对碳汇交易份额设定了不超过碳排放总量 5%～10%的限额，制约了碳汇交易的大规模开展。2021 年 2 月 1 日起施行的《碳排放权交易管理办法（试行）》第二十九条规定：“重点排放单位每年可以使用国家核证自愿减排量抵销碳排放配额的清缴，抵销比例不得超过应清缴碳排放配额的5%”。2021年3月30日，生态环境部公开征求《碳排放权交易管理暂行条例（草案修改稿）》意见，其中第十三条规定“重点排放单位可以购买经过核证并登记的温室气体削减排放量，用于抵销其一定比例的碳排放配额清缴”，限定了碳汇交易比例。

2. 碳汇备案项目受限

根据2012年6月13日印发施行的《温室气体自愿减排交易管理暂行办法》第九条规定，“参与温室气体自愿减排交易的项目应采用经国家主管部门备案的方法学并由经国家主管部门备案的审定机构审定。”即，只有采用经过备案的碳汇方法学开发的碳汇项目才可以进行碳汇交易。当前，我国被纳入国家核证自愿减排量（CCER）备案认证范围的碳汇类方法学仅有6套，只占方法学总量的5%，影响着碳汇项目的开发与交易。

三、碳汇项目备案情况

碳市场侧重碳排放配额交易，碳汇交易量偏少。截至2019年7月，全球注册的CDM项目中，中国碳汇项目仅5个。2017年3月，国家发展改革委暂停了中国CCER项目备案申请，截至2017年，已审定通过的碳汇项目97个，仅占CCER项目的3%左右。

我国碳汇项目类型单一，市场份额偏低。已备案成功的97个CCER碳汇项目中，超过70%的碳汇项目是造林、再造林项目。其他类型的碳汇项目数量占比不到CCER项目的1%，而海洋、农田、草地、湿地等碳汇类型尚未进入全国碳市场交易。

四、碳汇交易平台建设情况

1. 厦门海洋碳汇、农业碳汇交易服务平台

2021年7月，厦门产权交易中心成立了全国首个海洋碳汇交易平台，创新开展海洋碳汇交易。2022年5月，全国首个农业碳汇交易平台也在该中心成立，为农业碳汇开发、测算、交易、登记等提供一站式服务。

2. 云南碳汇自愿交易平台

2019年，普洱市开发了云南省首个碳汇自愿交易平台“云游碳惠”，为企业和个人提供碳汇交易、碳汇资源查询、碳汇信息交流等低碳发展相关服务，探索林业碳汇的运作实践。

3. 安吉两山竹林碳汇收储交易中心

2021年12月，浙江安吉成立了全国首个县级竹林碳汇收储交易中心，打造了“林地流转—碳汇收储—基地经营—平台交易”体系，用竹林碳汇撬动整个竹产业发展，助力“双碳”目标实现。

五、碳汇交易情况

2012 年以前，中国碳汇交易主要以参与清洁发展机制（CDM）下碳汇项目为主。截至 2019 年 8 月，在中国所有已签发的 CDM 项目中，具有较大国际影响的碳汇项目是造林和再造林，我国在国际上最早交易成功的案例是广西珠江流域治理再造林项目和中国西北部地区退化土地再造林项目。

广东长隆碳汇造林项目是全国第一个核准交易的 CCER 碳汇项目，该项目在 20 年计入期内预计可累计产生减排量 34.7 万 t。随后 15 个林业项目陆续通过备案和核准交易，林业碳汇项目交易逐步完善。

2021 年 7 月全国碳市场启动后，除了 CCER 原有备案项目在规定条件下可以交易外，新的机制还没有重启。截至 2023 年 3 月，基本上没有林业碳汇项目交易。碳汇交易仍有巨大空间。

第四节 我国碳汇试点经验

2011 年，我国在北京、天津、上海、重庆、广东、湖北及深圳 7 个省（市）开展碳排放权交易试点工作；2016 年福建省和四川省也加入试点工作。广东省和湖北省是最早被确立为试点的两个省份，而福建省具有多项“全国首个”试点经验，本节将以福建省、广东省和湖北省作为典型，总结试点经验。

一、福建省碳汇试点经验

（一）海洋碳汇

1. 全国首个海洋碳汇交易平台

2021 年 7 月，全国首个海洋碳汇交易平台在厦门产权交易中心成立。9 月 12 日，福建省首宗海洋碳汇交易——泉州洛阳江红树林生态修复项目 2000t 海洋碳汇在该平台完成交易，该宗交易实现了红树林碳汇功能与生物多样性保护的协同增效，促进了红树林保护与周边社区生态建设协同发展。

2. 全国首宗海洋渔业碳汇交易

福建省是水产品生产、消费和出口大省，渔业生产历史悠久，海水养殖面积和产量均居全国第二位，在发展渔业方面具有得天独厚的资源优势。2022 年 1 月，厦门产权交易中心正式完成连江县 15 000t 海水养殖渔业碳汇交易项目，自然资源部第三海洋研究所为该项目出具了核查报告。这也是全国首宗海洋渔业碳汇交易，标志着我国海洋渔业碳汇交易实现“零”的突破。

3. 全国首例渔业生态环境损害蓝碳赔偿案例

2022 年 7 月，福建省福州市海洋与渔业执法支队举行全国首例渔业生态环境损害蓝碳赔偿案签约会。签约会上，违法行为人自愿购买海洋碳汇 1000t 并予以注销，用于弥补因非法捕捞对福州市渔业生态环境造成的破坏。与传统行政执法相比，这是首次通过引导违法行为人认购海洋碳汇进行替代性修复，改变了以往一罚了之的简单处罚方式。

（二）农业碳汇

1. 全国首个农业碳汇交易平台

2022 年 5 月，厦门产权交易中心设立全国首个农业碳汇交易平台。该平台提供农业碳汇开发、测算、交易、登记等服务。该平台与厦门农行合作举办“农业碳汇交易助乡村数字人民币万人购”活动，鼓励个人通过数字人民币参与农业碳交易。2022 年 7 月，该平台将茶山作为开发农业碳汇的载体，为军营村、白交祠村发放首批农业碳票。这种以绿色交易促进农民绿色增收的新模式、新机制，不仅为两个村集体增加了财政收入，更为农业进入碳市场提供了可行路径和典型示范。

2. 全国首宗农业碳汇交易

2022 年 7 月，南靖县龙山镇农业碳汇项目在海峡股权交易中心完成交易，该项目是全国首单农业碳汇交易试点项目。项目根据《在水稻栽培中通过调整供水管理实践来实现减少甲烷的排放》（CMS-017-V01）等方法学，经过监测与测算，每年可实现增汇 0.23 万 t。

二、广东省碳汇试点经验

（一）广东省碳普惠核证自愿减排量（PHCER）

广东省碳普惠核证自愿减排量（PHCER）是对纳入广东省碳普惠试点地区的相关企业或个人自愿参与实施的减少温室气体排放和增加绿色碳汇等低碳行为所产生的核证自愿减排量，减少碳排放行为包括日常节水、节电、公交出行等，范围限定为广东省内。

2015 年 7 月，随着《广东省碳普惠制试点工作实施方案》的发布，全省碳普惠试点工作逐渐展开。碳普惠对企业和居民生活的节能减碳行为进行量化，并赋予一定价值。历经两年试点探索后，2017 年广东省发展改革委印发《关于碳普惠制核证减排量管理的暂行办法》，将广东省碳普惠制试点地区的 PHCER 正式纳入碳交易市场，并发布《广东省森林保护碳普惠方法学》《广东省森林经营碳普惠方法学》等 5 个碳普惠方法学。2022 年 4 月，广东省生态环境厅组织修订了《广东省林业碳汇碳普惠方法学(2020 年修订版)》，并印发《广东省碳普惠交易管理办法》，重点鼓励林业、海洋碳汇及相关方法学的申报。

广东省 PHCER 实质上相当于省级 CCER，是全国碳市场的有效补充机制，可用于抵销纳入碳市场范围控排企业的碳排放。但应承诺不再重复申报国家 CCER、国外温室气体自愿减排机制、绿色电力交易和绿色电力证书。

（二）林业碳汇

在林业碳汇方面，广东建立了省级林业碳汇碳普惠方法学，对广东碳普惠制度试点地区林业碳汇项目核证进行规范。2014 年 7 月，全国首个可进入碳市场交易的 CCER 林业碳汇项目——广东长隆碳汇造林项目，经国家发展改革委审批正式获得备案，首笔交易由广东省粤电集团以 20 元/t 的单价签约购买。该项目造林规模为 1.3 万亩，在 20 年计入期内预计产生 34.7 万 t 碳减排量，该项目的成功签发为 CCER 林业碳汇项目开发提供了成功的示范和经验。

（三）海洋碳汇

1. 碳汇渔业养殖工作试点

广东省着力探索渔业碳汇养殖模式的创新，大力推动生态养殖、海水立体养殖、多种生物混合养殖模式。广东省深海网箱养殖业走在前列，同时大力推进国家级海洋牧场示范区建设，投入各类资金逾 3 亿元，放流苗种 40.5 亿单位。

2. 蓝碳交易与碳普惠工作

2020—2021 年间，广东省利用中央、省级生态修复专项资金支持新营造红树林面积约 736.29hm^2，为广东省蓝碳碳汇开发交易提供源源不断的新碳汇。在广东省政府的大力支持下，广东湛江红树林国家级自然保护区管理局对湛江红树林国家级自然保护区 2015—2020 年间新种植的 380hm^2 红树林按照核证碳标准（VCS）和气候社区生物多样性标准（CCB）进行开发，并于 2021 年通过市场交易机制完成蓝碳碳汇交易，成为我国首个符合 VCS 和 CCB 的红树林碳汇项目。2022 年 4 月，广东省生态环境厅重新印发了《广东省碳普惠交易管理办法》，将原办法中试点地区运行推广至全省，扩展碳普惠覆盖城市及涉及领域，并将农林业、海洋碳汇列为拟重点支持项目。

三、湖北省碳汇试点经验

湖北是全国 9 个碳交易试点省市之一。为充分发挥湖北省碳市场优势，2020 年 11 月，湖北省生态环境厅、省农业农村厅、省能源局、省林业局、省扶贫办共同制定了《关于开展“碳汇+”交易助推构建稳定脱贫长效机制试点工作的实施意见》，提出打造多元化“碳汇+”交易平台，提升生态扶贫的作用，推动形成政府主导、社会参与、市场化运作的“碳汇+”交易，实现生态文明建设与脱贫攻坚“双赢”。湖北省“碳汇+”项目主要有光伏扶贫碳减排交易项目、林业碳汇交易项目、湿地碳汇交易项目和农村沼气碳减排交易项目。

（一）林业碳汇

自2015年以来，湖北省积极推进林业碳汇项目开发。2014—2019年，湖北省开发CCER项目共抵销二氧化碳352万t，产生收益约6794万元，其中贫困地区产生收益约5000万元。截至2021年9月，湖北省已成功开发8个CCER林业碳汇项目，其中6个为碳汇造林，竹子造林和竹林经营项目各1个。其中，咸宁市通山县竹子造林碳汇项目1.05万亩，是全国首个可进入国内碳市场交易的CCER竹子造林碳汇项目。该项目成为湖北碳市场积极探索"工业补偿农业、城镇补偿农村、排碳补偿固碳"生态补偿机制的缩影。

（二）湿地碳汇

湖北省拥有洪湖、大九湖、网湖、沉湖四大国际重要湿地。"十三五"期间，湖北省实施湿地保护修复项目214个，其中修复退化湿地面积10.79万亩，实施退耕还湿19.16万亩，新增湿地面积7.77万亩，湿地生态修复成效明显。

2022年4月，湖北省首次开展针对湖泊群生态系统的生态产品价值核算调查，该调查对湖北省湖泊GEP核算、摸清湖泊生态本底情况具有样本意义。未来，湖北省将从统计、考核等多维度推进湖泊湿地生态系统GEP相关工作，探索通过生态补偿、碳交易等方式实现生态资源价值化。2022年5月，湖北省沉湖湿地生态系统野外科学观测站在武汉蔡甸区沉湖湿地揭牌，对沉湖生态环境和碳汇功能进行长期监测，对核算湿地碳汇价值、开发和利用生态价值，享受湿地碳汇收益具有重要意义。

第五节 我国碳汇发展建议

碳汇作为抵销碳排放的一个新方向已得到国内广泛认可。当前，我国基本形成了"基础研究—试点示范—碳市场试行—政策补充"的体系框架，应从以下层面推进我国碳汇开发工作。

1. 摸清碳汇"家底"，建立陆海碳汇数据库

开展森林、草地、农田、湿地、海洋碳汇本底调查，探索建立陆海碳汇数据库，为建立覆盖陆海生态系统的碳汇监测核算体系、开展全面碳汇监测打下良好基础。统筹考虑陆地和海洋，在广西、内蒙古、云南、四川、辽宁、河北及山西等地大力实施林业碳汇项目，在山东、广东等地积极开展渔业碳汇项目，深挖碳汇潜力，助力"双碳"目标的实现。

2. 加强技术创新，完善生态碳汇技术标准体系

加大对碳汇监测、核查、计算、数据库搭建、计算模型、数据储存等环节的核心技术攻关，积极与相关科研院所和国际标准核算机构合作，完善与国际接轨的国家碳

汇计量与监测体系，统一生态系统碳汇计量方法和手段，构建国家碳汇技术标准体系。

3. 探索生态经济布局，建立碳汇新型经济模式

推动一批具有创新性和发展潜力的碳汇示范项目进入碳交易市场；建立碳汇补偿制度，加大金融政策向碳汇产业的倾斜力度。大力开发蓝色碳汇，提升海洋生态产品价值。

第十七章
碳交易

狭义的碳交易是指强制碳市场的配额交易，而广义可理解为所有与碳资产相关的交易，包括碳配额、核证自愿减排量、绿电、绿证等。企业在顺应国家“双碳”目标的过程中，应当战略性、系统性地围绕碳资产的开发和交易进行管理，依靠碳资产实现企业价值增值。

第一节 碳配额交易

一、我国碳市场发展背景

（一）发展历程

2010 年 10 月，国务院发布《国务院关于加快培育和发展战略性新兴产业的决定》，其中提出了建立中国碳排放权交易体系的要求。2011 年 10 月，国家发展改革委发布《关于开展碳排放权交易试点工作的通知》，正式批准北京、上海、天津、重庆、湖北、广东和深圳七个省市开展碳排放权交易的试点工作。2013—2016 年，全国九个地方碳试点（原有七个试点落地后，福建、四川获批加入）先后启动投入运行。

2017 年 12 月，国家发展改革委发布《全国碳排放权交易市场建设方案（发电行业）》，电力行业在全国碳市场的建设工作正式启动。以此为基础，中国碳市场将在交易制度、交易规则、排放配额、分配方式以及违约处理方式等方面逐步实现统一的规则制度体系。全国碳市场于 2021 年 7 月 16 日正式启动上线交易。全国碳市场上线后，生态环境部陆续发布了 2 个关于全国碳排放权交易配额总量设定与分配方案的通知，印发了《2019—2020 年全国碳排放权交易配额总量设定与分配实施方案（发电行业）》《纳入 2019—2020 年全国碳排放权交易配额管理的重点排放单位名单》，以及《2021、2022 年度全国碳排放权交易配额总量设定与分配实施方案（发电行业）》。2021、2022 年度配额分配方案相较于 2019—2020 年配额分配方案，基准值出现较大幅度下降，体现了配额分配收紧的趋势。我国碳市场发展历程见图 17-1。

（二）试点碳市场纳入行业

各试点地区根据自身的特点纳入了不同的特色行业开展碳配额交易。从各试点碳市场所覆盖的行业来看，电力、钢铁、石化等高排放企业均被纳入了各试点的配额交易市场中。除高排放的工业企业外，不同试点地区还依据自身特点纳入了较多非工业企业，在管控高排放工业企业的前提下基本形成了具有本地特色的碳配额交易纳入行业。从规模及比例上看，碳配额总量占各试点地区排放总量的比例有所不同，基本占地区排放的 40%～60%，其高低与各试点碳市场纳入行业、企业及其排放特征密切相关。试点地区碳配额交易覆盖行业及标准见表 17－1。

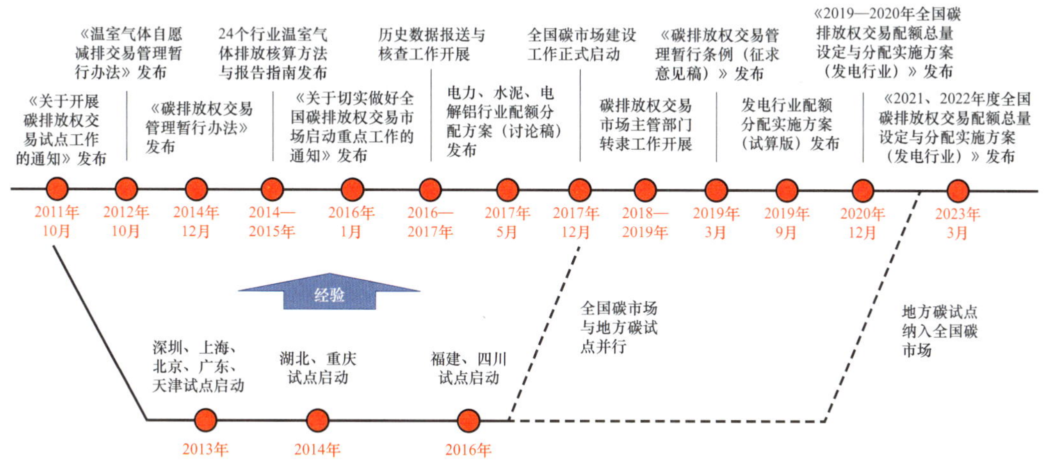

图 17－1　我国碳市场发展历程

表 17－1　　试点地区碳配额交易覆盖行业及标准

地区	覆盖行业	纳入标准（无特殊说明为年排放量）
北京	电力、热力、水泥、石化、交通运输业、其他工业和服务业	5000t 以上
天津	电力热力、钢铁、化工、石化、油气开采	2 万 t 以上
上海	工业：电力、钢铁、石化、化工、有色金属、建材、纺织、造纸、橡胶和化纤； 非工业：民航、机场、水运、港口、商场、宾馆、商务办公建筑和铁路站点	工业：2 万 t 以上 非工业：1 万 t 以上 水运：10 万 t 以上
深圳	工业（电力、水务、制造业等）和建筑	工业：3000t 以上 公共建筑：2 万 m^2 以上 机关建筑：1 万 m^2 以上
重庆	电力、电解铝、铁合金、电石、烧碱、水泥、钢铁	2 万 t 以上
广东	电力、水泥、钢铁、石化、造纸、民航	工业：1 万 t 以上 非工业为 5000t 以上
湖北	水泥、石化、汽车制造、玻璃、化纤、造纸、医药、食品饮料	能耗 6 万 t 标准煤以上
福建	电力、石化、化工、建材、钢铁、有色金属、造纸、民航、陶瓷	能耗 5000t 标准煤

注　四川试点无碳配额交易，仅有 CCER 交易。

（三）全国碳市场管理框架设计

全国碳市场的建设主要遵循《碳排放权交易管理办法（试行）》的基本框架，继续在配额管理、排放交易、核查与配额清缴、监督管理、法律责任这五大方面进一步规范碳排放权交易市场的建设和运行，同时按照《全国碳排放权交易市场建设方案（发电行业）》中的目标任务要求稳步推进。全国碳市场各级主管部门职责分工见表 17－2。

表 17－2　　全国碳市场各级主管部门职责分工

各级主管部门	碳排放核算报告和核查	覆盖范围	配额总量	配额分配	配额清缴	注册登记系统	碳排放权交易
国家主管部门	制定核算报告和核查标准，第三方核查机构备案	确定纳入标准	确定国家和地方配额总量	确定分配方法和标准	公布清缴情况	建立和管理系统	确定交易机构
省级主管部门	管理排放报告进度，审核排放核查报告，统计分析排放数据，汇总报送排放数据	根据国家标准确定辖区内重点排放单位名单，可扩大范围		根据标准进行免费分配，可从严并进行有偿分配	管理辖区内重点排放单位的配额清缴	利用省级管理员账户管理辖区内的配额分配和清缴	管理辖区内交易情况
地市级主管部门	协助开展能力建设			协助省级主管部门开展配额分配	督促企业履约、协助开展执法	协助组织地方企业数据报送	动员企业积极开展交易

二、碳配额市场基本原理

（一）总量设置与分配方法

1. 总量设置

碳市场总量即设定的某区域内温室气体总排放量上限，总量设定直接影响后续的配额分配：如果碳市场总量设定过于宽松，碳配额分配过多，就会导致控排企业丧失减排的积极性；反之则相反。因此，对碳市场的平稳运行来说，合理的总量设定至关重要。

2. 分配方法

国际上普遍将分配方式分为无偿分配和有偿分配（拍卖）两种。其中，无偿分配是指政府通过特定的计算方法为企业免费分配碳配额，有偿分配则是由企业自发为碳排放权进行竞价。

无偿分配配额的方法主要有基准法、历史强度法和历史排放总量法三种。基准法依照行业碳排放强度基值分配配额；历史强度法根据排放单位的产品产量、历史强度值和减排系数等分配配额；历史排放总量法按照历史排放值分配配额。

（二）交易机制及抵销机制

1. 交易机制

在全国碳排放权交易市场交易的标的为碳配额，生态环境部可以根据国家有关规定适时增加其他交易产品。交易主体是重点排放单位以及符合国家有关交易规则的机构和个人。交易应当通过全国碳排放权交易系统进行，可以采取协议转让、单向竞价或者其他符合规定的方式。

2. 履约清缴

《碳排放权交易管理暂行条例（征求意见稿）》中明确指出，关于配额清缴，重点排放单位应根据其温室气体实际排放量，向分配配额的省级生态环境主管部门及时清缴上一年度的碳排放配额。《全国碳排放权交易市场建设方案（发电行业）》中提到，如果重点排放单位未履约，对逾期或不足额清缴的重点排放单位依法依规予以处罚，并将相关信息纳入全国信用信息共享平台实施联合惩戒。

3. 抵销机制

抵销机制是指碳排放权交易体系允许被覆盖重点排放单位使用除配额外的国家核证自愿减排量（chinese certified emission reduction，CCER）履约，抵销量可源自未被碳排放权交易体系覆盖的行业或地区中的实体企业。抵销机制的合理应用有助于支持和鼓励未被覆盖行业排放源参与减排行动，可产生积极的协同效应，大幅降低碳交易体系的整体履约成本。

（三）MRV 机制

在全国碳排放权交易体系中，碳排放的监测、报告与核查（measurement，reporting and verification，MRV）作为碳交易体系的核心机制，直接决定了碳交易的可追踪性、透明度和可实现性。监测指对温室气体进行规范的数据监测，包含对碳排放活动水平数据的监测；报告指根据 MRV 管理机制的报告规则，要求达到门槛的企业或者机构将碳排放数据进行处理、整合、分析后向主管部门报告；核查指第三方机构对监测的气体进行周期性核查，确保其温室气体排放量的准确性。

三、碳配额市场发展趋势及其应对策略

（一）碳配额市场发展趋势

一是逐步扩大行业覆盖范围。未来将在发电行业的基础上，分阶段、有步骤地逐步扩大碳市场行业覆盖范围，最终覆盖发电、石化、化工、建材、钢铁、有色金属、造纸和民航等八个高碳排放行业。

二是持续扩大交易主体范围。生态环境部等五部门印发的《关于促进应对气候变化投融资的指导意见》提出，逐步扩大交易主体范围，适时增加符合交易规则的投资机构和个人参与碳排放权交易。

（二）重点排放单位参与碳配额市场的应对策略

在全国统一碳市场加快建设的背景下，重点排放单位应及时培训“双碳”领域的人才，尽快搭建企业的碳资产管理框架。在做好自身碳盘查的基础上，制定合理科学的策略积极参与碳配额市场。根据欧盟等国外碳市场的发展经验，后期碳市场的金融属性将逐渐增强，重点排放单位应跟踪我国碳金融的最新进展，在合适的条件下及时参与。

第二节 减排量交易

一、减排量市场机制发展背景及基本原理

温室气体减排分为强制减排和自愿减排。强制减排即碳配额交易机制，自愿减排（voluntary emission reduction，VER）是指个人或企业在没有受到强制减排压力的情况下，完全出于社会责任而主动进行减排的行为，伴随着《京都议定书》CDM 机制而形成。自愿减排量是自愿减排市场交易的碳信用额。

2012 年 6 月 13 日，国家发展改革委印发《温室气体自愿减排交易管理暂行办法》，该机制产生的减排量被称为“国家核证自愿减排量”（CCER），因此国家温室气体自愿减排项目又简称 CCER 项目。

二、减排量市场机制对企业的影响

1. 对重点排放行业企业的影响

2021 年 10 月 26 日，生态环境部发布《关于做好全国碳排放权交易市场第一个履约周期碳排放配额清缴工作的通知》，明确全国碳市场第一个履约期，控排企业可使用 CCER 抵销碳排放配额清缴。根据规定，用于配额清缴抵销的 CCER 应符合：抵销比例不超过应清缴碳排放配额的 5%；不得来自纳入全国碳市场配额管理的减排项目。

但自 2017 年温室气体自愿减排相关备案事项暂缓后，市场上可交易的 CCER 均为存量 CCER。

2. 对非高碳排放及新能源企业的影响

对非高碳排放及新能源企业而言，CCER 可作为新的激励方式。2021 年中共中央办公厅、国务院办公厅印发《关于深化生态保护补偿制度改革的意见》，明确提出：健全以国家温室气体自愿减排交易机制为基础的碳排放权抵消机制，将具有生态、社会等多种效益的林业、可再生能源、甲烷利用等领域温室气体自愿减排项目纳入全国碳排放权交易市场。

除中央层面外，很多省市都在政策上支持 CCER 开发。如江苏提出组织编制江苏

自愿碳减排交易体系建设方案，组织开发一批林业碳汇、新能源等自愿减排项目等。此外，在全国碳市场履约后，CCER 的存量急剧下降，多个试点地区也都把当地的普惠碳减排量纳入了区域碳市场。未来 CCER 备案重启后，非高碳排放及新能源企业可以根据新规则开发相应的减排量，成为企业的碳资产，并进行交易、融资等后续操作。

三、企业参加减排量市场的现状

1. 传统高碳企业参与减排量交易的现状

从市场面看，全国碳市场仅电力行业企业的配额规模 45 亿 t 左右，以 2019—2020 年度重点排放单位可以使用 5%的 CCER 履约政策来预估 CCER 的规模，理论上 CCER 的需求上限超过了 2 亿 t。加上试点地区对 CCER 的需求，这个数据更大。截至 2023 年 3 月，全国碳配额（chinese emission allowance，CEA）价格约 56 元/t。CCER 的价格虽然略低，对项目业主来说，CCER 开发成功后卖出获益也是一笔不菲的收入。

2. 非高碳排放及新能源企业参与减排量交易的现状

开发 CCER 对项目业主来说主要有两种变现途径：一是售卖给碳市场中配额不足履约的重点排放单位，当然这中间也有许多投资机构参与；二是售卖给需要做碳中和，用以抵消自身运营或者会议活动等产生碳排放量的单位。前者是强制市场；后者主要是自愿市场，用于践行社会责任、树立品牌形象等。CCER 项目的开发本身也是多赢的。一是有利于激励促进减排技术的应用和发展；二是对重点排放单位来说可以降低履约成本，是一种灵活的履约方式；三是对项目业主来说，可以激励减排并获得额外收益。

四、减排量交易机制下企业的应对策略

1. 传统高碳企业参与减排量交易的应对策略

传统高碳企业首先应保证自身能完成碳市场的履约，首先进行自身的碳盘查，基于历史排放数据及当年的排放数据进行合理预测，将配额盈缺与碳市场的价格情况相结合，综合制定减排量交易策略。由于 CCER 的备案工作仍未重启，存量 CCER 在第一个履约周期后数量已有所下降，未来价格存在一定不确定性。传统高碳企业应密切关注 CCER 市场的价格变化，在与碳配额等其他清缴方式的对比中，寻找最具备性价比的履约方式。待 CCER 备案重启后，传统高碳企业应关注新的运行规则，及时调整应对策略。

2. 新能源及非高碳企业参与减排量交易的应对策略

新能源及非高碳企业也应关注 CCER 备案重启的新规则，尤其是考虑到 CCER 对于项目额外性的规定，而光伏平价上网越来越普遍，部分经济性比较高的风电、

光伏发电等项目是否依然可以开发为 CCER 存在一定不确定性。此外，新能源及非高碳企业应结合自身优势，关注各地碳普惠机制的最新进展，积极尝试开发碳普惠减排项目。碳普惠机制还处于早期探索阶段，如广东、深圳、北京、河北等都推出了各有特色的碳普惠机制。

第三节 碳市场与绿色电力市场联动

一、我国绿色电力市场概况

1. 基本概念

绿色电力包括水力发电、风力发电、太阳能发电、生物质能发电、地热能发电、海洋能发电等可再生能源发电。通过这些方式产生的电力，其发电过程中不产生或很少产生对环境有害的排放物，且不需消耗化石燃料。

2. 政策背景

我国绿色电力交易正在开展机制设计和试点示范。2022 年以来，国家发展改革委、国家能源局陆续印发《关于加快建设全国统一电力市场体系的指导意见》《关于完善能源绿色低碳转型体制机制和政策措施的意见》《促进绿色消费实施方案》等政策文件，要求到 2025 年，显著提高跨省跨区资源市场化配置和绿色电力交易规模，初步形成有利于新能源、储能等发展的市场交易和价格机制；到 2030 年，新能源全面参与市场交易，强调在全国统一电力市场框架下，构建适应新型电力系统的市场机制，开展绿色电力交易试点，完善能源绿色低碳转型体制机制，服务“双碳”目标实现。

3. 交易情况

对于中长期框架下的交易周期，《绿色电力交易试点工作方案》不仅提出了初期开展以年度（多月）为周期的交易，还鼓励市场主体之间可签订 5～10 年的长期购电协议。此举有利于市场主体通过长周期协议获得较为稳定的价格，投资方也能够以长期电力销售形式获取投资回报，并且长期购售电协议能够预判市场对绿色能源的诉求，可作为绿色能源规划的重要依据。

2021 年 9 月 7 日，我国绿色电力交易试点开展首笔交易。根据中电联全国电力市场交易的数据统计，2021 年度全国各电力交易市场绿色电力交易量达 6.3 亿 kWh，仅占当年市场交易电量的 0.017%。根据国家能源局 2023 年一季度新闻发布会报道，2022 年度全国各电力交易市场绿证交易数量达到 969 万个，对应绿色电力交易量 96.9 亿 kWh，较 2021 年增长 15.8 倍，约占当年市场交易电量的 0.18%。

二、碳交易与绿电交易联动的现状

（一）绿电、绿证与 CCER 的区别与联系

1. 绿电、绿证简介

绿电是指在生产的过程中，二氧化碳排放量为零或趋近于零的电力，在我国主要以太阳能及风力发电为主。

中国的企业主要通过三种途径消费绿电：第一种途径是用电企业自行或通过第三方开发商投资建设分布式可再生能源发电项目。这种模式已经有了一些实践，市场较为成熟，可为企业带来多重收益。第二种途径是用电企业直接向发电企业采购绿色电力，也是狭义的绿电概念。第三种途径是用电企业采购绿色电力证书（简称绿证）。为倡导绿电消费，中国于 2017 年 7 月启动了绿色电力证书认购交易平台（简称绿证认购平台），对符合要求的陆上风电、光伏发电企业（不含分布式光伏发电）所生产的可再生能源发电量发放绿证。

绿证是国家对发电企业每兆瓦时非水可再生能源上网电量颁发的具有唯一代码标识的电子凭证。绿证可以脱离电力的实际流向而独立存在，绿电和绿证者均有各自的定价机制，即“证电分离”。国内绿证主要划分为补贴绿证和平价绿证两种。

2. 绿电、绿证及 CCER 对比

绿色电力交易与碳交易的本质都在于实现经济建设与环境保护的协同发展，但两者也存在一些区别与差异，可以归纳为以下两个方面：

一是政策目标与管理机制不同。绿色电力交易由能源部门主管，旨在促进绿色电力消费，推动新型电力系统建设。碳交易由生态环境部门主管，旨在减少温室气体排放，推动社会绿色低碳发展。绿色电力交易机制下，绿色电力由能源主管部门基于项目本身的发电技术认定，签发绿色电力证书或将其纳入绿色电力交易试点市场。碳交易机制下，绿色电力的自愿减排量适用特定的方法学，经主管部门备案和审定后，予以核证及登记签发。

二是权益特性与交易平台不同。绿色电力的环境权益具有强时间属性，绿色电力发电时间段与电力消费时段以年为周期匹配，一般不跨期使用、不可储存。碳排放权特别是自愿减排量作为标准化的产品，其时间属性较弱，可以跨期储存，具备长期投资价值。绿色电力交易是一种电能交易的衍生交易品种，主要交易功能仍然由电力交易中心承接。碳排放权的交易自试点实施以来，主要依托地方产权交易所或专门组建的碳交易所来实施交易。

绿证、绿电及 CCER 对比见表 17－3。

表 17-3 绿证、绿电及 CCER 对比

项目	绿证	绿电	CCER
名词概念	认证机构为发电企业可再生能源上网电量办法的电子凭证 国内绿证可分为补贴绿证和平价绿证；国际绿证根据签发机构的不同主要有 I-REC 和 APX	用电企业直接从光伏、风电等非水可再生能源发电企业购买绿色电能，并获得相应的绿色电力消费认证	依据国家发展改革委发布施行的《温室气体自愿减排交易管理暂行办法》的规定，经其备案并在国家注册登记系统中登记的温室气体自愿减排量
核发机构	国家可再生能源信息管理中心	电力市场（电力交易中心）	国家发展改革委
项目开发特点	流程较短、难度较小、成本较低、开发成功率较高	流程短、难度小、成本低	流程长、难度大、成本高、存在备案不成功的风险
减排覆盖范围[①]	范围二	范围二	范围一、范围二、范围三
时间限制	21 个月原则（企业当年财务报告期的 12 个月，加上前 6 个月和后 3 个月）	—	开发项目的计入期均可实现碳抵消作用
交易流程	1）可再生能源电站找寻相关部门核实并签发绿色电力证书； 2）用电企业在绿证交易平台开户； 3）用电企业在绿证交易平台购买并获得绿证	1）可再生能源电站进入电力市场； 2）用电企业在电力交易中心开户； 3）购买绿色电力（获得绿电结算凭证）	1）自愿减排项目经过相关部门及国家发展改革委核实并签发 CCER； 2）有 CCER 需求的企业在国家试点市场开户； 3）企业在试点平台购买 CCER
交易现状	1）国内绿证：2017 年国家可再生能源信息管理中心组织开展的国内绿证交易平台上线，交易已经常态化。 2）国际绿证：以 I-REC 和 APX 为代表已经成熟运行，国内市场成员也可以购买	2021 年 9 月国网区域内开展了首次绿色电力交易试点。广东、江苏等地已经开展常态化绿电交易	以上海试点为例，2015 年 4 月完成了上海碳市场首笔 CCER 交易。国家 9 大试点的交易已经常态化
核心差异	绿证是购买的认证标签，宣称自身使用了绿色电能	绿电是直接同新能源电站购买的绿色电能	除去水力发电、风力发电、沼气发电、光伏发电等发电项目之外，CCER 还包含林业碳汇等非电力项目，适用的项目和主体范围更广

① 《温室气体议定书：企业核算与报告准则》（2001）提出的企业减排责任的三个范围。

（二）绿电交易与碳交易的市场联动现状及建议

绿电交易与碳交易的最终目的都是利用市场机制推进绿色低碳发展，但目前两个市场还处于互相割裂的状态，暂未联动。主要原因是我国碳排放与电力的主管部门不同，尚未形成跨部门的联合监管合作，碳排放相关事宜由生态环境部主管，而电力由国家能源局主管。

电力市场与碳市场的协调联动是一项跨部门、跨行业、跨领域的工作。建议加强碳排放监测和碳核查体系建设，围绕发电、输电、配电、用电、储能、调度、交易、监管等各环节，制定电力市场与碳市场的共享数据和交互接口规范，应用大数据、区块链等技术，对自愿减排量、绿色证书、绿电消纳凭证等进行全寿命周期管理，实现电力市场与碳市场的信息共享、协调联动。

三、企业参与碳市场与绿电市场的路径选择

1. 碳市场未来将逐步扩容

企业进入碳市场是受到国家监管要求的被动行为。国家将在“十四五”期间逐步将发电、石化、化工、建材、钢铁、有色金属、造纸和民航这八大行业纳入控排。已被纳入的控排企业为尚未被纳入的企业起到了示范作用。在相对完善和健康的减排标准与交易规则下，碳市场会通过倒逼作用，在有效促进碳交易的同时，更主要的是激发企业主观能动性，推动企业自发追求低成本的减排转型。

2. 企业参与绿电市场的需求

企业参与绿电市场是基于自身需求的主动行为。随着 2022 年政府工作报告指出新增可再生能源不纳入能源消费总量、能耗“双控”循序渐进实现向碳排放“双控”机制转变，企业对减碳的需求将越来越大。按照我国政策及市场机制来看，电力消费侧用户要实现降耗减碳，主要有投资分布式可再生能源、采购绿证、碳排放权交易、采购绿电四个途径。对于用电企业来说，尽管当前绿色电力价格绝对值高于非绿电，但其中包含的环境价值，可以加速企业绿色转型，实现低碳发展。

3. 碳电耦合机制下企业碳减排与绿电交易

绿色电力交易与碳交易虽然存在上述差异，但因碳排放与电力的密切关系，两个市场间也存在着天然的联系。我国绿色电力交易机制与碳交易机制还存在监管壁垒，尚未形成畅通的协调机制，导致在供给端两个机制都能独立为可再生能源电站提供获取额外环境权益收益的渠道，因而存在重复激励的问题。

第四节 企业碳资产管理

一、企业碳资产开发与管理

1. 碳资产开发

企业碳资产可以被定义为一种可以减少碳排放并创造低碳价值的资产。碳资产可以是有形的也可以是无形的，是企业竞争力的核心组成部分之一。碳资产形成于企业生产产品的整个生命周期，包括制造、物流等所有环节。狭义看，我国的可交易碳资产主要为碳排放权、CCER，以及地区性的碳普惠减排量等。广义看，强制碳交易、自愿碳交易机制下产生的碳减排量都可以称为碳资产。

2. 碳资产管理

碳资产管理是指企业对自身边界内有形及无形碳资产的管理，通过控制碳资源投入、提高碳资源利用效率，再加上回收废物，一家企业最终可以减少碳排放，生成更

多的碳资产。有效的碳资产管理对于减少企业碳排放是必要的，碳资产管理是实现企业低碳转化和低碳竞争力的一项重要措施。然而，企业普遍比较缺乏系统的理论框架及有效的碳资产管理方法。低碳转型将是一个长期的任务，它要求公司从“高投资、高排放”到“低排放投资、低排放”。碳资产管理已成为企业发展的关键。然而，排放量核算、核查和相关方法及标准框架刚刚起步，碳成本相关的理论与实践研究在碳资产方面也比较落后，有待进一步研究。

二、企业碳资产管理模式探索

1. 重点排放单位碳资产管理流程

在初期，企业的主要任务是搭建制度框架，进行方法学研究，摸清家底、开展企业内部碳盘查，建立内部能源碳排放管理系统等基础性工作，后续逐渐增加减排技术的开发利用和交易等环节。其他需要建设的功能还包括低碳信息化建设、碳价格预测、节能减排技术对接、低碳能力建设平台等。

碳资产管理系统主要基于用户导入的数据和实时监控数据，以进行产品碳足迹核算、企业碳资产管理和工厂碳排放监测。可帮助实现企业碳排放数据的自动计算，帮助企业进行碳核查和碳合规。另外，还有助于生成可视化碳资产数据，为企业提供最佳的低碳节能解决方案；对数据进行智能分析，呈现可视化报告，对行业排放水平进行基准测试，并预测未来的排放；参照国际、国内碳排放报告格式，自动生成可编辑的、多格式碳排放报告。

2. 非重点排放单位碳资产管理流程

非重点排放单位无须承担碳配额的清缴履约义务，可以更灵活地制定企业的碳排放策略。可以选择适当时机购买价格相对较低的 CCER，并在价格上涨后出售 CCER，以获取资金。

三、企业碳资产管理实施方案

从国内外参与碳市场的企业实践来看，根据不同的组织架构设置可以将碳资产管理实施方案分为两种：第一种是由集团企业在集团层面成立碳资产管理部门；第二种是成立相对独立的碳资产管理公司。

1. 方案一：成立碳资产管理部门

该方案的特点是在集团总部层面成立碳资产管理部门，统筹协调整个集团企业碳交易的各个环节，并对下属企业的碳交易实践提供技术支持。

以英国石油（British Petroleum，BP）为例，BP 的碳资产管理分为两个层面：一是在企业层面，每家 BP 的下属企业都有一个碳排放工作组和管理委员会，由负责政策法规、策略、交易、财税、法律和系统建设等方面的成员组成。下属企业具体负责温室气体的监测、报告、核查和企业所在区域温室气体减排及履约。二是在集团层面，集团总部可在碳减排解决方案、新技术及新合作模式、全球碳减排交易、安全及操作风险等方面为下属企业提供支持服务，其中综合供应和交易部门负责对 BP 全球的碳资产价格变动风险进行管理。

2. 方案二：成立碳资产管理公司

该方案通过在集团内部成立一家相对独立的碳资产公司来专门负责整个集团的碳资产管理，并适时将业务扩展到集团之外，如中国能建。

中国能建是我国特大型能源建设集团，为主动适应国内能源发展形势，全面践行国家“双碳”目标，于 2022 年组建了中国能建碳资产管理有限公司。其经营范围包括碳资产管理、碳资产项目开发（CCER 等）、碳减排及碳排放技术咨询服务、能源技术咨询服务、碳盘查、低碳信息化、环保项目开发、节能减排服务、二级市场配额管理、碳交易及碳金融衍生品设计、技术咨询、技术推广以及企业管理咨询等。

中国能建碳资产管理有限公司在财务、人事和业务上独立运行，不是根据集团计划简单地完成配额买卖。在合规碳市场中，中国能建碳资产管理有限公司帮助企业完成必须履行的碳配额履约。在自愿碳市场中，中国能建碳资产管理有限公司与各种项目开发商合作，支持上游碳信用额的开发和承购，还与每个企业或客户合作，并从其不断增长的跨越不同技术、方法和地域的碳项目组合中提供定制的解决方案。通过设立碳资产管理公司的市场操作，中国能建不仅能完成碳市场下的排放要求，而且切实将“碳排放限制”转化为“碳排放资产”。

第十八章
碳边境调节机制

碳边境调节机制（carbon border adjustment mechanism，CBAM），是欧盟一项正在推动的法案，其核心在于：通过为进口商单独构建 CBAM 交易凭证市场，令其根据进口商品中的碳含量购买相应的碳排放配额，进而避免碳泄漏，促进碳减排。

第一节 碳边境调节机制概述

为应对日益加剧的全球气候变化危机，大部分国家陆续签署了《联合国气候变化框架公约》《京都议定书》《巴黎协定》等国际性公约和文件。包括 CBAM 等在内的一系列气候及环境政策，正是全面综合了全球气候变化下各国和各区域气候目标以及现实问题之后，提出的系统性应对措施。

一、CBAM 提出的背景和目标

1. CBAM 提出的背景

（1）全球气候政策。《联合国气候变化框架公约》《京都议定书》《巴黎协定》等均对全球气候目标进行了明确。2016 年 10 月，欧洲议会全体会议以压倒性多数票批准通过了《巴黎协定》决议。

（2）欧盟气候政策。为响应《巴黎协定》，应对代际和国际团结问题，欧盟陆续发布了多项政策和提案，CBAM 则首次在 2019 年的《欧洲绿色新政》中提出。

（3）碳泄漏问题。碳泄漏是一种外溢效应，是指沿着大气或工业价值链等传导途径，二氧化碳排放从严格限制排放的国家或地区流入到气候相关法规较为宽松的国家或地区。欧盟建议使用 CBAM 来确保欧盟的气候目标不会因碳泄漏的影响而减缓。

2. CBAM 提出的目标

（1）气候目标。CBAM 的气候目标是：到 2030 年，欧盟碳净排放量比 1990 年至少减少 55%，并在 2050 年成为全球第一个实现碳中和的地区。

（2）政治目标。CBAM 具有鲜明的贸易保护主义特征，通过率先建立 CBAM 将有助于在新一轮的国际贸易规则以及地缘竞争中占据领先地位，达到保护本土产业、打压竞争对手的政治目的。

（3）经济目标。作为欧盟自有资源，据估算实施 CBAM 每年将为欧盟带来 50 亿～140 亿欧元的收入。

二、CBAM 发展历程

按照 CBAM 的各里程碑事件点划分，CBAM 的发展历程可基本分为准备阶段、制定阶段和实施阶段三个阶段，如图 18－1 所示。

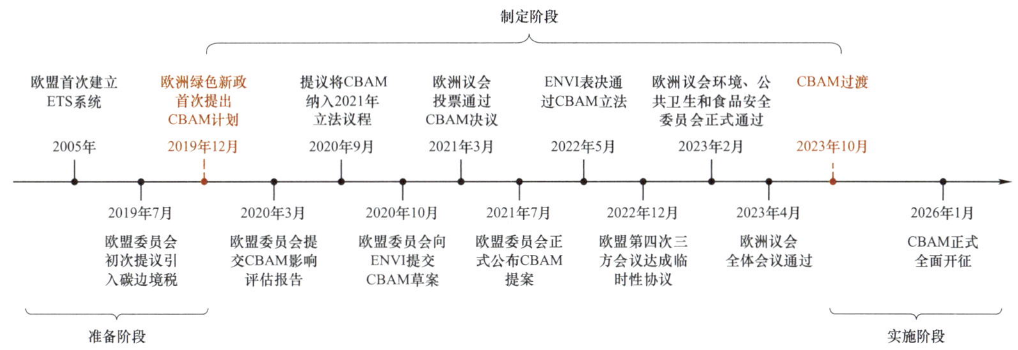

图 18－1 CBAM 发展历程

1. CBAM 准备阶段

CBAM 准备阶段是指，从 2005 年初欧盟首次提出为期 3 年的一阶段碳排放交易系统（carbon emission trading system，ETS）到 2019 年 12 月首次出现在《欧洲绿色新政》中的这一阶段。从欧盟碳气候政策的延续和继承上看，CBAM 最早可追溯到 2005 年建立的 ETS。2019 年，CBAM 作为对 ETS 的一项重要补充和升级，成为解决欧盟 ETS 中碳泄漏风险措施的替代方案进入立法阶段。

2. CBAM 制定阶段

CBAM 制定阶段是指从 2019 年 12 月首次在《欧洲绿色新政》出现到 2023 年 10 月开始实施的这一阶段。从 2019 年 12 月首次提出至 2023 年欧洲议会全体会议通过，仅仅用时不到 4 年时间，表明 CBAM 地位之重，制定立法之迫切。

3. CBAM 实施阶段

CBAM 实施阶段是指从 2023 年 10 月开始实施后的阶段。按照是否实际购买碳配额，实施阶段可分为过渡阶段和正式运行阶段两个阶段。过渡阶段是指从 2023 年 10 月 1 日至 2025 年 12 月 31 日的过渡期。正式运行阶段是指过渡阶段结束后，从 2026 年 1 月 1 日起的正式全面开征阶段。

三、CBAM 主要框架及要点

1. CBAM 主要框架

在欧盟委员会正式披露的 CBAM 版本中，共包含 11 个章节以及 5 个附件。

CBAM 法案框架如图 18－2 所示。第一章是一般性规定，包括标的物、提案范围和关键术语的定义。第二章对关于货物报关人的义务和权利进行了规定。第三章是关于国家主管当局行政设置的一般性规定，包括关于国家登记册及其账户的主要特征。第四章是对 CBAM 证书的规定。第五章涉及海关当局如何处理边境货物。第六章规定了对不遵守法案的相关处罚，以及在贸易格局发生变化时的特别规定。第七章规定了有关行使对欧盟委员会的授权以通过方案，以及执行法案时的审查程序。第八章是关于评估和审查的规定。第九章规定了减免 CBAM 义务的相关情形。第十章描述了初始过渡期间使用的相关规定。第十一章规定了该法案的最终生效的时间及相关条款。

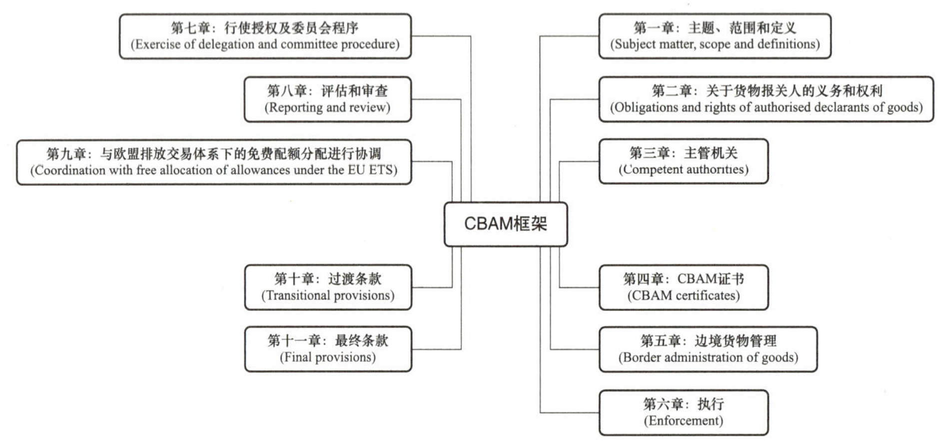

图 18－2　CBAM 法案框架

CBAM 法案附件如图 18－3 所示。附件 1 详细定义了 CBAM 覆盖的行业（货物）范围。附件 2 列出了不适用该法案的国家和地区。附件 3 详细规定了嵌入式碳排放量的计算原则和方法。附件 4 规定了核实相关碳排放的程序和过程。附件 5 规定了核查报告的核查原则及主要内容。

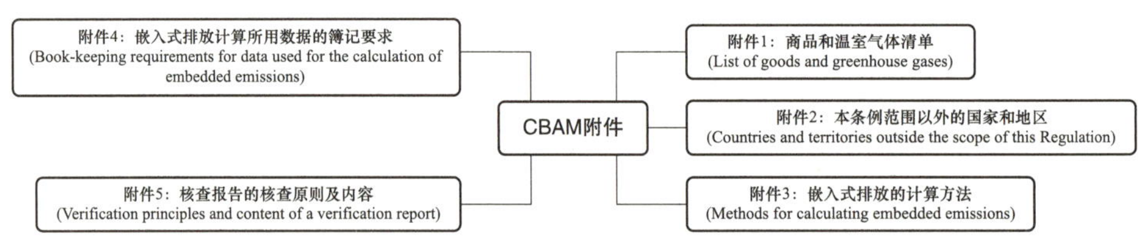

图 18－3　CBAM 法案附件

2. CBAM 主要要点

（1）合法性。CBAM 的合法性问题主要包括：一是可能与现行 WTO 框架下的普遍最惠国待遇原则以及国民待遇不相符；二是可能与《联合国气候变化框架公约》中“共同但有区别的责任”不相符。

（2）执行范围。除 CBAM 法案中附件 2 列明的 9 个国家和地区外，均属于执行对象。

（3）覆盖领域。根据最新版协定，开始阶段CBAM将覆盖水泥、钢铁、铝、化肥、电力和氢等碳密集型商品，随着范围的扩大，最终将在全面实施后覆盖ETS行业下50%以上的碳排放量。

（4）计算方式。CBAM对各类进口产品中的碳含量的核算方式主要分为两类：一类是简单商品（simple goods），是指该类商品在生产过程中仅需要零排放的原材料和燃料；另一类是复杂商品（complex goods），是指该类商品在生产过程中需要投入其他简单商品。

（5）执行价格。CBAM证书的价格与欧盟ETS中的配额价格直接挂钩，为ETS公开排名平台上每个工作周收盘价的平均价格。进口商可自行选择购买CBAM证书的时间，有效期为购入起两年之内。

（6）主要参与方与运行方式。CBAM主要包括欧盟委员会（European Union Commission）、国家主管部门（Competent National Authority）、海关当局（Customs Authority）、第三国生产商（Producer in 3rd Country）以及申报人（Declarant）共五个主要参与方。

国家主管部门向申报人出售CBAM证书。欧盟委员会将作为中央管理员进行监督，协调国家主管部门编制所有国家的登记册。海关当局只有在申报人获得主管当局授权的情况下才允许货物进口。

图18－4简要说明了CBAM的主要运行方式，确定了关键参与者的主要角色。在CBAM证书申领环节，国家主管部门首先授权申报人，给予申报资格，申报人再向该部门提交CBAM声明，经检查核实通过之后，向申报人出售CBAM证书。在货物进口环节，海关当局只允许拥有CBAM证书的申报人进行报关和货物进口，同时第三国生产商须申报进口货物中的碳排放量。

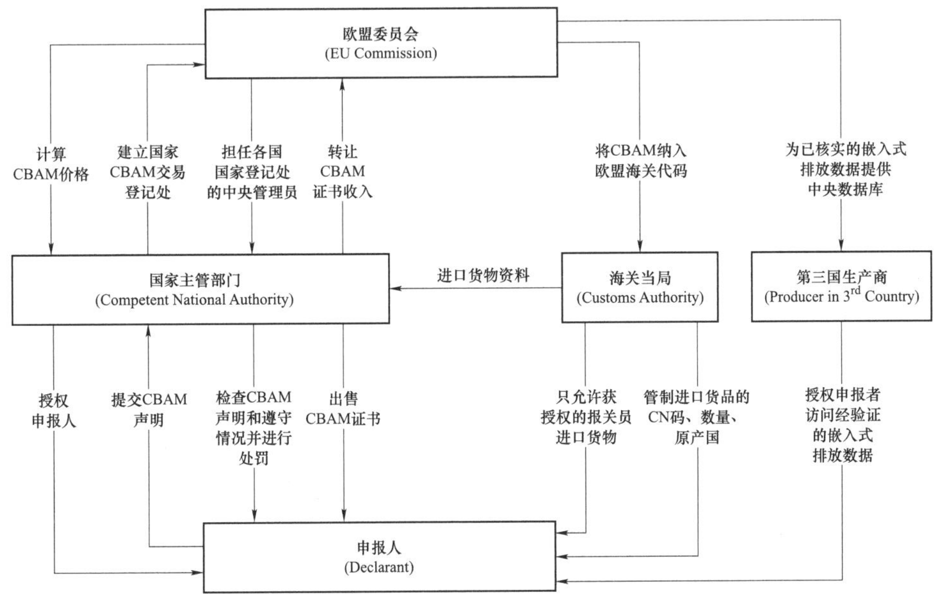

图18－4　CBAM主要运行方式

第二节 碳边境调节机制的影响

欧盟作为全球第三大经济体，CBAM 将对全球贸易，特别是各国偏重出口的高耗能行业产生重大影响。CBAM 的加速推进，将会引发以“碳泄漏”为核心的各国贸易规则连锁反应，重塑全球贸易结构与贸易秩序。碳边境调节机制影响因素包括碳核算、排放强度、产业结构、能源结构、财税政策等方面。

一、影响因素分析

1. 碳核算

碳核算的主要目的是对企业生产过程的碳排放量开展测算，并作为碳关税的计税依据，是碳边境调节机制有效运转的基础保障，对最终碳关税的征收规模具有关键性的影响。对于碳核算，国际通用的测算方法包括排放因子法、质量平衡法和实测法。其中，排放因子法适用范围广、计算简便，在国际上应用较为普遍，适合作为企业碳排放的主要核算方法。碳排放量的计算公式为

$$\text{碳排放量}=\text{生产活动量}\times\text{排放强度}\times\text{转换系数} \quad (18-1)$$

式（18－1）中生产活动量是导致直接或间接碳排放的生产活动量，可以用产品数量或质量等指标定义和描述。关于碳排放量的核算，最新的欧盟 CBAM 法案文本对“简单产品”（工序单一）和“复杂产品”（工序流程复杂）列出了不同的碳排放强度计算公式。“简单产品”的碳排放强度等于一道工序的直接排放量除以产品产量，“复杂产品”的碳排放强度等于各道工序的直接排放量之和除以产品产量。产品质量与碳排放强度的乘积就是最终的产品碳排放量。原则上，碳排放量的计算应基于进口产品的实际碳排放强度，但在特殊情况下也可以套用默认的碳排放强度。世界各国针对碳核算尤其是碳排放的计量标准仍在探索完善中，温室气体核算方法、取值标准也存在较大差异。尤其需要关注的是许多发展中国家生产过程较为粗放，尚未建立起科学有效的碳排放监测、报告与核查体系，较难提供满足欧盟监管要求的碳足迹认证和评估，在应对欧盟碳边境调节机制时将处于弱势地位。

2. 排放强度

碳排放强度主要与单位能源消耗的二氧化碳强度和单位产值的能源消耗强度两个因素有关，计算公式为

$$\frac{\text{碳排放}}{\text{GDP}}=\frac{\text{碳排放}}{\text{能源消耗}}\times\frac{\text{能源消耗}}{\text{GDP}} \quad (18-2)$$

其中，式（18－2）中碳排放/能源消耗主要与能源系统的低碳化程度有关（能源结

构），能源消耗/GDP 则与产业结构及各产业单位产出的能源消费量（生产工艺、能耗水平等）两个因素有关。生产工艺和能耗水平是对碳排放强度的最直接影响因素。以绿色钢铁技术为例（如绿氢直接还原铁和电弧炉技术），可有效降低炼钢过程中的碳排放，但新的低碳生产技术一般会显著提高单位生产成本。由于不同国家生产技术水平存在较大差异，发达国家在技术上具有较充分的原始积累，在生产工艺优化、降低能耗水平上具有优势；而发展中国家普遍依靠低成本生产要素维持产品竞争力，生产技术上与发达国家存在较大差距，通过生产设备工艺改造降低排放强度的代价较高、难度较大。

3. 产业结构

产业结构在工业化过程中具有不断从低级结构向高级结构演进的规律性。在产业结构向高级化演进过程中（如劳动密集型向技术知识密集型或各类要素密集型演进），随着产业集约化、产品技术水平、生产效率和能源综合利用率的不断提高，能源消耗强度通常将持续降低。

一方面，受碳边境调节机制的影响，高耗能低产出产业竞争力将不断下降，在无法通过工艺优化或技术升级降低产品排放强度时，高耗能产业将势必面临产能压减。相应地，低能耗高产出产业受到的影响较小，将吸引更多资本投资并提升产能扩大出口。另一方面，碳边境调节机制本身也会推动与之相关各国产业结构的低碳转型，为满足对化石能源的替代，将进一步新增对非化石能源、低碳或脱碳技术的投资，也将推动传统高耗能、高碳排放产业的技术升级和改造投资，从全产业角度实现绿色低碳发展。

4. 能源结构

碳边境调节机制对主要产品出口国的影响将通过碳排放传递至能源行业，能源行业整体碳减排势在必行。一方面，在碳边境调节机制的影响下，将推动相关出口国能源生产结构持续向绿色、清洁、高效、安全发展的方向演进，以风电、光伏发电等新能源开发利用为重点，加快推动清洁能源全面替代，成为能源供给系统中新的主体性能源。另一方面，相关影响也将传导至能源消费端，促进终端用能清洁化水平的不断提升。提升综合能源服务水平、深入推动实施电能替代、加快发展氢能产业等相关措施的实施力度将持续加大，不断助力和推动终端能源消费的转型升级。

能源生产和消费结构转型同时也将推动绿色能源完整产业链加快形成，为能源领域核心技术加快突破提供新动力。绿色能源的技术研发、装备制造与消费服务将成为主导世界能源格局的新力量。

二、分析模型

1. 多区域投入产出模型

利用多区域投入产出模型，可以定量模拟分析国家之间贸易的流向以及 CBAM 政策对国家产业贸易的影响。多区域投入产出模型如图 18－5 所示，其中设定的区域数为 m，每个区域的部门数为 n。从横向看，代表各个区域的各个部门的中间产品和最终产品在不同区域以及部门的中间产品需求以及最终消费需求的分配量；从纵向看，代表各个区域的各个部门中间产品的投入来自其他区域和部门的投入量，以及各个区域各个部门的最终消费需求来自各个区域和部门的价值量。

<table>
<tr><td colspan="3" rowspan="3"></td><td colspan="7">中间投入</td><td colspan="3">最终使用</td><td rowspan="3">总产出</td></tr>
<tr><td colspan="3">区域 1</td><td>…</td><td colspan="3">区域 m</td><td rowspan="2">区域 1</td><td rowspan="2">…</td><td rowspan="2">区域 m</td></tr>
<tr><td colspan="3">部门 1…部门 n</td><td>…</td><td colspan="3">部门 1…部门 n</td></tr>
<tr><td rowspan="7">中间投入</td><td rowspan="3">区域 1</td><td rowspan="3">部门 1
…
部门 n</td><td>x_{11}^{11}</td><td>…</td><td>x_{1n}^{11}</td><td></td><td>x_{11}^{1m}</td><td>…</td><td>x_{1n}^{1m}</td><td>Y_1^{11}</td><td></td><td>Y_1^{1m}</td><td>X_1^1</td></tr>
<tr><td>…</td><td>…</td><td>…</td><td>…</td><td>…</td><td>…</td><td>…</td><td>…</td><td>…</td><td>…</td><td>…</td></tr>
<tr><td>x_{n1}^{11}</td><td>…</td><td>x_{nn}^{11}</td><td></td><td>x_{n1}^{1m}</td><td>…</td><td>x_{nn}^{1m}</td><td>Y_n^{11}</td><td></td><td>Y_n^{1m}</td><td>X_n^1</td></tr>
<tr><td>…</td><td>…</td><td colspan="3">…</td><td>…</td><td colspan="3">…</td><td>…</td><td>…</td><td>…</td><td>…</td></tr>
<tr><td rowspan="3">区域 n</td><td rowspan="3">部门 1
…
部门 n</td><td>x_{11}^{m1}</td><td>…</td><td>x_{1n}^{m1}</td><td></td><td>x_{11}^{mm}</td><td>…</td><td>x_{1n}^{mm}</td><td>Y_1^{m1}</td><td></td><td>Y_1^{mm}</td><td>X_1^m</td></tr>
<tr><td>…</td><td>…</td><td>…</td><td>…</td><td>…</td><td>…</td><td>…</td><td>…</td><td></td><td>…</td><td>…</td></tr>
<tr><td>x_{n1}^{m1}</td><td>…</td><td>x_{nn}^{m1}</td><td></td><td>x_{n1}^{mn}</td><td>…</td><td>x_{nn}^{mm}</td><td>Y_n^{m1}</td><td></td><td>Y_n^{mm}</td><td>X_n^m</td></tr>
<tr><td colspan="3">增加值</td><td>V_1^1</td><td>…</td><td>V_n^1</td><td>…</td><td>V_1^m</td><td>…</td><td>V_n^m</td></tr>
<tr><td colspan="3">总投入</td><td>X_1^1</td><td>…</td><td>X_n^1</td><td>…</td><td>X_1^m</td><td>…</td><td>X_n^m</td></tr>
</table>

图 18－5　多区域投入产出模型

其中，X_i^s 表示区域 s 的部门 i 的总产出；Y_i^r 表示区域 r 的部门 i 的最终消费向量；V^r 表示区域 r 的增加值向量。

2. 模型应用及测算

根据多区域投入产出模型的计算分析，中国、印度、南非、巴西等国将是受 CBAM 影响较大的发展中国家，如图 18－6 所示。

三、碳边境调节机制对海外国家的影响

1. 对发达国家的影响

欧洲、美国、日本等大部分发达国家或地区对欧盟 CBAM 持支持或开放态度，

形成碳关税共识并采取集体行动的可能性较高。CBAM 修正草案拟增加隐性碳价抵扣规则，这将促进创建低碳产品贸易受益（限制高碳产品贸易）的全球贸易规则，使得欧美等发达国家能够互认碳成本，为其共同制定以低碳排放为标准的全球贸易规则提供了依据。部分发达国家已跟进 CBAM 政策，制定自身的 CBAM 法案。

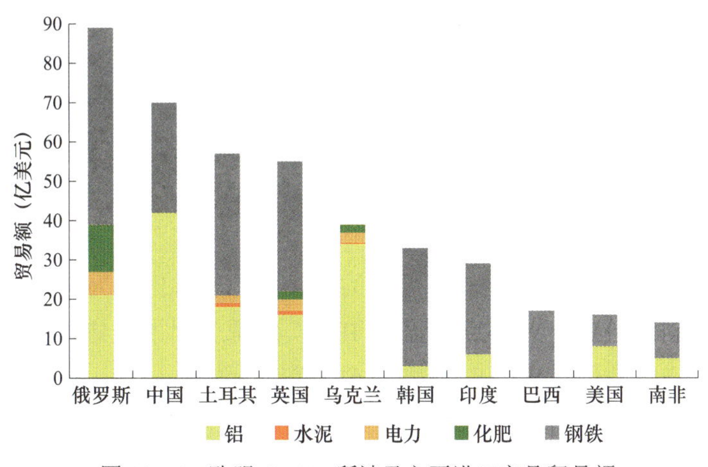

图 18－6　欧盟 CBAM 所涉及主要进口产品贸易额

由于发达国家普遍占据了世界各个产业链的顶端，产品结构以高附加值、低碳排放为主要特征，CBAM 对其出口贸易的影响相对较小。此外，发达国家在碳资产管理、碳核算、碳核查、碳市场交易和碳足迹认证等方面都具备先发优势，在相关规则制定和利益分配方面具有较强的话语权。随着发达国家抢先制定 CBAM、开征碳边境税，将进一步提高其自身产业竞争力、抬高世界范围贸易成本，所获取的碳边境税有助于发达国家进一步优化本国绿色经济和产业，防止碳泄漏。相对于发展中国家，发达国家通过碳边境调节机制将获得较高收益。

2. 对发展中国家的影响

CBAM 的实施有利于资源效率高、工业生产碳排放较低的国家。从图 18－6 可以看出，由于欧盟碳边境调节机制覆盖领域现阶段仍以高耗能、高碳排放行业为主，因此受影响较大的大部分为发展中国家。

为降低对发展中国家的影响，欧盟 CBAM 对“最不发达国家”和“小岛屿发展中国家”给予特殊待遇，但仍有大量发展中国家相关产业将成为 CBAM 执行对象。若无对等措施，出口国在 CBAM 影响下出口收益将受到损失，进而导致其出口导向型产业发展受阻、失业率提高以及经济增长下降。综合来看，CBAM 对发展中国家的影响是消极的，会形成一种新的低碳贸易壁垒，加大发达国家与发展中国家的收入差距，对全球经济和贸易发展构成负面影响。

四、碳边境调节机制对我国的影响

1. 经济影响评估

根据 CBAM 相关文件，部分学者量化分析了其对我国产品出口、国内生产和经济发展、就业等带来的影响。其中各类研究关注点主要集中在对产品出口的影响方面。由于各类研究所采用的计算模型和边界条件各不相同，且对欧盟 CBAM 相关政策设计的假设也存在一定差异，因此不同研究的结果也存在较大差异。

对产品出口影响的评估主要涉及出口产品隐含碳评估、受影响出口产品贸易额评估等问题。受影响贸易额与欧盟 CBAM 覆盖范围有关，按目前欧盟 CBAM 最新决议文件确定的 2026 年拟执行的征收范围开展测算，我国对欧出口受影响相对较小。随着后续欧盟逐步扩大征收范围，对我国出口的影响将逐步扩大。参照欧盟排放贸易体系（EU–ETS）“碳泄漏”行业清单涉及的相关行业，我国涉及对欧出口贸易额将显著扩大。出口产品隐含碳排放则普遍采用 IPCC 碳排放因子法进行评估，或直接采用欧盟相关产品平均排放强度。2018 年我国出口贸易中隐含的二氧化碳总量为 19.7 亿 t，其中出口到欧盟的贸易隐含碳为 2.7 亿 t。结合对贸易额和隐含碳的评估，可以进一步评估欧盟 CBAM 对我国出口产品成本的影响。当欧盟征收范围只覆盖钢铁、水泥、铝业、化肥、电力和氢六个行业时，我国需支付约 8.4 亿美元碳关税；当征收范围扩大至 EU–ETS“碳泄漏”行业清单覆盖的能源电力、建材、化工产品、纺织品、贱金属、纸制品和非金属矿物制品等 63 个行业和子行业时，我国需支付的碳关税也将上升至 32.9 亿～256.8 亿美元。

结合上述分析，欧盟 CBAM 将在一定程度上削弱中国出口产品在欧洲市场的竞争力，可能潜在的影响是导致我国相关产品对欧出口额的下降，或倒逼国内出口企业优化生产工艺、降低碳排放。

2. 对我国重点出口产业的影响

我国是欧盟的第一大贸易合作伙伴，而欧盟则是我国的第二大贸易合作伙伴。根据欧盟 CBAM 决议文件覆盖的行业范围，其对我国出口产业的主要影响将集中在钢铁和铝制品行业。

（1）钢铁产业。

钢铁产业是典型的碳密集型行业，也是最先纳入欧盟 CBAM 覆盖范围的六个行业之一，是全球碳排放大户。由于我国废钢社会积累量较少，且终端需求以低附加值的普钢为主，因此现阶段我国钢铁企业多数倾向于采用成本较低但碳排放强度较高的高炉—转炉“长流程”技术路线。而欧盟等发达国家则多采用以废钢和电力为源头的短流程冶炼生产工艺。与之相比，我国钢铁产业的总能耗和排放强度相对较高。

欧盟 CBAM 落地后，将对我国钢铁企业带来显著影响，我国钢铁产品在欧洲市场的竞争力可能被削弱。若后续 CBAM 在发达国家进一步扩大应用范围，将进一步对我国钢铁产品的全球竞争力造成影响。我国钢铁行业势必需要尽快完成转型升级，加快低碳钢铁技术革新进程，以能源消费结构调整、工艺结构优化和材料技术创新为着力点，提高电气化水平和清洁能源利用水平，大幅降低生产过程中的二氧化碳排放量，培育出更加绿色低碳的钢铁产品，提升国际市场竞争力。

（2）铝制品行业。

电解铝在工业中的运用极为广泛。汽车、飞机、输电设备制造所需要的原材料及各类零配件都广泛运用到铝的各种合金。传统电解铝生产是高能耗行业，电力占原铝生产过程中能源消耗的一半左右，其生产过程中间接碳排放大大超过直接排放量。由于我国电源装机结构和发电量中火电占比较高，因此我国铝制品间接排放强度显著高于欧盟相关国家。在碳边境调节机制影响下，我国对欧出口的铝制品企业出口收益势必将受到显著影响，国际竞争力将被削弱。

欧盟 CBAM 将倒逼电解铝生产企业尽快转型升级，从根本上降低自身直接和间接的碳排放量。作为典型的高耗能企业，一方面，应积极探索节能降耗技术优化创新，尽快实现能源结构消费转换升级，大幅提升能源利用效率，增加清洁能源使用量。充分利用厂房屋顶、闲置空地、废弃矿山等资源建设光伏和分布式风电作为绿色电力的补充。另一方面，应积极组织碳盘查及碳足迹认证，加强碳管理能力建设，准确摸清企业的碳排放总量和排放强度，在国际市场掌握充分的主动权。

第三节　碳边境调节机制的应对举措

根据自身的产业结构、出口情况、碳排放强度等因素，结合 CBAM 对经济、对外贸易等方面影响的综合评估，总体上采取“政策+市场”双轮驱动、“内部+国际”相辅相成的应对思路。针对我国应对 CBAM 可采取的各方举措进行分析，有助于我国提前布局以应对 CBAM 所造成的不利影响，在国际重大问题决策、政策机制设计、产业规划等方面进一步掌握主动性。

一、总体应对思路

欧盟是全球最早开展碳治理的地区，在应对气候变化领域长期处于领先地位。当前中国正处于推动实现“双碳”目标的关键阶段，为应对 CBAM 对出口贸易带来的影响，需从根本上加大碳治理力度，具体思路可以参考欧盟碳治理的经验，从以下方面来加强碳治理。

1. 政策引领、市场驱动

应对发达国家先发制人的 CBAM 的影响，保持我国外贸出口竞争力，需要政府和企业在国内外协同发力、密切配合。一方面，政府要充分发挥在各行业绿色低碳政策方面的引领作用，推动健全绿色能源消费促进机制、认证机制、电能替代推广机制，完善和推广绿色电力证书交易等举措，引导土地、资金、数据等生产要素投入到清洁低碳领域，以“自上而下”的政策引领为相关企业提供有力保障；另一方面，要充分重视市场在驱动技术进步、优化资源配置方面的作用，深入推进电力市场建设，加快全国碳排放权交易市场、用能权交易市场、绿色电力交易市场等建设，调动企业“自下而上”的低碳转型活力，实现各行业绿色发展的良性循环。

2. 扩大开放、内外联动

应对 CBAM，我国需要进一步加大对外开放，加强国际合作，促进内外联动。一方面，受影响的出口企业要充分利用和依靠国内市场主体加强自身能力建设、出口转内销、推动技术进步，满足国内大循环日益增长的各类需求；另一方面，充分利用国内大市场吸引国际资金、装备、技术等要素资源，加强与国外先进企业在工艺、装备、技术等方面的合作，推动国际产能合作，探索多元化输出。

我国一方面要积极吸收发达国家碳治理的路线和经验，广泛采纳相关企业发展建议，积极推动国内与国际市场接轨；另一方面，针对 CBAM 影响，团结发展中国家争取合理利益，同时重视与发达国家的合作，争取国际话语权的同时，以“一带一路”国家和地区为重点，努力推动和参与其他发展中国家碳治理进程，以国内和国际相辅相成的思路有效应对 CBAM 产生的影响。

二、应对举措分析

世界各国根据自身的产业结构、出口情况、碳排放强度等因素，综合评价 CBAM 对国家经济、对外贸易等产生的影响，根据成本最优原则，可以采取被动应对和主动应对两种方式。

对于出口商品碳排放较低、未被 CBAM 征税品类覆盖或出口商品总量占 GDP 比例不高，从而应缴纳碳关税较低、受影响相对较小的国家，可采用被动应对的方式，即不采取应对措施，或主动缴纳 CBAM 税费。对于出口商品碳排放较高、出口总量较大，导致应缴碳关税金额高、受影响相对较大的国家，应采取主动应对措施，准确核算并降低碳排放，将 CBAM 对经济效益的负面作用降至最低。

1. 对等征收

欧盟 CBAM 正式落地时间为 2026 年 1 月，我国应抓住这个时间窗口，持续关注欧盟 CBAM，并借鉴欧盟相关组织和智库的政策论证过程、研究思路和各方博弈情况，提前研究中国碳边境调节税措施，尽快制定符合我国自身特点的碳边境调节国内规则，积极做好多边和双边协商的准备，避免我国自身碳治理进程中存在碳泄漏。进口产品的对等征收方式可有效对冲欧盟CBAM对我国的影响，相关税收可用于国内碳治理以及帮助其他发展中国家有效应对欧盟CBAM的影响，提高我国的国际影响力。

2. 建立碳排放核算体系

由于碳排放核算标准和数据基础不统一，无法保障通过CBAM降低碳泄漏的透明度和可靠性。同时由于碳排放核算成本较高，核算隐含碳排放需要额外的人力、技术、行政成本投入，导致出口型的发展中国家面临更大的经济负担。因此，建立标准化的碳排放核算体系，充分考虑不同国家生产工艺和原材料的差异，更加准确和透明地核查碳排放水平，能够更好地保障CBAM的公平性，帮助出口国准确锁定碳排放优化目标，提高碳排放优化能力，降低碳核算成本，实现更加绿色的发展。

结合国家碳交易市场建设，不断拓展纳入碳市场核算的行业范围，着力完善碳排放核算相关制度规范。培育高质量碳核算机构，丰富行业标准和技术规范，鼓励国内第三方碳核算机构强化核算能力建设，取得国际认证资质，为我国出口企业应对国际机制提供合规支撑。

3. 能源电力结构转型

采用碳减排措施，降低碳排放强度，是应对欧盟及其他发达国家CBAM影响的主动措施之一，其重点是持续推动能源结构调整，加强绿色低碳技术创新。

具体来看，一是以风电、光伏发电的集中式和分布式开发为重点，加快推动清洁能源替代，合理发展水电、核电、地热能、生物质能等多种清洁能源，构建多元化的清洁能源供给体系。二是推动终端能源消费转型升级，深入实施电能替代，推动供应链上下游开展清洁型替代，加快重点领域电气化水平提升，积极建设冷热电多联供、多能互补协同的智慧综合能源系统，减少全生命周期碳排放。三是聚焦低碳零碳能源大规模发展，推动低碳清洁技术不断向提效、降本、数字化运维的方向发展，积极探索新型可再生能源开发利用技术，提升氢能全产业链发展水平。

4. 建立碳交易市场

构建并形成机制完善的国内碳交易市场，调动企业减碳降耗活力。结合欧盟CBAM覆盖范围的动态调整，合理制定纳入国内碳交易市场的行业范围。配合碳交易市场的建设，同步开展碳资产管理、碳核算、碳足迹认证等方面的体制机制建设，推动和鼓励国内碳资产咨询和管理行业的稳步健康发展。

探索建立全球化的碳市场，通过碳排放权跨国交易机制，将绿色能源比例较高国家的低排放优势，以“碳票”的形式交易至电力生产碳排放较高的国家，实现碳排放成本的全球平均化。

第四节 国际合作

应对气候变化需要全人类的共同参与，只有世界各国团结一致、坦诚合作才能有效达成气候治理的目标。CBAM 作为欧盟实现自身减排目标、防止“碳泄漏”的政策工具存在一定的狭隘性。我国作为负责任、有担当的发展中国家，以构建人类命运共同体为宗旨，主张多边机制，倡导国际合作，开展全球气候治理，共同降低碳排放。

一、共建国际绿色低碳合作体系

1. 完善国际合作交流机制和平台

充分发挥“一带一路”能源合作伙伴关系合作平台的纽带作用，凝聚“一带一路”绿色发展共识，办好国际能源变革论坛及相关活动。加强与重要国际组织和国家间的可再生能源政策对话及合作，深入开展规划引领、政策设计、技术交流、融资互动、经验分享等全方位对接，发出中国声音、讲好中国故事。

依托“一带一路”、中国—阿盟、中国—非盟、中国—中东欧、中国—东盟、上合组织等国际合作机制，联合各地区发展中国家，针对欧盟 CBAM 对各国的影响，加强联合研究，制定共同的应对策略。

中国、美国和欧盟作为世界前三大经济体，碳排放量占到世界总量的 55%以上。中美欧三方在绿色低碳和气候变化领域开展合作，直接影响全球环境与气候治理全局。我国应保持与欧盟及相关发达国家的沟通，合理利用世界贸易组织规则开展协调，加强绿色低碳技术创新交流与合作，更好地推动建立国际绿色低碳的合作体系。

2. 积极参与全球低碳能源治理

我国应积极通过参与国际碳关税的相关立法，投身全球低碳能源治理。在参与全球低碳能源治理的过程中，应充分秉持构建人类命运共同体的伟大愿景，兼顾发展中国家利益，持续构建多边主义的全球环境治理体系。加强与国际能源署、国际可再生能源署、石油输出国组织（OPEC）等国际组织的联合，积极参与并引导在联合国、二十国集团（G20）、APEC、金砖国家、上合组织等多边框架下的能源合作。

3. 推动共建绿色“一带一路”

积极推动国际绿色合作，促进“一带一路”绿色发展。我国与联合国环境规划署签署了关于建设绿色“一带一路”的谅解备忘录，成立“一带一路”绿色发展国际联盟，启动“一带一路”绿色供应链平台，举办了“一带一路”生态环保国际高层对话等主题交流活动。我国积极推动共建国家产业绿色转型、促进各国绿色投融资合作，并取得明显进展。目前，我国共建“一带一路”绿色能源项目总值已突破千亿美元。

根据《“一带一路”绿色投资原则》，我国应充分发挥碳市场、碳期货的国际价格发现与资金撬动作用，更好挖潜风电、光伏产业链价值。

二、积极开展技术和产能国际合作

1. 加强绿色低碳技术创新合作

CBAM 为发展中国家的低碳产业链提供了发展契机，在其影响下各国将积极促进绿色低碳技术创新和进步。我国作为具有全球影响力的重要经济体之一，应当借此契机引领、帮助其他发展中国家，尤其是“一带一路”沿线国家，推动低碳产业链发展，促进能源结构转型。俄乌冲突背景下，欧洲传统能源供给严重不足，这也将进一步推动其自身向可持续能源方向转型，降低能源价格造成的通胀危机。美欧掌握先进生产力和产业链高端的能源企业势必将进一步增加绿色低碳技术的研发投入，我国也应把握机遇，开展绿色低碳技术研发，积极广泛地开展国际合作。

2. 推进能源产业国际化，扩大国际绿色产能合作

在全球碳中和背景下，受欧盟等发达国家 CBAM 影响较大的国家存在产业和能源结构转型升级的迫切需求，对绿色产能、绿色资本、绿色贸易等国际合作的需求也将日益增加。

我国应着眼国内国际双循环相互促进，推进可再生能源产业国际化和国际产能合作。以“一带一路”国家和地区为重点，高质量推动核电、风电、光伏、智能电网、智慧能源、互联互通等方面的海外能源重大项目建设，深度参与全球能源转型变革。充分把握国际国内市场差异化特点，发挥国内市场规模大、应用场景多等优势，积极探索与国外先进企业合作的新模式、新途径。加强跨国产学研合作，积极参与风电、光伏、海洋能、氢能、储能、智慧能源等领域的国际标准制定，推进绿色产业国际化。

三、推动建立国际化的绿色金融与碳交易市场

1. 国际化的绿色金融市场

全球降低碳排放需要巨量的资金投入。为实现“双碳”目标，需要通过绿色金融和碳交易，以市场化方式引导资金合理配置，向绿色低碳项目倾斜。国际层面，在我国的倡议下，“一带一路”绿色发展国际联盟成立，为绿色低碳产业的国际合作创造了重要的对话沟通渠道，为“一带一路”沿线国家绿色可持续发展提供支撑。

中国和欧盟都出台了绿色金融分类标准，更加科学准确界定绿色项目。中欧也在推动双方绿色金融分类标准趋同，助力绿色金融体系在全球范围接轨，制定绿色金融的国际标准，建设国际统一的绿色金融市场。

发展绿色金融将带动百万亿级的绿色低碳投资。当前绿色金融产品仍以传统的项

目融资和绿色信贷为主，其结构和服务模式有待改进，我国应积极推动世界各国创新绿色金融产品和服务，积极引导绿色投资。

2. 国际化的碳交易市场

加快推进国际化的碳交易市场，重点是加强国际合作，通过市场化的手段建立全球统一的公平、公正、公开的碳交易规则，通过制定合理的惩罚机制保障碳交易市场有序运行。通过逐步丰富交易模式，加快交易产品与服务创新，增强世界各国加入国际化碳市场的意愿，提升碳配额在世界范围内的市场流动性，切实降低发展中国家碳减排成本。

实践篇

第十九章 北方高碳能源主导区域碳达峰碳中和实施路径分析

我国北方高碳能源主导区域省份基本均位于我国北部，大兴安岭以东，内蒙古高原以南，秦岭—淮河以北，东临渤海和黄海，以平原为主，主要包括北京、天津、河北、山西、辽宁、吉林、黑龙江、内蒙古和山东。区域内除拥有丰富的煤炭、石油和天然气等传统能源外，部分省份还拥有丰富的风、光、水能、生物质、煤层气、地热和核能等新型能源资源，具备清洁能源开发利用以及与传统能源结合建设互补性综合基地的条件。本章将分析北方高碳能源主导区域的经济发展状况、产业结构、能源资源禀赋，结合区域的产业基础和发展规划、用能情况、面临的机遇与挑战以及自身的能源消费结构和技术条件，提出本区域相应的碳达峰碳中和实施路径。本章中有关经济社会和能源消费的数据来源于中国能源统计年鉴和2021年各省份统计年鉴，碳排放量基于中国能源统计年鉴中各省份能源平衡表（实物量）和碳排放因子法计算获得。

第一节 区域发展概况

一、社会经济发展总体情况

近年来，北方区域各省份一直在寻求经济发展之路，但与南方大部分省份相比，发展相对缓慢，主要原因在于产业发展类型单一，产业以重工业、资源型工业和传统产业为主；此外，人口自然增长率低造成人力不足也是其中的一个原因。2015—2020年北方高碳能源主导区域各省份人口增长缓慢，部分省份如东北三省已出现人口负增长。截至2020年末，北方9省份常住人口总量约为36 923.18万人，北京、天津、河北、山西、辽宁、吉林、黑龙江、内蒙古和山东常住人口分别占全国的1.55%、0.98%、5.29%、2.47%、3.01%、1.70%、2.25%、1.70%和7.20%，其中天津、河北、山西和黑龙江人口密度高于全国平均水平，其余5省份人口密度低于全国平均水平。

2020年，北方高碳能源主导区域在克服疫情影响的同时，积极发展经济，各省份的地区生产总值以及人均生产总值均持续增长。从地区生产总值看，除山东地区生产总值为 7.3 万亿元，位居全国第三，北京和河北地区生产总值突破 3.5 万亿元外，其他省份均在 2.5 万亿元及以下。从人均生产总值看，北京和天津分别为全国人均生产总值水平的 2.29 倍和 1.41 倍，内蒙古和山东处于全国平均水平，其他省份人均生产总值均低于全国平均水平，如图 19－1 所示。

图 19－1　2015—2020 年北方高碳能源主导区域主要省份常住人口和人均生产总值

从产业发展来看，北方高碳能源主导区域主要省份产业结构各有特点，但总体均呈现为第一产业和第二产业占比逐渐降低、第三产业占比逐年上升的趋势，如图 19－2 所示。截至 2020 年，除北京、天津第三产业占比分别达 83.8%、64.4%外，其余省份占比基本在 50%左右，均低于全国 54.5%的平均水平。各省份第二产业占比较高，有一半以上的省份第二产业占比齐平或高于全国 37.8%的水平。除北京、天津和山西第一产业占比低于全国占比外，其余省份均高于全国 7.7%的水平。

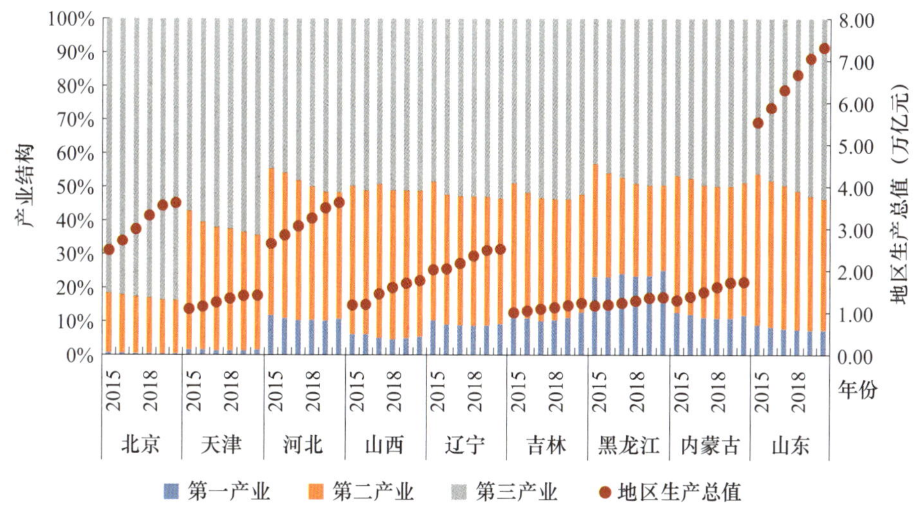

图 19－2　2015—2020 年北方高碳能源主导区域主要省份产业结构和地区生产总值

二、能源资源禀赋

总体上，北方高碳能源主导区域的大部分省份能源资源主要以化石能源为主，包括煤炭、石油和天然气资源。风能和太阳能资源较为丰富，特别是东北三省和内蒙古地区。水资源总体匮乏，仅山西、黑龙江和内蒙古拥有一定量的水能资源。东北三省、山西、山东及河北等耕地面积相对大，生物质资源丰富。东北三省和内蒙古地区森林、草原广袤，具有较好的碳汇资源。

（一）化石能源

根据自然资源部《2020 年全国矿产资源储量统计表》，北部高碳能源主导区域煤炭、石油、天然气资源占全国煤炭、石油和天然气总资源的比重分别为 50.2%、35.7% 和 23.9%，化石资源储量相对丰富，特别是煤炭资源，各省份具体资源情况如表 19－1 所示。其中，山西、内蒙古煤炭资源储量最丰富，约占全国总量的 43.2%；河北、山东和黑龙江的石油储量最丰富；内蒙古的天然气储量最丰富。此外，山西和辽宁拥有一定量的煤层气。丰富的化石能源将为经济社会发展和“双碳”目标的实现提供支撑和兜底保障。

表 19－1　2020 年北部高碳能源主导区域主要省份及全国化石能源储量

省份	煤炭（亿 t）	石油（万 t）	天然气（亿 m^3）
北京	0.97	—	—
天津	—	3999.87	293.09
河北	26.05	25 538.63	372.26
山西	507.25	—	1402.04
内蒙古	194.47	6676.91	10 123.53
辽宁	12.57	14 372.28	164.53
吉林	7.03	16 902.02	767.11
黑龙江	25.81	36 287.27	1494.64
山东	41.32	25 493.92	343.52
全国	1622.88	361 885.75	62 665.78

注　所统计的储量为保有储量，是指探明资源量和控制资源量中可经济采出的部分（其中油气矿产是剩余探明技术可采储量）。

（二）风能资源

根据《2021 年中国风能太阳能资源年景公报》，东北大部、华北北部、内蒙古大部的 100m 高度平均风速大于 6.0m/s，其中东北西部和东北部、内蒙古中东部年平均风速达到 7.0m/s，高于全国 100m 高度平均风速 5.8m/s。从 100m 高度风能资源平均功率密度看，除北京和山西的平均风功率密度为 168.79W/m^2 和 198.06W/m^2 外，其余省份的平均风功率密度均超过 200W/m^2，内蒙古和吉林超过 300W/m^2。上述数据表明，北方高碳能源主导区域大部分省份风资源丰富，开发条件良好。

（三）太阳能资源

根据《2021 年中国风能太阳能资源年景公报》，内蒙古西部局部地区年水平面总辐射量超过 1750kWh/m^2，属于太阳能资源最丰富地区；内蒙古中部和西部、西北中部和西部、山西北部、河北北部等太阳能资源年水平面总辐照量为 1400～1750kWh/m^2，属于太阳能资源很丰富地区；内蒙古东北部、东北大部、北京、天津、山东年水平总辐照量为 1050～1400kWh/m^2，属于太阳能资源丰富地区。总体看，北方区域太阳能资源丰富，可支撑地区光伏、光热等新能源发展。

（四）水能资源

北方相对于西南部地区水力资源较为匮乏，但也存在一定量的水力资源。根据《中华人民共和国水力资源普查成果（分省）》报告，在仅计算水力资源理论蕴藏量达 1 万 kW 以上的河流前提下，黑龙江、辽宁、吉林、内蒙古和山东水力资源理论蕴藏量分别为 739.49、168.95、297.98、482.54、117.0 万 kW；北京、天津和河北水力资源理论蕴藏量总计 220.84 万 kW；山西包括黄河干流在内，并按相邻省分电的原则，全省河流理论总蕴藏量为 511.45 万 kW。“十四五”期间，辽宁抽水蓄能规模将达到 300 万 kW，吉林抽水蓄能理论装机容量超过 3000 万 kW，剩余可开发常规水电装机容量约 93.9 万 kW，黑龙江规划水电新增装机容量 130 万 kW，内蒙古、山西、河北和天津也规划了抽水蓄能电站。

（五）其他非化石资源

北方高碳能源主导区域大部分省份具有大量土地资源，且大多为农耕、养殖大省，如东北三省、河北、山西、内蒙古、山东等，生物质资源相对丰富，主要以农作物秸秆、畜禽粪便、林业剩余和垃圾为主。其中，黑龙江、吉林的秸秆资源总量分别为全国第一名和第三名；吉林农作物秸秆年产出量约为 4500 万 t/年，可能源化利用的资源总量约为 1200 万 t/年。吉林林业剩余物资源约为 1000 万 t/年，可能源化利用量约为 400 万 t/年；垃圾量约为 540 万 t/年，可能源化利用量约为 400 万 t/年，畜禽粪污总产量约 5800 万 t/年，可能源化利用量约 1920 万 t/年。山东畜禽粪便资源量为全国第一名，河北畜禽资源量为全国第四名。此外，内蒙古、东北三省具有大量的林地资源，可以形成碳汇。黑龙江地区、河北部分地区具有地热能资源。零碳且可提供稳定电力的生物质和地热资源将成为新型电力系统的一部分。山东具有一定的海洋能资源，可将海洋能与海上风电相结合。此外，辽宁和山东也在积极开发布局核能。

第二节 能源消费与碳排放特征

一、能源消费

北方高碳能源主导区域矿产资源相对丰富，采矿、冶炼业发达，能源消费量高，且主要以煤炭、石油等化石能源为主。2015—2020 年间，区域内除个别省份外，能源消费总量持续上升，能源消费强度持续下降，如图 19－3 所示。2020 年，北方高碳能源主导区域的能源消费总量占全国消费总量的 36.04%，地区生产总值占全国生产总值的 24.18%，区域能源利用效率较低，能源消费强度（地区生产总值取当年价）远远高于全国的平均水平。

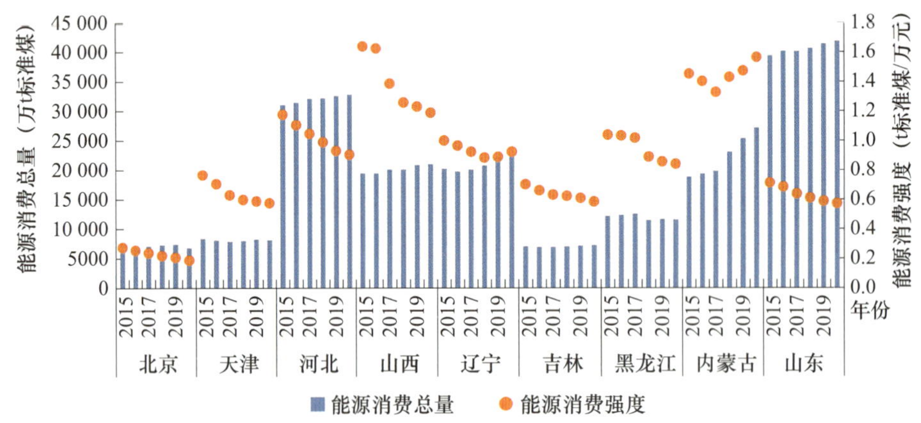

图 19－3　2015—2020 年北方高碳能源主导区域主要省份能源消费总量及能源消费强度

北方高碳能源主导区域近年来一直积极推动产业结构调整和能源消费转型，不断提升可再生能源的利用比重，但当前能源消费结构仍以化石能源为主。2020 年，除北京、天津和辽宁外，其余省份煤品消费占比均高于全国平均水平；北京、天津和辽宁的油品消费占比高于全国平均水平；除北京和天津外，其余省份天然气消费占比均低于全国平均水平；区域内各省份非化石能源消费占比均远远低于全国平均水平，如表 19－2 所示。

表 19－2　2020 年北方高碳能源主导区域主要省份及全国能源消费结构

省份	煤品	油品	天然气	一次电力及其他	非化石能源
北京	1.50%	29.27%	37.16%	32.07%	10.40%
天津	34.10%	—	19.60%	—	7.7%
河北	80.51%	5.67%	7.00%	6.82%	—
辽宁	53.7%	30.3%	3.9%	12.1%	8.6%

续表

省份	煤品	油品	天然气	一次电力及其他	非化石能源
吉林	66.8%	19.9%	5.8%	10.7%	—
内蒙古	101.9%	4.8%	2.5%	-9.4%	—
山东	66.8%	13.6%	5.8%	13.8%	—
全国	56.8%	18.9%	8.4%	15.9%	—

从发电量和全社会用电量来看，北部高碳能源主导区域地区全社会用电量稳步发展，发电量持续高速增加。除山西、吉林、黑龙江和内蒙古外送电力外，其余省份生产电力均不能满足自身需求，均需外部电力输入。2015—2020年北方高碳能源主导区域发电量和全社会用电量如图19-4所示。

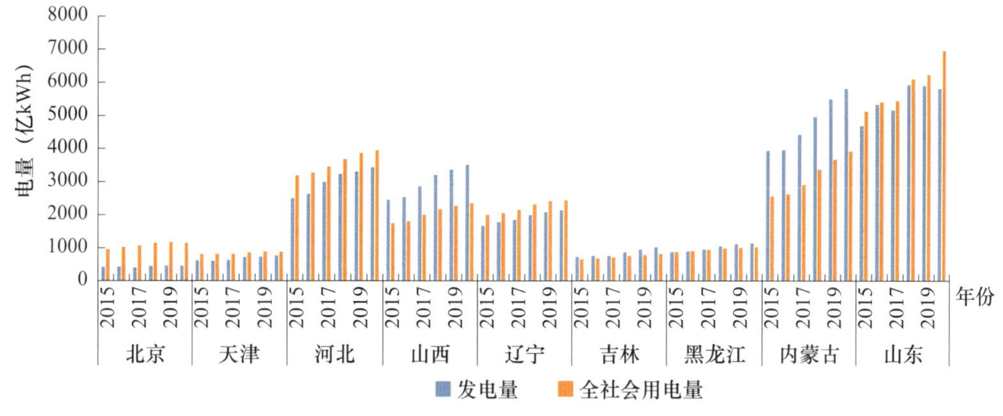

图19-4　2015—2020年北方高碳能源主导区域发电量和全社会用电量

二、碳排放

能源消费总量高、消费结构偏化石能源，使得北方高碳能源主导区域碳排放总量和碳排放强度居高不下。从图19-5可以看出，2015—2020年，北方高碳能源主导区域碳排放量虽处于增长状态，但增长速率有放缓趋势，且碳排放强度总体呈现稳步下降趋势；这主要源于“十三五”期间，我国积极推进能源结构调整以及低碳节能改造，提高能源利用率，开发利用清洁能源。从图19-6所示碳排放结构可以看出，各省份碳排放主要来源于化石能源消耗，除北京和天津外，其余省份碳排放主要来源于煤炭的利用，基本都在60%以上。因此，调整能源消费结构，降低化石能源特别是煤炭的使用比例，将是北方高碳能源主导区域未来重要的降碳手段之一。由于山西、内蒙古、吉林和黑龙江为电力输出省份，其电力碳排放为负值。

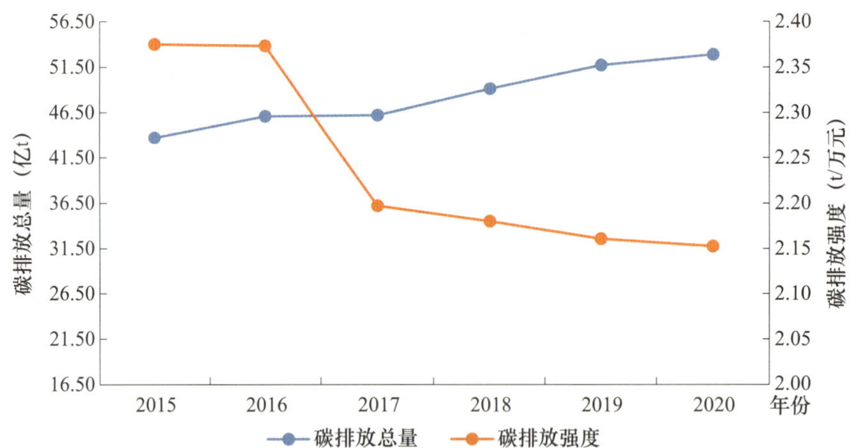

图 19－5　2015—2020 年北方高碳能源主导区域碳排放总量及碳排放强度

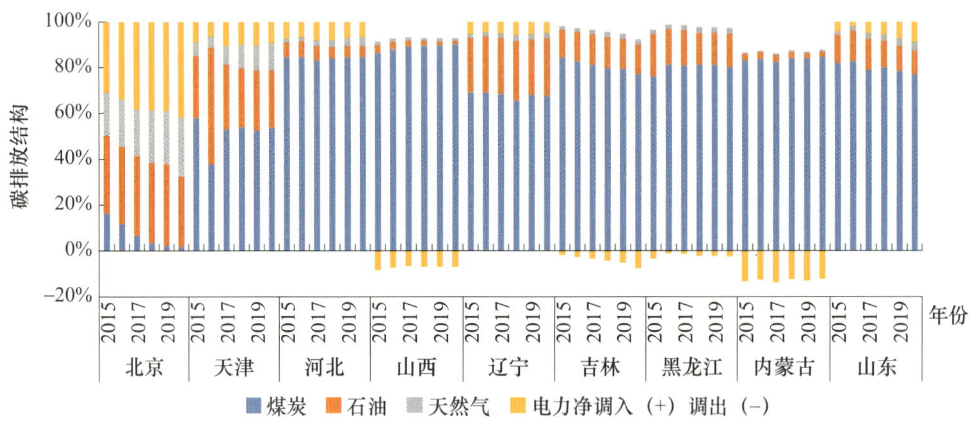

图 19－6　2015—2020 年北方高碳能源主导区域主要省份分种类能源消费碳排放结构

注：电力调入调出排放因子采用历年中国区域电网基准线排放因子。

第三节　碳达峰碳中和实施路径

一、机遇与挑战

（一）面临的机遇

存在产业节能挖潜空间。北方高碳能源主导区域大部分省份产业当前仍以煤化工、钢铁等重工业、资源型和传统工业为主，能源消费以化石能源为主。在国家能源战略和东北振兴、京津冀一体化发展等政策的引领下，可通过大力推动产业结构调整、能源结构转型、开展钢铁及化工等高能耗行业节能改造，发展煤炭高效清洁利用，进一步降低能源消耗总量，能效水平还有一定挖潜空间。

丰富的化石和风光水资源为多能融合提供可靠基础。实现“双碳”目标的核心是构建新型电力系统，需要不断提高新能源比重；而新能源发电系统存在波动性、随机性和间歇性等特点，考虑到北方高碳能源主导区域有大量煤、油、天然气等化石能源，同时具有丰富的风光资源和水资源等，可将丰富的煤炭资源与风光资源、水资源有机耦合，统一协调，建立大型的风光火储一体化基地、风光水火储一体化基地，为新型电力系统提供稳定、可靠的支撑，起到兜底作用。北方高碳能源主导区域多个省份规划了风光、新能源+、风光火储、多能互补综合能源基地。

生物质资源和森林碳汇丰富。北方高碳能源主导区域存在相对充足的生物质资源，可以成为区域清洁供暖、发电的生力军。根据各省份“十四五”能源发展规划，北京“十四五”期间将新增生物质装机容量 16 万 kW、可再生能源供热面积 4500 万 m^2；吉林新增生物质能发电 27 万 kW、垃圾发电 5.8 万 kW；黑龙江将推动生物质充分利用；山西生物质能发电达到 100 万 kW 以上，新型储能装机容量达到 600 万 kW 左右；内蒙古将提升自治区地热能、生物质能、太阳能供暖和新能源电力供暖利用规模，“十四五”期间新增可再生能源供暖面积 2500 万 m^2，生物质能发电装机容量达到 60 万 kW。山东将因地制宜推进生物质能、地热能和海洋能等清洁能源多元化发展，“十四五”末，规划生物质能发电装机规模达到 400 万 kW，生物质能供暖面积达到 3500 万 m^2 左右。另外，东北和内蒙古大量的森林资源，提供了良好的碳汇资源。

工业基础雄厚，创新资源充足。北方高碳能源主导区域具有雄厚的工业基础，在信息、数控机床、大型工业设备制造等方面具有先天优势，同时北方拥有大量高校和科研机构，可以将两者有机结合，创建一批科技创新基地，有力激发创新活力，开展燃煤机组调峰、风光火储一体化基地、地热能利用、储能以及氢能等新技术、新领域基础与应用研究。通过科技研发引领以及重大项目建设带动，促进各省份的产业发展。“十四五”期间河北将打造张承地区“风电光伏基地+储能”大规模示范区及太行山脉“光伏+储能”规模化应用和装备制造示范带。内蒙古拟打造区域风电装备制造产业链、氢能与燃料电池产业。

（二）存在的挑战

实现“双碳”目标是一场广泛而深刻的经济社会系统性变革，需要各方面的共同努力。对于北方高碳能源主导区域，实现“双碳”目标面临着巨大的挑战。

能源消费总量仍将保持增长。能源活动产生的碳排放是二氧化碳的主要排放来源，是实现“双碳”目标的主战场。随着东北振兴和城镇化发展等政策的注入，北部省份未来经济将会得到进一步提升。“十四五”期间，区域内各省份能源消费总量仍将保持较快增长，纵使北方主要省份在“十四五”期间都计划大力发展可再生能源，但由于各省份能源消费基数庞大，在能源消费结构仍以化石能源为主的形势下，能源消费增量仍将带来一定的碳排放增长。

能源消费结构转型极具挑战。截至“十三五”末，北部 9 省份除北京和天津外，能源结构仍以化石能源为主，煤炭消费比重基本在50%以上，天然气消费比重大部分不足10%，非化石能源消费占比均低于全国水平，在国内处于相对落后的位置；同时，大部分地区能源消费量高，实现能源消费结构转型极具挑战。

产业绿色发展缓慢。北方高碳能源主导区域产业主要是工业和建筑业，实现“双碳”目标，一方面是调整产业结构，将重工业为主逐步转向低能耗产业为主，另一方面是推动工业和建筑业等行业能源利用向低碳方向发展。但工业和建筑业低碳转型发展需逐步进行，实现碳中和目标任重道远。

创新发展进入新阶段，能源创新面临很多新要求。“双碳”目标的提出，对能源系统提出了升级换代的需求，并对能源创新提出了新的要求。新型能源系统将更加复杂，对于系统可靠性、安全性以及相互间的协调耦合提出了更高的要求，实现低成本、安全、可靠的能源供给是新型能源系统面临的主要挑战；大部分省份存在创新潜力发展不足、原创成果不多的困境。

二、实施路径

对于北方高碳能源主导区域，“双碳”实施路径主要是调动各行业及企业的能动性积极开展节能提效、煤炭清洁利用，充分利用丰富的自然资源，大力发展风光火储、风光水火储等能源基地和生物质燃煤耦合电站，加快提升非化石能源消费占比，同时采用脱碳技术及利用森林碳汇资源，降低碳排放。

（一）节能提效

1. 工业领域开展中低温余热回收，提高系统能源利用效率

在冶炼、化工等行业工艺生产过程中会产生大量废气废热，如钢铁冶炼行业传统工艺生产过程中会产生大量高炉煤气、转炉煤气和焦炉煤气，其能源量占钢铁能源消耗总量的40%左右。通过采用低热值燃气–蒸汽联合循环、燃气锅炉蒸汽轮机发电系统或煤电机组掺烧高炉煤气、焦炉煤气回收上述煤气的能量，可以节约资源，提高能源效率，从而降低碳排放。

黑龙江为此颁布了“十四五”节能减排综合工作实施方案，以钢铁、建材、石化化工等行业为重点，推动节能改造。

典型案例一　首钢京唐钢铁公司2×300MW燃煤机组煤–气混烧项目

华北电力设计院设计的首钢京唐钢铁公司煤气混烧项目以焦炉煤气作为点火燃料，将高炉煤气掺烧到300MW机组燃煤锅炉上，为国内首次。该工程设计将20万 m^3/h 的高炉煤气通过单独煤气燃烧器送入锅炉，热量占锅炉BMCR工况输入热量的20%，最大掺烧量为30万 m^3/h，设计工况年可节约标准煤4.47万t，减少 CO_2 排放约12.1万t。

2. 燃煤电厂烟气余热回收，提高系统能源利用效率

在燃煤发电行业，锅炉作为燃煤火电机组主要设备之一，排烟热损失占锅炉热损失的 70%～80%，是锅炉最大的热损失。据计算，每增加 10℃排烟温度，煤耗相应增加 1.2%～2.4%。回收锅炉排烟余热是有效且容易实现的一种措施，将有效降低火电厂煤耗，节约能源，减少碳排放。

典型案例二 乌拉盖 2 × 1000MW 机组烟气余热回收项目

华北电力设计院设计的乌拉盖项目集成采用了褐煤清洁高效、机炉深度耦合烟气余热利用技术，节约了能耗。该项目通过设置空气预热器烟气旁路，按照能量梯级利用原则，逐级加热给水、凝结水、一次风、二次风，从而回收烟气余热，降低机组煤耗，如图 19-7 所示。该项目两台机组供电煤耗为 280g/kWh，节煤约 5g/kWh，相当于降碳 13.3g/kWh，是国内领先、国际一流的大型现代化绿色燃煤示范电站。

图 19-7 乌拉盖烟气余热回收项目

3. 燃煤电厂热力系统优化

燃煤机组另一节能措施是进行热力系统的优化。优化方式包括设置外置蒸汽冷却器、汽轮机通流部分改造、冷端优化等。国内高压机组，以及 2000 年前投运的亚临界机组普遍热耗高，通过对该部分机组汽轮机通流进行优化设计，更换新型高效叶片及采用新型汽封等措施，可明显提高效率，降低机组供电煤耗 10～20g/kWh。

（二）煤炭清洁高效利用

受限于区域以煤为主的资源禀赋，在相当长时间内，煤电依然是北方高碳能源主导区域能源供应重要的组成部分，提升煤炭清洁利用水平可以有效降低碳排放。

1. 提高机组初参数

在同样的机组初温度下，随着蒸汽初压力的不断提高，通过汽轮机低压缸末几级叶片的蒸汽湿度将逐渐增大，并超过允许范围，致使机组的热效率降低，且机组运行安全性受到影响。提升机组新蒸汽的初参数，可提高循环热效率。

典型案例三　岱海电厂提参改造工程

华北电力设计院设计的岱海电厂提参改造工程（见图 19-8）通过对电厂燃煤机组提高初温、通流改造、增加外置蒸汽冷却器等措施，提升机组效率，降低机组供电标准煤耗，从而减少碳排放。

该工程建有 2 台 600MW 亚临界空冷燃煤机组，通过将机组汽轮机进口主蒸汽和再热蒸汽温度由 538℃提高到 566℃、改善汽轮机本体通流、增加 3 号高压加热器外置式蒸汽冷却器、优化汽轮机背压、增加烟气余热利用系统等改造措施，使机组出力增容至 660MW，机组的供电标准煤耗降低 11.3g/kWh，两台机组每年节约标准煤 7.5 万 t，减少二氧化碳排放约 20 万 t；在节能减排的同时，为新能源的使用保驾护航，用创新和努力保护了绿水青山。

图 19-8　岱海电厂提参改造工程

2. 发展超超临界技术

提高机组参数，是提效节能降碳有效的途径之一。截至 2022 年，国内投运二次再热燃煤机组最高参数已达到 32.5MPa、610℃/630℃/623℃。待 700℃超超临界技术在新的镍基耐高温材料研发成功后，蒸汽参数可提高至 700℃，将可大幅提高机组热效率，供电煤耗预计可达到 246g/kWh。

典型案例四　大唐东营 2×1000MW 超超临界二次再热燃煤电站项目

东北电力设计院设计的大唐东营 2×1000MW 超超临界二次再热燃煤电站项目（见图 19－9）采用新一代百万千瓦超超临界机组技术，率先提出并采用六缸六排汽、超低背压技术，引入节能、节水、节约土地及烟气污染物协调治理设计理念，各项指标均处于国内领先水平，生产过程中可实现超净排放目标。

该工程机组在额定工况下的蒸汽初参数提高到 31MPa/600℃/620℃/620℃，设计供电标准煤耗为 258.72g/kWh，同 600MW 以上火电机组平均供电标准煤耗 302.5g/kWh 相比，降低标准煤耗 43.78g/kWh，可以降低二氧化碳排放 116.89g/kWh。

图 19－9　大唐东营 2×1000MW 超超临界二次再热燃煤电站项目

3. 发展碳捕集、利用与封存技术

对于火电行业，可以通过燃烧后捕集将化石燃料燃烧后的烟气中的 CO_2 分离出来，捕集的 CO_2 可以进行矿化，即与钢渣、富含钙镁的工业废弃物等反应，将 CO_2 固定为碳酸镁和碳酸钙等稳定的碳酸盐，或者直接用于制造尿素肥料和一些特殊聚合物。在未来的氢经济中，CO_2 可以与氢气结合，制造合成燃料、合成气和甲醇。北方高碳能源主导区域，可以充分结合现有钢厂、化工厂设施，启动矿化和化工合成项目布局。同时，CO_2 被捕集后，也可将其注入正在开采或已枯竭的油田和气田、深部盐水层以及深煤层和煤层气层等进行驱油和封存。

典型案例五　华能北京热电厂烟气 CCS 示范工程

华北电力设计院设计的华能北京热电厂烟气 CCS 示范工程（见图 19－10）为国内第一个烟气脱碳示范项目，项目从 FGD 和烟囱之间的烟道上抽取烟气，利用 MEA

吸收 CO_2，并经过再生和精制生产食品级 CO_2 进行销售。该系统回收 CO_2 0.5t/h，年回收 CO_2 约 3000t。分离捕集得到的 CO_2 浓度大于 99.5%（干基）。整套装置连续年利用时间 6000h。该项目的实施为国内碳捕集技术的发展奠定了基础，助力国内碳减排技术的发展。

华能北京热电厂 CO_2 捕集装置

CO_2 精处理装置

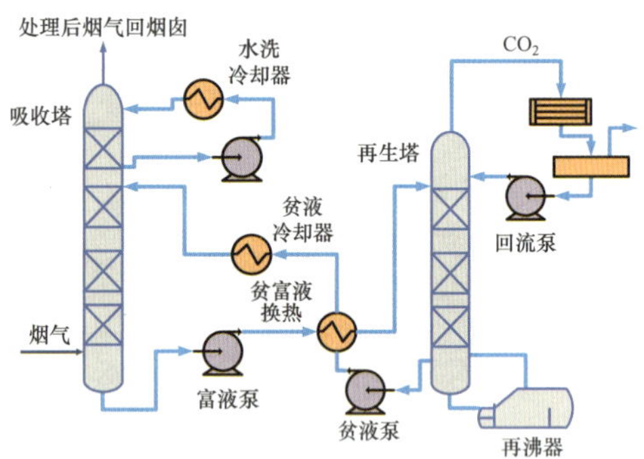

工艺流程图

图 19－10　华能北京热电厂碳捕集装置实景图及工艺流程图

（三）提高低碳能源消费比例

大力发展可再生能源，加快能源结构优化调整、提升非化石能源消费占比是推动能源生产和消费革命的重要战略举措。

1. 发展风光火储、风光水火储等基地

充分依托北方高碳能源主导区域的大量煤电资源，与风、光、水等新能源有机结合，同时发挥储能技术优势，形成风光火储、风光水火储横向互补，纵向源网荷储一体的资源体系，既可提高电力系统的可靠性，又可提高可再生能源占比，降低弃风弃光比例，从而降低碳排放。

典型案例六　霍林河循环经济示范工程

华北电力设计院参与设计的霍林河循环经济示范工程综合考虑风电、光伏发电季节性特征和局域网内部调峰实际，新建风电、光伏电站和燃劣质煤的供热机组，再配套建设电网工程和调度控制中心，构成霍林河循环经济示范工程（见图19－11）和“高载能清洁发展”实验区。实现电量在区域内消纳、新能源不需要国家电价补贴和低热值褐煤就地综合利用的目标。

该工程为风光火储一体化工程，建设有800MW风电＋1800MW火电＋调度中心＋78万t电解铝项目。项目通过风光火储有机组合、互相协同，形成了火电、风电、电解铝循环经济产业集群，年就地消纳劣质褐煤1000万t，年减少二氧化碳排放70万t。

图19－11　霍林河循环经济示范工程

北方区域多个省份规划了大型基地，其中内蒙古规划建设风能、光伏、氢能以及储能产业集群，建设能源外送基地，推进源网荷储一体化建设，建成投产乌兰布源网荷储示范项目，建成通辽风光火储一体化示范项目；山西规划重点建设晋北风光火储一体化基地、忻朔多能互补综合能源基地、晋西沿黄百里风光基地、晋东“新能源＋”融合发展基地、晋南源网荷储一体化示范基地；黑龙江规划建设哈尔滨、绥化综合基地，齐齐哈尔、大庆可再生能源基地等5个千万千瓦级基地；吉林规划在白城地区建设鲁固特高压直流配套300万kW风电基地。

2. 发展农光互补

发展光伏发电替代燃煤发电，可极大降低二氧化碳排放，但光伏发电具有占地面积大的特点，将光伏与农业大棚、渔业等相结合，可在不影响农业生产的同时，有效降低光伏土地资源占用，提高土地利用率。山东、内蒙古等多个省份规划在“十四五”期间推进农光互补、牧光互补、林光互补等项目建设。

典型案例七　河北南宫100MW农光互补竞价光伏项目

华北电力设计院设计的河北南宫项目（见图19－12）开发利用太阳能资源建设光伏电站，同时开展农光互补示范。

该项目在使用光伏电池组件的条件下，立体化使用土地，达到综合效益最大化。

该项目合理选择适宜的农作物，并结合当地气候选择合适的种植时间，尽量使地表的太阳辐射动态分区的变化与植物生长需要的光照强度相配合，在一定程度上实现植物生长所需光照的合理分配。

图 19-12 河北南宫 100MW 农光互补项目（光伏区）

3. 发展生物质耦合技术

燃煤耦合生物质发电是将秸秆等农林废弃物、污泥、市政垃圾等生物质资源，直接或间接地输入现役高效清洁燃煤发电厂锅炉中进行焚烧、发电，具有减少燃煤耗量、减少碳排放、降低生物质发电成本等优势。对于发电标准煤耗为 269.9g/kWh 的 1000MW 燃煤机组，掺烧 5%生物质颗粒（热量计）的情况下，年减少标准煤消耗量为 6.75 万 t，对应二氧化碳年减排量为 17.6 万 t。

4. 其他清洁能源

大力发展风光储、氢能等清洁能源，降低二氧化碳排放，助力“双碳”目标实现。推动风光储、绿氢产业发展，因地制宜，打造可再生能源制氢示范项目，扩大本地绿氢产能，消纳可再生能源电量。聚焦风光储、氢能产业链关键环节，吸引龙头企业、优势企业项目落地，形成涵盖风光储、氢能的产业链。打造风光储、氢能应用示范中心，以风光、氢能代替煤炭、天然气、石油等化石燃料，降低终端二氧化碳排放。

典型案例八 国家风光储输示范工程二期扩建工程

华北电力设计院设计的国家风光储输示范工程二期扩建工程（见图 19-13）立足于风电、光伏发电等可再生能源，与化石能源相比，本身就具有可持续性。其更深层次的意义是，完全符合全球能源发展与战略调整，践行 2016 年签署的《巴黎协定》，引领整个新能源行业的可持续发展。

该项目建设有400MW风电、60MW光伏发电和50MW储能。截至2020年底，示范工程输出绿色电能超过57.1亿kWh，相当于节约标准煤192万t、减排二氧化碳410万t，碳减排效果突出，为治理雾霾、重现蓝天作出了一定贡献。同时，示范工程清洁发展机制（CDM）项目已通过联合国执行理事会审核，在联合国成功注册。

图19－13 国家风光储输示范工程二期扩建工程

（四）建设坚强灵活电力系统

随着能源结构向清洁化转型，新能源装机占比持续提高，电网负荷峰谷差日趋扩大，加强调峰能力建设，提升电力系统灵活性成为必然。

加快储能技术推广应用。推广“可再生能源＋储能”发展模式，结合电网消纳和调峰需求，逐步加大“可再生能源＋储能”模式推广力度，新增集中式风电、光伏发电项目配置相应的储能设施是提升灵活性的有力措施之一。

煤电机组作为我国电力供应的稳定器和压舱石，通过采用先进技术提高煤电机组能效和调峰能力，从而更多地消纳风电、太阳能等间歇性的可再生能源，提高非化石能源占比，实现碳减排，是提升电力系统灵活性的另外一项措施。内蒙古规划推进呼包鄂、通辽市等地区火电灵活性改造，力争“十四五”期间完成火电灵活性改造3000万kW左右。

典型案例九 辽宁朝阳300MW人工洞穴压缩空气储能示范工程

华北电力设计院正在设计的辽宁朝阳300MW压缩空气储能（人工洞室储气技术）

示范工程（见图 19－14）为国际上容量最大的人工造穴压缩空气储能项目，地下人工洞室容积约 12.7 万 m^3，压力波动范围达 6MPa。首创采用大罐式地下人工洞室方案，从而降低了地下洞室的容积，全方位优化降低了地下洞室工程的总投资。

该储能项目效率高，电－电转换效率可达 70%以上。

该项目的实施，将有助于推动大规模储能技术的发展，从而为新能源的消纳提供大规模充电宝。

图 19－14　辽宁朝阳 300MW 人工洞穴压缩空气储能示范工程

（五）挖掘森林碳汇

森林碳汇应对“双碳”目标具有重要意义。北方高碳能源主导区域应充分利用丰富的森林资源，探索传统的造林建设与营运模式的市场化路径，从生态环保角度探索创新碳中和解决方案，争取形成“林业种植＋森林碳汇＋林下经济＋农林作物综合利用＋农林产品深加工应用＋分布式生物质能源”的全产业链绿色循环经济。

第二十章
中部能源资源匮乏区域碳达峰碳中和实施路径分析

从地理区划来看，中部地区包括河南、湖北、湖南、江西、安徽等省份。考虑到河南、安徽资源储量相对丰富，而湖北、湖南、江西三省为中部地区典型的能源资源匮乏省份，相对远离大型能源基地和重要通道，统筹能源安全和低碳转型的挑战更大，因此本章主要聚焦湖北、湖南、江西（即“两湖一江”）地区展开分析。

“两湖一江”地区一次能源匮乏，长期以来均为能源净输入区域，是我国能源流向的末端；新能源资源储量和开发潜力有限，水能资源开发殆尽，随着地区能源电力消费需求不断增长，供应缺口将持续扩大。在“双碳”目标背景下，为保证地区能源电力可靠供应，加快能源绿色低碳转型，推动能源消费从“以煤为主”向“清洁化、多元化”发展，本章就中部能源资源匮乏区域的“双碳”目标实施路径进行介绍。本章中有关经济社会和能源消费的数据来源于中国能源统计年鉴和 2021 年各省份统计年鉴，碳排放量基于中国能源统计年鉴中各省份能源平衡表（实物量）和碳排放因子法计算获得。

第一节　区域发展概况

一、社会经济发展总体情况

“两湖一江”地区位于我国中部腹地，地区面积约占全国的 5.9%，人口约占全国的 12.0%，人口众多、地域有限、地形复杂。“十三五”期间，“两湖一江”三省经济发展稳中向好态势明显，经济产业结构持续优化，常住人口逐步趋于稳定，城镇化率稳步上升，城镇化进程加快，经济发展向高质量发展转变。

2020 年，湖北经济发展受到新冠疫情冲击出现小幅下滑，湖南、江西地区经济发展仍稳中向好，崛起势头愈发明显。从总量角度看，湖北、湖南、江西三省的地区生产总值分别为 4.34 万亿、4.18 万亿、2.57 万亿元，分别居国内第 8、9、15 位，合计约占全国地区生产总值的 10.9%。从人均角度看，除湖北高于全国平均水平外，湖南、江西分别仅为全国平均水平（7.18 万元）的 88%、79%，三省在国内排序分别为第 9、14、17 位，处于全国中游水平。

从产业发展来看，“两湖一江”地区的产业核心逐步从第二产业转变为第三产业，除2020年受新冠疫情影响外，各省份第三产业占地区生产总值的比重基本保持逐年增长，第二产业占比逐年降低。2020年，湖北、湖南、江西第三产业占比分别为51.3%、51.7%、48.1%，较2015年提升了5～8个百分点，但仍均低于全国平均水平（54.5%）。2015—2020年“两湖一江”地区常住人口和人均生产总值变化情况、产业结构优化进程如图20-1、图20-2所示。

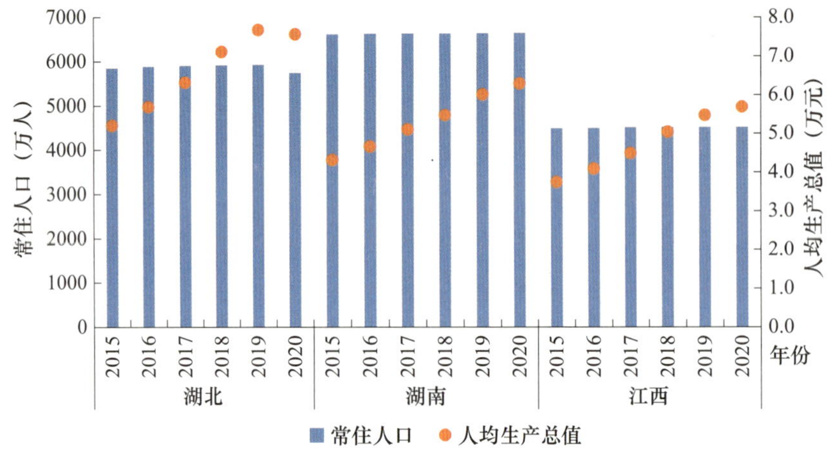

图20-1　2015—2020年“两湖一江”地区常住人口和人均生产总值

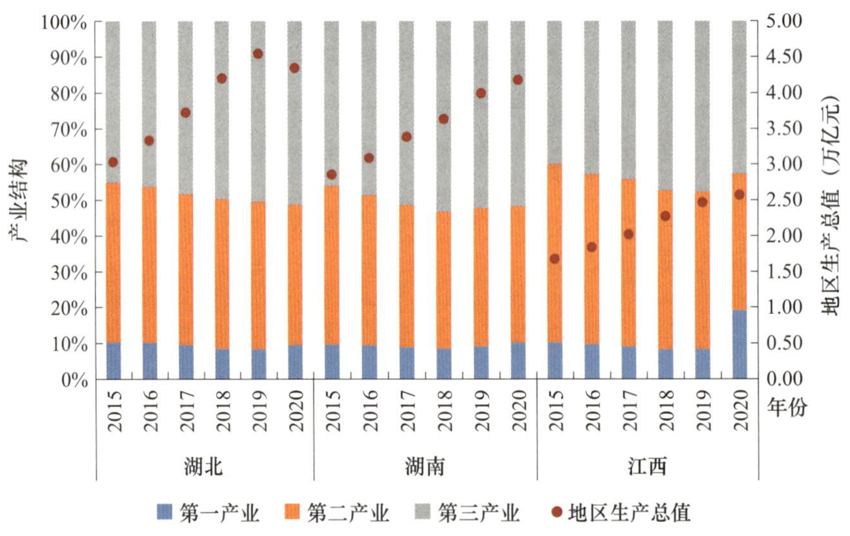

图20-2　2015—2020年“两湖一江”地区产业结构和地区生产总值

二、能源资源禀赋

“两湖一江”地区缺煤、无油或少油、乏气；水能资源丰富，尤其是湖北、湖南地区，但开发基本饱和；新能源开发潜力有限且优势不明显；核电有资源但短期难以投产；整体来看，“两湖一江”地区属于一次能源资源匮乏区域。2020 年“两湖一江”地区能源资源情况汇总如表 20-1 所示。

表 20-1　　2020 年“两湖一江”地区能源资源情况

能源资源	湖北	湖南	江西	三省总量	三省合计在全国占比
煤炭（保有查明储量，亿 t）	8.4	32.8	14.3	55.5	0.37%
石油（累计探明地质储量，亿 t）	16 213	0	0	16 213	0.44%
天然气（累计探明地质储量，亿 m^3）	109.5	0	0	109.5	0.10%
水能（技术可开发量，万 kW）	4005	1757	578	6340	11.09%
风能	Ⅳ类	Ⅳ类	Ⅳ类		
太阳能	Ⅲ类	Ⅲ类	Ⅲ类		

（一）化石能源

1. 煤炭资源

“两湖一江”地区整体煤炭资源匮乏，主要依靠省外调入。2020 年，湖北、湖南、江西的保有查明煤炭资源储量分别为 8.4 亿、32.8 亿、14.3 亿 t，合计约占全国总量的 0.37%。其中，湖北、湖南、江西三省煤炭经济技术可开采储量分别约为 0.10 亿、4.86 亿、2.10 亿 t。从开采难度来看，“两湖一江”地区煤炭矿床规模小，地质构造、水文地质条件复杂，煤层薄、赋存不稳定，机械化开采适应性差，开采成本及难度高。从煤炭种类及品质来看，湖北煤炭以无烟煤为主，煤质灰分高、含硫量高、发热量低，可综合利用的优质资源少；湖南煤炭无烟煤占 70%以上，烟煤占比不足 30%；江西煤种多、品种全，但适用于发电的资源量较少，烟煤约占 69%，无烟煤仅占 31%。

2. 油气资源

“两湖一江”地区石油和常规天然气资源匮乏，但页岩气资源丰富。湖北常规天然气累计探明地质储量约 109.5 亿 m^3，仅占全国总量的 0.1%；石油累计探明地质储量约 16 213 亿 t，在全国总量占比不足 0.5%。湖南、江西无石油和常规天然气资源。湖北、湖南、江西页岩气资源开发潜力大，三省页岩气预测资源储量分别为 9.48 万亿、9.2 万亿、3.1 万亿 m^3，其中湖北储量居全国第 5 位，但三省有效页岩气底层较深，勘探开发难度较大。此外，江西具备一定的煤层气资源，资源量约 670 亿 m^3。

（二）风能资源

“两湖一江”境内风能资源相对贫乏，属于风能Ⅳ类地区。湖北、湖南、江西的风能资源理论储量分别约为 8000 万、3000 万、6000 万 kW，经济技术可开发规模预计分别为 2000 万、2200 万、1600 万 kW 左右。

（三）太阳能资源

“两湖一江”地区太阳能资源不优，资源量属Ⅲ类地区。湖北、湖南、江西的年太阳辐射变化范围分别处于3450～4800、3385～4372、3781～4538MJ/m^{2}区间内，年平均日照时数分别为1100～2000、1300～1800、1400～2200h。经分析，湖北、湖南、江西三省光伏技术可开发规模分别约为6948万、3320万、6258万kW。

（四）水能资源

“两湖一江”地区整体水资源丰富，尤其是湖北、湖南，但水电开发程度较高，后续发展空间有限。湖北、湖南、江西的水电技术可开发装机容量分别约为4005万、1757万、578万kW，合计占全国技术可开发量的11%左右。截至2020年底，三省水电资源基本开发殆尽，湖北水电开发利用程度已超过94%，湖南水电已达到技术可开发量的91%，江西水电开发已基本达到上限。三省仅剩余少量中小型水电资源存有开发潜力，后续常规水电开发难度大、经济代价高。

（五）其他非化石资源

1. 核能资源

“两湖一江”地区核燃料资源丰富，尤其是江西、湖南。江西铀矿资源储量居全国第1位，铀矿石开采量所占比重超过全国的75%。湖南铀矿资源储量居全国第3位，已探明铀矿储量2.6万t，铀矿石占全国总量的1/3以上，是国内重要的核燃料基地。

2. 地热能资源

“两湖一江”地区地热能资源丰富，具有较好的发展潜力。湖北已探明的地热能资源点共64处，最高温度达73℃（温泉）及97℃（钻孔）。湖南已探明地下热水资源共165处，最高温度超81℃（温泉）。江西已探明的地热温泉共有118处，最高温度达82℃（温泉）及88℃（钻孔）。

第二节 能源消费与碳排放特征

一、能源消费

近年来，“两湖一江”地区能源发展稳中有进、进中提质。

从能源消费总量上看，“两湖一江”地区能源消费总量总体呈现增长趋势。2020年地区能源消费总量为42 334万t标准煤，约占全国消费总量的8.5%。其中，湖北能源消费总量受疫情影响略有下滑，湖南、江西两省仍保持稳步上升，三省能源消费总量分别为16 251万、16 275万、9809万t标准煤。

从能源消费强度上看，“两湖一江”地区节能工作扎实推进，能源消费强度稳步降低，以全国8.5%的能源消费总量支撑了全国10.9%的国内生产总值。分省来看，2020

年湖北、湖南、江西三省能源消费强度分别为 0.374、0.390、0.382t 标准煤/万元（地区生产总值取当年价），同比降低 1.86%、2.88%、2.56%，均低于全国能源消费强度水平。2015—2020 年“两湖一江”地区能源消费总量及能源消费强度变化情况如图 20-3 所示。

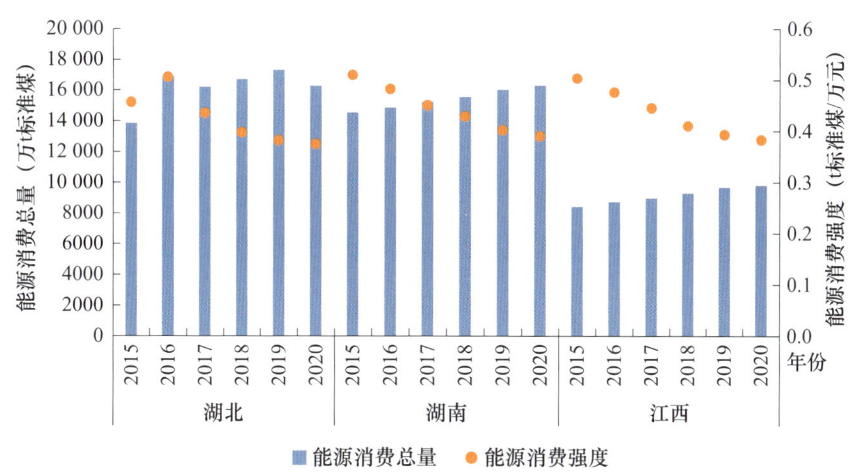

图 20-3　2015—2020 年“两湖一江”地区能源消费总量及能源消费强度

从能源消费结构上看，“两湖一江”地区能源消费结构持续优化，但仍以化石能源消费为主，其中煤炭消费比重最大。2020 年“两湖一江”地区三省煤炭消费占比分布在 53.5%～63.9%，非化石能源消费占比分布在 13.6%～21.7%，能源消费结构如表 20-2 所示。

表 20-2　　2020 年“两湖一江”地区能源消费结构

省份	能源消费总量（万 t 标准煤）	煤炭消费占比（%）	石油消费占比（%）	天然气消费占比（%）	非化石能源消费占比（%）
湖北	16 251	53.5	24.0	5.0	17.5
湖南	16 275	56.1	18.9	3.3	21.7
江西	9809	63.9	18.3	4.2	13.6
合计	42 334	56.9	20.7	4.2	18.2

从全社会用电量来看，2015—2020 年“两湖一江”地区的发电、用电水平均保持稳步上升，如图 20-4 所示。2020 年，湖北、湖南、江西用电量分别达到 2144 亿、1929 亿、1627 亿 kWh，分别排全国第 14、17、19 位，三省用电量占全国用电量比重达 7.3%。湖南、江西两省由于化石能源储备少，且新能源资源禀赋不优，本地电源供应能力有限，难以满足省内电力需求，因此均有引入区外电力。2020 年，湖南、江西净调入电量分别达到 375 亿、182 亿 kWh，分别占全社会用电量的 19.4%、11.2%。

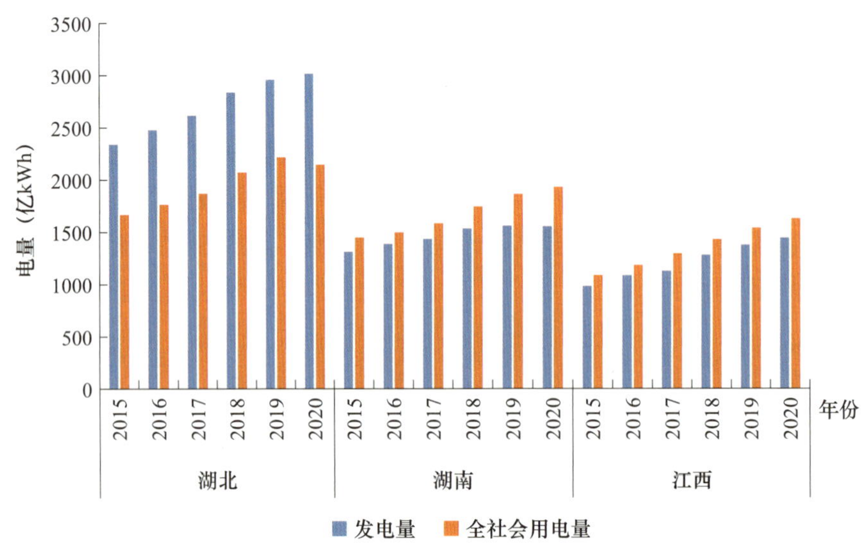

图 20－4　2015—2020 年“两湖一江”地区发电量和全社会用电量

从人均用能水平上看，“两湖一江”地区人均用气量、用电量、能源消费量均低于全国水平。2020 年，湖北、湖南、江西三省的人均用电量分别为 3732、2903、3600kWh，人均用气量分别为 107、60.5、58m^3，远低于全国人均水平（5320kWh、217m^3）；人均能源消费量分别为 2.83、2.45、2.17t 标准煤，仅为全国平均水平的 80%、69%、62%左右，故“两湖一江”地区的能源消费未来存在较大的刚性增长空间，能源需求仍将维持“后发赶超”的快速增长势头。

二、碳排放

从碳排放总量上看，“十三五”期间，除 2020 年湖北受到新冠疫情冲击后碳排放总量出现下降外，湖南、江西碳排放总量均维持增长。2019 年，三省碳排放总量较 2015 年的增量达 3500 万 t，年均增速约 1.1%。2020 年，因疫情影响，三省碳排放总量降至 7.91 亿 t，同比降低 6.2%，总量排序从高到低依次为湖南、湖北、江西。

从碳排放强度上看，“十三五”期间，“两湖一江”地区三省碳排放强度均稳步降低。2020 年，三省碳排放强度从低到高排序依次为湖北、湖南、江西，地区总碳排放强度约 0.713t/万元，较 2015 年累计下降 33.2%，如图 20－5 所示。

从碳排放结构上看，“十三五”期间“两湖一江”地区严控煤炭消费增长，大力压减非发电用煤，煤炭排放占比总体表现为逐年降低态势，具体结构如图 20－6 所示。2020 年，“两湖一江”地区三省煤炭消费排放占比均维持在 65%以上，是各省份碳排放的主要排放源。

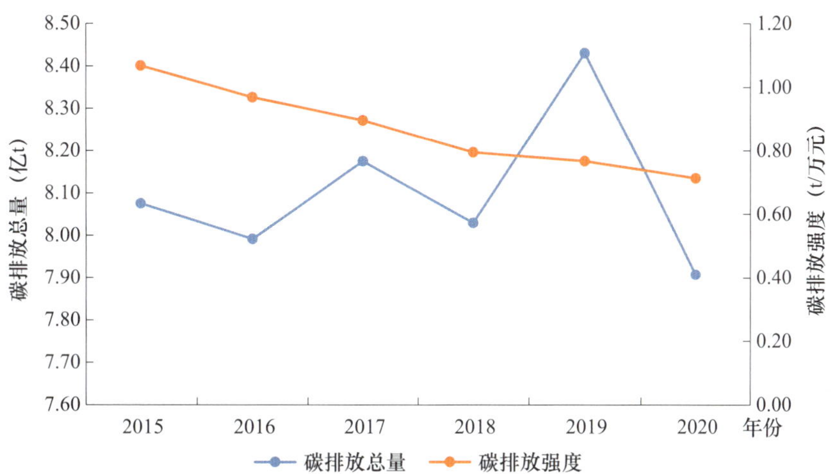

图 20－5　2015—2020 年“两湖一江”地区碳排放总量及碳排放强度

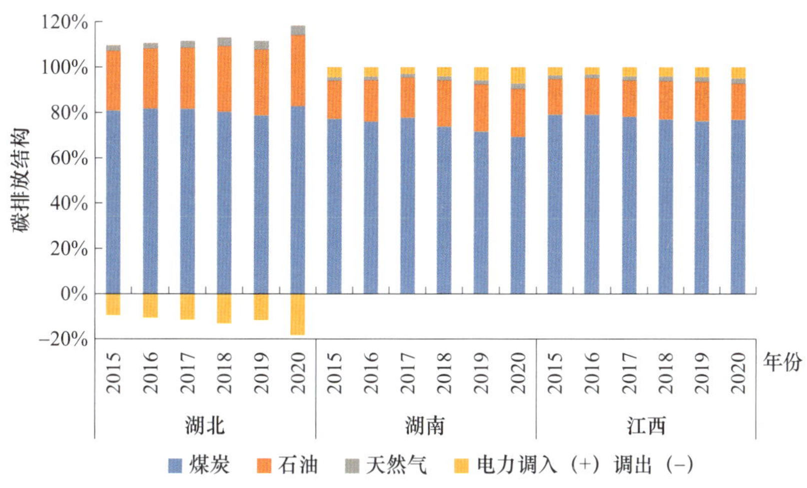

图 20－6　2015—2020 年“两湖一江”地区碳排放结构

注：电力调入调出排放因子采用历年中国区域电网基准线排放因子。

根据发达国家达峰经验，地区的第三产业占比达到 70%左右、城镇化率达到 80%左右时，地区的碳排放将开始达峰并下降。从第三产业占比来看，“两湖一江”各省第三产业占比均低于全国平均水平，比北京、上海落后 20～30 个百分点，产业结构优化进程亟待推进；其次，“两湖一江”地区人均生产总值均处于国内中游水平，人均能源消费量较低，两者将在未来发展中进一步提升，并在一定时期内仍呈现高度正相关；在城镇化方面，“两湖一江”地区 2020 年城镇化率均低于国内平均水平（63.9%），城镇建设进度仍有待加速推进。因此，“两湖一江”地区离碳减排拐点或达峰结构特征还存在一定的距离，经济社会的发展仍需要大量的能源电力作支撑，碳排放总量还将随着工业化进程进一步上升，即经济发展尚未与碳排放实现解耦“脱钩”。

第三节 碳达峰碳中和实施路径

一、机遇与挑战

（一）面临的机遇

有利于挖掘产业和能源发展新机遇。“双碳”目标有利于“两湖一江”地区进一步升级产业结构，构建市场导向的绿色技术创新体系；有利于进一步推进“两湖一江”地区构建清洁低碳、安全高效的能源体系，推动能源生产和消费革命，壮大节能环保和清洁能源产业等。

有利于拓展科技创新及应用新空间。“双碳”目标将带来新能源技术、清洁生产技术、数字信息化技术等一系列战略性新兴技术的创新应用和融合发展，进一步催生新产业、新业态、新产品、新服务。

有利于提升区域竞争新优势。“双碳”目标将全力培育“两湖一江”地区新的经济增长动能，促进地区前瞻性规划能源、产业升级路径，推动地区新旧动能转换，加快实现辐射优化周边产业链，进一步提高“两湖一江”区域竞争力。

（二）存在的挑战

能源消费存在刚性增长需求，保供压力大。能源仍是支撑“两湖一江”地区经济中高速发展的基本要素，随着“四个革命、一个合作”能源安全新战略的全面实施，地区各省份能源消费需求潜力将逐步释放，而“两湖一江”地区为典型的能源输入性区域，能源对外依存度高，在全国能源电力供应紧平衡形势下，高峰时段局部地区存在供应硬缺口，能源保供面临较大挑战，应稳妥处理好发展与减碳的关系。

可再生能源资源禀赋不优，转型难度大。“两湖一江”地区可再生能源资源禀赋整体上呈现“水资源开发殆尽、新能源开发潜力不足”的特点。湖北、湖南两省水资源较为丰富，但开发已濒临饱和；风光资源受地形地貌限制资源匮乏，风能为Ⅳ类、太阳能为Ⅲ类，叠加土地资源、生态红线、军事禁区等制约因素影响，地区新能源项目开发程度受限。在“双碳”目标和加速构建新型能源体系的背景下，“两湖一江”地区推进能源绿色低碳转型难度较大，亟待创新新能源开发发展模式。

能源利用效率水平整体偏低，节能成本高。从用能结构上看，“两湖一江”地区的能源消费结构仍以煤炭为主，煤炭消费在能源消费总量中的占比较高，电力及天然气等高效低碳能源在终端消费中的占比偏低，与国内发达省份存在一定差距。随着“两湖一江”地区工业落后产能逐步出清，存量工业企业工艺升级难度大，企业“以电代煤”“以气代煤”以及采用先进节能设备技术成本偏高，在现有政策和商业模式下，企业开展节能改造积极性不高，强制开展节能改造将抬升企业单位产品成本，节能减排空间有限。

二、实施路径

在“双碳”目标背景下，中部能源资源匮乏区域应统筹发展与安全，将安全降碳贯穿能源绿色低碳转型的各方面和全过程。先立后破，传统能源逐步退出必须建立在新能源安全可靠替代的基础上。立足以煤为主的基本实情，推动化石能源和新能源优化组合，加强风险研判和应对预案设计，切实保障区域能源消费刚性增长后的稳定可靠供应。

（一）合理布局清洁煤电

针对“两湖一江”地区枯水期长、支撑煤电薄弱、中长期电力供应缺口大等现实情况，应认真落实国家关于“立足以煤为主的基本国情，抓好煤炭清洁高效利用”要求，合理规划建设大容量、高参数的清洁煤电项目，发挥煤电调节性强、可靠性高的基础保供电源优势，加快建设清洁高效大型支撑煤电，解决“两湖一江”地区电力供应能力不足问题，提高可再生能源消纳能力。

（二）加大能源调入力度

区外能源仍是满足中部能源资源匮乏区域经济发展和用能需求的重要来源。“两湖一江”地区应坚持区外优质引入和区内加快建设相结合，以构建“两湖一江”区域性能源综合大受端为目标，提升跨省跨区通道互联互通水平和调入能力，加快能源多方汇聚。

1. 电力调入

积极拓展外电接入通道，推动区外电力迈上新台阶。一是扩大外电送入规模。加快华中交流特高压环网建设，打造区域电力资源优化配置平台；加快建设宁夏至湖南、金沙江上游至湖北等输电通道；加强与能源富集省份的战略合作，积极谋划多条特高压输电通道，引入更多优质清洁电力进入“两湖一江”地区消纳。二是优化外电送入结构。积极推动祁韶、陕西至湖北等已建成的区外电力输入通道提升清洁电量送入占比，新建跨区域输电通道可再生能源比例原则上不低于50%。科学优化直流送电曲线，鼓励区外送入电力积极参与区内调峰，提升地区内清洁能源的消纳水平。

2. 天然气调入

全面实行天然气购销合同管理，扩大“两湖一江”地区天然气资源供应规模。积极引进沿海 LNG 资源。鼓励燃气企业、储气设施经营企业充分利用上海、重庆天然气交易平台，进一步强化与沿海地区合作，争取更多海气入区，通过租赁等多种方式提升异地储气能力，形成全方位、多渠道的天然气供应保障体系。

3. 煤炭调入

加强与陕西、山西、内蒙古等煤炭资源大省战略合作，强化与大型产煤企业合作，组织企业积极参与国内煤炭市场交易，推进中长期合同履约，保障优质煤源供应，优先保障地区电力用煤需求。依托煤炭铁水联运储配基地，建设煤炭交易中心，打造面向“两湖一江”地区的煤炭中转、交易、配置和应急储备供应保障平台。

典型案例一　湖北荆州煤炭铁水联运储配基地

该基地为华中地区最大的煤炭中转、交易平台和湖北省煤炭应急储备供应保障平台，如图 20－7 所示。

该基地一期工程建有 6 个 3000 吨级散货泊位，其中进口泊位 2 个、出口泊位 4 个。

该基地二期工程项目建成后，煤炭物流量每年可达 5000 万 t，静态煤炭堆存能力 500 万 t，有力保障“两湖一江”地区用煤，对优化国家能源资源布局、保障华中地区能源供应具有重大的现实意义。

图 20－7　湖北荆州煤炭铁水联运储配基地一期工程

图片来源：荆州煤储基地一期工程预计 4 月底完工，https://news.hbtv.com.cn/p/1939329.html。

（三）加快本地新能源资源开发

加大新能源开发利用力度，创新新能源开发方式，积极探索“新能源+”模式，实现新能源的高比例、高质量、大规模开发，推动新能源装机跨越式增长。

1. 集中式与分布式并举，大力发展光伏发电

按照“生态优先、因地制宜、宜建尽建、创新利用”的总体思路，集中式与分布式并举，全面推进光伏发电规模化开发和高质量发展。

创新发展集中式光伏。随着中部能源资源匮乏区域光伏开发规模的增加，从事光伏电站建设的可利用荒地、荒山资源越来越少，基于传统地面的光伏电站建设模式由于土地供应量远不能满足规模化发展需要，因此光伏建设形式将面临转型。在此背景

下，“两湖一江”地区可因地制宜建设一批农光互补、林光互补和渔光互补等集中式光伏项目，积极推进“光伏+生态治理”模式。

典型案例二　大唐华银娄底生态治理100万kW光伏电站

该电站采用“光伏+生态治理”模式，位于湖南娄底，涉及冷水江、涟源、新化三市的重金属污染区、石漠化区、采矿塌陷区，占地约2.6万亩，如图20-8所示。

该电站一期规划容量100万kW，投产后每年生产清洁电量12.7亿kWh，可节约标准煤超过38万t，减少二氧化碳排放100万t以上，减少灰渣排放物约20万t。项目建设时同步在光伏板下安装集雨装置，雨水可以灌溉土壤，有效改善矿山生态环境。

图20-8　大唐华银娄底生态治理100万kW光伏电站

图片来源：“大唐华银” 公众号，https://mp.weixin.qq.com/s/H2C5N6G5y3lzjQXxN343VA。

因地制宜发展分布式光伏。根据各省份太阳能资源禀赋特点，探索“光伏+”模式，创新多样化光伏利用场景，全面推进光伏多元化利用。支持分布式光伏就地就近开发利用，积极推动整县推进光伏试点示范落实落细，鼓励分布式光伏与交通、建筑、新基建融合发展，推进工业园区、公共机构、商场等屋顶光伏开发。

2. *多措并举释放增量，积极有序发展风电*

“两湖一江”地区应全面启动风电项目前期工作，按照“储备一批、成熟一批、推进一批”稳步推进风电项目开发，优先开发风能资源好、建设条件优、消纳和送出条件能力强的项目。支持已投运风电场扩容改造。同时，在做好环境保护、水土保持和植被恢复工作的基础上，因地制宜推动分散式风电开发建设，推动风电与其他分布式能源融合发展，探索“田园风电”“景观风电”，建设以就地消纳为主的分散式风电、风光互补和“风电+旅游”等项目。

3. 强化发电燃料保障，有序利用生物质能

“两湖一江”地区应充分论证燃料来源情况，统筹解决餐厨垃圾、废弃物消纳和电厂布局优化问题，电厂选址时应优先选择园区，并做好资源量及资源流向调查等前期工作。根据燃料可收集量、市场情况等保守选择机组容量，并做好燃料湿度和锅炉等适应性技术储备。鼓励生物质直燃发电向热电联产转型，加快发展生物质天然气，积极发展生物燃料乙醇、生物航空煤油等燃料。

4. 充分发挥资源优势，大力发展地热利用

“两湖一江”地区应推动地热能供热制冷与城市规划和基础建设集中规划、统一开发，推进城市新城区、开发区等区域推广浅层地热能规模化应用。推进行政机关、医院实施地热能改造或智慧能源替代，鼓励有资源有条件的辖区建设冷（热）能源站。积极开展中深层地热开发利用。完善地热能开发利用经济激励机制，加强科技研发，提高技术安全性能，降低使用成本，保障生产、消费利益。

（四）构建适应新能源跃升发展的坚强电网

“两湖一江”地区应全面推动“主干电网提质、城乡配电网提档、智能电网提效”，加快建设以特高压、超高压为骨干网架的坚强电网。全面推动传统电网向智能化、数字化方向转型，强化源网荷储协调互动，以满足分布式电源、电动汽车等各类设施柔性接入。推动建设环境友好、资源节约的多站融合创新示范。

典型案例三　湖南株洲成家（白关）智慧能源站

该能源站为湖南省电力设计院总承包建设项目，是国家首座 220kV 智慧能源站，如图 20-9 所示。

图 20-9　湖南株洲成家（白关）智慧能源站

图片来源：“中国能建湖南院”公众号，https://mp.weixin.qq.com/s/xXBfc3QJgf2kNkyXzNAcHA。

该能源站在变电站基础上，融合建设了数据中心站、交直流微网、充电站、光伏站等，构建了能源流、数据流、业务流三流合一的一体化运营平台。

该能源站建有分布式光伏电站 330kW，每年可生产 31 万 kWh 电量，相当于减少二氧化碳排放约 250t；远期建设规模可达 5MW，即每年生产 350 万 kWh 电量，减少二氧化碳排放量约 2840t；此外，还建设了 14 个快速充电桩，可为周边电动汽车提供充电服务。

（五）增加系统调节能力

“两湖一江”地区作为区域性综合能源大受端，应高度重视电力系统调节能力建设，充分挖掘现有系统调峰能力，加大调峰电源规划建设力度，着力增强系统灵活性，破解新能源的消纳难题。

1. 加快建设抽水蓄能电站

“两湖一江”地区应按照国家抽水蓄能建设相关要求，积极开展抽水蓄能建设站点选址工作，对辖区范围内具备抽水蓄能电站建设条件的区域进行全面细致查勘，构建储备项目建设库，加快推进条件成熟的抽水蓄能电站建设。积极开展中小型抽水蓄能电站建设。

2. 建设布局大型燃气调峰电站

“两湖一江”地区应根据各省份天然气管网覆盖范围及资源分布情况，合理布局天然气调峰电站，有序推进气电发展，按需规划建设天然气调峰机组，稳步增加气电规模。在可再生能源分布比较集中和电网灵活性较低区域积极发展天然气调峰机组，充分发挥气电调峰支撑作用，协同推进电力和天然气融合发展，实现火电、气电双调峰。

3. 按需布局新型储能电站

“两湖一江”地区可根据新能源消纳需求，在辖区范围内的电力系统受端区域，以分散建设大规模共享储能为主，统筹项目选点，解决新能源消纳困难问题；在新能源开发集中区域重点以提升可再生能源就地消纳比例为目标，以资源富集区项目为依托，以“风光水火储”一体化建设为抓手，规划布置集中式储能电站。建立“新能源+储能”机制，支持新增风电、光伏发电项目按装机容量比例配建或租赁储能设施，鼓励存量新能源项目在规定期限内完成配套储能站建设或租赁。

典型案例四　湖北应城压缩空气储能电站

该电站是中国能建主体投资的项目，为世界首台 300 兆瓦级压缩空气储能电站示范工程，如图 20-10 所示。

该电站采用的是全球首创全绿色、非补燃、高效率 300 兆瓦级压缩空气储能技术，其能源转换效率达 70%以上，单位造价降至 6000 元/kW 左右。

该电站建成后，预计年储存转化量可达 5 亿 kWh，将有力推动应城产业转型升级和绿色经济发展，加快建设中国中部储能基地。

图 20－10　湖北应城压缩空气储能电站

图片来源："中国能建湖南火电"公众号，https://mp.weixin.qq.com/s/qZrUSDoNImhk7NSVdXEc9Q。

4. 提升需求侧响应能力

"两湖一江"地区应积极整合各类需求侧响应资源，引导各类电价敏感型用户转型为可中断、可转移负荷参与辅助服务市场。引导自备电厂、传统高载能工业负荷、工商业可中断负荷等积极参与系统调节。建设智慧能源服务平台，采用数字化技术和先进控制技术，充分调用各类需求侧灵活响应资源，提高用户匹配消纳新能源的能力和灵活互动水平。加强新能源与智能电网、储能等新型负荷的信息交互，大力推广用户侧储能、新能源汽车与电网能量互动等新模式。

（六）坚持节约用能优先

坚持节约优先，更好发挥节能降碳增效对碳达峰行动的促进作用。从末端治理转向全流程系统发力，倒逼传统高耗能、高污染、高碳排放的粗放发展方式加快转变。

1. 强化能耗"双控"约束

优化完善能耗"双控"制度，强化能耗强度降低约束性指标管理，有效增强能源消费总量管理弹性，创造条件推动能耗"双控"向碳排放总量和强度"双控"转变。科学分解下发市州能耗"双控"指标。在能耗强度目标分解中，实行约束性和激励性双目标管理。

2. 加大节能审查监管力度

完善固定资产投资项目节能评估和审查制度，适当提高节能评估咨询机构门槛，把好节能降碳准入关。加快建设重点用能单位能耗监测系统，加强能耗“双控”完成形势分析预警。加强节能监察能力建设，健全省、市各级节能监察体系，建立跨部门联动机制，综合运用行政处罚、信用监管等手段，增强节能监察约束力。严抓能耗强度和总量“双控”目标责任评价考核工作，确保目标责任逐级落实。

3. 聚焦重点领域节能低碳行动

工业领域：加快推动重点工业部门绿色制造体系建设；加强工业领域节能，推动钢铁、水泥、石化等重点高耗能行业节能改造，推广节能低碳工艺技术装备，实施一批节能环保技术创新和产业化示范。

交通领域：构建绿色低碳交通运输体系，以大宗货物“公转铁”“公转水”为核心持续推进运输结构调整，鼓励应用多式联运、甩挂运输、共同配送等高效运输组织模式；大力推广新能源汽车，倡导绿色出行，加快形成绿色低碳运输方式。

建筑领域：大力发展节能低碳建筑，持续推进老旧居住建筑和公共建筑节能改造，推进太阳能、地热能、空气能、生物质能等可再生能源应用。

此外，“两湖一江”地区还应加快推动重点园区能源系统优化和梯级利用，推行工业企业和园区高效利用分布式可再生能源。加快能源产业链数字化升级，推动实现能源系统实施监测、智能调控和优化运行。

第二十一章 西北风光电力丰富区域碳达峰碳中和实施路径分析

我国西北地区面积广阔、深居内陆，位于昆仑山—阿尔金山—祁连山和长城以北，大兴安岭、乌鞘岭以西，包括陕西、甘肃、青海、宁夏、新疆5个省份。东部是波状起伏的高原，西部呈现山地和盆地相间分布的地表格局。中、西部居亚欧大陆的腹地，四周距海遥远，周围又被高山环绕，来自海洋的潮湿气流难以深入，自东向西，由大陆性半干旱气候向大陆性干旱气候过渡，植被则由草原向荒漠过渡。气候干旱、地面坦荡、植被稀疏、沙源丰富，风沙现象在大部分地区十分常见。西北的塔克拉玛干沙漠是中国面积最大的沙漠，占全国沙漠总面积的43%，沙丘高大，形状复杂，景观多样。区内人口约占全国总人口的4%，是地广人稀的地区。西北地区也是中国少数民族聚居地区之一，少数民族人口总数约占总人口的1/3。西北地区能源资源丰富，不仅煤炭、石油、天然气等化石能源的蕴含丰富，也属于太阳能、风能资源的富集区域，因此西北依托得天独厚的资源优势，发展低碳用电与绿电外送，是实现碳达峰碳中和的重要路径。本章中有关经济社会和能源消费的数据来源于中国能源统计年鉴和2021年各省份统计年鉴，碳排放量基于中国能源统计年鉴中各省份能源平衡表（实物量）和碳排放因子法计算获得。

第一节 区域发展概况

一、社会经济发展总体情况

西北地区的经济结构以资源型工业和传统农业为主。其中，工业结构以煤炭开采、石油开采和有色金属冶炼为主；农业结构以灌溉农业、绿洲农业和畜牧业为主。西北地区的地区生产总值及人均生产总值逐年增加，但是人均生产总值与全国平均水平仍有较大差距。

2020年，西北地区总人口10 359万人，西北地区生产总值为5.59万亿元，陕西、甘肃、青海、宁夏、新疆地区生产总值分别为2.62万亿、0.9万亿、0.3万亿、0.39万亿、1.38 万亿元，居国内第 14、27、30、29、24 位，合计约占全国国内生产总值的 5.5%。从区域内部来看，陕西在人口数量、地区生产总值、人均生产总值方面均居西北地区的首位，甘肃和青海的生产总值相对较低，具体如图 21-1 所示。

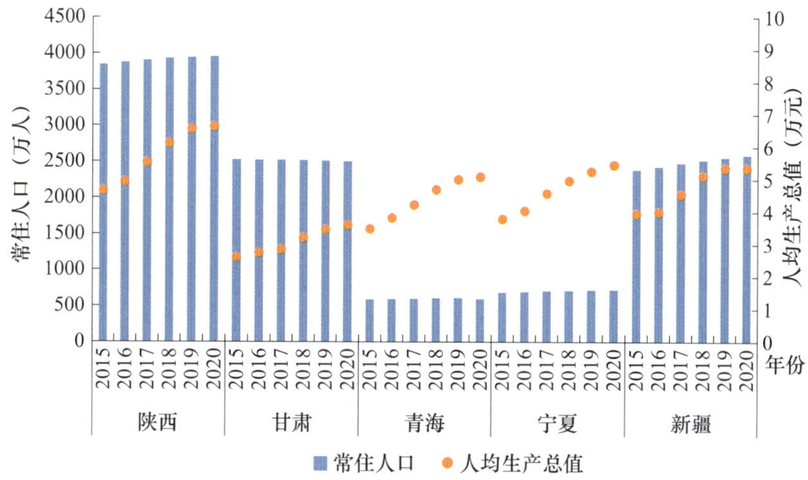

图 21-1　2015—2020 年西北地区常住人口和人均生产总值

从产业发展来看，西北地区各省份第二产业占比均为下降趋势，第三产业占比均为上升趋势，如图 21-2 所示。2020 年，西北地区总体第二产业占比为 40%，高于全国水平。

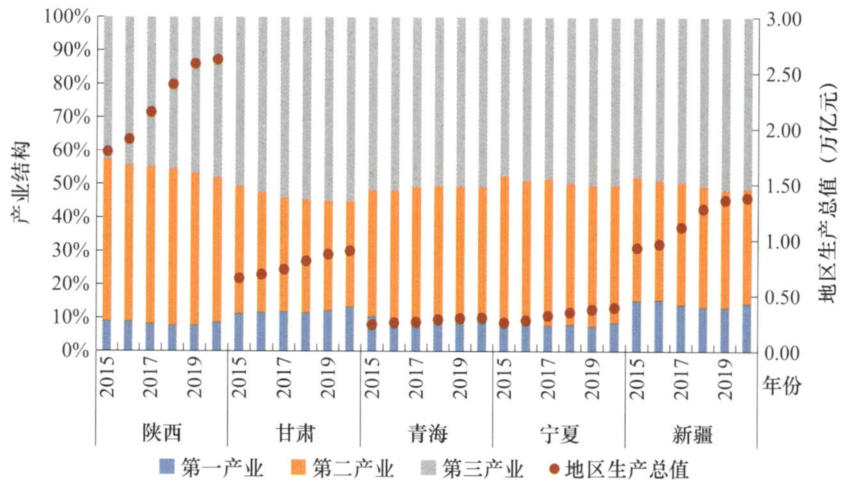

图 21-2　2015—2020 年西北地区产业结构和地区生产总值

二、能源资源禀赋

西北地貌复杂多样，整体地势高亢，山地与盆地相间分布。青藏高原地势高峻，雄踞西南；昆仑山、天山、祁连山巍峨高耸，绵延千里；准噶尔盆地、塔里木盆地、柴达木盆地、鄂尔多斯盆地宽广低平，罗列有致；河西走廊狭长而直，横亘中部，连接东西；黄河、长江气势磅礴，奔腾不息。

西北地区自然资源十分丰富，尤其是能源资源，水力、煤炭、石油、天然气、太阳能、风能等一次能源分布广泛，储量可观。西北地区化石能源储量占全国的1/3～1/2。其中，新疆化石能源资源最为丰富，煤炭储量在西北地区占比接近50%；陕西天然气资源丰富，在西北地区占比接近50%；新疆水能资源最为丰富，在西北地区占比约40%；甘肃和新疆风能和太阳能资源均排在西北地区前列。

（一）化石能源

1. *煤炭*

西北地区煤炭资源分布广泛，储量约784亿t，约占全国的37.7%，是我国煤炭资源的主要赋存地之一。西北地区煤炭资源主要分布在陕西和新疆，两者煤炭探明储量约占西北地区的90%，西北主要含煤地区有陕北、宁东、陇东、准东、伊犁、吐哈等。国家公布的14个重点建设煤炭基地中，西北地区占据了5个，分别为神东基地、陕北基地、黄陇基地、宁东基地、新疆基地。

总体看，西北地区煤层赋存条件良好，开采条件优越，煤质优良，煤炭资源开发潜力巨大。

2. *石油*

西北地区油气资源丰富，石油储量约15.8亿t，约占全国的42.86%。西北地区石油资源主要分布在准噶尔盆地、塔里木盆地、吐哈盆地和柴达木盆地。其中，新疆石油资源储量占比最高，其次是甘肃。

3. *天然气*

西北地区蕴藏着丰富的天然气资源，中国的四大气区（新疆、青海、川渝、鄂尔多斯）中西北地区占据3个。

西北地区天然气资源储量达到24 877.24亿m^3，约占全国的39.24%。资源主要分布在塔里木、鄂尔多斯、准噶尔、柴达木四大盆地和吐哈、酒泉两个中小盆地。陕西和新疆天然气储量均位于西北地区前列。

（二）风能资源

西北地区为高原地貌，加上地表起伏较小，是我国风能资源最丰富的区域之一，具备建设千万千瓦级大型风电基地的条件。

陕西风资源主要分布在陕北白于山黄土高原区域、渭北黄土高原高海拔区域和秦岭山区域。甘肃风资源西北多于东南，主要分布在河西走廊西部和部分山口地区。青海风资源的分布特点是西北丰富，东北匮乏，北部大于南部，主要分布在唐古拉山以东、海东的循化、青海湖西北部的江西沟、茶卡、柴达木盆地的察尔汗、诺木洪、冷湖等地区。宁夏风能资源分布于贺兰山脉、六盘山区等山地区域及灵武市、同心县、盐池县等地势较平坦区域。新疆地处我国西北边陲，北疆地形为“喇叭口地形”，西风气流自阿勒泰、塔城、阿拉山口等地形缺口进入准格尔盆地后，受阿尔泰山脉和天山山脉走向制约通道面积不断缩小，形成了著名的“九大风区”。

2021 年西北地区各省份 100m 高度层风能资源平均值如表 21－1 所示。

表 21－1　　2021 年西北地区各省份 100m 高度层风能资源平均值

省份	平均风速（m/s）	平均风功率密度（W/m^2）
陕西	4.97	149.07
甘肃	5.61	229.64
青海	5.98	227.06
宁夏	5.98	235.09
新疆	5.41	233.70

（三）太阳能资源

西北地区太阳能资源较为丰富，太阳总辐射基本趋势为由陕西东部向西部逐渐增加，到青海中部地区达到最高，再到新疆西部地区逐渐减小，最低值出现在陕西东南部。

陕西太阳能资源分布的基本特征是北部多于南部，资源最为丰富的地区为陕北北部和渭北东部，其次为陕北南部、关中大部分地区以及汉中和安康大部分地区。甘肃太阳能资源分布自东南向西北逐渐递增，资源最为丰富的地区为河西走廊地区，其次为中部地区以及南部地区。青海太阳能资源分布特征是西北部多、东南部少，太阳能资源最为丰富的地区位于柴达木盆地、唐古拉山南部，其次为海南（除同德）、海北、果洛州的玛多、玛沁、玉树及唐古拉山北部以及海北的门源、东部农业区、黄南州、果洛州南部、西宁市及海东地区。宁夏太阳能资源分布特征是北部多于南部，灵武、同心、盐池地区资源最为丰富。新疆太阳能资源分布的基本特征是东部多、西部少，太阳辐射峰值出现在东疆和南疆东部一带，最低值出现在博州、天山北麓部分地区以及塔里木盆地西北边缘地区，水平面年总辐照量的区域分布大致是由东南向西北递减。

2021 年西北地区各省份水平面总辐照量及最佳斜面总辐照量如表 21－2 所示。

表 21－2　　2021 年西北地区各省份辐照量平均值

省份	水平面总辐照量（kWh/m^2）	最佳斜面总辐照量（kWh/m^2）
陕西	1321.47	1463.73
甘肃	1636.62	1920.52
青海	1798.11	2105.48
宁夏	1617.78	1852.23
新疆	1626.30	1927.18

（四）水能资源

西北地区地跨黄河、长江两大流域，内流河较多，根据2005年全国水力资源复查结果显示，西北全区水能资源理论蕴藏量9305.5万kW，水能资源以黄河干流上游最为富集。陕西地跨黄河、长江两大流域，水能资源丰富。甘肃境内河流众多，水力资源丰富，主要为黄河与嘉陵江流域以及河西的内陆流域，如疏勒河、黑河、石羊河等。青海地处青藏高原，海拔落差与河流狭窄决定其落差可观，水头集中，具有极为丰富的水电资源。宁夏境内水能资源储量不大，黄河水系资源是其主要用水来源，水电资源尤为匮乏。新疆水能资源主要集中在额尔齐斯河、伊犁河、喀什河、玛纳斯河、开都河、渭干河、阿克苏河、叶尔羌河、和田河九大流域。截至2021年，西北地区水电已开发规模仅为3457.4万kW，水能资源还具备一定的开发能力，尤其是在黄河、长江、澜沧江等流域。

第二节　能源消费与碳排放特征

一、能源消费

作为典型的能源生产和外送基地，西北地区能源资源富集，风光资源丰富，是我国能源转型发展的主要依托。西北地区积极利用能源资源优势吸引高载能行业从东中部地区向西北地区进行转移，实现能源转型发展和经济转型发展协调统一，促进新能源外送消纳和本地消纳两条腿走路。随着经济增长，西北能源消费总量呈现上升趋势，能源消费强度呈现下降趋势。2015—2020年西北地区能源消费总量及能源消费强度如图21-3所示。

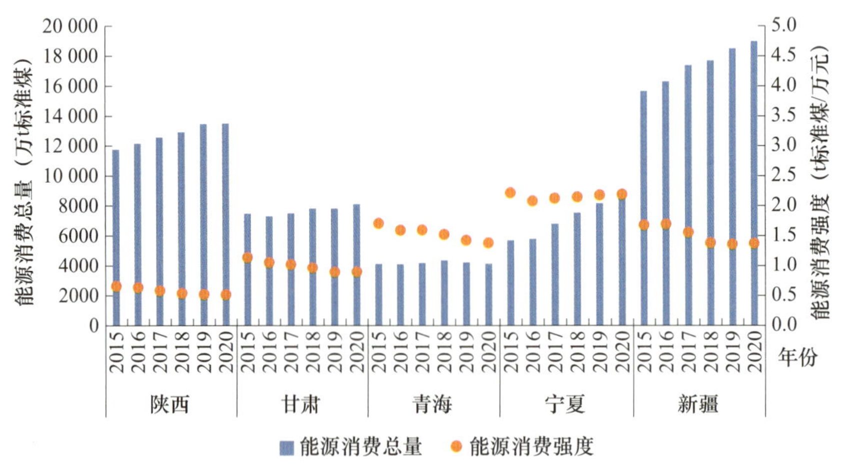

图21-3　2015—2020年西北地区能源消费总量及能源消费强度

从能源消费结构来看，西北地区除青海外，煤品消费占比均超过50%，其中宁夏、陕西、新疆均高于全国平均水平。西北地区油品消费占比低于全国平均水平，天然气消费占比基本与全国持平。2020 年青海一次电力及其他消费占比已达到 47.2%，是国家清洁能源的产业高地。

2020 年西北地区各省份能源消费结构见表 21 – 3。

表 21 – 3　　2020 年西北地区各省份能源消费结构

省份	煤品	油品	天然气	一次电力及其他
陕西	75.26%	6.37%	10.46%	7.91%
甘肃	52.74%	15.33%	5.29%	26.64%
青海	27.06%	10.95%	14.79%	47.20%
宁夏	88.50%	3.40%	4.00%	4.10%
新疆	68.90%	10.70%	6.70%	13.70%
合计	68%	9%	8%	15%
全国	56.80%	18.90%	8.40%	15.90%

从发电量和全社会用电量来看，西北地区全社会用电量稳步发展，发电量持续快速增加。西北地区正在积极发挥送端优势，依托多条特高压直流通道，源源不断地送出电力，满足中东部地区负荷增长的需求。2015—2020 年西北地区发电量和全社会用电量如图 21 – 4 所示。

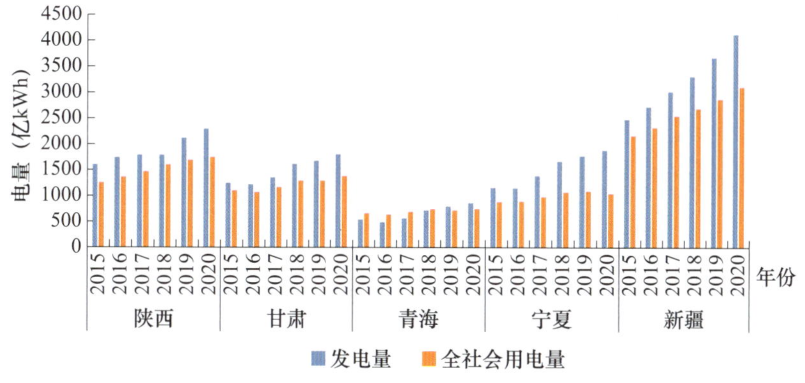

图 21 – 4　2015—2020 年西北地区发电量和全社会用电量

二、碳排放

西北地区是我国主要的煤炭赋存区之一，煤炭消费占比普遍较高，煤炭消费为碳排放的最主要来源。同时，西北地区也是全国电力外送的重要区域。

西北地区 2015—2019 年碳排放总量逐年增加，2020 年受疫情影响出现小幅波动。2015—2020 年碳排放强度呈现缓慢下降趋势，如图 21 – 5 所示。从西北地区各省份化石能源消费的碳排放结构来看（见图 21－6），随着“十三五”期间各省份严控煤炭消费增长，除新疆外，其余各省份的煤炭消费碳排放占比都有下降的趋势，但区域整体煤炭消费碳排放仍是最主要的碳排放来源。除青海、甘肃外，2020 年其余各省份的煤炭消费碳排放比例均超过 60%，其中宁夏最大，达到 89%。

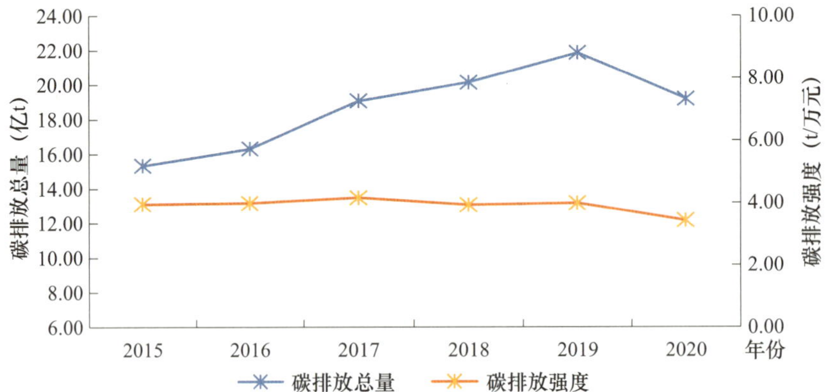

图 21－5　2015—2020 年西北地区碳排放总量及碳排放强度

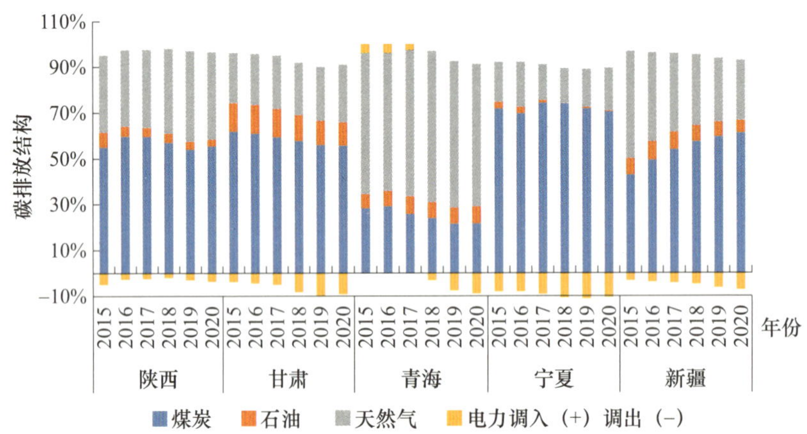

图 21－6　2015—2020 年西北地区各省份分种类能源消费碳排放结构

注：电力调入调出排放因子采用历年中国区域电网基准线排放因子。

第三节　碳达峰碳中和实施路径

一、机遇与挑战

（一）面临的机遇

新能源迎来大发展。西北地区是我国重要的新能源基地，资源禀赋好、发展空间大，风电、光伏发电可开发量均位居全国前列，未来西北地区必将是全国实现碳达峰碳中和的重要一极，新能源将迎来飞跃式发展。

经济发展迎来新格局。党中央、国务院在《关于新时代推进西部大开发形成新格局的指导意见》中作出科学论断，现阶段西部地区发展不平衡、不充分问题依然突出，巩固脱贫攻坚成果的任务依然艰巨，与东部地区发展差距依然较大。在"一带一路"、新时代推进西部大开发形成新格局、黄河流域生态保护和高质量发展等重大战略推动下，西北地区将迎来经济体系结构性变革，促进生产方式、消费方式、商业模式发生深刻变化，形成以零碳能源为基础的产业结构，打造战略性新兴产业集群，实现绿色经济转型，建设以绿色发展为价值引领和增长动力的现代经济体系。

能源产业迎来大转型。目前，西北地区很多省份依托煤电价格低的优势，已经打造了一批能源化工基地，主要包括煤炭、煤电、煤化工等项目，化石能源消费量持续增加，西北地区的化石能源消费比例均高于全国平均水平。实现碳达峰碳中和能够进一步加速能源系统清洁化、低碳化、智能化转型，根本解决能源安全和化石能源使用带来的环境污染问题，以革命性、系统性和全局性创新，促进西北地区能源电力可持续发展。

（二）存在的挑战

保障能源安全与低碳转型的矛盾。在大力推进碳达峰碳中和的形势下，具有随机性、波动性的新能源电源占比不断增加，煤电发展受控，保障电源占比降低，逐步凸显保障能源安全与低碳转型发展的矛盾。

新能源大规模开发利用与电网运行的矛盾。随着风电、光伏发电在电力系统中的比例快速提高，西北地区也面临弃风弃光问题。面对大量不可控的风电、光伏发电以及在配电网出现的大量分布式电源，要保持发电与用电负荷平衡以及电力系统的稳定安全运行，在技术上和运行控制上都是重大挑战。需要提升系统调节能力、构建适应大规模新能源接入的电网。

新能源大规模开发利用与体制机制的矛盾。近年来，风电、光伏发电等新能源大规模并网，挤占了煤电的电量份额，同时随着煤炭价格的不断攀升，影响了火电的盈利能力，造成了西北地区甘肃、新疆部分煤电机组持续亏损。随着新型储能、抽水蓄能电站不断并网，进一步增加了电网需要疏导的电价成本，急需进行体制机制改革，健全可再生能源发展的价格机制。

二、实施路径

能源领域是实现碳减排的关键，电力行业碳排放是能源领域的重要组成部分，是实现"双碳"目标的主战场。能源行业碳达峰碳中和要以保障能源系统安全运行为基础，在能源供给侧从以化石能源为主向以清洁能源为主转变，在能源消费侧从传统用能方式向高效化、减量化、电气化转变，统筹考虑能源生产、传输、消费全环节、全要素，共同发挥政府、社会和能源企业多方力量，率先实现能源电力行业的碳达峰、碳中和。

（一）打造多元低碳的能源供应体系

1. 大力发展新能源

全面推进风电、光伏发电大规模开发，坚持集中式和分布式并举，以沙漠、戈壁和荒漠化地区为重点，统筹推进风电、光伏发电基地建设，积极发展光热发电，推动建立光热发电与光伏发电、风电互补调节的风光热综合可再生能源发电基地。

典型案例一　西北地区光热发电示范项目

近年来，西北电力设计院加大在光热发电技术领域的研发力度，设计完成八达岭塔式、中控德令哈塔式、中广核德令哈槽式、敦煌熔盐线性菲涅尔式、摩洛哥努奥三期塔式等典范光热项目（见图 21－7），总承包建成哈密塔式国家示范项目，建成的项目涵盖了当前全部光热电站型式，数量占全国的 70%。编制完成《槽式太阳能光热发电站设计规范》《塔式太阳能光热发电站设计规范》等国家规范、《碟式太阳能热发电站设计规范》《线性菲涅尔式太阳能热发电厂集热系统设计规范》等行业标准，成为国内最具实力的光热设计企业。

德令哈光热项目每年可等效节约近 6 万 t 标准煤，减少二氧化碳排放约 15 万 t，项目的环保意义突出。

中广核德令哈50MW槽式光热示范项目
我国第一座大型商业化槽式光热电站

金钒能源阿克塞50MW槽式熔盐光热电站
世界最大的槽式熔盐光热电站

图 21 – 7　西北地区光热发电示范项目

陕西主要在榆林以及渭北地区推进风电和光伏发电规模化开发；甘肃主要聚焦河西走廊，推动酒泉地区向特大型风电基地迈进，拓展金张武风电基地规模，依托沙漠、戈壁、荒漠地区开展规模化布局；青海主要打造海西和海南两个千万千瓦级清洁能源基地；新疆重点在塔城、达坂城、百里风区建设百万千瓦级风电基地，在哈密、准东、南疆环塔打造大型光伏基地。

2. 稳步推进水电开发

在做好环境保护、移民安置工作的基础上，推动黄河上游、黄河北干流等符合生态环境保护要求的水电项目开工建设，推进水电与风电、光伏发电协同互补。

青海“十四五”期间将建成拉西瓦和李家峡扩机、羊曲、玛尔挡水电站，加快推进茨哈峡、尔多、宁木特等水电站前期研究；新疆重点开发南疆叶尔羌河、开都河等流域水电。

3. 推进煤电转型升级

加大现役煤电机组节能降碳改造、供热改造力度，有序淘汰落后煤电机组，合理安排关停机组纳入应急备用，清理违法违规自备电厂，鼓励自备电厂转为公用电厂。负荷中心符合要求的火电机组“关而不拆”，转为应急备用电源或者改造为具备熔盐储热功能的新型火电。

典型案例二　西北地区先进火电示范项目

西北地区通过对高效超超临界、二次再热、煤炭分级分质利用、碳捕集利用与封存、超临界二氧化碳布雷顿循环发电、有机朗肯循环发电、调峰调频、储能改造、数字智能化等技术的研究，加快煤电技术的转型升级，不断提高煤炭转化效率，把煤电的保障作用发挥到极致，建成了宁夏灵武二期、陕能赵石畔、华能安源二次再热项目、国锦华界三期及配套碳捕集工程等大型机组项目（见图 21－8）。

锦界电厂的建成标志着国内最大、世界先进的吸收法二氧化碳捕集装置正式投入商业运行。该套装置采用闪蒸压缩、分级流等先进工艺，碳捕集率大于 90%，吸收剂再生热耗低于 2.4GJ/t 二氧化碳，较传统工艺降低再生能耗约 30%，整体性能指标达到国际领先水平，为吸收法二氧化碳捕集技术后续开发和工程放大提供重要参考依据，为煤电烟气中二氧化碳大规模捕集提供了成功示范。

陕能雷龙湾（2×1000MW）电厂
西北电力设计院首个独立总承包的百万千瓦机组工程

锦界二氧化碳捕集项目
落实“双碳”目标的重要里程碑项目

图 21－8　西北地区先进火电示范项目

4. 推进源网荷储一体化和多能互补发展

源网荷储一体化和多能互补发展是目前能够有效解决电源建设、新能源消纳、负荷供应、电网送出等问题的局部优化解决方案。在多能互补技术突破和体制机制创新前提下利用该模式可以充分挖掘系统灵活性调节能力和需求侧资源，降低电网远距离调节压力，优化电源布局，促进能源转型和绿色发展。

典型案例三　西北地区源网荷储示范项目

“源网荷储”一体化项目涉及电源侧、电网侧、负荷侧的高度融合。西北电力设计院在新能源发电、智慧电厂、智能电网、氢能、综合能源调控系统、一体化聚合联网、储能及可调节负荷措施研究、电力负荷特性分析、新能源出力特性研究、“虚拟电厂”等方面，先后完成了汉中市一体化、金昌市金川工业园、神木市飞地经济园、伊吾工业园、某军区综合能源等多个“源网荷储”一体化示范项目的规划咨询、设计及开发建设工作，见图21－9。

庆阳“东数西算”产业园区，规划建设占地17 766亩。园区以零碳发展为理念，在全国范围内率先构建源网荷储一体化的零碳产业园，以“大数据中心+新能源”模式进行统筹规划，确保数据中心绿色高效，预计“十四五”末平均PUE小于1.2，达到全国领先水平。

海西多能互补集成优化示范工程——国内首个风光热储多能互补示范工程

庆阳“东数西算”项目

图21－9　西北地区源网荷储示范项目

（二）积极构建新型电力系统

1. 建设高效统一主干网架

为了支撑新能源大规模开发利用、提升西北地区能源资源优化配置能力，西北地区需要建设高效统一的主干网架，提高省际联络线互济能力、提高省内电网的支撑能力。探索研究覆盖范围更广的跨省区联网工程，有效支撑特高压电网安全运行。

2. 增强电力系统调节能力

随着能源结构的转变，西北电网新能源电源占比不断提高，需要增强系统的调节能力以保证稳定运行，火电机组由电量供应主体向电力供应主体转变，需要加快灵活性改造，全面提升机组的调峰灵活性和调峰深度，提升电力系统应急备用和调峰能力。需要积极发展抽水蓄能、新型储能电站等调峰电源。国内目前已投产抽水蓄能电站主要分布在华东、华北、华中和广东，西北地区尚无投产抽水蓄能电站。根据《抽水蓄能中长期发展规划（2021—2035年）》，西北地区将重点建设多个抽水蓄能电站，总装机规模超过 1 亿 kW。

3. 提升电网调度运行水平

加强区域统一调度，可以充分发挥新能源的地域互补特性、统筹协调更大规模的调峰资源，提升清洁能源功率预测精度，优化全网火电开机方式，在保证电网安全的前提下，优先调度清洁能源，确保能发尽发、能用尽用。

4. 加快打造清洁电力外送通道

结合河西走廊、黄河上游、新疆、陕北等新能源基地开发需要，按照风光水火储多能互补模式开发，西北地区将建成一批、开工建设一批、研究一批多能互补输电通道，满足中东部地区电力需求。

典型案例四　西北地区“十四五”直流外送通道规划

“十四五”期间，西北地区将在陕西、甘肃、宁夏、新疆建设 6 条特高压直流外送通道，共计送电能力约 4800 万 kW。新增输电通道可再生能源电量比例均高于 50%，将清洁能源送入中东部地区。

（三）加快能源产业链减排

1. 推动重点产业领域节能降碳

加快生产用能清洁替代，推动用能设施电气化改造。优化煤炭产能布局，淘汰落后煤炭产能。推动煤电机组节能降碳改造、灵活性改造、供热改造“三改联动”。推广节能导线和变压器，强化节能调度，加强电网线损治理，持续降低输电损耗。

2. 提升资源综合利用水平

加强煤炭和油气开发、转化、储运等环节的余热、余压、冷能等资源回收利用。因地制宜推动油田废弃井改造成为地热井。对于退役火电，考虑在原有厂址，利用原有输变电设施建设储能或风光储设施。

3. 加强能源产业和生态治理协同发展

利用采煤沉陷区、关闭退出煤矿等发展光伏、风电、生物质等产业，在沙漠、戈壁、荒漠地区开展规模化建设，实现光伏发电与荒漠化治理、生态修复、农牧业融合发展，重点支持“光伏+治沙”“光伏+农牧业”“光伏+工矿废弃地、采煤沉陷区治理”等具有多种生态效益的光伏项目，在甘肃地区推进嘉峪关、敦煌、玉门、阿克塞、瓜州、肃北、金塔、高台、山丹、临泽、永昌、凉州、民勤、古浪、永登、景泰、环县、东乡等百万千瓦级大型光伏发电基地。在青海地区环青海湖、三江源、河湟谷地等区域，因地制宜发展农光、牧光、林光、光伏治沙等多种形式的光伏应用，促进光伏应用与其他产业发展相融合，利用大型工业园区、矿山油田、经济开发区、公共设施、农业园区、居民住宅、高速公路等屋顶及空闲土地空间，整县推动分布式光伏发电应用，积极发展分散式风电，扩大分布式清洁能源就地开发、就地消纳。

典型案例五　西北地区农光互补示范项目

西北地区通过打造农光互补生态光伏等新能源发电融合项目，因地制宜促进能源产业和生态治理协同发展。2020 年，中科嘉业海原高崖 2000MW 光伏复合发电项目（见图 21–10）并网发电，该项目每年可等效节约近 8 万 t 标准煤，减少碳排放约 20 万 t。

中科嘉业海原高崖200MW光伏EPC项目

图 21 – 10　西北地区农光互补示范项目

（四）用能方式绿色低碳转型

1. 实施工业领域电气化升级

加大工业生产窑炉、锅炉电能替代，逐步实现工业生产动力设备电气化、工业工程电气化。对不同工业门类及生产工业过程中的电能替代技术研发、电能替代项目实施予以支持，推进工业领域电气化升级的多元化发展。

2. 开展建筑领域电气化升级

积极发展低碳建筑，减少用能需求，提升建筑用电设备能效，大幅提高建筑采暖、生活热水、炊事等电气化普及率，加快推动建筑用能电气化。

3. 推动交通领域电气化升级

大力推广新能源汽车，逐步提高新能源汽车产销和保有量占比，开展城市公共服务车、机场、煤炭油气生产及运输设备的电气化替代，推动交通领域电气化升级。

4. 加快乡村电气化提升工程

加快完成新一轮农村电网改造，打造坚强智能农网。加强现代设施农业用电服务，支持现代设施农业产业融合和特色村镇建设。

（五）能源绿色低碳体制机制改革

1. 构建适应新能源发展的市场机制

进一步放开发用电计划，完善电力交易机制。加快统一电力市场建设，完善区域互联互济机制，实现能源资源在全国优化配置。以促进新能源消纳和资源优化配置为导向，完善电力辅助服务市场，鼓励储能设备、需求侧资源参与提供电力辅助服务，探索容量补偿机制。研究建立有利于源网荷储和多能互补发展的利益共享机制。规范交易中心运行，健全重大事项决策流程和表决机制，优化市场管理委员会人员结构，完善电力交易规则制定程序。

典型案例六　西北地区能源智慧城市示范项目

陕西富平区域综合能源示范项目（见图 21－11）以富平热电厂为主能源动力站，通过智慧能源互联网规划负荷电源，具有多能源互补、多行业协调管理、供需侧实时响应的特点。2020 年，减少碳排放 3.64 万 t，为关中地区蓝天保卫战作出了积极贡献。

陕西富平高新技术产业开发区综合能源供应示范工程（智慧园区、智慧能源互联网）

图 21－11　西北地区能源智慧城市示范项目

2. 健全促进可再生能源发展的价格机制

完善风电、光伏发电、水电价格形成机制，推动建立抽水蓄能、新型储能价格机制，探索建立发电侧容量补偿机制。推动销售电价改革，完善分时电价政策，有效拉大峰谷价差。

3. 完善支持能源低碳发展的政策

完善财政支持可再生能源发展的长效机制。推动健全能源绿色金融体系，引导和激励金融机构以市场化方式支持能源绿色低碳技术研发及应用，鼓励绿色债券、低碳发展基金等投资，为能源领域低碳化转型提供资金。

第二十二章 西南水电资源丰富区域碳达峰碳中和实施路径分析

西南地区主要包括四川、重庆、云南、贵州和西藏。西南地区水力资源主要富集在金沙江、雅砻江、大渡河、乌江、雅鲁藏布江等大型河流上，国家规划的13个水电基地中，有8个位于西南地区。此外，西南地区的风能、太阳能等可再生能源也十分丰富。因此，围绕以大水电为主的水风光一体化综合能源开发利用，是西南地区实现“双碳”目标的重要路径。考虑到重庆一次能源相对匮乏，本章选择四川、云南、贵州和西藏进行碳达峰碳中和实施路径分析。本章中有关经济社会和能源消费的数据来源于中国能源统计年鉴和2021年各省份统计年鉴，碳排放量基于中国能源统计年鉴中各省份能源平衡表（实物量）和碳排放因子法计算获得。

第一节 区域发展概况

一、社会经济发展总体情况

西南地区四川、云南、贵州和西藏（简称西南三省一区）陆地面积共228.5万km^2，占国土总面积的23.8%。2020年区域常住人口约1.73亿人，占全国总人口的12.3%，城镇化率为53.7%。西南地区处于我国西部地带的内陆边疆，是我国少数民族的主要聚居区，自然条件复杂，生态环境脆弱，经济发展水平不高。2015—2020年西南三省一区常住人口和人均生产总值见图22-1。

2020年西南三省一区生产总值达到9.28万亿元，约占全国国内生产总值总量的9.1%，人均生产总值达到5.32万元，约为全国人均生产总值的74%。西南三省一区的第一、第二、第三产业结构比由2015年的13.1:40.5:46.3发展为2020年的12.8:35.4:51.8，第三产业占比提升了5.5个百分点。2015—2020年西南三省一区产业结构如图22-2所示。“十三五”期间，四川、云南、贵州和西藏地区生产总值年均增长分别为7.0%、7.8%、8.5%、9.0%，人均生产总值年均增长分别为6.5%、7.5%、7.6%、6.7%。

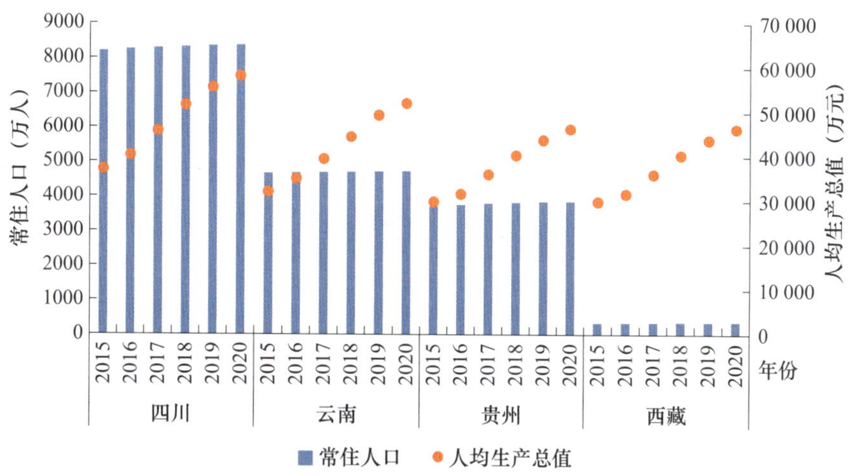

图 22－1　2015—2020 年西南三省一区常住人口和人均生产总值

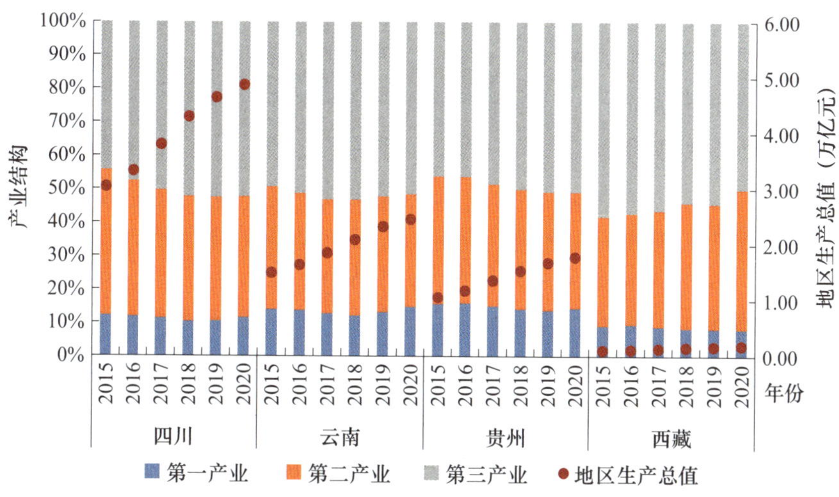

图 22－2　2015—2020 年西南三省一区产业结构和地区生产总值

随着“一带一路”建设、长江经济带发展、新时代西部大开发、成渝双城经济圈建设等国家战略的深入实施，必将推动西南地区经济社会的快速发展，有效破解长期存在的区域发展不平衡问题。

二、能源资源禀赋

（一）化石能源

西南地区化石能源以煤炭、天然气、页岩气为主，石油资源匮乏。煤炭资源主要集中在贵州和云南，全国 13 个重点建设的大型煤炭基地，云贵基地位列其中。根据自然资源部发布的 2021 年全国矿产资源储量统计数据，西南三省一区煤炭资源储量共计 238.11 亿 t，约占全国的 11.5%。贵州是西南地区煤炭资源最为富裕的省份，含煤面积约占全省总面积的 44%，省内有 12 个国家规划矿区和 7 个省规划矿区，页岩气和煤层气资源也非常丰富。四川是天然气资源大省，也是页岩气的主战场，两者储量分别为 15 556.37 亿 m^3 和 3803.03 亿 m^3，约占全国的 24.5%和 69.9%。2021 年西南三省一区化石能源资源储量见表 22－1。

表 22－1 2021 年西南三省一区化石能源资源储量

省份	煤炭（亿 t）	石油（万 t）	天然气（亿 m^3）	页岩气（亿 m^3）	煤层气（亿 m^3）
四川	28.98	570.25	15 556.37	3803.03	39.43
云南	74.12	10.15	0.47	—	—
贵州	134.9	—	6.1	17.05	32.04
西藏	0.11	—	—	—	—
三省一区合计	238.11	580.4	15 562.94	3820.08	71.47
三省一区在全国占比	11.5%	0.2%	24.6%	70.2%	2.0%

注 所统计的储量为保有储量，是指探明资源量和控制资源量中可经济采出的部分（其中油气矿产是剩余探明技术可采储量）。

（二）风能资源

四川、云南、贵州平均有效风能密度在 50W/m^2 以下，可利用的风力仅占 20%左右，大于或等于 3m/s 的风速全年累积时数在 2000h 以下，属于我国风资源贫乏区域。西藏全区属于全国风速相对较高的区域之一，但由于青藏高原海拔高，空气密度较小，风能密度相对较小。

四川总体风能资源较贫乏，但局部地区风能较集中，主要分布在四川西北部高原、西南部山区、盆地北部山区、东部山区等地区。凉山州、甘孜州、阿坝州、攀枝花市的风能资源最为丰富，其中凉山州风能资源约占全省可开发区域的一半以上。全省风能可开发量约 1800 万 kW，2020 年全省风电并网装机为 426 万 kW，未开发量占比超 75%。

云南地处低纬度高原地区，局部风能资源丰富。全省风能资源总储量 1.23 亿 kW，可开发区域集中在海拔 2000m 以上的高山山脊或台地，分布在西部的大理、丽江，中部的昆明、楚雄、玉溪，东北的曲靖、昭通，东南部红河、文山等州市。云南风电技术经济可开发装机容量约 5000 万 kW。截至 2020 年末，云南已开发风电的总装机容量为 881 万 kW，占可开发量的 17.6%。

贵州风能资源主要集中在毕节市西部、南部及中北部，六盘水市中部及南部，遵义市中北部，贵阳市中部，黔东南州中东部局地，榕江县与荔波交界地带，黔南州北部、黔西南州中部局地、铜仁市局地。省内风电技术可开发量约 3300 万 kW。截至 2020

年末，贵州已开发风电的总装机容量为 581 万 kW，占可开发量的 17.6%。

西藏风能资源理论蕴藏量为 18 亿 kW，风速在 7m/s 以上的区域约占全区面积的 30%。由于大部分地区为超高海拔山区（4800m 以上）和自然保护区，预估可开发量约为 1.8 亿 kW。截至 2020 年末，西藏已开发风电的装机容量仅为 0.75 万 kW。

（三）太阳能资源

四川太阳能理论蕴藏量为 2.33×10^{15}MJ，其中太阳能资源最丰富的三州一市地区（甘孜、阿坝、凉山、攀枝花）约为 1.67×10^{15}MJ，占全省的 72%。太阳能平均辐射量为 1526kWh/m^2，全省光伏发电可开发规模超过 8500 万 kW。2020 年全省光伏并网装机容量为 191 万 kW，未开发量占比超过 95%。

云南太阳能资源丰富，年平均日照时数为 2200h，高于 2000h 的地区占 71%。全省 129 个县中，92 个县具有良好的太阳能资源，其中永仁、宾川等 12 个县（区）年日照时数在 2300h 以上，属于云南太阳能资源最佳开发区。云南光伏可开发容量约为 8300 万 kW。截至 2020 年末，云南已开发的光伏装机容量为 393 万 kW，后续开发潜力巨大。

贵州总体属于我国太阳能资源一般区。贵州西部和西南部的太阳能资源条件相对较好，水平面总辐射年总量最高为 1426kWh/m^2，属于太阳能资源丰富地区。贵州光伏发电可开发装机容量约 5000 万 kW。截至 2020 年末，贵州光伏发电装机容量为 1057 万 kW，约占可开发量的 1/5。

西藏太阳能资源具有辐射量高、资源丰富地区面积大、太阳能资源稳定等特点，是世界上最丰富地区之一。西藏太阳能理论蕴藏量为 8.4×10^{15}MJ，居全国首位，预计全区光伏发电可开发规模超过 7 亿 kW。截至 2020 年末，西藏光伏发电总装机容量为 136.5 万 kW。

（四）水能资源

我国西南地区水能资源极为丰富，理论蕴藏量、技术可开发量、经济可开发量分别为 4.67 亿、3.51 亿、2.29 亿 kW。截至 2020 年末，西南三省一区水电总装机容量为 1.76 亿 kW，约占全国的 47.6%。西南三省一区水力资源量见表 22－2。

表 22－2 西南三省一区水力资源量

省份	理论蕴藏量		技术可开发量		经济可开发量	
	装机容量（万 kW）	年发电量（亿 kWh）	装机容量（万 kW）	年发电量（亿 kWh）	装机容量（万 kW）	年发电量（亿 kWh）
四川	14 352	12 572	12 004	6122	10 327	5233
云南	10 439	9144	10 194	4919	9795	4713
贵州	1809	1584	1949	778	1898	752

续表

省份	理论蕴藏量		技术可开发量		经济可开发量	
	装机容量（万 kW）	年发电量（亿 kWh）	装机容量（万 kW）	年发电量（亿 kWh）	装机容量（万 kW）	年发电量（亿 kWh）
西藏	20 136	17 639	11 000	5760	835	376
三省一区合计	46 736	40 939	35 147	17 579	22 855	11 074
三省一区在全国占比	48.5%	67.3%	64.9%	71.1%	56.9%	63.2%

注 数据来源于《中华人民共和国水力资源复查成果（2003 年）》。

四川全省水力资源技术可开发量约 1.2 亿 kW，居全国首位。四川水力资源布局呈现出东少西多的特点，主要流域分布在西部与青藏高原相接的地区，包括金沙江、雅砻江、大渡河三大水系。2020 年四川已建成水电装机规模 7892 万 kW，根据《抽水蓄能中长期发展规划（2021—2035 年）》，四川在“十四五”和“十五五”时期纳入规划的重点实施和储备的抽水蓄能项目共有 16 个，合计规模约 2000 万 kW。

云南水能资源主要集中于金沙江、澜沧江及怒江等流域，大江干流资源量占比 75%，全省水电技术可开发量约 1.0 亿 kW，居全国第 3 位，占全国水能可开发量的 1/5。2020 年云南已建成水电装机规模 7556 万 kW，后续可开发水电主要集中在金沙江流域上游以及怒江流域，待开发水电资源不足 3000 万 kW。受生态环保和土地淹没、移民搬迁等因素制约，后续水电开发存在较大不确定性。

贵州水能资源分布在两流域八大水系，目前省内水能资源基本开发完毕。据勘测统计，贵州具备抽水蓄能建设条件的站点超过 300 个，总装机规模可达 2.4 亿 kW。根据《抽水蓄能中长期发展规划（2021—2035 年）》，贵州在“十四五”期间重点实施抽水蓄能项目 12 个，装机容量 1480 万 kW；“十五五”期间重点实施项目 13 个，装机容量 1450 万 kW；储备项目 10 个，装机容量 1130 万 kW。

西藏水能资源巨大且相当集中，主要分布在东部的雅鲁藏布江、澜沧江、怒江、金沙江，干流梯级水电站规模多在 100 万 kW 以上，是全国乃至世界少有的水能资源“富矿”，也是中国远景的战略资源。截至 2020 年底，西藏的电源总装机容量为 398.9 万 kW，其中水电装机容量为 205.3 万 kW，抽水蓄能装机容量为 9 万 kW。

（五）其他非化石能源资源

四川全省森林覆盖率 40%，可利用林业资源丰富。农作物秸秆资源丰富，理论蕴藏量 4972 万 t。全省城市生活垃圾年清运量 1208 万 t，其中已经能源资源化利用的为 672 万 t。浅层地热能适合采用热泵技术，可用于冬季供暖总面积约 89 亿 m^2、夏季制冷总面积约 75 亿 m^2。水热型地热资源理论蕴藏总量折合标准煤约 3300 亿 t，高温地热发电潜力约 250 万 kW。

云南生物质原料种质居全国之首，生物天然气可利用量约 12 亿 m^3/年。全省干热岩资源丰富，预测 10km 深度范围内的资源储量相当于 47.63 万亿 t 标准煤，按 2%开采基数测算约等于 9500 亿 t 标准煤。

贵州位处上扬子陆块和江南复合造山带，按境内地热地质背景条件及其赋存形式，分布有浅层地热能、中深层地热能。其中，全省浅层地热能天然储量为 92 300 万亿 MJ，年可采资源量折合 3.15 亿 t 标准煤，可供建筑供暖（制冷）面积 344 亿 m^2。

西藏地热资源丰富，拉萨市当雄县境内的羊八井地热发电站是我国最大的地热能发电站。西藏全区共有水热爆炸、间歇喷泉、热泉、冒汽地面和泉体等水热活动 600 处，根据对其中 350 处地热点的统计和测算，发电潜力在 110 万 kW 以上。

第二节　能源消费与碳排放特征

考虑到西藏能源消费总量和碳排放总量相对较小，本节选择西南地区四川、云南、贵州（简称西南三省）作为西南区域的典型代表省份，对该区域的能源消费与碳排放特征进行分析。

一、能源消费

总体来看，西南三省能源生产总量大于消费总量，属于能源净输出地区。在西电东送国家战略部署下，西南地区为东部地区发展提供了大量的清洁能源，总体电力外调比例超过 1/3。2015 年西南三省能源消费总量和人均能源消费量分别为 3.81 亿 t 标准煤和 2.30t 标准煤，2020 年分别增加至 4.48 亿 t 标准煤和 2.64t 标准煤，“十三五”年均增长分别为 3.3%和 2.8%。

四川人口和地区生产总值在西南地区排名第一，能源消费总量位居地区之首，2020 年达到 2.12 亿 t 标准煤。2020 年云南能源消费总量略高于贵州，两省能源消费总量分别为 1.37 亿、1.12 亿 t 标准煤。云南和贵州人均能源消费总量水平基本持平，为 2.75t 标准煤；四川人均能源消费量为 2.53t 标准煤，略低于云贵两省。

从能源消费结构来看，四川和云南非化石能源消费占比为 38.9%和 44.7%，位于全国前列；贵州非化石能源消费占比为 17.6%，高于全国 1.7 个百分点。四川和云南煤炭消费占比较低，为 27.0%和 34.9%；贵州煤炭消费占比较高，达到 69.1%。四川天然气资源丰富，占能源消费的比重为 16.5%，约为全国平均水平的 2 倍。

2020 年四川、云南、贵州能源生产与消费情况见表 22－3。2015—2020 年西南三省能源消费总量、能源消费强度，以及全社会发电量、用电量分别见图 22－3 和图 22－4。

表 22-3　　　　2020 年西南三省能源生产与消费情况

编号	项目	四川	云南	贵州
一	一次能源生产总量（万 t 标准煤）	20 433	13 731	11 171
二	能源消费总量（万 t 标准煤）	21 186	12 982	10 621
1	煤炭占比（%）	27.0	34.9	69.1
2	成品油占比（%）	17.6	16.8	9.4
3	天然气占比（%）	16.5	1.9	3.9
4	非化石能源占比（%）	38.9	44.7	17.6
5	其他能源占比（%）	0	1.7	0
三	非化石能源电力装机占比（%）	85.3	88.0	52.9
四	人均能源消费量（t 标准煤）	2.53	2.75	2.75
五	单位生产总值能耗（t 标准煤/万元）	0.44	0.53	0.60

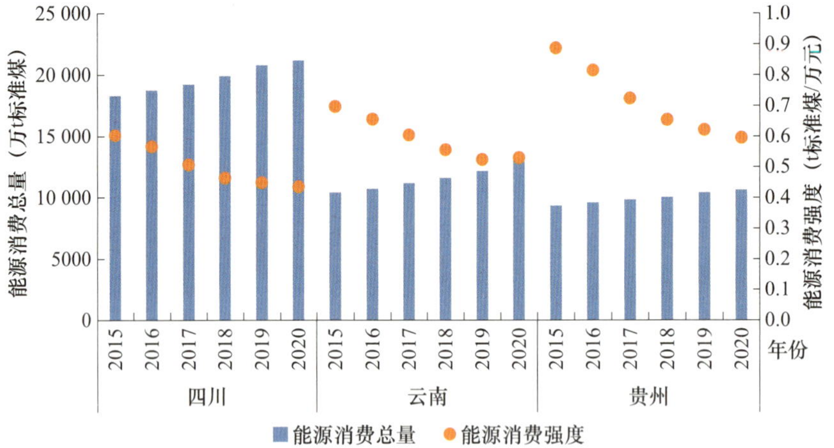

图 22-3　2015—2020 年西南三省能源消费总量及能源消费强度

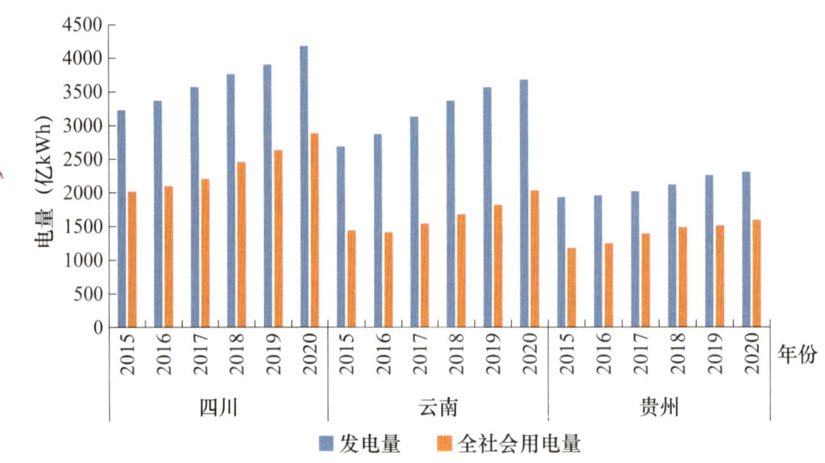

图 22-4　2015—2020 年西南三省发电量和全社会用电量

二、碳排放

如图 22－5 所示，“十三五”时期西南三省的碳排放总量处于平台期，年排放总量在 4.6 亿 t 上下波动，约占全国年碳排放总量的 5%。2020 年西南三省人均二氧化碳排放量为 2.66t，约为全国人均二氧化碳排放量的 40%。西南三省二氧化碳排放强度从 2015 年的 0.82t/万元降至 2020 年的 0.49t/万元，仅为全国平均水平的一半。西南三省属于电力净调出省份，外送电量从 2015 年的 3000 亿 kWh 增加至 2020 年的 3600 亿 kWh。按照全国区域电网基准排放因子测算，由于电力外送从本地区碳排放总量中扣减的二氧化碳达到约 2 亿 t/年。整体来看，西南地区清洁能源占比较高，经济发展的绿色底蕴鲜明，随着西南地区煤炭消费在“十四五”期达到高峰，预计西南地区可在全国率先实现碳达峰。

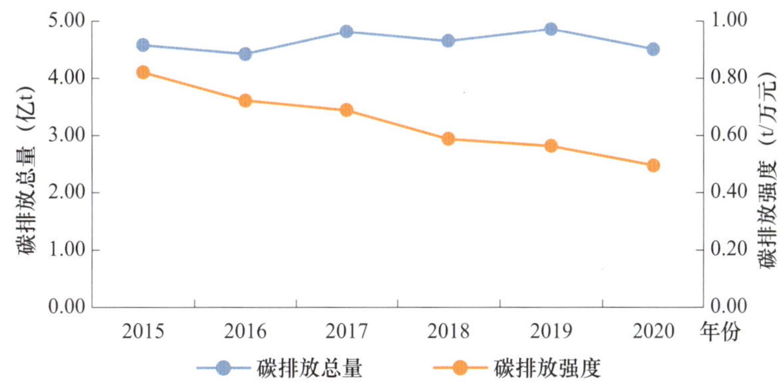

图 22－5　2015—2020 年西南三省碳排放总量及碳排放强度

从二氧化碳排放结构来看（见图 22－6），贵州和云南煤炭排放占比相对较高，四川天然气资源丰富，天然气碳排放占比高于云贵两省。四川和云南年外送电量基本相

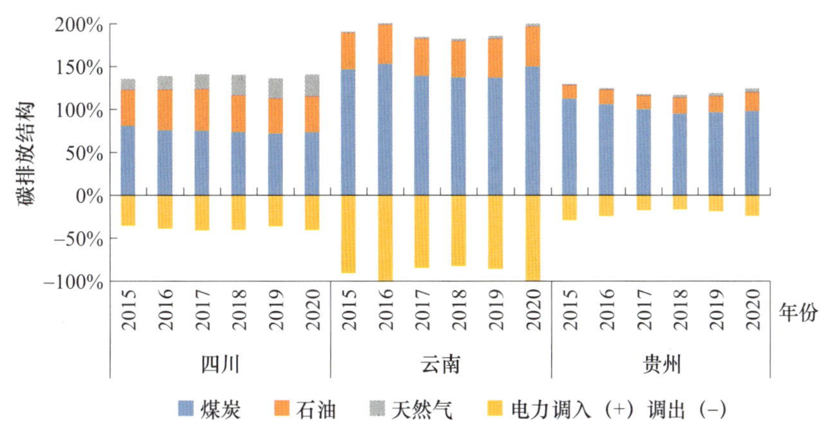

图 22－6　2015—2020 年西南三省分种类能源消费碳排放结构

注：电力调入调出排放因子采用历年中国区域电网基准线排放因子。

当，但由于云南碳排放总量相对较小，电力外送扣减的二氧化碳占比显著高于四川和贵州。

分省来看，2020 年，四川二氧化碳排放量约 1.85 亿 t，人均二氧化碳排放量为 2.21t，仅为全国平均水平的 1/3；碳排放强度为 0.38t/万元，约为全国平均水平的 40%；碳排放总量中，能源生产和加工领域碳排放占比仅为 11%左右，工业和建筑业领域排放占 59%，提高工业和建筑业领域电能替代，是四川减碳降碳的重要方向。

2020 年，云南二氧化碳排放量约 0.95 亿 t，人均二氧化碳排放量为 2.00t，仅为全国平均水平的 30%；碳排放强度为 0.39t/万元，与四川基本相当；云南能源生产和加工领域碳排放占比仅为 11%左右，工业和建筑业领域排放占 63%，提高工业和建筑业领域电能替代，同样是云南减碳降碳的重要方向。

2020 年，贵州二氧化碳排放量为 1.70 亿 t；由于贵州煤炭消费占比较高，全省人均二氧化碳排放量在西南三省位居首位（4.41t），约为全国平均水平的 65%；全省碳排放强度为 0.95t/万元，与全国平均水平基本相同；贵州能源生产和加工领域碳排放占比约为 40%，显著高于四川和云南两省，大力发展新能源发电、提高煤炭利用效率、引入区外清洁电力，是贵州实现碳达峰重点考虑的方向。

第三节 碳达峰碳中和实施路径

一、机遇与挑战

（一）面临的机遇

国家政策支持西部大开发形成新格局。中共中央、国务院《关于新时代推进西部大开发形成新格局的指导意见》提出，要强化资源能源开发的干线通道规划建设，加快川藏铁路、沿江高铁、渝昆高铁、西（宁）成（都）铁路等重大工程规划建设；支持川渝、川滇黔、渝黔等跨省（区、市）毗邻地区建立健全协同开放发展机制，提高昆明等省会城市面向毗邻国家的次区域合作支撑能力。西部省区市持续加强清洁能源开发利用，积极推动新能源发电项目，扩大清洁能源在交通运输、数据中心等领域的应用，为西部省区市高质量绿色发展带来了新的机遇。

西南地区清洁能源资源丰富有望率先达峰。西南地区能源资源丰富、品种较全，是我国能源资源集中赋存地区，已被确定为五大国家综合能源基地之一，在国家能源战略供应格局中占有十分重要的地位。西南地区人均二氧化碳排放量和排放强度均大幅低于全国平均水平，且西南地区的水能、太阳能、风能等资源开发潜力大，在推进碳减排的过程中更占优势，有条件在全国率先达峰，为推进国家整体碳达峰承担更多责任。

能源基础设施不断完善。川渝和云贵已经形成以500kV主网架、特高压直流外送通道为骨干的省级大电网、西部大枢纽。截至2020年底，西南五省区市西电东送总容量超过7000万kW，清洁能源外送与消纳能力不断增强。规划布局的川渝1000kV特高压交流工程、白鹤滩电站、雅砻江中游电站、金沙江上游川藏段综合能源基地、藏东南送电粤港澳大湾区特高压直流外送等一大批西电东送工程加快前期工作，跨省区大规模配置资源的能力不断提升。建成西南地区天然气（页岩气）输送枢纽，全面形成环形输送管网，年输配能力达到450亿m^3，五年累计外输天然气544亿m^3。中缅油气管道、炼油项目建成投产，油气管道总里程超过6000km，彻底改变了云南无油、无气状况。区域能源基础设施的不断完善，为更大范围内优化配置西南清洁绿色能源提供了坚强的保障。

（二）存在的挑战

能源供需压力大，能源供应能力亟待加强。随着“十四五”乌东德、白鹤滩等在建大型水电站逐步投产，西南地区水电缺乏接续项目。西南地区自用和外送矛盾加剧，发电装机容量有“硬缺口”风险，“丰紧枯缺”的矛盾突出。受土地资源、生态环保等因素约束，风电、光伏发电项目开发落地愈发困难。煤矿安全生产供应水平不高，煤炭储备调节能力弱。储气调峰能力不足，迎峰度冬时期天然气供应存在阶段性短缺。

电力系统缺乏调节能力，源网发展需进一步协调。西南地区具有季及以上调节能力的水库电站装机不足水电总装机的40%，调节能力不足，丰枯矛盾突出。在新能源装机占比逐渐提高的趋势下，系统存量调节电源已经不能满足调峰要求。源网发展需进一步协调，与构建新型电力系统的目标尚有差距。

局部地区新能源送出消纳受限，电网与电源建设进度不协调。风电和光伏发电是西南地区新能源发展的重要组成部分，从资源分布来看，西南地区风能和太阳能资源相对丰富，新能源建成规模较大，川滇黔局部网架已无富余送出能力，而新能源富集地区并非负荷中心，新增的新能源电力难以就地消纳，电网规划建设短期内难以适应新能源大规模发展需求。

二、实施路径

结合西南地区能源资源禀赋，应加快建设以水电为主的综合能源基地，利用存量常规电源，合理配置储能，积极实施存量“风光水火储一体化”，稳妥推进增量“风光水（储）一体化”，确保西电东送可持续发展。规模化开发利用天然气（页岩气），推动氢能在交通、储能、发电、工业等领域的应用，构建多能互补的新型能源体系。

（一）加快推进“风光水储一体化”发展，坚持西电东送战略

在加强生态环境保护和做好移民安置的前提下，重点推进金沙江上游川藏段、澜沧江西藏段、雅鲁藏布江下游、雅砻江、大渡河、玉曲河等流域水电建设。深入论证、

有序启动怒江中下游梯级水电前期工作。着力优化水电结构，优先建设季以上调节能力水库电站。统筹推进流域近区新能源大规模集中开发，采用水光互补开发模式，实现水电站对光伏发电的日调节、提升送出线路利用率、实现发电综合效益最大化。

典型案例一　两河口水电站风光水一体化项目

西南电力设计院规划和设计的雅砻江两河口水电站风光水一体化项目，是全球最大的水光互补电站。柯拉光伏电站将水光互补开发规模首次提升到百万千瓦级，打造了西南地区可再生能源大规模集中开发的样板，见图22－7。

图22－7　柯拉光伏电站效果图

图片来源：https://www.zgdych.com/a/zongyi/1036955.html。

柯拉光伏电站位于四川省甘孜藏族自治州雅江县柯拉乡，一期项目装机容量100万kW，规划接入四川省库容最大的两河口电站。

该工程预计2023年投产，建成后每年发出的电量可节约标准煤超过60万t，减少二氧化碳排放超过160万t。

典型案例二　金上至湖北特高压直流输电工程

西南电力设计院参与设计和建设的金上至湖北特高压直流输电工程，将成为世界首条大容量水风光互补的纯清洁能源跨区域特高压直流通道。

金上川藏段位于四川甘孜和西藏昌都交界的金沙江干流上，共规划8级电站，总装机容量943.6万kW；初步估算沿江区域可开发风电、光伏发电超过3000万kW。按照建设国家级大型风光水储示范基地的定位，金上川藏段清洁能源基地总装机容量超3000万kW。

金上清洁能源基地建成后，每年可节约标准煤 2100 万 t，减少二氧化碳排放 6000 万 t。该工程对促进西部水电丰富地区新能源消纳具有重要探索价值，为保障国家能源安全和助力实现“双碳”目标贡献坚实力量。

（二）稳步推进抽水蓄能开发，着力提升水电调节能力

在水电项目储备不足、新能源大规模开发、火电限制发展的背景下，抽水蓄能电站对保障西南地区电力供应、确保电网安全、促进新能源消纳具有重要意义，将成为西南地区中长期电力发展主力电源之一。西南地区在建的抽水蓄能电站仅 120 万 kW，“十四五”重点实施项目 3600 万 kW，“十五五”和“十六五”期间储备项目 7300 万 kW。西南地区应积极对接国家抽水蓄能中长期规划，在负荷中心和新能源大规模开发区域合理布局抽水蓄能电站，提高负荷高峰期电力保障能力和送出通道利用效率。

面对水电项目储备和开发后劲不足的情况，为保障电力系统对容量、电量需求，促进大规模新能源的开发与消纳，可研究并推动金沙江金安桥水电站、向家坝水电站等梯级水电站扩机项目。推动金沙江中游龙头水电站尽早开工建设，以增加雅砻江、大渡河和金沙江中游水电调节能力。

典型案例三　金沙江中游龙盘水电站

龙盘水电站是金沙江中游水电规划“一库八级”的龙头电站，坝址位于虎跳峡峡谷入口处，如图 22－8 所示。该项目的建设将显著提升金沙江水电基地的电能质

图 22－8　金沙江龙头水电站鸟瞰图

量和发电效益。

龙盘水电站规划装机容量420万kW，具有多年调节能力，是金沙江水电开发的关键工程，对下游梯级产生巨大的补偿调节作用。

该电站与金沙江中、下游梯级水电站及三峡、葛洲坝水电站联合运行时，可增加下游多个梯级水电站保证出力共约1146万kW、年发电量234亿kWh，增加枯水期电量397亿kWh。

（三）推动煤电灵活性改造，扩大天然气开发利用

西南地区煤电发展受“双碳”目标以及电煤保障问题等因素影响，继续新增煤电装机难度较大，因此推动存量火电技术改造，提高火电运行灵活性及调峰能力，一定程度上可缓解系统调峰压力。2020年西南地区存量燃煤火电机组共计7527万kW，通过煤电灵活性改造，可提升系统调峰能力约1100万kW。

天然气资源开发利用方面，加快实施四川盆地“气大庆”工程，推进川渝地区天然气资源勘探开发，推动油气管网互联互通，推进储气调峰设施建设，形成以跨省市管网为骨干、储气库基地为中枢、区域支线为辐射的蛛网式管网格局。在川渝新能源资源富集地区，可利用四川丰富的天然气资源，合理布局一批天然气调峰电站，充分提升系统调节能力，进一步优化能源消费结构，减少二氧化碳排放。

（四）统筹西电东送通道建设，增强清洁能源配置能力

优化存量电力流向，发挥川滇黔贵多能互补优势，着力提升向上、锦苏、宾金、楚穗、普乔、滇西北±800kV既有特高压直流输电通道利用率，科学合理安排水电外送。除“十四五”期间已经开工建设或纳入国家电力规划的雅中至江西、白鹤滩至江苏、白鹤滩至浙江、金上至湖北、藏东南送电粤港澳大湾区，以及哈密至重庆特高压直流输电工程外，加快研究规划西藏、西北电力入川入渝通道，进一步提升跨省跨区输送清洁电力的通道能力。

典型案例四　川渝1000kV特高压交流输变电工程

西南电力设计院全程参与规划、论证、设计的川渝1000kV特高压交流输变电工程，是世界海拔最高的特高压交流输变电工程。

该工程规划建设甘孜、天府南、成都东和重庆铜梁4座1000kV特高压变电站，新建双回特高压线路约658km。

该项目的建成将为川西地区多个千万千瓦级新能源基地的开发和送出创造有利条件，每年可将350亿kWh的清洁电能送往川渝负荷中心，对推动川渝地区能源清洁转型、落实“双碳”目标具有重要意义。

川渝特高压电网规划方案如图 22－9 所示。

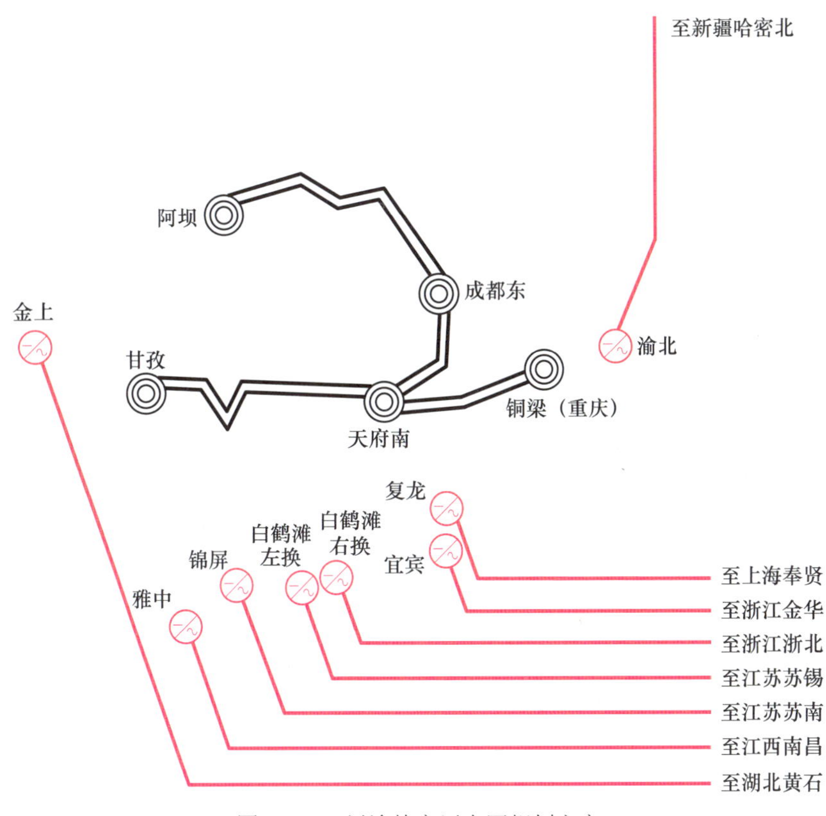

图 22－9　川渝特高压电网规划方案

（五）探索可再生能源制氢，打造西南绿氢基地

西南地区太阳能、风能、水能资源丰富，是高品质绿电的来源地，具有布局绿色氢能产业的优势。四川提出到 2025 年建成成渝氢走廊、天府氢走廊、氢能绿色景区、氢能特种作业等示范工程，依托四川富余水电资源开展电解水制氢，打造攀枝花—凉山—雅安—成都、乐山—眉山—成都、阿坝—绵阳—德阳—成都三条绿色氢路，并沿线布局氢能基础设施和电解水制氢设备生产制造，可带动全省水电消纳，提供绿色经济氢源，促进经济发展。

典型案例五　丽江金山绿氢零碳智慧工厂示范项目

云南丽江市规划打造全省绿色氢能基地和氢能综合应用先行先试区，先期启动建设装机 100 万 kW 的光伏项目，打造智慧绿氢示范工厂，年产氢气 5000t，并新建加氢站 1 座，见图 22－10。远期电解水制氢项目产能达到 5 万 t/年，实现二氧化碳减排 50 万 t/年。

图 22－10　云南丽江智慧绿氢示范工厂配套加氢站

图片来源：http://www.1jrbw.com/content/2021-11/15/content_2234.html。

贵州煤炭资源相对丰富，焦化产业基础厚实，生产 1m^3 的焦炉煤气中约含氢气 0.5m^3。《贵州省国民经济和社会发展第十四个五年规划和二〇三五年远景目标纲要》提出，推进贵阳（经开）氢能产业聚集区、六盘水盘南工业园区煤制氢、盘江天能焦化氢气提纯（制氢工厂）、黔西煤制乙二醇尾气制氢等项目建设。依靠氢能产业发展核心地带引领作用，带动其他地区因地制宜、适时开展产业布局及应用示范，打造氢能产业聚集区及核心发展轴。

第二十三章
东南海洋能源丰富区域碳达峰碳中和实施路径分析

我国东南沿海地区包括上海、江苏、浙江、福建、广东、广西、海南等省份以及港澳台地区，濒临东海和南海海域，拥有丰富的海洋能源资源，具有广阔的清洁能源开发利用潜力。考虑各地资源禀赋和经济社会发展特点，本章选取江苏、浙江、福建、广东、海南作为东南沿海区域典型省份，分析该区域经济社会发展特征以及能源消费和碳排放情况，基于区域能源资源禀赋特点，对不同模式的海上能源资源利用模式进行介绍。结合东南沿海区域实现“双碳”目标面临的机遇与挑战，提出相应的实施路径。本章中有关经济社会和能源消费的数据来源于中国能源统计年鉴和2021年各省份统计年鉴，碳排放量基于中国能源统计年鉴中各省份能源平衡表（实物量）和碳排放因子法计算获得。

第一节　区域发展概况

一、社会经济发展总体情况

东南沿海区域是我国经济最发达、人口最稠密的富庶之地，聚集了长三角、珠三角等一批世界级的城市群。从人口来看（见图23－1），区域内省份陆地面积较小、人口庞大，2020年末江苏、浙江、福建、广东、海南的常住人口分别占全国总人口的6.0%、4.6%、2.9%、8.9%、0.7%，区域人口密度高于全国平均水平。

2020年，东南沿海区域各省份有效统筹经济发展和疫情防控，经济保持较快增长速度，其中，广东和江苏是全国各省级单位中仅有的地区生产总值超过10万亿元的省份，广东地区生产总值连续32年居国内第1位；江苏、浙江、福建、海南四省的地区生产总值分别占全国国内生产总值的10.1%、6.4%、4.3%、0.5%。人均生产总值方面，除海南低于全国平均水平外，江苏、浙江、福建和广东分别是全国平均水平的1.7、1.4、1.5、1.2倍，位于国内前列。

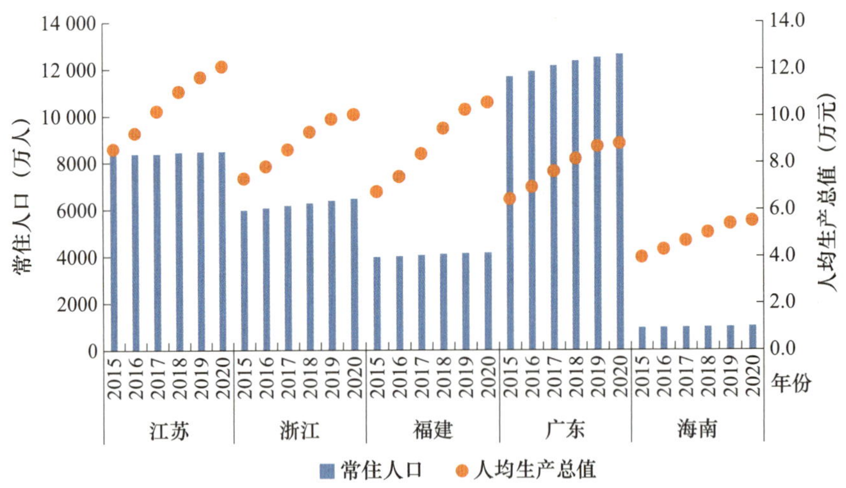

图 23－1　2015—2020 年东南沿海区域典型省份常住人口和人均生产总值

从产业发展来看（见图 23－2），东南沿海区域典型省份第三产业占比均高于第二产业，但各省份产业结构存在一定差异。除海南外，2020 年江苏、浙江、福建、广东第二产业比重均高于全国 37.8%的占比，第一产业比重均低于全国 7.7%的占比；浙江、广东第三产业比重高于全国 54.5%的平均水平，江苏、福建、海南则低于全国平均水平。

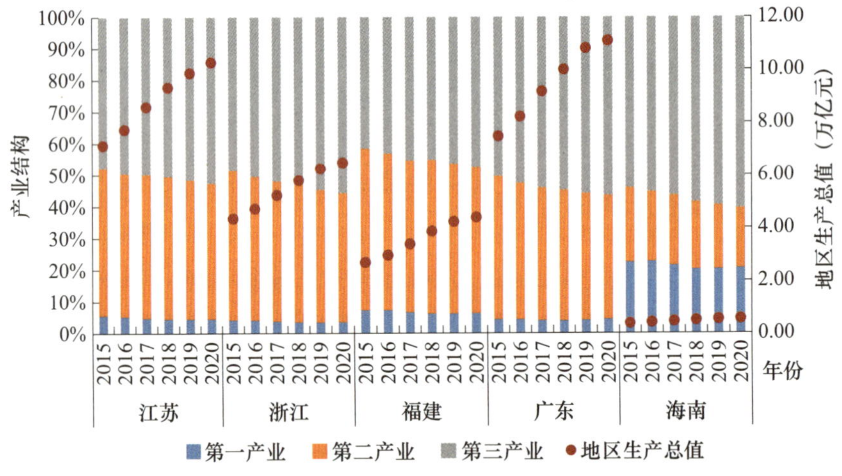

图 23－2　2015—2020 年东南沿海区域典型省份产业结构和地区生产总值

二、能源资源禀赋

总体来看，东南沿海区域各省份的陆上能源资源匮乏，煤炭、石油、天然气等化石能源产量有限，能源自给率低，对外依存度均超过 70%。但是依托广阔的海域和漫长的海岸线，区域内的海上油气、可燃冰、风能以及潮汐能、波浪能等海洋能源资源丰富，开发潜力巨大。

（一）陆上能源资源

1. 化石能源

如表 23－1 所示，东南沿海区域的煤炭、石油、天然气储量分别仅为全国储量的 0.4%、0.7%和 0.07%，特别是浙江、福建、广东的化石能源资源均相当匮乏，化石能源消费依赖从国内其他省份的大规模调入以及国际进口。

表 23－1　　2020 年东南沿海区域典型省份化石能源储量

区域	煤炭（亿 t）	石油（万 t）	天然气（亿 m^3）
江苏	3.74	1951.1	21.39
浙江	0.15	—	—
福建	2.5	—	—
广东	0.01	12.27	0.97
海南	—	454.82	21.47
全国	1622.88	361 885.75	62 665.78

注　所统计的储量为保有储量，是指探明资源量和控制资源量中可经济采出的部分（其中油气矿产是剩余探明技术可采储量）。

2. 非化石能源

核电方面，东南沿海区域海岸线漫长，具有较优越的核电厂址资源。浙江秦山核电站是我国第一座自主研究、设计和建造的核电站，广东大亚湾核电站是大陆第一座大型商用核电站，近年来区域内先后建成投产了岭澳核电、阳江核电、福清核电、昌江核电等一大批核电项目，截至 2022 年底已投运了 45 台核电机组，核电装机总容量为 4633 万 kW。沿海还有一批核电新建和扩建厂址资源，具有大规模提升核电装机容量的条件。

水能资源方面，东南沿海区域水系发达、降水充沛，水电开发较早，常规水电资源已基本开发完毕。区域具有丰富的抽水蓄能站址资源，为大规模发展新能源和构建新型电力系统提供重要支撑。《抽水蓄能中长期发展规划（2021—2035 年）》和各省“十四五”能源发展规划指出，将有一大批抽水蓄能电站纳入规划建设。

太阳能资源方面，广东南部、福建南部、江苏北部、海南西部属于三类地区（太阳能资源中等类型地区），年太阳能辐射总量为 5000～5850MJ/m^2，相当于日辐射量 3.8～4.5kWh/m^2。浙江、福建北部、广东北部、江苏南部、海南东部属于四类地区（太阳能资源较差地区），年太阳能辐射总量为 4200～5000MJ/m^2，相当于日辐射量 3.2～3.8kWh/m^2。区域总体上土地资源紧缺，可利用农业设施、淡水养殖水域及滩涂、荒山、坡地、工（产）业园区等布局建设地面光伏电站和屋顶光伏电站，充分利用闲置空间，增加综合生产能力。

陆上风能资源方面，沿海五省地形地貌较为复杂，既有平原、丘陵，又有山区，局部地区风速差异较大。总体而言，各地平均风速呈由沿海向内陆逐渐减小的分布趋势，但一些海拔较高的山区会出现较大的风速。根据国家发展改革委风电标杆电价划分的资源区，区域内五省均属于Ⅳ类资源区。总体来看，除江苏外，其余省份陆上风能资源较为一般，且风电开发受到土地利用、生态环境保护等多方面因素影响。

（二）海洋能源资源

海洋中蕴藏着丰富的能源资源，既包括可再生的风能、潮汐能、波浪能、海流能、温差能、盐差能等，也包括非可再生的油气资源和可燃冰。我国东海大陆架盆地和南海盆地均具有开发前景良好的石油、天然气以及可燃冰资源，是中国海上油气勘探的主要地区，海上风电、潮流能、波浪能、温差能、盐差能等海洋能源开发条件优越。

海上风能：我国海上风能主要集中在东南沿海及其附近岛屿，根据中国气象局2013年发布的中国风能资源普查结果，我国近海5～25m水深、50m高度的海上风电开发潜力约为200GW；5～50m水深、70m高度的海上风电开发潜力约为500GW。

海上太阳能：随着光伏电站装机容量的增长，土地资源正在成为制约光伏规模化发展的主要因素之一。我国大陆近海可利用海域面积超过300万km^2，利用近海空间资源建立海面光伏基地，可以利用日照较长的特点，显著提升发电量。初步估算，我国沿海领域理论可安装海上光伏近7亿kW。截至2022年5月，我国确权海上光伏用海项目共28个，累计确权面积共1658.33hm^2。

潮汐能：我国潮汐能资源地理分布不均匀，沿海潮差以东海为最大，黄海次之，渤海南部和南海最小。沿海各省份中福建、浙江两省的潮汐能最丰富，海域平均潮差大（4～5m），海岸类型以基岩海岸为主，海湾较多，开发利用条件最好。我国近海潮汐能资源技术可开发装机容量大于500kW的坝址共有171个，总技术装机容量约为2282.91万kW。

潮流能：我国东海和黄海近岸海域的潮流整体比渤海强，资源蕴藏量约为833万kW。全国沿岸省份中，浙江的潮流能最为丰富（约为517万kW），占全国总量的一半以上，随后为山东、江苏、海南、福建和辽宁，约占全国总量的36%，其他省份的潮流能蕴藏量较少。目前我国潮流能开发利用技术已达到世界先进水平。

波浪能：我国波浪能资源可观，渤海和黄海沿岸大部分海域的年平均波高约0.5m，东海沿岸局部地区的平均波高可达1.3m，南海海域年平均波高约0.8m。海洋近岸20km波浪能蕴藏量约1.5亿kW，可开发利用量为2300万～3500万kW，其中，沿海省份中广东、福建波浪能蕴藏量最多。我国波浪能开发利用处于海况示范研究阶段。

温差能：我国近海海域温差能资源储量较丰富，主要集中在南海和东海海域，尤其是南海中部的西沙群岛海域和台湾以东海区，该片海域的光照充沛，沿岸的海底地形较为陡峻且冷水层离岸距离小，因此表层海水和深层海水的温差较大，具有良好的开发利用条件，可考虑作为温差能资源的开发试验区。据统计，南海的温差能资源理论蕴藏量为 1.19×10^{19}～1.33×10^{19}kJ，估算装机容量可达 13.21 亿～14.76 亿 kW。我国海洋温差能研究工作起步晚，目前处于试验验证阶段，总装机容量与国外相比仍存在量级上的差异。

盐差能：我国沿岸各江河入海口附近蕴藏着丰富的盐差能资源，但分布不均，总蕴藏量约为 1.13 亿 kW，其中，长江口及其以南沿岸海域盐差能资源蕴藏量达 1.07 亿 kW，占全国总量的 94%，而长江口的入海河流盐差能资源蕴藏量最大，约为 0.77 亿 kW，占全国总量的 68%。受季节和年际变化的影响，我国盐差能在汛期的资源量可占全年总量的 60%以上，因此在盐差能的稳定开发利用装置设计以及装机容量确定方面存在一定困难。我国对利用海水盐差能发电技术的研究起步较晚，目前仍处于原理探索和实验室研究阶段，暂无较大的发电项目。

海洋油气资源：我国海洋石油资源主要分布在渤海、珠江口、北部湾 3 个盆地，占总资源量的 91%，海洋天然气资源主要集中在东海、珠江口、琼东南、莺歌海 4 个盆地，占总资源量的 86%，海域油气勘探开采工作主要集中在近海海域。近年来，我国不断加大油气增储上产力度，加速海洋油气资源开发，逐步向深水、超深水迈进，产量稳健增长。

可燃冰：我国可燃冰主要分布在南海海域、东海海域、青藏高原冻土带以及东北冻土带，预计资源总储量可分别达到 65 万亿、3.4 万亿、12.5 万亿、2.8 万亿 m^3，总储量超过 80 万亿 m^3，目前尚处于试采阶段。

碳汇资源：海洋碳汇资源可分为滨海湿地固碳、海洋生物固碳等生态碳汇，以及碳捕集、利用与封存的人工碳汇。以临海面积估算，我国的海洋生态碳汇每年可从大气中吸收二氧化碳约 2 亿 3700 万 t 碳，海洋生态固碳潜力巨大，可为推动实现碳中和目标提供坚实保障。从人工碳汇资源来看，我国近海的渤海盆地、东海陆架盆地、珠江口盆地储盖层组合好，盆地内发育众多背斜、断鼻等类型的圈闭，具有大规模封存二氧化碳的潜力和较好的封存适宜性，据估计我国海洋盆地的理论封存容量为 770 亿 t。

第二节　能源消费与碳排放特征

一、能源消费

由于东南沿海区域经济发达，能源消费需求较为旺盛，2020 年东南沿海区域五省份能源消费总量占全国消费总量的 21.7%。区域能源利用率较高，以占全国 21.7%的能源消费总量支撑了全国国内生产总值的 32.2%，能源消费强度相当于全国平均水平的 2/3，明显优于全国平均水平。2015—2020 年东南沿海区域典型省份能源消费总量及能源消费强度如图 23-3 所示。

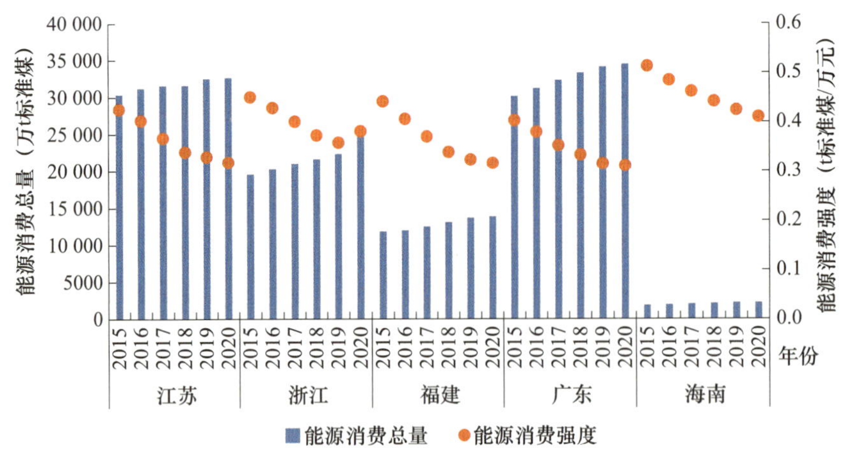

图 23-3　2015—2020 年东南沿海区域典型省份能源消费总量及能源消费强度

东南沿海区域省份通过积极控制散煤消费，提升天然气利用占比，大力发展核电以及风电和光伏等非化石能源，积极引入西部地区清洁电力，能源消费结构不断向清洁低碳转型。如表 23-2 所示，2020 年，除江苏的煤品消费比重接近于全国 56.8%的占比外，其余四省份煤品消费比重均明显低于全国平均水平，最低的海南约为全国水平的 50%。除江苏外，其余四省份非化石能源消费比重均高于全国 15.9%的占比。整体来看，区域的能源清洁化程度和低碳转型步伐在国内居于领先水平。

表 23-2　　2020 年东南沿海区域典型省份能源消费结构

区域	煤品	油品	天然气	一次电力及其他	非化石能源
江苏	54.4%	11.3%	17.1%	17.2%	11.0%
浙江	40.1%	—	7.4%	—	18.3%
福建	48.3%	23.6%	4.7%	23.4%	23.4%
广东	33.4%	26.2%	9.8%	30.6%	30.3%
海南	30.9%	31.2%	16.1%	21.8%	18.9%
全国	56.8%	18.9%	8.4%	15.9%	15.9%

东南沿海区域电源装机总量规模大，但是由于区域全社会用电量多年保持中高速增长，本地电源供应能力难以满足电力需求，因此江苏、浙江、广东均大规模引入西部电力。2020 年江苏、浙江、福建、广东、海南五省装机容量占全国比重达 20.9%，从结构上看，煤电装机规模占 48%，与全国煤电装机比重相当，气电、核电、抽水蓄能等装机容量分别占全国相应装机规模的 64%、84%和 52%。用电方面，2020 年区域

总用电量占全国比重达 27.9%，其中江苏、浙江、广东净调入电量分别达到 1156 亿、1299 亿、1700 亿 kWh，分别占各省全社会用电量的 18%、27%、25%。2015—2020 年东南沿海区域典型省份发电量和全社会用电量如图 23－4 所示。

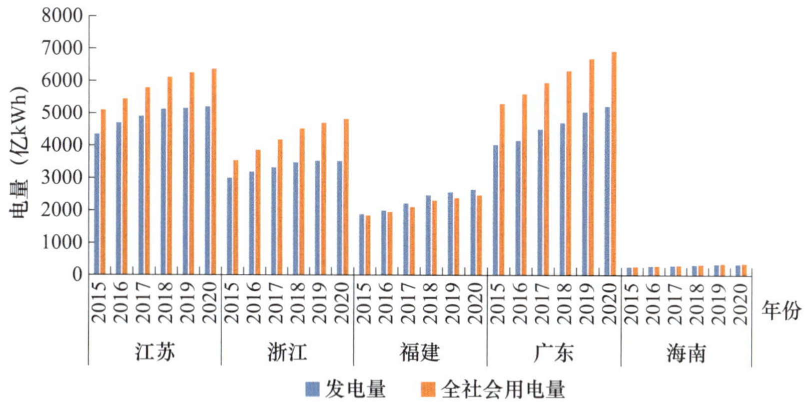

图 23－4　2015—2020 年东南沿海区域典型省份发电量和全社会用电量

二、碳排放

碳排放量与经济发展规模和发展水平直接相关，其中化石燃料的消费是最大的碳排放来源。如图 23－5 所示，2015—2019 年，东南沿海区域的碳排放总量逐年增大，但增长趋势从 2018 年开始有所放缓，碳排放强度总体呈下降的趋势；2020 年区域碳排放总量突降，主要原因是新冠疫情暴发影响了经济社会和生产活动。2020 年区域平均碳排放强度为 0.65t/万元，其中广东和福建的碳排放强度低于区域平均水平，而海南的碳排放强度最高（0.77t/万元）。尽管海南煤炭消费比重较低，但较低的地区生产总值是该省碳排放强度较高的主要原因，而广东的碳排放强度低主要归功于其能源结构中较大比例的西电和核电。从分种类化石能源消费的碳排放结构来看（见图 23－6），随着“十三五”期间东南沿海各省份严控煤炭消费增长，2015—2020 年，除福建外，

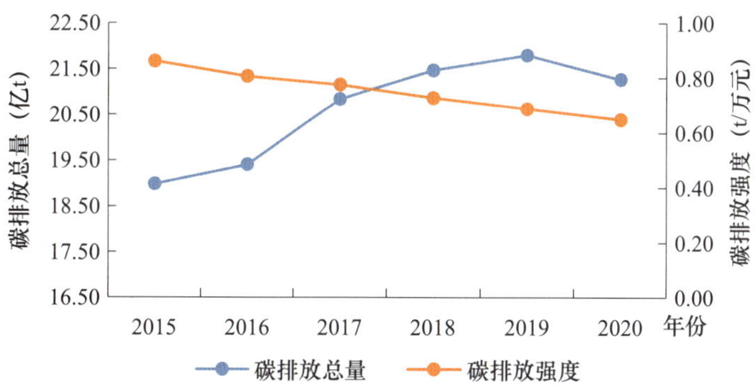

图 23－5　2015—2020 年东南沿海区域碳排放总量及碳排放强度

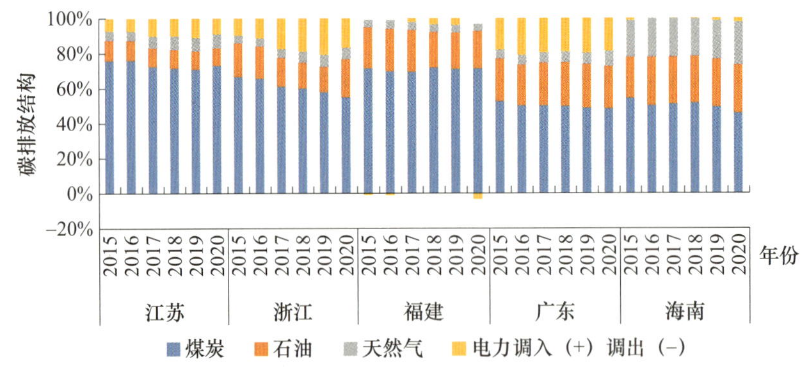

图 23－6　2015—2020 年东南沿海区域典型省份分种类能源消费碳排放结构

注：电力调入调出排放因子采用历年中国区域电网基准线排放因子。

其余省份的煤炭消费碳排放占比都呈下降的趋势，但区域整体煤炭消费碳排放仍是最主要的碳排放来源。福建在个别年份出现电力调入调出的间接排放为负值情况，主要原因为省间电力交换结果表现为净电力调出。

第三节　碳达峰碳中和实施路径

一、机遇与挑战

（一）面临的机遇

低碳试点省市发挥创新引领作用。“十二五”以来，国家发展改革委积极推动低碳省区和低碳城市试点工作，广东、海南作为低碳试点省，深圳、厦门、杭州等 19 个城市作为低碳试点城市，各地先后发布了应对气候变化规划、控制温室气体排放工作方案等文件，强化相关制度与政策创新，启动零碳、近零碳排放示范工程建设，发挥先行先试的引领作用，在低碳发展方面开展了大量实践工作。

海洋能源禀赋和碳汇资源优越。东南沿海具有丰富的海洋能源资源，且海洋碳汇储量大，是实现碳中和的重要支撑。区域内各省积极推动海上风电集群建设，攻关漂浮式风电机组基础、远海柔性直流输电技术的创新和示范应用，开展深远海海上风电平价示范、海洋能综合利用试点示范建设，依托南海和东海丰富的油气资源，促进海洋油气产业与海上风电深度融合发展。此外，沿海区域可通过培育红树林，发展大型海藻、渔业养殖等产业，结合海底封存固碳、二氧化碳驱油等技术，充分挖掘海洋固碳能力，实现减碳固碳和经济回报的双重效益。

绿色低碳产业集聚蓬勃发展。东南沿海省份科技研发实力雄厚，通过科技研发引领，在海上风电、核电、特高压、智能电网、重型燃机、氢能等绿色低碳零碳负碳技术方面形成了一批世界级创新成果，第三代 EPR 和 AP1000 技术的核电站、国内首台

H 级燃气机组、亚洲第一的多线程碳捕集测试平台等重大项目先后建成投产。通过重大项目建设带动，区域积极布局绿色低碳产业，发展新能源、绿色石化、信息产业、节能环保等先进高端装备制造业，有力推动产业结构调整和绿色低碳转型发展，为实现“双碳”目标提供强有力的科技和产业支撑。

（二）存在的挑战

能源消费总量仍将保持较快增长。由于东南沿海省份经济总量大，发展速度快，人口持续流入，能源消费总量仍将在未来一段时期内保持刚性增长。“十四五”期间，区域能源消费总量增量预计达 2.1 亿 t 标准煤。由于各省能源消费基数庞大，能源消费增量将带来明显的碳排放增长。相比西方发达国家从碳达峰到碳中和经历的 45～70 年时间，国内仅有 30 年的时间，实现碳中和过渡时间短、下降曲线陡，经济社会转型发展任务相当艰巨。

能源绿色低碳转型和能源供应安全需统筹兼顾。东南沿海区域五省份非化石能源消费占比在国内居于先进水平，但能源消费结构仍以化石能源为主，煤炭消费比重（43.1%）大幅高于经济合作与发展组织（OECD）国家平均水平（2020 年为 12.5%），天然气消费比重仅 10.0%，远低于 OECD 国家平均水平（2020 年为 28.8%），能源结构优化调整任重道远。此外，区域能源供应高度依赖省外调入和国际进口，燃料供应和价格易受国内外能源市场环境、地缘政治、极端天气等外界因素影响，能源供应保障的基础不够牢固，能源系统抗风险能力较为薄弱。

海洋能源开发利用技术和经济性亟待突破瓶颈。受技术研发瓶颈、安全性、经济性等多重因素影响，目前海洋能源开发尚属起步阶段，真正实现规模化商业应用仍有待技术突破。在海上风电大规模发展趋势下，超大风机的海上运输、安装以及风电的消纳在一定程度上制约了海上风电的规模集群化建设。风电、光伏等可再生能源大规模接入后，新能源固有的随机性、间歇性、波动性将对电力系统安全稳定造成较大冲击，需加快构建适应大规模新能源消纳的新型电力系统。潮汐能、潮流能、波浪能等海洋能分布不均，能流密度低，在能量转换和能量稳定方面的关键技术亟待突破。我国可燃冰开采利用、海上风电离岸人工岛等领域的技术安全性、有效性和项目经济性等多方面仍需加快研发并积淀项目经验。

二、实施路径

针对东南沿海区域社会经济发展现状和资源禀赋的特点，除了采取深度优化调整能源结构和产业结构、推动不同领域节能增效等降碳措施外，还可从海洋能源开发利用、核电有序发展、新型电力系统构建等多角度出发，助推实现区域碳达峰碳中和。

（一）大力开发海洋能源资源

海上风电：发挥东南沿海区域省份海上风电资源优势，优化近海海上风电布局，积极推进近海海上风电的规模化开发利用；开展深远海海上风电规划，完善深远海海上风电的开发建设管理，推进漂浮式风电机组基础、远海柔性直流输电技术创新和示范应用，探索集中送出和集中运维模式，积极推进深远海海上风电降本增效和平价示范工程。

典型案例一　三峡阳江沙扒海上风电项目

2021 年 12 月 25 日，由广东省电力设计研究院勘察设计的国内首个百万千瓦级海上风电项目——三峡阳江沙扒海上风电项目实现全容量并网发电（见图 23－7），该项目装机总容量为 170 万 kW，每年可为粤港澳大湾区输送约 47 亿 kWh 的清洁电力，满足约 200 万户家庭年用电量，减排二氧化碳约 382 万 t。

图 23－7　三峡阳江沙扒海上风电项目

海上光伏：采用渔光互补、多能互补等模式，加快推动桩基固定式海上光伏项目开发建设，鼓励新能源开发企业与渔业养殖企业采用投资入股、海域使用金共担等方式合作，积极推动海上光伏集中连片开发，形成基地化、规模化开发格局，促进降本增效。积极稳妥推动漂浮式海上光伏发展，加快技术创新，综合不同海域项目经济性、结构安全性、极端天气适应性等因素，探索不同场景漂浮式光伏的开发模式，并推动试点示范项目建设。

新型海洋能源发电：稳妥推进不同类型发电技术的示范化开发。稳步发展潮汐能发电，优先支持具有一定工作基础、站址优良的潮汐能电站建设，推动万千瓦级潮汐能示范电站建设，开展潟湖式、动态潮汐能技术等环境友好型新型潮汐能技术示范，开展具备综合利用前景的潮汐能综合开发工程示范。开展潮流能和波浪能示范，积极推进兆瓦级潮流能发电机组应用，开展潮流能独立供电示范应用；探索推进波浪能发电示范工程建设，推动多种形式的波浪能发电装置应用。探索开展温差能和盐差能利用技术研究。

海洋油气资源：大力发展海洋油气产业，加大海洋油气勘探开发力度。加大深海油气田开发技术的支持力度，加强深水工程在基础理论、实验模拟方法、工程设计软件等方面的基础研究，进一步突破尚未攻克的深水工程关键技术和产品。大力提升深水工程装备和技术自主创新能力，加快推进核心零部件及高端材料的自主研发，着力提高国产装备产品质量的稳定性和可靠性，推动深海装备、设备及油气田数字化、智能化发展。

可燃冰资源：进一步完善可燃冰资源调查、勘查与评价技术，圈选出具有商业开发价值的可燃冰矿藏区域。加强可燃冰资源开采技术攻关突破，全面开展可燃冰开采和施工技术及关键装备的研究，优化开采技术和方法集成，建立具有实操性的可燃冰开采技术体系。同时，需加强可燃冰开采过程环境影响评价研究，深入分析开采泄漏可能造成的环境影响，并建立相应的动态监测、灾害预警和控制系统。

随着海上风电场规模的日益扩大和东南沿海地区重点风电基地开发，海上风电逐渐走向深远海，针对日益严重的风电消纳和新建输电设施成本较高的问题，海洋能源开发领域聚焦“海上风电+”的多能互补新业态，融合区域储能、海水淡化、海洋牧场等发展需求，在基地内或附近配套建设海上能源岛示范工程，探索海上风电与海上油气平台、海水淡化、海水制氢、海洋牧场等多种能源综合开发利用融合发展的新型产业模式。

海上风电离岸人工岛：海上风电离岸人工岛（简称人工岛）是在大规模开发建设的海上风电场基地内或附近建设人工围填岛屿，可作为海上风电集群开发建设期的物流中转“桥头堡”、输电汇流“集聚区”以及运营维护期的“母港”，是远海海上风电开发建设的中继站。此外，人工岛上也可进行电力多元化转换，利用海上风电直接将电力转化成绿氢或液体燃料，再利用现有海上油气基础设施或船舶进行运输，这一方案可为降低海上风电送出成本和有效解决风电波动性的问题提供思路。

典型案例二　BrintØ 海上风电离岸人工岛

2022 年 5 月，哥本哈根基础设施合作伙伴（CIP）公布将在丹麦建造一座名为“BrintØ”的人工能源岛（见图 23–8），用于大规模的海上风电制氢，该岛将连接高达 10GW 的海上风电，计划于 2030 年投产，届时将成为北海海上能源基础设施建设的中心枢纽，每年生产约 100 万 t 绿色氢气，相当于欧盟 2030 年氢气消耗量的 7%。

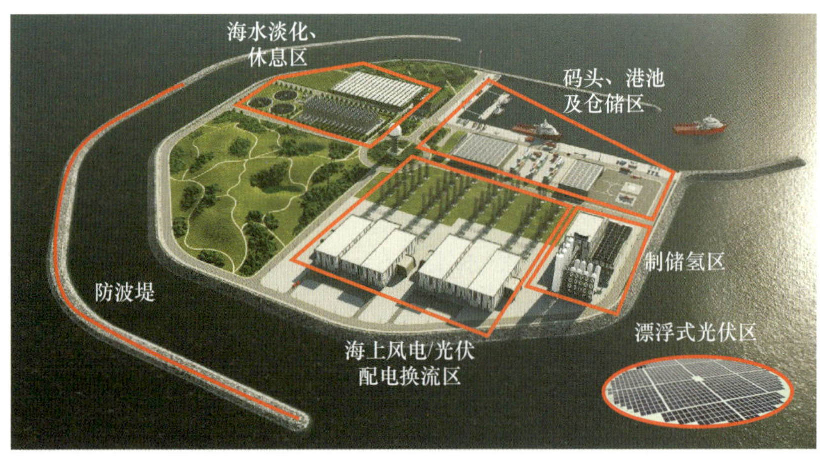

图 23-8　海上风电离岸人工岛示意图

注：图片底图来源于 https://www.sohu.com/a/483353445_121124625。

海上油气平台综合能源利用：目前大多数海上油气平台利用油田开采的伴生天然气或原油自发电，平台自发电存在效率低、能耗高、供电不稳定等问题。将海上油气产业与海上风电融合发展，可以衍生出多种海洋能源综合利用模式，包括海上油气平台+海上风电、海上油气平台+海上风电+制氢、海上油气平台改造成海上风电安装平台等。通过新模式新业态的应用，可以实现海上油气开发与海洋能源的协同利用，提高海洋能源综合开发效率和综合利用水平。

典型案例三　海上油气平台与海上风电综合利用

2022 年 6 月，挪威 Equinor 公司宣布，世界上首座直接向油气平台供电的海上风电场将在挪威落成（见图 23-9）。该漂浮式海上风电场（容量 95MW）的发电

图 23-9　海上油气平台与海上风电综合利用

量能够满足附近 5 个海上平台年用电量的 35%，预计每年可减少 22 万 t 二氧化碳和 11 万 t 氮氧化物的排放。

海洋牧场综合能源利用：为了适应现代海洋牧场在能源需求方面智能化、生态化、综合化的发展趋势，同时延伸海上风电的产业链并打造海洋经济生态圈，海洋牧场与海上风电融合发展的新模式将成为最大化利用海洋资源价值的一种形式。国内多个沿海省市积极探索海洋牧场综合能源利用的新模式，科学布局建设深远海大型智能养殖渔场和海洋牧场，探索海上风电、光伏发电和海洋牧场融合发展。随着我国海上风电成本逐渐降低，海上风电与海洋牧场融合发展的新兴模式将在一定程度上提升海上风电生态友好性，也有助于推动海洋经济高质量发展。

典型案例四　“智慧低碳多能互补”海洋牧场

2021 年 7 月，山东省首个基于海洋产业的“智慧低碳多能互补”海洋牧场乡村振兴示范区在威海爱伦湾建成，该示范区占地 8.55 万亩，重点针对海洋生物繁育、海产品深加工等产业实施电能替代，应用了分布式光伏电站、高效热泵、分布式储能等综合能源技术，显著提升海洋牧场的能效水平，预计每年可减少人工成本 30 万元，降低 25%生产用能成本，减少 100t 二氧化碳排放量。现代海洋牧场发展模式如图 23-10 所示。

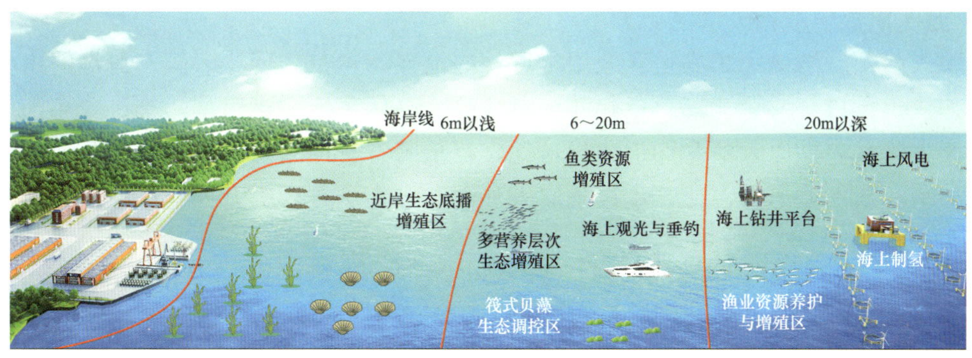

图 23-10　现代海洋牧场发展模式

（二）加快新能源低碳技术及产业发展

在大规模海上风电、海上光伏等多种海洋能源开发利用驱动因素下，东南沿海区域各省份需加快部署相应新能源低碳技术研发，并推动产业发展。开展新能源、储能、资源循环利用等领域低碳零碳负碳新材料、新技术、新装备攻关，推进氢能、储能、高效率太阳能电池、可控核聚变、智能电网等低碳前沿技术研发，加快科技成果转化和推广应用。通过创建一批工程研究中心、技术创新中心、企业技术中心、重点实验室等绿色低碳科技创新平台和高水平创新团队，推动前沿引领技术发展。通过技术研发突破，大力发展海上风电、光伏、氢能、储能、核电等新能源产业，保障产业链供应链安全稳定。

（三）加快构建新型电力系统

大规模海上风电、海洋能发电等新能源的波动性、间歇性会对电网运行带来较大冲击，因此需加快构建适应新能源占比逐渐提高的新型电力系统，推动源网荷储、多能互补两个一体化建设。在电源侧，加快系统调节能力建设，强化煤电机组灵活性改造，在负荷中心地区推进调峰气电建设，建设抽水蓄能电站、新型储能，推动可再生能源消纳、电网调峰等多场景的氢储能应用示范。在电网侧，建设安全高效的坚强电网，满足新能源接入和送出需要，提升互联互济水平和主网输电能力，建设灵活可靠的智能配电网，以满足高比例分布式新能源和多元负荷的接入需要。在用户侧，挖掘需求侧响应资源，优化价格机制，引导用户优化用能模式，提升电力需求侧响应能力。

（四）安全有序发展核电

由于东南沿海区域经济发达，需要充足的电力输送，且从技术安全性考虑，该区域远离地震断裂带，具有丰富的海水资源进行冷却，因此，对东南沿海区域省份来说，安全有序发展核电也是保障电力供应、实现“双碳”目标的重要途径。在确保绝对安全的前提下，可以利用沿海丰富的新建、扩建厂址资源，聚焦高温气冷堆、快堆、规模化小堆、海上浮动堆等先进技术，有序推动一批沿海核电项目的前期工作，合理开展核电项目建设。

（五）积极争取省外清洁电力

引入西部清洁电力是满足区域用电增长的需要，也是实现“双碳”目标的重要举措。加快建设白鹤滩至江苏、白鹤滩至浙江等特高压直流输电工程，推进藏东南送电粤港澳大湾区、外电入浙等通道建设，优化存量跨省输电通道电力流，提升输电通道利用效率和新能源电量占比，积极争取省外清洁电力送入，提升西电东送的供应稳定性和可持续性。

典型案例五　昆柳龙直流工程

2020 年 12 月，乌东德电站送电广东广西特高压多端柔性直流示范工程（简称昆柳龙直流工程）正式投产送电，该工程由中电工程承担工程设计、咨询、施工、设备供货等任务，采用 ±800kV 特高压三端混合直流系统，输送容量 800 万 kW，全长 1452km。乌东德水电站（见图 23－11）总装机容量 1020 万 kW，按照多年平均发电量 389.1 亿 kWh 来估算，该工程相当于每年可节约标准煤 1189 万 t，减少二氧化碳排放 3162 万 t，对于粤港澳大湾区及广西电力负荷中心能源供应实现清洁化及经济性双重目标具有重要意义。

图 23－11　乌东德水电站

图片来源：https://www.sohu.com/na/472363754_267106。

（六）发掘和巩固生态系统碳汇潜力

生态系统碳汇具有巨大的潜力，是实现碳中和目标不可或缺的一环。东南沿海区域可加快发掘海洋生态系统碳汇潜力，强化红树林、海草床、珊瑚礁等蓝碳生态系统的整体保护和系统修复，探索开展海洋生态系统碳汇试点，推进海洋生态牧场建设，有序发展海水立体综合养殖，提高海洋渔业碳汇功能；加强海洋碳汇基础理论和方法研究，构建海洋碳汇计量标准体系，完善海洋碳汇监测系统。巩固陆地生态系统碳汇能力，大力推进重要生态系统保护和修复重大工程，持续增加森林面积和蓄积量，扩大林业碳汇增量规模。加强湿地保护建设，充分发挥湿地、泥炭、岩溶的碳汇作用，保护沼泽湿地、湖泊湿地、河流湿地、滨海湿地等自然湿地。建立健全能够体现碳汇价值的生态保护补偿机制，完善生态产品碳汇交易机制。

（七）积极推动 CCUS 示范推广

我国海岸线绵长，沿海地区工业发达，火电厂、钢铁、石化、化工碳排放量大，有利于碳的捕集，又可利用海上油气田、沿海石化产业实现二氧化碳的封存与利用，在固碳端具有优越的碳汇发展条件。东南沿海区域可结合本地实际加快 CCUS 科技研发创新，开展二氧化碳封存与监测等核心技术攻关。启动 CCUS 设施规划，优化 CCUS 设施布局，在煤电、钢铁、水泥和化工领域建设一批能耗水平低、多污染协同减排效应强、成本可控的二氧化碳捕集设施，开展二氧化碳驱油、二氧化碳制高附加值醇/酯类产品、钢渣/煤灰/建材等矿化利用二氧化碳、藻类/蔬菜瓜果生物利用二氧化碳等示范建设，以示范工程带动 CCUS 产业链发展。

第二十四章 区域协同降碳实施路径

我国幅员辽阔，能源资源分布呈现区域差异，北方晋蒙等地区化石能源资源丰富，西北陕甘青宁新等地区风光、化石能源资源丰富，西南云贵川藏等地区水能资源丰富，东南苏浙闽粤等地区海洋能源资源丰富，而中部“两湖一江”等地区缺煤、少油、乏气。依据能源禀赋特征，我国可划分为北方高碳能源主导区域、西北风光电力丰富区域、西南水电资源丰富区域、东南海洋能源丰富区域、中部能源资源匮乏区域等 5 个区域。各区域能源供需平衡特征也不尽相同，统筹区域间的能源供需平衡，实现能源资源更大范围的优化配置，有助于实现协同降碳的目标。本章结合区域低碳能源资源禀赋、生产和消纳情况，阐述区域低碳能源协同互济的发展历程；从工程实践的角度，介绍区域融合重大工程，分析协同降碳取得的重大成效；结合未来能源低碳转型要求，探讨区域协同降碳的发展趋势。

第一节 区域低碳能源发展总体特征

一、区域低碳能源资源概况

我国低碳能源资源分布广泛但不均衡，水能主要分布在地势落差较大的西南区域，陆上风能主要分布在盛行西北气流且地势较平坦的北方和西北区域，海上风能主要分布在海陆热力差异大的东南沿海区域，太阳能主要分布在海拔较高的西北区域。

水能：我国水力资源技术可开发装机容量约 5.4 亿 kW，分区域来看，水力资源主要分布在西南区域，其中，西藏、四川、云南技术可开发量分别为 11 000 万、12 004 万、10 194 万 kW，合计占全国的 61.3%。

风能：我国陆地风能技术可开发量 25.7 亿 kW，主要分布在北方和西北区域，其中，内蒙古、新疆、甘肃技术可开发量分别为 14.6 亿、4.4 亿、2.4 亿 kW，合计占全国总量的 83.1%。近海风能储量约为 9.4 亿 kW，主要分布在东南沿海区域和山东，其中，福建、江苏、山东、广东、浙江近海风能资源排名前五，分别为 2.1 亿、1.7 亿、1.4 亿、1.2 亿、1.0 亿 kW。

太阳能：我国太阳能资源可分为极丰富带、很丰富带、丰富带和一般带，分别占全国太阳能资源的17.4%、42.7%、36.3%和3.6%，其中极丰富带主要分布在西北区域的宁夏北部、甘肃北部、新疆南部、青海西部和西藏西部。以20%的屋顶面积、2%的戈壁和荒漠面积安装太阳能发电设备来估算，我国太阳能可装机容量约为22亿kW。

二、区域低碳能源供需概况

从低碳能源生产情况来看，2020年，北方高碳能源主导区域的发电量结构仍以火电为主，清洁能源发电量较少，仅占当年发电总量的16.7%，除辽宁、山东存在少量核电电量外，其余省份均无核电。中部能源资源匮乏区域发电量总体水平较低，湖北、湖南、江西三省发电总量仅占全国的8.0%，其中清洁电量约占发电总量的45.7%；水能资源开发饱和，清洁能源结构以水电为主，水电电量约占清洁电量的85.3%。西北风光电力丰富区域的风能、太阳能等新能源资源仍处于开发阶段，2020年区域清洁能源发电量仅占发电总量的30.0%，目前仍以水电为主，光伏发电、风电未来增长空间巨大。西南水电资源丰富区域以水电为主，且开发利用程度较高，2020年水电发电量约占清洁能源发电量的92.9%，占发电总量的72.2%。东南海洋能源丰富区域总体清洁能源发电占比不高，2020年仅占当年发电总量的28.3%，区域内沿海核电发展迅速，核电发电量为区域清洁能源生产的主力军，约占清洁能源发电量的63.2%，未来海洋能源发电量增长空间较大。2020年各区域低碳能源生产情况如表24－1所示。

表24－1　2020年各区域低碳能源生产情况　亿kWh

区域	省份	总发电量	清洁能源发电量			
			水电	风电	光伏发电	核电
北方高碳能源主导区域	北京	456	11	4	6	0
	天津	699	0.1	12	19	0
	河北	2938	15	368	211	0
	山西	3395	47	266	159	0
	山东	5781	9	259	206	191
	内蒙古	5700	57	726	188	0
	辽宁	2039	57	194	51	327
	吉林	990	94	130	45	0
	黑龙江	1111	32	141	43	0
中部能源资源匮乏区域	湖北	3037	1647	82	65	0
	湖南	1552	574	99	30	0
	江西	1477	145	71	62	0

续表

区域	省份	总发电量	清洁能源发电量			
			水电	风电	光伏发电	核电
西北风光电力丰富区域	陕西	2426	128	95	119	0
	甘肃	1787	507	246	133	0
	青海	948	599	82	167	0
	宁夏	1768	22	194	136	0
	新疆	4038	268	434	157	0
西南水电资源丰富区域	四川	4167	3541	86	27	0
	云南	3674	2960	250	50	0
	贵州	2327	831	97	45	0
	西藏	87	70	0.1	14	0
东南海洋能源丰富区域	江苏	5074	32	229	167	355
	浙江	3521	209	36	131	712
	福建	2636	292	122	19	652
	广东	5048	285	103	74	1161
	海南	347	17	6	12	96

注　清洁电量包括风电、光伏发电、水电、核电电量。

从低碳能源消纳情况来看，2020 年，北方高碳能源主导区域的可再生能源电力消纳权重完成情况偏低，除吉林外的其余省份权重均低于全国平均水平（28.8%），九省份合计消纳量仅占全国消纳总量的 18.1%。中部能源资源匮乏区域作为电力受入区域，整体消纳权重完成情况较好，湖北、湖南两省均超过 40%，分别居全国第 6、8 位，湖北、湖南、江西三省合计消纳量约占全国消纳量的 10.4%。西南水电资源丰富区域的可再生能源电力消纳情况较好，除贵州外均保持在 80%以上，四川、云南、贵州、西藏四省合计消纳量约占全国消纳量的 21.7%。此外，西北风光电力丰富区域、东南海洋能源丰富区域的合计消纳量分别约占全国消纳量的 12.8%、22.4%，见表 24－2。

表 24－2　　2020 年各区域可再生能源电力消纳情况

区域	省份	实际消纳量（亿 kWh）	总量消纳责任权重实际完成情况	下达的最低总量消纳责任权重
北方高碳能源主导区域	北京	187	16.4%	15.5%
	天津	141	16.1%	14.5%
	河北	559	14.2%	13.0%
	山西	440	18.8%	17.0%

续表

区域	省份	实际消纳量（亿 kWh）	总量消纳责任权重实际完成情况	下达的最低总量消纳责任权重
北方高碳能源主导区域	山东	860	12.4%	11.5%
	内蒙古	821	21.1%	18.0%
	辽宁	418	17.2%	15.0%
	吉林	244	30.3%	24.0%
	黑龙江	238	23.4%	22.0%
中部能源资源匮乏区域	湖北	927	43.2%	32.5%
	湖南	909	47.1%	40.0%
	江西	410	25.2%	22.0%
西北风光电力丰富区域	陕西	434	24.9%	17.0%
	甘肃	722	52.5%	44.5%
	青海	629	84.7%	63.5%
	宁夏	277	26.7%	22.0%
	新疆	652	20.5%	20.0%
西南水电资源丰富区域	四川	2344	81.8%	80.0%
	云南	1634	80.6%	80.0%
	贵州	646	40.7%	30.0%
	西藏	72	87.1%	不考核
东南海洋能源丰富区域	江苏	1072	16.8%	14.0%
	浙江	946	19.6%	17.5%
	福建	473	19.0%	19.0%
	广东	2294	33.1%	28.5%
	海南	59	16.2%	13.5%

注　可再生能源电力消纳责任权重，是指按省级行政区域对电力消费规定应达到的可再生能源电量比重，包括可再生能源电力总量消纳责任权重和非水电可再生能源电力消耗责任权重。本表中的可再生能源电力包括风电、光伏发电、水电、生物质发电，消纳责任权重指的是可再生能源电力总量消纳责任权重。

综上，各区域清洁电力生产与消纳情况存在较大区别，能源生产消费逆向分布特征明显。各区域间应加强协同合作，推动区域融合，实现优势互补。通过跨省、跨区协同降碳的区域协调发展模式，促进各地区良性互动，共同推动国家能源结构绿色低碳转型，助力如期实现“双碳”目标。

第二节 区域协同降碳重大工程及降碳成效

一、电力互济降碳重大工程

（一）已建跨省跨区输电通道概况

西电东送是我国西部大开发战略的重要组成部分，是协同我国资源禀赋与生产力发展布局的客观要求，也是实现我国“双碳”目标的重大措施。“十三五”以来，“西电东送”飞速发展，充分发挥了东西部资源优化配置、优势互补的积极作用，实现了东西部地区双赢。我国已经建成北、中、南三条西电东送大通道，西电东送规模达 2.7 亿 kW，涉及 26 个省份电力交换。以西电东送为契机，我国实现了输电电压等级与输电容量快速提升，特高压交、直流核心技术和全套装备实现由“创新”走向“创造”。首个 1000kV 晋东南—南阳—荆门交流特高压工程，±1100kV 吉泉特高压直流输电工程，世界首个也是当时世界上电压等级最高、输送容量最大的柔性直流工程张北柔性直流、渝鄂背靠背最大柔性直流输电单元，首个特高压多端混合直流乌东德直流，世界上输电电压等级最高、输送容量最大、输送距离最远的准东—皖南±1100kV 特高压直流输电工程等多个工程，不断刷新世界输变电技术纪录。

截至 2020 年底，国家电网公司跨省跨区通道输电能力约 2.3 亿 kW，跨省跨区共安排电力流 1.8 亿 kW，其中新能源、水电分别为 3241 万、3240 万 kW。跨省区特高压直流新能源输电总量由 2016 年的 77 亿 kWh 提升为 2020 年的 623 亿 kWh，电量涨幅达 7 倍。已投产的跨省跨区直流共计 22 回，其中±800kV 和±1100kV 特高压直流共 12 回，建成 1000kV 特高压交流输电工程共 15 回。从区域电网新能源输送情况看，截至 2020 年西北电网通过灵绍、天中、祁韶、昭沂、吉泉等 5 回火风光特高压直流共配套新能源 2585 万 kW，其中灵绍、天中直流年利用小时数稳定在 5100h 以上，为新能源的区域协同消纳提供了坚强平台。通过建设跨区输电通道、完善新能源集中送出地区网架结构、加强新能源电源组织外送等手段，新能源利用水平持续改善，22 个省区基本不弃风，24 个省区基本不弃光。“十三五”以来，华东四省一市逐年新能源利用率均达到 100%，新疆、甘肃、宁夏、吉林等新能源富集地区消纳矛盾显著缓解。

南方电网公司跨省跨区通道输电能力达到 5600 万 kW，跨省跨区共安排电力流 4500 万 kW，其中水电占比接近 80%。2020 年南方电网全年完成西电东送总量 2305 亿 kWh，其中云南送电量 1458 亿 kWh、贵州送广东首次突破 500 亿 kWh、三峡电站送广东 151 亿 kWh。2020 年，南方电网西电东送中清洁电量占比约 85%，相当于节约 5700 万 t 标准煤、减少 1.51 亿 t 二氧化碳排放，再造 617.5 万亩森林。

跨省跨区输电已成为促进我国清洁能源发展与消纳、构建清洁低碳能源供给体系的重要平台，在促进能源结构转型、新能源大规模开发等诸多方面，发挥着重要作用。

（二）新增跨省跨区输电通道规划

“十四五”及中长期，我国将在西北、西南可再生能源基地新建多个电力外送特高压交直流工程，将西部和北部的清洁能源输往东部和南部，远距离大规模配置清洁能源的输电能力进一步增强。

“十四五”期间，建成投产雅中—江西、陕北—武汉、白鹤滩—江苏、白鹤滩—浙江、乌东德—广东特高压直流工程；开工建设金上—华中（湖北）、陇东—山东、哈密北—重庆、蒙西—京津冀、宁夏—湖南、陕西—河南、陕北—安徽、藏东南—广东、外电入浙直流工程。“十四五”期间，全国新增跨省跨区直流输电工程共计 13 项，合计新增电力流 1 亿 kW。预计到 2025 年，全国跨省跨区通道输电能力达到 3.7 亿 kW，输电通道可再生能源电量比例上不低于 50%，助力实现“双碳”目标。

二、跨区输气降碳重大工程

天然气是一种相对清洁和低碳的能源，在能源转型中担当重要角色，确保能源供应以安全、可持续和可靠的方式满足需求。中国天然气消费快速增长，在一次能源结构中占比稳步提升。根据《中国天然气发展报告（2022）》公布数据，2021 年全国天然气消费量 3690 亿 m^3，增量 410 亿 m^3，同比增长 12.5%。2021 年中国天然气占一次能源消费总量的比例升至 8.9%，较上年提升 0.5 个百分点。

中国西部地区的塔里木、柴达木、陕甘宁和四川盆地蕴藏着丰富的天然气资源，2000 年 2 月国务院第一次会议批准启动“西气东输”工程，这是仅次于长江三峡工程的又一重大投资项目，是拉开“西部大开发”序幕的标志性建设工程。“西气东输”，西起塔里木盆地的轮南，东至上海，是我国距离最长、口径最大的输气管道。供气范围覆盖中原、华东、长江三角洲地区。东西横贯新疆、甘肃、宁夏、陕西、山西、河南、安徽、江苏、上海 9 个省份，全长 4200km。

川渝地区目前已建成西南地区天然气（页岩气）输送枢纽。川气东送工程已于 2009 年投产运营，管道起点位于四川省达州市宣汉县普光气田，由西向东穿越四川、重庆、湖北、江西、安徽、江苏、浙江、上海等省市逾 70 多个城市，终点位于上海市青浦镇，全长 2200km，是继西气东输管线之后又一条贯穿我国东西部地区的绿色能源管道大动脉。

西北、西南区域是天然气的主要输出区域，2015—2020 年天然气累计跨区域外送量如图 24－1 所示，西北、西南区域共计送出天然气 6495 亿 m^3，年均二氧化碳减排量 1.34 亿 t。

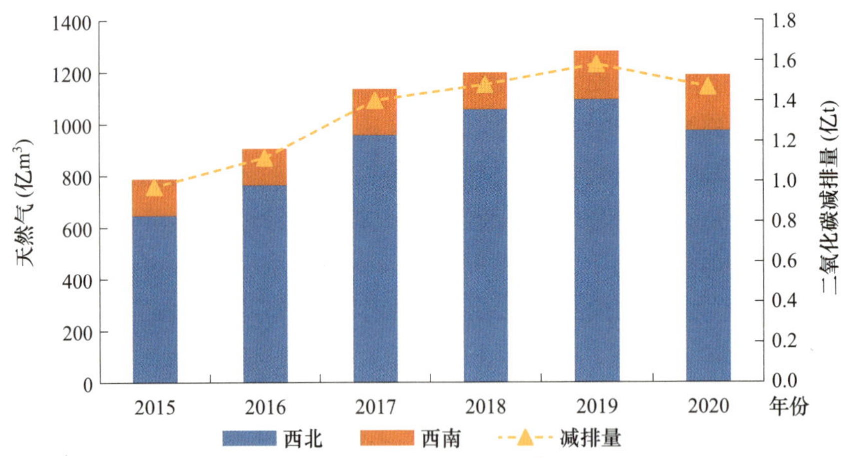

图 24－1　2015—2020 年天然气送出区域送出及减排情况

北方、中部以及东南沿海区域是天然气的主要受入区域，随着天然气管网的不断建设与加强，2015—2020 年受端区域天然气的能源消费占比逐年上升，如图 24－2 所示。西部天然气资源通过管道工程源源不断送入东部地区，降低煤炭依赖程度，减排效果显著，充分体现了区域低碳能源互济的重要价值。跨区输气有效促进东西部地区能源结构优化，助力管道沿线经济社会发展和绿色低碳转型。

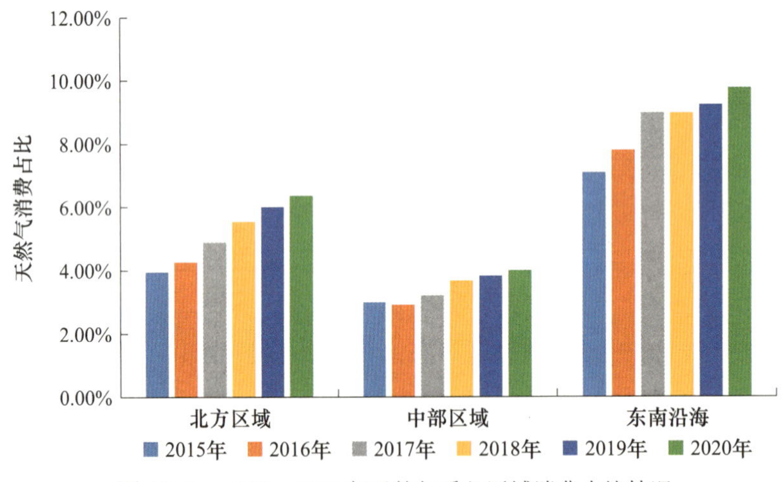

图 24－2　2015—2020 年天然气受入区域消费占比情况

作为国家"十四五"石油天然气发展规划重点项目，西气东输四线是继西气东输一线、二线、三线管道之后，连接中亚和中国的又一条能源战略大通道，是推动共建新时代绿色能源丝绸之路的重大举措，对我国充分利用国际油气资源、实现开放条件下的能源安全具有重大战略意义。工程起自中吉边境新疆乌恰县伊尔克什坦，经轮南、吐鲁番至宁夏中卫，管道全长约 3340km。项目建成后，将有效增强管网系统供气可靠性和灵活性，提高能源输送抗风险能力。

同时，川气东送二线是继川气东送管道工程建成投用后四川盆地天然气又一重要外输通道，是保障四川盆地建成千亿立方米大气田和百亿立方米储气库的重要配套工程，也是我国“全国一张网”构建“四大通道”“五纵五横”天然气管网格局的重要组成部分。川气东送二线川渝鄂段项目工程全长1576km，包括1条干线和12条支干线，其中，干线起自威远/泸县首站，终至潜江压气站，长约1145km，12条支线长约431km。项目建成后，将进一步完善全国天然气管网格局，有效缓解我国天然气供需矛盾、推动能源结构调整、加快节能减排、改善民生需求和大气环境，对促进中西部和东部地区区域协调发展、繁荣长江经济带具有重要意义。

第三节　区域协同降碳发展趋势

一、北方高碳能源主导区域低碳能源输入需求分析

由于长期形成的产业结构以及能源生产、消费特点，北方高碳能源主导区域多年来能源结构以化石能源为主，大部分省份能源转型压力较大，随着经济的持续发展，对低碳能源输入需求量较大。北方区域的黑龙江、吉林、内蒙古和山东等省份风、光、水、生物质等低碳能源资源相对丰富，其输入的主要需求是天然气；其余省份多为低碳能源输入型地区，其需求除天然气外，还包括绿色电力。

北方区域内各省份各具特色，其低碳能源资源在区域内部也有较好的互调互济、优化配置的空间，各省份间协同互济，跨省进行电力、天然气等消纳，可实现煤炭、煤电的减法。对于北京，可通过京津冀实现三省市间电力、燃气、供热等区域协同，完善能源的多源多向。对于吉林、黑龙江等天然气缺乏地区，可通过引入国外的天然气进行资源补充，如中俄管道天然气。对于电力需求，可通过建设省间电力输送通道，加强省间电力互调。也可进一步挖掘内部低碳能源和提升低碳能源生产能力，黑龙江展开页岩油气开发利用，吉林、内蒙古、山西积极推动生物质发电、采暖以及制天然气，辽宁开发核电资源，吉林、黑龙江挖掘水能资源，建设抽水蓄能电站，多个省市进一步开发风光资源，建设大型风光基地以及风光火储、风光水储基地。山东实施“四增两减”工程，聚焦可再生能源、核能、天然气、省外电力，打造全国重要的核电基地、海上风电基地、跨区域电力消纳基地和鲁北风光储输一体化基地。

二、中部能源资源匮乏区域低碳能源输入需求分析

当前，从人均用能水平上看，中部能源资源匮乏区域的“两湖一江”三省人均用气量、用电量、能源消费量均低于全国水平。在“四个革命、一个合作”能源安全新战略的全面实施背景下，随着“两湖一江”地区的经济总量不断提升，产业结构持续

优化，城镇化率稳步提高，各省份的能源消费需求潜力将逐步释放，能源需求将维持后发赶超的快速增长势头，未来存在较大的刚性增长空间。

而“两湖一江”地区为典型的能源输入型省份，能源对外依存度高，在能源电力供应紧平衡的高峰时段下，局部地区存在供应硬缺口，能源保供面临较大挑战，因此需加大外来清洁电力和能源的引入力度，未来可进一步加强与西北风光电力丰富区域、西南水电资源丰富区域等地区的联系，加快形成跨省跨区域的新能源开发模式，推动宁电入湘、荆门—武汉、金上—湖北等输送高比例清洁电力的特高压线路建设。此外，适宜推进发展分布式能源，大力提升资源利用效率，持续推动产业结构优化和节能减排，构建资源节约型社会，稳妥处理好发展与减碳的关系。

三、西北风光电力丰富区域低碳能源外送趋势分析

西北地区是我国重要的能源基地，煤炭、水能、风能和太阳能资源丰富，在我国“西电东送”的能源大格局和“一带一路”倡议、黄河流域高质量发展中具有重要地位。西北地区充分发挥可再生能源资源丰富的优势，充分依托特高压，建设大电网、开发大基地、融入大市场，持续打造坚强送端电网，通过西电东送的方式，保障“三华”地区电力供应，助力推动东中部的能量替代，减少碳排放。目前，西北电网在运直流通道总容量已超过 7000 万 kW，向区外送电功率已超过区域内部用电功率，外送规模居全国之首，外送地位突出。

“十四五”开始，国家陆续出台能源、电力发展相关政策及部署，加速推动能源转型。2021 年 12 月，国家发布《“十四五”电力发展规划》，提出建设“三交九直”工程；2022 年 2 月，国家发布《沙戈荒风光基地规划》，提出 2030 年规划建设风光基地 4.55 亿 kW，配套建设共 17 回跨区输电工程。国家能源、电力规划进一步确定了西北地区大规模新能源基地开发与低碳能源外送并重的定位和发展方向。持续提高西北新能源发电占比、扩大电力大规模外送，落实国家战略，实现能源资源优势转化，服务电力受入地区的经济绿色发展，成为西北区域的未来发展趋势。

四、西南水电资源丰富区域低碳能源外送可持续性分析

西南地区拥有极为丰富的水能、天然气资源，是“西气东输”“西电东送”的重要支点。水能、风能、太阳能、煤炭、生物质能、地热能等资源品种齐全，不同能源之间具有天然互补性，开发潜力巨大。随着西南地区社会经济的不断发展，对能源电力的需求将持续增加，需重视清洁能源外送的可持续性。

西南地区水电投产高峰期已过，随着两河口、白鹤滩等主要大型水电机组在“十四五”期内投产，预计到 2025 年四川和云南水电外送量将达到峰值。通过开发本地区风电和光伏发电资源，可以确保清洁电力外送的可持续性。西藏作为全世界太阳能和

水电最为丰富的地区之一，未来将成为我国重要的清洁能源基地与西电东送接续基地。目前昌都地区已经开工建设并规划了多回送电中东部地区的特高压直流工程，主要以“水光一体”的方式打捆金沙江和澜沧江流域梯级水电站以及近区光伏电站，通过藏电外送通道将绿色清洁电力源源不断地送往中东部负荷中心，为国家顺利实现“双碳”目标作出贡献。

同时，西部地区应抓住国家“东数西算”工程契机，推进大数据与清洁能源发展深度融合，承接东部算力需求，助力构建绿色低碳的新型能源体系。西北地区与西南地区需加强电力互联通道，通过发挥跨区域的调节能力来支撑西北新能源发展，进一步扩大资源的优化配置范围。

五、东南海洋能源丰富区域低碳能源输入需求分析

东南沿海区域具有丰富的海上风能、海上太阳能、潮汐能、波浪能、温差能、盐差能、可燃冰等海洋能源资源，目前除海上风电已具备规模化开发的条件以外，潮汐能、波浪能、盐差能等其他海洋能源因受到技术开发瓶颈、安全性、经济性等多重因素限制，大多数仍处于起步阶段，真正实现规模化应用仍有待技术突破。

东南沿海区域是我国经济最发达的地区，社会发展水平和城镇化水平高，能源消费需求较为旺盛，在未来一段时间内东南沿海区域的能源和电力消费仍将保持较快增长。为实现“双碳”目标，工业、建筑和交通等多领域的电气化和绿氢替代需求将不断提高。因此，一方面，东南沿海区域仍需继续争取“西电东送”工程的清洁水电，优化存量跨省输电通道电力流，提升输电通道利用效率和新能源电量占比；另一方面，充分发挥海洋资源丰富优势和经济体量优势，提升海洋能综合利用水平，进一步推进海上风电规模化开发利用，积极开展海上漂浮式光伏、波浪能、潮汐能等海洋能源的试点示范和开发建设，探索海上风电/光伏高效制氢技术和远距离、长时间、高效率氢能输配技术，为绿氢替代路径的发展提供有力科技支撑。

六、区域协同降碳总体趋势

我国要构建国内大循环为主、国内国际双循环的新发展格局，基于各区域低碳能源资源禀赋和经济社会发展水平存在较大差异的现状，只有通过区域协同低碳发展才能有效缓解国内大循环进程中低碳能源供需的矛盾，这也要求各区域省份在实现“双碳”目标的框架下协同合作，在有限的生态环境容量和资源承载力基础上进一步优化低碳能源资源的空间配置。

北方区域长期以来以化石能源消费为主，部分省份风光资源丰富，应充分开发利用其清洁能源，与传统能源结合建设多能互补综合能源基地，逐步降低对高碳能源的依赖度，同时积极发展新能源制氢等新兴产业，实现省市间电力、燃气、供热、绿氢

等能源资源的协同配置。西北区域的水能、风能和太阳能资源丰富，具备新能源大基地开发的优势，应通过西电东送等方式，加大向东中部地区输送低碳能源，减少碳排放；还应彰显责任担当，积极承接占地面积大、高能耗、低水耗、低产业链配套要求及对交通成本低敏感性的产业转移，打造智能化重型产业基地，帮助东中部地区去产能减排。西南区域拥有极为丰富的水能、天然气资源，是“西气东输”“西电东送”的主要支点，应探索加强与西北区域的合作，充分发挥水电的调节能力，与西北区域一道，积极实施“东数西算”工程，发展大数据产业，推动整个西部的风、光、水、数互补发展，全面助力可再生能源开发利用，将绿色清洁电力、算力源源不断地送往东中部负荷中心。中部区域是典型的能源输入型地区，能源对外依存度高，应坚持区外优质能源引入和区内新能源加快建设并重，持续推动产业结构优化和节能减排，努力探索分布式能源大规模开发利用长效机制。东南区域应充分发挥海洋资源丰富优势和经济体量优势，大力推进海上风电、光伏的规模化建设，积极开展波浪能、温差能等海洋能源的技术研发和试点示范，积极发展分布式能源，实现可再生能源就近消纳。

整体上看，东中部区域能源需求量大，低碳能源资源相对较差，大规模、长距离的“西电东送”和“西气东输”仍是我国低碳能源的主要流向。未来“东数西算”等能源需求转移工程实施，将东部地区旺盛的算力需求有序引导到绿色能源充沛的西部地区，通过构建数据中心、云计算、大数据一体化的新型算力网络体系，优化区域数据中心供需匹配的空间布局，促进东西部地区在能源资源和算力资源的协同联动，既可缓解东部能源紧张的问题，也给西部经济发展开辟一条绿色发展新路。随着内陆地区产业结构低碳转型进程的推进，各区域应通过产业转移、产业融合发展、跨区域联合打造低碳产业等方式，协同推进区域融合发展和产业结构转型，避免低水平重复建设和恶性竞争，推动国家形成各区域协同的绿色低碳、高质量发展格局。

展望篇

第二十五章 碳达峰碳中和新技术

实现“双碳”目标是复杂的系统工程，是一个科学的转型过程，既面临困难，也存在重大机遇，不仅要依靠现有成熟技术，更需要积极探索高质量的技术创新和突破。本章主要阐述现阶段尚未成熟应用，但未来一旦成功将对我国乃至全球能源转型带来颠覆性、创新性推动作用的关键技术，主要包括化石能源、新能源、直流配网、储能和氢能 5 个方面。

第一节 化石能源

化石能源主要包括煤炭和油气资源，经过多年发展，其清洁利用技术已经比较成熟，未来的发展方向主要是通过特定领域技术突破，进一步提高资源利用率，减少碳排放，助力碳达峰尽早实现。化石能源方面新技术主要包括煤炭地下气化技术、超超临界发电技术、超临界二氧化碳循环发电技术和掺氢燃气轮机发电技术。

一、煤炭地下气化技术

煤炭地下气化技术（underground coal gasification，UCG）是将地下赋存的煤在煤层内进行受控燃烧，直接反应生成煤气并输送到地面，适用于常规方法不可开采或开采不经济的煤层，以及煤矿的二次或多次复采。产品气经过处理可以通过管道输送，也可以直接用于煤气发电或化工合成。煤炭地下气化技术将有效带动煤炭、电力、化工等传统行业发展。

苏联于 1932 年在顿巴斯矿建立了世界上第一座矿井式气化站，并在随后几十年时间内建设了大量的 UCG 项目。我国在多个煤矿开展了 UCG 试验，开发出“长通道、大断面、两阶段”气化工艺，但限于多种因素，以上试验项目未能大规模产业化推广应用。

现有 UCG 项目大多应用于埋深 1000m 以内的浅煤层，在技术层面，主要存在地质评价与选区、高效气化、过程稳定运行控制等难题。

UCG 技术发展方向主要包括：发展中深层煤炭地下气化开采，避免地下水污染，提高气化反应速度和煤气热值；通过将煤炭地下气化过程中产生的大量热能收集起来用于工艺系统和厂区供热，提高资源综合利用率；开展煤与煤层气共采、相邻煤层地下气化开采稠油等关键技术研究，提升 UCG 技术的综合经济效益等。

UCG 技术避免了直接燃烧产生的 CO_2 排放，同时避免了煤炭开采、运输过程带来的粉尘污染、矸石堆放等环境问题，可集中处理含硫的酸性气体及 CO_2，有效减少煤炭运输过程中产生的污染与经济损耗，降低了煤炭采运环节中的碳排放，具有较好的发展前景。

二、超超临界发电技术

超超临界发电技术是指用超超临界的水蒸气去推动汽轮机组做功的发电技术。当蒸汽参数提高时，将提高超超临界燃煤机组的热效率，并降低供电煤耗，促进煤炭清洁高效利用。超超临界发电技术的商业应用是燃煤发电未来的发展方向。

2006 年 11 月，由中电工程设计的华能浙江玉环电厂投产运行，这是中国首台百万千瓦超超临界发电机组工程，蒸汽参数 26.25MPa/600℃。近年来，630℃的 1000MW 等级示范电站已开工建设，标志着我国高参数、大容量火电技术已达到了世界先进水平，进入了超超临界时代。

超超临界发电技术的发展趋势是进一步提高蒸汽初参数，进而提高机组热效率。我国近期目标是“十四五”期间开发出蒸汽温度高达 650℃/700℃的超超临界机组，远期目标是开发出蒸汽温度高达 700℃/720℃的超超临界机组。

超超临界发电主要受高温耐热材料性能和关键设备（锅炉、汽轮机等）制造技术的制约，目前成熟的材料最多可以承受 630℃的温度。一旦突破材料限制，更高参数的超超临界发电技术将大幅提高发电效率、降低供电煤耗和碳排放。结合我国能源资源禀赋，超超临界发电技术的发展符合我国国情，有助于保障我国能源安全，实现能源结构顺利转型，推动燃煤发电行业与经济社会同步实现高质量发展。

三、超临界二氧化碳循环发电技术

超临界二氧化碳（supercritical carbon dioxide，S－CO_2）循环发电技术作为一种先进的热工转换技术，采用超临界状态的 CO_2 作为工质，利用布雷顿循环完成能量转化，在整个循环过程中始终保持 CO_2 为超临界状态，其工艺流程如图 25－1 所示。CO_2 的临界点温度为 30.98℃，压力为 7.38MPa，将 CO_2 加热加压到临界点温度压力之上就能得到超临界状态的 CO_2。S－CO_2 循环发电技术可通过与多种发电形式耦合来取得显著的增益效果。

2014 年 10 月，美国 Echogen 动力系统公司研发的全世界首台 10MW 等级试验机组 EPS100 试验成功，该机组功率为 7.5MW，最高效率 30%。NET Power 公司的 25MW 示范电站位于得克萨斯州，采用 S－CO_2 的 Allam 循环发电技术，S－CO_2 通过燃气直

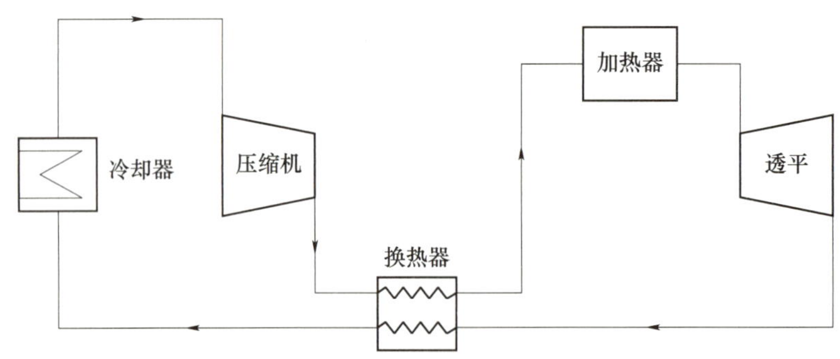

图 25－1　闭式 S－CO_2 循环工艺流程示意图

接燃烧获得热能进行发电，该项目被《MIT 科技评论》评为 2018 年全球十大突破性技术，并于 2021 年 11 月实现并网运行。国内西安热工研究院 5MW 发电试验平台于 2021 年 12 月完成 72h 试运，该系统 S－CO_2 最高温度 600℃、最高压力 21.5MPa，流量 308t/h，核心设备国产化率达 100%。首航节能敦煌 10MW 塔式光热电站 S－CO_2 循环发电改造项目正在实施中，改造成功后该电站有望成为国内首个 S－CO_2 循环发电商业项目。

S－CO_2 循环发电技术发展主要面临 CO_2 压缩机、CO_2 透平、高效换热器等主要设备研制，临界点工况系统安全性设计，设备和管路选材等方面的挑战。

S－CO_2 循环发电系统作为一种新型的发电系统，具有效率高、升降负荷速率快、可以实现深度调节以及适应多种热源等特点。S－CO_2 循环发电技术与燃煤发电配合，可以通过富氧燃烧，结合碳捕集和净化，实现低成本的脱碳；也可以替代部分煤电作为调峰电源，更好地促进新能源消纳。S－CO_2 循环发电技术与天然气发电配合，采用 Allam 循环，具有近零碳排放、系统设计简单、系统效率高和发电成本低等优点。S－CO_2 循环发电技术与光热发电配合，可以有效提高系统的效率，通过快速启停适应光资源的波动性，并将很好地解决在我国西部地区建设大型光热电站利用汽轮机发电耗水量大的问题。S－CO_2 循环发电技术与第四代核电技术配合，可大幅提高循环热效率，减少设备体积，降低建设成本。

四、掺氢燃气轮机发电技术

燃气轮机的燃料主要以天然气、柴油和重油为主。通过在燃气轮机中部分掺烧清洁无污染的氢气甚至使用全氢燃气轮机，可以充分发挥燃气轮机发电效率高的优势，实现氢能的高效利用。

国外已有不少投入商业运行的掺氢燃机项目，如美国陶氏铂矿工厂配置的 4 台 7F 燃气轮机，氢占燃料比例为 5%；韩国大山精炼厂配置的 1 台 6B 燃气轮机，氢占燃料比例高达 70%～95%。国内首座掺氢燃机电站是中电工程设计的广东惠州大亚湾石化区综合能源站项目，两台 9HA.01 重型燃气轮机将采用 10%的掺氢比例与天然气混合燃烧，电站预计于 2023 年正式投入商业运行。

氢气与天然气在物理性质和化学性质上都存在较大差异。氢气具有密度小、爆炸区间范围宽、最小点火能量低、火焰温度高、扩散系数大等特点。因此，在燃气轮机燃气中掺烧部分氢气会面临回火、自燃和 NO_x 排放升高等问题。

针对这些问题，出现了两类氢燃烧室发展方向，分别是改进传统燃烧室和研发新型燃烧室。两者基本都是通过提高流动速度和降低火焰温度的方式解决回火和 NO_x 排放升高的问题，但燃烧不稳定问题还没有很好的解决方案。传统燃烧室主要分为预混燃烧室和扩散燃烧室。预混燃烧室的改进措施为调控进口空气和掺氢燃料的流量，而扩散燃烧室的改进措施则是注入蒸汽或氮气，但这些改进都做不到燃烧纯氢。新型燃烧室针对氢燃烧特点，通过重新设计燃烧室的形状和内部结构，从而将火焰控制在预定位置并降低平均火焰温度，可以做到直接燃烧纯氢。

通过技术研发，不断提高燃气轮机发电掺氢比例直至使用纯氢，进一步降低碳排放甚至做到零碳排放，是未来燃气轮机发电技术发展方向。

第二节 新 能 源

新能源是指传统能源之外的各种能源形式，主要包括核能、风能、海洋能等。通过不断提高新能源消费占比和能源利用效率，将持续推进我国能源绿色低碳转型，助力“双碳”目标早日实现。新能源方面新技术主要包括受控核聚变发电技术、高空风能规模化应用技术、海上漂浮式光伏发电技术和海洋能发电技术。

一、受控核聚变发电技术

核聚变通过融合两个质量较小的原子核（主要为氘和氚），生成一个新的质量较大的原子核（主要为氦），并释放出巨大能量。核聚变凭借原料丰富、安全无污染和高能量密度三大优势，比核裂变更具发展前景。受控热核聚变需要同时满足三个条件：温度足够高、燃料密度足够大和有稳定约束。

受控核聚变包括磁约束受控核聚变（magnetic confinement fusion，MCF）和惯性约束受控核聚变（inertial confinement fusion，ICF）。磁约束受控核聚变是持续稳定的过程，通过强磁场约束高温等离子体，使其在反应堆里发生聚变反应。惯性约束核聚变则是瞬时过程，通过将核聚变材料制成直径为几毫米的粒子，从外界均匀射入激光束或粒子束，在十亿分之几秒的时间内加热小球使其达到聚变反应条件，引起聚变反应。从两种核聚变的特点可以看出，MCF 适用于发电领域，而 ICF 则主要用于特定场景或军事领域。

MCF 实验主要使用托卡马克装置。国际上，英国球形托卡马克（spherical tokamak for energy production，STEP）计划于 2024 年完成概念设计，日本新一代托卡马克等离子体实验装置“JT－60SA”于 2022 年秋天正式运转。全球最著名的“国际热核聚变实验堆（international thermonuclear experimental reactor，ITER）计划”由 35 个国家共同参与，我国于 2006 年加入。该项目实验场址设在法国卡达哈什，是全球唯一一个规模和设计规范能够实现等离子体“燃烧”（或大部分自燃）的在建托卡马克核聚变装置，计划于 2025 年建成并开始实验。

2020 年 12 月，由中国核工业集团西南物理研究院自主设计建造的中国新一代“人造太阳”环流器二号 M 装置（HL－2M）在成都建成并实现首次放电，标志着我国自主掌握了大型先进托卡马克装置的设计、建造和运行技术。2022 年 10 月 20 日，HL－2M 等离子体电流突破 1 000 000A，创造了我国可控核聚变装置运行新纪录。中科院研制的全超导托卡马克核聚变实验装置（experimental advanced superconducting tokamak，EAST）于 2021 年 12 月成功实现 70 000 000℃等离子体 1056s 运行，这是目前世界上托卡马克装置高温等离子体运行的最长时间。

基于我国核聚变研究已有成果，科技部牵头的国家级聚变工程实验堆（China fusion engineering test reactor，CFETR）于 2017 年正式开始工程设计，计划 2030 年前后建成，2050 年实现 1GW 并网发电。

受控核聚变技术主要有氚的自持、中子辐照、超导磁体和等离子体加热等技术难点亟待突破。

受控核聚变技术是能源行业革命性的技术，具备巨大的低碳电力供应潜力，一旦正式投入商业化运行，将彻底取代化石能源，为人类提供几乎无限的清洁能源。

二、高空风能规模化应用技术

高空风能是指地面 300m 以上的风能，主要来源于大气环流。随着离地高度的增加，地表摩擦效应减弱，风速将不断增大。因此，从理论上看，高空风能相比近地面风能拥有更丰富的储量，高度越高，风能资源越丰富。另外，随着离地高度的增加，风能资源的时间变化特征与风向频率分布特征也发生显著改变，主要体现在风速和风功率密度的日变化逐渐减弱，风向频率分布愈加集中。相比于近地面风能而言，高空风能具有更好的资源条件。

高空风力发电主要有两种形式，一种是将轻型风力发电机放飞到高空发电，通过缆绳将发出的电输送至地面。美国波士顿创业公司设计了一款漂浮的风力涡轮机，装机容量 100kW。通过内装氦气的环形气球提供升力，在气球中央安装类似飞机发动机形状的风力涡轮机，涡轮机叶片采用轻型复合铝材料，漂浮在高空发电。第二种是将本身不发电的飞行器放飞到高空，利用飞行器对缆绳的拖拽，带动地面的机械装置转动发电。

2022 年 1 月，中电工程控股的安徽绩溪高空风能发电示范项目正式开工，设计装机总容量 2×2.4MW，该项目采取第二种发电形式，如图 25－2 所示。

图 25－2　安徽绩溪高空风能发电示范项目

安徽绩溪高空风能发电示范项目采用伞梯组合型高空风能发电技术，伞梯中的平衡伞组负责维持空中伞梯部分的平衡及空中姿态，做功伞组负责做功。做功伞在风力作用下沿缆绳轴向上运动而拉动地面的机械传动系统（风能－机械能转换），最后机械传动装置带动发电机发电（机械能－电能转换）。伞梯组合可以根据需要进行优化，伞梯级数越多，发电功率越大。整体空中设备可根据实际风况及电网需求进行主动功率调节。

高空风电规模化发展的制约因素主要包括：

（1）技术问题。该技术还处于小规模试验示范阶段，在飞行器控制、高强度轻质缆绳设计、发电稳定性、极端天气安全性、缆绳缠绕预防、高空除冰等方面还需进一步研究。

（2）空域问题。高空风电规模化发展，将占用大片空域，涉及空域开放问题。

高空风能蕴含的能量巨大，储量丰富、分布广泛，一旦解决了以上问题，实现高空风能规模化开发利用，将成为我国实现能源结构调整的重要途径。

三、海上漂浮式光伏发电技术

海上漂浮式光伏发电（ocean floating photovoltaic，OFPV）是将光伏组件布置于浮体结构上，并漂浮于海面进行发电的技术，其系统主要由浮体、锚固、光伏组件和电气系统等组成。由于陆地资源有限，湖泊、水库资源开发受政策限制，“由陆向海”是“双碳”背景下光伏发电的重要发展方向。根据我国有关省份公布的海上风电规划估算，在同区域内进行海上风光联合开发，海上光伏装机规模可达 40 亿 kW 以上，开发利用空间巨大。

当前，海上光伏主要有桩基固定式和漂浮式两种类型，桩基固定式光伏发电仅适用于滩涂区域，漂浮式光伏发电技术是解决近海乃至深远海光伏开发的必然选择。与地面光伏相比，海上日照充足无遮挡，且水体的冷却效应可降低光伏组件表面温升，有效提高发电量。此外，海上光伏还具有海域利用率高、生态环境影响小、易于与其他产业结合等优点。

面对“高温、高湿、高盐雾，强降水、强雷电、强台风”等恶劣海洋气候环境，如何保证海上漂浮式光伏系统的安全高效运行是该技术亟待解决的关键难题。近年来，围绕浮体结构、光伏组件和电气系统等海上漂浮式光伏系统的关键环节，国内外均开展了技术研究和示范应用探索。特别是在浮体结构方面，荷兰、德国、挪威、澳大利亚等欧洲国家提出了漂浮薄膜和浮式平台两类结构形式；中电工程提出了“以柔克刚、随波逐流”的系统设计理念。2020 年，荷兰建成世界上第一座海上漂浮式光伏电站，装机容量 8.5kW，离岸距离 15km；2022 年，中国建成全球首个深远海风光同场漂浮式光伏项目，装机容量 50kW，离岸距离 30km；此外，新加坡、菲律宾等国也有示范验证平台建成。但总体来看，大多示范项目建在有掩护的内湾海域，且缺乏连续可靠运行数据支撑，当前海上漂浮式光伏技术仍处于“科研+示范”阶段。

未来，海上漂浮式光伏技术的研发方向主要集中在高可靠浮体平台系统、高效耐候性光伏组件、具有容错运行能力的耐候性变换器、海上漂浮式光伏系统智能控制和智慧运维等方面。另外，相关行业标准规范也有待于进一步建立和完善，以保障行业的可持续发展。

四、海洋能发电技术

海洋能发电即利用海洋所蕴藏的能量发电。海洋面积占地球表面积的 71%，其中蕴藏着巨大的能量，但能量密度偏低，经济性不高。海洋能主要包括海流能、波浪能、潮汐能、温差能和盐差能等。

海流能是指海流具有的动能。海流主要是指由于潮汐导致的有规律的海水流动或海底水道中较为稳定的流动。海流能发电的原理和形式类似于陆上风力发电，发电装置主要有贯流式、轮叶式和降落伞式等。荷兰 Tocardo 公司 1.2MW 海流能发电阵列于 2015 年底并网发电，标志着国际海流能技术进入商业化运行阶段。杭州林东海流能平台总装机 3.4MW，单机最大功率 400kW，该示范工程于 2016 年 8 月实现并网发电。

波浪能是指波浪具有的动能和势能。波浪是海水吸收了风能后产生的，风越大，浪越高。波浪能发电技术分为能量采集技术和能量转换技术两部分，前者是高效采集波浪能，后者是将采集的波浪能转换为电能。波浪能发电按照原理通常可分为气动式、液动式和蓄水式三种。欧美沿海国家已建成多个大型波浪能发电示范电站。2022 年 9 月，广东电网公司牵头研制的兆瓦级漂浮式波浪能发电装置在东莞开始组装，装置建成后，在满负荷条件下每天可生产 2.4 万 kWh 电能。

潮汐能是指潮汐具有的动能和势能。潮汐是海水周期性涨落运动，其潮流的速度表现为动能，水位差表现为势能。利用动能推动水力发电机组发电，就是潮流发电；利用势能通过建造大坝蓄水发电，就是潮位发电。德国 1912 年建成的布苏姆电站是世界首个潮汐能小型实验电站；法国 1966 年建成的朗斯河口潮汐电站是世界上最大的潮汐能电站，装机 240MW。我国已建成的装机规模最大的潮汐电站为浙江省的江厦潮汐电站，总装机功率 3.9MW，年发电量 1100 万 kWh。

温差能是指海洋表层海水和深层海水之间的温差储存的热能。温差能来源于太阳辐射能，是一种相对稳定的海洋能。温差能发电技术即利用表层海水和深层海水之间的温差，通过低沸点工质的汽化做功和冷凝循环发电的技术。美国于 2015 年在夏威夷建成 100kW 闭式温差能电站并示范运行。我国温差能利用方面主要集中在提高海洋温差能热力循环效率的研究上。目前，我国温差能利用已通过原理样机验证，但还未建成示范电站。

盐差能是指含盐浓度不同的水之间的化学电位差能，主要存在于海水和淡水之间。盐差能的发电方法主要有三种，分别是渗透压能法、反电渗析法与蒸汽压能法。2009 年，挪威 Statkraft 公司建成全球首个海洋盐差能发电示范系统，采取渗透压能法发电；2014 年 11 月，荷兰阿夫鲁戴克拦海大坝盐差能试验电厂正式发电，采取反电渗析法发电。我国盐差能发电仍处于理论研究和实验阶段。

总的来说，我国海洋能发电技术的发展还处于起步阶段，与国际先进技术仍然有一定差距，特别是在能量高效捕获和转换、单机装机容量、阵列化布置、核心材料制造、商业示范项目建设、电站智能化运行、控制建设成本等方面，还需进一步展开技术攻关，最终实现海洋能的大规模商业化利用。

海洋能的大规模开发，一方面，能充分利用我国东南沿海地区海洋能资源丰富的地理优势；另一方面，也能大力缓解这些经济发达地区电力需求缺口，增加本地能源供给能力。

第三节　直　流　配　网

电能供配是联系能源生产和消费的关键枢纽。配电网直接对接用户端，起到合理分配电能的作用。随着越来越多的风电、光伏、燃料电池和小型燃机等分布式能源的接入，配电网逐渐转型为供需互动的有源网络。而伴随着配电网的转型，直流配网供电技术未来大有可为。

直流配网供电不同于传统的交流配电网，它是通过直流母线给直流负荷直接供电，省去了交流逆变的过程。直流配电网相比于交流配电网具有可靠性高、传输容量大、线损小、电能质量高的优势，接纳分布式电源的能力也更强。

在输配电系统产生时，直流就被视为最主要的配电方式，但是由于电压等级低、容量小等原因使得直流配电被交流配电所取代。20 世纪末，随着功率半导体技术的发展，直流供电技术优势逐渐体现。欧美国家于 20 世纪 90 年代便开始了数据通信中心直流配电的研究。1997 年，荷兰能源研究中心首先提出了在住宅中采用直流供电技术的实施方案。国家电网公司近期在苏州打造了多电压等级中低压直流配网供电示范系统，覆盖工商民、市政、光伏、数据中心等多种典型应用。

直流配网供电技术未来有多种应用场景，在传统家电领域，如空调、冰箱、洗衣机等，直流供电可省略交流转换直流环节，降低变换器损耗；在新型电器领域，如 LED 灯、电动车、笔记本电脑等，则可以省去交流转换直流的设备，节约成本；在敏感负荷领域，如储能电池、光伏发电等，可直接或者经过直流单级转换后接入直流母线，简化了系统配置。

直流配网供电技术主要存在多源协调控制、配电网保护技术、故障诊断与处理技术等系统层面的技术难点，以及直流断路器、功率变换器、低压直流电器等设备层面的研制问题。

随着我国能源消费的增长，在“双碳”政策的推动下，直流配电网将以其经济和节能优势逐渐实现与交流配电网的深度融合，不断提升生产和生活质量。

第四节 储　能

储能可以平抑电网波动、提高电网稳定性和安全性，还可以消除新能源的季节性、周期性、随机性等固有缺陷。储能方面新技术主要包括二氧化碳储能发电技术、新型重力储能技术、超级电容器储能技术和超导磁储能技术。

一、二氧化碳储能发电技术

二氧化碳储能的工作原理类似于压缩空气储能，储能阶段，压缩机将常温常压的二氧化碳气体压缩成液态存储，同时存储压缩热；释能阶段，用压缩热将液态二氧化碳蒸发，驱动二氧化碳透平发电，排气返回“圆顶”气囊中储存。二氧化碳作为储能介质，其优势在于常温下加压即可液化，液化后的二氧化碳能量密度高、占地小，易储存，不需要配置大容量高压储气库。因此二氧化碳储能是未来大规模物理储能重要的发展方向。

世界首个兆瓦级二氧化碳储能项目是意大利撒丁岛二氧化碳储能项目。该项目由

Energy Dome 公司投建，2022 年 6 月正式投运，储能规模为 2.5MW/4MWh。国内首个二氧化碳储能项目是位于四川德阳的新型二氧化碳储能验证项目。该项目于 2022 年 8 月正式投运，储能规模为 10MW/20MWh，是全球单机功率最大、储能容量最大的二氧化碳储能项目，并且实现了动力装备的全国产化。

二氧化碳储能未来有两个发展方向：一是向大容量、大功率发展。由于二氧化碳储能系统占地最大的是储存常温常压二氧化碳的气囊，理论上只要增加气囊的容积，即可将系统扩容。对于压缩机和透平，则可通过提高机组功率等级或采取多线并联的方式实现系统扩容。二是与新能源发电耦合，平抑新能源发电季节性、周期性和随机性等问题，促进新能源的大规模开发和消纳。

二氧化碳储能作为大规模长时储能，具有效率高、建设成本低、寿命长、无污染、安全性高、选址不受限等优势，电站的建设规模和储能时长可灵活配置，地域适应性强，可作为抽水蓄能资源短缺地区配置大规模储能的备选方案。

二、新型重力储能技术

重力储能是一种机械式的储能，基于高度落差对储能介质进行升降来实现储能系统的充放电过程。重力储能有多种形式，最具代表性的为抽水蓄能技术。除此以外，还有混凝土砌块储能塔技术、基于抽水蓄能的活塞式重力储能技术、基于地下竖井的悬挂式重力储能技术和基于山体落差的山地重力储能技术等多种形式，这些统称为新型重力储能技术。其中，新型重力储能技术中混凝土砌块储能塔技术最具推广价值。

混凝土砌块储能塔是一种模块化的重力储能系统，主要由多个复合砖、机械结构、电动发电一体机、传感器及控制软件组成，是瑞士 Energy Vault 公司提出的技术方案。在用电低谷阶段，利用塔吊将混凝土砌块吊至高处；在用电高峰阶段，放下混凝土砌块，驱动塔吊上的发电机持续发电。相比抽水蓄能，它具有选址灵活的优势，是未来重力储能的发展方向之一。

新型重力储能要做到大型化发展，需加强高强度、低污染、低成本、可循环使用的重物制造和高效输送技术，“上下仓”合理布置技术，重力轮机的稳定、高效运行技术，储能和发电过程的有序控制技术的研发。

一旦这些关键技术取得突破，新型重力储能凭借其选址灵活、效率高和环境友好等优势，可作为抽水蓄能的有效补充，迅速推广应用。

三、超级电容器储能技术

超级电容又叫电化学电容，是通过极化电解质来储能的一种电化学元件。它的储能能力介于传统电容器和电池组之间，主要可分为双电层电容、法拉第准电容和混合型超级电容。由于超级电容中的电荷是以静电方式存储，只进行电化学极化，不发生电化学反应，因此，超级电容储能具有充放电速率快、效率高、功率密度高、循环寿命长、环境友好等特点，在混合动力汽车、轨道交通、通信、航空航天和仪器仪表等方面得到了广泛应用。

超级电容器的能量密度远低于锂电池等主流电化学储能的能量密度，一般应用于辅助电源。随着材料技术的进步，超级电容的性能将大幅提升，与锂电池形成互补，推动新能源汽车的发展。随着碳锂电池技术的发展，超级电容将从小容量储能向超大规模电力储能发展。

四、超导磁储能技术

超导磁储能系统（superconducting magnetic energy storage，SMES）是基于超导体"零电阻效应"，利用超导磁体制成的线圈，将电能转化的磁能储存起来，在需要的时候外接负载，将磁能转化为电能使用。超导磁储能系统可储存大容量电能，提高电力系统容量。

20 世纪 70 年代，华盛顿塔科马变电站安装了一台 30MJ/10MW 的 SMES 装置进行系统试验，有效解决了美国电网中一条远距离交流输电线上的低频振荡问题。2005 年，日本主持研发的 29MJ SMES 系统投运在 6kV 配电系统后，对配电网中波动负荷进行了有效补偿。我国清华大学、华中科技大学、七一二研究所等多家单位开展了高温超导 SMES 的研究工作。2021 年底，七一二研究所成功研制高温超导储能装置样机，该样机为国际首台兆焦/兆瓦级环形高温超导储能装置。

与其他的储能方式相比，SMES 具有转换效率高、响应速度快、能量密度大、使用寿命长以及维护成本低等优点。但 SMES 在商业化应用上仍然面临着一些技术和经济性难题，如超导材料临界温度较低、价格较贵；高效大功率低温制冷系统的制备较困难；低温高电压绝缘技术、实时检测技术、集成技术以及与常规系统的匹配协调运行等，也还需要进一步研究。

SMES 作为灵活可调的有功功率源，可以提高电力系统的稳定性，改善电能质量，提供电力系统备用容量。同时，在可再生能源发电和微电网中，可平滑系统输出功率波动，提高并网可控性和稳定性。随着 SMES 容量不断扩大，可解决分布式电源、移动式电源并网难的问题，保障电网系统安全稳定运行。

第五节 氢　能

氢能利用的核心是燃料电池发电。燃料电池是一种把燃料所具有的化学能直接转化成电能的化学装置，又称电化学发电器。它具有对燃料适应性强、发电效率高、安静环保等优点。燃料电池发电的发展方向是高温燃料电池发电，主要包括熔融碳酸盐燃料电池（molten carbonate fuel cell，MCFC）、固体氧化物燃料电池（solid oxide fuel cell，SOFC）和整体煤气化燃料电池（integrated gasification fuel cell，IGFC）。

一、熔融碳酸盐燃料电池

MCFC 使用由熔融碳酸盐混合物组成的电解质，悬浮在多孔化学惰性陶瓷锂铝氧化物基质中。由于其工作温度在 600～700℃，一般采用非贵金属作为阳极和阴极的催化剂，成本较低。与低温燃料电池不同，MCFC 不需要外部重整器将燃料转化为 H_2。由于在高温下，燃料可以在燃料电池内部转化为氢，降低了系统的复杂性。MCFC 不易 CO 中毒，燃料可采用 CO 和 H_2。

MCFC 技术的主要问题是耐久性。电池运行的高温会加速腐蚀性电解质对电池组件的腐蚀，从而降低电池寿命。通过耐腐蚀部件材料的研发以及 MCFC 设计的优化，可以在不降低性能的前提下延长电池寿命。MCFC 的另一个不足是动态性能较差，由于系统必须在保持均匀温度分布的同时平衡燃料电池温度，因此在需调整负荷时，温度的调整比较缓慢。

MCFC 直接以天然气、煤气和各种碳氢化合物为燃料，可以实现热电联供或联合循环发电，大幅提高燃料的有效利用率，降低碳排放。

二、固体氧化物燃料电池

SOFC 使用的电解质通常由固体无孔金属氧化物组成的固体氧化锆，其工作温度为 600～1000℃。典型的阳极是 $Ni-ZrO_2$ 金属陶瓷，阴极为 Sr 掺杂的 $LaMnO_3$。由于 SOFC 电解液是固体，不存在与液体电解液类似的材料腐蚀或电解液管理问题，但是较高的工作温度对电池堆的材料要求较高。

SOFC 可用的燃料种类很多，主要为各种碳氢化合物燃料，其较高的操作温度可以获得较高的电力转换效率、内部重整效率和高品质的余热。SOFC 的效率是所有燃料电池中最高的，规模一般为 2kW～100MW，具有良好的发展前景。

三、整体煤气化燃料电池

IGFC 是以煤为燃料，将煤高温气化后产生的 H_2 和 CO 通过燃料电池发电，从而将煤炭中的化学能直接转化为电能。在燃料电池后端设置碳捕集装置，对终端排放物中高浓度 CO_2 进行捕集，可以实现 CO_2 近零排放。相比于传统的整体煤气化联合循环发电系统（integrated gasification combined cycle，IGCC），IGFC 的综合效率可以进一步提高，碳捕集的成本也更低。

IGFC 技术中的煤气化及净化技术已实现大规模商业化应用，在不断向清洁化、大型化、高效化及宽煤种适应性方向发展。制约 IGFC 系统规模化应用的主要瓶颈是高温燃料电池技术及其系统集成优化技术。

随着科学技术的不断进步，能源新技术层出不穷，文中所列技术仅为其中一部分。在国家政策的指导和影响下，通过技术创新，能源新技术将为“双碳”目标的实现提供源源不断的新动能。

第二十六章
碳达峰碳中和目标下能源发展趋势

习近平总书记强调，要把“双碳”工作纳入生态文明建设整体布局和经济社会发展全局，坚持降碳、减污、扩绿、增长协同推进。推动能源绿色转型是把“双碳”纳入生态文明建设整体布局和经济社会发展全局的关键点，这也是我国能否如期实现“双碳”目标的决定性因素和根本保障。我国能源资源禀赋决定了既要大力发展可再生能源，逐步降低对化石能源的依赖，又要发挥好煤炭作为“压舱石”的作用，保障能源供应安全，从而构建新型能源体系。

《巴黎协定》确立了以世界各国“自下而上”自主确立减排目标和行动计划为基础、以全球定期集体盘点为督促和激励的全球气候治理新机制。当前已进入《巴黎协定》全面实施阶段，一些发达国家在谈判中强化自身利益诉求，缺乏建设性意见，影响了《巴黎协定》的落地和执行。从我国能源整体发展来看，为了在 2030 年前二氧化碳排放总量达到峰值，能源结构调整和能源效率提高是未来我国能源发展的主要方向。我国未来能源格局将会呈现低碳化、多元化、融合化和多极化的特点。

（1）能源结构低碳化转型加速推进。近五年来，可再生能源为全球提供了约 60% 的新增发电量。中国、欧盟、美国、日本等 130 多个国家和地区提出了碳中和目标，世界主要经济体积极推动经济绿色复苏。通过可再生能源的大规模发展，我国能源消费碳排放力争于 2030 年前达到峰值，努力争取 2060 年前实现碳中和，21 世纪中叶非化石能源消费比重超过 80%，实现能源结构的清洁低碳调整。

（2）能源系统多元化迭代蓬勃演进。能源系统形态加速变革，分散化、扁平化、去中心化的趋势特征日益明显。分布式能源快速发展，能源生产逐步向集中式与分散式并重转变，系统模式由大基地大网络为主逐步向微电网、智能微网并行转变，从而不断推动新能源利用效率提升和投资成本下降。新型储能和氢能有望规模化发展并带动能源系统形态根本性变革，推动构建新能源占比逐渐提高的新型电力系统，能源转型技术路线和发展模式趋于多元化。

（3）能源产业融合化进程加快。互联网、大数据、人工智能等现代信息技术加快与能源产业深度融合。多能互补、产能融合、区域融合、社会融合等模式大量涌现，能源生产上以风、光等可再生能源为主导，化石能源与非化石能源优势互补、融合发展；出现一批能源＋交通、能源＋工业、能源＋建筑等能源融合模式新业态，实现能源、交通、工业、建筑、信息等资源高效配置，促进未来能源总体结构的转型，助力“双碳”目标的实现。

（4）能源供需多极化格局深入演变。全国能源供需版图深度调整，进一步呈现消费重心东倾、生产重心西移的态势，西电东送、东数西算、北电南送等能源供应格局基本形成。我国煤炭资源主要分布在西部和北部地区，水能资源主要集中在西南地区，但是东部地区的一次能源资源匮乏，并且用电负荷相对集中，应坚持全国一盘棋，通过加强区域融合与协同，解决能源资源与用能负荷分布不均衡的难题，积极稳妥推进碳达峰、碳中和。

未来我国能源发展将总体按照能源清洁化、能源融合化和能源市场化三个方面实现能源资源的配置优化和低碳高效。

一、能源清洁化发展

能源清洁化是我国能源结构调整的主要方向，主要表现在新能源技术水平和经济性大幅提升。风能和太阳能利用实现跃升发展，规模增长了数十倍；煤炭清洁高效利用技术不断提升，供电煤耗持续下降；多项特高压交直流输变电工程投运，区域能源资源互补效应逐渐增强；氢能、储能技术广泛应用，促进终端能源消费形式转变。能源清洁化发展方式主要包括清洁能源供应、化石能源转型、能源互联互通和消费方式转变。能源清洁化发展示意图如图 26-1 所示。

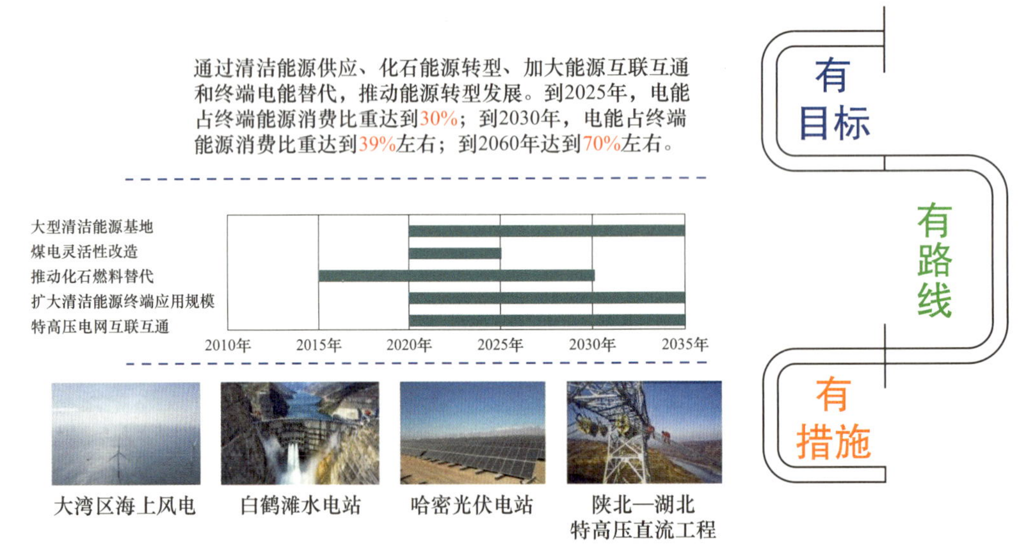

图 26-1　能源清洁化发展示意图

1. 清洁能源供应

清洁能源供应按照集约高效、优化布局的原则，以开发建设大型清洁能源电力基地为重点，大力发展太阳能和风电，积极开发水电，安全有序发展核电。重点规划太阳能发电、大型风电和流域水电基地，提高我国清洁能源供应占比。加快西北部大型风电基地、东南沿海海上风电基地和中东部地区分散式风电建设，重点开发新疆、甘肃、青海等地区的陆上风电和广东、江苏、福建等地区的海上风电。在西藏、新疆等光资源条件优越地区重点开发大型太阳能发电基地，在中东部因地制宜发展分布式光伏。深入推进“三江流域”大型水电基地建设，稳步推动藏东南水电开发，在中东部地区布局抽水蓄能电站。在江苏、广东、山东、福建等沿海区域统筹考虑建设核电厂。

2. 化石能源转型

化石能源转型指通过控制煤电规模，优化气电功能和布局，合理有序减少化石能源使用量，发展化石燃料非能源利用技术。为顺利实施化石能源转型，应做到：①控制煤电新增规模，淘汰落后产能，推进“三改联动”，提升煤电灵活性，使煤电机组由支撑性电源向调节性电源转变；②循序推进燃气机组燃氢、掺氨和生物质气等利用形式；③科学发展气电，充分发挥调峰作用；④降低燃油消耗，推动原油非能化利用。

3. 区域能源互补

通过东西部特高压电网建设促进清洁能源大规模开发和消纳，形成全国零碳能源优化配置平台，实现区域能源互补。未来依托中东部用电负荷中心和西北部大型清洁能源基地，在电力需求和资源禀赋逆向分布的基础上，构建我国“西电东送”和“北电南供”的电力流格局。东部特高压网进一步加强，同时加大负荷中心地区网架建设，增强潮流疏散能力，提高电网的安全性和稳定性。西部地区特高压交流网架向西北延伸至西藏、青海和新疆清洁能源基地，满足外送需求。

4. 能源消费方式转变

根据技术引领和经济效益优先原则，在工业、建筑和交通领域以推动电能替代和电制原材料及燃料为重点，形成以电力为基础的工业、交通、商业、居民生产生活用能体系。通过电能替代、氢能广泛应用等方式，促进全社会绿色低碳转型。主要包括工业领域的短流程替代长流程炼钢、氢能炼钢；化工领域发展直流电解水制氢技术；交通领域推动电动汽车普及化，加快高速铁路的建设和改造，促进电动船舶、氢能船舶技术发展；建筑领域采用地源热泵、蓄热式电锅炉等。

二、能源融合化发展

能源融合化发展将推动基础设施创新发展和产业转型升级，是实现“双碳”目标的重要途径，也是产业升级转型和经济高质量发展的重要抓手。能源融合包括多能融合、产业融合、数能融合、区域融合和社会融合，各种融合形态在功能上紧密耦合、高效协同，促进经济、社会和产业深度脱碳，对加快我国能源绿色低碳转型、应对气候变化、实现可持续发展具有重要作用。

多能融合通过系统建模研究构成各种融合形式，将大幅降低能源系统的碳排放量、污染物排放量和化石能源消耗量，减少弃风、弃光现象，提高用能效率、资源利用率和能源综合利用的经济性，为经济社会发展提供安全可靠的绿色能源供应，显著提升环境及社会效益。

产能融合包括能源＋交通、能源＋工业、能源＋建筑、能源＋农业。能源与交通融合以能源交通信息多网融合、管理智能化、资源高效配置、用能低碳化发展为目标，以交通运输枢纽节点新能源体系和链式交通多网合一体系建设为重点方向，以空港、港口、公路为典型应用示范场景，形成关键技术、标准体系、规划方法、技术方案、设备装置、示范工程和保障机制。能源与工业融合以钢铁、石化、化工、有色金属、建材作为重点行业，针对各行业的生产工艺、产业结构和用能特点，构建能源绿色消费、能源资源/副产二次能源高效利用、循环经济等为特征的融合方式。能源与建筑融合以推动可再生能源的应用、实施建筑电气化工程、推进区域建筑能源协同、提高新建建筑节能水平为手段，促进建筑用能结构的转型。能源与农业融合，一方面，以“光伏＋现代农业”“风电＋牧场（海洋、陆地）”等形式，提升空间利用率，增加经济效益；另一方面，通过农林废弃物综合利用，变废为宝，降低对环境的污染。

数能融合基于整合数字和能源知识的能源平台，广泛接入并实时感知各类能源设施的运行状态，将知识图谱、建模仿真、云计算、大数据、人工智能、物联网、区块链等数字技术，运用到能源生产、输送、消费的各个环节，实现能源全流程与算力融合。

区域融合从系统和全局层面，针对各区域能源资源分布、产业分工、技术创新能力等不同，统筹碳减排和社会经济发展的双重需要，通过能源与资源的合理有序配置，促进能源清洁高效利用，推动区域间协同降碳，共同实现绿色低碳发展。

社会融合以农村能源转型助力乡村振兴和能源融合促进生态治理为目标，从能源供应和消费体系建设、绿色能源产业发展、体制机制创新等方面构建清洁低碳的现代农村能源体系；通过光伏＋、风电＋、储能＋、生物质＋等能源融合形式，统筹治理山水林田湖草沙系统，促进经济社会的绿色发展、传统产业的绿色改造、高碳能源的绿色转型、生态产品产业链和价值链的拓展延伸。

通过能源融合形态功能耦合和集成，打造融合型基础设施的“升级版”。每种形态下包含多个解决方案和实际应用，包括大型能源基地、绿色建筑、绿色数据中心、城市综合管廊、多站融合、共享铁塔、光伏治沙等。特别是对海洋资源开发，通过建设智慧岛屿，集成海上清洁能源开发、航运港口、信息基站等功能，将打造覆盖海陆空天，广泛互联、智能互动的新型基础设施网络。

三、能源市场化发展

随着碳交易体制机制的不断完善，能源的供给和消费将与碳交易市场的发展紧密相关。碳市场的市场化资源配置作用，将对能源供给和消费企业的生产经营产生重大影响。

在碳市场层面，2017 年底，国家发展改革委印发了《全国碳排放权交易市场建设方案（发电行业）》，标志着我国开始了碳排放权交易市场的建设。2020 年 12 月，生态环境部印发《2019—2020 年全国碳排放权交易配额总量设定与分配实施方案（发电行业）》和《纳入 2019—2020 年全国碳排放权交易配额管理的重点排放单位名单》，确定了我国碳市场的交易主体和交易机制。2021 年 7 月 16 日，全国碳市场在上海环境能源交易所开市，2225 家发电企业参与碳排放交易。我国采取基准线法进行碳配额分配，发电企业需要通过技术创新，加速碳减排的进度，才能在碳市场体系下获得更多的配额盈余，通过碳交易，提高经济效益。

在资本市场层面，2022 年 4 月，中国证监会发布《上市公司投资者关系管理工作指引（2022）》，在投资者关系管理的沟通内容中首次纳入“公司的环境、社会和治理信息（ESG）”。而碳排放披露是 ESG 报告的主要内容之一。随着对“双碳”认识的深入，我国市场监管机构已经意识到 ESG 报告的重要性。ESG 报告有望成为公司上市的必备条件，以及强制上市公司披露的报告。同时，2022 年 5 月，国资委印发《提高央企控股上市公司质量工作方案》，指出中央企业集团公司要贯彻落实新发展理念，探索建立健全 ESG 体系，在资本市场中发挥带头示范作用，推动更多央企控股上市公司披露 ESG 专项报告，力争到 2023 年相关专项报告披露“全覆盖”。在能源生产和消费企业中，中央企业的碳排放占了大多数，这要求中央企业要将碳减排作为公司生产经营主要事项，确定碳减排目标，做好碳减排规划，利用好碳交易工具，从而满足国家及利益相关方的期望和要求，赢得资本的青睐。

四、“双碳”目标下政策体系建设

应对气候变化问题具有全球性、长期性和复杂性的特点。实现“双碳”目标意味着我国经济社会将全面绿色低碳转型，产业结构、生产方式、生活方式和空间格局都将发生一系列变革。为了合理分解“双碳”目标，确保各项任务落地实施，需要建立完备的政策体系。我国已构建“1+N”双碳政策体系顶层设计，各地区各行业相关政策也在逐步发布。同时，碳市场体制机制逐步建立，充分发挥了市场对资源高效配置的作用，成为碳排放总量和强度“双控”制度的有效补充。

1. 构建“双碳”政策体系顶层设计

2021 年 10 月 12 日，习近平总书记首次提出构建我国碳达峰、碳中和“1+N”政策体系。“1”是指《中共中央 国务院关于完整准确全面贯彻新发展理念做好碳达峰碳中和工作的意见》（简称《意见》）。“N”是指以国务院印发的《2030年前碳达峰行动方案》（简称《方案》）为首的政策文件。《方案》与《意见》有序衔接，立足长远做战略筹划，提出了十大行动，规定了各领域各部门的中长期任务，为有效应对气候变化带来的挑战，落实实现“双碳”目标的各项措施提供了战略保障。我国围绕绿色低碳转型、节能降碳增效、工业碳达峰、城乡建设碳达峰、交通运输绿色低碳、循环经济、绿色低碳科技创新、碳汇巩固提升、绿色低碳全民行动和各地区梯次达峰方面已经陆续出台多项政策文件，碳达峰碳中和“1+N”政策体系顶层设计构建完成。

2. 逐步形成覆盖各地区各行业的政策体系

根据“双碳”政策体系顶层设计要求，各行业和地区的达峰目标和路径也逐渐明确，“双碳”政策陆续出台。

国家发展改革委、国家能源局发布《关于完善能源绿色低碳转型体制机制和政策措施的意见》，指出“十四五”时期，基本建立推进能源绿色低碳发展的制度框架，到2030年，基本建立完整的能源绿色低碳发展基本制度和政策体系。《“十四五”现代能源体系规划》提出到2025年，能源储备体系更加完善，能源自主供给能力进一步增强，国内能源年综合生产能力达到46亿t标准煤以上，单位GDP二氧化碳排放五年累计下降18%，非化石能源消费比重提高到20%左右，非化石能源发电量比重达到39%左右，电能占终端用能比重达到30%左右，灵活调节电源占比达到24%左右，电力需求侧响应能力达到最大用电负荷的3%～5%。工业和信息化部、国家发展改革委、生态环境部发布《工业领域碳达峰方案》，提出“十四五”期间，产业结构与用能结构优化取得积极进展，能源资源利用效率大幅提升，到2025年，规模以上工业增加值能耗较2020年下降13.5%，单位工业增加值二氧化碳排放下降幅度大于全社会下降幅度，“十五五”期间基本建立以高效、绿色、循环、低碳为重要特征的现代工业体系，确保工业领域二氧化碳排放在2030年前达峰。财政部印发的《财政支持做好碳达峰碳中和工作的意见》提出，健全绿色低碳发展的财税政策体系，不断丰富财政政策工具，促进绿色低碳发展的长效机制逐步建立。2060年前，财政支持绿色低碳发展政策体系成熟健全，推动碳中和目标顺利实现。农业农村部印发的《农业农村减排固碳实施方案》提出，到2025年农业农村减排固碳与粮食安全、乡村振兴、农业农村现代化统筹融合的格局基本形成。到2030年农业农村减排固碳与粮食安全、乡村振兴、农业农村现代化统筹推进的合力充分发挥，农业农村绿色低碳发展取得显著成效。住房和城乡建设部印发的《城乡建设领域碳达峰实施方案》提出，2030年前，城乡建设领域碳排放达到峰值；力争到2060年前，城乡建设方式全面实现绿色低碳转型，系统性变革全面实现，美好人居环境全面建成，城乡建设领域碳排放治理现代化全面实现。交通运输部发布的《绿色交通“十四五”发展规划》提出，到2025年，交通运输领域绿色低碳生产方式初步形成，基本实现基础设施环境友好、运输装备清洁低碳、运输组织集约高效，重点领域取得突破性进展，绿色发展水平总体适应交通强国建设阶段性要求。

根据各部委发布的政策文件，北京、上海、四川、山东等省市陆续发布了当地的“双碳”政策，涵盖能源、工业、科技、财税、林业以及全民行动等方面。我国的“双碳”政策体系逐步覆盖了各地区和各行业。

3. 行政手段和市场机制协同并举

党的二十大报告指出，要积极稳妥推进碳达峰碳中和。完善能源消耗总量和强度调控，重点控制化石能源消费，逐步转向碳排放总量和强度“双控”制度。这个转向的意义和作用主要体现在两个方面：一方面，更加突出控制化石能源消费的政策导向，有利于可再生能源进一步发展，加快能源结构转型；另一方面，理顺了发展和减排关系，有利于统筹能源安全和经济社会绿色低碳转型。今后我国将以非化石能源供给为主来满足合理的能源消费增长需求，碳减排措施将更加精准有效，为我国经济总量保持持续增长提供坚实基础。同时，要充分发挥市场在资源配置中的决定性作用，健全碳排放权市场交易制度，助力各行业企业碳减排措施的执行。随着全国碳排放权交易市场启动上线交易，使得我国在“双碳”领域实现行政手段和市场机制协同发力成为可能。一是碳交易价格影响能源市场价格，促使企业选择绿色低碳的能源消费方式；二是碳交易价格将与各类产品的价格紧密相关，促使企业加大研发力度，采取新工艺、新技术、新方案降低产品的碳排放，促进技术水平和国际竞争力提升；三是碳交易使碳减排量成为企业资产，通过资本运作，可为企业投融资、企业价值提升提供新方式。

总体而言，我国“双碳”目标下的政策体系框架已经确立，但也要注意到“双碳”相关政策涉及面广、系统性强，一些已有的政策文件需要结合“双碳”目标补充完善，还有一些政策空白需要填补。为了充分发挥政策的引导、监督、激励作用，应进一步完善“双碳”相关立法，加强碳达峰碳中和监管、考核和激励体系建设，健全碳排放权交易市场体制机制，有力支持各地区各行业加快绿色低碳转型，确保按时实现“双碳”目标。

索　引

参 考 文 献

［1］吴晓华，郭春丽，易信，等.“双碳”目标下中国经济社会发展研究［J］. 宏观经济研究，2022，5：5－21.

［2］全球能源互联网发展合作组织. 中国 2060 年前碳中和研究报告［M］. 北京：中国电力出版社，2021.

［3］中国长期低碳发展战略与转型路径研究课题组，等. 读懂碳中和：中国 2020—2050 年低碳发展行动路线图［M］. 北京：中信出版社，2021.

［4］陈红敏. 国际碳核算体系发展及其评价［J］. 中国人口·资源与环境，2011，21（9）：111－116.

［5］吕祥. 碳减排背景下北京市能源消费结构优化研究［D］. 北京：北京工业大学，2019.

［6］姚帅. 碳约束条件下我国一次能源消费结构优化研究［D］. 青岛：中国石油大学（华东），2016.

［7］董琳琳. 低碳经济视角下能源消费结构优化的研究［D］. 南京：东南大学，2011.

［8］秦耀辰. 低碳城市研究的模型与方法［M］. 北京：科学出版社，2013.

［9］刘峰，郭林峰，赵路正. 双碳背景下煤炭安全区间与绿色低碳技术路径［J］. 煤炭学报，2022，47（1）：1－15.

［10］张孝雨，何国锋，李磊，等. 水煤浆性能的影响因素及技术进展［J］. 洁净煤技术，2019，25（6）：96－104.

［11］杨方亮. 煤炭资源综合利用发电现状分析与前景探讨［J］. 中国煤炭，2020，46（10）：67－74.

［12］赵紫原. 到期煤电机组：退役还是延寿［N］. 中国能源报，2022－05－23（3）.

［13］孙洋洲，郭雪飞，兰志刚，等.“双碳”目标背景下海上油气田绿色低碳开发措施分析［J］. 中国海上油气，2022，34（2）：203－207.

［14］范我，张叔鸣. 核技术应用［J］. 原子核物理评论，1986.

［15］王志峰，杜凤丽. 2015～2022 年中国太阳能热发电发展情景分析及预测［J］. 太阳能，2019（11）：5－10.

［16］多吉，王贵玲，郑克棪. 中国地热资源开发利用战略研究［M］. 北京：科学出版社，2017.

［17］陈焰华. 中国地热能产业发展报告（2021）［M］. 北京：中国建筑工业出版社，2022.

［18］郭琦，卢远宏. 新型电力系统的建模仿真关键技术及展望［J］. 电力系统自动化，2022，46（10）：18－32.

［19］周远翔，陈健宁，张灵，等.“双碳”与“新基建”背景下特高压输电技术的发展机遇［J］. 高电压技术，2021，47（7）：2396－2408.

［20］邹常跃，韦嵘晖，冯俊杰，等. 柔性直流输电发展现状及应用前景［J］. 南方电网技术，2022，16（3）：1－7.

［21］刘东，张弘，王建春. 主动配电网技术研究现状综述［J］. 电力工程技术，2017，36（4）：2－7.

[22] 姜淞瀚，彭克，徐丙垠，等. 直流配电系统示范工程现状与展望［J］. 电力自动化设备，2021，41（5）：219－231.

[23] 中国电力工程顾问集团公司，中国能源建设集团规划设计有限公司. 电力工程设计手册. 北京：中国电力出版社，2019.

[24] 李程，罗铮. 供热管道用补偿器类型的比较分析［J］. 建设科技，2016（21）.

[25] 王小洋，李先国. 能源革命背景下我国煤炭运输通道的发展趋势及对策［J］. 中国流通经济，2019，33（10）：67－75.

[26] 谢英仪. 碳达峰目标下“三西”地区煤炭铁路外运量分析及对策［J］. 铁道运输与经济，2022，44（5）：46－51.

[27] 前瞻产业研究院. 中国氢燃料电池行业市场前瞻与投资战略规划分析报告［R］.

[28] 中国产业经济信息网. 我国石化产业如何走好“双碳”之路［R/OL］.（2022－04－27）. http://www.cinic.org.cn/xw/cjfx/1280878.html.

[29] 吴滨，高洪玮，张芳. 有色金属行业节能减排成效及碳达峰思路研究［J］. 国土资源科技管理，2022，39（1）：1－8.

[30] 王维兴. 2021年钢协会员单位能源消耗评述［N］. 中国冶金报，2022－3－24（05）.

[31] 刘晓华，张涛，刘效辰，等. “光储直柔”建筑新型能源系统发展现状与研究展望［J］. 暖通空调，2022，52（08）：1－9，82. DOI:10.19991/j.hvac1971.2022.08.01.

[32] 刘玉琴. 农业机械的新能源化发展情况与关键技术研发方向［J］. 农机使用与维修，2021（04）：33－34. DOI:10.14031/j.cnki.njwx.2021.04.012.

[33] 霍丽丽，赵立欣，姚宗路，等. 农业生物质能温室气体减排潜力［J］. 农业工程学报，2021，37（22）：179－187.

[34] 杨雪. 我国农业碳排放测算与碳减排潜力分析［D］. 长春：吉林大学，2022.

[35] 梅生伟，李瑞，陈来军，等. 先进绝热压缩空气储能技术研究进展及展望［J］. 中国电机工程学报，2018，38（10）：2893－2907，3140.

[36] 董舟，王宁，李凯，等. 储能技术分类及市场需求分析［J］. 中国金属通报，2019，（11），181－182.

[37] 水电水利规划设计总院，中国水力发电工程学会抽水蓄能行业分会. 抽水蓄能产业发展报告 2021［M］. 北京：中国水利水电出版社，2022.

[38] 李立涅. 中国能源技术革命 发展战略、创新体系与技术路线［M］. 北京：机械工业出版社，2021.

[39] 余波. 岩溶水库防渗处理关键技术［M］. 北京：中国水利水电出版社，2020.

[40] 彭土标. 水力发电工程地质手册［M］. 北京：中国水利水电出版社，2011.

[41] 张新敬，刘金超，郭欢，等. 压缩空气储能技术原理［J］. 储能科学与技术，2013，（02）：146－151.

[42] 全球能源互联网发展合作组织. 大规模储能技术发展路线图［M］. 北京：中国电力出版社，2020.

[43] Budt M，Wolf D，Span R，et al. A review on compressed air energy storage：Basic principles，past milestones and recent developments［J］. Applied Energy，2016，170：250－268.

[44] 李季，黄恩和，范仁东，等．压缩空气储能技术研究现状与展望［J］．汽轮机技术，3032，63（2）：86－89.

[45] Crotogino Fritz.Mohmeyer Rlaus-Uwe.Scharf Roland.Huntorf CAES：More than 20 Years of Successful Operation//Solution Mining Research Institute（SMRI）Spring Meeting.Orlando，2001.

[46] Succar Samir，Williams Robert H.Compressed Air Energy Storage：Theory Resources，and Applications for Wind Power，2008：81.

[47] 梅生伟，张通，张学林，等．非补燃压缩空气储能研究及工程实践——以金坛国家示范项目为例［J］．实验技术与管理，2022，39（05）：1－8＋14. DOI:10.16791/j.cnki.sjg.2022.05.001.

[48] 邵梓一．压缩空气储能系统透平膨胀机内部流动及损失机制研究［D］．北京：中国科学院大学（中国科学院工程热物理研究所），2021. DOI:10.27540/d.cnki.ggrws.2021.000009.

[49] Swider D.Compressed air energy storage in an electricity system with significant wind power generation［J］．IEEE Transactions on Energy Conversion，2007，22（1）：95－102.

[50] 梅生伟，公茂琼，秦国良，等．基于盐穴储气的先进绝热压缩空气储能技术及应用前景［J］．电网技术，2017，41（10）：3392－3399.

[51] 华志刚．储能关键技术及商业运营模式［M］．北京：中国电力出版社，2019.

[52] 于晓琨，栾敬德．储热技术研究进展［J］．化工管理，2020（11）：117－118.

[53] 汪翔，陈海生，徐玉杰，等．储热技术研究进展与趋势［J］．科学通报，2017，62（15）：1602－1610.

[54] 贺明飞，王志峰，原郭丰，等．水体型太阳能跨季节储热技术简介［J］．建筑节能（中英文），2021，49（10）：66－70.

[55] 姜竹，邹博杨，丛琳，等．储热技术研究进展与展望［J］．储能科学与技术，2022，11（09）：2746－2771. DOI:10.19799/j.cnki.2095－4239.2021.0538.

[56] 李婷，刘玮，等．开启绿色氢能新时代之匙：中国 2030 年“可再生氢 100”发展路线图［R］．北京：落基山研究所，中国氢能联盟研究院，2022.

[57] IEA. Technology Roadmap Hydrogen and Fuel Cells（2017），2017.

[58] International Renewable Energy Agency and Ammonia Energy Association. Innovation Outlook-Renewable Ammonia［R］．2022.

[59] International Renewable Energy Agency and Methanol Institute. Innovation Outlook-Renewable Methanol［R］．2021.

[60] 生态环境部环境规划院，中国科学院武汉岩土力学研究所，中国 21 世纪议程管理中心．中国二氧化碳捕集利用与封存（CCUS）年度报告（2021）——中国 CCUS 路径研究［R］．2021.

[61] 科学技术部社会发展科技司，中国 21 世纪议程管理中心．中国碳捕集利用与封存技术发展路线图（2019）［M］．北京：科学出版社，2019.

[62] 全球碳捕集与封存研究院．全球碳捕集与封存现状：2021［R］．澳大利亚，2021.

[63] 张贤，李阳，马乔，等．我国碳捕集利用与封存技术发展研究［J］．中国工程科学，2021，23（06）：

70－80.

［64］陆诗建．碳捕集、利用与封存技术［M］．北京：中国石化出版社，2020.

［65］骆仲泱，方梦祥，李明远，等．二氧化碳捕集封存和利用技术［M］．北京：中国电力出版社，2012.

［66］黄晶．中国碳捕集利用与封存技术评估报告［M］．北京：科学出版社，2021.

［67］李阳．碳中和与碳捕集利用封存技术进展［M］．北京：中国石化出版社，2021.

［68］鲁宗相，黎静华，伍声宇．高比例可再生能源电力系统－形态及演化［M］．北京：科学出版社，2022.

［69］高嘉蔚，孙芳，毛宁，等．公路交通与能源深度融合发展思路与展望［J］．交通节能与环保，2022（002）：018.

［70］张生春．积极推进工业领域碳减排［J］．中国发展观察，2021，（21）：16－18，41.

［71］江亿．光储直柔——助力实现零碳电力的新型建筑配电系统［J］．暖通空调，2021，51（10）：1－12.

［72］张霞，蔡宗寿，李欢．我国农业生产能源消费现状分析［J］．江苏农业科学，2015，43（05）：441－443. DOI:10.15889/j.issn.1002－1302.2015.05.136.

［73］陈晓红，胡东滨，曹文治，等．数字技术助推我国能源行业碳中和目标实现的路径探析［J］．中国科学院院刊，2021，36（9）：1019－1029.

［74］中国信息通信研究院，中国航天科工集团有限公司，工业互联网产业联盟．数字技术赋能工业碳达峰碳中和应用指南［R］．2022.

［75］曹雨洁，丁肇豪，王鹏，等．能源互联网背景下数据中心与电力系统协同优化（二）：机遇与挑战［J/OL］．中国电机工程学报．https://doi.org/10.13334/j.0258－8013.pcsee.210814.

［76］中数智慧信息技术研究院，中国电力工程顾问集团有限公司中电数据与信息研究院，等．数据中心工业化关键技术应用白皮书［R］．2022.

［77］陈波，石磊，邓文靖．工业园区绿色低碳发展国际经验及其对中国的启示［J］．中国环境管理，2021，13（6）：40－49.

［78］艾芊．虚拟电厂：能源互联网的终极组态［M］．北京：科学出版社，2018.

［79］张友国，白羽洁．区域协同低碳发展的基础与路径［J］．China Economist，2022，17（02）：69－92.

［80］国网能源研究院．我国中长期电力发展的六大趋势［N］．中国经济导报，2019.07.01.

［81］杜祥琬．“远方来”和“身边来”相结合 我国能源革命的新思路［J］．可持续发展经济导刊，2019（z2）：18－20.

［82］廖虹云．碳达峰碳中和愿景下，加快推动城乡建设领域绿色低碳发展［J］．中国能源，2021，43（8）：39－43，9.

［83］卞正富，于昊辰，韩晓彤．碳中和目标背景下矿山生态修复的路径选择［J］．煤炭学报，2022，47（1）：449－459.

［84］Evaluation methodology for national net zero targets［EB/OL］.（2021－11－04）［2021－11－04］. https://climateactiontracker.org/methodology/net-zero-targets/http://www.climatechangenews.com/2019/

06/14/countries-net-zero-climate-goal/.

［85］KPMG IMPACT. Net Zero Readiness Index 2021［R］. 2021.

［86］张士宁，谭新，侯方心，等. 全球碳中和形势盘点与发展指数研究［J］. 全球能源互联网，2021，4（3）：264－272.

［87］碳达峰碳中和指数研究课题组. 中国省级碳达峰碳中和指数研究报告 2021［R］. 2021.

［88］向李娟. 重庆建设低碳城市的问题与对策研究［D］. 重庆：西南大学，2011.

［89］范振林，宋猛，刘智超. 发展生态碳汇市场助推实现“碳中和”［J］. 中国国土资源经济，2021，34（12）：12－21，69.

［90］张桂莲，邢璐琪，张浪，等. 城市绿地碳汇计量监测方法研究进展［J］. 园林，2022，39（01）：4－9，49.

［91］刘强，张洒洒，杨伦庆，等. 广东发展蓝色碳汇的对策研究［J］. 海洋开发与管理，2021，38（12）：74－79. DOI:10.20016/j.cnki.hykfygl.2021.12.015.

［92］林香红. 面向 2030：全球海洋经济发展的影响因素、趋势及对策建议［J］. 太平洋学报，2020，28（1）：50－63.

［93］李娇，李梦迪，公丕海，等. 海洋牧场渔业碳汇研究进展［J］. 渔业科学进展，2022，43（5）：142－150.

［94］张昕. 试点省市碳市场总量和覆盖范围分析［J］. 中国经贸导刊，2014，（29）：4－6.

［95］上海联合产权交易所，上海环境能源交易所. 全国碳排放权交易市场建设探索和实践研究［M］. 上海：上海财经大学出版社，2021.

［96］蓝虹，朿兰根. 碳交易市场概论［M］. 北京：中国金融出版社，2022.

［97］袁敏，苗红，马丽芳，等. 企业绿色电力消费指导手册［R］. 北京：世界资源研究所，2019.

［98］吴宏杰. 碳资产管理［M］. 北京：北京联合出版公司，2015.

［99］王谋，吉治璇，康文梅，等. 欧盟“碳边境调节机制”要点、影响及应对［J］. 中国人口·资源与环境，2021，31（12）：45－52.

［100］姜华，王斯一，吕连宏. 欧盟碳边境调节机制的影响与应对措施［J］. 环境保护，2022，50（07）：34－37. DOI:10.14026/j.cnki.0253－9705.2022.07.008.

［101］陈向东，左鹏. 欧盟碳边境调节机制的影响及应对措施［J］. 能源，2022（07）：49－52.

［102］刘斌，赵飞. 欧盟碳边境调节机制对中国出口的影响与对策建议［J］. 清华大学学报，2021，6（36）：185－194.

［103］房毓菲. 碳中和视角下，国际碳边境调节机制的影响与应对［J］. 中国能源，2021，43（10）：24－28.

［104］张中祥. 碳达峰、碳中和目标下的中国与世界——绿色低碳转型、绿色金融、碳市场与碳边境调节机制［J］. 人民论坛·学术前沿，2021（14）：69－79. DOI:10.16619/j.cnki.rmltxsqy.2021.14.008.

［105］程云鹤，董洪光，耿纪超，等. 中部地区崛起的能源需求及碳达峰路径研究［J］. 中国工程科学，2021，23（1）：68－78.

［106］何继善，傅春，龙妍. 能源革命推动中部地区崛起的理论分析与实施路径［J］. 中国工程科学，

2021，23（1）：60－67.
［107］韩家新．中国近海海洋——海洋可再生能源［M］．北京：海洋出版社，2015.
［108］王传崑，卢苇．海洋能资源分析方法及储量评估［M］．北京：海洋出版社，2009.
［109］薛碧颖，陈斌，邹亮．我国海洋无碳能源调查与开发利用主要进展［J］．中国地质调查，2021，8（04）：53－65.
［110］陈诗一．加快推进绿色低碳转型，建设中国特色生态文明［J］．中国经济学人：英文版，2022，2：28.
［111］全球能源互联网发展合作组织．中国 2030 年能源电力发展规划研究及 2060 年展望［R］．2021.
［112］谭显春，等．碳达峰、碳中和政策框架与技术创新政策研究［J］．中国科学院院刊，2022，4：20.